长征记

曲爱国 张从田 著

华夏出版社
HUAXIA PUBLISHING HOUSE

作者介绍

曲爱国 军事科学院军事历史和百科研究部部长，博士研究生导师，研究员。兼任中国孙子兵法研究会秘书长、中国军事科学学会军事历史分会会长。1983年毕业于北京大学，同年进入军事科学院从事军事历史研究工作，历任毛泽东思想研究所所长、战争理论和战略研究部副部长等职。

张从田 军事科学院军事历史和百科研究部中国人民解放军历史研究室副主任，副研究员。先后毕业于山东师范大学、南京政治学院、军事科学院，获历史学学士、法学硕士、军事学博士学位。长期从事中国人民解放军战史研究。

目　录

引　子　踏上长征路　001

"长征"名称的来源　013

去留心绪都嫌重　014

坚持中央苏区斗争的红军部队　015

十送红军　016

中央红军长征出发时实力统计　017

第一编　闯关夺隘突重围

第一章　突破三道封锁线　020

突破第一道封锁线　022

突破第二道封锁线　024

突破第三道封锁线　027

　城口奔袭战　031

　借道陈济棠　032

　中央红军长征初期序列表（1934年10月～12月）　035

第二章　血战湘江　036

抢渡潇水　038

大战前夕　041

决战湘江　045

　白崇禧让道　050

　红34师的最后一战　052

第三章　红2、红6军团发动湘西攻势　054

决策北进　054
设伏龙家寨　057
横扫湘西　060
　贺龙买桥　065
　模范会师　067
　红2、红6军团序列表（1934年10月~12月）　068

第四章　黎平转兵　069

通道会议　070
黎平会议　074
猴场会议　078
　惩处纵火者　082
　《关于注意与苗民关系，加强纪律检查的指示》　084
　红军长征翻越的第一座高山——老山界　084
　毛泽东赠衣　085

第五章　突破天险　087

突破乌江　088
智取遵义　092
勇夺娄山关　095
　激战江界河　098
　乌江架浮桥　100
　强渡乌江英雄谱　102

第六章　红25军开始长征　103

奔向伏牛山　105

西进陕南　108

创建鄂豫陕革命根据地　111

独树镇战斗　120

庾家河战斗　121

"七仙女"求出征　123

第二编　驰骋川、滇、黔、康

第七章　历史性的转折　126

"'中央队'三人团"　128

遵义会议的准备　133

遵义会议　136

改变知识分子待遇问题的规定　142

告白军　143

红军到，干人笑　143

遵义会议参加者名单　144

第八章　四渡赤水（上）　146

土城战斗　148

一渡赤水，扎西整编　151

二渡赤水，重占遵义　155

遵义大捷　161

"鸡鸣三省"会议　166

川滇黔边区游击纵队　167

激战娄山关　167

扎西整编后中央红军序列表　170

第九章　四渡赤水（下）　171

　　鲁班场战斗　172

　　三渡、四渡赤水　175

　　再渡乌江　178

　　威逼贵阳　181

　　　贺子珍负伤　185

　　　战略骑兵：红9军团　186

　　　中共中央三人军事指挥小组　189

第十章　巧渡金沙江　192

　　挥师入滇　194

　　兵临昆明　197

　　巧取皎平渡　200

　　渡过金沙江　203

　　　龙云献地图　207

　　　巧夺渡口　207

　　　智取三城　209

第十一章　彝海结盟　211

　　围攻会理　212

　　连过三关　215

　　穿过彝民区　216

　　　《中国工农红军布告》　221

　　　会理会议　221

　　　盟誓彝海　222

第十二章　强渡大渡河　226

　　激战安顺场　228

　　两军夹江行　233

　　勇夺泸定桥　237

　　　　毛泽东安顺场问古　242

　　　　强渡大渡河的十七名勇士　243

第三编　草地风云

第十三章　强渡嘉陵江，红四方面军开始长征　246

　　决策西进　247

　　突破嘉陵江　250

　　决战江油　255

　　北川河谷之战　258

　　土门战役　262

　　扫荡岷江两岸　264

　　　　攻克剑门关　266

　　　　激战千佛山　268

　　　　坚持川陕地区斗争的红军游击队　271

　　　　中坝决战　271

　　　　红四方面军开始长征后编制序列（1935年4月~8月）　274

第十四章　翻雪山　275

　　闯过飞越岭　276

　　奇袭天全、芦山　278

　　进入藏民区　281

　　翻越夹金山　283

　　　　红军过硗碛　288

　　　　毛泽东遇险　289

　　　　杨森让路　291

第十五章　懋功会师　293

　　红四方面军部队西进接应　293

　　达维会合　296

　　两军同庆　302

　　两河相会　303

　　　　两大主力会合歌　307

　　　　维古河畔徐彭会　307

　　　　《伟大的会合》　308

第十六章　从两河到沙窝　310

　　分歧初显　311

　　松潘战役　317

　　沙窝会议　322

　　　　两河口会议　328

　　　　芦花会议　332

　　　　中央红军、红四方面军整编后编制序列
　　　　（1935年7月~8月）　336

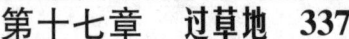

第十七章　过草地　337

　　风波再起　340

　　毛儿盖会议　342

　　穿越草地　344

　　包座战斗　348

"毛主席指示我们过草地" 353

一口行军锅 354

真挚的同志情谊 356

第十八章　惊心动魄的一幕　358

中央的苦心　358

北上？南下？　363

危急时刻　367

走出险区　370

"吕端大事不糊涂"　374

"哪有红军打红军的道理"　376

中共中央为执行北上方针告同志书　377

第四编　挥师北上，奠基陕北

第十九章　红25军与陕甘红军会师　380

红25军转战陇东　382

红25军到达陕甘苏区　389

永坪会师，组建红15军团　392

劳山战役和榆林桥战斗　394

"仁义之师"　398

吴焕先之死　399

红15军团编制序列　401

第二十章　红一方面军主力到达陕北，结束长征　402

突入甘南　403

哈达铺整编　406

确定落脚点　409

六盘山上 412
到达吴起镇 416
　俄界会议 420
　砍"尾巴" 421
　勇夺腊子口 422
　中国工农红军陕甘支队编制序列
　（1935年9月~10月） 426

第二十一章　红一方面军主力与红15军团会师 427

　恢复红一方面军番号 429
　象鼻子湾会师 433
　奠基礼——直罗镇战役 436
　"刀下留人" 445
　《三大纪律，八项注意歌》 447
　给陕北工农劳苦群众书 447

第二十二章　巩固与扩大陕甘苏区 449

　瓦窑堡会议 450
　东征准备 454
　东征山西 458
　西征作战 468
　　晋西会议 475
　　三大禁条、四大注意 476
　　"以发展求巩固" 476
　　红一方面军东征作战序列 479

第五编　三军大会师

第二十三章　红四方面军南下川康边　482

南下天、宝、芦　484

百丈决战　489

西进甘孜　493

党中央对张国焘的教育挽救　495

"不沉的'航空母舰'"　500

征服"神山"　502

刘伯承和红军大学　503

张浩的使命　506

红军第四方面军南下作战期间组织序列

（1935年9月~1936年年初）　508

第二十四章　红2、红6军团开始长征　509

刘家坪决策　511

突围湘黔边　515

乌蒙山回旋战　521

抢渡金沙江　523

巧渡乌江　530

"我们的一个十分亲切而又可敬的朋友与革命同志"　532

独臂将军　533

红军第2、第6军团长征时的组织序列表

（1935年11月~1936年6月）　535

第二十五章　甘孜会师　536

红2、红6军团北上西康　537

两军会师　542

甘孜会议　545
　　贺龙与中甸归化寺　549
　　朱德总司令与格达活佛的情谊　550
　　任弼时智救廖承志　552

第二十六章　红二、红四方面军北上甘南　554

穿越草地　556
任弼时积极促进党内团结　559
横扫甘南　562
　　岷州围攻战　567
　　"死而复生"的师政委　568
　　百姓智救红标语　569
　　红二、红四方面军会师北上期间组织序列表　571

第二十七章　三大主力红军胜利会师　572

宁夏战略计划　573
北上？西进？　576
会宁会师　584
将台堡会师　588
最后一战——山城堡战役　591
　　庆祝红一、二、四方面军会师通电
　　（1936年10月10日）　597
　　会宁会师遗址长联　598
　　红军三大主力会师歌　598
　　三大主力红军会师时的组织序列表（1936年10月）　600

结语　永恒，长征！　601

引 子

踏上长征路

1934年4月28日,广昌城头残阳如血。遭受重大伤亡的中央红军主力部队,黯然撤离城池。持续了十八天的广昌保卫战以红军的失利而告终。

此时,国民党军对中央苏区的第五次"围剿"行动已经进行到了第八个月。1933年9月,在对鄂豫皖革命根据地、湘鄂西革命根据地的"围剿"相继取得了成功之后,蒋介石亲自披挂上阵,调集五十万大军,经过四个多月的精心准备与筹划,对中央苏区发起了规模空前的"围剿"行动。在以德国前国防军总司令西克特为团长的外国军事顾问团的参谋下,国民党军一改以往"围剿"行动的战术,节节逼近,逐步紧缩,以守为攻,依托坚固工事,采取堡垒主义,筑碉构堡,火力开路,企图先消耗红军的有生力量,然后再实施决战,彻底解决中央红军,一举荡平中央苏区。

广昌革命纪念碑

中央苏区也是全民动员,全力以赴,奋力迎敌,以决战的姿态展开了坚决的反"围剿"作战。然而,七个多月过去了,尽管红军主力的总兵力达到了前所未有的十万余人,尽管红军将士浴血奋战,在局部作战中屡屡重创敌军,尽管苏区军民同仇敌忾,寸土必争,誓死保卫红色政权,但始终无法打破国民党军的铁壁合围,无法挫败敌人的"围剿"行动。

中华苏维埃共和国临时中央政府旧址

执掌中共中央领导大权的中共临时中央总负责博古（秦邦宪）等人，在反"围剿"作战之初也曾踌躇满志，壮志满怀，将粉碎国民党军的第五次"围剿"视为在"短促的历史时期内"实现"中国革命在一省或数省的首先胜利"的决战，将以毛泽东为代表的一大批熟悉中国国情、能够正确指导中国革命和革命战争的领导人彻底排斥于党和红军的领导岗位之外，把军事指挥权完全交给了共产国际派到中国的军事顾问德国人李德（原名奥托·布劳恩，化名华夫）。李德反对游击战和带有游击性的运动战，全盘照搬苏联红军的战略战术，推行了一整套冒险主义的"左"倾军事路线。

在国民党大军压境的情况下，他们不是集中红军全部力量进行反"围剿"作战准备，而是分散兵力，以攻对攻，在江西、福建两个方向用"两个拳头打人"；继而在国民党军"围剿"开始后，又推行军事冒险主义，命令红军向国民党军的堡垒地带进攻，企图御敌于苏区之外。在国民党军第19路军于1933年11月发动反对蒋介石的"福建事变"时，他们错失良机，拒绝与第19路军建立真正的联合，实行协同作战，使蒋介石得以在从容弹压"福建事变"后，转移兵力，继续对中央苏区实施全面进攻。最后，当国民党军重新展开全面进攻的时候，领导集团又扬短避长，抛弃红军所擅长的机动作战，而是以堡垒对堡垒，层层设防，以阵地防御结合"短促突击"的正规阵地战、消耗战，与占据绝对兵力特别是火力优势的国民党军死拼硬打，使得战事完全陷入了蒋介石所期望的发展轨迹。红军仓促构筑的野战工事在国民党军的密集炮火轰击下坍塌，将士们的血肉之躯在钢铁撞击中倒下，广昌之战，博古与李德亲赴前线督战，依旧无法避免失败的结局。

博　古

李　德

广昌战斗后，曾经拥有六万平方公里土地、三百万人口的中央苏区丧失了全部的游击区与外围屏障，只剩下了以瑞金为中心的幅员狭窄的中心区。红色根据地已处于风雨飘摇之中，战局空前危急。中国革命的航船到底驶向何方，红军到底该如何行动，是继续在苏区迎敌，决一死战，还是另辟蹊径以求得绝处逢生？历史把年轻的中国红色革命政权和红色武装力量推到了抉择的关头。

在此情况下，中共中央也曾考虑过将红军主力撤离中央苏区的问题，并将此设想报告了共产国际。同时决定成立由博古和李德及中共中央政治局委员、书记处书记、中央革命军事委员会副主席、红军总政委周恩来组成的最高"三人团"，负责"处理一切"。在最高"三人团"中，博古总负责，军事设计与计划权归李德，周恩来负责军事指挥与调度，最后决策权和军事指挥权实际控制于博古、李德之手。

1934年6月25日，共产国际回电，虽然同意中央红军主力撤离苏区，但却认为：动员新的武装力量，这在中（央苏）区并未枯竭，红军各部队的抵抗力及后方环境等未足使我们惊慌失措。甚至说到对苏区主力红军退出的事情，唯一目的只是为了保存机动力量，以免遭受敌人可能的打击，依旧要求红军坚持内线作战。来自莫斯科的遥控，使得中共中央的决策再次偏离了正确轨道，而"左"倾路线执行者对莫斯科"圣旨"的顶礼膜拜，则使其在走与留的重大问题上，始终犹豫不决，举棋不定，红军的处境因而更加危机重重。

国民党军在中央苏区周围修筑堡垒

1934年7月,国民党军开始对中央苏区中心区发动最后的进攻。红军继续在内线作战取得决定性胜利的可能性已经很小,必须毫不迟疑地实施战略退避,跳出重围,以保存主力,另寻战机。但博古、李德却固执己见,仍然采取以堡垒对堡垒的单纯防御战略,要求用一切力量捍卫苏区,来求得战役上的大胜利和战略情况的转机,指挥红军与国民党军进行自我毁灭的决战——于是,只是为了调动与分散国民党军的"围剿"力量,中共中央和中央革命军事委员会先后派出了两支部队北上、西征,以减轻反"围剿"作战的压力。

7月初,中共中央和中央革命军事委员会决定,以第7军团为基础组成抗日先遣队,寻淮洲任军团长,乐少华任政治委员,粟裕任参谋长,刘英任政治部主任,曾洪易为中共中央代表随军行动,北上闽浙赣皖边地区,创建游击区域,建立苏维埃根据地。7月6日,由六千余名将士组成的红7军团从瑞金出发,冲破国民党军的层层堵截,转战闽中、闽东、浙西、皖赣边,最终于10月下旬进入闽浙赣苏区与红10军会师,组成红10军团。刘畴西任军团长、乐少华任政治委员(后粟裕任参谋长,刘英任政治部主任),并组成以方志敏为主席的军政委员会,继续执行北上任务。11月,红10军团进入皖南活动,次年1月在返回闽浙赣苏区过程中,于怀玉山遭敌军伏击失败。企图以红7军团几千人的行动来调动敌人,促使敌人进行战略与作战部署上的变更,只能是"左"倾路线执行者脱离实际的一厢情愿,根本难以达到目的。但抗日先遣队的红军将士,在半年多的时间内,转战闽、浙、皖、赣,深入到了国民党"围剿"军的后方，震动了国民党统治的中心地区，建立了可歌可泣的英雄业绩。这一行动，实际上拉开了红军战略转移的序幕。

寻淮洲

粟裕

7月下旬，中共中央和中央革命军事委员会（以下简称"中革军委"）又决定，以位于湘赣苏区的第6军团向湖南中部转移，开展游击战争，创立新苏区，并与活动于湘、鄂、川、黔边区的红3军建立可靠的联系，以促成江西、四川两大苏区的联结。同时决定，由任弼时任中共中央代表，与萧克、王震组成军团军政委员会，任弼时任主席。8月12日，红6军团誓师西征，萧克任军团长，王震任政治委员，李达任参谋长，张子意任政治部主任，全军团共九千七百余人。在八十多天的征战行动中，第6军团转战湘、赣、桂、黔四省，行程五千多里，历尽千辛万苦，冲破国民党军的重重阻截，最终于10月24日在贵州省印江县木黄与和贺龙、关向应率领的红3军会合。红6军团的西征，胜利完成了战略转移和牵制敌人的任务，其行进路线基本与尔后中央红军长征的初期路线相吻合，因而实际上起到了为中央红军实施大规模战略转移的侦察、探路的先遣队作用。

方志敏

北上、西征部队的战士尽管英勇卓绝，但因兵力薄弱，不足以大量牵制、分散国民党军力量，未能从根本上动摇国民党军对中央苏区的"围剿"部署，反而促使蒋介石加快了第五次"围剿"的步伐，集中全部主力对中央苏区中心区展开更加猛烈的进攻。博古、李德命令红军主力和一切地方武装"六路分兵"、"全线抵御"，继续与敌人打消耗战，红军被迫开始了更加艰苦的阵地防御作战。在国民党军的主要攻击方向，红军在高虎脑、万年亭、驿前等地，前赴后继，誓与阵地共存亡，重创敌军，但自身也屡遭重创，且未能遏止敌军的进攻。

红6军团部分人员于1935年在湖南省新化县合影。前排左起：周仁杰，李铨，政治委员王震，政治部主任夏曦，军团长萧克；中排左起：6、晏福生，7、刘礼年；后排左起：王赤军、贺庆积、戴正华

到了9月上旬，苏区只剩下瑞金、会昌、雩都（今于都）、兴国、宁都、石城、宁化、长汀等县的狭小地区，人力、物力都极端匮乏，在内线打破敌人"围剿"的可能性已经完全丧失，中央红军的第五次反"围剿"行动败局已定，战略转移势在必行。在残酷的现实面前，博古、李德等人终于被迫放弃了在苏区内部粉碎国民党军"围剿"的计划，决定中央红军主力在10月底或11月初实行战略转移，沿红6军团西征的路线，到湘鄂西与红2、红6军团会合，然后实行反攻，以粉碎敌人第五次"围剿"，恢复中央苏区。根据这一决定，中央红军的战略转移部署与准备开始仓促展开。

9月8日，中革军委发出指示，要求部队转入运动防御，以最高限度地节用有生兵力及物质资材为基本原则，主力集结并在战斗间隙转入补充整训，准备全部撤退。随后又发出指令,令中央红军各军组织好后方机关,加强运输队的建设。同时,在地方政府的全力协助下,动员了三万名新战士参军,大力扩编红军主力部队,组建了红8军团和教导师。中共中央、中革军委对红军主力撤离后的苏区工作进行了部署,成立了中共苏区中央分局、中华苏维埃共和国中央政府办事处和中央军区,统一领导中央苏区和闽浙赣苏区的党政军工作。中共苏区中央分局由项英、瞿秋白、陈毅、陈潭秋、贺昌等人组成,项英为分局书记、中央军区司令员兼政委,陈毅为办事处主任。地方党和政府也根据中共中央的指示进行了适应敌占区工作和游击战争的改组,政府机构进行了合并,敌占区的县、区军事部改为游击队司令部和政治部,军事部长任司令员,县(区)委书记任政委。

中央苏区部分领导人。左起:叶剑英、杨尚昆、彭德怀、刘伯坚、张纯清、李克农、周恩来、滕代远、袁国平

但是,实行战略转移这样一个关系到中国共产党和中央红军命运乃至于中国革命前途与命运的重大决策,是在一种极端不正常的情况下做出的,甚至也没有在中央政治局会议上进行讨论。战略转移的准备与部署都由最高"三人团"直接处理,实际上一切都处在博古、李德的操控之下,政治上博古做主,军事上李德决定,周恩来只负责督促军事计划的实行,并不能与闻所有的事情。以中共中央和中革军委名义下达的指示、命令,均要求"绝对秘密",严禁向干部、部队传达,关于为什么退出苏区、当前任务怎样、到何处去等基本的任务与方向问题,始终秘而不宣。这种以强调保密为借口的极端行为,使得党、政、军的众多高级干部都被蒙在鼓里,更谈不上在军队和地方领导干部中进行必要的解释、教育与动员工作,直接影响了整个战略转移的思想准备与其他准备工作。

参加南方三年游击战争的部分干部。前排左2起:叶飞、陈毅、项英、黄道;后排左起:顾玉良、沈冠国、温仰春、曾昭铭、李步新

9月26日,国民党"围剿"军主力对中央苏区腹心地区发起多路总攻,并拟定于10月14日总攻瑞金、宁都。此时,苏区尚有少量回旋空间,中央红军完全可以利用各路敌军推进情况不一,且不敢长驱直入的间隙,对部队进行必要的休整与动员、整顿,然后精心筹划,突破其包围圈,寻机作战,或如毛泽东当时所建议的那样,以主力向湖南中部前进,调动敌人至广大无堡垒地带寻求战机,歼灭其有生力量,粉碎"围剿",恢复苏区。然而,博古、李德等人却被敌军的气势所吓倒,决定提前一个月实行战略转移。

张闻天

《红色中华》报社论《一切为了保卫苏维埃!》

9月29日，中共中央以中华苏维埃共和国人民执行委员会主席张闻天的名义在《红色中华》报第239期上发表了题为《一切为了保卫苏维埃！》的署名社论。社论写道："为了保卫苏区，粉碎第五次'围剿'，我们在苏区内部求得同敌人的主力决战。然而为了同样的目的……我们有时在敌人优势兵力的压迫之下，不能不暂时地放弃某些苏区与城市，缩短战线，集中力量，求得战术上的优势，以争取决战的胜利。"这篇社论，以间接的语言第一次发出了中央红军准备实施战略转移的公开信号。

10月6日，国民党军占领红都瑞金的门户石城，博古、李德在严峻的局势面前，完全失去了冷静与沉着，陷入了更加惊慌失措之中，决定中央红军主力立即撤离中央苏区，向湘西实行战略转移。

10月7日，中共中央和中革军委命令：担任战略掩护任务的红24师和地方武装接替红军主力的防御任务，红军主力则向瑞金、雩都地区集结，准备执行新的任务。8日，中共中央发出《给中央分局的训示》，指出：如果红军主力继续在苏区内部作战，会损失最宝贵的有生力量，"这不是保卫苏区的有效的办法。因此，正确地反对敌人的战斗与彻底地粉碎敌人的第五次'围剿'，必须使红军主力突破敌人的封锁，深入敌人的后方去进攻敌人"，而苏区的一切党组织的基本任务，是在中央的总方针指导下，围绕自身工作，发展广泛的游击战争，来反击敌人与保卫苏区。9日，红军总政治部发布《关于准备长途行军与战斗的政治指令》，要求"加强部队的政治、军事训练，发扬部队的攻击精神，准备突破敌人的封锁线，进行长途行军与战斗"。

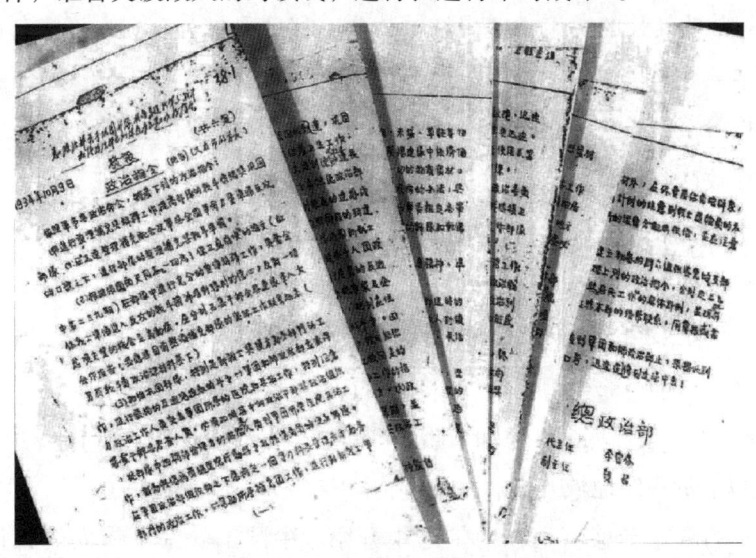

1934年10月9日，总政治部发出巩固部队准备长期行军与战斗的指令

中共中央、中央政府、中革军委机关与直属部队被编为了两个纵队。第1纵队由红军总部和干部团组成，叶剑英任司令员兼政治委员，钟伟剑任参谋长，王首道任政治部主任，下辖四个梯队，最高"三人团"成员博古、李德、周恩来和中共中央政治局委员、中革军委主席、红军总司令朱德等随该纵队行动；第2纵队由中共中央、中华苏维埃中央政府、总工会、青年团机关和后勤部队、卫生部门等组成，罗迈（李维汉）任司令员兼政治委员，邓发任副司令员兼副政治委员，张宗逊任参谋长，邵式平任政治部主任。中共中央政治局委员、中华苏维埃共和国中央执行委员会主席毛泽东，中共中央政治局委员、中华苏维埃共和国人民执行委员会主席张闻天和中共中央政治局候补委员、红军总政治部主任王稼祥等人随该纵队行动。

参加战略转移行动的除第1、第2纵队外，还有中央红军主力部队第1、第3、第5、第8、第9军团及部分担负运输任务的民工，共八万六千余人。其中，第1军团军团长林彪，政治委员聂荣臻，参谋长左权，政治部主任朱瑞，下辖第1、第2、第15师；第3军团军团长彭德怀，政治委员杨尚昆，参谋长邓萍，政治部主任袁国平，下辖第4、第5、第6师；第5军团军团长董振堂，政治委员李卓然，参谋长刘伯承，政治部主任曾日三，下辖第13、第34师；第8军团军团长周昆，政治委员黄甦，参谋长张云逸，政治部主任罗荣桓，下辖第21、第23师；第9军团军团长罗炳辉，政治委员蔡树藩，参谋长郭天民，下辖第3、第22师。中共中央先后派凯丰、刘少奇、陈云为驻第5、第8、第9军团的中央代表，以加强对这些部队的领导。

提前进行战略转移的决定，使得红军战略转移变得极为仓促。许多部队是从前线直接开赴集结地域，稍作调整，即整装出发，根本没有时间也不允许进行必要的政治动员，对长途行军作战缺乏充分的精神与心理准备。同时，作战部队缺乏必要的休整，长期进行阵地攻防作战，缺乏运动进攻、遭遇、奔袭、渡河、突破等运动作战的技战术演练，战术准备极不充分。新征集的三万新兵不是补充主力部队，而是突击编成了第8军团和教导师等新部队，且编成后就立即出发。结果是：主力缺编少员，新部队则训练不足，严重影响了部队的整体战斗力。

然而，这一切都不能影响战略行动的开始。10月10日，中共中央、中革军委率第1、第2野战军纵队离开瑞金，参加战略转移行动的红军主力也先后由驻扎地区向零都河（贡水）以北的集结地域开进。

中央红军的战略转移行动在匆忙之中开始。中国工农红军伟大的长征由此拉开帷幕。

离别的日子终于到了,依依惜别之情笼罩着苏区的每一块土地。苏区的民众聚集在村头、路边、河畔为部队送行,热泪沾衣叙情长。像每一次作战行动开始前一样,红军将士对即将开始的西征充满必胜的信念。然而,被迫离开用生命与鲜血创建的中央苏区,离开哺育红军成长壮大的红色土地的现实,如重石般压在了每个红军战士的心头。他们可以从容面对战场上的浴血拼杀,却难以承受与苏区人民的离别。队伍中,官兵们不断回头,凝望中央苏区的山山水水,挥泪告别故乡的山林、村庄、父老、兄弟、姐妹、战友和苏区的一切、一切……

中央苏区的红军

时任红 1 团团长的杨得志回忆说:"战争年代,出发和上前线,上前线和打仗,几乎是同义词。以往,部队的指战员听说要上前线,不用动员也会'嗷嗷'地叫起来。但这次出发,气氛却截然不同。虽然当时谁也不知道这是要撤离根据地;谁也不知道要进行跨越十一个省的万里长征;谁也不知道此一去什么时候才能转回来,但那种难分难舍的离别之情,总是萦绕在每个人的心头。赶到雩都河边为我们送行的群众中,除了满脸稚气、不懂事的小孩子跑来跑去,大人们的脸上都挂着愁容,有的还在暗暗地流泪。老表们拉着我们的手,重复着一句极简单的话:'盼着你们早回来,盼着你们早回来呀!'连我们十分熟悉的高亢奔放的江西山歌,此时此地也好像变得苍凉低沉了。令我难以忘怀的是,那些被安排在老乡家里治疗的重伤员和重病号也来了。他们步履艰难地行走在人群之间,看来是想寻找自己的部队和战友,诉诉自己的衷肠。……我也想过,或许有的伤员会赶上来,但是直至部队进入了湖南,我们团留下的同志却没有一个能赶上来……"

夕阳西下,秋风萧瑟。10月17日黄昏,战略转移的中央红军部队从雩都、花桥、潭头圩(龙石咀)、赖公庙、大坪心(龙山门)、峡山圩(孟口)等十个渡口,踏着突击架设的浮桥,渡过雩都河,开始了突出重围的行动。

没有人能够想到,此次西征行动竟然是与中央苏区的长久告别,中央苏区从此将陷入白色恐怖下的浩劫,直到十五年后,红军的后代人民解放军部队方打回苏区,与亲人相聚。

中央红军长征出发纪念碑

雩都河长征渡口

更没有人能够想到这次战略转移竟要耗时一年,纵横十一省,长驱两万五千里,演变为人类历史上从未有过的长征,谱写出一部壮丽的史诗,耸立起一座巍峨的丰碑,成为伟大的中国共产党、伟大的人民军队、伟大的中华民族宝贵的财富和永远的骄傲。

中央红军踏上了漫漫长征路。中国工农红军的长征开始了。

史料链接

★ "长征"名称的来源

举世闻名的中国工农红军长征,最初并没有使用"长征"这个名称。中央红军行动之初,所确定的行动目标是到湘鄂西地区与红2、红6军团会合,然后实施反攻,打破国民党军的"围剿",恢复中央苏区。因此,当时所使用的名称是"长途行军与战斗"、"远征"、"转移"或"战略转移",而在中革军委与红军总部机关所发布的命令、指示中则称之为"西征"、"突围"。这些名称,一直使用到了1935年5月中央红军经过彝民区。此时,距离中央红军离开江西中央苏区已经有七个多月的时间了。

1935年5月,中央红军进入大凉山冕宁地区彝民区,红军总司令朱德发布《中国工农红军布告》,布告写道:"红军万里长征,所向势如破竹。"在成立冕宁县革委会大会上,朱德讲话中又提到"长征"一词。这是最早见到使用"长征"一词。

1935年6月12日,中央红军与红四方面军在四川西北的达维、懋功地区会师。中革军委机关报《红星报》刊登了红军总政治部宣传队专门为庆祝会师而谱写的《两大主力会合歌》,歌词中使用了"万余里长征"的提法。随后,1935年8月5日中共中央政治局毛儿盖会议所形成的《中央关于一、四方面军会合后的政治形势与任务的决议》中,明确指出:"一方面军的一万八千里长征,是中国历史上空前的伟大事业"。这是在正式的中央文件中首次使用"长征"的名称。此后,长征的名称在中央文件中多次出现,同时,随着红军北上征程的延伸,对长征的表述也逐步变成了"两万余里长征"。

1935年10月,红一方面军主力到达陕北。此时,从江西瑞金算起,红一方面军即中央红军,已经跨越了十一个省,行程两万五千余里。11月,在陕北召开的红一方面军全军干部大会上,毛泽东激昂豪迈地宣告:"从瑞金算起,十二个月零两天,共三百六十七天,战斗不超过三十五天,休息不超过六十五天,行军约二百六十七天,如果夜行军也计算在内,就不止二百六十七天。我们走过了赣、闽、粤、湘、黔、桂、滇、川、康、甘、陕,共十一个省,根据一军团的统计,最多的走了两万五千里,这确实是一次远征,一次名副其实的、前所未有的长征!"在中共中央、中华苏维埃共和国政府、

史料链接

中革军委所发表的宣言中和中共中央领导人的讲话中,也开始使用"两万五千里长征"的名称。毛泽东于 1935 年 12 月在党的活动分子会上作《论反对日本帝国主义的策略》一文中,明确指出"长征"的意义。从此,党史、战史、军史就把这段历史称为长征时期,"长征"一词就不是一般含意的战略转移了。

当然,今天我们所说的长征,已经不是单指中央红军的长征,而是指由中央红军即红一方面军和红二方面军、红四方面军、红 25 军等组成的中国工农红军主力,分别由不同的起点出发,纵横江西、福建、广东、湖南、广西、贵州、云南、四川、西康、甘肃、湖北、河南、陕西、青海等省,行程数万里,涉过数十条大江、大河,翻越数座终年积雪的雪山,穿越人迹罕至的草地,通过数十个少数民族居住区,进行大小战役、战斗近六百次,攻占县城一百余座,冲破国民党军的围追堵截,最终会师陕北,完成中国革命大本营奠基大西北的伟大战略转移和人类历史上从未有过的伟大战略远征。

★ 去留心绪都嫌重

瞿秋白是中国共产党著名的领导人、理论家、宣传家与文学家。在大革命失败后,曾经担任中共中央的领导人,主持召开了著名的"八七会议",确定了武装反抗国民党反动派的方针,后来虽犯"左"倾盲动错误,但很快予以纠正。在苏联担任中共驻共产国际代表两年之后,与周恩来一起回国,不久被"左"倾路线者排斥在中央领导层之外。在上海,他与鲁迅、茅盾等人领导了左翼文化运动,写下了许多在中国文学史上占有重要地位的著作和文章。撤离上海进入苏区后,出任中央政府教育人民委员。红军长征开始前,博古等人在干部路线上大搞宗派主义,将曾经反对过他们的人全部留在了苏区,瞿秋白也在名单之列。

坚持苏区斗争,需要有丰富的游击战争经验。瞿秋白一介书生,军事所知甚少,又重病缠身,肯定不是合适人选。毛泽东、张闻天等人都曾力主让他随军长征,为党保住宝贵的理论和文化人才,但遭到了博古的粗暴拒绝,称:"瞿秋白同志留下,不可更改。"

瞿秋白接受了这一明显不合理的安排。中央机关离开瑞金前,瞿秋白与即将远行的战友小酌话别,讲了一番充满文人气息但感情真挚的话:"你们走了,我只能听候命

史料链接

运摆布了，不知以后怎样。我们还能相见吗？如果不能相见，那就永别了。我一生虽然犯过错误，但对党、对革命忠心耿耿，全党同志有目共见。祝你们前途顺利，祝革命胜利成功。我无论怎样遭遇，无论碰到怎样逆境，此心可表天日。"

同样留下坚持苏区斗争的还有中共创始人之一、中央政府临时法庭主席何叔衡，他把自己仅有的一件毛衣送给了老战友林伯渠。临别时，两人双手紧握，热泪盈眶。林伯渠哽咽着低吟一首《七律·别梅坑》，送给从此永别的战友：

共同事业尚艰辛，清酒盈樽喜对倾。敢为沙坪养政法，欣然沙坝搞财经。去留心绪都嫌重，风雨荒鸡盼早鸣。赠我绨袍无限意，殷勤握手别梅坑。

1935年2月24日，瞿秋白、何叔衡等人在福建省长汀县永口镇小迳村被国民党保安团包围。在突围战斗中，面对四面扑上来的国民党兵，何叔衡拔出手枪，将子弹射入了自己的头颅，为革命事业献出了生命。瞿秋白不幸被俘，在狱中，瞿秋白英勇不屈，最终于1935年6月18日被枪杀于长汀。临刑前，他从容不迫，高唱《国际歌》、《红军歌》，盘膝坐在刑场的草坪上，笑曰"此地很好"，从容就义。

★ 坚持中央苏区斗争的红军部队

中央红军主力部队撤离中央苏区后，中共中央和中革军委决定，以红24师及地方部队共一万八千余人，坚持苏区斗争，开展游击战争。掩护中央红军主力战略转移。从1934年10月8日起，红24师与各地方部队先后接替红军主力防务。

红军主力转移后，国民党"围剿"军以主力一部向西追击，其余部队继续向中央苏区腹地推进，于11月10日占领瑞金。为制止敌军推进，中央军区集中红24师与两个独立营在瑞金以南的谢坊设伏，重创由瑞金向会昌推进的国民党军第3师主力，取得了坚持苏区斗争的重大胜利，有力地策应了主力西进，并鼓舞了苏区人民的斗志。

然而，谢坊之战也暴露了红24师的实力。国民党军发现苏区仍有正规红军部队，立即改急进为缓进，对苏区实施分割，寻找与红24师决战的机会。然而，在这种情况下，中共苏区中央分局没有适应斗争形式的需要而果断实行由正规战向游击战的转变，反而命令红军部队实行阵地防御，同敌人拼消耗，部队活动处境越来越困难。12月初，国民党军队二十多个师对苏区展开划区"清剿"，并构筑封锁线，实行保甲制，大肆捕杀共产党员和积极分子，各级苏维埃政府大都被摧毁，苏区笼罩在白色恐怖之下。在

史料链接

此严峻局势下,中央分局领导依旧坚持大兵团作战方式,结果使部队在牛岭等战斗中遭受严重损失。

1935年2月中旬,根据中共中央的指示,中央分局正式决定将红24师等部队分散,分别在中央苏区和邻近地区开展游击战争,实行由正规战向游击战的战略转变。2月下旬,红军部队开始分路突围,但由于国民党军的包围圈已经形成,部队几经战斗,大部遭到损失,只有少数部队突出重围,转至赣粤边、闽赣边、湘南、闽西等地,与坚持当地斗争的党组织与武装力量会合,开辟游击区,展开了艰苦卓绝的三年游击战争。

三年游击战争中,坚持南方地区武装斗争的党组织与部队先后开辟出了赣粤边、闽赣边、湘南、闽西、皖浙赣边、浙南、闽北、闽东、鄂豫皖边、鄂豫边、湘鄂赣边、湘赣边、琼崖等游击区。这些党组织和游击武装的存在,为中国革命保存了骨干,也保留了火种。抗日战争爆发后,这些部队成了组建新四军的中坚力量。

★ 十送红军

一送红军出大门,全家老少笑脸泪盈盈。
粗茶淡饭未曾尝一口,为着穷人急急忙忙奔前程。
二送红军出村口,两脚沉沉抬步难行走。
难忘亲人恩情重,千秋万代永远铭记在心头。
三送红军练兵场,战旗飘飘军号嗒嗒响。
赛龙似虎雄赳赳,人欢马叫人人无不喜洋洋。
四送红军大路旁,心随亲人长征把路上。
葛麻草鞋送一双,粗糙结实礼轻物薄情谊长。
五送红军点将台,军民同打白匪闹土改。
胜利凯歌传苏区,鱼水深情牢牢记在咱心怀。
六送红军过石桥,水波涟涟再留住一宵。
离别一日如一年,笑脸难开亲人一走内心焦。
七送红军过大湾,一步一步离开亲人远。
此去何日重相见,风餐露宿难以把心安。

史料链接

八送红军过小河,眼泪如梭有话难诉说。
祝亲人旗开得胜,身心无恙人强马壮震八岳。
九送红军三里三,翻山涉水挥旗过大川。
关山重重脚下踩,披荆斩棘为国为民保江山。
十送红军千里远,路途茫茫无奈日已偏。
朝行夜宿多保重,杀尽白匪但愿亲人早日还。

★ 中央红军长征出发时实力统计

人员

全军总人数:86859 人
军委第一纵队:4693 人
军委第二纵队:9853 人
红 1 军团:19880 人
红 3 军团:17805 人
红 5 军团:12168 人
红 8 军团:10922 人
红 9 军团:11538 人

装备

长枪:9153 支
短枪:3141 支
自动枪:28 支
手提花机关枪:271 支
轻机枪:294 支
重机枪:357 支
山炮、迫击炮:38 门

合计

持枪炮者:35703 人,占总人数的 41.7%

非持枪炮者(包括挑夫、机关工作人员、后勤人员、杂务人员、伤病员等,以及仅装备大刀、长矛等的大多数新兵):51156 人,占总人数的 58.3%

第一编
闯关夺隘突重围

- 020　第一章　突破三道封锁线
- 036　第二章　血战湘江
- 054　第三章　红2、红6军团发动湘西攻势
- 069　第四章　黎平转兵
- 087　第五章　突破天险
- 103　第六章　红25军开始长征

第一章

突破三道封锁线

国民党军对中央苏区的第五次"围剿"共动用了五十万部队，由蒋介石坐镇南昌指挥，分编为北路、南路、西路三路军。北路军以顾祝同为总司令，由其嫡系中央军部队组成；南路军以广东军阀陈济棠为总司令，由粤军部队组成；西路军以湖南军阀何键为总司令，由湘军部队组成。国民党军在中央苏区四周构筑了各种碉堡、工事，形成了数道严密的封锁线。1934年1月下旬，又以北路军中的部分嫡系部队组成了东路军，由蒋鼎文任总司令。

红军经过的瑞金武阳桥

国民党"围剿"军虽然兵力占绝对优势且部署严密，防线重重，但内部的矛盾冲突则不可避免地导致了部署上的漏洞。在国民党军四路大军中，北路军和东路军均为蒋介石的嫡系中央军部队，且力量集中，装备精良，红军要想从其中间撕开缺口，殊非易事。然而，西路军的湘军主力正忙于"围剿"西进的红6军团与活动于湖南各地的红色武装，力量分散；南路军总司令陈济棠则与蒋介石同床异梦，拥兵自保，既惧怕红军进入广东，又唯恐蒋介石以"剿共"之名，驱兵入粤，动摇自身的统治，因而一方面迫于蒋介石的压力，派兵参与了对中央苏区的进攻，另一方面则以重兵在江西与广东交界处构筑防线，防守广东，且派员与红军进行了秘密谈判，达成了停战协议，这就为红军迅速突破国民党军的封锁线西进，提供了可以利用的有利战机。

中革军委将中央红军突围行动的突破点选定在了陈济棠防区，决定迅速穿越粤军、湘军的防区，抢在蒋介石调整部署、形成新的包围圈之前，与活动于湘鄂西的红2、红6军团会合。1934年10月17日，中央红军主力部队渡过雩都河之后，向指定的进攻发起地域多路秘密开进。

对于红军主力部队的集结，蒋介石最初认为只是实施小规模战术性部署调整，至多不过是对南线的粤军实施反击，而这对其来说正中下怀，因而并没放在心上。蒋介石对"围剿"中央苏区，消灭中央红军已是成竹在

广东军阀陈济棠

胸，认为胜利已经指日可待，遂于10月上旬偕夫人宋美龄周游全国，接见军政要员，大谈"围剿"红军的战绩，风光异常。然而，蒋介石因为自己的得意忘形，错过了一个十分重要的信息。

10月3日，投降国民党的前中革军委总参谋部第5局局长兼军委动员武装部部长杨岳彬向国民党透露了红军下一步的行动计划。据此情报，国民党南昌行营作战厅厅长贺国光在发给蒋介石的电报中说，红军面对目前不利的形势，做了上中下三种准备：第一，为保存中央苏区和政府而聚集力量在瑞金、石城之间或在瑞汀附近与国民党军决战。第二，如果决战失败，则以一部散布闽赣地区牵制国民党军，红军主力将向南经安远、信丰、三南一带转进湘南，前往四川或滇黔边，与徐向前、贺龙两部会合。这也是斯大林的主张，他认为四川最适合割据，该地区不畏经济封锁，也可向新疆、外蒙发展，取得苏俄直接帮助。第三，如果陈济棠南路军堵住南去的道路，"则将兵力分成数股窜扰闽南闽北闽中及粤之东原等处，牵制国军，以保存赣南之零星匪区及伪中央后方，为将来根据地。此为下策。"北上视察途中的蒋介石并没有及时得知这一消

息。直到10月18日,忽接东路军报告,称在占领瑞金后发现的资料中发现红军主力有西进的意图,才如梦方醒,明白红军的行动不是战术调整,而是战略转移;不是南下反击,而是西进突围!蒋介石他立即飞回南昌,主持军事会议,确定追堵中央红军的计划:以北路军第六路军总指挥薛岳率嫡系中央军吴奇伟、周浑元两个纵队组成"追剿"部队,对红军主力实施追击;令何键将西路军总部移至衡阳,除以一部继续"清剿"赣西红军外,湘军主力悉数调往湘南布防,并依湘江东岸构筑工事进行堵截;令南路军陈济棠将总部推至韶关,除以一部留置赣闽边"清剿"外,主力进至粤湘边乐昌、仁化、汝城间构筑防线进行截击;令广西军阀李宗仁、白崇禧的第4集团军将总部转至桂林,主力集中桂北,准备参加堵击作战。蒋介石的基本意图是:以粤军、湘军正面封堵,桂军侧击,中央军跟踪追击,从而对中央红军形成围追堵截的作战态势。

王母渡国民党军碉堡

然而,蒋介石的部署终究慢了半拍。各路国民党军尚未开始行动,红军的突围行动已经开始。10月19日至20日,红军部队主力到达仁风圩(街)、双芫(园)、牛岭、长洛、桂林江等地区,进抵陈济棠的南路军沿桃江(信丰河)构筑的碉堡群防线,并完成突围前的作战准备。

突破第一道封锁线

陈济棠的粤军沿桃江构筑的防线,位于赣州以东,沿桃江向南,经大埠、王母渡,转向东南,经韩坊、新田等地,共部署四个师另一个独立旅。这道防线后来被称作国民党军堵击中央红军的第一道封锁线。根据与红军达成的协议，陈济棠只以部分兵力分驻各地，"沿途筑碉挖壕，架设枪炮如临大敌"，以示其执行蒋介石的"围剿"命令，而将主力集结于纵深，以便机动。

中革军委决定，以红1军团在左，红3军团在右，由王母渡、韩坊、金鸡、新田段突破粤军防线；红9军团在红1军团后跟进，红8军团在红3军团后跟进，分别掩护左翼和右翼安全；军委第1、第2纵队居中，红5军团殿后。突破粤军防线后，全军向湘南前进。突围时间确定在21日夜至22日晨。

部队行动前，中革军委曾派人将红军需要经过的地点通知了陈济棠，并声明只是借道西进，保证不入广东腹地。但陈济棠接到通知时，红军的行动已经开始，没有来得及使陈的前沿部队了解红军意图，因而战斗一度非常激烈。

战斗首先在江西安远与信丰间打响，红1师第1团向新田攻击前进，粤军守军一个团认为是"土共"、"游击队"骚扰，以两个营出击，遭到红1团迎头痛击，仓皇逃跑，红1团乘胜追击，进占新田。与此同时，红2师第6团袭占金鸡，红3军团也攻占百室、韩坊、固陂。红军旗开得胜。

激战一夜，粤军终于明白自己不是遭受小股游击队的骚扰，而是面对红军主力的大规模行动，遂根据与红军达成的协议，稍加抵抗，主力即全线后撤，向安远、信丰、南康集中。红军部队也遵守协议，对后撤的粤军未作深远追击，主力按照原定计划向信丰东南地域推进。

22日，左路红1军团部队与从重石、版石退往安西的粤军第1师两个团遭遇，双方激战数小时，粤军不支，向安西逃跑。红1军团部队发起追击，共歼灭其约一个团，并乘势向安西发展。右路红3军团在向白石圩前进时，前卫红4师第11团突遭粤军截击。师长洪超指挥红11团奋力反击，很快将粤军击退，但洪超在战斗中不幸牺牲。至22日，红2军团部队占领坪石、固陂。红8军团由王母渡渡过桃江，向坳口、大坑方向前进。

红4师师长洪超

粤军第1师退守安西后，惊恐不定，数次向粤军第1军军长余汉谋求援。余汉谋也搞不清红军真实意图，不敢轻举妄动，只派了一个团前往增援，另以两个团向北佯攻，接应和掩护第1师南撤。但红军的目的并非攻占安西，而是震慑粤军，保障主力西渡桃江。23日，中央红军以红9军团继续监视安西、信丰、安远三处之敌，主力转兵西进。红1军团绕过安西，与红3军团并肩疾速西进，直向桃江。24日，红1军团主力占领铁石口等地，红3军团主力占领大塘埔等地，两军团的前锋部队占领桃江东岸，控制了渡口。当晚，各路红军先头部队渡江，抢占西岸要点，掩护主力过江。红3军团第5师占领江口等地，前锋进至梅岭关、中站；红1军团第2师向广东乌径方向推进，严密屏蔽着渡江通道。25日，军委第1、第2纵队和其他红军部队从信丰南北全部渡过桃江，突破了国民党军的第一道封锁线。

洪超烈士墓

突破第二道封锁线

红军突破第一道封锁线之后，陈济棠将主力全部撤至大庾（大余）、南雄、安远等地转入防御，以防红军进入广东。此刻，湘军何键部队仍然分散各地担负"清剿"任务，湘南、湘中只有部分地方保安部队；担负"追剿"任务的蒋介石嫡系薛岳部远在赣江以东的兴国、古龙岗、石城地区，短期内无法赶到湘南、粤北地区。国民党军力量分散，再次给予了红军西进的良好战机。

中共中央、中革军委决定，乘国民党军尚未完全判明红军意图之际，迅速沿赣粤和湘粤边界，向湖南汝城和广东城口之间地区前进，并确定：第一步进到西江、大庾、南雄地区，主力于大庾、南雄间西进；第二步进到沙田、汝城、城口地域，相继占领汝城。

兵贵神速！对于突围西进的红军来说，只有快速行动，方能抓住瞬间即逝的战机，抢在国民党军部署调整之前，突出重围，摆脱险境。但是，大搬家式的转移必然让红军步履艰难，一步一顿，根本无法实现自己的战略意图。

离开中央苏区时，博古、李德等人不仅下令带上了众多非战斗人员，而且将中共中央和中央政府直属的兵工厂、印刷厂、印钞机、机床、医院的"X"光机等各类笨重机器，乃至于桌椅板凳都进行了包装，雇请了上千名挑夫，加上中央教导师和各单位原有人员，组成了庞大而笨重的运输队伍，肩挑人抬，全部携带上路。这些"坛坛罐罐",加上各种非战斗人员,构成了一个流动着的"共和国"。非战斗人员占到了红军西进部队总人数的一半以上,行动极其迟缓,有时一天只能走十至十五公里路。

突破第二道封锁线纪念碑

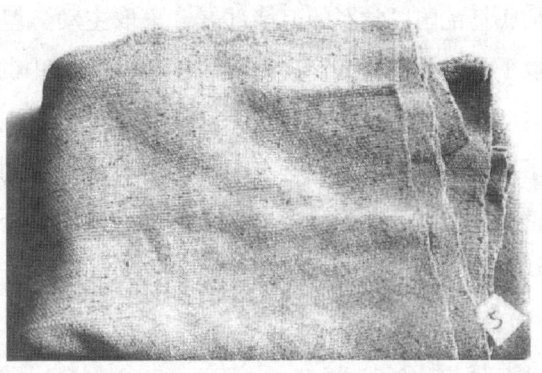
红军送给汝城群众的棉毯

机动灵活,本是红军部队作战的典型战法。但为了保护中央机关的行进,昔日来去无踪的红军部队此刻却变得步履蹒跚。在博古、李德的指挥下,从离开中央苏区起,红军一直采取两个军团在左,两个军团在右,军委两个纵队居中,一个军团殿后的甬道式部署行进。红军作战部队不得不把自己由战斗队变成了掩护队,变成了一个轿子,合力抬起中央、政府机关与沉重的辎重行装,机动能力受到严重影响,战斗力遭到极大削弱。时间就在这种缓慢的行进中一点一点地被销蚀了。

蒋介石接到红军突破第一道封锁线迫近湘南的报告后,大为震惊,急电陈济棠、何键,令其火速出兵,在湘粤两省交界的汝城、仁化、城口间构筑第二道封锁线,坚决堵击红军西进。同时令其他各路国民党军部队,迅速集结开进,参加"围剿"行动。

蒋介石心急如焚,但此时国民党军却依旧处于分散的状态,难以形成真正的堵截"追剿"部署。湖南军阀何键部虽欲全力阻止红军进入湖南,无奈部队尚在收拢并次第向湖南衡阳、郴县之间集结,在湘粤边地区只有一个旅和部分地方保安团,对堵截红军是有心无力。唯一能够立即投入堵击红军作战的粤军陈济棠部队则另有打算。桃江沿岸的交手,使陈济棠充分领教了红军部队的战斗力,因而接到蒋介石的电令后,他既怕红军挥师入粤,又不愿正面堵截红军,况且他已经与红军签订了让路协议,更不愿与红军死打硬拼。为了敷衍蒋介石,他只命李汉魂率三个师赶往乐昌、仁化、汝城附近,参加堵截行动,而将主力第1、第2军和几个独立师部署于粤赣边地区,防止红军南下,确保广东地盘不失。同时令参加堵截红军的部队小心行动,切不可贸然出击。因此,李汉魂率领堵截的部队行进缓慢,行进数日,才只有一个旅赶到了仁化地区。

各路国民党军行动参差不齐。如果红军这时能够抓住国民党军兵力尚未集中、协同比较困难的有利时机，集中力量，创造战机，完全有可能打一两个歼灭性的胜仗，彻底打乱国民党军的追堵部署，争取主动。但是博古、李德等人却急于夺路西进，采取了消极的避战方针，由反"围剿"作战中的冒险主义、堡垒主义变为了战略转移中典型的逃跑主义，正如毛泽东所形容的那样，是"叫花子打狗——边打边走"，敌人来了打一下，打完之后就走，不仅对可以消灭的敌人据点没有夺取的计划，而且对前进道路上能够消灭的敌人也一味避战，致使整个战略转移行动机械呆板，始终处于被动状态。

城口旧照

10月29日7时，中革军委确定，红军应于11月1日进至沙田、汝城、城口及上堡、文英、长江圩地域，突破国民党军的第二道封锁线。这一地区地处湘粤两省交界的山区，虽然守军以保安队居多，但没有见过正规红军，且没有想到红军会来得如此快，防务松懈，但道路沿线碉堡相连，大队红军通过也非易事。因而，中革军委于11月1日令红1军团夺取城口，红3军团夺取汝城，撕开突破口，掩护主力迅速通过。

担负奔袭城口任务的红1军团第2师第6团第1营，在营长曾保堂的率领下，急行军220多里，于11月2日夜奔袭得手，夺取城口；红3军团部队进到汝城城下后，发现汝城守敌较多，短时间内不易攻取。中革军委遂于11月5日决定，以一部兵力监视汝城之敌，主力兵分三路，以红3、红8军团为右纵队，红1军团第1师和军委两个纵队、第5军团为中纵队，红1军团第2师、红9军团等部为左纵队，从汝城、城口间穿越国民党军的第二道封锁线。

当日，红军各纵队按照中革军委的部署继续西进，至11月8日，抢在国民党军主力赶到之前，全部通过国民党军的第二道封锁线，进入湘南、粤北地区，并继续向宜章方向前进。

突破第三道封锁线

红军通过国民党军的第二道封锁线时，蒋介石已经对红军西进的路线有所判定，认为红军将"继续向宜章方向逃窜"，遂于11月6日以国民党"军事委员会委员长南昌行营"的名义颁布紧急"堵剿"电令，令陈济棠、何键等部在粤汉铁路位于湘、粤边界湖南境内的郴县至宜章间地区，利用原有的碉堡加强工事，构筑第三道封锁线，堵截红军西进湘西。同时令嫡系薛岳的追剿部队昼夜兼程，由江西、福建赶赴湖南。

1934年11月8日，中革军委关于红3军团在良田、宜章突破敌军封锁线的命令红军进入湘粤边界,向西则进入湖南,向南则插入广东,直接威胁着何键、陈济棠的统治地盘。何键与陈济棠不敢怠慢,急忙调兵遣将,部署防线。湘军以主力置于郴县、宜章间的郴县、良田、文明司等地,粤军将主力置于仁化、乐昌、九峰、延寿、塘村、坪石一带。当时,粤汉铁路虽未全线通车,可部分路段已经能够短途使用,湘军、粤军利用铁路、公路运送部队,并使用筑路的物资、器材构筑工事,在多不在大,重密不重坚,很快在郴县、良田、宜章、乐昌之间形成了阻止红军西进的第三道封锁线。但地方军阀毕竟心怀鬼胎,湘军和粤军都把堵住红军不进入自己的防区作为第一要务,因而所确定的作战方针均为"先堵后剿",将主力控制在纵深,在力保地盘不失的前提下,再准备利用道路交通方便的条件,从南北两侧向红军部队进行挤压。在部署上,在红军前进的道路上配置兵力不多,在九峰坪仅有粤军一个团,并没有堡垒;乐昌只有粤军两个团;汝城、宜章间无正规部队,只有民团;宜章以北亦只有湘军第15师的一个团。

红军此刻正行进在韶关以北乐昌地区的五岭山脉中。山高路窄,加上行装笨重,各军团与军委纵队全走一条路,拥挤不堪,行进速度很慢。11月6日,毛泽东建议中革军委放弃原定西进计划,向北翻越诸广山,沿耒水北下,甩掉追兵,在山口山一带休整,然后到永丰、蓝田、宝庆等地寻找战机,消灭敌人。但是博古、李德等人根本听不进毛泽东的建议,顽固坚持既定的西进方针和路线不变,只是命令红军尽快通过第三道封锁线,夺路前往湘鄂西。

彭德怀

杨尚昆

11月7日11时,红3军团军团长彭德怀、政治委员杨尚昆以万火急电,向中革军委提出了突破第三道封锁线的行动计划，指出：红军进入湘南，湘军何键处于存亡关头，必与蒋介石协同动作对付我们，而粤军疑蒋入粤，目前与蒋介石无南北夹击红军的企图，并建议："我应迅速坚决突破宜（章）乐（昌）郴（县）间封锁。三军团本着原计划西进，扫除良田、赤石司，突破宜郴间，相机略取宜章，不得即监视之。一军团同时向西速进，突破宜乐间，略取乐昌。九峰之敌无大企图，可驱逐之。"

中革军委接受了彭德怀、杨尚昆的建议。7日16时，中革军委对突破国民党军第三道封锁线做出部署，决定：红军在宜章以北之良田和宜章东南之坪石间突破敌人的第三道封锁线。以红3军团为右翼队，从宜章以北通过；红1、红9军团为左翼队，从宜章以南通过；军委第1、第2纵队和红5军团视情况而定。红8军团仍留东山桥地域，严密警戒汝城；并指出：为保证红军通过乐昌、坪石封锁线，红1军团应占领九峰，并确实牵制乐昌之敌。

红1军团部队到达麻坑圩后，军团长林彪亲自利用粤军留下的电话线，冒充国民党军军官，与乐昌道上赖田民团团长通话，得知粤军邓光龙部三个师三个团已经进至乐昌，并以一个团正向九峰山开进。林彪闻言，十分震惊，挂上电话后，马上命令第2师第4团昼夜兼程，直奔九峰山，不管付出多少代价，必须抢占九峰山制高点。第4团在团长耿飚、政治委员杨成武率领下，疾速前进，抢在粤军之前占领了九峰山，接着又拿下了九峰山南侧的茶岭。与此同时，红3军团第5师占领了良田。两支部队扼守左右两翼，掩护全军安全通过了九峰山以北至五指峰之间地域。

红军继续西行，很快就与在郴县、宜章地区活动的地下党组织与游击队建立了联系，并通过他们对湘南敌情有了充分的了解，获取了宜章、嘉禾、临武等地国民党军力量依旧薄弱的重要情况。

中革军委当机立断，决定以一部兵力佯攻郴县，牵制湘军；一部兵力攻占宜章，拒阻粤军，主力从宜章、郴县之间地区通过并向临武、嘉禾前进，通过国民党军的封锁线！

宜章，此刻成为红军西进道路上的一颗钉子。担负攻占宜章，打开西进通道任务的红3军团本来决定以红5师全部和红6师主力并肩西进，首先突破章桥市、万会桥之线，然后相机占领宜章城。但在9日，彭德怀获悉宜章没有国民党军正规军部队，仅有地方民团据守，遂立即改变计划，确定以第6师第16团为先遣支队，配属军团迫击炮营，对宜章实施远程奔袭，以红5师主力、红6师主力及军团直属队随后跟进。

10日，红5师攻占良田、黄泥坳，逼近郴县，切断郴宜大道。红6师第16团立即出发，团长李寿轩、政治委员于端祥率领团队，在游击队的引导下，冒着倾盆大雨向宜章疾进。当部队逼近宜章城时，遭到民团的拦截。红16团在行进间发起进攻，民团根本无力抵抗，顿作鸟兽散。红16团乘胜追击，直抵宜章城下，并很快扫清城外据点，包围城池。当地群众见红军到来，纷纷出来迎接，三百多名筑路工人主动帮助红军挖坑道、扎梯子，进行攻城准备。城内守军见状，魂飞胆破，半夜弃城逃跑。12日拂晓，城门大开，红军兵不血刃夺取了宜章城。在此期间，红1军团以一部北进，连克堡垒百余座，切断郴县至宜章的大路，威逼郴县，使得湘军惊惶不已，急忙收缩固守，从而有力地掩护了主力行动。

至此，红军在国民党军的第三道封锁线上撕开了一个大缺口，打开了西进的通道。11月13日至15日，红军各军团和军委两个纵队全部由宜章、坪石间通过了国民党军的第三道封锁线，进入湘南地区。红3军团在突破国民党军第二、第三道封锁线过程中，英勇善战，勇往直前，功勋卓著。11日，中革军委致电各军团，通令表扬"三军团首长彭、杨同志及三军团全体指战员在突破汝城及宜郴两封锁线时之英勇与模范的战斗动作"。

从10月下旬到11月中旬，中央红军连续突破国民党军的三道封锁线，取得了突围西进、战略转移行动的初期胜利。红军部队在艰难的环境中所展现出的坚强的意志、高昂的斗志与锐利的攻击力，令对手胆寒，也保证了红军跳出了国民党军在中央苏区四周设置的重重壁垒，彻底打破了蒋介石在中央苏区全歼中央红军的企图。

然而，"左"倾错误路线的指导和博古、李德等人武断、愚蠢的指挥，使得西进的红军始终难以彻底摆脱国民党军的围追堵截，难以充分施展红军灵活机动的作战特长；甬道式行进的撤退部署，消极避战的作战指挥，庞大笨重的行军行列，还有避开大路专走小路的西进路线，等等，把战略转移变为了逃跑行动。尽管有与粤军的借道协议，尽管前锋部队夺关抢隘，但八万多红军队伍拥挤在五岭山脉南岭、大庾岭、骑田岭中崎岖的山路上步履蹒跚，整个队伍如同一个被坚冰阻塞的板块，行进速度迟缓得令人难以置信。红军为此付出了代价：突破第一道封锁线减员三千七百余人；突破第二道封锁线减员九千七百余人；突破第三道封锁线减员八千六百余人。更为严重的是，红军丧失了摆脱国民党军围追堵截的宝贵时间，给予了国民党军重新调兵遣将设置新防线的时间。

红军为此将付出更大的代价，面临更加严酷的战斗。

史料链接

★ 城口奔袭战

城口镇，位于广东省与湖南省交界的山区，河水环抱，四周为起伏的山冈，地势险要，易守难攻。公路由镇中穿过，是从粤入湘的必经之路。红军长征经过此地时，这里驻有国民党军的一个地方民团，有七百余人，凭险固守，卡住了红军西进入湘的通路。能否迅速拿下城口，直接关系到红军能否迅速通过国民党军所设置的第二道封锁线。夺取城口的任务，交给了红1军团第2师第6团第1营。

1934年11月1日下午，红1军团军团长林彪、政治委员聂荣臻、参谋长左权亲自向1营营长曾保堂部署任务。从部队驻地到城口，需西行一百一十多公里，沿途要经过民团、保安队设置的碉堡、路卡。林彪命令1营黄昏出发，务必在11月2日天黑前赶到城口，并迅即发起战斗，抢在国民党军主力部队到达前夺取城池，并就地坚守阵地，保障大军西行。左权参谋长令1营沿大路跑步行进，争取时间，沿途如遇民团，不许纠缠，可冒充国民党正规军通过，实在不行就硬闯，一步不可停留。聂荣臻政委最后要求1营"必须不惜一切代价抢在敌人主力到达前夺取城口，使部队能从这个唯一的口子突出去"，并语重心长地嘱咐曾保堂："几万红军战士的生命就托付给你们营了。"

曾保堂热血沸腾，向军团首长保证完成任务。回到驻地，马上集合全营，传达军团首长命令。官兵斗志昂扬，高声表示坚决完成为全军夺路的任务。夕阳西下，队伍出发。按照左权的指示，曾保堂命令全体人员上刺刀，呈四路纵队沿大路跑步前进。全营三个连加团里配属的侦察排如离弦之箭奔向城口。

走出不远，一个碉堡横在路旁。守堡的民团拉动枪栓，厉声发问："干什么的？"开路的红军侦察排战士边跑边骂："老子是中央军，你们诈唬什么？有胆子下来看看，惊动了红军，老子毙了你们。"不知道是真的把红军误认为是"中央军"，还是胆量有限，完全被红军的气势所镇住，民团士兵没再吭声，也没进行阻拦。不仅如此，自从第一个碉堡的民团挨训，后面公路沿线碉堡里的民团竟对从鼻子下通过的红军队伍根本不理不睬，大概是第一个碉堡的民团给沿途的"弟兄们"打了招呼的缘故。

史料链接

队伍在大路上飞速行进。为了赶时间，早饭也是边走边吃，一直走到第二天中午，才休息片刻，养精蓄锐，随后一鼓作气，在11月2日黄昏时分赶到了城口镇前。队伍马上进入了作战准备。曾保堂判断，镇上民团对红军的到来尚不知晓，遂决定偷袭加强攻，以侦察排与3连解决镇内敌军，2连、3连迂回镇边山冈，摧毁岗上的碉堡，力争迅速解决战斗。

行动开始。侦察排的十余名战士从河里隐蔽泅渡接敌，曾保堂率其余人员大摇大摆地走向桥头。民团桥头哨兵见河对岸突然冒出一支队伍，大惊，慌忙打开电筒乱照，嘴里连叫"站住！你们是什么人？"红军战士厉声骂道："瞎照什么？老子是中央军！叫你们当官的出来说话。"说着就闯上了桥面。哨兵见状，拉动枪栓，高叫："不许走！只能先过来一个说话。"侦察员们边骂边走，一步没有停止，没等民团哨所醒过神，他们就已经冲到近前，甩手将其撂倒在地。就在此时，泅渡的人员也已靠岸，几颗手榴弹将桥头民团哨所送上了半空。曾保堂见偷袭得手，立即发出进攻命令。全营官兵如猛虎下山冲过木桥，枪炮声、爆炸声刹那间响彻小镇上空。

民团被突如其来的袭击打得晕头转向，根本无法组织起有效抵抗，民团团长带着一些人冲出镇子，企图上山顽抗，被早已占领山冈的2连、3连候个正着，一顿痛打，民团团长当场毙命，余者或缴枪投降，或作鸟兽散。仅用不到三个小时，1营就控制了全镇及周围山冈，结束战斗。曾保堂命令全营加紧整修工事，准备迎击敌军主力部队。

一夜平安。第二天上午，警戒人员捉到了国民党军的便衣侦探。审问后，曾保堂不由得倒抽冷气：当他们对镇子发起进攻时，国民党军一个师已经进到了距城口十公里的地方。听到镇子有枪炮声即停止前进，后遇到溃散的民团人员得知镇子被红军部队占领。国民党军师长不摸虚实，令部队连夜回撤四十里。如果1营迟到城口两个小时，战局将可能变为完全不同的模样，后果也不堪设想。

然而，就是这两个小时，使得红军抢得了先机，打开了西进的通道，顺利突破了国民党军的第二道封锁线。在拼意志、拼作风的较量中，红军部队永远是强者，因为他们是中国工农红军。

★ 借道陈济棠

1934年10月初，粤赣军区司令员兼政治委员何长工忽然接到了中革军委副主席周

史料链接

恩来的通知，令其立即赴瑞金接受任务。周恩来与中央军委副参谋长叶剑英向何长工交代了一项特殊的使命——作为红军代表，前往寻乌与粤军总司令陈济棠的代表进行秘密军事谈判。周恩来没有具体交代此次谈判的直接目的，只是嘱托何长工要勇敢沉着，见机行事。而实际上，此次谈判将直接关系到中央红军能否顺利打开西进通道，顺利突出重围，通过蒋介石在中央苏区周围精心部署的封锁线。

陈济棠号称"南天王"，属地方实力派，历来与蒋介石矛盾重重。第五次"围剿"开始后，蒋介石封其为南路军总司令，指挥粤军十一个师又一个旅，担负阻止红军向南发展，并向筠门岭、会昌推进的任务，一方面是借陈济棠之力围剿红军，另一方面则让粤军在与红军的作战中消耗实力，自己坐收渔翁之利。陈济棠对此心知肚明，所以，虽然在蒋介石的压力下，粤军也向红军阵地实施了进攻，但始终是雷声大雨点小，暗地里则秘密派人向红军做不再互犯的试探。

毛泽东对此高度关注，指示粤赣省委书记刘晓与何长工要抓住这一时机，充分利用敌人内部的争斗，加强统战工作，同时要缓和前线局势，将主力红军抽下来整训，积蓄力量，以备不虞。粤赣省委负责人依计行事。因而，在南线战场上，双方外打内通，明打暗和，战事始终比较和缓。蒋介石虽勃然大怒，却也无可奈何。

1934年9月，陈济棠再次派出代表，要求与红军代表进行谈判。这一要求对于正在酝酿突围西进的中央红军来说正中下怀。中共中央和中革军委马上决定抓住这个机会，力争与陈济棠达成协议，借道西进，顺利突出国民党围剿军的包围。中革军委主席朱德致信陈济棠，同意进行谈判，建议双方停止作战行动，订立反日作战协定。同时，中共中央和中革军委确定以中共中央宣传部副部长潘汉年与何长工作为谈判代表。朱德于10月5日亲笔署名，为潘、何二人写下了介绍信。

潘汉年与何长工在粤军的秘密护送下，到达粤军独1师2旅旅部所在地寻乌县罗塘镇，在一个偏僻的小山村的两层小楼上，与粤军代表杨幼敏、黄质文、黄任寰进行秘密谈判。

就在双方代表尚在为协议内容而紧张谈判之时，红军的战略转移行动已经开始。何长工接到周恩来发出的密语电报："长工，你喂的鸽子飞了。"粤军代表非常敏感，立即追问："是否你们要远走高飞了？"何长工平静作答："不是，这是说谈判成功了，和平鸽上天了。"但其内心则非常清楚，红军主力已经开始行动，谈判必须迅速达成协议。

史料链接

　　经过三天三夜的谈判，双方最终达成了五项协议：就地停战，取消敌对局面；互通情报；解除封锁；互相通商；必要时可以互相借道，红军有行动，事先通知陈，陈部后退四十华里。为防泄露消息，双方没有签订正式协议，只由双方代表将内容各自记在自己的记事本上。

　　这次谈判所达成的协议，对中央红军的长征意义重大。红军突围行动开始后，粤军根据协议，稍做抵抗，即边打边撤，或不做堵击。红军也遵守诺言，10月26日，中革军委专门电令各军团："现我方正与广东谈判，让出我军西进道路，敌方已有某种允诺。故当粤军自愿撤退时，我军应勿追击及俘其官兵。但这仅限于当其自愿撤退时，并绝不能因此而削弱警惕性及经常的战斗准备。"

　　红军在长征初期，能够顺利通过陈管区，突破国民党军的第一、第二道封锁线，并安全通过第三道封锁线，一方面是由于红军将士的英勇作战，另一方面也不能不说与在毛泽东、朱德、周恩来等人的直接指导下，红军巧用蒋介石与陈济棠之间的矛盾，开展卓有成效的统战工作，并达成了秘密停战协议有直接的关系。

中央红军长征初期序列表（1934年10月~12月）

中央革命军事委员会	主席：朱德 副主席：周恩来 　　　　王稼祥	
中国工农红军	总司令：朱德 总政治委员：周恩来 总参谋长：刘伯承（后） 总政治部主任：王稼祥 总政治部代主任：李富春	
红1军团	军团长：林彪 政治委员：聂荣臻 参谋长：左权 政治部主任：朱瑞	红1师　师长：李聚奎 　　　　政治委员：赖传珠（后） 红2师　师长：陈光 　　　　政治委员：刘亚楼 红15师　师长：彭绍辉 　　　　政治委员：萧华（辖第43、第44、第45团）
红3军团	军团长：彭德怀 政治委员：杨尚昆 参谋长：邓萍 政治部主任：袁国平	红4师　师长：洪超 　　　　政治委员：黄克诚（辖第10、第11、第12团） 红5师　师长：李天佑 　　　　政治委员：钟赤兵（辖第13、第14、第15团） 红6师　师长：曹德清 　　　　政治委员：徐策（辖第16、第17、第18团）
红5军团	军团长：董振堂 政治委员：李卓然 参谋长：刘伯承 政治部主任：曾日三	红13师　师长：陈伯钧 　　　　政治委员：罗生民（辖第37、第38、第39团） 红34师　师长：陈树湘 　　　　政治委员：程翠林（辖第100、第101、第102团）
红8军团	军团长：周昆 政治委员：黄甦 参谋长：张云逸 政治部主任：罗荣桓	红21师　师长：周昆（兼） 　　　　政治委员：黄甦（兼）（辖第61、第62、第63团） 红23师　师长：孙超群 　　　　政治委员：李干辉（辖第67、第68、第69团）
红9军团	军团长：罗炳辉 政治委员：蔡树藩 参谋长：郭天民 政治部主任：黄火青	红3师　师长：罗炳辉（兼） 　　　　政治委员：蔡树藩（兼）（辖第7、第8、第9团） 红22师　师长：周子昆 　　　　政治委员：黄开湘（辖第64、第65、第66团）
军委第1纵队	司令员：叶剑英 政治委员：叶剑英（兼） 参谋长：钟伟剑 政治部主任：王首道	第1梯队　队长：彭雪枫 　　　　政治委员：彭雪枫（兼） 第2梯队　队长：罗彬 　　　　政治委员：罗彬（兼） 第3梯队　队长：武亭 　　　　政治委员：武亭（兼） 第4梯队　军委干部团 　　　　队长：陈赓 　　　　政治委员：宋经武
军委第2纵队	司令员：罗迈 政治委员：罗迈（兼） 副司令员：邓发 参谋长：钟伟剑 政治部主任：张宗逊 　　　　　张经武（后） 　　　　　邵武平	第1梯队　队长：彭雪枫 　　　　政治委员：张经武 第2梯队　队长：何长工 　　　　政治委员：何长工（兼） 第3梯队　队长：贺诚 　　　　政治委员：贺诚（兼）

第二章

血战湘江

湘南地区，具有光荣的革命传统，早在大革命时期农民运动就已蓬勃发展。土地革命时期，朱德、陈毅曾在这里领导了湘南起义，由广西百色起义部队组成的红7军北上后，曾在这里与红3军会师，因而群众基础较好。中央红军进入湘南，重新燃起了当地群众的革命热情。宜章县苏维埃政府宣告成立，农民赤卫队重新建立。红军释放了被关押的革命者与群众，向群众分发了没收的土豪劣绅财物。群众主动为红军送粮、带路和照顾伤病员。经历了长途跋涉之后，红军官兵再次体验到了老区人民的热情。

湘江

部队已经远离中央苏区，再以"战略转移"或"打破敌人的反革命'围剿'"之类的空洞口号已经无法解释官兵们心中的疑问。红军的前途究竟如何，部队到底向哪里去？不回答这些问题，就难以巩固提高部队的士气，调动与发挥部队的积极性。在这种情况下，中革军委等统帅部门在跨过粤汉铁路后，逐级通过命令与指示，明确战略转移的最终目的是前往湘鄂西，与红2、红6军团会合。

然而，敌情依旧非常严重。红军突破第三道封锁线时，蒋介石已经完全判明红军西进的真实意图是前往湘鄂西，与红2、红6军团会合。这使得他既忧且喜。如果两支红军会合，且站稳脚跟，创建出一片新的苏区，那将需要一切从头另来，几年的"剿共"心血将付之东流，此为忧者。喜者则为，他的嫡系部队可充分利用红军进入了湖南，必定要与湖南、广东等地方军阀缠打厮杀的机会，既消耗地方军阀的实力，又为他的嫡系中央军部队追上红军减轻了压力和赢得了时间。更让他兴奋不已的是，红军如要继续西进，必定要连过潇水、湘江、漓水三道大河，他相信，这三道天堑，将最终阻挡红军前进的步伐，那里将是他最后"剿灭"中央红军的最佳战场。

红军长征突破湘江烈士纪念碑园

11月12日，蒋介石做出了将红军"歼灭于湘水、漓水以东地区"的部署：令湘军何键部与嫡系薛岳部共十六个师七十七个团，专事"追剿"；令粤军陈济棠部以四个师北进粤湘桂边区进行截击；令广西（桂军）李宗仁、白崇禧的第4集团军以五个师控制灌阳、兴安、全州（全县）、黄沙河一线，沿湘江进行堵击与侧击；令贵州（黔军）王家烈部在湘黔边堵截，合计动用了二十五个师近三十万人的部队，构成了一个以湘军和桂军两翼夹击与迎头堵击，中央军和粤军尾追截击、黔军策应封堵的口袋式包围圈，准备在湘江东西两岸一鼓"荡灭"红军。

他任命湖南军阀何键为"追剿"军总司令，确定了一个五路追堵部署：以刘建绪为第一路军司令，统辖湘军三个师一个旅又七个团在黄沙河附近集结，协同桂军堵击红军西进；以薛岳为第二路军司令，统辖中央军四个师又一个支队在零陵附近集结，沿湘桂公路机动，堵截红军北进与西进；以周浑元为第三路军司令，统辖中央军四个师，首先攻占道县，尔后对红军进行截击；以李云杰为第四路军司令，统辖湘军两个师，经嘉禾向宁远及其以南地区尾追红军；以李韫珩为第五路军司令，统辖湘军一个师，经临武、水口（今江华）、永明（今江永）尾追红军。

对于这个"追剿"计划，蒋介石是动过一番脑筋的。何键与李宗仁、白崇禧有私交，因此，湘军入广西的全州，桂系军阀不会有什么顾虑，两军将会合，着力封锁湘江，堵住红军去路。李韫珩、李云杰所部多系嘉禾、宁远子弟兵，对红军跟踪追击，熟悉地形，可收地利人和之便。而以精锐的周浑元部攻占道县，等于断了红军的退路，逼迫红军不得不向湘江推进；薛岳部沿湘桂公路机动，可随时在决定性的方向与时刻投入战斗。这样，五路大军协同，再加上粤军、桂军、黔军配合，红军不管何去何从，都是必败无疑。他从古代兵书《尉缭子》觅得："众已聚不虚散，兵已出不徒归；求敌若求亡子，击敌若救溺人"数句，并将之写入作战命令，训令各路部队务必抓住天赐良机，奋力作战。

为鼓励湘军卖命，他还手书一札，空投何键："党国命运在此一役，望全力督剿。"并录古诗一首相勉："昨夜秋风入汉关，朔云边月满西山。更催飞将追骄虏，莫遣沙场匹马还。"何键接札，受宠若惊，当即复电：誓将拼死决战，绝不负委员长重托。随后立即赶往衡阳，亲自主持军事会议，确定了湘江决战的部署。于是，在红军突破第三道封锁线时，各路国民党军依令行事，开始向湘桂边界地区疾速开进。

湘江地区，战云密布。西进的红军面临出征后最严酷的考验。

抢渡潇水

国民党军新的合围圈正在逐步形成，红军是继续西进，与绝对优势的国民党军在湘江地区展开决战，还是迅速避开蒋介石张开的口袋，在有利于红军作战的地区寻找战机，打破国民党军的包围？红军面临着生死抉择，稍有不慎，就将遭逢灭顶之灾。

国民党军虽来势汹汹，却非无隙可乘，无懈可击。特别是国民党军派系林立，地方军阀中粤军、桂军陈兵固守边界，只求自保，只有湘军行动比较积极。同时，蒋介石嫡系部队与地方军阀之间矛盾重重，何键名为总司令，实际上并不能完全指挥战斗力较强的薛岳"追剿"部队,对粤、桂两省部队他更是难以调动。加上国民党军各路部队尚在调动之中,没有部署到位,而湘南地区群众基础较好,又为无堡垒区域,便于红军机动作战。因此,如果红军能够果断放弃西进湘鄂西的计划,转而在湘南地区寻机作战,完全可以利用国民党军的内部矛盾,依托当地党组织与群众的支持,寻机打几个胜仗,摆脱困境。

随队行动的毛泽东看到了这一战机。虽然失去了军事指挥权,但对中国革命前途与红军命运的担忧,让他难以袖手旁观。他向中共中央和中革军委建议:乘各路敌军正在调动之际,特别是薛岳、周浑元两路敌军尚未靠拢之时,组织力量进行反击,杀一个回马枪,寻歼敌一路或一部,以扭转战局,变被动为主动。

道县浮桥遗址

红3军团军团长彭德怀也看到了这一战机,建议抓住湘军主力全部开往湘西北地区、后方力量空虚的时机,以红3军团迅速向湘潭、宁乡、益阳挺进,威胁长沙,在运动中创造战机消灭敌人,迫使湘军部队回救,改变部署。同时,以红军主力进占溆浦、辰溪、沅陵一带,迅速发动群众,创造战场,建立根据地,粉碎敌军进攻。他特别强调,如果红军被迫经过湘桂边之西延山脉,同桂军作战,其后果是不利于我们的。

博古、李德拒绝了毛泽东、彭德怀的建议。尽管国民党军重兵逼近，尽管西进路上危机四伏，但他们依旧顽固地坚持西进湘鄂西既定计划不变。正如后来中共中央在遵义会议上作出的《关于反对敌人"五次"围剿的总结决议》中所指出的那样：他们"根本忘记了红军的战略转移将遇到敌人严重的反对，忘记了红军在长途运动中，将要同所有追堵截击的敌人作许多艰苦的决斗，才能达到自己的目的"。红军因此而丧失了在湘南地区歼敌的良机，只能继续西行，在国民党军几十万部队中杀开一条血路，渡过潇水、湘江。

11月14日，中革军委判断：国民党军向湘南地区开进的主要企图，"是从两翼截击我军之后续部队，以后则向我主力两侧并行的追击"，因此确定，红军应"迅速、秘密脱离尾追之敌，前出临武、嘉禾、蓝山地域"。具体部署是：以红3、红8军团为右纵队，归彭德怀、杨尚昆统一指挥，向嘉禾方向前进；以红1、红9军团为左纵队，归林彪、聂荣臻统一指挥，向临武、蓝山前进；军委第1、第2纵队及红5军团为中央纵队，随后跟进。整个行进队列，仍采取甬道式部署。

红军各军团抬起沉重的"轿子"，于15日向西开进。红1军团攻占临武，红9军团占领蓝山，红3军团则由于桂军先期到达嘉禾，转而监视该城，保障红1军团作战。

道县红军标语

红军继续西行，潇水横贯在前。此刻国民党军湘军和桂军正向道县、蒋家岭推进，企图协同薛岳部在潇水岸边的天堂圩、道县间堵截红军。潇水西岸的道县渡口，是红军西进路上的必经之路。要过潇水，必夺道县。中革军委将夺取道县，打开西进通道，并阻击尾追之敌的任务交给了红1军团。

从临武、蓝山至道县距离一百多里，红1军团令红2师第4团远程奔袭，限定11月22日必须攻占并先敌占领道县，同时以第5团与第4团并肩奔袭，在潇水上游渡河，协同第4团作战。

红4团肩负重任，在团长耿飚、政委杨成武的率领下，日行百里，抢在国民党军主力到达前，于22日黄昏抵达潇水岸边的道县。道县城内此刻只有少量民团防守，只是渡船已被全部拉到了西岸。红4团派出四名勇士在火力掩护下，强行泅渡登岸，夺取了渡船，随即在当地群众的帮助下，迅速架起了浮桥。部队一拥而上，冲入城内。在上游渡江成功的红5团也及时赶到。红2师部队很快夺取了道县，红9军团部队则占领了潇水的另一个渡口江华。红军控制了过江通道，并击落了到渡口上空盘旋侦察的国民党军飞机一架。

22日至25日，红军部队从道县至水口间全部渡过潇水。尾随的国民党军周浑元部追剿部队随即赶到，但此时潇水已经不再是红军面前的天堑，而是国民党军难以逾越的障碍。奉命阻击追敌的红1军团第2师主力与红3军团第6师，依托江岸有利地势，打退了国民党军一次又一次的渡河进攻，坚守渡口两天两夜，直到红军主力全部离去后，方撤出战斗，急速追赶主力。

现在，摆在红军面前的是另一道天堑——湘江。

大战前夕

潇水距湘江最近距离也有百多里。湘江从广西东北向流入湖南，中央红军要赴湘鄂西，必过湘江。而湘江沿岸地区，则是蒋介石划定的歼灭中央红军的战场。红军要渡过湘江，夺路西进；国民党军要凭借湘江天险，围追堵截，"剿灭"红军。决战一触即发。

蒋介石认定，中央红军"流徙千里，四面受敌"，此刻已经是"下山猛虎，不难就擒"，而且他已经从红军的行进路线上准确地断定，中央红军将沿红6军团的老路，由广西境内的全州至兴安间过湘江，因而严令何键的"追剿"军与粤军、桂军紧密配合，从四面对红军展开进攻。何键接令后，即令其第一路军刘建绪部向广西全州开进，沿湘江布防，并与桂军配合，对红军进行堵截；令第二路军薛岳部沿湘桂公路平行追击，对红军进行侧击，并防止红军北上与红2、红6军团会合；令第三路军周浑元部攻占道县，并与第4路军、第5路军及粤军、桂军协同，对红军实施尾击、截击。

国民党军张网以待，博古、李德则要指挥红军与敌人拼个鱼死网破。毛泽东心急如焚，在前锋部队占领道县之后，又提出建议：红军应立即沿潇水西岸北上，攻占板桥铺、渔涛湾、华江铺、双牌、富家桥，然后向西攻零陵，过湘江向北取冷水滩，越过湘柞公路，进军宅庆，诱敌决战，以避开国民党军的包围圈，夺取战略主动权。这一建议再次遭到了拒绝。

也是这一时刻，一个意想不到的事情发生了。红军为调动敌军，以一部西进永明，此举使得本来就对在湘江正面堵截红军心存二意的桂系军阀大为恐慌，生怕红军主力继续前进，西取桂林，因而不战自退，在11月22日红4团攻占潇水道县渡口的同一天，将担负湘江兴安至全州段六十公里江防任务的第15军撤至龙虎关、恭城地区，为西进的红军让出了渡江通道，以促使红军尽快过境，并确保广西腹地的安全。可惜，红军没有及时掌握这一极为重要的情况，未能迅速作出反应，乘势向湘江急进，抢在国民党军调整部署之前，从桂军让开的江防缺口渡江。

永安关红军战斗遗址

三天之后，红军终于得知了桂军撤防、湘江全州至兴安段防务空虚的情况。中共中央、中革军委决定迅速从兴安至全州间渡过湘江，突破国民党军的第四道封锁线。11月25日17时，中革军委下达了向全州、兴安西北湘桂边境之黄山地域进军，强渡湘江的作战命令。确定：以红1军团主力和红3、红8军团为前锋部队，迅速占领营山山脉之各关口隘路，并于全州至兴安间渡过湘江，坚决消灭国民党军的堵击、侧击部队；令红1军团第2师主力和红5、红9军团为掩护部队，在潇水和营山各隘口阻击尾追的国民党军。作为这个作战行动的第一步，红军将分作四个纵队，从不同方向穿越广西,前出至湘江地域。

中共中央、中革军委将即将展开的突破国民党军第四道封锁线、强渡湘江之战,视为关系到红军生死存亡的关键一战,于25日以中共中央、红军总政治部名义联合发出《政治命令》:"为着胜利进行这次战役,要求野战军全体人员最英勇、坚决不顾一切地行动。进攻部队应坚决果断地粉碎前进路上之一切抵抗,并征服一切天然和敌人设置的障碍。掩护部队应不顾一切地阻止及部分地扑灭尾追之敌。各兵团应不断地注意自己翼侧之安全,如敌人向我翼侧进攻时,应机断专行地坚决击溃之。"

这时,桂军撤防后留下的湘江江防空隙依旧存在,国民党军的补防部队尚未到位。如果红军下决心收缩队伍,精简辎重,全部从永安关、雷口关进入广西,直趋湘江,依旧能够避免与国民党军的决战。但队伍的分散与辎重的拖累,使得红军的行进速度难以提高,再次失去了有利的战机。

11月26日,红军各部按照中革军委的命令展开行动,进入广西境内。由红1军团主力组成的第1纵队,闯过永安关,进入灌阳、文市地区;由红1军团一个师与军委第1纵队、红5军团主力组成的第2纵队,经永安关、雷口关进入灌阳、文市以南的王家、玉溪地域;由红3军团、军委第1纵队和红5军团一个师组成的第3纵队,因山道不通,在邓家渡受阻,改由永安关、雷口关进入广西,进至文市以南的水车;由红8、红9军团组成的第4纵队,先头红8军团攻占永明,而红9军团则仍留在江华的石桥与江渡。

大坪渡口

27日,红军部队继续前进。右翼红1军团先头第2师于11月27日在大坪顺利渡过湘江，控制了全州以南界首至屏山渡间的渡江点，架设起浮桥。28日，红3军团先头部队红10团渡过湘江，红1军团将界首移交红3军团，主力于29日向北推进，准备占领湘江岸边的另一个要点全州。但晚到一步，当红军便衣侦察队到达全州城下时，发现湘军刘建绪的部队已经在城中布防。红2师遂在湘桂公路上的脚山铺占领阵地，准备阻击湘军南下，红1军团主力则到达石塘圩；左翼红3军团前锋第4师也到达了湘江，先头第10团在界首以南的光华铺、枫林铺占领阵地，警戒兴安县城的桂军，第5师则在湘江东岸的新圩占领阵地，准备阻击由灌阳北上的桂军，保护红军通往湘江的通道安全。

鉴于已经控制了湘江渡口，且由永安关、雷口关通往湘江的道路沿线暂无敌军，中革军委令原定经三峰山向灌阳、兴安推进的第8、第9军团全部改由雷口关进入广西，同时令红5军团坚决扼守蒋家岭、永安关、雷口关，保护后续部队通过。这样，红军就形成了红1军团在右、红3军团在左控制湘江渡口与通道，红5军团殿后，主力由永安关、雷口关大举进入广西、涉渡湘江的态势。但红8、红9军团主力此时尚远在二百多里外的永明、江华，军委两个纵队也正在向渡口行进，如果红8、红9军团不能及时入关跟上主力，军委纵队行进缓慢，还会形成被动的局面。

不幸的是，这种局面终于出现了。

在红军进入广西，向湘江推进的两天中，战场情况发生了重大变化。湘军刘建绪部四个师于27日由黄沙河抵达全州，并继续向南攻击，力图封闭湘江渡口；担负尾击任务的国民党军周浑元部于26日占领道县，并继续向红军后卫部队猛烈进攻；薛岳部也靠近了战场。而桂军见红军没有西进桂林，且湘军和蒋介石嫡系部队已追上红军，遂将撤往恭城的第15军调回灌阳，在新圩以南展开，开始截击红军部队，已经集结兴安的桂军第7军部队则准备北进，与湘军协同夹击湘江沿岸的红军，力图封闭渡口。就连此前始终消极避战的粤军见有机可乘，也以数个师赶往战场。

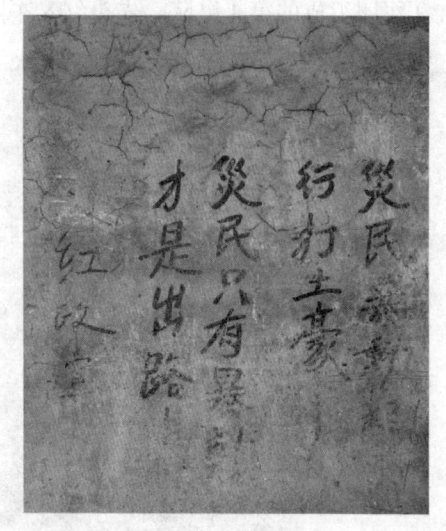

广西灌阳红军标语

国民党军终于在湘江东西地区对红军形成了前后堵追、南北夹击的态势。

这时，军委纵队已经到达了文市、桂岩一带，距湘江最近的渡口只有一百六十多里，如果下决心扔掉"坛坛罐罐"，轻装前进，一日即可渡过湘江，仍可将损失的代价降到最低限度。但是，在这生死攸关的紧急时刻，把持中央领导权的"左"倾错误路线领导者依旧顾虑重重，舍不得丢弃辛苦积攒起的辎重家当，导致队伍龟行蛙步，蹒跚前行，一百六十多里路程竟走了整整四天，每天只行进四五十里！军委纵队的行进缓慢，又直接导致了转道行进的红8、红9军团和担负后卫任务的红5军团等部迟迟无法入关过江。

红军的行动缓慢，为国民党军部队赢得了开进、集结的时间，并最终追上了西进的红军，在湘江东西两岸地区对红军展开了规模空前的进攻。一场恶战终于爆发，红军不得不与国民党军展开殊死的决战，并付出了惨痛的代价。

决战湘江

蒋介石得知桂军为红军让道的报告后，大为震怒，于28日连续发出急电，痛斥桂军放弃职守，严令桂军、湘军对红军已过河部队实施夹击，对未过河部队实施截击，同时令追击部队加紧进攻，力图将红军歼灭在湘江东西地区。

从28日开始，国民党军各路部队倾巢出动，从四面八方扑向红军。湘江两岸霎时间枪炮震天、硝烟弥漫，国共双方几十万部队展开持续四天四夜的惨烈搏杀。

战斗首先在红3军团第5师主力守卫的新圩一线阵地打响。从28日起，桂军第15军以两个师又一个独立团，对红军阵地展开轮番进攻。中革军委命令红5师"不惜一切代价，坚守二天至四天"，掩护野战军左翼安全。红5师在师长李天佑、政委钟赤兵指挥下，以第14、第15团固守阵地。桂军部队训练有素，性格倔强，打仗拼命，素有"打仗像恶狼"

新圩阻击战纪念碑

之称。战斗从一开始就呈现白热化。桂军在密集炮火支援下，正面攻击，侧后迂回，整营、整连地扑向红军阵地。红5师官兵寸土不让，誓与阵地共存亡，与桂军在每一个山头展开激烈的争夺。激战三天三夜，红5师参谋长胡震和红14团团长黄冕昌及副团长、参谋长、政治部主任牺牲，红14团政委和红15团团长、政委负重伤，两个团营以下干部大部分牺牲。尽管全师伤亡达两千多人，但没有让桂军前进一步。

29日，战斗在湘江两岸全线展开。

在湘江西岸界首以南的光华铺、枫林铺，红3军团第4师第10团刚刚构筑完阵地，桂军一个师又一个团就展开试探性进攻，随后即发动连番猛攻，仅30日一天，冲击即达十余次。光华铺、枫林铺一带，地势平坦，无险可守，红10团官兵只挖掘了简易的工事，部队经长途转战，弹药也所剩无几，许多战士只有几发子弹。面对凶猛的桂军，战士们用大刀与敌人展开了肉搏，红10团团长沈述清，接任团长职务的参谋长杜中美先后在战斗中牺牲。在政委杨勇的指挥下，红10团继续战斗，虽伤亡四百多人，却胜利完成了阻击桂军的任务，直到30日下午才向接防的部队交接阵地。

光华铺阻击战烈士墓

在湘江东岸界首以北的脚山铺一线，林彪、聂荣臻指挥红1军团主力与南进的湘军4个师及后续部队展开激战。脚山铺位于全州以南八公里处。桂黄公路与湘江平行延伸，在脚山铺处与两侧连绵八里长的小山丘相交。林彪、聂荣臻决定：以脚山铺为中心点，依托公路两旁的山丘构成阵地，坚决阻击湘军南下，保护渡口安全。湘军素有"老虎"之称，特别是此刻在家门口作战，更是凶狠异常，常常是营长、团长赤膊上阵，带敢死队冲锋。战斗进行到最激烈的时候，湘军部队曾一度打到了红1军团指挥所的面前，双方几度展开白刃战。红1军团部队扼守公路两侧要点，顶住了湘军在飞机、大炮支援下的猛烈进攻，阵地失而复得，得而复失，反复争夺，葱绿的山冈变成了松软的焦土，5团政委易荡平牺牲，4团政委负伤，但红军战士始终牢牢地卡住了湘桂公路，保证了湘江渡口的安全。

在此期间，担负全军后卫任务的红5军团边打边撤，顶住了国民党军周浑元部的攻击，保障了全军的行动。

在掩护部队的浴血保护下，军委两个纵队向着渡口一步一步地挪动。面对危局，最高"三人团"中，高傲自信的李德束手无策，完全失去了理智，只会不断骂人。不懂军事的博古一筹莫展，几乎陷入了绝望，甚至萌生出自杀的念头，只是不断地叫着："不管怎样，能突出多少人就突出多少人。"整个红军的计划与行动，全靠周恩来苦撑调度指挥。他将指挥位置设在了湘江东岸的渡口，在敌机的轰炸、扫射下，亲自指挥过江行动。

突破湘江战役指挥所旧址

11月30日，笨重的军委纵队终于渡过了湘江。这时，红1、红3军团部队已经抗击国民党军优势兵力的进攻两三天了，伤亡非常严重，正以最后的毅力与勇气与敌军浴血拼杀。但红5、红8、红9军团依旧停留在湘江以东地区，且受到国民党军追击与侧击部队的追堵。红军部队的处境极其险恶，到了最危急的关头。

12月1日1时30分，中革军委下达作战命令：红1军团在原地阻击全州方向的湘军进攻，无论发生什么情况，必须控制西进的道路；红3军团集中两个师以上的兵力，向南驱逐光华铺的桂军，留在河东岸的部队占领石玉村，掩护红8、红9军团及红6师被切断部队渡过湘江，"在万不得已时，三军团必须固守界首及其西南和东南地域"；红5军团主力应向麻子渡前进并遏阻桂军及周浑元追击部队。

两个小时后，12月1日3时30分，中共中央、中革军委、红军总政治部再次给红1、红3军团下达指令："一日战斗，关系我野战军全部，胜利可开辟今后的发展前途，否则我野战军将被层层切断……要动员全体指战员认识今日作战的意义，我们不为胜利者，即为战败者，胜负关系全局。人人要奋起作战的最高勇气，不顾一切牺牲，克服疲惫现象，以坚决的突击，执行进攻与消灭敌人的任务，保证军委一号一时半作战命令全部实现。打退敌人占领的地方，消灭敌人进攻部队，保证我野战军全部突过封锁线……望高举胜利的旗帜，向着火线上去。"

历史将永远记住1934年12月1日。

这是湘江战役的第五天，也是红军作战历史上最为惨烈的一天。晨雾尚未完全消散，枪炮声、喊杀声响彻湘江两岸。在江岸阵地上，各路国民党军犹如输红眼的赌徒，不惜血本，倾全力展开集团冲锋。红军将士高喊着"为了苏维埃共和国"的口号，挥舞着大刀，扑向蜂拥而至的敌群。打下去，冲上来，冲下来，打下去，毫无休止的拉锯，绞成一团的肉搏，硝烟、烈火混合着扬起的黄尘，汇成遮天蔽日的战云，每一寸土地都浸泡在鲜血中。

在湘江渡口，天上敌机怪叫着俯冲轰炸、扫射，地面红军不顾一切地涌上渡口，踏着浮桥跑步过江，丢弃的机器、文件、书籍等等散落岸边，奔腾的江水中漂浮着红军官兵的遗体。湘江变成了一条血水、血江……

战至12月1日17时，中央机关和红军部队大部渡过了湘江。根据中革军委的命令，担负掩护任务的红1军团交替掩护，撤出战斗；在光华铺阻击的红3军团第4师也随后奉命撤出战斗。

然而，在湘江东岸新圩一线担负阻击任务的红3军团第6师第18团和担负全军后卫任务的红5军团第34师，却因后撤不及，湘江渡口被湘军、桂军封闭，而被阻

突破湘江战役旧址

隔在了湘江东岸地区，陷入重围。红18团在陈家背地域与数倍于己的桂军战到了最后一刻，弹尽粮绝，大部分牺牲。红34师在文市、水车一线顽强阻击国民党中央军周浑元部4个师进攻，保障红军主力过江，陷入了湘军、桂军、中央军的四面包围。分散突围后，政委程翠林等大部英勇牺牲，师长陈树湘率余部在返回湘南进行游击战时负伤，在道县被俘，自己绞断肠子，壮烈牺牲。红8军团在向湘江开进过程中，遭到了桂军的截击，部分部队也被打散。

湘江之战，是中央红军开始长征后最为壮烈的一仗。红军将士与绝对优势的国民党军血战五昼夜，终于打破了湘军、桂军和蒋介石嫡系部队的围追堵截，渡过湘江，突破了国民党军的第四道封锁线，彻底粉碎了蒋介石将红军歼灭于湘江以东的企图。红军在逆境中所表现出大无畏的革命英雄主义气概，惊天地，泣鬼神，连对手也不得不惊叹，并承认失败。战后，何键用了"实深惭悚"来形容自己的心情。

然而，湘江之战毕竟是一次失利的战役，红军付出了极为惨重的代价，损失达两万余人。开始战略转移时，中央红军总兵力八万六千余人，湘江之战后锐减到了三万余人。这是"左"倾错误路线领导者在实行战略转移中的逃跑主义所造成的恶果。

面对尸体漂浮的湘江，每个红军将士都在思索着，思索着红军曾经有过的辉煌，思索着第五次反"围剿"特别是战略转移之后的步步艰辛，思索着红军付出重大代价的原因。正如刘伯承后来所总结的那样："广大干部眼看第五次反'围剿'以来迭次失利，现在又几乎濒于绝境，与第四次

陈树湘烈士之墓

反'围剿'的情况对比之下，逐渐觉悟到这是排斥以毛泽东同志为代表的正确路线、贯彻执行了错误路线所致，部队中明显地滋长了怀疑不满和积极要求改变领导的情绪。这种情绪，随着我军的失利，日益显著，湘江战役，达到了顶点。"

作战的失利，唤醒了红军将士。改换军事领导的呼声，最终换来了红军战略方向的彻底改变。中国共产党和工农红军历史上的伟大转折由此开始了。

史料链接

★ 白崇禧让道

　　桂系军阀李宗仁、白崇禧与蒋介石积怨极深，在红军开始长征之后，根本不想为蒋介石的追剿红军计划全力以赴。因此，早在得知中央红军撤离中央苏区西进的消息之时，即确定了既要防共，又要防蒋；只能追击，不能堵击的基本作战方针。当时其掌握的情报是西进的红军有十万之众，认为桂军主力只有两万余人，堵得不好，会被红军全部歼灭，即便堵得好，也会两败俱伤，而不论出现哪种情况，蒋介石都会以追击红军为名，派嫡系部队乘虚进入广西。因而决定，以主力第7、第15军布防于桂、湘边界的全州、兴安、灌阳、恭城、富川、贺县一线，对外摆出决战姿态，力争使红军知难而退不入广西。如果红军过境势所难免，则以主力置于南侧，让红军过境桂北，部队进行侧击和追击，但决不能让红军进入广西腹地。如此，既可对蒋介石交差，又可确保广西地盘不失。

　　11月16日，湘军、桂军高级将领在全州会商防堵红军计划，确定：湘江防务，由湘军负责衡阳、零陵、东安至黄沙河一线，桂军负责兴安、全州、灌阳至黄沙河（不含）一线。李宗仁、白崇禧心知要阻止红军进入广西已经不可能，遂按既定计划，将主力在湘桂边境展开，并征集大批民工，沿边界构筑了稠密的防御工事，辅以地方民团驻守。部署已定，李宗仁返回南宁，素有"小诸葛"之称的白崇禧则坐镇桂林指挥前线部队。

　　就在白崇禧踌躇满志，准备一展身手的时候，一封来自上海的密电让他惊出了一身冷汗。发报者为白崇禧旧日的保定军校同学王建平，此人与白私交甚厚，虽进入蒋系中枢参与机要，但长期为白在南京、上海收集情报。密电称：蒋介石采纳政学系头目杨永泰的建议，欲一举除三害，即通过湘、桂两军在湘江沿线的封堵，压迫红军由龙虎关两侧进入广西境内的平乐、昭平、苍梧，更以主力向东驱逐红军进入广东的新会、阳春地区，或沿罗定、廉江将红军逼入雷州半岛。如此，则两广地方军队根本不足以应付，自不能抗拒中央军大举进入，蒋介石可一举而除三害，消除心腹大患。

　　白崇禧接到电报后，大骂蒋介石毒辣，对部下说："有匪有我，无匪无我，我为什么顶着湿锅盖为蒋介石造机会？！"当然，作为一名实战经验丰富的指挥官，他也决不

史料链接

会因为一封未经证实的密电而立即调整部署。只是下令预作准备，何时给红军让路，他还要观望战局的发展。

就在这时，红军的行动让他定下了决心。为了调动敌军，创造渡过湘江的条件，红军以一部兵力西进永明。白崇禧从这一行动中断定，红军有夺取桂林的企图。为防止红军进入广西腹地，他立即下令调整部署，按照原定计划，将在湘江沿岸兴安、全州、灌阳布防的第15军撤往恭城、龙虎关一带，协同第7军，准备全力堵截红军向桂林推进，而让开通往湘江的大道和湘江江防，让红军通过广西。

11月22日，桂军第15军全部撤出湘江防线，在湘江沿岸只留下了两个团另两个营。至此，由兴安至全州六十公里长的湘江防线基本敞开，由永安关、雷口关通往湘江的大道也基本无兵守卫。可惜，红军直到25日方获得桂军南撤的情报，做出向湘江地域开进的部署，丧失了不战而顺利渡过湘江的大好时机。

11月23日，湘军第一路追剿军司令刘建绪得知了桂军撤离湘江防线的消息，立即报告何键，称白崇禧此举是要为红军西进让路，把红军引向湘西北。何键大为恼火，马上令刘建绪以三个师火速南下全州，填补桂军南撤留下的防御空白，一方面继续完成在湘江围歼红军的计划，另一方面将红军压向广西，不得使之进入湖南，让桂军自食其果。蒋介石接到何键的报告，连续给白崇禧发电，严斥桂军放弃职责，令湘军、桂军必须按预定计划歼灭红军于湘江东岸地区。

但白崇禧对蒋介石的电令置若罔闻，坚持既定部署不变，除以一部驰援兴安外，只是派出主力部队对西进红军的后续部队进行截击和追击。直到判明红军并无西取桂林、进入广西腹地的计划后，方以主力进至兴安、灌阳，对红军部队展开猛烈进攻。

湘江之战后，蒋介石恼羞成怒，发电质问白崇禧："共军势蹇力竭，行将就歼。贵部违令开放通川黔要道，无疑纵虎归山，数年努力，功败垂成。设竟因此而死灰复燃，永为党国祸害……公论之谓何？中正之外，其谁信兄等与匪无私交耶？"

白崇禧毫不示弱，复电反质蒋介石："钧座手握百万之众，保持重点于新宁、东安，不趁其疲弊未及喘息之机，一举围歼于宁远、道县之间，反迟迟不前，抑又何意？得毋以桂为壑耶？虽职部龙虎、永安一战，俘获七千余人，以较钧座竭全国赋税资源，带甲百万，旷时数年，又曾歼敌几许？……据中央社露布，某日歼匪效千，某日捕匪盈万，试加统计，朱毛应无孑遗，何以通过湘桂边境尚不下二十万众，岂朱毛谙妖术，

> **史料链接**
>
> 所谓撒豆成兵乎？职实惶惑难解。"
>
> 　　蒋介石被戳到痛处，暴跳如雷，大骂白崇禧，却也无可奈何，难较短长，只得令白崇禧继续率兵尾追红军，放下此事不论。
>
> ### ★ 红34师的最后一战
>
> 　　红34师，是由闽西地方武装发展起来的一支部队，原为红军第19军。1933年5月红一方面军整编时，缩编为第34师，编入了红5军团序列，其干部大多为原红4军的骨干和红军学校的毕业生，作战经验丰富，指挥能力很强。全师训练有素，政治觉悟较高，在中央苏区的反"围剿"作战中，曾屡建功勋，是一支能打硬仗、善打恶仗的劲旅。红军长征开始后，经常担负全军后卫的任务。
>
> 　　湘江之战开始前，红34师与第5军团其他部队在渡头、土地圩顽强阻击国民党军周浑元部的追击，重创进攻之敌，为前锋部队抢占道县和湘江渡口赢得了时间。11月26日，该师开始接替红3军团第4师在道县以南葫芦岩的防务，准备继续阻击追敌。然而，就在这时，任务发生了变化。中革军委令红34师迅速在广西灌阳的红树脚地域接替红3军团第6师的阵地，坚决阻击桂军北上，掩护后续的第8军团西进，尔后即为全军的后卫，掩护全军部队过湘江。
>
> 　　这是一副沉重的担子，不但要顶住数倍于己的优势敌军进攻，确保全军过江，而且将很有可能面临后路被断、孤军作战的境地。董振堂军团长和刘伯承参谋长亲自向红34师交代任务。中革军委也对红34师完成任务做了最坏的打算，指示万一被敌截断，全师可返回湘南发展游击战争。刘伯承在部署任务时，语调沉重、充满感情地说：红34师是有光荣传统的部队，朱（德）总司令、周（恩来）总政委要我告诉你们，军委相信红34师能够完成这一伟大而艰巨的任务。陈树湘师长、程翠林政委代表全师官兵表示："我们坚决完成军委交给的任务，为全军团争光！"
>
> 　　部队立即出发，由雷口关进入广西，向预定阻击阵地疾进。但桂军行动更快，当红34师先头第100团到达猫儿园地域时，桂军第15军主力已经通过了红树脚，切断了通路，正向新圩方向前进，而尾追的国民党军周浑元部也迅速逼近。红34师面临着严峻的考验。
>
> 　　红34师立即在永车附近转入了防御，全力阻击追击的周浑元部。激烈的战斗持续

史料链接

了四天四夜。红34师的官兵顶住了国民党军4个师在猛烈炮火和飞机支援下发动的一次又一次进攻，阵地上的工事全部被摧毁，松树被打得只剩下枝干，弹药也消耗殆尽，官兵依旧坚守着阵地，用刺刀、枪托与冲上阵地的敌军肉搏，直到红军主力于12月1日渡过湘江，没有让追敌前进一步。

此时，红34师已经伤亡严重，师政委程翠林等大批干部与士兵阵亡，余下的人员总共只有几百人。更为严重的是，湘军与桂军已经封堵了湘江渡口，西去的道路被完全阻断，全师已经陷入了中央军、湘军和桂军3路敌军的重重包围之中。

队伍向东突围，准备绕路甩开敌军返回湘南打游击。然而敌军太多了，打退这股又遭遇那股，即便是甩开了正规军，又有民团不时骚扰，加上山区行进，地理不熟，部队官兵几天没有吃上一顿饱饭、睡过一个好觉，极度疲劳。沿途边打边走，最后在新圩陷入了四面包围。

最后的时刻到来了。陈树湘召集师、团干部开会，宣布了两项规定：第一，寻找敌人力量薄弱的地方，全力突围，按照中革军委的指示，到湘南发展游击战争；第二，万一突围不成，要像革命军人那样战斗到最后一刻，誓为苏维埃新中国流尽最后一滴血。

最悲壮的一战开始了。红34师的所有人员，包括伤员都拿起了武器，冲向了敌军，子弹打完了，就用刺刀、大刀，刀刃卷曲了，就用石头、树棍，官兵们拼尽最后的气力，与敌军战斗着，除少数人员突围成功外，大部分壮烈牺牲。

余下的官兵继续向湘南前进。但其踪迹已被敌军发现，桂军和湘军重兵围剿。队伍在湖南江永县左子江再次遭到敌军围攻，被打散了，陈树湘身负重伤，被战士用担架抬着摆脱敌人，继续行进，最终在湖南道县被敌包围，不幸被俘。其他官兵大部分光荣献身。

当地的湘军保安司令何汉听说捉到了一个红军师长，欣喜若狂，立即派人押送陈树湘向主子邀功请赏。路上，陈树湘乘敌不注意，自己用手从腹部伤口拉出肠子绞断，壮烈牺牲，年仅二十九岁。残忍的敌人割下了陈树湘的头颅，带到他的老家长沙，悬挂在小吴门的城墙上示众。

红34师的官兵以高度顽强的革命意志和无比英勇的浴血搏杀，胜利完成了中革军委所赋予的全军后卫作战任务，用生命和鲜血保证了红军主力渡过湘江，以最为壮烈的方式完成了最后一战。作为一支队伍，红34师从红军和人民军队的序列中永远消失了，但红34师将士所建立的丰功伟绩，将永存史册，与日月争辉。

第三章

红2、红6军团发动湘西攻势

1934年10月24日,先期西征的红6军团在贵州东部印江县的木黄与红3军会师。会师之后,两军统一进行了整编。红3军恢复了红2军团的番号,贺龙任军团长,任弼时任政治委员,关向应任副政治委员,李达任参谋长,张子意任政治部主任,下辖第4、第6师;红6军团由萧克任军团长,王震任政治委员,谭家述任参谋长,甘泗淇任政治部主任,下辖三个团。两个军团总兵力七千七百余人,虽然没有正式成立两军统一的指挥机关,但实际上已经形成了以贺龙、任弼时、关向应为核心的统一领导与指挥。从此,两军结成了一个团结的整体,形成了一支强大的战略突击力量。

这时,中央红军已经离开中央苏区开始长征。红2、红6军团如何配合中央红军的战略转移,做到既牵制敌军,又寻求自身的发展,成为中共中央、中革军委和两个军团领导人都在考虑的问题。

决策北进

通过国民党军的第二道封锁线时,中革军委曾于10月22日电令红6军团与红2军团分开,单独挺进湖南西部的乾城(今吉首)、凤凰城、松桃等地区,开辟新苏区,发展游击战争。这一意见是基于中央红军战略转移的需要做出的。根据最高"三人团"设定的目标,中央红军西进将沿红6军团西征的路线行动,最终在湘鄂西地区与红2、红6军团会合,因而要求红2军团继续留在黔东地区,而以红6军团单独进军湘西,争取在湘西地区能够形成一块大的根据地,"放下背包再打仗"。

红2、红6军团领导人则从敌情、地形和两军团的实际情况出发,经过对行动方针的审慎研究，认为：两个军团应该集中统一行动，合则形成拳头，分则势单力薄，容易被敌军各个击破。同时认为：红6军团不应该单独进入松桃、乾城、凤凰城地区活动，红2军团也不应该继续留住黔东地区，而应合兵挺进澧水上游区域，在湘西的永顺、桑植、龙山、大庸地区发动攻势，调动湘鄂两省国民党军，策应中央红军的战略转移。

木黄红2、6军团会师旧址

红2、6军团会合标语

这是一个从实际出发、符合战争实情的决策，也是当时红2、红6军团发展的唯一选择。松桃、乾城、凤凰城是"湘西王"陈渠珍的老巢，不但驻有陈渠珍的新编第34师，而且土著武装很多，枪支多达数万，加上当地苗族、土家族等少数民族与汉人隔阂很深，红6军团孤军深入很难立足。而以梵净山区为中心的黔东根据地当时很不巩固，且高山峻岭，地幅狭窄，人烟稀少，湘川黔三省的国民党军正对黔东根据地形成合围，各省的反动民团、保安团也结成了"剿共联防"，红2军团坚持斗争困难很大。而湘西北的永顺、桑植、石门、大庸、慈利地区，地处湘鄂川黔交界地区，经济虽然落后，但地域广阔，敌人力量薄弱，且派系林立，战斗力不强，更重要的是湘西党的影响比较大，群众基础较好，且是贺龙的老家，也是他率部长期活动的地方，旧部亲友众多，在当地拥有崇高的威望，很容易打开局面。贺龙说："那里不是陈渠珍的老地盘，他不如我熟，群众也支持我们党和红军。我们出兵湘西北，可以牵制湖南、湖北一大批敌人，能够支援一方面军。我们把这批敌军背起来，也好让一方面军肩头轻一些嘛。"任弼时问："去打得赢吗？"贺龙非常有把握地回答："一个军团去不行，两个军团一块去，打得赢。"

两个军团领导人经过认真分析,最终接受了贺龙提出的建议,决定红2、红6军团一起挺进湘西北,恢复和发展湘鄂川黔革命根据地。

红2军团领导人(左起:贺龙、关向应、任弼时)

红2、红6军团挺进湘西北的决策,遭到了"左"倾错误路线控制下的中共中央、中革军委的坚决反对。李德控制的中革军委致电任弼时等人,认为红2、红6军团一起行动"是绝对错误的",要求两军继续分别受中央和军委直接指挥,红6军团立即向乾城、凤凰城等地区出动。

南腰界红3军司令部旧址

红2、红6军团领导人慎重考虑后,于10月28日联名复电中革军委,申明理由,指出:"在敌我及地方情形条件下,我们建议2、6军团暂集中行动,以便消灭一两个支队，开展新的更有利于两军团将来分开行动的局面。目前分开，敌必取各个击破之策。以一个军团力量对敌一个支队无必胜把握，集中是可打敌任何一个支队的，且两军在军事上十分迫切要求互相帮助。"

同一天，即10月28日，红2、红6军团由贵州、四川交界的南腰界出发，开始向湘西北进军。

但10月29日，中革军委再次发出电令，严厉指出："2、6军团绝对不应合并。"并具体划定了两个军团各自活动的地域。贺龙、任弼时等人以对革命负责的态度，不顾"左"倾错误路线统治下的中央和军委的反对，决定：坚持原定方针和计划，两个军团统一行动，挺进湘西北的决策不变。

红2、红6军团六千余名将士整装踏上征程。

设伏龙家寨

由南腰界至湘西北地区，需要穿越国民党军陈渠珍的防区。这一带在清朝时期属于与少数民族居住区接壤的边地，从乾隆年间开始，清政府为镇压土家族、苗族人民的反抗，在此实行了屯防制，修筑了一千一百多个碉堡和一百多里长的边墙，国民党政府统治期间又加修了许多碉堡，防务严密。为避开强敌，达成突然袭击的效果，贺龙、任弼时等人对两军行动作了周密的部署。首先以黔东独立师一部向西开进，然后转而向南，进入铅石坝、枫香溪一带，吸引敌军。红2、红6军团则首先向北开进，以兜圈子的方法，力争把陈渠珍的部队从湘西调出，为尔后作战创造有利的条件。

南腰界红军烈士墓

10月30日，红2、红6军团进入四川的酉阳县境内。守城的川军独立第2旅旅长田冠五曾是贺龙的部下，贺龙修书一封，晓以利害，言明只是过境，不占地盘，要田冠五让开大路。田冠五果真听话，见红军入境，就率部弃城。红军顺利进入酉阳城，然后转向东北，在湖北咸丰县的百户司渡过酉水，向湖南龙山县招头寨行进，摆出一副要回师湘西的姿态。陈渠珍果然中计，害怕红军会攻入他的老巢，急调主力三个旅共一万余人，由永绥、保靖向北运动，企图将红军阻截于湘西之外。但当国民党军接近招头寨的时候，红2、红6军团突然掉头东进，摆脱川军、黔军的羁绊，甩掉前来追堵的陈渠珍部，疾速前进进入湘西北，于11月7日占领永顺城，缴获了大批物资。

红军在永顺休整7天，做冬衣，打草鞋，医治伤病员，并开展了深入的发动群众和打土豪分财物的活动。翻身解放的群众踊跃参军，很快就组建起两个新兵连。经过休整，两军官兵空前团结，面貌焕然一新。

永顺，是湘西北地区的咽喉要地。红2、红6军团攻占永顺，湘、鄂两省的国民党军大为震惊。位于鄂西的国民党军湘鄂川边"剿匪"总司令徐源泉急调三个师开赴洞庭湖畔的津市、澧县，与湘军部队联系，构成防线。湖南军阀何键本来已经因中央红军进入湘南而焦头烂额，红2、红6军团的行动则又在他的心窝扎进了一刀，他既要全力以赴堵截中央红军，又深恐红2、红6军团趁势在湘西北发展壮大，因此，他严令陈渠珍立即尾追，务求全歼红2、红6军团于立足未稳之际。红军攻入湘西，直接威胁自己的统治，陈渠珍也不敢怠慢，立即成立"剿匪指挥部"，以龚仁杰、周燮卿为正、副指挥官，率四个旅十个团计一万余人，分四路向永顺扑来。

敌军蜂拥而至，红2、红6军团面临开辟湘西北根据地的第一仗。能否打好，直接关系到能否立足湘西，恢复和发展湘鄂川黔根据地。贺龙、任弼时召集两个军团领导人开会，研究敌情和作战方案，认为何键湘军的主力此刻都在湘南堵截中央红军，鄂军徐源泉部分散于鄂西和洞庭湖畔，暂时也无法集中作战，红军要对付的实际只有陈渠珍部的十个团。而陈渠珍所部虽然人员、装备优于红军，但官无规束，兵无严纪，官兵多吸食鸦片，且内部派系林立，指挥不统一，实际战斗力并不强，却骄横无比。红军作战部队虽然只有六千余人，但正如贺龙所说的那样："大家团结得像一个人，要怎么走就怎么走，要怎么打就怎么打。"同时，红2军团曾长期在该地区活动，熟悉地形，又能得到群众的支持。因此确定：坚决打好第一仗，以在湘西打开局面，站稳脚跟，并乘胜发展攻势，策应中央红军作战。具体方案是：暂时放弃永顺城，采取诱敌深入的战法，选择有利地形，集中兵力，聚歼来犯的陈渠珍部。

11月13日，陈渠珍部逼近永顺，红2、红6军团遂按既定计划弃城，主力隐蔽北撤，只以少部兵力与陈部保持接触，边打边退，故意示弱。贺龙、任弼时等人边走边谨慎地选择最有利的歼敌时机与地点。

第一个伏击地点选择在永顺城北的钓矶岩附近。贺龙仔细查看后，说："这里不行，离城太近。如果围得不紧，敌人就会逃回城内，再要打就困难了。"第二个伏击地点选择在吊井岩，但勘察后发现地幅太小，最多只能围歼敌军两个营，遂又放弃。后来又先后选择了两个地点，又都因为地形不利于大量杀伤敌军而放弃。红军部队继续北撤，耐心寻找战机。陈部则以为红军是怯战退走，越发骄狂，倾巢出动，紧追不舍。

最终，贺龙将设伏地点选在了永顺以北九十里处以龙家寨为中心的十万坪谷地。这里南北长十五里，东西最宽处四里，谷底平坦，村寨较多，可容纳大量敌军。寨中多为木板房，易于攻击。谷地两侧林木茂密，便于隐蔽，且坡度较缓，利于多路出击，是一个非常理想的伏击地点。

贺龙伫立谷顶，对照地图用马鞭指点现场，向师团干部部署任务：以红2军团部署于毛坝和杉木存附近，堵住谷口；红6军团埋伏在谷地东侧的山林，准备从两翼出击。他说："这是一个大口袋。你们回去要告诉大家，打埋伏要万分小心，一定要隐蔽好。敌人进了口袋，打冲锋要突然、迅速，一下子冲到敌人眼前，插到敌人堆里，打得越猛越好，使敌措手不及。"

十万坪大战贺龙指挥部旧址

16日上午，红2、红6军团秘密进入指定位置，隐蔽待敌。下午4时左右，国民党军先头部队龚仁杰、周燮卿的两个旅浩浩荡荡地进入了谷地，到达碑里坪后，众官兵开始号房埋灶，准备就地宿营。贺龙见敌军已全部进入了伏击圈，一声令下，红6军团突然从山林中杀出,居高临下,向周燮卿旅发起猛攻;红2军团则扎紧谷口,从正面猛攻龚仁杰旅。国民党军猝不及防,人虽多却摆不开,根本无法构成防御体系,仅仅两个多小时,就被红军歼灭大部。红军乘胜追击,又在总河抓住了担任断后任务的国民党军杨其昌旅,在萧克的统一指挥下,红6军团第51团与红2军团第18团并肩突击,密切协同,不到两个小时,又消灭了杨其昌旅大部。18日,红军重占永顺。

十万坪大战战场旧址

龙家寨战斗,红2、红6军团共歼灭湘军陈渠珍所部三个旅大部,毙敌一千余人,俘敌两千余人,缴枪两千余支。红2、红6军团旗开得胜,迅速打开了局面,奠定了开辟湘鄂川黔根据地的可靠基础。几十年后,年逾古稀的萧克重返湘西,探寻昔日战场,以"万坪大捷奠大业"来概括龙家寨战斗的非凡意义。

横扫湘西

红2、红6军团在湘西北取得胜利之时,正值中央红军准备突破国民党军的第三道封锁线。贺龙、任弼时等人对党中央的处境非常关切,龙家寨战斗后,决定以红49团三个连在永顺、保靖展开游击战争,牵制敌人,主力立即南下,准备渡过酉水,向中革军委所规定的永绥、乾城、松桃、凤凰城地区发展,给陈渠珍部以更大的打击,全力地策应中央红军的战略转移。

部队进至酉水岸边,发现陈渠珍早有防备,布防严密。贺龙、任弼时当机立断,立即放弃南渡酉水的计划，率队转向东北，于 11 月 24 日攻占大庸，接着又占领了桑植，并与已经解放的永顺连为一体，构成了新苏区的雏形。

此时，中央红军已突破国民党军的第三道封锁线进入湘南地区。形势的变化使得中革军委改变态度，认可了红 2、红 6 军团的行动。11 月 13 日，中革军委致电红 2、红 6 军团："我西方军（指中央红军）已进至宜（章）、郴（县）之线，湘敌全部被调来抗击我西方军，2、6 军团应乘此时机深入湖南西北去扩大行动区域。"

三天之后，11 月 16 日，中共中央书记处电示贺龙、任弼时等人，要求红 2、红 6 军团"努力为创立湘川黔边新的苏区的任务而斗争"，并确定成立湘鄂川黔边省委，以任弼时为书记，贺龙、夏曦、关向应、萧克、王震等为委员；两个军团"均直受军委领导，但两军共同行动时，则由贺、任统一指挥之"；成立湘鄂黔川边军区，贺龙、任弼时分任司令员、政治委员，统一领导地方武装。

中共湘鄂川黔省委旧址

11 月下旬，中央红军渡过潇水，开始发起湘江战役，迫切需要红 2、红 6 军团积极行动，最大限度地牵制湘军，配合中央红军强渡湘江。11 月 25 日，中革军委电示红 2、红 6 军团："我西方军（指中央红军）已过潇水，正向全州上游急进中。你们应该利用最近几次胜利及湘西北敌情空虚，坚决深入到湖南中部及西部行动，并积极协助我西方军。"命令具体规定了红 2、红 6 军团的行动方向："首先你们应前出到湘敌交通经济命脉之沅水地域。主力应力求占领沅陵，向常德、桃源方向应派出得力的游击队积极活动。"同时指示，应以一部兵力和随队行动的地方干部担负巩固新区的任务。

根据中革军委的指示，任弼时、贺龙等人研究后确定：由任弼时、王震、张子意率红 6 军团第 49、第 53 团和红 2 军团第 16 团以及随红 6 军团行动的原湘赣苏区地方干部留守新区，担负巩固和建设根据地的任务；贺龙、关向应、萧克率红 2 军团主力和红 6 军团第 51 团，担负出征沅水地区的任务。

12 月初，红 2、红 6 军团主力由大庸南下，准备夺取沅陵，进军湘中，直接威胁在湘南地区阻截中央红军的湘军侧后，调动湘军回援，配合中央红军行动。7 日，部队奔袭沅陵，但由于守军 4 个团防范严密，袭击没有成功。

红 2、6 军团一部

贺龙、关向应、萧克等人果断改变计划，率部沿沅江东下，直趋常德、桃源。这一行动完全出乎敌人的意料。何键生怕红军拿下常德，直趋长沙，准备撤下部分主力回援湘西。而蒋介石则认为中央红军方为心腹大患，生恐撤兵会影响围歼中央红军的计划，坚决不允，另调位于湖北的国民党军独立第 34 旅乘船急赴常德、桃源布防。

独立第 34 旅是国民党军主力部队，装备精良，弹药充足，训练有素。旅长罗启疆骤负大任，踌躇满志，决心以"决战防御"和红军在常德外围一决高下。他以第 701 团驻防桃源以北的梧溪河，第 702 团位于陬市、河洑，第 700 团驻守桃源，旅直属队和当地保安团负责常德城防。罗启疆的意图是：首先凭借优势装备，设置几道防线，坚守要点，在防御战斗中消耗、疲惫远途来袭的红军，然后集中主力进行决

湘鄂川黔根据地红 2、6 军团革命烈士纪念碑

战，确保常德。但他也犯了一个致命的错误，就是完全低估了红军的战斗力，对红军的战略战术也一无所知，因而分兵防御，各团之间相距达数十里，难以相互呼应，他将为此付出沉重的代价。

贺龙立即抓住了罗启疆部署上的漏洞，决定首先奔袭梧溪河之敌，此后集中力量将敌各个击破。然而，就在红2、红6军团部队即将发起战斗的时刻，中革军委的一纸电令让贺龙等人陷入为难的境地。中革军委反对红2、红6军团东进常德、桃源，坚持要两个军团继续南下，在沅水上游或泸溪、乾城、凤凰城地区活动，以最大限度地调动位于黔阳、芷江、洪江的国民党军部队，为中央红军渡过湘江和向湘鄂西推进减轻压力。12月14日，中革军委电示红2、红6军团，明确两个军团主力应挺进沅江上游，只同意以一个支队向桃源方向活动，牵制、迷惑湘山之敌。

回兵南下，意味着要放弃极为有利的战机；继续东进，则与中革军委指示的意图显然相悖。何去何从？贺龙等人面临抉择。贺龙反复思考后，坚定地说："我看还是接着打吧！军委离得远，对这里的情况没有我们清楚。打了胜仗挨点批评也合算。我看，怎么对斗争有利，怎么能把敌人多背点过来，就怎么做！"关向应、萧克同意贺龙的意见。

12月15日，天降大雨。入夜之后，红军踏着泥泞的道路，在大雨、夜色的掩护下，急速前进，一夜行进百余里，于16日拂晓突然对梧溪河之敌发起进攻。

梧溪河三面环山，一面临水。红军先头红12团在行进中一举突入梧溪河西山的国民党军阵

湘鄂川黔省纪念馆

地。国民党守军第701团没有想到红军会雨夜突袭，陷入了慌乱，但独34旅毕竟是主力，很快就稳住了阵脚，展开猛烈反扑。红12团力不能支，被迫后撤。在此紧要关头，贺龙率红4师主力和红6师第18团赶到，首先遏止了敌军的反扑，然后指挥部队重新发起冲击。雨声、枪声、爆炸声和喊杀声交织在一起，响彻山谷，红军官兵个个奋勇，完全在气势上压倒了敌军。国民党军第701团再也无法抵挡红军的进攻，很快瓦解，拼命南逃。

罗启疆接到梧溪河遭袭的报告后，命令驻桃源的第700团主力增援。但其增援部队先头刚到梧溪河南侧，就被溃退的第701团冲散，不战自溃，援军与溃兵一道逃往常德。历时两个月的湘西攻势胜利结束。

湘西攻势，共击溃国民党军十五个团，歼灭其中四五个团的有生力量，占领了永顺、大庸、桑植、桃源、慈利等县城，并进攻沅陵，包围常德，极大地威胁了湘军和蒋介石嫡系中央军部队堵截中央红军作战的总后方，迫使国民党军从堵截中央红军的主力部队中抽调3个师驰援湘西，并使鄂西之国民党军未能入川作战，从而在战略上有力地策应与配合了中央红军的战略转移，特别是极大地减轻了红军西进入黔作战的压力。

湘鄂川黔革命根据地纪念碑

任弼时、贺龙等人既从大局出发，坚决执行配合中央红军行动的战略任务，又以对党和革命事业高度负责的态度，抵制了"左"倾路线控制下的中央与中革军委的错误指导，一切从实际出发，正确确定行动方针，率部横扫湘西，连战连捷，创建出以永顺、大庸、桑植、龙山为中心，九个县级苏维埃政权、四五十万人口的湘鄂川黔苏区，成了红2、红6军团生息与发展的战略基地，也成了中央苏区陷落后长江以南区域唯——块红色根据地。

史料链接

★ 贺龙买桥

永顺,是湘西地区的一座山中小城。猛洞河穿城而过,将小城一分为二,河上的木桥成了沟通来往交通的必经之路。

木桥位于永顺城中,湘西一带百姓称之为"花桥",具有浓郁的民族风情。石砌的梭子墩在河水中排成一线,两丈多高的墩顶直架着12根粗大的圆木,圆木上铺着厚厚的杉板。上层主体是木榫板壁,撑起了高大的斗拱阁楼,两侧雕栏飞檐,绘有"喜鹊登梅"、"二龙戏珠"等民间传说。

红军占领永顺后,国民党军陈渠珍部重兵来犯。大战在即,红2军团军团长贺龙却拿上鱼竿坐到了"花桥"边钓鱼。说是钓鱼,眼睛却不看浮漂,直盯着桥上的雕梁画栋出神,连鱼上钩了也不理会。过了许久,才让警卫员叫来了工兵连的一位班长,说:"你给我估算一下,照时价,木料加建工,造一座这样的花桥需要多少大洋?"

这位班长参军前是个木匠,建过花桥。他在桥上桥下仔细查看了半天,很快算出了大致数目,需要大洋一千块。贺龙微微点头,收起鱼竿,返回了指挥部。

贺龙与任弼时、关向应、萧克、王震齐聚指挥部,研究退敌方案。贺龙已是胸有成竹,提出了诱敌深入的作战设想,说:"敌人已经距永顺不远了,我们主力不守城池,北撤寻找好的地点打敌人的埋伏。6军团派一个团作后卫,除边打边撤,掩护主力,并诱敌上钩外,还要完成一个任务,就是烧桥!"

"烧桥?"红6军团军团长萧克、政委王震感到不解。

"烧桥。陈渠珍的队伍我了解,你越断路,他越觉得你不敢打,就越要盯着你。我们就搞得惨一点,像个逃跑的样子,让他的尾巴翘得高些,越高越好!"

萧克、王震拍手叫绝。两人交换意见后,说:"烧桥和诱敌的任务交给郭鹏的51团怎么样?"

贺龙点头赞同。任弼时说:"桥,现在烧了,仗打完后要重造。我们是红军,不能让老百姓受损失,造桥的钱我们要出。贺军长已经让人估算过,一千块大洋绰绰有余。关副政委已经给城里的开明人士开过会了,让郭鹏他们马上到供给部取钱,送到商会

史料链接

会长家。"

一千块大洋，不是一个小数目。红51团团长郭鹏接到命令后，不敢怠慢，派人专门护送，把一口袋银圆送到了商会会长处。自己则带上1营到达桥上，浇煤油、堆木柴，准备点火。

不料，过了一会儿，却见送钱的人提着口袋汗淋淋地回来了，说："那个会长死活不收钱。"郭鹏急了，喊道："送钱都送不出去，你的脑袋进水了？耽误了烧桥，我枪毙你！"送钱者委屈地说："那个会长一见到大洋，脸都吓白了，直说我们在开玩笑，还要拿钱给我们。我们怎么解释都白搭。"团政委苏杰见状，说："老郭，你继续准备，我去看看。"

苏杰等人来到商会会长家。会长已经八十多岁，见政委亲自来送，这才相信眼前发生的事情是真的，老泪纵横，好半天方说："老朽生在前清，见过的队伍无数。你们红军不搜刮百姓就是仁义之师了，还要花钱打仗，旷古未闻啊……"

大洋送出去了，但桥头却出现了麻烦。红军刚刚点火，不知道从哪里忽然冒出来一大群衣衫褴褛的男女老少，哭哭啼啼，称自己是靠在桥上摆摊糊口的人，烧了桥就没法活了，要么红军给钱，要么就与桥同归于尽。

郭鹏、苏杰百般解释，那群人就是待在桥上不动。敌军已经逼近县城，没有办法，两人只好向王震政委报告。王震听后，沉吟片刻，说："要赔就赔到底吧。你们团再掏两百块大洋，分发给群众！"

郭鹏、苏杰叫苦不迭，说："我的政委啊，我们饭都吃不好，从哪里找两百块大洋？"

"那我不管，"王震的回答不容商量，"反正不能损害群众利益，更不能不按时完成烧桥任务！"

两人回到桥上，苏杰说："没有办法了，只好发动大家凑钱。"郭鹏同意，首先掏出两块大洋放到了苏杰手中，转身对众官兵叫道："把身上的钱都掏出来，掏干为止！"

大家正在凑钱，一阵风过，桥上的火焰猛起。等候领钱的人群中有人喊道："桥上有东西！"原来红军到来前，城里的富户人家悄悄地把细软、财物、烟土藏在花桥的板缝里。火舌一起，噼里啪啦地往河里掉。桥上的人群见状，不再与红军纠缠，纷纷跳到河里捞财宝去了。

史料链接

51团顺利地完成了烧桥任务,刚刚撤到城边,国民党军部队就进了县城。果然不出贺龙所料,国民党军旅长周燮卿见红军烧掉花桥,哈哈大笑,称:"人人都怕贺龙,我偏不怕!他烧桥断路,是害怕我们,逃命去了。我要追上他,活捉他,根绝匪患!"

第二天,国民党军倾巢出动,在桥墩搭上木板过河,一路紧追北撤的红军不放,最终被红军诱入了十万坪谷地,遭到歼灭性打击。周燮卿等人率残部好容易逃回永顺,一到猛洞河边,全傻了眼。贺龙先敌一招,派出小分队撤掉了木板,只给他们留下了空荡荡的桥墩。红军大队人马追到河边,国民党军被歼大部,只有少数人沿河岸窜出包围,侥幸逃得性命。

★ 模范会师

1934年10月,贺龙、关向应率领的红2军团与任弼时、萧克、王震率领的红6军团会师。红3军视来自中央苏区的红6军团为老大哥,对带来中央红军光荣传统的红6军团有着钦慕之情。尽管当时处境非常困难,但以最大的热情帮助红6军团的战友。贺龙事无巨细,亲自部署一切,要求尽最大的努力保证红6军团官兵好好恢复体力,做好三件事:一是官兵睡好觉,吃饱饭;二是洗澡、理发、洗衣服;三是打草鞋。他还专门下令,从红3军挑选了部分乘马和轻机枪送给了红6军团。红3军上下齐动员,承担了驻地等全部的岗哨勤务。官兵宁肯自己饿肚子,也要省下粮食、肉和盐巴送给战友,有的组织队伍上山打茅草给红6军团部队垫铺,有的拿出自己所存的草鞋筋子帮助打草鞋。浓浓的战友情荡漾在会师的部队之中。

红6军团由湘赣根据地初到地形、民情、风俗截然不同的黔东地区,对与当地人民血肉相连的红3军有着依存心理,同时也对贺龙领导的红3军战绩早有所闻,特别是对贺龙的传奇经历更是崇敬万分。当时,受"左"倾错误路线影响,红3军中的政治工作遭到严重破坏,基层党、团组织瘫痪。任弼时主持两军联席会议,初步纠正了红3军中的"左"倾错误,并与萧克、王震从大局出发,将红6军团政治部与红3军政治部合并为红3军政治部,并将保卫局完整地调给了红3军,还选调了一批富有政治工作经验的干部到红3军师、团两级政治机关工作,从而使红3军的各级政治机关和各种政治制度逐步健全。

正是这种高度的无产阶级友爱精神和党性原则,奠定了红3军与红6军团团结协

史料链接

作、共同战斗的坚实基础。在短短几天的时间内，两军已经相互融合，形成了一个整体。这次会师也因此而成为人民军队发展史上著名的"模范会师"。

10月26日，两军会师大会在南腰界举行。任弼时宣读了中共中央、中革军委祝贺两军会师的贺电后，抬手一指贺龙，高声说道："六军团的同志天天想看到的贺龙，就是他！他就是两把菜刀闹革命，南昌起义的总指挥，我们的贺龙军长！"

贺龙登上方桌，笑容满面，说："同志们啊，我让弼时同志夸得有点昏昏沉沉咯。两把菜刀闹革命，是单刀，不是双刀，我拿了一把，另一把在我把兄弟的侄子手中哩。……"全场爆笑，统帅与士兵的距离骤然拉近。

贺龙接着说："会师，会师，会见老师。你们是从井冈山来的，那是朱德、毛泽东同志创建的苏区，朱毛红军一直是我贺龙和红三军学习的榜样。我热烈地欢迎你们，欢迎我们的老师！"

"你们千里跋涉来到这里，本该休息一阵，睡个好觉，可是蒋介石不让我们休息。我们一会师，树大招风，我料想蒋介石也睡不着觉！这里是新开辟的根据地，不很巩固。可靠的根据地在哪里呢？"贺龙用烟杆一敲自己的草鞋底，说："在我们的脚板上！靠我们行军、打仗、夺取胜利，开辟更大的根据地，消灭更多的敌人！"

两天之后，整编后的红2、红6军团六千余名将士，精神抖擞，跟随贺龙、任弼时踏上了进军湘西、开辟新苏区的征程。

★ 红2、红6军团序列表（1934年10月~12月）

红2军团	军 团 长：贺 龙 政 治 委 员：任弼时 副政治委员：关向应 参 谋 长：李 达 政治部主任：张子意	红4师	师 长：卢冬生 政治委员：卢冬生（兼） 杨礼明（后） （辖红10、红12团）
		红6师	师 长：钟炳然 政治委员：袁任远 （辖红16、红18团）
红6军团	军 团 长：萧 克 政 治 委 员：王 震 参 谋 长：谭家述 政治部主任：甘泗淇 （辖红49、红51、红53团）		

第四章

黎平转兵

渡过湘江之后，西进的中央红军笼罩在压抑、悲伤、愤懑的气氛之中。曾经纵横驰骋、灵活机动的红军，自战略转移之后，何以变得如此步履蹒跚，处处被动，虽一路拼杀，却始终无法摆脱国民党军的围追堵截？谁应该对湘江之战的失败负责，谁应该对红军的巨大伤亡负责!？各种议论在部队中愈来愈多，不但高级干部和指挥员对博古、李德的军事指挥完全丧失了信心，而且普通官兵中间要求改变军事指挥的呼声也越来越高。最高"三人团"的权威受到严重挑战。

老山界

面对红军历史上最惨重的损失，博古情绪低落，陷入深深地自责之中，但却继续顽固地坚持"左"倾错误路线，坚持将富有战争指挥经验的毛泽东等人排斥在军事领导圈之外，盲目听信共产国际的军事顾问，把军事指挥权继续完全地交给李德。而李德在湘江战役之后，丝毫没有检讨自己在军事指挥上的严重失误，将失败的原因完全归咎于中央和军委没有及早执行他的决策，认为是在湘南的战略方向上因意见分歧而贻误了战机，他动辄暴跳如雷，指手画脚，甚至无端指责部队作战不力，要惩处一些为强渡湘江做出巨大贡献的高级指挥员，这种做法引起了红军官兵的强烈反感。在最高"三人团"中，只有周恩来坚持工作，苦苦支撑着困难的局面，与朱德共同筹划着红军的具体行动。而许多高级干部在血的现实面前逐步觉醒，开始坚定地反对博古、李德的错误指挥，要求毛泽东重新回到红军统帅岗位的呼声日益高涨。

中共中央的领导层开始酝酿着重大变化。中央红军的长征行动开始着重大转折。

通道会议

西渡湘江之后，中央红军进入了广西越城岭及其以西的西延地域（今资源县境），准备在此短暂休整，然后沿红6军团西进老路，由大埠头出湖南城步，到湘西北与红2、红6军团会合。

这是一条绝路。早在湘江之战前，蒋介石即已判定红军西进的最终目的是与红2、红6军团会合，因而除在湘江地区部署重兵之外，还制定了在"湘水以西地区剿匪的计划大纲"，设想如果在湘江以东无法消灭中央红军，就在黎平、锦屏、黔阳以东，武冈、宝庆以南，永州、桂林以西，龙胜、洪州以北地区将红军最后"剿灭"，并具体划分了湘、桂、黔三省国民党军部队的守备区。湘江之战后，蒋介石立即将计划付诸实施，令湘、黔、桂三省国民党军按照划定的区域迅速展开"堵剿"行动，同时将原"追剿"军第一、第四、第五路军等部编为第一兵团，任命刘建绪为总指挥；将原"追剿"军第二、第三路军嫡系中央军部队编为第二兵团，任命薛岳为总指挥，分别由黄沙河、全州一带向新宁、城步、遂宁、靖县、会同、芷江地区开进，对红军展开平行追击。同时令黔军王家烈部在锦屏、黎平一线堵击红军，令桂军部队尾追红军。

湘、桂两省的国民党军从红军的行进路线已经判断出了红军下一步的行动将是出大埠头经车田出城步，桂军以两个师实施尾追，以两个师进驻龙胜实施堵击；湘军以第一、第二兵团十五个师又一个支队，沿大路向新宁、城步、绥宁、武冈疾速推进，并在湘西北地区设置了四道碉堡线，准备配合桂军前堵后追，合击红军。

中革军委获悉了国民党军的企图，决定放弃在西延地区休整和北出湖南城步的计划，继续西进，深入越城岭山区，绕道桂北地区，首先进至湖南西南的通道地区，摆脱敌军，然后再继续北上。12月5日，红军继续西行，翻越长征之后的第一座高山——老山界，进入广西龙胜县境，暂时摆脱了敌军。

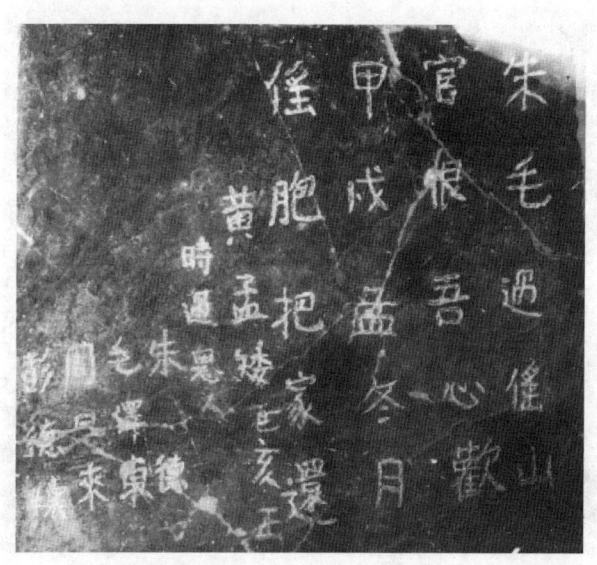

黄孟矮在才喜界石壁刻下的诗

桂北地区，山高林密，民族杂居，经济非常落后。当地的苗族、瑶族、侗族居民长期受反动政府的欺压，与汉人隔阂很重，加之国民党特务不断造谣滋事，对红军部队的到来非常恐慌。在红军到达前，当地群众纷纷逃入山林，红军行进非常困难，且麻烦不断，常常遭到反动武装的袭扰。红军严守群众纪律，以模范的行为很快消除了少数民族群众的戒心，赢得了各族人民的拥护。逃入山林的群众纷纷返回家园，不少青壮年参加了红军。红军离去后，一位叫黄孟矮的瑶族人在才喜界的石壁上刻下了一首颂扬红军的诗："朱毛过瑶山，官恨吾心欢。甲戌孟冬月，瑶胞把家还。时遇恩人朱德、毛泽东、周恩来、彭德怀。"

12月11日，红军走出越城岭山区，到达了湖南通道地区。但危局并没有消失，反而更加严重。在红军通过桂北地区的时候，国民党军新的"追剿"部署已经完成，中央军、湘军、桂军、黔军等追堵部队均已到位，湘西北工事密布，十余万国民党军正张网以待。红军如继续北行，将面临全军覆没的危险。而博古、李德在这样的时刻，依旧执迷不悟，在作战命令中一再重申"总的前进方向不得改变"，硬要指挥红军撞入国民党军张开的大网。

在关系红军生死存亡的严峻时刻，毛泽东毅然挺身而出，与"左"倾错误军事路线执行者进行了坚决的斗争。他向中共中央、中革军委建议：立即放弃与红2、红6军团会合的计划，转兵入黔，向国民党军力量薄弱的贵州前进，跳出敌军的包围圈，扭转危局。

通道县红星亭

　　这是红军摆脱险境的唯一抉择。在各路国民党军中，黔军最弱，不仅兵力单薄，而且武器装备较差，缺乏训练，纪律涣散，战斗力低下，且省内派系林立，王家烈、侯之担、犹国才、蒋在珍等军阀各据一方，矛盾重重，难以形成统一的作战力量，便于红军各个击破，争取主动。同时，中央红军入黔，能够与川北的红四方面军和湘鄂川黔的红2、红6军团形成鼎足之势，并有广阔的机动发展空间，在战略上极为有利。而北上湘西北，则要与五六倍于己的优势敌军决战，对于减员严重、极度疲劳的红军来说，后果不堪设想。

　　1934年12月12日，中共中央政治局主要成员在通道地区召开临时会议，讨论毛泽东的建议。出席会议的李德强烈反对毛泽东的建议，主张"让那些平行路线上追击我们的或向西面战略要地急赶的周（浑元）部和其他敌军超过我们，我们自己在他们背后转向北方，与二军团建立联系。我们依靠二军团的根据地，再加上贺龙和萧克的部队，就可以在广阔的区域向敌人进攻，并在湘、黔、川三省交界的三角地区创建一大片苏区"。

　　但是，李德的威信已经由于第五次反"围剿"以来红军的作战失利，特别是湘江之战的失败而丧失殆尽。失败，使得中国共产党人愈加成熟，开始摆脱教条主义的束缚，脚踏实地地求生存、求发展。在中国革命和红军面临生此存亡的严峻时刻，李德已经再也无法凭借共产国际的"金字招牌"压制正确意见了。他的主张第一次遭到了出席会议的中共中央政治局多数委员们的反对。

通道会议会址

在会议讨论中，张闻天、王稼祥等人坚决支持毛泽东的建议。在决定大政方针的"三人团"中，周恩来明确表示应采纳毛泽东的建议，而博古在严重的敌情面前，也不得不承认只有先西入贵州，然后再北上，"才有可能遇到很小的抵抗"。会议最终部分采纳了毛泽东的建议，通过了将红军行进路线转向贵州的决定。

毛泽东的正确主张首次得到了中共中央、中革军委多数领导人的支持，并被部分地得到采纳。特别是"三人团"中周恩来态度的转变，具有重大的意义，李德的军事指挥决策权因此第一次受到挑战。

但通道会议并没有完全解决红军的战略方针与战略行动方向问题，也没有最终做出放弃北上湘西与红2、红6军团会合的计划，完全转兵向西，在敌军兵力薄弱的贵州图谋新的发展的决定。红军的西行，只是为尔后北上湘西所采取的机动行动。依旧把持红军指挥权的博古、李德虽不得不同意西入贵州的决定，但依旧顽固地坚持既定目标，坚持北上会师红2、红6军团的方针不变，否定了毛泽东建议中最重要的成分。

12月13日，中革军委发布命令：中央红军"迅速摆脱桂敌，西入贵州，寻求机动，以便转入北上"。

第二天，中革军委又电示贺龙、任弼时、萧克、王震，令红2、红6军团"以发展湘西北苏区并配合西方军行动"为目的，主力向沅江上游行动，以调动或牵制黔阳、芷江、洪江的敌人，并以一部前出桃源，牵制与迷惑湘中之敌，配合中央红军的北上。

黎平会议

12月13日，中央红军分为左右两路，由通道地区出发，继续西进，于15日突破黔军防线，进入贵州，攻占黎平与老锦屏。16日，前锋红1军团部队前出至柳霁地域，准备渡过清水江，沿湘黔边界北上，与红2、红6军团会合。

黎平会议会址

在部队行动期间，关于红军战略方向和行动路线的争论继续进行，毛泽东的建议得到越来越多的同志的赞成。在通道会议中途退会的李德得知会议决定后，曾严厉质问周恩来为什么要西入贵州。周恩来自长征以来力撑危局，每天都要处理军务，通宵达旦，睡觉只能在行军的担架上解决，他对李德的太上皇作风早已厌恶，但为了党内团结和军事决策的统一，一再忍让。此刻一向沉稳镇定的周恩来再也无法忍受李德的态度，激动地回答：中央红军需要休整，这只能在贵州进行，因为那里敌人的兵力比较薄弱。

12月17日，军委纵队进驻黎平。在此期间，敌情又发生了重大变化。红军继续西进，破关入黔，使得国民党军在湘西南城步一线张开的口袋阵瞬间失去了作用。蒋介石急忙调整部署，以黔军退守黔东的施秉、台拱（台江）一线，继续堵击红军；以"追剿"军两个兵团迅速向铜仁、玉屏、天柱一线开进，企图构成新的防线，配合黔军，拦截中央红军北上。桂军也趁火打劫，以一个师向榕江推进，企图对红军进行侧击,并趁势入黔。

国民党军正在黔东北、湘西北地区形成新的口袋阵。红军如继续北上,坚持与红2、红6军团会合计划不变,不仅将困难重重,而且是自投罗网,前景吉凶难测。

在这种情况下,中共中央政治局于18日在黎平召开会议,再次讨论红军的行动方向问题。毛泽东根据国民党军已经在湘西北布下重兵,并正向黔东北集结的严重敌情,再次力主放弃与红2、红6军团会合的计划,建议红军继续西进,进入敌人力量空虚的黔西北地区,在川黔边创建新苏区。周恩来、张闻天、王稼祥等人支持毛泽东的建议,因病缺席会议的李德则托人带来意见,主张红军折向黔东,继续寻机北上。

会议最终否决了李德的意见,接受了毛泽东的建议,确定放弃北上与红2、红6军团会合的计划,继续西进,进军黔西北,创建川黔边新苏区。同时决定在适当时机召开会议,决定审查以黔北为中心建立新苏区根据地的决议,总结第五次反"围剿"和长征中军事指挥下的经验教训。

黎平会议纪念馆

会议通过了中共中央政治局《关于战略方针的决定》,指出:"鉴于目前所形成之情况,政治局认为过去在湘西创立新的苏维埃根据地的决定在目前已经是不可能的,并且是不适宜的","政治局认为,新的根据地区应该是川黔边区地区,在最初应以遵义为中心之地区,在不利的条件下应该转移至遵义西北地区",并确定,"在向遵义方向前进时,野战军之动作应坚决消灭阻拦我之黔敌部队。对蒋、湘、桂诸敌,应力争避免大的战斗,但在前进路线上与上述诸敌遭遇时,则应坚决打击之,保证我向指定地区前进"。《决定》并"责成军委依据本决定,按各阶段制订军事行动计划,而书记处应会同总政治部进行加强政治工作,以保证决定及军事作战部署之实施"。

这是一个具有转折意义的会议。从湘南到通道,经过激烈的争论,毛泽东的正确主张终于得到了中共中央政治局的采纳,从而解决了红军迫在眉睫、至关重要的部队行动方向问题,不但避免了中央红军全军覆没的危险,而且也使中共中央、中革军委等党政军机关的大批干部得以幸存,这就为中国革命保留了最宝贵的财富。

黎平会议及其形成的《决定》,同时也标志着红军的军事路线终于开始转向正确的轨道。经过了中央苏区第五次反"围剿"的失败和长征以来的挫折,特别是湘江之战的巨大损失,"左"倾路线的军事方针已经被证明是完全错误的,而毛泽东所坚持的军事路线则被证明是完全正确的。全军上下在挫折和失败中,进一步认识到毛泽东的伟大,毛泽东的正确军事路线重新开始在红军的行动中占据主导地位,中革军委在指导战争和部署行动时,都充分征求和尊重毛泽东的意见,毛泽东开始重新参与军事指挥,而李德的军事指挥权在会后则被逐步剥夺,再也无法在红军的军事决策中扮演太上皇的角色了。中革军委第一次有了自主决定军事行动的权力,作战指挥趋于灵活。这是一个具有深远意义的开端。

所有这一切,汇成了红军长征后的第一次真正的转折,也为尔后遵义会议的顺利召开准备了条件,奠定了基础。犹如黎明前的曙光,黎平会议使得红军官兵重新看到了光明,中国革命的前途再次呈现希望。

在通道会议到黎平会议召开期间,中共中央、中革军委还做出了另外两项重大决定。

一是进行整编,充实作战部队。决定军委第1、第2纵队合并为军委纵队,任命刘伯承为军委纵队司令员,陈云为政治委员,叶剑英任副司令员,钟伟剑为参谋长,下辖三个梯队,而以干部团、保卫团为独立的作战部队,直辖纵队司令部;

周恩来

撤销红8军团建制,除营以上干部外,人员全部补入红5军团。同时决定,第五次反"围剿"作战期间因反对李德错误指挥被贬任红5军团参谋长的刘伯承,重新出任中国工农红军总参谋长。

二是彻底清理辎重行装,将从中央苏区一路带出的"坛坛罐罐"全部"砸碎"丢弃，部队轻装上路，同时撤销担任搬运任务的教导师建制，人员分别编入红1、红3军团。消息传出，全军雀跃，无不拍手欢迎。时任国家保卫局驻教导师特派员的裴周玉回忆道："大家七手八脚地把包裹箱子打开，里面有印刷机、修理器械、医疗器械，还有许多没用的废旧枪支、枪托、枪柄、子弹壳、铁锤、钢条、蜡版、铁球，等等。最可笑的竟还有扫帚、擦枪布、破工作服、烂手套，真是应有尽有。见到这一堆破烂，大家怒不可遏，义愤填膺。回想出发以来，这些破烂东西把我们胖的拖瘦了，瘦的拖病了、拖死了。那么多的战友没死在敌人枪炮下，却为搬运这些破烂丧生，怎能不叫人痛心？就是这些破烂拖累我们这个有六千人的教导师只剩下两千人了，而为掩护我们和这些破烂而牺牲的两翼部队的战友们，更是不计其数。我们把一腔怒火集中在铁锤上，向着这些该死的东西狠狠砸去，砸得稀烂，放火把它们烧成灰烬还不解心头之恨。"

12月19日，中革军委主席、红军总司令朱德，中革军委副主席、红军总政委周恩来发布《关于军委执行中央政治局决议之通电》，对西入贵州的第一步作战行动作出部署：以红1、红9军团为右纵队，以红3、红5军团和军委纵队为左纵队，大致于23日前出到剑河、台拱、革东地域。在12月底，右纵队进占施秉，左纵队进占黄平，并规定："在前进中，如遇黔敌应消灭之，如遇尾追之敌应击退之，在不利条件下则应迟滞之。"

红军总政治部也于12月21日发出《关于实现在川黔边创造新苏区根据地的训令》，指出："党中央明确地决定，我主力红军当前伟大的任务，是要在川黔边广大地区创建新的根据地区。"要求各级政治机关及全体政治工作人员，深入到连队之中，做好宣传解释工作，使广大指战员了解党的行动方针，以百倍的勇气与信心为实现创建新苏区而奋斗。

刘伯承

大军未动，政治动员与解释工作即全面展开，且将党的方针与行动方向传达到每一位官兵，这与长征伊始的层层保密、官兵不知所向形成了鲜明的对比。军事行动部署也表现出了新的特征，再也不像过去那样对各军团何时以多少兵力进至何地都要具体规定，而是在确定总的行动方向与原则的前提下，把行动的机断权完全交给了一线指挥员。正如周恩来回忆的那样：黎平会议之后，"军事指挥与以前大不相同，接受毛主席的意见，对前方只指出大方向，使能机动。"

由此，红军的面貌发生了根本性的变化。尽管人员减少，但作战部队更加充实，指挥更加灵活，力量更加集中，士气更加高昂，战斗力更加坚强。

猴场会议

12月20日，中央红军部队以"夺取先机，首先消灭黔敌"为基本作战指导原则，兵分两路，向黔西北推进。

贵州境内，山高林密，气候多变，当时经济十分落后，所谓"天无三日晴，地无三里平，人无三分银"。当地军阀部队，官兵几乎人手一杆鸦片烟枪、一支步枪（手枪），人称"双枪兵"，体质虚弱，训练极差，装备落后，加之大小军阀各霸一方，相互混战，根本无法形成抵抗红军的统一力量。而国民党军"追剿"部队重兵集结湘西，正等待与红军决战，贵州防务非常空虚。

猴场会议会址

红军入黔后，如入无人之境，黔军防线一触即溃。右纵队前锋红1军团经剑河西进快速推进，于25日攻占镇远，26日进占施秉；红9军团随后跟进，北渡清水河，配合红1军团夺取镇远，并警戒全军的右翼。左纵队前锋红3军团经南加、南哨地区，于24日进占台拱以南地区。

国民党贵州省主席王家烈自知根本无力抵挡红军，在红军进占黎平时，即向各省军阀发出通电,请求各省出兵贵州,联合"扑灭"红军。同时致电蒋介石,恳求"中央飞令到湘各军,西移黔境,及桂省部队越境'会剿',以期聚歼该匪,挽救黔难,无任感祷"。

红军大举入黔,完全出乎蒋介石的意料,也使得他精心筹划的湘西决战计划顿时落空,但他并没有惊慌,反而有些得意。红军西入贵州,虽然使他失去了一举根除"赤患"的机会,却给予他以"剿共"之名收拾西南各省军阀的天赐良机,而贵州军阀成为他的第一个目标。因而,他严令在湘西等候红军的"追剿"军,立即转道向西,全力追击红军。但又令湘军追击部队只进至黔东地区,桂军只沿黔桂边界防御,而密令嫡系薛岳部一路追击,深入黔境,相机解决王家烈等贵州地方军阀。

薛岳依计行事,率部大举入黔,经晃县(新晃)、玉屏向施秉、凯里方向追击,先头吴奇伟纵队于27日

猴场会议纪念碑

进至镇远。当时的黔军镇远行营参谋长黄烈侯在战斗详报中记载,国民党中央军入黔时,曾张贴标语云:"不问匪窜方向如何,本军总以入贵阳为目的。"黄烈侯埋怨"中央追缴军"并不追剿,直接沿贵(阳)、龙(里)大道前进,开往贵阳,使得红军安全渡过了乌江。而湘军何键对蒋介石的心思一清二楚,且湘西之红2、红6军团攻势正盛,他也不愿此刻分兵西进,遂令刘建绪率两师兵力入黔,先头于28日进至锦屏。黔军王家烈部则集中六个团在施秉、黄平地区布防,准备阻止红军西进贵阳。

在国民党军重新部署的时候,红军部队昼夜兼程疾速西进,执行中革军委确定的抢渡乌江、攻占遵义的任务。12月28日,右纵队红1军团第1师第1团占领余庆,第2师占领老黄平(旧州);左纵队红3军团占领黄平,红5军团进至台拱。29日,红军向乌江方向继续推进。前锋红1军团两路行进,红2师进占猴场(草塘)、陈家寨,31日进至木老平及其东北地区;红2师于30日到达龙溪,进抵乌江岸边,并立即展开北渡乌江的准备。大军随后跟进,野战军总部于31日到达猴场。

然而,就在这时,党内的争论却再次发生。黎平会议虽然解决了红军最为紧迫的战略方向问题,但并没有来得及对中央的领导体制和军事指挥体制作出调整,因而对会议决议的实施缺乏必要的思想保证和组织保证,党内、军内的认识并未完全统一。

李德对否决了他与博古转道黔东,继续北上与红2、红6军团会合的主张大为不满,加之毛泽东的军事路线开始逐步得到大多数人的认同,毛泽东重新参与军事指挥,而他则在军事指挥上再也不能颐指气使,决定一切,因而大发脾气,经常无理指责中央政治局的决议和中革军委的军事决策。这种野蛮、无理的行为引起了许多人的不满,也使得他日益成为孤家寡人,唯有博古等人依旧将他奉若神明。红军进入贵州腹地,特别是逼近乌江后,李德不相信红军有能力突破天险,渡过乌江,更反对在川黔边建立新苏区,与博古重弹与红2、红6军团会合的老调,要求中央政治局重新审议黎平会议的决议,建议红军不过乌江,首先在乌江南岸建立临时根据地,然后掉头向东,重走老路,北上湘西与红2、红6军团会合,从而再次挑起了党内争论。

1935年1月1日,中共中央政治局在贵州瓮安县猴场(草塘)召开会议。会议分析了自红军黎平西进以来的新形势,完全肯定了这一战略行动,认为它带来了"开始粉碎敌人第五次'围剿'的最后阶段"。毛泽东的正确主张得到进一步的肯定,而博古、李德的主张则被坚决地否决。毛泽东在会上指出:"我们保证能打过乌江!要是向别的方向走,就是上敌人的当。"会议批评了博古、李德不过乌江,不在川黔边地区建立根据地,而要回头和红2、红6军团会合的错误主张,重申了黎平会议关于创建川黔边新苏区的决议,决定红军立即抢渡乌江、攻占遵义。

会议通过了《关于野战军通过乌江以后到达行动方针的决定》,确定:红军要准备在川黔边地区转入反攻,"目的是和蒋介石主力部队(如薛岳的第二兵团或其他部队)作战,首先消灭他的一部来彻底粉碎第五次'围剿',建立川黔边新苏区根据地。首先向以遵义为中心的黔北地区发展,然后向川南发展,是目前最中心的任务",要求在全体官兵中进行"深入的宣传鼓动,最大限度地提高他们的战斗情绪,增强他们的作战意志与胜利的信心"。

《决定》同时指出:突破乌江,占领遵义之后,"要尽量利用我们所争取到的时间,使部队得到短期的休息,并进行整顿补充的工作,特别是加强在连队中的政治工作。在充实战斗连的原则下,应缩编我们的部队。军委纵队应继续缩小,以适应于新的作战环境。"

为了防止博古、李德以中革军委的名义发布命令,改变中央政治局决定的情况发生,同时也为了解决最高"三人团"凌驾于中央政治局之上,大权独揽,使政治局的决议难以得到坚决贯彻,以及军事指挥上的机械呆板、消极避战等问题,《决定》中特别作出了三项规定:

一是要求"军委必须特别注意敌情的分析研究,道路、敌情的侦察,抓住反攻的有利时机,并不失时机地求得在运动战中各个击破敌人,来有把握的取得胜利",并且指出,"新苏区根据地只有在艰苦的、残酷的、胜利的战斗中才能创立起来,反对一切逃跑的倾向和偷安休息的情绪"。这就明确界定长征中的"走"与"打"的关系,对战略转移中的逃跑主义作出了初步的纠正。

二是明确规定,"关于作战方针以及作战时间与地点的选择,军委必须在政治局会议上作报告"。这一规定,实际上收回了最高"三人团"的军事决定权,自然也就等于取消了第五次反"围剿"作战以来李德在军事指挥上的独断专行权,为毛泽东重新执掌红军的指挥权作了铺垫。此后,李德基本上被剥夺了指挥红军作战的权力。正如周恩来后来所回忆的那样:"经过不断的斗争,在遵义会议前夜,就排除了李德,不让李德指挥作战。"这里所指的"遵义会议前夜",就是猴场会议。

三是"责成书记处与军委保持同二、六军团与红四方面军的密切的通信联络。加强对于他们的在政治上与军事上的领导,使他们以积极的行动,来配合我们的反攻"。中央政治局因此而重新恢复了对全国红军的最高领导权,并明确书记处与军委——实际上是最高"三人团"必须在政治局的领导下进行工作。最高"三人团"撇开政治局独自决定一切,政治局不过问军事的不正常状态得到纠正。

猴场会议是通道会议、黎平会议的继续,也是随后召开的遵义会议的重要准备。经过这次会议,不仅红军新的战略方向得到进一步确认,更重要的是毛泽东的正确军事路线得到了进一步的肯定,在思想上加强了反对"左"倾错误路线的斗争,在军事指挥上"结束了'左'倾机会主义者的军事指挥权",毛泽东在党和红军中的领导地位得到了更多人的认同,这就为遵义会议彻底解决军事与组织问题,顺利实现党和红军最高领导的改组,奠定了思想和组织上的直接基础。

新年伊始,万象更新,伟大的转折即将到来。回首五岭山脉的艰难征程,面对贵州境内的起伏群山,即将重新执掌红军指挥权的毛泽东诗兴大发,完成了他在长征路上的第一首诗篇——《十六字令三首》:

山,快马加鞭未下鞍。惊回首,离天三尺三。
山,倒海翻江卷巨澜。奔腾急,万马战犹酣。
山,刺破青天锷未残。天欲堕,赖以拄其间。

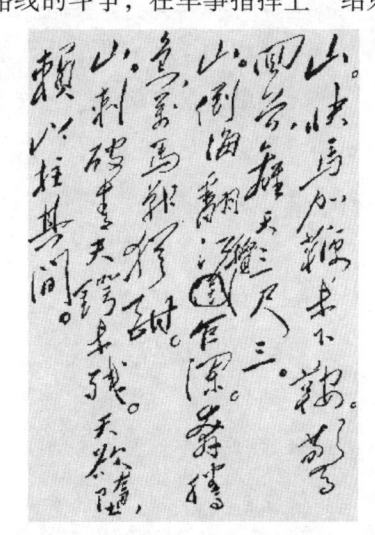

毛泽东《十六字令三首》

史料链接

★ 惩处纵火者

红军进入桂北山区之初，遇到了很大的困难。这里是苗族、瑶族、侗族等少数民族居住区。他们长期受国民党军队和地方政府的压迫，对汉人心存疑惧，甚至仇视。桂系军阀利用少数民族的这种心理，派遣特务，并雇用当地地痞流氓，混入红军宿营的村寨，乘隙纵火，烧毁民房与粮食，然后嫁祸红军，四处散布谣言，说红军是强盗，见人就杀，见屋就烧，见女人就抢，破坏红军与少数民族的关系。

由于敌特纵火不断，造成红军的宿营地火灾频繁。时任军委干部团卫生队长的蒋耀德回忆说："我干部团越过老山界进入苗山苗民区域的第四天，部队在尖顶苗区宿营，团卫生队与迫击炮连睡在苗民房二层楼上，刚刚入睡，忽然外屋有人喊：'失火了！'顿时火光冲天，照似白昼。大家被火惊醒，急忙跳楼而下，奋力救火，经过一个多小时的抢救，总算把这漫天大火扑灭了。这场大火烧了三间半屋子，我们送给群众一百多块大洋，群众很感谢红色干部团。"

1934年12月10日，军委纵队宿营尤坪寨、广南寨，夜间突然发生大火。这两个寨子都是比较大的侗族村寨，房屋都为木质结构，虽然红军奋力扑救，依旧造成很大损失，龙坪寨被烧毁民屋二百多间，广南寨也被烧毁民屋二百多间，几乎被夷为平地。

在大火中，夜宿龙坪寨的中革军委副主席周恩来险遭不测。时任周恩来警卫员的魏国禄回忆说："这天晚上，周副主席是长征以来少有的休息比较早的一个晚上。照顾首长吃饭、休息以后，我们也很快休息了。经过一天的长途行军，已很疲劳，躺下很快就进入了梦乡。夜间12点左右，我睡得正香甜的时候，被哨兵的叫喊和'噼噼啪啪'的着火声惊醒，爬起来跑到门口一看，哎呀！周副主席住的房后边火光冲天！火势蔓延很快，团团黑烟和股股火舌从周副主席的房门口、窗口往外直窜。我这一惊非同小可，顺手抱起一条毯子就窜进了首长的房子。这时，房内已成了烟和火的世界，根本睁不开眼睛，周副主席已经起床了。我不顾一切地领着他从房内跑了出来。不一会儿，这间房子就被熊熊的大火吞没了。"

在大火中，红军官兵全力保护寨中的主要建筑鼓楼。这座鼓楼建于1797年，结构

史料链接

严谨，雄伟壮观，具有典型的侗族建筑风格，是当地侗民引以为荣的古建筑。寨中缺水，红军官兵用手中的简易工具，奋不顾身地扑灭了已经烧到楼前的火舌，保住了鼓楼。侗民感激万分，将鼓楼称作"红军楼"。

红军扑火救下的"红军楼"

连续的火灾引起了红军的高度警觉。周恩来召集有关人员开会，亲自指示国家保卫局局长邓发："可以肯定这火是敌人放的，……我们一定要把放火者查出来，彻底揭穿敌人的阴谋。"

经过彻夜清查，从寨中找出三个可疑分子。他们承认是被国民党收买派遣的特务，伪装成红军，混入寨内，乘人不备放火的。但有一人当夜逃跑了。

朱德听说后，生气地说：为什么让这恶贼跑了？要都留着给群众看看国民党的罪恶！当晚，朱德专门颁布命令：

连日桂敌派出大批密探，在我各兵团驻地，纵火焚烧民房，企图嫁祸于我军，破坏红军在群众中的信仰。各兵团首长及其政治部，应于到达宿营地后，及离开宿营地以前，严密巡查，并规定各连值班。一遇火警，凡我红色军人，务必设法扑灭，及救济被难群众。纵火奸细，一经捕获，应即经群众公审后枪决。

第二天，国家保卫局在龙坪寨召开群众大会，宣传讲解红军的政策，揭露敌人的

史料链接

阴谋。群众知晓真相后,无不义愤填膺。应群众的要求,红军将纵火者当场枪毙。

揭穿了国民党的阴谋,加上红军奋勇扑火,救济受灾民众,使得少数民族群众终于认识到红军是一支遵守群众纪律、维护群众利益的模范的新型军队,因而逐步消除了戒心,开始积极帮助红军。国民党挑拨红军与少数民族关系的阴谋破产了。

★《关于注意与苗民关系,加强纪律检查的指示》

1934年年底,中央红军进入贵州东南地区,向乌江急速前进。黔东南地区,是少数民族杂居地区,当地经济落后,各族群众从未见过红军。1934年12月24日,总政治部发布《关于注意与苗民关系,加强纪律检查的指示》,要求全体人员模范地遵守党的民族政策,坚决执行群众纪律。《指示》规定:

一、明确传达与执行本部对苗民指示,不打苗民土豪,不杀苗民有信仰的甲长、乡长。

二、山田牛少,居民视牛为命,绝不应杀牛。土豪的牛要发给群众,严厉处罚乱杀牛者。

三、加强纪律检查队收容队工作,在宿营地分段检查纪律,开展斗争,立即克服一切侵犯群众、脱离群众行为。

红军官兵坚决执行纪律,经过少数民族居住区时,秋毫无犯,受到各族人民的热烈拥护。

★ 红军长征翻越的第一座高山——老山界

老山界,位于广西资源县、兴安县交界处,为越城岭山脉的中段分支,南北长约二十一公里,东西宽约六公里,面积一百二十六平方公里。山中群山高耸,悬崖峭壁,瀑布飞溅,森林茂密,气候多变,年平均气温只有九摄氏度。主峰猫儿山海拔两千一百多米,是越城岭的最高峰。1934年12月5日,长征中的中央红军为摆脱国民党军的追堵,开始翻越老山界。

这是红军长征中翻越的第一座高山,尽管与后来红军所翻越的大雪山等山岭相比,老山界并非最高,可对于从未翻越如此高山,且刚刚经过湘江血战的红军来说,则无疑是一次考验。

史料链接

军委纵队由兴安县的塘坊出发，将翻越路线选在靠近主峰猫儿峰的山路上。这里山路险陡，沿路不但有众多栈道，而且有十余处险道。其中百丈陡，是在七十多度的陡壁上凿石为阶，石阶旁是数十丈的悬崖，十分险恶，雷公岩、三跳等险地，路如其名，狭窄陡峭，崎岖难行。当地人视为"畏途"，只有极少的人在天气较好的日子冒险过山。

红军部队点燃火把，连夜登山，上山八十里，下山三十里，艰难地在山路上攀登。陈云回忆道："简直是走一步停一步，走一步停一下。天气又冷，风又大，山下泉水的流声如万马奔腾。人又疲倦，可是不敢合眼，只有一尺阔的路……因为走得慢，即使下午预备了火把的人，也已经把两三个火把烧光了，以后简直前后不见火把，只有稀稀的看见几个马灯的灯光在晃动。队伍越走越慢了，走几步，停五分钟十分钟，既不像走路，也不像休息……（传令休息后），实在太疲倦了，不管地下是湿是干的，大家就横七竖八地倒在地上，把被单往身上一盖就睡着了。人生再没有比这个时候、这个地方睡得舒服的，不到两分钟已经鼻息呼呼地入睡乡了……老山界这个山高得非常使人发急，到了一个山顶，见前面只有一个高峰，不料上了那个高峰，前面还有一个高峰。这样一个又一个地爬着高山，大家不停地喘气和汗流浃背。"担负运输任务的官兵更是辛苦，要拉着骡马，挑着担子，还要抬着机器，在山路上攀登，只能贴近石壁，一寸一寸地往前蹭，每挪一步都提心吊胆，稍不留神就会连人带物落入深渊。

红军官兵以惊人的勇气和毅力，彻夜行军，终于胜利征服了老山界。12月6日，军委纵队到达了资源县的塘洞和源头。当地百姓听说红军是从老山界上下来的，无不惊讶，称红军为"神兵"。

★ 毛泽东赠衣

1934年年末的一天，红军部队正向乌江推进之中。毛泽东随军委纵队离开剑河县城后，带着警卫人员大步向着乌江走去。

途经一个苗寨，看到寨边聚集了许多红军战士和百姓，毛泽东遂拨开人群挤了进去，发现路边倒着一位年过花甲的老妇人和一个年纪很小的孩子，衣着单薄，在寒风中瑟瑟发抖，奄奄一息。

毛泽东问旁边的战士："这是怎么一回事？"

史料链接

战士回答：这位老妇人今年收的粮食都被地主拿走了，儿子前几天又被抓了壮丁，一家人实在活不下去了。她带着小孙子出来讨饭，从早到晚也没讨到一点东西，冻饿交加，跌倒后就再也爬不起来了。战士们有心救济，但都没有多余的衣服和粮食，正不知该如何处置。

毛泽东听完，立即解开外衣，将里面穿的毛衣脱下，又令警卫员拿来两条装得满满的干粮袋，一起送到了老妇人手中。

老妇人挣扎着要跪起来给毛泽东磕头。毛泽东连忙蹲下，双手握住她冰冷的手，亲切地说："老人家，莫作谢。我们是红军。红军是穷苦百姓的军队。"老妇人十分激动，看着毛泽东直流眼泪。毛泽东见状，又用贵州方言重复道："老妈妈，你记住，我们是红军，红军是穷人的队伍。"

老妇人似乎听懂了毛泽东的话，千恩万谢之后，口中念着"红军，红军，干人的队伍"，拉着小孙子蹒跚而去。

此事对红军官兵教育很大，并在部队中传颂很久。当时在场的中央政治局委员、军委纵队政委陈云，目睹了事情的全过程，印象非常深刻，将之详细记载在后来撰写的《随军西行见闻录》中。

第五章

突破天险

乌江，发源于威宁草海附近，由西南向东北斜贯贵州全境，经彭水流入长江，全长一千一百九十多公里，两岸悬崖陡壁，水深流急，素有"天险"之称。在红军到达乌江南岸的时候，国民党"追剿"军薛岳部也在全速前进，吴奇伟部四个师进至施秉，周浑元部四个师进占施洞口，正向黄平推进，逼近了乌江，距红军只有两天左右的路程。而黔军王家烈部则以一部兵力配合薛岳部在乌江南岸地区拦阻红军，另以第25军副军长兼教导师师长侯之担坐镇遵义，以副师长侯汉佑为前敌总指挥，率三个旅在乌江北岸展开，构筑工事，封锁渡口，企图凭借天险，阻止红军渡过乌江。国民党军力图把乌江"变成第二条湘江"，将红军歼灭于乌江以东、以南地区。

中央红军为执行中央政治局猴场会议的决议，决定抢在国民党军薛岳部到达之前，迅速抢渡乌江，向遵义推进。能否突破乌江天险，不仅直接关系到中共中央关于在以遵义为中心的川黔边创建新苏区决议的实现，而且关系到红军能否再次打破国民党军的追堵，摆脱险境。

乌江之畔断壁上所刻"乌江天险"

突破乌江

1935年1月1日,红军三箭齐发,直趋乌江各渡口,开始为抢渡战斗作准备。

根据中革军委的命令,红1军团第2师进至江界河渡口实施强渡,并架设浮桥,第2师主力与军委纵队、红5军团将由此过江;红1军团第1师进至回龙场渡口及其附近地域实施强渡,红1军团主力将由此过江;红3军团第4师经马场及其以西地区进至茶山关渡口实施强渡,红3军团将由此过江。在三个渡口担负强渡任务的部队,是长征以来一路夺关抢隘的开路先锋——红1军团第1师第1团、第2师第4团和红3军团第4师第10团。此外,中革军委命令红9军团在回龙场、袁家渡及其以北地区展开,掩护红1军团之侧后,并受红1军团指挥。

抢渡乌江江界河战斗遗址

战斗首先在江界河渡口打响。对岸纵深的猪场,是黔军江防前敌指挥部所在地,也是通往遵义的必经之路。从渡口到纵深,黔军以教导师第3旅旅长林秀生率部扼险固守。红2师师长陈光亲率第4团实施渡江战斗。1日,部队到达江岸后,当地百姓告诉红军,要渡乌江,必须有三个条件:大木船、大晴天,加上熟悉水性的好船工。可是红军一样没有,且要在对岸敌军的火力下渡过乌江,简直难以想象。红4团团长耿飚、政治委员杨成武组织火力侦察,结果发现对岸主渡口(老渡口)处兵力、火力配置严密,背后火金山上还有强大的预备队,但在渡口上游三公里处老虎洞脚另有一个小渡口(新渡口),并有一条傍山小道与主渡口相通,守敌只有一个排。耿飚、杨成武商定：佯攻老渡口，主攻新渡口。陈光批准了这一方案。

第二天上午，渡江开始。在佯攻部队的掩护下，1连长毛振发等八人首批下水，凫水过江，但遭到对岸敌军的猛烈射击，被迫退回。当天晚上，红4团再次组织十八人乘竹筏偷渡，结果由于水情不明，再次失败，只有毛振发率五名战士偷渡成功，隐蔽在对岸石崖下。1月2日拂晓，军委副总参谋长张云逸赶到红4团，传达军委命令，要求红4团迅速完成渡江任务，并指出：如果不能迅速渡江，红军就有背水作战的危险。红4团紧急动员，于3日上午9时许，展开大规模的强渡作战。突击营

当年的"神炮手"赵章成（摄于新中国成立后）

在火力掩护下启渡，在石崖下潜伏一夜的毛振发等人也突然杀出。突击营顺利登岸，很快夺取了渡口阵地。黔军预备队倾巢出动，对登岸的红军进行疯狂反扑。在此危急的时刻，配属红4团的军团炮兵连连长赵章成准确发射，三发炮弹全部落入敌群，压制了黔军反扑势头。突击营趁势反击，不仅夺回并巩固了新渡口，而且攻占了旧渡口，彻底打开了渡江通道。

担负架设浮桥任务的工兵分队，与红4团密切配合，迅速在江面架设起浮桥。红2师主力从浮桥过江，向纵深发展进攻，全线突破黔军江防工事。黔军林秀生旅无法抵挡红军的猛烈进攻，狼狈溃逃。1月3日，红2师攻占黔军乌江江防前敌总指挥部所在地猪场。3日，军委纵队和红5军团相继从江界河过江。

回龙场战斗遗址

在红4团激战江界河渡口的同时，红1军团第1师第1团也在回龙场渡口开始强渡。1月2日上午，团长杨得志、政治委员黎林率领全团由余庆出发，顶着雨夹雪，很快到达渡口。这里的江面不算太宽，但江水湍急，两岸都是刀削般的峭壁，人立岸边，江水的咆哮声震耳欲聋。黔军易少荃旅在此布防，其第8团守护渡口。红1团前卫营刚到江边，就遭到对岸敌人的射击。杨得志立即令配属的炮兵以迫

击炮向对岸制高点射击,实行火力侦察。黔军遭到炮击,掉头就跑,躲入了山后。

黔军战斗力不强,但乌江却凶悍异常。红军在附近村庄找船,发现敌军早有准备,撤往对岸前曾对村庄进行洗劫,连一支桨、一块像样的木板都没有留下。一个又一个方案被提出来了,但被一个接一个地否定,时间也在一分一秒地流逝。到了下午,杨得志在江边观察,忽然发现江中有一根竹竿在漂浮。他灵机一动,与黎林商量后,决定扎竹筏渡江。部队马上行动,就地取材,用草绳、竹皮和绑腿带,扎起了一只一丈多宽、两丈多长的竹筏。八名熟悉水性的战士被挑选出来,于当晚进行试渡。

茶山关抢渡乌江遗址

天黑得如同锅底。黔军根本没有想到红军敢在夜间用竹筏渡江,躲进工事避雨避风。八位勇士用竹竿、木棍作桨,奋勇冲入了漆黑一片的乌江,如一片苇叶在浪窝中上下翻滚。竹筏到了江心,忽然被一个大浪掀翻了,急速漂向下游,战士全部落水,隐约间只见到几个黑点在浪涛中时闪时现,不一会儿,就完全埋入了旋涡。

试渡失败,但红军已没有退路。杨得志叫来1营营长孙继先:"今晚一定要渡过去!"孙继先挑选了十几名战士,再次登排出发。又过了半个多小时,对岸突然响起了两声枪响,接着又是两枪,黎林惊呼:"两枪,是山下响的。"偷渡成功了!

杨得志按捺不住心中的激动,大声喊道:"是我们的人。开'船'!"早已待命的战士,立即登上竹筏,向着对岸飞驰而去。不多久,对岸闪起了团团火光,接着枪声、爆炸声、喊杀声混成一片。在如同神兵天降的红军战士攻击下,黔军守军乱作一团,四处逃窜。红1团很快控制了江岸阵地。杨得志、黎林过江后,马上组织部队向纵深发展,夺取了黔军俯瞰渡口的山顶阵地,打垮了黔军第8团。

回龙场渡口也拿下了。配属的工兵分队迅速架起浮桥。红1军团主力、红9军团由此过江。

红3军团的渡江点在懒板凳(今南白镇)以南四十公里处的茶山关。这是乌江上一个古老的渡口,明朝崇祯年间开始设渡,称作河渡关,历来是为通往遵义的要津,也是一处天险,关下有石碑刻诗称:"乌江无安渡,茶山尤险极。急流一线穿,绝壁千仞植。"1月5日,红3军团先头第10团到达茶山关渡口。守关的黔军此时已经得知回龙场、江界河渡口失守的消息,自感无法抵挡红军,所以红10团一到,即弃关逃逸。红3军团因此顺利地渡过乌江。

帮助红军渡乌江的船工黄德金

红军抢渡乌江雕塑

至此,乌江天险被全线突破。1月6日,中央红军全部渡过乌江。尾追的国民党军薛岳部只能望江兴叹，蒋介石企图将红军聚歼于乌江东岸、南岸的企图又一次破产。

智取遵义

红军突破乌江天险，黔军的防线全面崩溃。1月5日晚，朱德、周恩来、王稼祥致电各军团、军委纵队首长："我野战军仍分三路前进，坚决并迅速消灭阻我前进之黔敌，并实行追击。"具体部署是：红2师、军委纵队和红5军团为中纵队，以红2师及干部团主力攻取遵义，红5军团集中猪场，并以一部兵力扼守袁家渡、江界河、孙家渡三个渡江点，阻击尾追之敌北进；红1军团主力与红9军团为右纵队，攻占湄潭，然后红1军团主力向虾子场集中，必要时协同红2师攻取遵义，红9军团留湄潭、牛塘地区；红3军团为左纵队，以一个师进占镇南关，主力集中尚稽场地域。

各路红军依照部署，迅即对逃敌展开猛烈追击，向遵义地区迅速推进。

遵义红军纪念碑

遵义，北靠娄山，南临乌江，人口五万余人，为黔北重镇。整个城市群山依托，城墙护卫，易守难攻。守军共有四个团，黔军第2旅旅长侯之玺任遵义城防司令，以一个团驻守城外深溪水，另外三个团驻守城内。

攻取遵义，是开辟川黔边新苏区的第一仗。红军已经长途跋涉两个多月，始终没有得到很好的休整，部队处境困难。同时，根据黎平会议和猴场会议的决定，中共中央政治局也需要有一个相对和缓的环境，来集中精力彻底解决党内的路线问题。因而，遵义一战，必须打好，而且要尽量速战速决。中革军委命红军总参谋长刘伯承统一指挥各部，迅速夺取遵义。

中纵队红2师第6团配属红1军团侦察连为全军前锋。红6团受领任务后，官兵情绪高涨，从江界河渡口不停顿地奔向遵义城。团长朱水秋、政委王集成马鞍上办公，对着地图确定了攻击遵义的部署：1营、2营为突击营，从东、南两面发起突击，3营为预备队。

部队快速行军，傍晚时到达团溪镇宿营，这里距遵义只有九十里。第二天早晨，部队刚刚起床准备出发，刘伯承来到团溪，在询问了部队情况和听取了作战方案汇报后，交代说："现在我们的日子是比较艰难的。仗要打得好，还要伤亡少，又要节省子弹。这就需要多用点智慧！"王集成代表全团向刘伯承表示："王家烈的双枪兵我们领教过，一定拿下遵义城！"

中革军委也对即将开始的遵义之战高度重视。为加强攻城力量，确保胜利，中革军委除令红1军团主力准备参加攻城作战外，又令红3军团以一个师截断遵义与贵阳之间的交通，另一个师准备加入攻占遵义作战，并暂归刘伯承统一指挥。

刘伯承亲自指挥红6团向遵义开进。途中，一位曾在黔军当过兵的青年提供了情报：在距离遵义三十公里的深溪水驻扎的是"九响团"（因装备着"九连珠"步枪而得名），是侯之玺手中的王牌。红6团到深溪水后，侦察员报告："九响团"主力在红军渡过乌江后，已经由团长带领撤往桐梓，镇内此刻只有一个营。刘伯承当即指示：这是遵义守敌的外围据点，要坚决地斩断这个触角，还不要让遵义的敌人知道。"要秘密，要全歼，不准漏网一个！走漏了风声，就会影响打遵义。"

红6团两路展开，如一把铁钳迅速合围了全镇。此刻，天降大雨，红军官兵冒雨发起进攻。镇内黔军根本没有想到红军会雨夜突袭，还待在屋里打麻将、推牌九，不及迎战，红军已经突入镇内。黔军营长率一股人员东突西撞，企图突围，被当街击毙。战斗很快结束，全镇敌军除被打死者外，无一逃脱，全部做了俘虏。

王集成立即审问俘虏。交代了政策之后，一位黔军连长非常合作，很快说出了遵义的城防部署和工事情况,恐怕王集成不信,还当场画了一幅示意图。其他俘虏也争先恐后地交代情况,以求保住性命。王集成很满意,根据俘虏政策,每位俘虏发给了三块大洋。俘虏们喜出望外,痛哭流涕地说:"当官的说你们是红鼻子、绿眼珠,杀人放火,抓住我们剖腹挖心,我们真害怕。没有想到你们竟是最好的人,是我们的救命恩人。"

遵义的城防搞清了,但从了解到的情况看,遵义城城墙高耸,不宜强攻。红6团手中掌握着一批俘虏,朱水秋与王集成商量后,决定化装奇袭,利用俘虏诈开城门,智取遵义城。刘伯承听后,非常高兴,说:"这就是智慧!装敌人一定要装得像,千万不能让敌人看出馅来。"

偷袭的任务交给了第1营和军团侦察连,带队的是奔袭城口的英雄1营营长曾保堂,全团的司号员也全部配给了1营。曾保堂和奇袭分队换上黔军的军服,带着十几个经过教育的俘虏,在夜色的掩护下,冒雨上路。红4团其他分队随后跟进,做好了一旦诈城失败就立即强攻的准备。

曾保堂等人急行两个多小时,于1月7日2时许到达遵义南城门下。曾保堂令军团侦察连占领城外制高点红花岗,重机枪排在南门外隐蔽占领阵地,自己带着俘虏走向了城门。城上哨兵拉动枪栓,喝令止步。曾保堂抬枪一顶俘虏连长,那位连长立即"入戏",悲悲切切地喊道:"我们是'九响团'的。今天叫共匪包围,只剩下我带弟兄们逃了出来。共匪在追我们,快让我们进城,救救我们。"其他俘虏也大声呼救,喊作一团。城上黔军查问了几个问题,见答对无误,又见城下的人员都穿着黔军服装,确信这是外田营的"逃兵",遂打开了城门。

城门刚开,曾保堂与众人一拥而上。开门的黔军士兵问:"怎么共匪过了乌江?来得好快呀。"曾保堂微笑回答:"是啊,现在已经到遵义城了。"说着枪口对准来者太阳穴,高声叫道:"老子就是中国工农红军!"开门的黔军当即瘫倒在地。

偷袭成功。随队的二三十名司号兵一齐吹响冲锋号,1营官兵如风一般冲入城内。军团侦察连也同时打响,占领了红花岗。嘹亮的军号夹杂着激烈的枪声、爆炸声霎时打破了古城雨夜的沉寂。城里的黔军虽有三个多团,但猝不及防,且早已是惊弓之鸟,顿时乱作一团,根本组织不起有效抵抗,在黑暗中蜂拥逃出北门。1营顺利攻占遵义城。

第二天清晨,曾保堂正在部署迎接大部队进城事宜,忽然听到城外响起了枪声。原来遵义分作新城、老城两大部分。1营占领的是新城,黔军遵义行营主任江国瑶和遵义县长徐道纬带部分部队悄悄地躲在老城，不敢动弹，到清晨见红军未入老城，方悄悄打开城门，向西逃跑。城外红花岗上的军团侦察连发现后，迅速截击，并占领了老城。

1月7日，遵义宣告解放。红军大队人马浩浩荡荡开进城区，群众欢天喜地，挥动彩旗，燃放鞭炮，夹道欢迎红军队伍，庆贺翻身喜日。

勇夺娄山关

遵义城解放，但守城的黔军并没有受到大的损失，向娄山关、桐梓方向后撤。

娄山关，距遵义城九十多公里，是黔北群山中著名的险隘，如同一把铁锁锁住了遵义通往四川的出路。如果让黔军从容布防，则红军下一步开辟川黔边根据地的行动将受到很大限制。突破乌江的英雄团——红4团再次承担了抢夺关隘的任务。

7日早晨，刘伯承来到团部驻地，亲自向红4团交代任务。红4团此刻刚刚进城，正在号房，准备吃饭。与耿飚、杨成武一见面，刘伯承没有寒暄，就下达命令："你们4团立即出发，追歼北逃之敌。"耿飚、杨成武一愣，不由地相视一眼。刘伯承见状，笑着说："想休息一两天吗？不行！6团是智取遵义，敌人有三个多团逃走了。这是后患，必须趁敌人在娄山关和桐梓没有站稳脚跟时，穷追猛打，消灭他们。"他指着地图说："你们的任务是，坚决夺取娄山关，然后相机向西北方向发展，占领桐梓，粉碎敌人可能的反扑，屏护遵义，巩固胜利。要向战士们讲清楚形势，再忍受些疲劳。你们强渡乌江打得很好，相信你们也能够完成这一任务。仗要打得猛，打得好，争取夺关快，伤亡少。"红4团尽管连续作战、行军，已经极度疲劳，但坚决地执行了中革军委的命令，没有吃早饭，就整队出发，以随时遭遇敌军的战斗队形向娄山关开进。

行进八十余里后，队伍在傍晚时分到达板桥。前卫分队在行进间发起进攻，守敌一个多排一触即溃。红4团进入板桥镇，根据师部的指示，就地宿营，养精蓄锐，准备即将到来的战斗。部队利用缴获和没收的年货，美美地改善了一次生活，连日征战的疲劳一扫而光。

政工干部召开群众大会，宣传红军政策。群众纷纷倾诉苦情，要求红军申冤报仇。红军当即惩处了一批恶霸土豪，没收财物分给群众。群众情绪更加激昂，一些青壮年当场报名参军。听说红军要攻打娄山关和桐梓，几位老年人详细讲解了关前关后地形，并告诉红军：早年从板桥到娄山关有一条小路，从东面绕至关后，通往桐梓，修了公路后就一直无人行走。这是一个重要的发现。

部队休整的时候，耿飚、杨成武带营、连干部先抵娄山关下实地侦察。娄山关，位于大娄山主峰笋子山侧，海拔一千四百多米，群山环立，地势险峻，中间横切形成一道狭窄的隘口。川黔公路沿山峰盘旋而上，通过隘口，左面是悬崖峭壁，右面是高山峻岭，"一夫当关，万夫莫开"。众人研究后决定：以大部兵力沿公路正面主攻，另以侦察排和小部兵力走小路迂回侧后，前后夹击，夺取关隘。

第二天，1月8日拂晓，红4团主力进抵娄山关下，迂回分队则隐蔽地沿小路向右侧山峰运动。耿飚拿起电话准备向师部报告情况，话筒中却意外地传出了敌军的声音。原来红军通信兵是利用原来黔军的电话线与遵义联系的，只是剪断了通往娄山关的线路。被剪断的线头落在地面，由于雨后地面积水导电，话路竟又接通，把娄山关与桐梓间黔军的通话传到了红4团的电话机上。耿飚布置了监听人员，获知娄山关的守军有四个团，指挥部设在桐梓县城，主力部署在关口，关后小路上只部署了少量部队。

关后果真有一条小路，而且是守军的薄弱点。耿飚喜出望外，令侧后迂回部队加快速度，尽快进至敌后，首先发起攻击，打乱敌军部署；正面部队则暂缓攻击，布置火力，待命总攻。

娄山关

一个多小时过去了。正当关上黔军拼命向正面的红军射击时，关后突然响起了枪声，红军迂回部队得手了！电话铃声也同时响起，红军监听人员拿起听筒，里面传来了位于桐梓的黔军指挥部军官声音，说发现有红军进到了娄山关后，正向桐梓运动，要关上守军立即撤退。

耿飚接到报告后，断定黔军已经惊慌失措，立即命令红4团主力发起总攻。十多把军号同时响起，所有的轻重机枪一齐开火，红4团关前进攻部队和关后迂回部队同时出击。黔军从乌江一路败退下来，早已魂飞胆破，根本无力阻挡红军的猛攻。红军冲上关口，用白刃格斗解决了顽抗的敌人，剩下的黔军撤向桐梓。

天险再次被英勇的红4团踩在了脚下！

夺占娄山关后，红4团不停顿地展开了勇猛的追击战。黔军已经溃不成伍，扔掉一切可以扔掉的东西，一路狂逃，武器弹药、各种物资到处可见。有的人跑着跑着烟瘾发作，实在跑不动了，干脆躺在路旁点起烟灯喷云吐雾，等着做俘虏。桐梓城内的黔军指挥部和达官贵人早已是风声鹤唳，不待红军入城，即仓皇逃往贵阳。红4团一口气追袭三十余里，于1月8日占领桐梓。

当天下午，红2师陈光师长、刘亚楼政委率师主力到达桐梓与红4团会合，未及休息，即于当日黄昏率部继续北进，追击逃敌，红4团依旧为前卫。9日拂晓，红2师在新站南的牛栏关与黔军四个多团遭遇，激战一天，彻底击溃黔军部队，接着又继续前进，猛追几十里，占领了位于黔北、川南交界处的重镇松坎，胜利完成了打开入川通路的任务，并构成遵义北部的第一道屏障。

在红2师部队激战娄山关、桐梓、牛栏关、松坎的同时，红军其他部队也按照中革军委的命令，在以遵义为中心的黔北地区迅速展开战斗，肃清了残敌。

至此，遵义至桐梓南北一百八十公里，尚稽至鸭溪东西五十多公里，遵义东南一百二十多公里和东面八十多公里的地域，全部处于中央红军的控制之下。红军初步实现了进军黔北，创建川黔边新苏区的目标。

从1934年12月18日黎平会议到1935年1月9日军委纵队进入遵义，红军在短短二十多天时间里，横穿贵州，突破乌江，夺取遵义，攻占娄山关，不仅跨越天险，突出重围，而且连战连捷，击溃黔敌，打开了在黔北地区发展的局面。

红军再次焕发出了勃勃生机，重现出昔日灵活机动、无坚不摧的本色。而中国共产党和人民军队历史上一个伟大的转折也即将到来。

史料链接

★ 激战江界河

江界河渡口，位于贵州瓮安县境内，是乌江上的主要渡口之一。这里悬崖峭壁，水深浪急，分作新、老两个渡口。老渡口为主要渡口，宽约一百二十米，新渡口在其上游三公里处，宽约八十米。1935年年初，长征的中央红军部队到达乌江南岸。为打开北进通道，红1军团第2师第4团在师长陈光的亲自指挥下，在此进行了一场惊心动魄的战斗。

1月1日，红4团由猴场出发，以急行军到达江界河渡口，并立即投入了强渡准备。当时，黔军已经在江北岸严密布防，在老渡口处部署一个连并加强各种武器，在上游新渡口处部署一个排，另以第8团部署在渡口后的火金山上，作为预备队。红4团团长耿飚、政治委员杨成武组织进行了周密侦察和研究，最后确定了佯攻老渡口，主攻新渡口的作战方案，并决定，首先派人凫水过江，拉过一条缆绳，然后主力部队拉绳坐排渡江。陈光批准了这一方案。经过一个下午和一个晚上的准备，红4团挑选出十八名能攻善战且熟悉水性的战士，由3连长毛振发率领，担负凫水过江的重任。

第二天上午9时许，渡江开始。佯攻老渡口部队的机枪开火，对岸的黔军慌忙进入阵地，江面一时枪声大作，煞是热闹。此时在渡口上游的竹林中，首批下水的八位勇士已经做好准备，耿飚、杨成武为每人斟酒一碗，毛振发等人一饮而尽，脱掉上衣，腰别驳壳枪、肩挎机枪、步枪，头顶捆好的手榴弹，手拉绳索，跳入了冰冷刺骨的江水中。

八位勇士游到江中心，被对岸黔军守敌发现，立即开火射击。勇士们毫不畏惧，奋力划水。站在江边的耿飚捏紧拳头，为江中勇士大声加油："快过三分之二了，再坚持一下！"话音未落，一发炮弹正好击中拉着的缆绳，毛振发只好命令人员返回。第一次试渡失败。

当天晚上，红4团再次组织偷渡，这次不是凫水，而是用双层竹筏搭载十八名勇士全部过江。毛振发再次担任探路任务，率五名战士带着一挺机枪首先出发。随后，第二个、第三个竹筏也相继下水，向对岸划去。黔军没有任何动静，显然并没有发现红军的行动。但半个小时过去了，对岸始终没有发出预定的登岸成功的信号。又过了

史料链接

一会儿，通信员报告，第二、第三只竹筏下水后，由于水流太急，无法控制，被冲出五里路，搞不清方向，已经返回，第一只竹筏则不知去向。夜已经很深了，冷雨尚未停止，一场大雪又飘落而下，陈光、耿飚、杨成武等人伫立江岸，焦急地盼望着毛振发等人归来，可等了一夜也毫无消息。

江界河渡口是军委纵队和红军主力预定的渡江点，红 4 团的渡江行动自然受到中央和军委的高度关注。中革军委副总参谋长张云逸到达渡口，向陈光和耿飚、杨成武等人传达军委命令：尾追红军的国民党军薛岳部已经距离很近了，如果红军不能尽快过江，势必要背水一战，情况将更加危急。红 4 团必须迅速完成渡江任务，越快越好！红 4 团召开党委紧急会议，决定：全部几十个竹筏一起启渡，在火力支援下，实施强渡，坚决完成军委赋予的开路任务。

1 月 3 日拂晓时分，强渡开始。大雪过后，天气异常寒冷。担负突击任务的 1 营官兵热血沸腾，第一批下水的三只竹筏上，2 连连长杨尚坤与战士们都赤膊上阵，只穿短裤，用力划水，直冲对岸。竹筏很快冲过江心，距对岸只有五十多米了。对岸黔军十分惊慌，集中各种火力对着迎面而来的竹筏猛烈射击，密集的子弹夹杂着炮弹打得江面浪花激溅。

忽然，对岸的悬崖下面黔军的阵地响起了手榴弹的爆炸声，接着又响起了清脆的机枪发射声，但子弹不是向江面打，而是射向守军工事。崖上工事里的黔军被打得不知所措，以为红军已经登岸，连忙掉转枪口，对着崖下猛打。耿飚、杨成武也被这突如其来的变化搞得莫名其妙，连忙举起望远镜，只见对岸崖底不知从什么地方钻出几个人，正在与黔军对射。情况紧急，来不及多想，耿飚下令吹冲锋号，各种火力集中压制崖上黔军。在嘹亮的号声中，三只竹筏趁守军慌乱，相继靠岸。这时方搞清崖底出现的人，原来是昨夜"失踪"的毛振发等人。

原来，毛振发等人乘坐的竹筏下水后，顺利靠岸。但上岸后，久久不见后续部队到来。而他们登岸的地点，又距守军工事很近，无法发信号，只好悄悄地潜伏在崖下，苦熬一夜，等待机会。强渡部队竹筏即将靠岸时，毛振发等人突然从守军鼻子下面杀出，投出一排手榴弹，毛振发在硝烟中一马当先，平端机枪，冲入守军渡口阵地。守军惊呼："天兵天将来了！"乱了方寸。

1 营主力立即出发，几十只竹筏一起下水，在 2 营火力和岸上勇士的掩护下顺利登

史料链接

岸，很快夺取了滩头阵地，控制了渡口。黔军不甘如此放弃，调上预备队展开反扑。一个团的黔军"双枪兵"吸足了鸦片，沿江岸小道赶到新渡口，居高临下如恶魔般地地压向1营，不但夺回了渡口，而且把1营压到了江岸，情况万分危急。

一直在团指挥所观察战斗的陈光见状，立即叫来配属的军团炮兵连连长赵章成和指导员王东保，一指对岸黔军，说："看到敌人了吗？把敌人打回去！打不回去，拿脑袋见我！"

赵章成与王东保一起回答："坚决完成任务！"马上率队进入了阵地。

赵章成是红军中赫赫有名的"神炮手"，发射炮弹从来都是弹无虚发。可此时经过长征沿路作战，炮兵连只剩下了五发炮弹。要用五发炮弹打退黔军一个团的反扑，简直难以想象。

架好八二迫击炮，赵章成拉开弓步，先吊吊线，然后送弹上膛，一声巨响，炮弹在敌群后爆炸。众人正在焦急，却见赵章成将一发炮弹双手举起，单腿跪地，口中喃喃道："不怨天不怨地，我是奉命射击，冤鬼不用找我。"原来他信佛，每次开炮前都要祷告几句。祷告完毕，赵章成笑言："刚才是试射，重点在后面。"随后，三发炮弹连续发射。

众人看去，三个黑点形成一个"品"字，准确命中反扑的敌群。黔军当即倒下一片，余者四处逃散。1营趁势反击，很快夺回并巩固了阵地。

岸边一片欢腾。杨成武激动地双手抓住赵章成的肩膀，喊道："打得好，我要建议军团首长给你们请功！"赵章成却只是一笑，蹲下身去抚摸着仅剩的一发炮弹，说："打完了，只剩一发了。"陈光走过来，拍拍赵章成的肩膀，说："不要紧，打到遵义去，就能装备了。"红军过江后，黔军望风而逃，丢弃的枪炮、物资到处都是。陈光兑现诺言，将五十发崭新的八二迫击炮弹摆到了赵章成面前，直到那时，赵章成才眉开眼笑。

红4团胜利地夺取了江界河渡口，完成突破乌江天险的艰巨任务，保障了红军主力顺利渡过乌江。这次作战，成为红军作战史上的一个著名战例。

新中国成立后，电影工作者根据这一战例，创作了电影《突破乌江》，曾经风靡全国，成为革命传统教育的形象教材。

★ 乌江架浮桥

中央红军先头部队突破乌江天险，强渡成功，但危险并没有消除。先头部队是用

史料链接

竹筏过江的，这对于小部队强渡或偷渡来说是可行的，而数以万计的红军主力要想依靠竹筏在最短的时间内全部过江则很不现实。因此，要保证红军部队全部抢在国民党追兵之前渡过乌江，必须架设浮桥。中革军委决定：集中军委直属工兵营、原红一方面军工兵连和军委干部团工兵连，在红4团突破之后，立即在江界河渡口开始架设浮桥，保证主力迅速渡过乌江。

江界河渡口江水流速达 1.8m/s，不要说架设浮桥，就是渡船过江，也要在水流稍缓时由经验丰富的船工掌舵才可启渡，更何况架设浮桥还要在敌人火力下进行，更是难上加难。当地人听说红军要在乌江上架浮桥，都感到不可思议，连称："讲笑话，讲笑话，就是神仙也做不到。"

然而，红军就是要做前人没有做过的事情，而且一定要成功！周恩来亲自给工兵部队做动员。他说："敌人企图利用乌江天险，对我红军实行合围。乌江架桥只能成功，不能失败！你们有过在雩都河、湘江上架浮桥的经验，也有敢打敢拼的光荣传统，相信你们一定能够完成任务。"

红军总参谋长刘伯承亲自在现场指挥了架设浮桥的工作。队伍到达渡口时，红4团尚未完成突破。但架桥的准备工作立即展开。刘伯承把工兵分队干部带到江边，指着咆哮的江水，语气凝重地说："前面是乌江，我们整个部队要从这里通过，向遵义进军。……现在敌人控制着江面，任务十分艰巨，必须马上行动，争取明天下午把桥架好，晚上通过部队，只能提前，不能推后。这是一个刻不容缓的任务。"

他具体分派任务：军委工兵营在佯攻方向架桥，大摆架势，吸引敌人注意力，保证红4团的主攻方向；强渡方面军工兵连的主要任务是砍竹子，扎竹筏；军委干部团工兵连负责架桥。军委工兵营和方面军工兵连完成各自任务后，全部协助干部团工兵连架桥。

1月3日，架桥与红4团的强渡同时展开。干部团工兵连由原红军学校的工兵教员和学员组成，架桥经验丰富。实地测量水情和研究之后，他们很快确定了架桥方案：用三层叠起的竹筏作桥脚，每对桥脚中间铺上两根枕木，枕木用三四根桥桁连接。

桥桁上铺门板，门板上再系上横木，组成一节门桥。总共扎一百多节门桥，构成一座连贯的浮桥。这种浮桥的漂浮力很强，只要不是每节门桥都被打断并灌进水，整个浮桥就不会下沉。

史料链接

方案设计出来了，红4团首批部队也登岸成功了。三支工兵分队合兵一处，全力架设浮桥。但具体实施时，方发现方案尚有不完善的地方。门桥在浅水区尚好固定，但到了深水区，特别是在急流之中，很难固定。不解决把一百多节门桥固定在制定的线路上的问题，就根本谈不上连接成浮桥。

难题在红军的群策群力中很快得到解决。经过数次试验，红军找到了固定门桥的有效方法：用竹片编成大竹篓，内装大小石块，每个重量在一两千斤，中间交叉三根两头削尖的长木棍作锚爪，形成石锚。石锚的顶端再系上一根粗锚钢，用竹排运到下水点滚入水中，拖住门桥。

于是，浮桥开始一节一节地向北岸延伸。当红4团突击营巩固占领了江岸阵地时，一道可通行四路纵队的浮桥也已横跨乌江。红4团后续部队与红2师主力从浮桥迅速过江，加入了追击逃敌的战斗。军委纵队和红5军团也从浮桥浩浩荡荡地渡过了乌江。

红军工兵在极其简陋的条件下，完成了几乎不可能完成的艰巨任务，创造了战争史上的奇迹。毛泽东在听取刘伯承介绍了建造浮桥的经过后，高兴地称赞说："真是了不起！我们的工兵用竹排架起这样的桥，世界上都没有！"

★ **强渡乌江英雄谱**

1935年1月15日，中革军委机关报《红星报》刊登中革军委命令，奖励在强渡乌江战斗中建立功勋的英雄。名单如下：

红4团第3连连长毛振发

红4团第1营营长罗有保

红4团机枪连连长林玉式

红4团第2连连长杨尚坤，指导员王海云，青年干事钟锦友，班长江大标

红2师师部王家福

红4团王友才、唐占钦

红6团赖采份、孙明

以及曾传林、刘昌洪、钟家通、朱光宣、林文来、刘福炳、罗家平、丁胜心等人。中革军委授予毛振发红星奖章一枚，奖励其他英雄每人新军衣一套。

第六章

红 25 军开始长征

在中央红军长征之后,位于鄂豫皖苏区的红 25 军也按照中共中央、中革军委的指示,于 1934 年 11 月踏上了战略转移的征程。

红 25 军原属红四方面军建制。1932 年秋,红四方面军第四次反"围剿"作战失利,主力被迫向西转移,留下红 25 军军部一部和第 75 师、红 9 军第 27 师及部分地方独立团坚持鄂豫皖地区斗争。当年 11 月 29 日,中共鄂豫皖省委在黄安县檀树岗召开军事会议,决定将留在苏区的部队重新组建为红 25 军。11 月 30 日,红 25 军重新成立,吴焕先任军长,王平章任政治委员,下辖第 74、第 75 师,约七千人。

红 25 军部分人员合影(前排左起:吴焕先、郭述申、徐海东)

红25军重新组建，大别山中再次飘扬起革命的红旗，蒋介石暴跳如雷。在他的严令之下，从1932年11月到1934年10月，国民党军先后动用十五个师的正规军和大量地方反动武装对鄂豫皖苏区进行连续的"清乡"、"清剿"和"围剿"，务求"斩草除根"。红25军在中共鄂豫皖省委领导下，依靠人民群众的支援，在极其困难的条件下，开展游击战争，坚持鄂豫皖苏区的斗争，红旗始终不倒，取得多次战斗胜利。但是，由于王明"左"倾错误的危害，以及敌人的疯狂"围剿"，红军的损失也很大，特别是1933年5月至6月围攻七里坪战斗失利后，处境更加艰难。根据地人口锐减，兵源枯竭，军民生活极端困难。

花山寨会议旧址

中共中央非常关注鄂豫皖地区的斗争，多次就红25军的行动方针向中共鄂豫皖省委发出指示和训令，指示红25军"在情况严重，不能继续在指定地区活动时"，可进行战略转移，建立新的苏区。1934年6月，中共中央和中革军委决定派程子华去鄂豫皖苏区工作。8月28日，程子华到达鄂豫皖苏区，带去周恩来的指示：红25军主力应进行战略转移，选择敌人力量薄弱、群众基础较好、地形有利和粮食、物资补充较容易的地方，建立新的苏区。

11月11日，中共鄂豫皖省委在河南省光山县花山寨召开常委会议，讨论红25军实行战略转移的问题。会议根据中央的指示精神，决定：一、省委立即率红25军实施战略转移，为发展红军和创造新苏区而斗争；二、转移地区以平汉铁路以西鄂豫边界的桐柏山区和豫西的伏牛山区为目标；三、为宣传党的抗日主张，扩大党和红军的政治影响，行动中部队对外称"中国工农红军北上抗日第二先遣队"；四、留省委委员高敬亭领导一部分武装组建红28军，继续坚持鄂豫皖边区的武装斗争。会议还讨论了部队整编问题，决定由程子华任红25军军长，吴焕先任政治委员，徐海东任副军长。

11月13日，红25军在河南省罗山县的殷家湾、何家冲一带进行政治动员和整编工作，撤销了师一级组织，军直辖三个步兵团和一个手枪团，共两千九百余人。

1934年11月16日，红25军高举"中国工农红军北上抗日第二先遣队"的旗帜，告别大别山的父老乡亲，由何家冲出发，踏上了战略转移的征程。

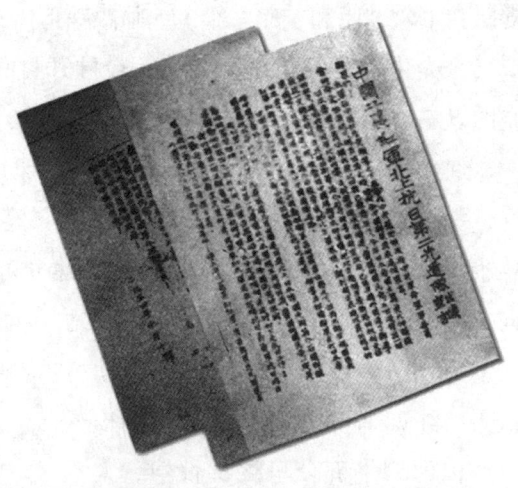

《中国工农红军北上抗日第二先遣队出发宣言》

红25军长征出发地：何家冲何氏祠

奔向伏牛山

红25军出发后，首先在朱堂店击退国民党军"追剿队"第5支队的进攻，随后利用敌人部署的间隙，以秘密迅速的行动，于11月17日晚由信阳以南东双河与柳林之间越过平汉铁路，急行军两日，经青石桥、黄龙寺、月河店、金桥等地，进入鄂豫边界之桐柏山区，迈出了战略转移的第一步。

蒋介石得悉红25军突围后，连呼"太大意了"，急令"豫鄂皖三省追剿队"五个支队共十六个团和东北军第 115 师跟踪追击；令南阳、方城等地的第 40 军和湖北老河口（今光化）第 44 师进行堵击；令驻开封的第 60 师进至卢氏县朱阳关控制入陕大道，企图以三十多个团的绝对优势兵力，围歼红 25 军于行军途中。

红 25 军进入桐柏山区之后，中央鄂豫边工委书记张星江向部队介绍了当地的情况，鄂豫皖省委此前也曾派人进行考察。鉴于该地区靠近平汉铁路和汉水，回旋范围狭小，加之国民党军重兵压境，难以建立苏区，省委果断决定：立即穿越豫西平原，向伏牛山区挺进，相机创建新的根据地。

为了隐蔽行动意图，迷惑调动敌人，红 25 军继续西进，直抵桐柏县城以西二十五公里之洪仪河、太白岭、界牌门一带，并派少数部队佯攻枣阳县城。国民党军果然中计，各路追堵截部队纷纷向枣阳靠拢集中。正当敌人即将形成合围之势，红 25 军突然于 22 日从枣阳县城以北的韩庄掉头向东，在保安寨和桐柏县歇马岭一带连续击退敌人的阻拦，跳出国民党军的包围圈，绕道泌阳

独树镇古城门

城东，经马谷田、贾楼等地急速北进，到达驻马店西北地区，准备由象河关转向西北，越过许（昌）南（阳）公路，向伏牛山区前进。

从泌阳城东向北，地势平坦，村落稠密，围寨林立，封建势力强盛，许多地主豪绅盘踞的村落围寨都拥有相当数量的武装，多者有枪数百支，并配以土炮防守。有的围寨四周还筑有外壕，深水环绕。国民党军派出的便衣侦探常于夜间在红军所到之处进行骚扰，纵火烧房，以示红军行踪，同其追堵部队联络，并借机造谣惑众，诋毁红军声誉。红 25 军在前进途中常遭袭扰，行进缓慢。

红 25 军政治委员吴焕先召集干部会议，要求部队严格执行群众纪律，不打土豪，不进围寨，所需粮草一律实行购买，并要求部队要随时做好战斗准备，以防敌人袭击。红军部队严守纪律，多在野外吃饭住宿，秋毫无犯。每遇围寨，省委秘书长郑位三都事先给寨主头目写信，宣传党的抗日救国主张，晓以民族大义，说明红军是借路北上抗日，望勿阻拦，并同寨主订立互不侵犯协议，确定你不打我，我不打你，中国人不

打中国人的准则,促其保持中立。在红军政策和行动的感召下,大多数围寨的地主武装都保持了中立。红25军因此赢得了时间,顺利地通过围寨地区。

国民党军发现红25军北进,断定红军有向"象河关及独树镇、保安寨之间四窜企图",马上调整部署:以第40军115旅进至方城县独树镇、七里岗、现山铺一带迎头堵击,以驻叶县之第40军骑兵团南下保安寨配合,第116旅由新野北上南召,以阻止红25军进入伏牛山。国民党军"豫鄂皖三省追剿队"五个支队和第40军骑兵第5师则随后紧追。

11月25日,红25军主力到达象河关西北的王店、土风园、小张庄一带。当晚,国民党军"追剿纵队"第2支队跟踪而至,并向土风园发动进攻。副军长徐海东指挥军直属队和第

红25军独树镇战斗遗址

225团予敌以打击后,沿小道赶到王店,与军主力会合。26日拂晓,敌"追剿纵队"又尾追而来。这时,红25军距许(昌)南(阳)公路只有二十多公里,过了公路即是伏牛山东麓,但国民党军追兵已经尾追而来,形势紧迫,为防止敌人追堵合围,争取时间迅速穿过公路,红25军决定迅速穿过许(昌)南(阳)公路,抢在国民党军合围前,进入伏牛山区。

徐海东

徐海东让通信员通知部队出发。可连日急行军,官兵已经极度疲劳,到达驻地后,从团长到战士已经都躺倒在泥泞的湿地上沉睡,不管通信员怎么叫都叫不醒。徐海东急了,操起一根棍子,从团长、政委打起,一口气打醒了二百多人,硬是把部队"赶"上了路。许多年后,一位挨过徐海东棍子的干部说:"那一夜。幸亏徐军长一顿棍子,要不然,我们肯定都要当俘虏。"

11月26日,寒流骤降,朔风呼啸,雨雪交加。红军官兵衣服单薄,饥寒交迫,强忍疲劳,

以急行军速度前进。下午1时，部队在方城县独树镇附近开始通过许南公路。突然，枪声大作，伏兵四起，部队陷入了敌人的伏击圈。

国民党军第40军第115旅和骑兵团已经抢先一步封锁公路，并设置了伏击阵地。由于风雪弥漫，能见度差，红军前卫部队发现敌人已较迟，仓促应战，被迫后退。国民党军乘势猛攻，并从两翼包围，红军部队被压在旷野之中，处境危急。

指挥前卫部队的军政委吴焕先立即赶到队伍最前列，抽出大刀，高喊"共产党员们，跟我来！"带头冲入了敌群。红军官兵紧随政委，与敌人展开白刃搏斗。副军长徐海东带领后梯队跑步赶到，对敌展开猛烈的反冲击。一番恶战，红军终于制止了敌人的进攻，稳住了阵脚。

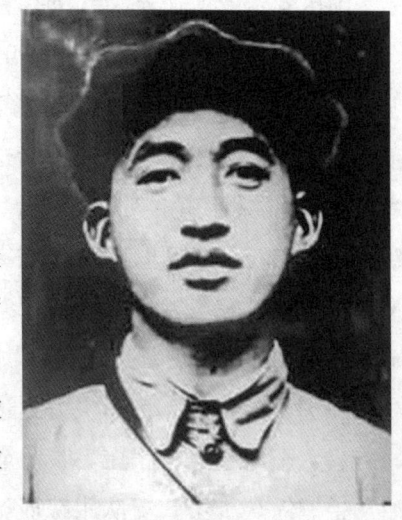

吴焕先

当晚，红25军乘风雪夜暗，突出重围，绕道急行，从叶县保安寨以北地区，穿过许（昌）南（阳）公路。随即于27日击退跟踪之敌，沿叶县、方城边界向伏牛山方向前进。

28日，前卫部队到达拐河镇东北的孤石滩，开始涉渡进入伏牛山前的最后一道河流澧河。国民党军第40军骑兵第5师和第115旅、骑兵团再次追踪而至，从南北两面夹击红军，并且先头部队超越红军，控制了澧河西岸道路两侧的部分高地，将红军阻止在河边。

前面是大河，四面八方都是追兵。红25军再次陷入绝地。两军相遇勇者胜。徐海东指挥前卫部队展开殊死的进攻，第223团强渡澧河，攻占纸房以东高地，第225团也迅速过河，以一个连抢占上马村以北山上的围寨。两个团协力防守，打退了国民党军骑兵和步兵的一次又一次的进攻，为全军杀开了一条通道，牢牢地控制住进入伏牛山的通道。红军主力迅速过河后，协同第223、第225团全力反击，在古木庄、交界岭击溃尾追之敌，然后经由神林、熊背、下汤等地继续西进，进入了伏牛山区。

西进陕南

伏牛山区位于河南省西部，山高林密，峰峦起伏，纵横八百余里，便于游击作战。红25军进入伏牛山区后，立即展开创建新根据地的工作。但是很快就发现，工作很难开展。

该地区为"内乡王"别廷芳的地盘，反动统治较严，土匪多如牛毛，地主围寨很多。当地群众被围在寨子里，且多年遭受匪患，对所有拿枪的人都有一种天生的恐惧，难以接近。因此，红军不仅供给发生困难，而且由于得不到群众的支持，缺乏准确的情报，行动处处被动。更为严重的是，国民党军跟踪而至，国民党军"豫鄂皖三省追剿队"总指挥上官云相由信阳到达许昌，统率三个支队，共五个旅十个团的兵力，进至鲁山县城一带。鉴于此情，中共鄂豫皖省委决定，放弃在伏牛山建立新苏区的计划，部队继续向陕南转移。11月30日，红25军以中国工农红军北上抗日先遣队司令部、政治部名

庾家河战斗纪念碑

义发出布告，宣布："我们调动队伍北上，一方面去打日本帝国主义，一方面来帮助陕西的工农贫苦群众弄吃的，弄穿的，解除一切痛苦"，"欢迎一切不愿做亡国奴的人来参加我们的队伍，欢迎一切军队和围寨与我们订立抗日协定，同我们一起去打日本帝国主义，扫除阻碍我们抗日的反动武装"，"希望一切人都各做各的职业、莫惊莫走，特别欢迎穷人、工人、农人和我们见面谈话开会"。布告还就红军对于没收地主豪绅、军阀官僚的财产，帮助穷人抗拒苛捐杂税，保证商业的自由，以及对白军士兵和民团中的穷苦团丁的优待等作了明确规定，提出"我们队伍有什么错误，欢迎当地人来报告，立即纠正"。布告最后宣告："红军此来，是要帮助陕西穷人进行上面的事业，帮助穷人武装起来，推翻豪绅地主的统治，建立陕西的苏维埃政府。"

布告发布后，红25军起程西进。一路打破当地土匪武装的拦阻与袭扰，于12月4日到达卢氏的叫河附近。由此向西南经朱阳关进入陕西商南县境内，距此七十多里，是入陕大道。但是，国民党军已经预料到了红25军的这一步行动，早已在朱阳关布防，等候红军的到来。

当红25军尚在桐柏山区时，蒋介石就已开始进行堵截红军入陕的准备，其中最重要的部署，就是将驻开封的陈沛部第60师调至卢氏。第60师乘火车到达灵宝，再经一百多公里的行军，于12月1日到达卢氏，在县城以南的五里川、朱阳关、黄沙镇一带展开，构筑工事，控制入陕大道。当红25军部到达时，他们已经部署就位，以逸待劳，准备堵歼红军。而上官云相指挥的"三省追剿队"三个支队，也相继跟踪追到庙

子，荣川一带。前有堵敌，后有追兵，红 25 军再次陷入危境。

程子华庾家河战斗负伤处

恰在此时，军部手枪团找到一个货郎小贩陈廷献，得知另有一条经大石河、文峪、卢氏城南入陕的山间小路。红 25 军立即决定改变入陕路线，从小路进入陕南。

12 月 5 日，红 25 军以手枪团进至朱阳关以东七公里处"号房子"，虚张声势。国民党军第 60 师师长陈沛以为红军果真要由朱阳关入陕，命令部队进入战斗准备。红 25 军主力在手枪团的掩护下，悄然向北，由距朱阳关东北二十公里处转向西北，沿着一条"七十二道文峪河，二十五里脚不干"的山谷小径，隐蔽到达距卢氏县城只有五公里的文峪。

此刻，国民党军正规军都在朱阳关一线枕戈待旦，卢氏城内只有少量部队和民团。红军在夜色掩护下，急速由卢氏城南与洛河之间的隘路穿过。守城民团不敢放枪，只是点燃火把壮胆。红军急行军两日，于 12 月 8 日攻破民团把守的豫陕交界处铁锁关，进入陕西省雒南县（今洛南县）境内，将国民党军第 60 师甩在了身后。

陕西军阀没有想到红 25 军居然能够突破第 60 师的防线，突然入陕，惊恐不已之余，连忙拼凑力量进行堵截。陕军冯钦哉部第 42 师第 248 团、第 252 团从渔关、华阳仓促出动，进至雒南县城和景村、三要司等地。

8 日下午，红 25 军先头部队在三要司与陕军接触。陕军占据三要司南侧九泉山高地进行顽抗。红 25 军猛打猛冲，以红 225 团由九泉山东南侧攀登陡崖正面攻击，其余部队则迂回至高地西侧攻击，红 225 团 5 连首先冲上高地，与敌展开肉搏。陕军抵挡不住红军的进攻，防线很快崩溃，一个营被全部歼灭。红25军继续前进，翻越蟒岭，于9日进至庚家河。

10日，中共鄂豫皖省委在庚家河召开常委会议，研究下一步的战略方针。中午时分，会议正在进行，村外忽然枪声大作。原来在朱阳关一带堵截红25军入陕的国民党军第60师师长陈沛发现：等待多日的红军竟然在自己眼皮底下溜了过去！他恼羞成怒，指挥全师不顾一切地尾随过来。由于近一个月的连续行军，红军官兵极度疲劳。警戒哨兵大部分睡着，敌人到了近前才发现。国民党军集中炮火轰击村子，并占领东山坳口制高点，向红军发起进攻。开会的红军指挥员立即中断会议，从军长到炊事员一齐投入战斗，反击敌人。激烈的战斗从中午持续到了黄昏，红军指战员殊死奋

徐海东庚家河战斗负伤处

战，与敌人展开拉锯。经过二十多次反复冲击，歼敌八百余人，终于打垮了敌人。余敌向河南卢氏方向败退。

至此，红25军结束了第一阶段战略转移历程，开始进入了创建鄂豫陕革命根据地新的斗争时期。在二十多天的时间内，红25军长驱五百余公里，以不足三千人的兵力，粉碎了几十余倍于己之敌的围堵，几乎每日作战，顽强地打开了西进通道，不仅保存了红军的有生力量，锻炼和提高了部队的战斗力，而且调动了敌人"围剿"鄂豫皖革命根据地的部分兵力，配合了红28军坚持鄂豫皖革命根据地的斗争，减轻了陕北红军和川陕红军的压力，并为开辟鄂豫陕革命根据地创造了条件。

创建鄂豫陕革命根据地

鄂豫陕边地区，地处鄂豫陕三省边界，北起秦岭北麓，南濒汉水，包括陕西南部的雒南、蓝田、商县、商南、山阳、镇安、柞水、洵阳（今旬阳）、宁陕、佛坪、洋县等县，湖北西北部的郧西、郧县等县，河南西部的卢氏、淅川等县。这里峰峦起伏，悬崖陡峭，地势险要，自古就是兵家割据称雄的战略要地，便于开展游击战争。当地封建势力和反动政府对人民的压迫剥削极为残酷，土地和山林大部分掌握在地主手里，

苛捐杂税多达数十种，兵灾匪祸连年不断，人民苦难深重，反抗情绪强烈。1928年5月渭（南）华（县）起义的部队曾在蓝田、雒南地区活动。1932年冬，红四方面军和红3军曾先后过境。1933年5月，陕北红军也曾南下行动。因此，党和红军已在该地区有着广泛的影响。红25军到达时，虽然地方党组织已遭到破坏，但群众自发的抗捐抗粮斗争仍然此起彼伏。同时，陕西第十七路军首领杨虎城与蒋介石矛盾很深，陕军当时忙于北攻陕甘红军、南拒川陕边红四方面军、西防蒋介石嫡系部队，一时无力顾及陕西东南部，这一切，都为红25军创建新的根据地提供了有利的条件。

12月10日，中共鄂豫皖省委在庾家河召开第十八次常委会议，根据花山寨会议所确定的红25军实行战略转移和创建新的革命根据地的战略任务，决定在鄂豫陕边地区创建新的革命根据地。同时确定，在开辟新苏区的过程中，首先要以武装斗争打开局面，同时展开创建根据地的工作。为适应新的斗争要求，会议还决定：将中共鄂豫皖省委立即改为中共鄂豫陕省委，省委成员不变。尽管这次会议由于国民党军第60师的进攻而中断，未能充分进行讨论，但仍做出了《关于创建新苏区、新的革命根据地的决议草案》，从而解决了选择新区和制定当前方针任务等重大问题，为鄂豫陕革命根据地的创建和红25军的发展壮大奠定了基础。

12月11日，红25军在雒南县蔡川进行整编，撤销第224团番号，人员分别编入第223团和第225团。军政治部主任戴季英改任参谋长，省委秘书长郑位三任政治部主任。

随后，依据庾家河会议精神，红25军展开大回旋的作战行动，南下郧西，北返雒南，东入卢氏，西抵蓝田，扫荡地方民团，镇压豪绅恶霸，铲除"地头蛇"，摧毁保甲组织，打击地方反动势力，扩大党和红军的影响，全

鄂豫皖省委庾家河会议会址

力开展创建根据地的工作。经过一个多月的艰苦工作，在郧西、洵阳、镇安、山阳四县边区初步奠定了根据地的基础，并扩军四百余名。

红25军在鄂豫陕边地区生根立足，引起了蒋介石的高度注意，但他的中央军嫡系部队正全力对付在川黔滇地区转战的中央红军和在川陕地区活动的红4方面军，无暇

西顾，他只能从其他地方抽调部分部队入陕助战。1935年1月，蒋介石令驻河南的第40军第115旅两个团进入陕南，自湖北调第44师三个团到上津、白河，统归杨虎城指挥，会同陕军第126旅、警2旅和警卫团，对红25军发动第一次"围剿"，限期3个月内"肃清"红军。

1月下旬，陕军第126旅、警备第2旅进至镇安县城以东、以南地区，向红军逼近。红25军为争取主动，各个击破来犯之敌，由山阳、郧西交界地区北上袁家沟口，尔后转到凤凰嘴，突然出现在敌之后方。第126旅、警备第2旅急忙掉头尾追。红25军随即进至柞水县蔡玉窑，以一部兵力于1月31日袭占柞水县城，吸引警备第2旅西进，分散敌人力量，集中主力于蔡玉窑，当第126旅252团单独追到时，突然于2月1日对其实施打击，歼敌一个多营，击溃两个营。

占领镇安县城纪念碑

蔡玉窑战斗遗址

战后，红25军向北转移到蓝田葛牌镇。这时已近年关，2月4日是农历除夕，经过长期的转战，红25军部本准备在葛牌镇过年，让官兵稍作休整，但国民党军却不许红军好好过年。大年初一刚过，陕军第126旅旅长柳彦彪就率两个团于大年初二（2月6日）向葛牌镇进攻。红25军先敌占领葛牌镇以南之文公岭一带高地，以猛烈的火力压制住敌人，由正面和左翼发起猛烈反击，歼敌两个多营，其余敌人慌忙向南溃退。

蔡玉窑、文公岭两次战斗，红25军重创陕军第126旅，陕军一时不敢继续进攻。红25军乘胜在陕西东南的蓝田、商县、山阳、镇安、柞水五县边界地区发动群众，建立地方游击队，扩大红军，创建出第二块根据地。

2月中旬，陕军恢复进攻行动。驻蓝田的陕军警卫团，在商县、山阳的第40军第115旅配合下，向葛牌镇进攻。红25军为了掌握主动，撤出陕东南地区，南下湖北郧西地区。

文公岭战斗遗址

2月19日，中共鄂豫陕省委在郧西二天门召开常委会，总结入陕后两个月的斗争情况，分析形势，批评了对创建新根据地信心不足的思想情绪，坚持庚家河会议确定的方针，作出了《为完全打破敌人进攻，争取春荒斗争的彻底胜利，创造新苏区的决议案》，要求扩大部队，加强红军，组织地方武装，开展游击战争，抓紧时机，继续发动群众，立即分配土地，建设基层政权，争取在较短时间内建立相当于三个县的大块根据地；号召全体党员要像一个人一样地团结起来，完全打破敌人的进攻，为实现创建新的革命根据地而奋斗，同时提出要"扩大斗争的区域"，红25军主力要"打到富足地方去"的口号。

此时，红四方面军正在发动陕南战役，前锋已抵汉中以西。红25军得知消息后，为贯彻省委郧西会议决议精神，并配合红四方面军进行陕南战役，于2月下旬由郧西西进，向经济较富庶的汉中地区进发，连克宁陕、佛坪两座县城，于3月8日进到洋县华阳镇。陕军张飞生警备第2旅由郧西尾追而来，进至华阳镇以东地区。3月10日，红25军从华阳镇向东南进至石塔寺附近设伏，打垮警备第2旅五个多营，毙伤二百余人，俘敌团长以下四百余名，缴获长短枪五百余支。

战后，红25军乘胜展开工作，在很短的时间内，建立了华阳、石塔寺、商家坝、吊坝河、瓦子沟、红石窑、小华阳等地的革命政权，并成立了华阳革命委员会，成立华阳游击队，开辟出了华阳根据地。当地群众兴奋地唱道："二月初六（3月10日）炮声响，警备二旅垮个光。华阳建起苏维埃，土豪恶霸一扫光。分田分财又分粮，穷人翻身把家当。吃饭莫忘红二十五，翻身莫忘共产党。"

华阳镇红25军司令部旧址

4月初，红25军东返蓝田县，陕军警三旅跟踪追击。4月9日，红25军在葛牌镇以南的九间房设伏，一举打垮该旅两个团，并消灭其一个团又一个营，俘虏旅长张汉光以下官兵一千余名。由于当时中共鄂豫陕省委与中央失去了联系，不了解党在陕军中的兵运工作情况。红25军误将中共地下党员张汉光当作"叛徒"处决，造成了损失。1945年，在中国共产党七大上，张汉光同志被追认为革命烈士。

1935年4月中旬，鄂豫陕省委在蓝田县葛牌镇召开扩大会议，总结经验，充分肯定了入陕四个多月的工作，改选省委，并提出粉碎敌人"围剿"和加紧根据地建设的任务。会后，红军继续东进，4月18日攻克雒南县城，随即在豫陕边的雒南、商县、商南、卢氏等四县边界地区，人力进行开辟根据地的工作。国民党军对鄂豫陕的第一次"围剿"宣告失败。

随着反"围剿"的胜利，红25军和鄂豫陕边区各项工作得到了发展。至5月初，红25军已发展到三千七百人。中共鄂陕边、豫陕边两个特委和五个县的工委，以及鄂陕边区苏维埃政府和十个区、四十六个乡的革命政权已先后建立。鄂陕游击总司令部和豫陕游击师等地方武装发展到两千人。鄂豫陕革命根据地已初步建成，红25军在鄂豫陕边地区站稳了脚跟。红25军政委吴焕先形象地比喻说：以商洛为中心的鄂豫陕革命根据地是一只"香炉脚"，它与陕北根据地和川陕苏区共同撑起了一座革命的"香炉"，只要"我们立足这个地方，把革命的香火烧得旺旺的，将来与川陕和陕北打成一片，照红中国的半边天"。

鄂豫陕革命根据地的建立，红25军的发展壮大，令蒋介石大为震惊。4月下旬，蒋介石令原进攻鄂豫皖革命根据地的东北军王以哲第67军3个师、驻郑州的唐俊德第95师开入陕南，协同第40军、第44师和陕军第38军17师51旅、警备第1旅、警备第2旅等部，共三十多个团，统由杨虎城指挥，向鄂豫陕红军发动第二次"围剿"，并限令在5、6、7三个月内将红军全部消灭。

5月上旬，东北军第67军九个团和第95师三个团从雒南县向南进攻；第44师两个团从郧西县向北进攻，第40军五个团、陕军第38军四个团和警1旅、警2旅、特1旅各两个团配备在安康、镇安、柞水、蓝田一线，在西面堵截，形成对红军分进合击之势，企图聚歼红25军于商雒地区。

中共鄂豫陕省委召开会议，研究反"围剿"作战方针，鉴于敌强我弱，决定各游击队坚持内线斗争，发动群众坚壁清野，广泛开展游击战争，迟滞与削弱进攻之敌；红军主力北上，跳至外线，乘东北军第67军新到立足未稳，争取歼其一部，尔后采取"诱敌深入，先拖后打"的作战方针，寻机歼敌一两个师（旅），以运动战和游击战相结合，打破敌人的"围剿"。

红25军根据省委的作战方针，于6月上旬结束在郧西地区的整训，由二天门出发北上商县地区，跳出国民党军的合围圈，插到国民党军第67军侧后雒南县庾家河一带，国民党军第110师尾追而来。红25军拟在苍龙岭伏击该敌，因被敌发觉未果，遂东转庾家河地区。

红25军向北跳到外线后，国民党军的合围计划落空，不得不将原来指向东南的进攻矛头改而向北，以第107师由商县迁回到雒南县城东南，迎头堵击红军；第110师和第129师跟踪尾追；第44师由山阳继续北上。红军见各路敌人密集，决定放弃先打东北军的计划，掉头向东南，大踏步前进，继续在外线活动，以调动、分散和疲劳敌人，创造战机。6月10日，红25军由庾家河向东南疾进。13日，突然包围商南县城，随即攻占富水关，进占青山街，俘敌第44师营长以下一百七十多人。这一突然行动，将北进商县、雒南之敌又牵往东南。就在国民党军向东南开进之际，红25军却突然摆脱追兵，再使奇招，远程奔袭荆紫关。

荆紫关是鄂豫陕三省边界要地，国民党军第44师后方临时补给站即在此地。吴焕先等人仔细研究荆紫关及周围地区的地形，分析了敌情，决定采取智取与强攻相结合的战术。红25军手枪团化装成国民党军第44师的部队，经一百三十里的急行军，于16日午前到达荆紫关。国民党守军根本没有想到红军会"光顾"位于后方的补给基地，丝毫不怀疑面前的是己方"凯旋"的部队，在关外列队迎接。红军手枪团毫不客气地将之缴械，迅速进到荆紫关下。关上守敌此刻才发现情况不对，急忙关闭城门，仓促应战。手枪团立即发起攻击，第223团也跑步赶到，搭起人梯登上城头。守敌不战而溃，抱头鼠窜。红军仅用一个多小时就结束了战斗，歼灭国民党军第44师一个连和民团一个营，缴获大批军用物资。

国民党军如梦方醒，急忙集中四个师又一个旅向荆紫关扑来。红25军不待敌人赶到，迅速沿着鄂陕交界的崇山峻岭向西急进，甩开密集之敌，继续分散和疲惫敌人，并准备诱敌深入根据地中心区，然后选择有利地形，创造战机，集中兵力歼其一股。

6月17日，红25军离开荆紫关，经郧西南化塘、商南赵家川等地向西挺进。杨虎城急令已开到荆紫关地区的各部队掉头向西，企图抢先控制竹林关、商坝店、龙驹寨、山阳之线，防止红军北进；同时，令第38军四个团、第40军115旅进到漫川关、上津一带，迎头堵击红军。但这一部署毕竟晚了一步，国民党军尚在调动，红25军已于6月25日回到根据地边缘的黑山街，将各路追敌远远甩在了后面，距离最近的警1旅也被红军拉开了约有四天的路程。

红 25 军标语

国民党军的"围剿"部署已被完全打乱,各路人马被红 25 军彻底拖垮,士无斗志,锐气大减,逃亡和疾病的士兵与日俱增。红 25 军终于达到了疲惫敌人、消耗敌人和创造战机的目的。红 25 军在山阳县小河口一带设下伏击圈,静候追敌上钩,"哪一股敌人先到,就坚决消灭哪一股。"活动在当地的红军第 3、4 路游击师和地方党政组织也积极动员群众侦察敌情,封锁消息,组成担架队、运输队准备配合主力部队作战。

各路国民党军再也提不起精神"围剿"红 25 军了,只有陕军警备第 1 旅旅长唐嗣桐依旧不服软。此人黄埔军校毕业,但在陕军中始终不甚得意,因而将参加"围剿"红 25 军行动视为建功立业的大好时机。红军退入根据地后,其他将领畏缩不前,只有唐嗣桐声言与红军誓不两立,率军孤军追击,于 6 月 29 日下午进至黑山街附近。红 25 军派出的诱敌部队一经接触,即佯作不支后撤。唐嗣桐傲气更盛,督军紧紧追击,被红军引入了设在袁家沟口的伏击圈。

袁家沟口及其以西到桃园岭一带,是一条长约五公里的山沟,小径山沟底通过,两侧山高林密,便于部队隐蔽。这一带是根据地中心区,群众基础好。为确保警 1 旅上钩,红 25 军部队均在袁家沟口西北的红岩寺秘密集结。

7 月 1 日,警 1 旅进至袁家沟口。红 25 军立即行动,在夜色掩护下,轻装返回桃园岭及其以东地区，以红223团占领袁家沟北面一线高地，红225团两个营占领袁家沟口西南的东沟、李家沟南侧高地，另以一个营由桃园岭向袁家沟口方向堵击敌人。第3、4路游击师则在袁家沟口以南高地，控制沟口，断敌退路，并担任警戒。

7月2日拂晓，大雾弥漫。警1旅正在袁家沟口村西集合，准备向西进发。红25军突然发起攻击，各种火器一起开火，正列队集合的警1旅猝不及防，立时倒下一片，乱作一团。唐嗣桐急忙指挥一部占领村庄抵抗，企图掩护主力展开，进行反扑，但尚未部署完毕，红223团已经冲入村庄，唐嗣桐只好带着人马向西南山上逃命，当即遭红225团迎头痛击。

袁家沟口鄂陕边区苏维埃政府纪念碑

红25军发起总攻，各路部队数箭齐发，冲入敌群，同敌人展开白刃格斗。群山号响，满谷杀声，一番激战后，警1旅大部被歼。唐嗣桐率残部向南突围，又遭到红225团和第3路游击师的阻击，退入一个小寨子企图固守待援，红军将之团团围住，数度猛攻，到午后结束战斗，唐嗣桐乖乖地做了俘虏。在战斗进行过程中，国民党军第110师已经到达距战场二十公里的洞峪口，虽然杨虎城严令其迅速增援，可慑于红军的威力，该师始终未敢前进一步。

袁家沟口一战，红25军全歼陕军警1旅，毙伤三百余人，俘虏一千四百余人，缴获各种枪支千余支。这是红25军几个月中打得最漂亮的一次歼灭战。

战斗结束后，红25军乘胜出击，北出终南山，全歼西安以南蓝田焦岱和长安引驾回等地的民团，前锋直抵西安以南几十里的韦曲、杜曲，威逼西安，迫使进攻鄂豫陕苏区的国民党军后撤，从而彻底打破了国民党军的第二次"围剿"。

至此，红25军的第一阶段战略转移行动取得完全胜利。在八个多月时间内，在与中央失去联系的情况下，红25军独立自主地制定和实行正确的路线、方针、政策，孤军奋战，正确选择并迅速创建出了鄂豫陕革命根据地。这一胜利，对红25军的发展壮大，对配合红军主力北上陕甘，对开创西北地区抗日民族统一战线的局面，都具有重要的战略意义。

史料链接

★ 独树镇战斗

独树镇战斗，是1934年11月红25军长征入陕途中所经历的一场恶仗。

当时，红25军刚跳出国民党军在桐柏山区的包围圈，准备向河南省西部的伏牛山挺进。而国民党军则围追堵截，其第40军115旅进至方城县独树镇、七里岗、砚山铺一带，第40骑兵团也到达保安寨，抢在红军部队之前，封锁了许（昌）南（阳）公路。

11月26日，红25军由象河关西北的王店、土凤园、小张庄一带出发，准备穿越许南公路，进入伏牛山。军政委吴焕先率第224、第225团和军直属队为前梯队先行，副军长徐海东率第223团为后梯队，在王店、赵庄阻击尾追之敌。

部队行进后、恰遇寒流，气温骤降，北风刺骨，雨雪交加。官兵们饥寒交迫，步步艰难。下午1时许，前梯队进至方城县独树镇附近，准备由七里岗通过公路。第224团1营3连是全军尖刀连，由于雨雪交加，能见度差，没有发现已经设伏的国民党军。枪响之后，3连最初认为遇到了民团，正准备以冲击动作驱散敌人。忽然枪声大作，且夹杂着机枪的密集扫射声，迫击炮弹也呼啸而至。稠密的马蹄声随即划破雪野奔腾而来，国民党军骑兵蜂拥而至。

红军落入了国民党军的伏击圈。天气寒冷，战士们的手指冻僵，拉不开枪栓，加之旷郊野外，无所依托，地形十分不利，一时有些混乱，难以抵挡国民党军步兵与骑兵的联合冲击，被迫后撤，形势十分险恶。一位干部惊慌失措，叫道："我们被包围了，公路过不去了。……"

"胡说，把这个人给我捆起来！"军政委吴焕先迅速赶到队伍最前头，大声喊道："大家就地卧倒，坚决顶住敌人，决不能后退！"迅速指挥225团就地展开，阻击敌军。

吴焕先在红25军中享有崇高的威望。他的出现，迅速地稳定了部队，制止了混乱。第225团立即与吴焕先一道就地展开战斗，趴在泥泞的地面上，很快顶住了正面敌军步兵的进攻。

吴焕先一边指挥部队作战，一面观察战场情况。他叫来3连连长张海文，指着不

史料链接

远处一个砖瓦窑，说："你们连马上占领那个土窑，顶住右侧敌人骑兵！"

"明白，"张海文转身下令，"打旗兵跟我先上，司号员马上回去带部队，连旗在哪里，就往哪里上！"3连官兵跟随鲜红的连旗向敌人骑兵迎面冲去，很快打垮敌人，占领了土窑，巩固了右侧阵地。

吴焕先见3连得手，从身边的交通队员身上抽出大刀，高喊一声："共产党员，跟我上！"就冲向了敌群。吴焕先身边的交通队，都是百里挑一的战士，见政委挥刀冲锋，全都一跃而起，一手持枪，一手挥刀，紧随吴焕先与敌人杀作一团。第224、第225团的官兵个个看得热血沸腾，都冲入敌群展开白刃格斗。敌人冲过来，红军反过去，往复冲杀，战况空前惨烈。

副军长徐海东接到前梯队遭伏的报告后，立即带223团跑步赶到。团长请示任务，徐海东虎目圆睁，叫道："还有什么任务，随我上！"

经过一番恶战，红25军终于制止了国民党军的进攻，稳住了阵地。

徐海东立即指挥223团向七里岗之敌发起冲锋，力图打开一道缺口，使全军通过公路。但敌人凭借有利地形和工事，以密集火力疯狂扫射，红军连续三次冲击均未能奏效。红25军转而固守七里岗、砚山铺以南的赵庄、焦庄、袁五岗、上苗屯等村庄。天黑之后，红军趁天黑夜暗、风雨不止，撤离战场，转移到杨楼一带。但敌情依旧严重，红军尚未完全脱离危险。程子华、吴焕先、徐海东等人决定，部队连夜转移，突出重围。连续几天的急行军，加上激战几个小时，官兵们已经精疲力竭，但全军官兵依旧斗志昂扬，在地下党同志的引领下，连夜从敌人封锁线的间隙中穿过，绕道叶县保安寨以东的沈庄，穿过许南公路，于27日拂晓抵达伏牛山东麓。国民党军第40军部队尾追而来，红军在拐河镇东北的潜河两岸以及古木庄、交界岭等地击退敌人的追堵，终于打开通道，进入伏牛山区。

独树镇战斗，红25军在仓促应战、敌我力量悬殊的情况下，依靠全军官兵一往无前的勇敢精神和指挥员坚决果断的指挥，摆脱危境，取得了战略转移关键性作战的胜利。它表明，红25军是一支具有坚定战斗意志和顽强战斗精神的队伍，在任何险恶的条件下，都是打不垮、摧不散的，是能够战胜任何强大的敌人的。

★ 庾家河战斗

红25军经过千里转战，冲破了敌人的围追堵截，于1934年12月初进入陕西省东

史料链接

南的商洛山中。10日上午，中共鄂豫皖省委在庚家河召开会议，研究在鄂豫陕边地区创建新的革命根据地问题。

会议正在进行中，国民党军第60师突然由朱阳关方向奔袭而来。红25军在庚家河东山坳口设置的排哨发现敌军过迟，直到敌军已从七里荫岭迂回上来才鸣枪示警。省委成员听到枪声后，立即中断会议，红25军领导跑步上了阵地，指挥全军全力反击敌人的突袭。

战斗开始后，国民党军第360团夺占了东山坳口，并居高临下向红军猛攻。东山坳口，是庚家河街后山上通往七里荫、朱阳关的必经之路。失去坳口，庚家河就全部在敌军的火力控制之下，红25军可能会有被击溃甚至覆灭的危险。副军长徐海东亲自指挥红223团对坳口发起反击，用刺刀、手榴弹硬是将敌军赶下坳口，夺回了制高点。红224、红225团也迅速出击，抢占了坳口南北两侧高地，配合红223团打退了敌人。

红25军暂时稳住了阵脚，但危险并没有解除。国民党军主力两个团相继赶到，第60师师长陈沛重新组织力量，集中三个团再次对红军发起疯狂进攻。

红25军官兵都清楚，此战胜负，不仅关系到红25军能否彻底摆脱追兵，在陕南站稳脚跟，而且关系到全军的生死存亡，因而个个勇猛异常。上至军长下到士兵，全部投入战斗。庚家河村内外枪炮声、喊杀声交织，战场上一片火海，双方展开殊死的争夺战。

激战中，红25军军长程子华、副军长徐海东先后负重伤。程子华的两只手被子弹打穿，左腕动脉血管破裂；徐海东的面部被击中，子弹从左眼底下穿过，又从颈后飞出。军政委吴焕先沉着冷静，指挥部队坚决反击。红224团团长叶光宏在同敌人拼杀时，一条腿被打断，坐在地上坚持指挥作战。军部司号长程玉执下颚负伤，无法吹号，就在一个小土地庙中，守着一堆手榴弹，一口气投出几十颗，炸得敌人鬼哭狼嚎，直至壮烈牺牲。机枪射手是敌人火力的主要目标，一名射手倒下了，第二名射手马上补上，第二名射手倒下去，第三名射手又补上，机枪始终不哑，死死压住了敌人。

激烈的战斗持续到了黄昏。双方反复冲杀二十多个回合，国民党军第60师在顽强的红25军面前终于屈服了，在夜色掩护下，退往卢氏。

此战，红25军毙伤敌八百余人，自身伤亡二百余人。战斗的胜利，极大地打击了追敌的气焰，迫使其暂时停止对红25军的追击。红25军得以在陕南站稳脚跟，全面展

史料链接

开创建鄂豫陕革命根据地的工作。

★ "七仙女"求出征

在红25军的长征队伍中,有七名女护士被战士们亲切地称为"七仙女"。她们是:周东屏、戴觉敏、余国清、曾纪兰、张桂香、田喜兰、曹宗楷。她们也是这支队伍里仅有的七名女红军。

1934年11月红25军开始长征后,越过平汉路,进入桐柏山区。鉴于敌人四面围追的严峻形势,部队决定实行第二次转移,北上伏牛山区。

然而,瞬息万变的敌情使得红25军处境非常危险。在这种情况下,部队领导决定发给七名女护士每人八块银圆作生活费,让她们在根据地自找生存之路。

"七仙女"被这突如其来的消息震惊了。她们不愿离开部队,因为每个人已把自己完全融进这支为穷人翻身而奋斗的红军之中了。无奈之下,她们坐在路边伤心地哭了起来——

"不行,我们死也不离开红军!"

"我们就是要随队行军!"

"叫我们回去,回到哪里去?我是逃出来参加革命的,难道还让我重新回去当童养媳不成?"

当她们得知是军政治部主任戴季英的决定时,都气冲冲地找到他七嘴八舌地请求他收回命令,让她们随队一起出征。但是,为了她们的安全,戴季英不为所动,就是不答应。

正在这时,军政治委员吴焕先和副军长徐海东走过来,询问"七仙女"围攻戴季英的情况。

七名女红军一看军首长来了,纷纷要求随队行动,边哭边说:

"我们死也要死在红军队伍里!"

"活着是红军的人,死了也要做红军的鬼!"

吴焕先和徐海东望着眼前七名十几岁的女孩子,不禁心中一阵酸楚。在被她们的精神所感动的同时,也担心她们真的留下来以后将如何生存。于是,徐海东同吴焕先交换意见后,决定同意让她们随队继续行进。

史料链接

"七仙女"破涕为笑，高兴地欢呼起来。周东屏还向徐海东敬了一个漂亮的军礼。此时的她哪里会想到，眼前的这位引路人以后将成为她的丈夫。

"七仙女"穿着草鞋，背着医药箱，跟着红军继续出征。一路上，她们跋山涉水、不畏艰辛，在树林间、窑洞里救护伤员，在宿营地、大路旁宣传演出，在血与火的洗礼中，为红25军的长征留下了一道靓丽的风景。

第二编
驰骋川、滇、黔、康

- 126　第七章　历史性的转折
- 146　第八章　四渡赤水（上）
- 171　第九章　四渡赤水（下）
- 192　第十章　巧渡金沙江
- 211　第十一章　彝海结盟
- 226　第十二章　强渡大渡河

第七章

历史性的转折

中央红军占领遵义地区后，将国民党军薛岳部的追击部队甩在了乌江南岸地区。从江西到贵州，薛岳率领八个师的蒋介石嫡系部队横贯数省，行进数千公里，一路追击中央红军，虽不像红军部队需要跋山涉水，夺关抢隘，边打边进，但长途追击，且途中与红军多有交战，已经精疲力竭。更何况国民党军部队与红军截然不同，殊无崇高的理想信念与精神动力，胜则骄横，败则落魄，不胜不败却长途跋涉，对其来说则是一种折磨。官兵怨声载道，部队减员严重，早已精疲力竭，士气涣散，都不愿继续前进。

遵义中华苏维埃国家银行旧址

薛岳本人也对入黔作战心中无底。黔军部队一触即溃，毫无战斗力，不仅丢失了乌江天险，而且让开了入川大道，王家烈手下的部队虽然还有数万人，但只可摇旗呐喊，难派大用场。川军、滇军、湘军虽奉命入黔协同作战，但调动集结尚需时日，更何况地方军阀各怀鬼胎，只求自保，难以指望其配合作战。在这种情况下，如果他要率领所部强渡乌江，进击黔北，势必要孤军奋战，前途未卜，更何况红军已经在乌江北岸地区等地严密布防，胜负毫无把握。思虑再三，他令所属周浑元纵队在乌江南岸对遵义方向警戒，转入休整；吴奇伟纵队则集结在贵阳、清镇一带整训待命。他同时向蒋介石建议，以黔军部队向遵义方向作试探性进攻，令川军、滇军严密布防，令湘军部队加快入黔速度。待查明红军下一步企图，各路部队也部署到位，再对红军展开新一轮的"围剿"。蒋介石此刻也接到了空军侦察报告，称：红军进驻遵义地区后，去向不明，遂批准了这一建议。

这样，中央红军从战略转移之后，第一次摆脱了国民党军部队的纠缠。连续征战两个多月，极度疲劳的红军部队，终于获得了一次极其宝贵的休整时间。

遵义红军总政治部旧址

1月9日，军委纵队进入遵义。刘伯承出任遵义警备司令，军委干部团接管城内警卫工作。根据中革军委的命令，红1军团主力进至新街、老蒲场地区，构成了遵义的东北部防线；红3军团进至遵义以南的鸭溪河、尚嵇场、懒板凳地区，控制通往贵阳的公路，并扼守乌江北岸，构成了遵义的南部防线；红9军团位于遵义东北的永兴、湄潭、牛场地区，红5军团位于遵义东南的猪场（今珠藏）、团溪、江界河地区，共同构成了堵击追兵、屏护遵义的东南部防线。各部队在执行警戒与阻敌任务的同时，相继转入了休整。

发动群众，建立根据地的工作也全面展开。1月12日，红军在遵义省立第三中学操场召开群众大会，毛泽东、朱德和红军总政治部代主任李富春等出席大会，并发表演说，以通俗易懂的语言阐述苏维埃政权和红军的宗旨，揭露国民党的反动本质，说明红军是工农的队伍和只有苏维埃才能救中国的道理。大会宣布正式成立由二十五人组成的遵义革命委员会。

在总政治部的统一组织与部署下，红军各军团都派出工作队深入群众，宣传中国共产党的政策，发动群众打土豪、组织武装、建立革命政权。广大群众积极帮助红军筹粮筹款，护理伤病员，踊跃参加红军，在短短的十多天的时间内，仅遵义地区就有四千余人加入红军。轰轰烈烈的群众革命运动在遵义及其附近地区迅速兴起，红军在兵员和物资上得到众多补充。

所有这一切，都为中共中央政治局彻底解决党内和军内的路线方针问题提供极为有利的环境。而红军所面临的艰难处境和所承担的艰巨使命，中国革命前途和命运的需要，又使得拨乱反正，清算党内错误军事路线，重新确立毛泽东正确军事路线在红军的指导地位，恢复毛泽东的军事指挥权，成为全党、全军的共同呼声。

于是，在经历痛苦的磨难与严重的失败之后，中国革命的航船终于驶出了涡旋险滩，重新回到了正确的航道。中国工农红军终于重新选择了自己的英明统帅毛泽东。

"'中央队'三人团"

以王明为代表的"左"倾错误路线在中国共产党的统治开始于1931年。这一年的4月，根据共产国际的指示，中共中央在上海召开了六届四中全会。在共产国际代表米夫的操纵下，接受了"左"倾冒险主义的路线，王明等受共产国际青睐的留苏人员进入了中共中央领导层，并逐步掌握了大权。

1931年9月，中共中央通过了《关于目前政治形势及中共党的紧急任务决议案》，对党的路线予以彻底否定，决定由中央派遣各苏区的中央局和中央代表，从根本上消灭"最严重的右倾机会主义的消极状态"，把共产国际路线贯彻到一切实际工作中去，这标志着"左"倾错误路线在实际工作中得到具体推行。而1931年9月20日中共中央发出的《由于工农红军冲破第三次"围剿"及革命危机逐渐成熟而产生的党的紧急任务》和 1932 年 1 月 9 日中共临时中央作出的《关于争取革命在一省或数省首先胜利的决议》，则完全不顾在半殖民地、半封建的中国社会，反动统治根深蒂固和反动派力量极其强大的现实，夸大国民党统治的危机，认为全国"革命高潮"已经到来，要求红军采取远远超出自身能力的军事行动，夺取中心城市，争取革命在一省或数省的首先胜利，形成了"左"倾错误路线完整的军事路线。"左"倾错误路线完全不顾中国革命的实际，把马克思主义教条化，把共产国际和苏联经验神圣化，在思想上、政治上、军事上、组织上都形成了完备的路线与方针，在中国共产党统治达四年之久，给中国革命带来了极大的灾难。

中央苏区"左"倾错误路线泛滥，是从 1931 年 4 月开始的。在当月 14 日召开的苏区中央局扩大会议上，中央代表团传达了六届四中全会精神，通过了《接受（共产）国际来信与四中全会的决议》等文件。1931 年 11 月，中共苏区中央局召开第一次代表大会，中央代表团和"左"倾错误路线的拥护者武断地批评以毛泽东为代表的苏区中央局所执行的正确路线，污蔑毛泽东等人是政治上的"非无产阶级观点"，军事上的"单纯防御"和"游击主义"，实际工作中的"狭隘经验论"、"事务主义"、"富农路线"和"极严重的一贯右倾机会主义"，等等，撤销了毛泽东中央局代理书记的职务，将毛泽东排除在了中央苏区党的

毛泽东

重要领导岗位之外。随后，在 1932 年 10 月召开的中央局全体会议上，进一步"清算"了以毛泽东为代表的正确路线，剥夺了毛泽东的军事领导权。1933 年年初，中共临时中央由上海迁至中央苏区后，博古等人不仅控制了中共中央的领导权，而且全面执掌了中央苏区的党、政、军大权，将以毛泽东为代表的一大批熟悉中国国情、能够正确指导中国革命和革命战争的优秀领导人，完全排斥在党和军队的领导岗位之外，并对反对其错误路线的人实行无情的打击。在军事上，则彻底否定了毛泽东所倡导的"积极防御"军事战略，推行所谓的"进攻战略"，要求红军进行"正规战""阵地战"和"短促突击"等，执行了一条教条主义的军事方针。到了 1933 年 9 月之后，又将军事决策权和指挥权完全交给了共产国际派来的军事顾问李德。1934 年 5 月，更是确定成立最高"三人团"，政治、军事由博古、李德分别做主，周恩来负责督促军事计划的实

施。这一切，最终导致了中央苏区第五次反"围剿"作战的失败和中央红军被迫开始长征，并导致了长征初期红军遭受了严重损失和步步被动。

"左"倾错误路线将党和红军推到了危险的境地。实际上，早在"左"倾错误路线滋生、发展的同时，中国共产党和红军内部就存在着不同的观点和反对的力量，毛泽东等人曾与博古等人进行过坚决的斗争。这种斗争，从根本上说，是中国共产党和红军内部的马克思主义与教条主义的斗争。随着所面临的危机日益加深，两者的斗争更加激烈。血的教训与严酷的现实，使得中共中央、工农红军的众多领导人和红军的广大官兵，包括一些曾经支持并且执行过"左"倾错误路线的领导人逐步觉醒，开始深刻地认识到"左"倾错误路线的危害，认识到以毛泽东为代表的正确领导和军事路线是挽救红军、挽救中国革命的唯一选择，双方的力量对比因此发生了决定性的变化，党内和红军中要求改变军事路线和更换军事领导人的呼声日益高涨。

张闻天

王稼祥

毛泽东曾谈过纠正党内"左"倾错误路线要在遵义而不是在中央苏区进行的原因。他说，如果那时进行，"不能，也不好。因为王明路线的领导者打的是（共产）国际路线的旗帜，同时他们的错误的危害性当时还暴露得不够显著，当时还有一些人盲目追随他们。那时虽然已有一部分干部觉察到他们的错误，但大部分的干部和群众还不清楚。如果早一两年就发动反王明路线的斗争，那么他们还能欺骗和团结较大的一部分干部和群众，会造成党和军队的分裂局面。这对强大的敌人有利，是敌人求之不得的。因之，我虽然在反第五次'围剿'战争中早已看清楚王明错误路线的严重危害，但为了大局我也只得暂时忍耐，只得做必要的准备。"

毛泽东的"必要准备"也是从一个小小的"三人团"开始的。长征开始前，负责人员安排的博古确定，除由博古、李德、周恩来组成的最高"三人团"和中革军委主席朱德等人外，其他中央政治局委员如毛泽东、张闻天、王稼祥等人一律分配到各军团随队行动，但遭到毛泽东等人的坚决反对，最终不得不将毛泽东、张闻天、王稼祥安排在由中央、军委机关组成的军委纵队。

军委纵队集中了一些党和政府的领导人，因而也被称作"中央队"。当时，毛泽东恶性疟疾刚刚止住，身体非常虚弱，无法长时间走路。王稼祥则因在第四次反"围剿"期间被敌机炸伤，弹片留在体内无法取出，伤口化脓，久治不愈，也无法行走。毛泽东邀请张闻天、王稼祥一路行军，一起宿营，两人欣然同意，于是毛、王两人坐担架，张骑马行进。三人同行，一个为中华苏维埃共和国中央人民政府主席，一个为中华苏维埃共和国中央人民政府执行委员会主席，一个为中革军委副主席、红军总政治部主任，虽当时均遭到把持党和军队领导权的博古等人排斥，但毛、张依旧是中央政治局委员，王为候补委员，张并为政治局常委，在党内的排名仅次于博古。因而有人比照最高"三人团"，将之称作"'中央队'三人团"。

在三人中，毛泽东是土生土长的中国革命和工农红军领袖，在党内、军内和政府中享有崇高的威信，但从1931年起就一再受到"左"倾路线执行者的排斥打击，直到被解除了党权、军权，安排做政府工作。而张闻天、王稼祥则是莫斯科中山大学的优等生，是大名鼎鼎的"二十八个半布尔什维克"之一，最初都曾经坚决地执行过"左"倾错误路线，反对毛泽东所倡导的方针路线，但在实践中逐步与博古等人的错误路线产生分歧，因而也不同程度地受到排斥。长征开始后，最高"三人团"忙于指挥战事，无暇顾及三人。特定的环境，给毛泽东、张闻天、王稼祥提供了坦诚交换意见的机会。

话题自然集中于对当时局势的看法和没能打破国民党军的第五次"围剿"的原因上。反"围剿"战事失利，红军不得不离开鲜血浇灌出的红色苏区，三人都有抑郁、愤懑之情。郁积已久的毛泽东将第五次反"围剿"作战失利的过程与前四次反"围剿"胜利的经验进行对照，向两人详细地分析了李德、博古军事指挥上采取单纯防御路线及否定运动战战法等错误，指出了反"围剿"作战失利的根本原因不在客观而在主观，是错误军事路线指导下所采取的错误战略战术，导致了苏区的沦陷和红军的长征。毛泽东同时也向两人详细讲解了把马列主义普遍原理与中国革命具体实践相结合的基本原理，剖析了教条主义的错误。毛泽东的分析和讲解，令张、王两人茅塞顿开，很快接受了毛泽东的意见，并彻底摆脱了"左"倾路线的束缚，与毛泽东形成了反对博古、李德等人的"左"倾错误路线的中坚领导集体，共同开始了挽救红军、挽救中国革命的努力。

对于这一过程，张闻天后来回忆说："长征出发后，我同毛泽东、王稼祥二同志住一起。毛泽东同志开始对我们解释反五次'围剿'中共中央过去在军事领导下的错误，我很快地接受了，并且在政治局内开始了反对李德、博古的斗争，一直到遵义会议。"王稼祥也回忆说："一路上，毛泽东同志同我谈论了一些国家和党的问题，以马列主义的普遍原理和中国革命实践相结合的道理来教导我，从而使我能够向毛泽东同志商谈召开遵义会议的意见，也更加坚定了我拥护毛泽东同志的意见。"

张闻天、王稼祥的支持，对于纠正党内"左"倾错误路线，特别是纠正博古、李德的错误军事路线，具有重要的意义。由于张闻天、王稼祥的支持，毛泽东在中央政治局中再也不是孤掌难鸣，而是在重大问题的争论中有了坚定的同盟军，同时由于张、王两人都曾是"左"倾路线的执行者，他们的转变更是具有深远的意义，它标志着党内的重要领导人正在从"左"倾错误路线中觉醒，"左"倾错误的阵营已经分化，再也无法一手遮天，垄断党和军队的领导权了。毛泽东后来说："如果没有洛甫（张闻天）、王稼祥两个同志从第三次'左'倾路线分化出来，就不可能开好遵义会议。同志们把好的账放在我的名下，但绝不能忘记他们两个人。"

湘江战役结束后，红军陷入困境，且在错误路线指导下陷入全军覆没的危险，毛泽东、张闻天、王稼祥感到对中央的错误领导再也不能保持沉默，他们挺身而出，开始与博古、李德展开坚决的斗争。斗争的焦点集中于红军最紧迫的军事路线和前进方向上。毛泽东坚决主张放弃北上湘西与红2、红6军团会合的计划，转兵西入贵州，在川黔边创建新苏区。这一主张得到张闻天、王稼祥的坚决支持。从通道会议开始，三人与博古、李德展开激烈的争论，公开批评李德的错误指挥，并最终在黎平会议上，得到大多数政治局委员的支持，通过了在川黔边建立新苏区的决议。

黎平转兵之后，党内的争论仍在继续。张闻天、王稼祥对此极为焦虑，认为如果让李德、博古继续掌握军事大权，错误指挥在所难免，开始考虑变换军事领导人，让毛泽东指挥红军。王稼祥对毛泽东坦率表达了自己的看法，认为目前形势已非常危急，再让李德瞎指挥，红军就不行了！要挽救这种局面，必须采取果断措施。毛泽东听后十分赞同，但考虑到当时的情况，问："你看行吗？支持我们看法的人有多少？"王稼祥回答:"必须在最近时间召开一次中央会议,讨论和总结当前军事路线问题,把李德等人'轰'下台去。"毛泽东高兴地说:"好啊,我很赞成。"并要王稼祥多找几个同志商量。

王稼祥找到张闻天,张闻天也正在思索此问题,因而完全同意王稼祥的意见,说:"仗这样打看起来不行,还是要毛泽东同志出来。"两人商谈许久,一致认为:"毛泽东同志打仗有办法,比我们有办法。"这次谈话在贵州黄平的一片橘林中进行,时间是1934年12月20日。

当晚,王稼祥将张闻天的意见告诉了毛泽东,并征求了彭德怀、刘伯承、聂荣臻等高级将领的意见,大家都赞成由毛泽东出来指挥红军。一向尊重毛泽东意见的周恩来也赞同这一建议。

十天之后,1935年1月1日,中央政治局在猴场召开会议,重申了黎平会议确定的在川黔边建立新苏区的决议,批评了博古、李德的错误主张,并对军委的军事指挥权限和作战指导原则作出了具体规定,实际上停止了李德的军事指挥权。

从通道会议到猴场会议,毛泽东、张闻天、王稼祥为挽救红军、挽救中国革命,与博古、李德的错误路线进行了积极而坚定的斗争,并逐渐得到了党内、军内领导人越来越多的支持,一步又一步地向着胜利的前途迈进。通道会议为战略方针转变奠定了基础;黎平会议则解决了当时最紧迫的进军方向问题,实现了转兵;猴场会议重申了黎平会议的决议,巩固了黎平会议的胜利成果。三次会议为即将召开的遵义会议奠定了坚实的基础。

张闻天后来以精练的语言概括了"中央队三人团"在长征初期的活动:"他(指毛泽东)要我同他和王稼祥同志住在一起——这样就形成了以毛泽东同志为首的反对李德、博古领导的'中央队'三人集团,给遵义会议的伟大胜利打下了物质基础。"

遵义会议的准备

军委纵队进入遵义城后,毛泽东、张闻天、王稼祥住进了新城古式巷内的黔军旅长易少荃官邸,周恩来、朱德、陈云住在老城枇杷桥黔军师长柏章辉官邸,博古、李德住在老城杨柳街一个黔军团长的官邸。

举行中央政治局会议,总结中央苏区第五次反"围剿"失利和长征初期作战被动的经验教训,清算"左"倾错误军事路线,进而开始实现党的方针、路线的根本转变的主客观条件也已经基本成熟,并被提到了中共中央的议事日程。在毛泽东、张闻天、周恩来、王稼祥的建议下，博古同意在遵义召开中央政治局扩大会议，并确定会议于15日正式召开，除参加中央红军的政治局委员、候补委员外，红军总部和各军团主要领导同志也出席了会议。

毛泽东、张闻天、王稼祥在遵义所住的易少荃官邸

尽管毛泽东所代表的正确路线，已经得到了大多数中央政治局委员和红军高级将领的支持，但要保证会议的顺利进行，达到预期的效果，仍需要有缜密的计划与步骤。要彻底纠正"左"倾错误路线，中国共产党必须解决三个带有根本性的问题：一是在政治上，纠正错误的理论、路线和方针；二是在组织上，更换错误的领导和改变错误的领导方式；三是在军事上，彻底改变错误的军事路线和军事指挥。这三个问题中，政治问题带有根本性，但要彻底解决需要很长时间，仓促解决不仅难有结果，而且会直接影响党内团结，导致其他问题解决的困难。组织问题的解决也是如此。军事问题则是最为迫切的问题，只有坚决纠正"左"倾错误军事路线，红军方能摆脱危机，走出困境。

毛泽东从党和红军的团结大局出发，审慎处理了各种复杂的关系，经过与张闻天、王稼祥商议，确定由张闻天根据三人的意见——主要是毛泽东的意见，起草提纲，在会议上作主要发言，并议定：将政治路线的争论、组织问题的解决以及其他政策和方针的问题的清理暂时搁置不议，首先集中力量纠正"左"倾错误军事路线，保证遵义会议的顺利举行。因为政治路线虽然至关重要，但迫在眉睫的问题则是军事问题，中央红军已经失去了根据地，正处于流动作战的危急状况，改变军事路线是生命攸关的头等大事。而对于"左"倾路线的错误，当时许多同志尚未看清，骤然提出会使党内受到极大的震动，不仅对于作战没有多大帮助，而且可能对党和军队的团结造成损害。集中力量解决军事问题，对于保证长征的胜利，对于中国革命的胜利，意义重大。正如陆定一后来在解释遵义会议决议时说的那样："我们所存下的只有这部分军队，不解决政治问题并不要紧，不解决军事问题，头就没有了。"

对于毛泽东的这一策略，许多遵义会议的参加者都给予了高度的评价。周恩来后来回忆说："毛主席的办法是采取逐步的改正，先从军事路线解决，……这样就容易说服人。其他问题暂时不争论。比如'左'倾的土地政策和经济政策，肃反扩大化，攻打大城市。那些都不说，先解决军事路线，这就容易通，很多人一下子就接受了。如果当时说整个都是路线问题，有很多人暂时会要保留，反而阻碍党的前进。这是毛主席的辩证唯物主义，解决问题首先解决主要矛盾，其次的放后一点嘛。实际上次要矛盾跟着解决了，组织路线也是勉强解决了……并没有完全解决。但是这样比较自然，便于集中力量取得胜利，减少阻力。至于政治路线，暂时不提。"张闻天也说："遵义会议没有提出过去中央政治上的路线错误，而且反而肯定了它的正确……这在当时只能这样做，不然我们的联合会成为不可能，因而遵义会议不能成为胜利。为了党与革命的利益，而这个利益是高于一切的，毛泽东同志当时做了原则上的让步，承认一个不正确的路线为正确，这在当时是完全必要，完全正确的。这个例子可以作为党内斗争的一个示范来看。"

如果说毛泽东为了党和军队的团结，对"左"倾错误路线执行者做了原则性的让步，保证了会议的顺利召开，那么另外一个意外发生的情况也对遵义会议的召开具有重要的意义。1934年10月上旬，承担共产国际与中共中央联系的中共上海局遭到国民党特务机关的大破坏，书记盛忠亮（盛岳）被捕叛变，两部电台和电信机要人员全部损失，中共中央与共产国际之间的联系也因此而全部中断。这样，当中央红军踏上长征路时，共产国际失去了对中国革命的直接指导。

这一事件，使得教条主义者失去了来自共产国际的支持与庇护，再也无法利用共产国际的权威与指示作为"护身符"与"圣旨"，压制民主，强制推行错误路线了，因而在客观上为中国共产党独立自主地处理与解决自身的问题创造了条件。从中国共产党创立起，中国共产党第一次能够摆脱共产国际的干预与控制，排除外来压力，自已顺利地解决问题。对此，共产国际的军事顾问李德后来在回忆录中恼怒地写道："1934年至1935年，党的领导完全同外界隔绝，此事造成的后果尤为严重。他们从国际共产主义运动那里，具体地说是从共产国际方面，既不能得到忠告，也不能得到帮助。所以，以毛泽东为代表的小资产阶级农民的、地方性的和民族主义的情绪，就能够不顾马列主义干部的反对而畅行无阻，甚至这些干部本身也部分地和暂时地为这种情绪所左右。"这种诬蔑性的文字，恰好从另一方面说明了党内"左"倾错误路线阵营的无奈与分化。

李德回忆录《中国纪事》俄文版

当然，在遵义会议召开之前，"左"倾错误路线的执行者也曾进行过一些活动。聂荣臻回忆说："听说要开会解决路线问题，教条宗派主义者也想争取主动，积极向人们做工作。会前和会议中，凯丰，即何克全，当时的政治局候补委员、共青团书记，三番五次找我谈话，一谈就是半天，要我在会上支持博古。我坚决不同意。"

遵义会议

1935年1月15日至17日，具有历史意义的中共中央政治局扩大会议在遵义老城黔军师长柏辉章官邸二层东侧的一个大房间举行。

房间呈长方形，地上铺着红色地板，三面白色灰墙，朝外的两扇窗户镶嵌着当时非常时髦的彩色玻璃。屋顶吊着一盏煤油灯，屋中央放着一张深褐色的长桌，桌子四周放置着一些木椅、藤椅和凳子。天气寒冷，周恩来特意嘱咐军委作战部的参谋生起了一盆炭火取暖。会议主持者博古坐在长桌的中央，其他参加者分散坐在桌子四周，不分座次，随意就座。

会议的议程有二：（一）决定和审查黎平会议所决定的暂时以黔北为中心，建立苏区根据地的问题；（二）检讨在反对五次"围剿"中和西征中军事指挥上的经验与教训。

第一项议程是根据刘伯承、聂荣臻的提议而确定的。他们认为，黔北地区虽然反动力量比较薄弱，但人烟稀少，经济落后，又属于少数民族聚居区，党的工作基础也比较差，不便于创建根据地。而与黔北相接的四川则不同，中央红军进入四川，一则可以与位于川陕根据地的红四方面军相呼应，得到红四方面军的接应；二则四川为天府之国，是西南的首富，人烟稠密，只要红军能够站稳脚跟，就可以大有作为；三则四川对外交通不便，当地军阀派系较多，且长期有排外思想，蒋介石想调集大军入川不容易，便于红军作战。因此，他们建议，中央红军继续北上，打过长江去，到川西北建立根据地。

会议经过分析与讨论，接受了刘、聂两人的建议，决定放弃黎平会议所确定的以黔北为中心创建川黔边根据地的计划，中央红军北渡长江，同红四方面军会合，在川西或川西北创建根据地。

遵义会议会址

会议转入第二项议程：总结第五次反"围剿"以来军事指挥上的经验与教训。这是会议的主题。

博古首先作关于反对国民党第五次"围剿"总结的主报告。他在报告中把不能粉碎国民党军对中央苏区第五次"围剿"的原因，归之于帝国主义、国民党反动力量的过于强大，苏区物质条件不好，白区反帝反蒋运动没有显著进步，瓦解敌军工作薄弱，苏区周围的游击战争开展得不够，各根据地之间的呼应不够，等等。总之，他非常强调客观的困难，虽然也谈到了主观上的军事指挥错误，但缺乏正确认识，只承认个别政策上的错误，而不承认是路线错误，更不承认是军事领导上的错误。

周恩来接着代表中革军委作关于军事工作的副报告，较为客观地总结了第五次反"围剿"以来的军事工作情况，指出第五次反"围剿"失利的主要原因，是军事领导的战略战术的错误，并主动承担了责任，作了自我批评。同时，对博古、李德的错误提出了批评。

遵义会议会场

随后，会议开始对博古、周恩来的报告内容进行讨论。张闻天首先代表毛泽东、王稼祥发言，反对博古的报告内容，他按照事先与毛泽东、王稼祥商定的提纲，系统分析了第五次反"围剿"和长征以来军事指挥上的错误，对以博古、李德为代表的"左"倾错误军事路线提出了尖锐的批评。毛泽东接着作长篇发言，逐条驳斥了博古报告中所列举的种种客观原因，深刻揭示了"左"倾军事路线在作战指挥、战略战术等方面的错误要害，并对博古和李德进行了点名批评。王稼祥接着毛泽东发言，坚决拥护毛泽东的意见，批评博古、李德等人单纯防御的指导思想，并第一个提出请毛泽东出来重新指挥红军。王稼祥的发言，被毛泽东后来称作投下了"关键的一票"。

毛泽东、张闻天、王稼祥发言的主要内容为：第五次反"围剿"失利和红军长征初期的损失，虽然有众多客观上的原因，但最主要的原因是在军事指挥上、在战略战术上犯了严重的错误，这就是"军事上的单纯防御路线"。这种错误的军事路线具体表现在，在反"围剿"作战中，以单纯防御（专守防御）代替决战防御（攻势防御），以阵地战堡垒战代替运动战，并以所谓的"短促突击"的战术原则来支持这种单纯防御的战略路线，使国民党军的持久战和堡垒主义新战略达到了目的；分散兵力，全线出击，分兵把口，死拼硬打；在作战指挥上，机械武断，完全剥夺了下级的临机处置权；不善于利用国民党军的内部矛盾，团结一切可以团结的力量，粉碎敌军"围剿"；在内线作战已经不可能取得决定性胜利时，不是适时转变战略方针，实行战略退却，以保存红军的有生力量，寻找有利时机转入

毛泽东题写"遵义会议会址"

反攻，而是继续与敌人拼消耗，造成红军的重大损失；在决定战略转移时，惊慌失措，转移前重大行动不经政治局讨论，不进行政治动员，部队未经休整即仓促行动；在突围行动中，消极避战，只是招架，搞"搬家式的行动"，把战略转移变成了退却逃跑。毛泽东将"左"倾错误路线的军事指挥和战略战术概括为三句话：进攻中的冒险主义；防御中的保守主义；转移中的逃跑主义。

　　三人发言后，朱德、周恩来、李富春、聂荣臻、彭德怀、刘伯承等人也相继发言，反对博古的报告内容，完全同意毛泽东、张闻天、王稼祥的发言意见，对博古、李德等人的军事指挥提出严肃批评。

　　朱德在发言中，声色俱厉地追究博古等中央领导人的责任，谴责其排斥毛泽东而依靠外国人李德的错误，说："如果继续这样的领导，我们就不能再跟着走下去！"

　　周恩来在发言中，诚恳承认自己在军事指挥上的错误，并提议由毛泽东指挥红军，作为最高"三人团"的成员之一，他的发言对于毛泽东的正确主张能够得到多数会议参加者的赞同，进而彻底纠正"左"倾错误军事路线起了重要的作用。

　　博古、李德、凯丰也作了发言。"博古同志没有完全彻底地承认自己的错误，凯丰同志不同意毛、张、王的意见"，李德则"完全坚决地不同意对于他的批评"。

　　在争论中出现了一个插曲。凯丰在发言中，称毛泽东打仗的方法也不高明，是照着两本书去打的，一本是《三国演义》，另一本是《孙子兵法》。毛泽东后来多次谈到此事，说："打仗的事，怎么照书本去打？那时，这两本书，我只看过《三国演义》，另一本《孙子兵法》，当时我并没有看过。那个同志硬说我看过。我问他《孙子兵法》共有几篇？他答不上来。其实他也没有看过。从那以后，倒是逼使我翻了翻《孙子兵

法》。"

会议经过充分的讨论和争论，最终形成了基本意见：反对博古所作的报告，认为这个报告只强调客观的原因，而没有"把我们军事指挥上的错误"提高到应有的高度。认为：没有能够粉碎国民党军第五次"围剿"，胜利地保卫中央苏区，以及战略转移初期行动的被动与损失，"除了许多客观的而且是重要的原因以外，最主要的原因，是由于我们在军事指挥上战略战术上基本上是错误的。"并指出：军事上领导错误主要责任人是李德、博古和周恩来，而李德、博古要负主要责任。

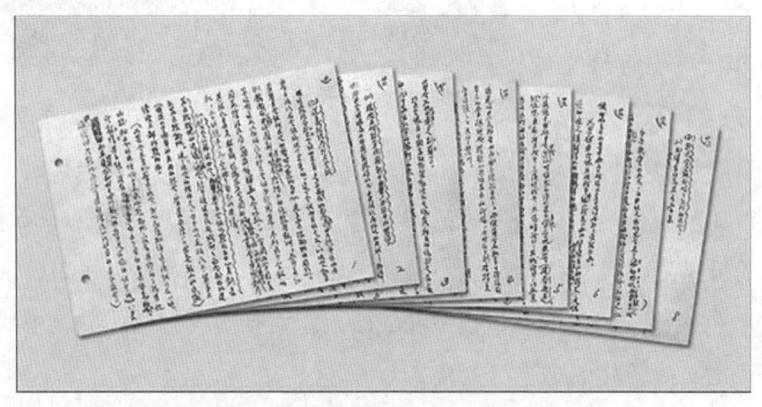

遵义会议传达提纲

会议同时强调："党内对于军事领导上错误的纠正，不是制造党内的分歧，相反的是要更加团结，使军事领导走上正确的道路，使党与军委的威信更加提高。一切动摇、悲观、失望的分子，与前进的布尔什维克没有丝毫的相同的地方……反对军事领导上的单纯防御路线，必须坚决地反对一切右倾机会主义。"

会议决定：增补毛泽东为中央政治局常委；指定张闻天起草会议决议，委托常委会审查后，发到支部讨论；常委再进行适当的分工；取消最高"三人团"，仍以最高军事首长朱德、周恩来为军事指挥者，而周恩来是党内委托的对于指挥军事下最后决心的负责者。

会议结束后，政治局常委马上进行分工，决定"以泽东同志为恩来同志的军事指挥上的帮助者"。

遵义会议，中国共产党第一次以马克思主义基本原理与中国革命的实际相结合，独立自主地解决中国革命和革命战争的重大问题，它标志着中国共产党人开始逐步摆脱并不真正了解中国情况的共产国际的干预和束缚，独立承担起了领导中国革命的重任。

遵义会议，实际上结束了以王明为代表的"左"倾错误路线在全党、全军的统治，开始确立了毛泽东在党和红军的领导地位，中国共产党从此逐步确立起以毛泽东为核心的第一代领导集体，从组织上保证了党的正确路线和政策的贯彻执行。

遵义会议，在最危急的关头，挽救了红军，挽救了党，挽救了中国革命，为胜利完成长征、开创中国革命新局面奠定了最重要的基础。它因此而成为中国革命和中国革命战争从挫折走向胜利的一个伟大的转折点。

遵义会议结束后，毛泽东、张闻天、陈云等分别向军委纵队、各军团传达了会议的精神，号召"全党同志要像一个人一样团结在中央的周围，为党中央的总路线奋斗到底"。随后，张闻天根据会议的要求，起草了《中共中央关于反对敌人五次"围剿"的总结决议》（简称遵义会议《决议》），于 1935 年 2 月 8 日经政治局会议讨论通过，印发到了各支部。

陈云向中央纵队传达的遵义会议提纲

全军上下欢欣鼓舞，正如刘伯承后来所讲的那样："遵义会议的精神传达到部队中，全军振奋，好像拨开重雾，看见了阳光，一切疑虑不满的情绪一扫而光。"朱德总司令赋诗一首，阐述遵义会议的伟大意义：

群龙得首自腾翔，
路线精通走一行。
左右偏差能纠正，
天空无限任飞扬。

史料链接

★ 改变知识分子待遇问题的规定

1927年大革命失败后,党中央提出了"坚决地严厉地执行党的纪律,下决心重新(改)造党"的方针。在干部政策上,片面地采取了排斥知识分子,过分强调领导干部的工农成分的原则,主张支部书记、区委、县委、市委、省委的领导成员,都应"将工农分子的新干部替换非无产阶级的知识分子之干部",实行干部大换班,搞"唯成分论"。到王明"左"倾错误路线统治全党时,更是恶性发展,排斥、打击、迫害知识分子。鄂豫皖苏区和川陕苏区的领导人张国焘甚至提出了"工农同志在工作中犯了错误党可原谅三分,倘是知识分子犯了错误就要加重三分",给革命事业带来极大危害。长征开始后,各级首长对部队中的知识分子和技术人员在政治上"争取非常不够",对于他们实际生活中所遇到的困难,"甚至在合法范围以内的,如已经规定了马匹、零用费、挑行李等事,也没有充分地为他们解决"。这些同志虽然对党忠心耿耿,可在政治上没有得到充分信任,工作中被控制使用,生活上也没有享受应有的待遇。

1935年2月1日,中革军委主席朱德、副主席周恩来、王稼祥,总政治部代主任李富春联名向红军各军团、各师、各团首长及各政治部、政治处主任发出《关于优待技术人员问题的指示》,明确要求各级领导必须做到:

一、加强对知识分子的领导和教育,引导他们参加各项政治的研究和政治活动,增强他们对革命胜利的信心。二、因为经济十分困难,军委决定暂时减少津贴,改发零用费,这一决定是对的,但必须把这点好好向技术人员解释,使他们在自愿的原则之下,拥护军委这一决定。假如他们在改发零用费后,感觉到无钱用的话,对于技术特别好的人员,可给予用苏维埃纸票兑换现洋的便利,同时打土豪得来的实物、用具,应多分配给他们一些,使他们对物资不感缺乏。三、已规定应享有马匹、派人挑行李、有练习员、勤务员的技术人员,仍应按规定给予照顾,应该不使他们感到缺乏。如果他们的职务没有达到上述规定,但在生活上确实感到困难时,也可以酌量按上述规定予以照顾。对于有病的技术人员,更要很好地照顾,不要使他们掉队。

这一规定,使得技术人员感受到了党的政策的温暖,极大增强了革命的勇气与信

史料链接

心。长征过程中，没有一位知识分子和技术人员逃跑、离队，他们与全体官兵一起全部走完了长征路，成了坚定的革命战士。

★ 告白军

下面这首宣传歌谣，是红军总政治部在长征经过云贵川地区时编写的，曾在这些地区广泛流传。

白军兄弟，我是红军，我们彼此，都是干人①。你不打我，我不打你，联合起来，结个团体。团体结得紧又紧，打平云、贵、川三省。三省到处起红军，三省干人都唤醒。三省干人万万千，一打土豪，二分田；三不交租，四抗债；五抗苛税，六抗损；七条人人要吃饭；八条个个要衣穿；九条工钱要增加；十条百货要便宜。这个十条都做了，人人都说红军好。红军天下有威名，哪个军阀不打倒。

亲爱的白军弟兄们，我们说了就要行。不靠他人靠自己，不靠菩萨靠凡人。世上何人最尊贵？头等只有工农兵！土豪劣绅小杂种，贪官污更大臭虫。帝国主义一起滚，国民党请他进茅坑。只有苏维埃能够救中国，只有共产党能够得天下。我将道理说完了，请你老哥下决心！

★ 红军到，干人笑

红军占领遵义地区后，深入发动群众，建立革命政权，并没收土豪劣绅财物，分发给贫苦百姓，受到群众的热烈拥戴。红军在宣传过程中，编写了许多通俗易懂的歌谣，当地群众也编写了许多歌谣歌颂红军的恩情。这些歌谣在当地流传广泛。下面是其中的几首：

(一) 红军到，干人笑

红军到，干人笑，粮绅叫。
白军到，干人叫，粮绅笑。
要使干人天天笑，白军不到红军到。
要使粮绅天天叫，白军弟兄拖枪炮。
拖了枪炮回头跑，打倒军阀妙！妙！妙！

①地方方言，指穷苦人。

史料链接

　　　　（二）打富济贫变世道
　　三五年，腊月间，几吹乌云见青天。
　　白军听说红军到，夹起尾巴喊皇天。
　　红旗飘，红军到，干人个个都欢笑。
　　财主金钱分不完，猪牛羊羔随你要。
　　红军好，红军好，打富济贫变世道。
　　家家户户都在说，红军恩情比天高。

　　　　（三）绅粮堆谷满仓
　　绅粮堆谷满仓，干人无米煮汤；
　　土豪劣绅住洋房子，工人农民住茅棚。
　　还有种种苛捐杂税，
　　把工农血汗吸得精光。
　　只有拥护红军打胜仗，
　　工农才能得解放。

　　　　（四）当红军的好处
　　吃得饱，穿得暖，有自由，讲道理。
　　家里有田分，讨老婆不要钱。

　　　　（五）当白军的坏处
　　吃不饱，穿不暖，无自由，不讲道理。
　　家里干得不得了，一世讨老婆不到手。

★ **遵义会议参加者名单**

参加人：
中共中央政治局委员：
毛泽东、朱德、陈云、周恩来、洛甫（张闻天）、博古（秦邦宪）。
中共中央政治局候补委员：

史料链接

王稼祥、邓发、刘少奇、凯丰（何克全）。

（以上按姓氏笔画为序）

红军总参谋长：刘伯承

红军总政治部代主任：李富春

红1军团军团长：林彪

红1军团政治委员：聂荣臻

红3军团军团长：彭德怀

红3军团政治委员：杨尚昆

红5军团政治委员：李卓然

中共中央秘书长：邓小平

列席者：

共产国际驻中国军事顾问：李德（华夫）

翻译：伍修权

第八章

四渡赤水（上）

中央红军到达遵义地区之后，蒋介石判断中央红军下一步的行动有三种可能：一是北进入川，与红四方面军会师；二是东去湘西，与红2、红6军团会合；三是继续西进，在滇黔边区寻求发展。他估计，在三种可能中，第一、第二种可能性很大，而第三种可能很小，因而将重点放在了防堵中央红军东去或北上方面，并调兵遣将，集中兵力向遵义地区进逼，力求将红军消灭在黔北地区。

在东面，蒋介石令湘军刘建绪部四个师进至黔东石阡、印江、思南、沿河一带，沿乌江东岸地区构筑防线，湖北徐源泉部急向黔江、彭水方向前进，沿乌江下游布防，堵塞红军东进的道路；在西面，令滇军孙渡部六个旅十个团入黔，布防于黔西毕节和云南昭通一带，防堵红军西进；在南面，以嫡系部队中央军薛岳部两个纵队八个师位于贵阳、清镇、修文、贵定地区，并继续北上攻击。另以黔军王家烈部渡乌江尾击红军，桂军廖磊部两个师进入黔南独山、都匀地区，并调粤军3个师准备进入贵州，以图策应；在北面，令驻四川的大本营参谋主任贺国光督导四川军阀刘湘等组成"四川南岸剿匪军"，以潘文华为总指挥，下辖十二个旅三十六个团，布防长江沿岸，分路布防，阻止红军北渡长江。此外，急调嫡系中央军上官云相部两个师由河南入川，向川东方向开进，并经重庆向綦江地区推进，协同川军，阻止红军北进。

1935年1月19日，蒋介石下达《长江南岸围剿计划》，令薛岳部中央军部队、黔军和湘军刘建绪部主力速向遵义地区推进，担负主要"追剿"任务；令川军、滇军和徐源泉、刘建绪各一部，担负"堵剿"任务；以上官云相部和徐源泉部主力为总预备队，待命而动。企图将中央红军压迫于川江南岸地区，"合剿而聚歼之"。

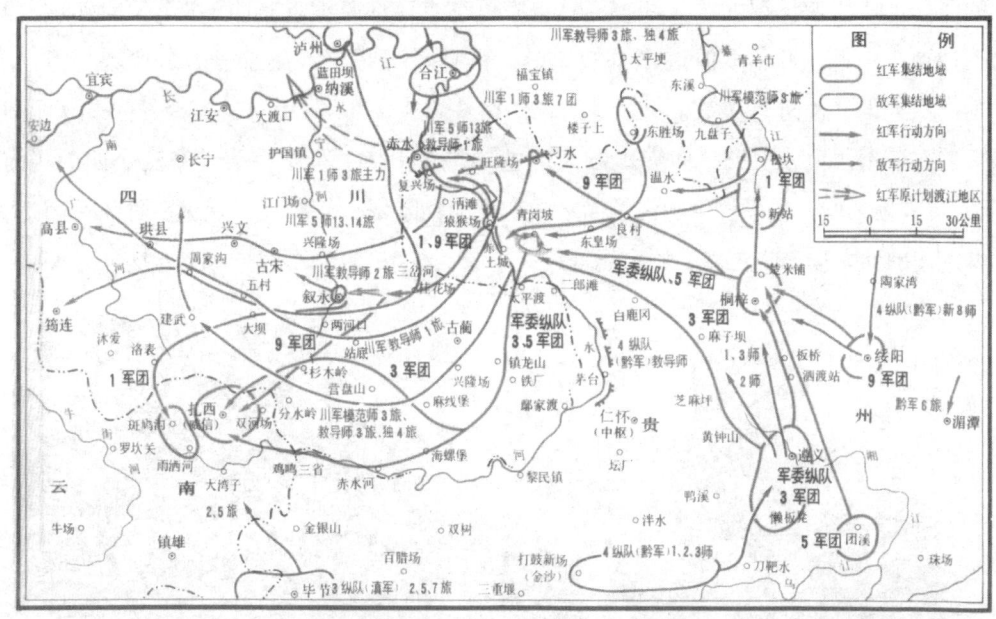

一渡赤水要图（1935年1月19日~2月9日）

参与"合剿"行动的国民党军部队共约四十万人，与湘江战役的总兵力基本相当。而中央红军当时的兵力则只有三万七千余人，虽经过休整，得到补充，但与国民党军的兵力对比不足1∶10，力量极其悬殊。刚刚调整后的中央领导集体，特别是中央军事指挥领导人，面临严峻的考验。

然而，中央红军尽管与湘江战役时相比减员严重，元气大伤，但已经彻底摆脱了"左"倾错误军事路线的统治，再也不是那支步履蹒跚的"大搬家"队伍，而是一支机动灵活、英勇善战的作战部队。更重要的是，毛泽东重新回到了红军的指挥位置。于是，红军重新有了自己的英明统帅，而蒋介石又有了最强劲的对手。虽然拥兵数十万，但面对毛泽东，蒋介石再也无法将战争导入自己设计的轨道。在国民党军几十万大军的围追堵截之中，毛泽东潇洒自如，指挥若定，指挥红军突出重围，导演出了中国革命战争史上最光彩夺目的篇章。

1月19日，中央红军撤离遵义地区。按照遵义会议所确定的新方针，中革军委于20日下达《关于渡江的作战计划》，指出："我野战军目前基本方针，由黔北经过川南渡江后转入新的地域，协同四方面军由四川西北方面实行总的反攻"，"以粉碎敌人新的围攻，并争取四川赤化"。为实现这一方针，红军要迅速从松坎、桐梓、遵义进至赤水、土城及其附近地域，渡过赤水，夺取泸州、宜宾间的蓝田坝、大渡（口）、江安一线的渡江点,以便迅速北渡长江。当日,中革军委再次电示各军团:"迅速向赤水及其附近地域集中,以便争取渡过赤水的先机,在必要时并便于在赤水以东地域与追击和截击的敌人的一路进行决战。"

红军各军团兵分三路,向赤水方向疾进。右纵队红 1 军团突破黔军三个团的拦阻,于 24 日占领土城,先头红 1 师占领赤水城东南的旺隆场、复兴场;左纵队红 3 军团进占土城东南的回龙场、临江场、周家场等地;中纵队红 5、红 9 军团攻占三元场、习水。

遵义红军纪念碑

复兴场红军战斗遗址

"四川太阳云南风,贵州落雨就过冬"。冬季的黔西北地区,细雨碎雪连绵不断,山路上形成一层薄冰,当地群众称为"桐油凌",非常难行。陈云后来称,这段路是他在长征途中走过的最糟糕的路。行进中的红军队伍中不时有人跌倒,毛泽东等中央领导人也不能幸免。在翻越一个小山坡时,毛泽东脚下一滑,重重摔倒,头还在山坡上磕破了皮。

毛泽东摔跤,虽为平常小事,但没有人会料到,战事也在这时出现了波折,以至于毛泽东重新指挥红军的第一仗,竟然是一次失利的战斗。后来有人就此演义,将毛泽东的这一跤描述为一个不祥之兆。

土城战斗

红军准备大举入川,四川军阀刘湘大惊失色。他很清楚,如果中央红军进入四川,与红四方面军合兵一处，则革命的烈火很可能席卷全川，他苦心经营多年方成的川中霸主地位将毁于一旦。即便能够挫败红军，蒋介石的嫡系部队以"追剿"红军为名入川，也不会容许他继续割据一方。因而，为了自身的安危，刘湘决心不惜血本，全力阻击红军入川。除在长江沿岸严密布防外，他下令最精锐的模范师由綦江南下，开赴川黔边界地区参战，并令重金打造的郭勋祺旅打头阵，其他各部也全力进攻。因此，当红军向土城、赤水开进期间，川军主力已经大举入黔，分进合击，从几个方向向红军扑来，其中两个旅先于红军进入赤水，挡住了红军北上通道，并向红1军团部队进攻；川军模范师的郭勋祺、潘佐两个旅则紧紧尾追红军，先头到达土城以东地区，另一个旅随后跟进；其他部队也已进至习水地区。

1月25日，军委纵队到达东皇殿（今习水县城），川军郭勋祺旅此时到达温水，距红军部队只有一天的路程。毛泽东接到报告后，开始筹划打破川军的封堵与追击之策。在向土城的行进过程中，他与朱德、周恩来等人仔细观察了沿途地势，发现道路沿线都是山谷，特别是土城以东的青杠坡至杨柳庄一线，地形比较有利，如果川军追敌深入此地，则便于红军集中兵力合围歼灭之。

1月27日，军委纵队到达土城，而追击的川军郭勋祺旅和潘佐旅则到达习水的木南坝、三元场地区，并继续向土城前进。情报表明，该两旅只有四个团。毛泽东遂定下决心，趁薛岳部尚远在乌江南岸，黔军又遭到红军沉重打击的有利时机，集中兵力，消灭追击的川军两

青杠坡红军烈士纪念碑

个旅，打掉川军的锐气，为尔后作战创造条件。

中革军委同意毛泽东的建议，于1月27日作出部署，以红1、红9军团各一部阻击由赤水、习水南进之敌，集中红3、红5军团和干部团，由红3军团军团长彭德怀、政治委员杨尚昆指挥，歼灭尾追的川军两个旅四个团。同时以红1军团主力北进，相机占领赤水，保障红军下一步北渡长江。

1月28日，红3、红5军团从南北两侧向进入枫村坝、青杠坡之川军郭勋祺旅发起进攻。郭勋祺旅号称模范师的精锐，并非徒有虚名，其装备与训练殊非黔军"双枪将"可比，战斗力很强。战斗打响后，该旅立即抢占了制高点，凭险固守。红军官兵奋勇冲锋，然几经拉锯，虽歼敌一部，却始终无法占领川军阵地，全歼敌军。川军潘佐旅

随后赶到，与郭勋祺旅合兵一处。红军与敌激战半日，未能歼敌，反为敌所制。在猛烈炮火的支援下，川军对红军发起凶恶的反扑，突破了红5军团部分阵地，并向土城镇逼近，一度打到了中革军委的指挥所山下。

红军这时方发现情报有误，原以为川军两个旅只有四个团六七千人，实际上则有六个团一万余人，且装备精良，战斗力很强。为了争取战斗胜利，朱德总司令亲自披挂上阵，在红5军团指挥部队进行反击。毛泽东也亲自下令，将干部团投入战斗，坚决打退川军反扑。

军委干部团，由原红军大学、彭（湃）杨（殷）步兵学校、（黄）公略步兵学校学员组成，成

大埂上军委指挥所遗址

员都是富有战斗经验的连排干部，战斗力极强。团长陈赓接到命令后，立即率领全团发起冲锋。川军虽然凶悍，但从未遇到过如此骁勇能战的对手。双方一交手，红军官兵杀声震天，刺刀见红，如同下山猛虎，川军拼死抵抗，依旧无法阻挡干部团的冲击，只得收兵后撤。观战的毛泽东对干部团的作战连声称赞，说："干部团立了功。陈赓行，可以当军长！"

在红军官兵的坚决反击下，川军的反扑终被遏止。中革军委急令预备队红2师投入战斗，协同红3、红5军团和干部团牢牢地控制了道路两侧的制高点，将川军压到了平川地带。双方形成对峙。

毛泽东后来总结说：土城战斗"是一场拉锯战，消耗战。我军没有消灭川敌，反而受到很大损失，不合算，也可以说是个败仗。主要教训有三：一是敌情没有摸准，原来以为四个团，实际超出了一倍多；二是轻敌，对刘湘模范师的战斗力估计得太低了；三是分散了兵力，不该让一军团北上。"

陈赓

一渡赤水，扎西整编

　　土城战斗陷入僵持，而川军的后续部队正在源源赶到。其模范师第3旅已经增援到位，教导师第2旅正由古蔺向土城方向迂回堵截，赤水方向的两个旅另一个团正从西北向红军侧后攻击。在土城地区，川军已经集中了六个多旅。红军前有重兵，后有赤水河，如果继续恋战，后果将不堪设想。

　　毛泽东之所以成为红军伟大的统帅，就在于他的军事指挥从来都不会墨守成规，从来没有固定的和一成不变的作战方案，一切都是从实际出发，着眼于扬长避短，克敌制胜，敢于并且能够修正被实战证明是不可行的计划，在极度不利的局面下，出奇制胜，化险为夷，变被动为主动。

　　土城战场的激战尚在进行，毛泽东已经敏锐地觉察到，这是一场难以为继的危险战斗，再战对红军极为不利，因而果断地做出决定：立即撤出战斗，西渡赤水，甩掉追敌，挺进川南。

　　中革军委召开紧急会议，毛泽东在会上提出：鉴于川军重兵云集，原定从赤水北上，在泸州、宜宾间渡过长江的计划已经行不通，红军应该果断地调整进军方向，作战部队与军委纵队彻底轻装，从

土城渡口

土城渡过赤水河西进，向古蔺南部推进，寻机北渡长江。会议讨论并通过了毛泽东的建议。1月29日3时，中革军委发布命令："我野战军拟于今（29）日拂晓前脱离接触之敌，西渡赤水河向古蔺南部前进。"

　　各项工作迅即紧张而有序地展开。朱德、刘伯承在前线指挥部队顺序撤离阵地；工兵部队在周恩来的亲自指挥下，在赤水河上架起了浮桥；陈云带领卫生、供应部门人员将伤员全部安置完毕，并将笨重的物资和一部分火炮推入了赤水河；叶剑英带领参谋人员，精确确定了部队的过河计划；李富春亲自到各单位进行动员教育。

　　到29日拂晓，一切准备就绪。在周恩来、叶剑英的调度指挥下，红军部队除以少数兵力阻击敌人外，主力分作三个纵队渡过了赤水河。红1、红9军团和军委纵队第2、第3梯队、干部团上干队为右纵队，统归林彪指挥，从猿猴场渡河，转向古蔺以南前

猿猴场渡口

进；军委纵队第1梯队、干部团主力及红3军团第5师为中央纵队，由土城下游渡河，取道角子头、三角塘及头场坝前进；红5军团和红3军团第4师由彭德怀、杨尚昆指挥，由土城上游渡河，取道头场坝向太平渡前进。

郭勋祺率部追至赤水河畔，红军后卫部队在赔偿了征用的百姓船只后，已经将浮桥烧毁，郭勋棋只能望河兴叹。土城之战，郭勋祺因与红军作战有功，受到蒋介石的青睐，晋升为川军模范师师长。十几年后，郭勋祺在人民解放军进军大西南作战中起义，建立了特殊功勋。当他见到老对手中国人民解放军第二野战军司令员刘伯承时，曾不安地说："过去战场上的对抗，我很惭愧。"刘伯承爽朗一笑，回答："明打不算，不要介意。"这是后话。

红军西进进入了四川古蔺县境后，很快就发现北渡长江的计划难以实现。蒋介石得知红军进入川南地区后，令川军倾全力加强长江防务，在金沙江上起滩头下至宜宾、长江上起宜宾下到江津，沿江北岸赶筑工事，并于要点构筑碉堡。同时，派军舰和武装商船在宜宾至江津段江面日夜游弋，严防红军偷渡。四川军阀刘湘为阻止中央红军入川，除令潘义华部设置了两道防线（第一道为泸州、叙永、毕节沿线，第二道为横江场、盐津及安边场、宜宾间金沙江下段和宜宾至泸州间长江一线）防御长江外，并以主力五个多旅向古宋、叙永地区集结，阻止红军进入长宁、兴文、珙县、筠连、高县、庆符等县；郭勋祺指挥三个旅向古蔺疾进，尾追红军。因而，红军进入川南地区后，行动困难。右纵队改向叙永、古蔺间的两河镇方向前进后，2月2日进攻叙永县城未克。其他军团在行进中，也曾遭受川军部队的袭扰和截击。

2月2日，蒋介石重新调整"追剿"中央红军的部署，除以湘军一部控制乌江东岸，防止红军东进外，以薛岳部和滇军、黔军组成专事"追剿"中央红军的第二路军，以云南军阀龙云为总司令，薛岳为前敌总指挥，辖吴奇伟、周浑元、孙渡（滇军）、王家烈四个纵队共十三个师三个旅另一个团，企图协同川军将中央红军围歼于叙永、赤水以西，长江以南，横江以东地区。在薛岳的指挥下，国民党"追剿"军各纵队开始向川南地区推进。

川军沿长江沿岸重兵布防，而国民党军"追剿"部队则在步步逼近，红军如果坚持北渡长江的计划，则不仅难以成功，而且很可能陷入重围，重蹈湘江之战的覆辙。毛泽东和中革军委及时分析敌情，毅然确定放弃从宜宾、泸州间北渡长江的计划，跳出包围圈，改向敌人兵力薄弱的云南扎西前进。

2月3日，中革军委电示各军团："我野战军为迅速摆脱当前之敌，并集结全力行动，特改定分水岭、水潦、水田寨、扎西为总的行动目标。"红军各军团以急行军超过侧击之敌，迅速向长宁以南、扎西以北地区集中，先头红1军团率先入滇。

2月5日，军委纵队进至云南威信的水田寨地域。此地位于川黔滇三省交界处，当地人称"鸡鸣三省"之地。根据张闻天的提议，中共中央政治局常委在此进行协商，重新进行了工作分工，解除博古的中共中央总负责的职务，并根据毛泽东的提议，决定由张闻天接替博古担任中共中央的总负责职务，重新确立了党的最高领导人。同时决定，"根据目前敌情及渡金沙江、大渡河的困难，重新考虑渡江可能性问题"，"如不可能，我野战军即应决心留川滇边境进行战斗与创造新苏区"。

随后，中共中央政治局常委和中革军委的主要领导同志，一边行军，一边开会，经过认真研究，最终决定：暂缓执行北渡长江计划，改"以川、滇、

鸡鸣三省

黔边境为发展地区，以战斗的胜利来开展局面，并争取由黔西向东的有利发展"。中革军委命令红军各军团迅速脱离川军，向扎西地区集中。

在此期间，中共中央政治局常委于2月8日在云南威信县大河滩举行会议，正式审查通过了张闻天起草的《中共中央关于反对敌人五次"围剿"的总结决议》（简称遵义会议《决议》）。根据中共中央的决定，向红军各军团和军委纵队普遍传达了《决议》，使各级干部都深刻认识到了"左"倾错误军事路线的实质，增强了战胜各种艰难困苦的信心，同时也使以毛泽东为代表的正确军事路线在红军官兵中更加深入人心，保证了尔后战斗的胜利。

2月9日，中央红军各部全部到达扎西地区，暂时跳出了国民党军的包围圈。中共中央政治局和中革军委在扎西举行会议，讨论红军的战略方针和行动路线。毛泽东在

会上总结了土城战斗的教训,并阐明了红军作战的基本原则:敌变我变,高度机动,作战服从于作战方向。"这个方向受到限制,就应转移到另一个方向去。我们应该利用敌人的过失,寻找有利的战机,集中优势兵力,发挥我军运动战的特长,去主动地消灭敌人"。扎西会议赞同毛泽东的主张,做出了中央红军在川滇黔边区广大地区进行机动作战,争取在这一地区创造新的苏区根据地,并与红2、红6军团和红四方面军作战相呼应的决定。

扎西会议会址之一

为适应机动作战的要求,并充实连队的战斗力,中革军委于10日发布《关于各军团缩编的命令》:"为适应目前战斗的需要,并充实各连队的战斗力,以便有力地消灭敌人有生力量,便于连续作战,军委特决定缩编各军团的战斗单位。"据此,中央红军各军团都进行了精简与整编。全军除干部团以外,共编十六个团,各级主官逐级下任,原来的师长、师政委成了团长、团政委,团长、团政委变成了营长、教导员,营级干部下到连,连级干部变成了排级。各级干部都表现出了坚强的党性,坚决服从命令。

整编后,中央红军作战部队每团人数达两千余人,相当于整编前的一个师。虽然建制减少了,但战斗部队更加充实,同时指挥层次减少,机关缩编,部队更加精干,机动力和战斗力大为提高,为尔后的战斗胜利创造了有利条件。因而,正如许多红军老战士所回忆的那样,扎西整编,"是红军长征中为夺取新胜利而进行的一次具有重要历史意义的改革。"在部队整编期间,红军还在扎西地区招收新兵三千余人。

扎西会议会址之一

与此同时，为了加强川南地区的革命斗争，中共中央决定以红5师政治委员徐策、干部团上干队政治委员余鸿泽等人组成川南特委，并从红军中抽调数百人在石坎子组成了中国工农红军川南游击纵队，在川滇黔边地区开展游击战争，策应主力红军作战。

扎西整编后，中央红军面貌一新。全体人员斗志昂扬，充满了战斗的渴望和胜利的信心。当地流传的一首民谣唱道："二月里来到扎西，部队整编好整齐。发展川南游击队，扩大红军三千几。"

二渡赤水，重占遵义

扎西为苦寒之地。时值冬季，大雪纷飞，给养困难，大军难以长期驻扎。蒋介石得到中央红军在扎西集结的消息后，立即调整部署，令滇军孙渡纵队由镇雄、毕节向扎西以南之大湾子推进；令川军潘文华部以一部兵力防守川南和长江、横江沿岸，防止红军北进，主力由高县、珙县、长宁及其以南地区向扎西推进；令周浑元纵队主力由黔西、大定（今大方）地区向古蔺、叙永追击，企图聚歼红军于扎西地区。新任第二路军总司令龙云认为红军"已入死地"，不久"即可一网打尽"，令各部"以绝大之牺牲求历史之光荣"。国民党中央社也于2月13日宣称："十三、十四两日当有剧战"，断言红军"决难越雷池一步"，"可一鼓荡平"。

国民党军调兵遣将、大肆鼓噪，毛泽东却泰然自若，成竹在胸。各路国民党军部队步步逼近，企图与红军在扎西决战，虽然使得红军面临巨大的危险，但也造成了后

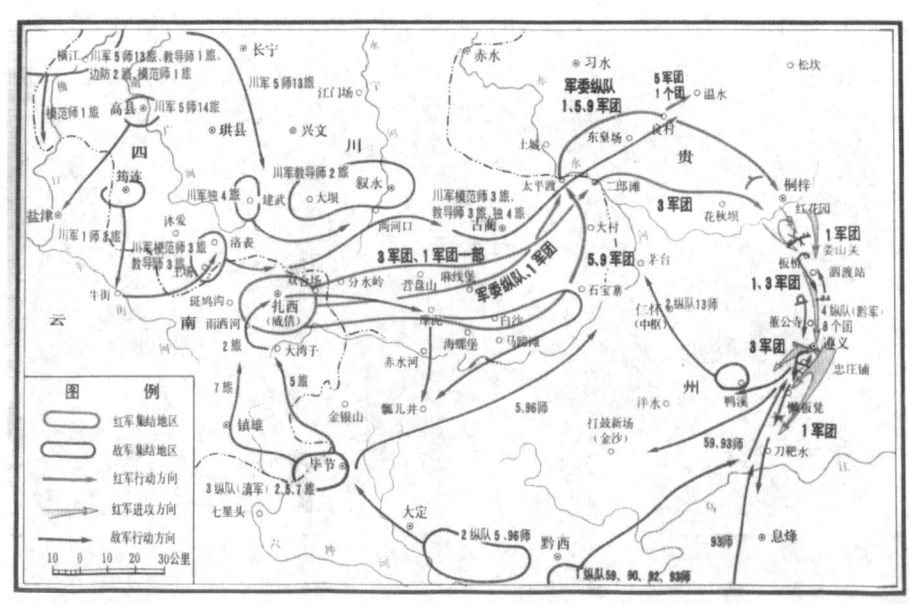

二渡赤水要图（1935年2月11日~3月1日）

方的防务空虚，特别是黔北地区只有遭受过重创的黔军王家烈部防守，这就使红军拥有了出奇制胜的战机。毛泽东立即抓住了这一战机，突然下出一步绝妙好棋——回师东进，再渡赤水，重占遵义。

根据毛泽东的建议，中共中央和中革军委决定，立即跳出国民党军的包围圈，迅速摆脱川军、滇军的夹击和中央军的追击，转兵东进，再入黔北，"准备以薛岳兵团及黔敌为主要作战目标"。

中共中央、中革军委发布《告全体红色指战员书》，指出：由于敌人集中全力依托长江天险布防，拦阻红军北进，更由于党中央和中革军委不愿因为地区问题牺牲红军的有生力量，所以决定暂时放弃北渡长江，向川西北发展的战略计划，改在云贵川创立根据地。同时指出："为了有把握地求得胜利，我们必须寻求有利的时机与地区去消灭敌人，在不利的条件下，我们应该拒绝那种冒险的没有胜利把握的战斗。因此，红军必须经常地转移作战地区，有时向东，有时向西，有时走大路，有时走小路，有时走老路，有时走新路，而唯一的目的是为了在有利的条件下求得作战的胜利。"这是在敌强我弱的条件下，红军进行机动作战的基本原则。要求各级党组织和政治机关加强政治工作，并号召全体红军官兵"鼓起百倍的勇气，提高作战决心，为消灭万恶的敌人，创造新的云贵川新苏区而斗争"。

根据中革军委的部署，2月11日，中央红军各军团由扎西地区开始东进。

右纵队红5军团、红9军团担负佯攻和迷惑滇军、掩护主力迅速向东南转移的任务。部队进入镇雄县境,在大湾子对滇军鲁道源旅发起进攻。鲁道源以为红军要攻击镇雄县城,急忙收缩全旅,同时四方呼救。孙渡不敢怠慢,亲率龚顺壁旅增援,并令另外一个旅谨慎前进,与红军保持距离,并连电龙云,称将与红军在镇雄、威信有大战。

滇军各部向镇雄、威信地区集结,而红军主力却在佯动部队的掩护下,迅速从滇军闪出的口子通过,跳出扎西,在各路敌军的缝隙中原路东进,再入川南,抵达营盘山、古蔺、黑泥哨等地区。

2月15日,中革军委发布作战命令:"我野战军以东渡赤水河,消灭黔敌王家烈为主要的作战目标,决定先由林滩经太平渡至顺江场地段渡过赤水,然后分向桐梓地域前进,准备消灭由桐梓来土城的黔敌,或直达桐梓进攻而消灭之。"据此,红军以红5、红9军团殿后掩护,红1、红3军团直扑赤水河。

太平渡渡口

军情急迫,红军仍然处于四面受敌的状态,一切都决定于能否抢在国民党军行动之前,迅速渡过赤水河,抢得先机。中革军委于2月18日,再次电示各军团:"现我处此各方有敌的河套中,急需远离追敌,迅速渡赤水,争取有利阵势,以便集中全力消灭黔军一部,开展战局。我各军团首长必须认识这一战役的严重性,须在明(19)后两天以最迅速坚决的行动,确实取得并控制渡河点,架好浮桥,最迟要在20(日)夜及21(日)上午全部渡河完毕,以利时机。"

此刻,贵州军阀王家烈尚在为红军离开贵州而庆幸,根本没有想到红军会回师东进,因而只派出两个团在赤水河二郎滩沿岸布防,其他渡口则没有派兵。18日下午,红1军团前卫第2师抵达赤水河太平渡渡口,渡口无敌,红2师迅速控制了两岸。红3军团前锋红12、红13团抵达二郎滩渡口后,则趁敌不备,迅速渡河,猛冲猛打,很快击溃守敌,牢牢控制了渡口。

二郎滩渡口

前卫部队迅速架设起了浮桥,后续部队则快速通过。至20日,中央红军部队全部通过赤水河,进入黔北。随后,不停顿地兵分两路,以红3军团为右纵队,红1军团等部队为左纵队,向桐梓方向急速前进。24日,红1军团前卫红1团进至桐梓县城,守军弃城逃窜。

红军回师黔北,完全打乱了国民党军的围堵部署。川军潘文华部3个旅急忙由扎西地区掉头向东追击。而贵州军阀王家烈则手忙脚乱,从遵义附近拼凑所有的力量向娄山关增援,并从各地调兵填补遵义地区的防务空白。薛岳也不敢怠慢,急调吴奇伟纵队第59、第93师由贵阳向遵义开进。

红军不给国民党军任何喘息的机会。毛泽东巧妙调度,指挥红军迭出重拳,导演出了长征之后最大的一次胜利。

为保证主力作战,红军派出了红5军团第37团吸引与迷惑川军追兵。红37团在团长李屏仁、政委

娄山关

谢良的指挥下，声东击西，诱敌牵敌，摆出了北渡长江的姿态，将川军逐步引向了温水。当川军发觉红军只有一个团，转头向东重新展开追击时，已经落后红军主力三四天的路程。

在红 37 团牵制川军的同时，红军主力开始向遵义方向迅猛推进。由川南到遵义，桐梓是头道大门，娄山关是第二道也是最重要的关隘。过了娄山关，一路下坡到遵义，无险可守。

娄山关红军战斗遗址

王家烈深知娄山关的重要，派出亲信第 1 旅旅长杜肇华率全旅并指挥第 15 团，固守娄山关，并死令必须固守两天，以便中央军吴奇伟部能够到达遵义。红军同样将夺取娄山关，作为再占遵义的关键一仗。中革军委将夺关攻坚的任务，交给了善打硬仗、善于攻坚的红 3 军团，同时令红 1 军团随后跟进，统一归彭德怀、杨尚昆指挥。红 5、红 9 军团则在桐梓一线迟滞、阻击追击的川军。

25 日，攻占娄山关的战斗打响。前锋红 13 团在团长彭雪枫、政委李干辉的指挥下，以一部兵力从左侧后迂回，首先攻占主峰点金山，然后居高临下，猛打猛冲，一举夺关。黔军的反扑接踵而来，而且兵力越来越大，最后达到了六个团。红 13 团沉着迎战，寸土不让，与敌军展开激烈的拉锯战。双方反复争夺阵地，红 13 团始终屹立在关口之上。黔军退守黑神庙一线，凭险固守。

红 3 军团以红 12 团投入战斗，与红 13 团并肩向黔军阵地发起进攻。黔军死守阵地，并不时发动反击，战斗形成僵持局面。彭德怀调整部署，令红 12 团正面迎敌，红

13团和红10团从左右两侧迂回，另以红11团从关隘的左侧远程奔袭板桥，彻底切断黔军退路。

各路红军向黔军防线发起进攻。红11团远程奔袭，攻占黔军后方通往遵义的要点板桥，黔军防线因此全线动摇。红3军团主力趁势猛攻，黔军终于不支，后退变成了大逃亡。

毛泽东走过激战后的娄山关战场，面对如血残阳和被红军征服的雄关，不由得诗兴大发，当即填《忆秦娥·娄山关》一首，抒发豪情：

西风烈，长空雁叫霜晨月。霜晨月，马蹄声碎，喇叭声咽。　雄关漫道真如铁，而今迈步从头越。从头越，苍山如海，残阳如血。

娄山关失守，遵义城危在旦夕。但王家烈已经是无路可退，他把全部希望都寄托在赶来救援的中央军吴奇伟纵队身上。这时，吴奇伟率第59、第93师已经渡过乌江，正向刀靶水推进，距离遵义只有几十公里。王家烈拼凑残兵败将，坐镇遵义城，指挥六个多团，企图凭借遵义城的险要地势，固守待援。

这当然只是王家烈的一厢情愿。在红军面前，他的一切希望都只能化为泡影。攻占娄山关后，毛泽东的目光不仅投向了遵义城，而且盯住了前来增援的中央军吴奇伟部，在筹划一个更大的胜利：不仅攻占遵义，歼灭黔军，而且要歼灭中央军吴奇伟纵队，而制胜的关键，就是先敌一步，重占遵义。

邓萍

红1、红3军团双箭齐发，紧追逃窜的黔军。中革军委发布命令："一、三军团集中全力实行迂回，务期于27日马到成功，勿使良机稍纵。"红3军团部队于26日在董公寺、高坪、大桥一带冲破黔军的第一道外围防线，随后又于27日拂晓在石子铺（今十字铺）等地击溃黔军的第二道外围防线，直抵遵义城下。

但情况依旧危急。中央军吴奇伟纵队已经逼近遵义，预计28日即可到达，而黔军援军也在从各个方向向遵义开进。如果红军无法迅速占领遵义，则不但将失去先机，在尔后的作战中陷入被动，而且能否攻占遵义也未可知。27日下午3时，中革军委电示红1、红3军团，通报敌情，强调遵义攻城战斗"情况如此迫切，而又是转圜战局的战役"。红1军团、红3军团调整部署,协同发起攻城战斗,仅用不到一个小时,就攻克了遵义新城。

红军随即转入攻击老城的准备。红3军团参谋长邓萍亲自到前沿观察老城地形和守军部署,不幸被流弹击中光荣牺牲。叶剑英随即接任红3军团参谋长职务。

当晚,红军发起进攻。红12、红13团担任主攻任务,红13团第1连连长邹方迪率突击排搭起"人梯",悄悄爬上城墙,一顿手榴弹打得城上黔军晕头转向,弃械逃跑。突击队迅速架起云梯,队员们接连登城,突入城内,很快打开了南城门。红3军团主力如潮水般入城,占领了遵义老城。

邓萍烈士之墓

28日黎明,红军重占遵义,并且控制了城南的老鸦山、红花岗等制高点。遵义群众敲锣打鼓,燃放鞭炮,欢迎红军回师遵义,将各种水果、鸡蛋等物品塞进战士的怀中。遵义城内到处洋溢着笑声、歌声和锣鼓声。

遵义大捷

红军攻占遵义的同一天,国民党军吴奇伟纵队到达了遵义近郊。但毕竟晚到一步,失去了先机。尽管如此,吴奇伟依旧踌躇满志,认定红军长途跋涉,连番激战,已经是强弩之末,而其所率的两师部队刚刚经过休整补充,装备精良,加上黔军部队,足以取胜。因此决定,集中中央军与黔军部队全力反攻,坚决收复遵义。

28日,吴奇伟在遵义城南郊忠字铺与仓皇出逃的王家烈会晤,确定以第59师第553、第558团和第93师之一个团为主攻部队,经桃溪寺向遵义南郊的红花岗、老鸦山攻击；黔军第8、第9团为助攻部队，由忠字铺向北攻击，配合第59师行动；第93师主力和第59师第555团位于忠字铺地区作为预备队。

遵义西南的老鸦山、红花岗，两山并立，既构成了遵义的南部屏障，又是遵义城的制高点。欲取遵义，必先控制两山。吴奇伟志在必得，亲自指挥第59师向红花岗、老鸦山推进。然而，他没有想到的是，他所部署的一切，早已在毛泽东的计算之中，且红军已经严阵以待，正静候他的部队。

红3军团住居旧址

毛泽东作战指挥的重要特点是慎重初战，初战必胜，同时强调全局在胸，在打第一仗之先，就想到第二、第三、第四仗如何打。特别是初战获胜，战局发生变化时怎样打，如何发展胜利，巩固胜利。奔袭桐梓，夺取娄山关，抢占遵义，只是毛泽东为回师黔北作战所造的"势"，而聚歼吴奇伟纵队才是他所寻求的"果"。攻占遵义城的战斗尚在进行，毛泽东的目光就已经紧紧盯住了来援的吴奇伟纵队，决心抓住吴奇伟部孤军冒进，黔军迭遭打击畏缩不前，尾追的川军则被阻止于桐梓以北的有利时机，集中主力在遵义以南的忠字铺地区歼灭吴奇伟部。

2月27日，中革军委电示红1、红3军团：应于27日晚解决遵义城中之敌，"另以有力部队乘胜跟踪退敌，并截击其左侧，直与其援敌保持接触，侦察其部署，而一、三军团主力则在残敌解决后，集结于遵义城南适当地点，先准备今（27日）夜或明二十八日拂晓攻击敌增援部队"。遵义城的战斗结束后，红军部队立即转入了迎击吴奇伟部的作战准备。中革军委的部署是：以红3军团固守红花岗、老鸦山等要点，顶住中央军的进攻，而以红1军团实施侧后迂回，直捣吴奇伟指挥部所在地忠字铺一带。与此同时，以红1军团第3团向懒板凳方向，红3军团第11团向鸭溪方向搜索前进，遭遇敌军后，即转入宽大正面的运动防御，节节抗击，待将敌引至遵义城外后，即转入坚守。

28日上午10时，红1军团第3团首先与中央军遭遇。吴奇伟遂按预定计划，驱使主力蜂拥而至红花岗、老鸦山一线。国民党军一个团奉命抢占红花岗，而担负坚守红花岗任务的红3军团第11团此时恰好也由遵义城进到红花岗下。团长邓国清、政委张爱萍见状，马上令第2营跑步，坚决抢到敌军之前占领红花岗。2营官兵奋力奔跑，先敌一步登上了山

雄师刀坝告大捷陈列室

顶，一顿手榴弹将已爬上山顶的敌军赶下了山坡。国民党军投入一个多团对红花岗实施轮番冲击，但均被击退。又以一个团从左侧对2营实施包围，被红11团第1营迎头痛击，败下阵去。在红花岗激战的同时，红10团控制了老鸦山主峰，其他部队也陆续与进攻的敌军进入交战。于是，从遵义通往贵阳的公路两侧方圆二十里的山区，战火四起。红军与中央军战成一团。

在中央军的主攻方向红花岗，红11团沉着迎战，依山势构成了野战阵地，将进攻的敌人死死钉在了阵地前。双方陷入对峙，吴奇伟暴跳如雷，训令第59师师长董万和全力进攻，并将大部分的火炮都调到红花岗一线，对准山顶猛烈轰击，打得山石横飞，树木断折，枯草燃烧，企图首先拿下红花岗，然后直取遵义城。但是，无论中央军如何进攻，却始终无法越雷池一步。红11团在红花岗上岿然不动。

吴奇伟见红花岗久攻不下，调整部署，以预备队投入战斗，于下午将主攻目标转向了红10团据守的老鸦山。国民党军已是孤注一掷，以一个多师的兵力，从一开始就采取集团冲锋的方式，并出动飞机助战，攻势一次比一次猛烈。红10团在团长张宗逊、政委黄克诚的指挥下，抱定与阵地共存亡的决心，与进攻之敌反复争夺阵地。阵地失而复得，得而复失，双方展开拉锯战，战斗呈现白热化。国民党军死伤枕藉，红军也减员很大，团长张宗逊负伤，参谋长钟伟剑牺牲。战至下午3时许，国民党军集

中飞机、大炮火力狂轰滥炸，并以数倍于红10团的兵力发动总攻。红10团经过长时间激战，弹药殆尽，伤亡很大，官兵们拼尽最后的力量，与攻上山顶的敌人展开肉搏战，终因寡不敌众，阵地失守。战局骤然紧张。彭德怀立即令据守红花岗的红11团进行反击。红11团以第3营猛攻两次，都因地势不利，且兵力不足未能成功。

老鸦山丢失，不仅直接威胁了红3军团的整体防线，而且也将威胁到遵义的安全，并可能破坏红军聚歼吴奇伟纵队的整个作战部署。中革军委令红3军团集中所有力量，坚决反击，收复老鸦山，同时将手中唯一一支预备队——军委干部团调归红3军团指挥，投入反击老鸦山的战斗。彭德怀迅即做出反击部署，以军委干部团在红10团和红11团一部配合下，反击老鸦山；另以红12、红13团从老鸦山的左右两侧猛烈出击，坚决压住敌军的气焰，直至最后打垮敌人。

各路红军在彭德怀的指挥下，迅猛地展开攻击。军委干部团在团长陈赓、政委宋任穷的指挥下，从北向南展开主攻，红11团则从左侧配合攻击，红10团也奋勇投入战斗。三个团队相互配合，汇成一股不可阻挡的狂飙。国民党军尽管拼死顽抗，依旧无法阻挡红军的进攻。干部团率先攻上山顶，红10、红11团部队也随后杀到。经过一番近战肉搏，红旗终于再次在老鸦山上飘扬。与此同时，从两侧出击的红12、红13团也打垮当面之敌，冲入了国民党军部署的纵深。

遵义红军烈士陵园

吴奇伟部的两个主力师被红3军团死死牵制在老鸦山、红花岗地区，而王家烈的黔军两个团此刻已土崩瓦解。当红3军团与吴奇伟部激战时，担负侧后迂回任务的红1军团部队已经全线出击。位于水师坝的黔军部队早已被红军打残、打怕，一触即溃。

林彪、聂荣臻将目光死死盯紧了吴奇伟的指挥所，命令部队不为沿途敌军所纠缠，直捣国民党军的腹心，向忠字铺地区猛烈攻击。红1军团主力猛打猛进，很快打到了吴奇伟的指挥所附近。这一突如其来的打击，彻底打乱了国民党军的部署，国民党军全线动摇。

吴奇伟、王家烈如梦方醒，明白自己已经落入了红军布下的口袋阵，搞不好就要成为瓮中之鳖，自己也将变为红军的俘虏。在匆忙下达全线撤退的命令后，吴奇伟钻进汽车，带上身边的部队向乌江方向狂窜，王家烈则策马急奔，逃往新场。

红1军团立即令红2师实施追击，以一部取捷径先敌占领懒板凳，师主力插向乌江北岸，切断敌军退路。红军官兵克服连日征战的疲劳，不顾雨天路滑，勇猛前进。吴奇伟刚刚逃到乌江岸边，红2师部队就跟踪而来。吴奇伟深恐被俘，仓皇过江后，下令砍断江上的浮桥。尚未过江的国民党军部队一千余人和大批辎重物资被红军全部俘获。

吴奇伟侥幸逃脱，他的部属则没有这样幸运。国民党军第59、第93师已经在老鸦山地区与红3军团战成一团，欲进无门，欲退无路，被迫转入防御。17时，红军发起总攻，红1、红3军团并肩突击，仅仅激战一个小时，国民党军部队就彻底崩溃，你挤我推，夺路逃命。红军部队猛烈追击，歼敌第93师大部、第59师一部，其余敌军溃散附近山中，只有小部残敌逃至仁怀及乌江南岸。遵义之战至此胜利结束。

从2月24日至28日，在五天时间内，红军在毛泽东的指挥下，连下桐梓、娄山关、遵义，歼灭和击溃国民党军两个师又八个团，毙伤两千四百余人，俘敌三千余人，取得了长征以来最大的一次胜利，武器、物资得到充分补充，全军士气空前高涨。

而国民党军则遭受了严重的打击，特别是吴奇伟部两个主力师的被歼，沉重打击了蒋介石嫡系部队的嚣张气焰。蒋介石捶胸顿足，大骂部下无能，不得不承认此战是"国军追击以来的奇耻大辱"。

红军的胜利，也使得遵义会议后确立的新的军事领导集体，特别是毛泽东的军事领导地位得到了进一步巩固。在毛泽东的指挥下，红军再次展现出了运动作战的特长，飘忽不定，出敌不意，调动敌军，集中歼敌。在战争的实践中，正确的军事路线得到了全党、全军的坚决拥护，正如中革军委机关报《红星报》在遵义战役结束后发表的社论中所说的那样："这一胜利是在党中央局扩大会（指遵义会议）反对了华夫同（志）的单纯防御路线，采取了正确的军事领导之后的胜利。"这说明，"只要有正确的军事领导，只要不怕疲劳，勇敢作战，我们就能消灭与战败任何敌人"。

史料链接

★ "鸡鸣三省"会议

四川、云南、贵州三省交界地带，赤永河与渭河的交汇处，有一个渡口，当地人称为岔河，民国初年所绘地图标注为"鸡鸣三省"，大致方位在今天云南省威信县水田寨一带村镇。这里北接山岭与四川叙永县水潦乡相连，东与贵州毕节市德胜乡一水相依，"枕乌峰而襟赤水，领巴蜀而锁滇黔"，雄鸡高唱，三省与闻。

1935年2月5日，中央红军长征经过此地时，中共中央政治局常委举行过一次重要的临时会议，重新确定了中共中央的领导人。

遵义会议之后，"左"倾军事错误遭到清算，但由于当时的历史条件，中央的政治、组织路线错误并没有受到批判，博古在党内依旧担负着中共中央总负责的职务，是中共中央的最高领导人。此刻，博古在全党的威信已经急剧降低，已经无法继续承担全党的领导责任，同时他在军事上一窍不通，对战争问题和军事指挥均没有什么发言权。在军事问题成为党的头等大事的时刻，党的最高领导人却无法对军事实施有效的领导，这种情况是非常不正常的。

张闻天、毛泽东、周恩来等人对此都非常忧虑。因此，在部队到达水田寨时，经张闻天提议，中央政治局常委经过协商，决定解除博古的中共中央总负责的职务，并根据毛泽东的提议，由张闻天接替博古，成为中共中央的最高领导人。博古尽管犯有"左"倾错误，但是作为一位组织观念很强的共产党员和党的高级领导干部，他无条件地服从了常委做出的决议，顺利向张闻天移交了权力。

周恩来后来回忆这一过程时说：遵义会议后，"博古再继续领导是困难的，再领导没有人服了。本来理所当然归毛主席领导，没有问题。洛甫（张闻天）那个时候提出要变换领导，他说博古不行。我记得很清楚，毛主席把我找去说，洛甫现在要变换领导。我们当时说，当然是毛主席，听毛主席的话。毛主席说，不对，应该让洛甫做一个时期。……（他）说服了大家，当时就让洛甫做了。"

中共中央最高领导人在"鸡鸣三省"的更换，是当时历史条件下党的集体意志做出的选择。张闻天出任中共中央总负责的职务，保证了党的正确军事路线的实施和正

> **史料链接**

确军事指挥的执行，同时也在实际上确立了毛泽东在全党、全军的领导地位。

★ 川滇黔边区游击纵队

1935年2月9日，红军长征到达云南省扎西地区。为加强川滇黔边地区的革命斗争，策应主力红军的行动，中共中央决定，以红5师政治委员徐策、干部团上干队政治委员余泽鸿、原红8军团民运部部长戴元怀等人组成川南特委，徐策任书记，并从各部队抽调了一百余名干部坚持当地斗争。另外，抽调国家政治保卫局第5连为基础，与叙永游击队合编，组成中国工农红军川南游击纵队，在川滇黔边地区开展游击战争，牵制敌军，策应主力红军作战。

10日，中共川南特委和川南游击纵队在扎西石坝子成立。周恩来亲自到会进行动员，明确了三项任务：一是发动群众，扩大武装，打击与牵制敌人，配合主力红军作战；二是没收军阀官僚土豪劣绅的财产，取消捐税，安置和保护好红军伤病员；三是加强地方党组织的建设，消灭国民党地方政权，开辟与建立川滇黔边区革命根据地。

中央红军离开后，中共川南特委坚决执行中共中央的指示，进行了卓有成效的工作，川南游击纵队也不断壮大。后来，中共川南特委改称中共川滇黔边区特委，川南游击纵队改称川滇黔边区游击纵队，在川滇黔边的广大地区与国民党反动派进行了坚决的斗争，并发展出若干下属支队。其中1936年在威信成立的云南支队，由殷禄才任支队长，陈华久任政委，部队曾发展到五六百人，坚持斗争达十二年之久。

★ 激战娄山关

红军二渡赤水之后，兵出黔北，直指遵义。作为黔北的门户，娄山关的得失，成为决定双方胜负的关键。

贵州军阀王家烈汲取了第一次被红军攻破娄山关的教训，派出亲信第1旅旅长杜肇华率全旅并指挥第15团，固守娄山关。红军则以红3军团在前，红1军团跟进。在彭德怀、杨尚昆的统一指挥下，于1935年1月26日对娄山关发起进攻。

全军的前锋是红13团。这是一支善打硬仗、恶仗的队伍，其战斗骨干均来自百色起义组成的红7军。在1933年的红军东征作战中，曾经将在淞沪抗战中大名鼎鼎的国民党第19路军第336团歼灭，创造了红军一个团歼灭国民党军主力一个团的模范战例。

史料链接

在中央苏区反国民党军第五次"围剿"作战的高虎垴战斗中,更是以一个团阻击国民党军两个师的进攻,歼敌四千余人。在红军部队中,威名显赫。

彭德怀命令红13团25日黄昏前必须拿下娄山关。接受任务后,红13团连夜出发,一路疾行,团长彭雪枫亲率侦察连行进在队伍最前列。25日拂晓,队伍进至距关隘五公里处的南溪口一线,与黔军侦察分队遭遇。侦察连在路边隐蔽,待黔军走近时,突然出击,迅速击溃敌人,随后猛追溃敌,直抵娄山关下。守关的黔军见红军到达,立即以稠密的火力封锁了通往关口的公路。彭雪枫指挥先头第3营连攻两次,均未奏效。

黔军已经在娄山关形成了坚固的阵地防御体系,且地形易守难攻。彭雪枫仔细观察后,发现左侧山峰虽然陡峭,但勉强可以攀登,遂决定第7、第8连和重机枪连正面佯攻并压制黔军火力,以第9连侧后迂回,首先攻占主峰点金山,然后居高临下,前后夹击,一举夺关。在正面部队的佯攻掩护下,9连冒着黔军的火力,开始攀登主峰点金山左侧后陡峭山脊。指挥该连的3营教导员牺牲,团特派员欧致富挺身而出,指挥全连继续进攻,终于攀上山顶,解决了山顶的黔军,随后如猛虎下山,向关口冲去。彭雪枫立即指挥正面部队发起攻击,战至黄昏,第3营终于攻占了娄山关口。

遵义战役娄山关小尖山战斗遗址

3营尚未站稳脚跟,黔军的反扑就接踵而来。3营沉着迎战,全体人员上刺刀,待反扑之敌靠近阵地,方突然发起反冲锋。黔军军官发觉关口红军兵力不多,驱使部下连续反扑,与红军展开激烈的拉锯战。双方反复争夺阵地,直到天黑时分,黔军方在英勇顽强的红军面前败下阵去。红13团第3营巩固地占领了关口。

史料链接

娄山关丢失，遵义门户洞开。王家烈惊恐不安，命令娄山关指挥官杜肇华不惜一切代价，必须夺回关隘。杜肇华孤注一掷，许下重赏，集中所有兵力，于26日拂晓对娄山关发动凶猛的反扑。黔军在重赏之下，一个上午就发动了六次进攻。红13团全部投入战斗，寸土不让，坚守阵地，始终屹立在关口之上。黔军退守黑神庙一线，凭险固守。

红3军团以红12团投入战斗，与红13团并肩向黑神庙一线黔军阵地发起进攻。官兵们奋勇冲入敌阵，与敌展开白刃格斗，但黔军死守阵地，并不时发动反击，一度逼近关口。红12团政委钟赤兵、参谋长孔权负重伤，营连干部牺牲六七人，伤亡达五百多人，战斗形成僵持状态。

彭德怀策马直抵关下，亲自指挥战斗，并调整部署，令红12团正面迎敌，红13团和红10团从左右两侧迂回，围歼黑神庙之敌，另以红11团从关隘的左侧远程奔袭板桥，彻底切断黔军退路。

各路红军向黔军防线发起进攻。红11团远程奔袭，攻占黔军后方通往遵义的要点板桥，黔军防线因此全线动摇。红3军团主力趁势猛攻，左翼的黔军第10团首先不支向后溃逃，接着是右翼的第6团，最后据守黑神庙的黔军精锐第4团也开始溃退。

黔军的后退很快变成了大逃亡。红5军团全线出击，猛追逃敌。彭雪枫后来对当时的情景作了形象的描写：黔军"像池中的一字长蛇阵，乱竿打下，只有拖泥带水，边飞边跑，'仍从旧路归'了。那走投无路的，索性坐下，交枪是最好的办法。战士们立即分出追击队、截击队、缴枪队、安慰俘虏的宣传队。黄昏以前到了板桥，俘虏们恭恭敬敬地排在马路边的坪上"。

娄山关战斗，是红军重入黔北后取得的第一个胜仗。它不仅为即将到来的遵义战役创造了有利的条件，而且打出了红军的威风，打出了部队的士气。

扎西整编后中央红军序列表

中央革命军事委员会 主　　席：朱德 副　主　席：周恩来、王稼祥		
中国工农红军 总　司　令：朱德 总政治委员：周恩来 总　参谋长：刘伯承 副总参谋长：张云逸 总政治部主任：王稼祥 总政治部代主任：李富春　博古(后)		
红1军团 军　团　长：林彪 政治委员：聂荣臻 参谋长：左权 政治部主任：朱瑞	**第1师** 师　　长：李聚奎　刘亚楼(后) 政治委员：黄甦 参谋长：耿飚 政治部主任：谭政	第1团　团　长：杨得志　政治委员：黎林 第2团　团　长：龙振文　政治委员：邓华 第3团　团　长：黄永胜　政治委员：林龙发
	第2师 师　　长：陈光 政治委员：刘亚楼　肖华(后)	第4团　团　长：黄开湘　政治委员：杨成武 第5团　团　长：张振山　政治委员：谢有勋 第6团　团　长：朱水秋　政治委员：王集成　邓飞(后)
红3军团 军　团　长：彭德怀 政治委员：杨尚昆 参谋长：邓萍 政治部主任：刘少奇(代)　罗瑞卿(后)		第10团　团　长：张宗逊　政治委员：胡震(后) 第11团　团　长：黄克诚　政治委员：邓国清 第12团　团　长：张爱萍　政治委员：姚喆 第13团　团　长：钟赤兵　政治委员：彭雪枫　苏振华(后)
红5军团 军　团　长：董振堂 政治委员：李卓然 参谋长：陈伯钧 政治部主任：曾日三		第37团　团　长：李屏仁　政治委员：谢良 第38团　团　长：马良骏 第39团　政治委员：黄志勇
红9军团 军　团　长：罗炳辉 政治委员：蔡树藩　何长工(后) 参谋长：郭天民 政治部主任：黄火青		第7团　团　长：洪玉良　政治委员：周生修 第8团　团　长：崔国柱　政治委员：辛世修 第9团　团　长：刘华香　政治委员：姜启化
军委纵队 司　令　员：刘伯承(兼) 政治委员：陈云 副司令员：叶剑英 政治部主任：李富春　李涛(代)(后)		第1梯队　司令员兼政治委员：邓发 第2梯队　司令员：何长工　政治委员兼政治委员：贺诚 第3梯队　政治委员：李维汉 干部团　团长：陈赓　政治委员：宋任穷 保卫团

第九章

四渡赤水（下）

作为国共两党的军事统帅，毛泽东与蒋介石在战场的直接对话始见于1931年7月。当时，蒋介石亲自指挥三十万大军对中央苏区发动了第三次"围剿"，并发誓"如不获胜，死也不回南京"。毛泽东则指挥三万多红军，以一当十，犹如矫健的游龙，隐蔽佯动，声东击西，置十倍于己的敌军于股掌之上，连战连捷，胜利打破了国民党军的"围剿"。蒋介石损兵折将，一败涂地，吐血而归，从此将毛泽东视为最大的战场对手。

此后，毛泽东受党内"左"倾路线排斥，被解除了兵权，两人再也没有机会在战场上直接较量。遵义会议后，毛泽东重新回到红军的指挥岗位。蒋介石得到消息后，沉默许久，虽然对毛泽东的复出心有恐慌，然而始终认为中央红军已成"流寇"，毛泽东纵有通天之才，也难以力挽狂澜。因而，依旧将前线指挥交给心腹，自己坐镇南昌居中调度。

国民党军统帅蒋介石

遵义之战，吴奇伟部两个主力师被打得溃不成军，蒋介石再也坐不住了。3月2日，就在红军重占遵义的第二天，蒋介石由南昌飞抵重庆，并发布命令："本委员长已进驻重庆。凡我驻川、黔各军，盖由本委员长统一指挥。如无本委员长命令，不得擅自进退。"蒋介石亲自披挂上阵，执掌"围剿"红军的指挥权。

无独有偶，就在蒋介石发布命令后同时，中共中央也作出了加强作战指挥的决定。3月4日，中革军委发布命令，决定成立红军前敌司令部，任命朱德为司令员，毛泽东为政治委员。毛泽东直接走到了前台，指挥红军的作战行动。蒋介石与毛泽东的第二次战场直接较量由此拉开了帷幕。

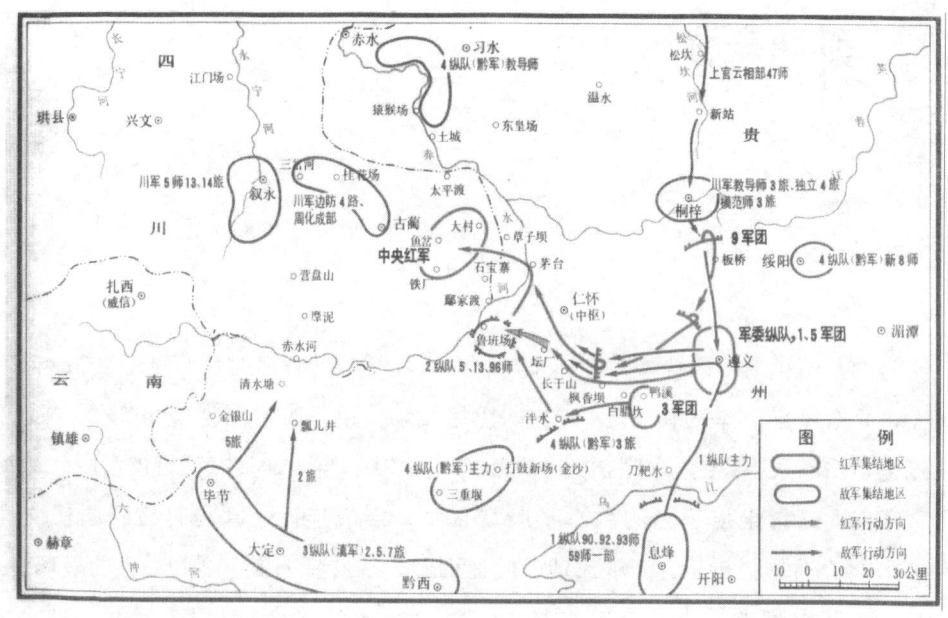

三渡赤水要图（1935年3月11日~19日）

鲁班场战斗

多年研究毛泽东军事指挥的特点和红军的战略战术，蒋介石深知红军作战的长处在于灵活机动，尤其是毛泽东重新执掌红军作战指挥权之后，红军行动飘忽不定，国民党军虽以绝对优势兵力围追堵截，却始终难以抓住红军。蒋介石感到实无良策可用，只能再次祭出对中央苏区第五次"围剿"中所采取的"堡垒主义"和重点进攻相结合的法宝，令遵义以南的中央军周浑元、吴奇伟纵队和滇军孙渡纵队等部在川滇黔边界构筑封锁线，"最好每里一碉"，步步推进，同时令遵义以北的川军郭勋祺部和中央军上官云相部沿川黔大道加紧进攻，南守北攻，企图逐步压迫红军于遵义、鸭溪的狭小地域，"一鼓荡平"。

然而，此一时，彼一时，"堡垒主义"只能对"左"倾错误路线指挥下的红军产生效力，而对于毛泽东指挥的红军则毫无用处。面对国民党军的重兵压境，毛泽东洞烛其奸，泰然自若。国民党军"围剿"的主力是中央军，而中央军吴奇伟纵队已有两个师遭受重创，元气大伤，只有周浑元纵队实力犹存，但由江西到贵州，数千里追击红军，也已疲惫。因此，毛泽东的设想是，趁吴奇伟纵队新败逃向乌江以南之机，集中红军主力，寻机以周浑元纵队为主要攻击目标，予该纵队以重创，打破国民党军的"围剿"。

3月5日，红军从截获的国民党军电报中获悉，周浑元纵队两个师准备于6日向枫香坝、白腊坎前进。朱德、毛泽东遂签署作战命令，以红9军团部署于桐梓、遵义之间地区，吸引川军向东而牵制之；集中红1、红3、红5军团和干部团于遵义以西的鸭溪及其附近地区，准备歼灭周浑元纵队的该两师。同日，红军总政治部也发布动员令，指出："我们必须争取胜利，消灭周浑元来彻底粉碎敌人的追剿。这是一个决战，……我们无论如何要把蒋介石的主力周浑元纵队消灭，取得比遵义战斗更伟大的胜利。"据此，红军主力开始向长干山、白腊坎以西开进，准备突击周浑元纵队。

蒋介石午夜静思，忽然察觉到周浑元纵队前进速度过快，有孤军冒进、遭受打击的危险。他曾在"围剿"作战中吃尽红军集中兵力歼敌一路的苦头，且对吴奇伟纵队在遵义城下的失败心有余悸，遂于5日深夜急电薛岳、周浑元，指示：红军向遵义以西地区集中，企图有二，一是"放弃遵义，仍向西窜，求达其原来的目的"；"二是先求与我周纵队决战，然后再向南对贵州压迫"。因而命令周浑元部主力在长干山附近集中，并构筑强固工事，"暂取守势防御"。同时命令周浑元与吴奇伟两个纵队均"不可轻易前进"。

因而，周浑元纵队与红军主力一经接触，立即向长干山附近收缩。红军歼灭该纵队两个师的计划未能实现。毛泽东见敌未上钩，遂指挥红军主力主动求战，向长干山地区出击。但当红军进到长干山附近时，周浑元部主力继续后撤桑树湾一带，只在长干山留下了一个营的警戒部队。红军继续在西安寨、泮水地区活动，寻找战机，准备首先歼灭黔军王家烈残部，调动周浑元纵队驰援，在运动中歼其一部。然而，红军多次寻战，均未达到目的。

战争双方继续在黔北地区周旋，等待对方的破绽出现。毛泽东指挥红军放弃遵义，集中力量以耐心的机动制造国民党军的错觉，寻找有利的战机。蒋介石终于上钩了，他认定红军在黔北地区徘徊，系大政方针未定的表现，而国民党军各部已经部署到位，包围圈正在不断缩小，因而围歼红军的时机已到，遂命令各路部队全力寻找红军实施决战。据此，国民党军各路兵马一改此前的谨慎，开始放胆前进。川军部队进入遵义，周浑元纵队集结鲁班场，吴奇伟纵队之第90、第92师则北渡乌江，重新向鸭溪、遵义推进。

中共中央根据战场形势的变化，立即确定了新的战略方针，决定：红军"以黔北为主要活动地区，并应控制赤水河上游，以做转移枢纽，以消灭薛岳兵团及王家烈部队为主要目标。对川、滇敌人须在有利而急需的条件下，才应与之作战，求得消灭其一部"。根据这一方针，中革军委于13日决定：红军向遵义西南地区转移，"求得在转移中与在消灭王家烈部队的战斗中，调动周、吴纵队，实行机动，并迅速掠取与控制赤水上游的渡河点，以利作战"。

13日晚，红3军团首先发起进攻，于平桥、泮水地区击溃黔军第3旅犹禹九部，残敌向打鼓新场溃退。第二天，14日，红军隐蔽转兵南下，在长干山附近地区设伏，准备攻击北上的吴奇伟纵队两个师。但吴奇伟经受遵义城下的惨败后，异常小心，部队刚刚进至枫香坝东南地区即下令停止前进。红军歼敌计划再次落空。

在此情况下，中革军委决定，主力立即转兵西进，全力进攻鲁班场、三元洞地带之周浑元纵队，以期打破僵局，打乱国民党军的部署，争取战略主动地位。

鲁班场位于仁怀县城东南二十六公里处，是茅台通往打鼓新场运盐大道的重要站口，四面环山，地势险峻，易守难攻。周浑元纵队三个师进至该地后，构筑了众多工事。中革军委决定：以红9军团一个团在枫香坝东南地区监视吴奇伟纵队，主力于15日对周浑元纵队发起总攻。以红1军团和红3军团主力、干部团为右翼队，经坛厂由北向南突击鲁班场之敌的左侧背与左正面；红5军团和红3军团两个团为左翼队，由西南突击鲁班场，并切断鲁班场与二元洞之间联系；红9军团位于坛厂为总预备队。

鲁班场战斗纪念碑

15日晨，中央红军各部按照中革军委的部署，向鲁班场发起猛烈攻击。周浑元纵队遭到攻击后，立即收缩，3个师猬集一团，依托工事拼命顽抗。战斗很快进入白热化。在白家坳附近的山上，红1军团两个团与国民党军三个团展开了白刃格斗，往复冲杀，山上齐人高的荆棘蒿草全部夷为平地，红军最终击退敌军，攻占了阵地；团标寺附近为三四百米的开阔地，红军用马刀砍断国民党军用藤条、荆棘缠绕成的"土铁丝网",冒着密集的火力奋勇冲锋,连破国民党军三道阵地,冲入了国民党军阵地。

战至下午,红军攻克了国民党军的外围阵地,将敌压缩至鲁班场周围的狭小地域中。15日,红军各部向鲁班场发起总攻。周浑元此刻已经无路可退,孤注一掷,亲自上阵督战,指挥部属拼死顽抗。国民党军的飞机也前来助战,对红军部队猛烈轰炸、扫射。战斗更加激烈。

战至晚上,红军各部虽逼近了国民党军的核心阵地,并在局部取得了一些胜利,但由于国民党军占据有利地势,且工事坚牢,配置紧缩,而红军攻击道路多为密林,运动不便,加之地幅狭小,兵力难以展开,始终无法突破国民党军的核心阵地。双方形成对峙。

鲁班场战斗打响后,蒋介石认定此仗是抓住红军主力一举聚歼的最佳时机,一面令周浑元固守待援,一面令其他各部迅速向鲁班场推进。至15日晚,国民党军吴奇伟纵队进到枫香坝,川军郭勋祺部由东面的两河口向坛厂、鲁班场转进,对红军构成夹击之势。而鲁班场的周浑元纵队第13师也开始北上,企图侧击红军攻击部队。

红军的处境骤然紧张。若继续恋战,将陷入重围。在此紧要关头,毛泽东当机立断,与中革军委成员商量后,毫不犹豫地果断决定:放弃对鲁班场的进攻,转兵西进,以调动敌人,寻求新的战机。

15日晚20时,中革军委下达命令:红军各部立即撤出战斗,迅速向茅台及其附近地区转移。红军各部立即与国民党军脱离接触,至16日,全部到达指定地域集结。

鲁班场战斗,红军共歼敌一千余人,自身牺牲四百八十多人。虽然未能如期歼灭周浑元纵队,且付出了一定的代价,但却达到了调动国民党军的预期作战目的。

从遵义休整到鸭溪机动,再到攻击鲁班场,毛泽东指挥红军在国民党军的重围中灵活穿插,以动创造战机,最终目的在于调动敌军,冲出包围圈,打破国民党军的围剿。而这一系列令人眼花缭乱的行动,最终的确诱使蒋介石犯下了致命的错误,将主力全部调至黔北地区,而在其他地区留下了空当,从而给红军留出了机动作战的空间。

毛泽东立即抓住了蒋介石的部署漏洞,连续下出了三渡、四渡赤水的绝妙好棋,为中外战争史留下了一段千古绝唱。

三渡、四渡赤水

贵州省茅台镇,位于赤水河东岸,当时约有几百户人家。镇上有三家较大的酒坊和许多家庭酿酒作坊,所出产的茅台酒闻名中外,镇上到处都是扑鼻的醇厚酒香。红军进驻茅台镇后,没收了镇上土豪的财物、粮食与酒。除分给贫苦群众外,部队也留下了一部分。会喝酒的官兵品尝了一次茅台美酒,不会喝酒的官兵也装上一壶,用于舒筋活血。

毛泽东早在鲁班场战斗发起之前,就已经开始构思着一个彻底跳出国民党军包围圈的大计划。其主要内容是:挥兵西进,实施大范围的佯动,把国民党军引向川南,然后再根据当时的情况,灵活机动,甩开追兵,争取主动。鲁班场战斗只是这一计划中的一个组成部分,能胜则打,不能胜则走,意在调动敌人,让出通往川南的道路。而在决定发起鲁班场战斗之前,毛泽东已秘密派出工兵部队和小分队到达赤水河上游,控制渡河点,并架设了两座浮桥。

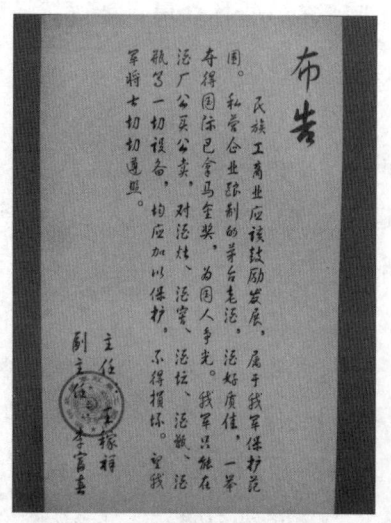

红军过茅台镇发的布告

现在,国民党军的主力已经被吸引到了黔北地区,毛泽东的第一步设想已经实现,遂果断地走出了第二步——三渡赤水。

3月16日18时,中革军委下达《三渡赤水河的行动部署》命令,决定:"我野战军决于今(16日)晚和17日12时以前,由茅台附近全部渡过赤水河西岸,寻求新的机动",并任命干部团团长陈赓、政委宋任穷为全军渡河司令员、政委。

16日晚至17日上午,红军各部从突击修复的茅台铁索浮桥和先期在珠沙堡、观音寺两个渡口架设的两座浮桥,从容渡过赤水河,进入川南,向古蔺、叙永方向前进。

红军的渡河行动,很快被国民党军的侦察飞机发现,并被立即送到了蒋介石的案头。蒋介石虽然对红军三渡赤水大感意外,但立即认定红军再入川南,是要再次寻机北渡长江,因而急令周浑元纵队主力和吴奇伟纵队两个师向古蔺追击;令滇军孙渡纵队在毕节、黔军王家烈部队在金沙以北截击;令

茅台渡口

川军潘文华部五个旅在叙永、古蔺防堵，另以一部由茅台西渡追击。此外，并严令长江泸州段沿岸部队加强江防，担负追剿任务的各纵队赶筑碉堡，形成碉堡封锁线。

蒋介石在紧急调整部署，而毛泽东则巧布疑兵，进一步扩大蒋介石的错觉。进入古蔺县境后，红军主力继续西进。19日，红军进到镇龙山，与驻守此地的川军魏楷部廖九甫团遭遇，红军立即发起攻击，川军仓皇溃退，红军继续前进，到达广大圩、铁厂、两河口地区。

这一行动使得蒋介石对红军即将北渡长江深信不疑，同时也认定红军前有长江天险，后有大军追堵，已经走上了绝路。3月20日晚，蒋介石给部属颁布电令，称："以如许大军，包围该匪于狭小地区，此乃聚歼匪之良机。……剿匪成功，在此一举。"并称若再不歼灭红军，"何颜再立于斯世"！

然而，就在国民党军各路部队蜂拥而至川南之际，毛泽东却突然走出了第四步——挥兵东进，四渡赤水，从国民党军各路部队的缝隙中穿越而过，再入黔北。

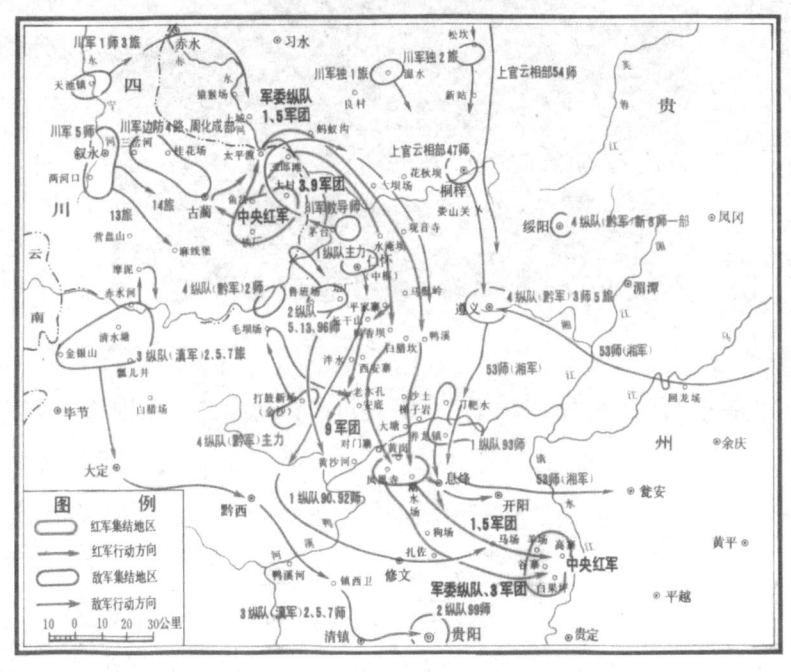

四渡赤水要图（1935年3月20日~4月5日）

在红军三渡赤水的时候，毛泽东曾经预先布下了一步暗棋，嘱咐总参谋长刘伯承令工兵连长王耀南带人秘密维修二渡赤水时在太平渡、二郎滩架设的浮桥。3月20日，就在蒋介石发出"剿匪成功，在此一举"电令的同一天，中革军委下达了四渡赤水的行动部署命令，令红1军团以一个团伪装主力，由铁厂、两河地区大张旗鼓地向古蔺前进，吸引川军、滇军向西，红军主力则立即折转东进，以"秘密、迅速"的动作，"坚决出敌不备"，限21日夜由二郎滩至林滩线渡过赤水河，寻求机动。为保证行动的隐蔽性，中革军委命令：各军团首长要坚决、迅速地组织渡河，并特别强调，行动命令"事前不得下达，以保秘密"。

21日晚至22日，中央红军以神速、隐蔽的行动，从二郎滩、太平渡等渡口渡过赤水河，再入黔北，经临江场、楠木坝、花苗田（今花茂）等地急速南下，与国民党军主力相向而行，将国民党军的几十万追剿大军甩到了川南的古蔺周围与赤水河沿岸地区。

花苗田红军墓

三渡赤水是公开的，意在调动国民党军入川南；而四渡赤水则是秘密的，意在跳出国民党军的包围圈，在广阔的空间中寻求机动。蒋介石和他的部属完全没有料到毛泽东会挥兵重入黔北，依旧在做着在川南聚歼红军的美梦。红军已经全部东渡赤水，薛岳还在军情通报中称"共匪大部尚在镇龙山、铁厂"，而云南军阀龙云则在训令各部"聚歼该匪于叙（永）、（古）蔺以南，赤水以西，毕节、仁怀以北地区"。直到25日，龙云还在命令各部将红军歼灭于"铁厂、镇龙山、石宝寨、大村间地区"，而此时红军已经东渡赤水三四天了。

再渡乌江

重入黔北的红军，向着遵义、仁怀之间地区疾进。坐镇重庆指挥追剿行动的蒋介石被红军的行动搞得晕头转向，接到红军四渡赤水的报告后，他的第一反应是红军是北渡长江不成，企图三攻遵义，重新经营黔北。但他深知毛泽东用兵不拘一格，也担心红军只是把黔北作为跳板，重渡乌江，再入湖南，谋求与红2、红6军团在湘西会合。思索再三，他作出了新的部署：令中央军上官云相所部沿川黔公路，在桐梓、松坎、娄山关、遵义等地严密布防，固守堵截；令第53师赶往遵义，协助第47师防堵；令正向川南运动的周浑元纵队、吴奇伟纵队星夜兼程，赶往仁怀、茅台、坛厂一带，并令周浑元带两三个团以最快的速度赶往鸭溪、白腊坎、枫香坝等地固守；令湘军何键立即调兵加强乌江沿岸守备力量，阻止红军渡江东进。

红9军团部分干部在陕北合影

蒋介石自认为作出了一个万无一失、以不变应万变的部署，认定红军再也无法跳出他的铁壁合围，禁不住志得意满，遂决定亲自指挥此"最后一战"。3月24日，蒋介石偕夫人宋美龄、澳大利亚籍顾问端纳以及顾祝同、陈诚、晏道刚等大员由重庆飞抵贵阳，在城内乐会巷中的毛光翔公馆设立行营，宣称："共匪已是强弩之末，现今被迫逃入黔境，寻求渡江地点未定，前遭堵截，后受追击，浩浩长江俨如天堑，环山碉堡星罗棋布"，已入"走投无路"的绝境，现在只需要收紧包围圈，就可将红军在以遵义为中心的黔北地区"一网打尽"。

然而，蒋介石的决策从来就是跟着毛泽东的指挥棒转的，国民党军的行动永远跟不上毛泽东指挥下的红军的步伐。就在蒋介石到达贵阳的同一天,毛泽东却指挥红军突然挥师南下,离开了黔北。

3月24日,红军主力迅速越过国民党军重兵封锁的遵义、仁怀大道,向南疾进,寻求新的机动。为保证行动的隐蔽性,3月25日,中革军委电令各军团:"应乘月夜运动,在白天飞机活动时间,则区分各分队成梯队,伸长距离,加意对空伪装,逐段前进,黄昏进入宿营地,并要加强政治工作,使指战员努力争取南下先机。"

在红军主力隐蔽、疾速南下的同时,毛泽东放出了一支"战略骑兵",以红9军团伪装红军主力,进抵习水的李子关、良村、兴隆场地区,示形于东北,掩护红军主力行动。27、28日,中革军委进一步明确红9军团任务,以马鬃岭地区为枢纽,"一向长干山,一向枫香坝,伪装主力活动",牵制中央军周浑元、吴奇伟纵队,并"须在马鬃岭西北路上摆放露天红色标语,路侧放烟火扮炊烟,散消息,伪装我军主力将在此地区诱敌向北出击而消灭之的模样"。

红9军团菜籽坳战斗纪念碑

根据中革军委的指示,红9军团与红军主力在马鬃岭分兵,开始单独行动。在军团长罗炳辉、政治委员何长工的指挥下,大造声势,召开群众大会,四处张贴标语,行军路上红旗招展,宿营地中炊烟四起。空中、地面侦察报告如雪片般飞往贵阳行营蒋介石的案头,蒋介石对此深信不疑,认定终于抓住了红军主力,遂督促各部加紧行动,并连续电令滇军孙渡部,务必以最快的速度于3月31日前赶到打鼓新场于西安寨、黔西一带堵截红军。

国民党军重兵云集,红9军团展开积极的佯动。忽而掉头向东,进入白腊坎一带,并派人调查经湄潭、凤岗去湘西北的路线,做出红军主力将去湘西与红2、红6军团会合的模样；忽而转向西北，进至松林、芝麻坪地区，摆出红军主力将再次入川北渡长江的姿态。蒋介石已经完全被红9军团的佯动所欺骗，将主力集中于黔北、黔西地区准备与红军决战，指挥部队东奔西走，南堵北截。红9军团因此牢牢地将国民党军主力中央军周浑元、吴奇伟纵队六个师的精锐部队吸引在自己身边。

大路朝天，各走一方。毛泽东充分利用了蒋介石的判断失误与部署错误，指挥红军主力迅速隐蔽南下。3月28日，红军主力冒着狂风暴雨，从鸭溪、白腊坎之间国民党军部队封锁线的空隙穿越，进入乌江北岸的沙土、安底地区。3月29日，红军先遣部队红1师第3团消灭国民党军一个连，夺占乌江渡口，在国民党军的乌江防线上撕开了缺口。随后，红军主力于30、31日分别从大塘、江口、梯子岩等渡口南渡乌江，歼灭守敌和援敌各一个营，进至息烽西北的黄冈、牛场、蔡家寨地区，把国民党军追剿部队主力全部甩到了乌江以北地区。这标志着红军主力已经完全跳出了国民党军的合击圈，蒋介石苦心设计的在黔北、黔西地区聚歼红军的计划再次宣告破产。

红9军团完成掩护任务后，转移到沙土附近地区。在准备南渡乌江时，国民党军已经控制渡口，红9军团被阻于乌江以北地区。根据中革军委的指示，红9军团开始独立行动。

威逼贵阳

从遵义会议后毛泽东重新回到红军指挥岗位，红军的行动不仅令蒋介石晕头转向，也让红军的许多高级指挥员迷惑难解。红军行动的目的地到底在何处，大范围飘忽不定的机动到底意图何在？毛泽东的战略思维确非常人所能推断。

在行军的途中，毛泽东来到了红1军团第2师宿营地。当红2师师长刘亚楼等人提出自己的疑惑时，毛泽东微笑不语，拿过一张军用地图，用红色铅笔在图上画出了一道醒目的红线，由贵州向东南、向西、向西南，入云南，逼昆明，再折转直指金沙江，构成了一条令人难以置信的大迂回行进路线。这条路线的终点是千里之外的川滇交界的金沙江，而起点竟是蒋介石的行营所在地——贵阳。

这是一招石破天惊的妙棋。毛泽东看透了蒋介石色厉内荏的本质，就是要以太岁头上动土的气魄，让蒋介石在惊慌失措之中方寸大乱。

4月2日，红军以一部兵力佯攻息烽，主力进至扎佐、狗场地区，直指贵阳。先头部队到达贵阳东南几十华里，距贵阳只有一步之遥。

蒋介石费尽心机，重兵围堵红军，万万没有想到毛泽东竟然指挥红军不仅跳出了自己精心部署的合围圈，而且站到了自己的鼻子底下！此刻，贵阳地区的国民党军主力部队只有郭演达部第 99 师四个团，以及包括宪兵在内的不足两个团的地方部队，兵力单薄。蒋介石深恐红军会乘虚攻城，变成红军的俘虏，令郭演达率部在城郊构筑工事，严防死守，并确保机场安全，同时任命贵阳警察局局长王天锡为警备司令，秘密准备好轿子、马匹，并挑选忠实可靠的向导与警卫，准备一旦机场失守，就秘密出城逃命。蒋介石已经惊恐万分，亲自察看城防工事。郭演达小心伺候，还是不能使他满意，被蒋介石严斥为督导不力，玩忽职守，撤职查办。

贵阳周围风声鹤唳，草木皆兵。蒋介石一夕数惊，惶惶不可终日。多年与红军交战，他很清楚仅凭一师之众很难抵挡数万红军的攻城。但他的嫡系中央军部队远在黔北，难解燃眉之急，唯一能够就近救驾的部队只有云南军阀龙云的主力孙渡纵队。虽然云南军阀龙云对涉足贵州思之已久，引滇军入黔，对于蒋介石实现一石两鸟，既剿共又削弱地方军阀实力的计划很是不利，可红军已经兵临城下，蒋介石也顾不上许多。他连续发出封封急电和道道手令，令滇军将领孙渡率部"兼程猛进"，火速赶到贵阳保驾。同时令中央军吴奇伟、周浑元等部也火速增援贵阳。孙渡接到命令后，不敢怠慢，率部昼夜兼程，经大定、黔西、清镇等地赶到了贵阳，并在清镇机场重兵设防。随后，吴奇伟纵队和第 53 师也赶到了贵阳以北地区。

国民党军蜂拥向贵阳开进，这正是毛泽东兵逼贵阳所要达到的目的。红军要经云南北上，必须调出滇军，特别是孙渡纵队，以减轻行动的压力。但红军进入黔北之后，龙云以保护自身利益为第一要务，对"追剿"红军一直行动消极，虽派出孙渡纵队参加行动，却始终不离滇黔边地区，调出滇军殊非易事。正因为如此，毛泽东这才精心设计了兵逼贵阳的妙棋，"攻其所必救"，借蒋介石之手，调出滇军。毛泽东在部署此次行动时，曾明确地指出："只要能将滇军调出来，就是胜利。"

此刻，蒋介石果真卖力"帮忙"，乖乖地帮助毛泽东调出了滇军。但毛泽东却不急于挥兵入滇，他还要再设圈套，进一步加重蒋介石的错觉，把向贵阳奔来的各路国民党军部队引向东方，彻底闪开红军的西进通道。4 月 5 日，红军进至开阳县东南部的清水江西岸，并派出小部兵力和工兵，分别在水尾、中渡、小河口等地架桥，摆出一副大军东渡，要与红 2、红 6 军团会师的模样。

蒋介石此刻已经彻底被毛泽东搞昏了头，根本无法判断红军的目的地究竟在何方，只能按照毛泽东的意图调动部队。接到红军在清水江上架桥的报告后，他召集顾祝同、陈诚、薛岳等大员商讨对策，讨论再三，最后还是依照毛泽东的意图做出判断：红军是准备东去与红2、红6军团会师，于是急令湘军三个师向石阡、余庆堵截；桂军一部向清水江以东集中，阻止红军东进、南出；令赶到贵阳救驾的吴奇伟纵队和孙渡纵队以及第53师，立即兵分二路向东追击。

国民党军几十万追剿大军向黔东地区一起涌去，红军西进入滇的时机已经成熟。毛泽东遂挥洒自如地走出了他最后一步妙棋——挥师入滇。

这时，由于国民党军的追击主力薛岳部急于要抢在桂系军队前控制贵阳（他们比桂军廖磊部早五天进入贵阳），无力顾及黔北，川军一时也来不及南下，这就给了中央红军在遵义有十二天的休整时间，使得中共中央能够比较从容地召开政治局会议。同时，由于在此前抢渡湘江的血战中，中共中央用来同共产国际联系的通信设备被国民党军的飞机炸毁，以致在长达一年左右的时间里与共产国际无法互通消息，而在长征过程中许多异常急迫的问题需要及时做出决断和处理，只能由中共中央不经报告请示而自行决定。这是遵义会议与以往很不相同的条件。

4月7日，中革军委下达指示："我野战军决从贵阳、龙里之间南进"，以红3、红5军团为右纵队，以红1军团和军委纵队为左纵队，以遭遇敌人、佯攻贵阳的姿态，迅速占领定番，向云南方向推进。同时命令在乌江以北活动的红9军团，向毕节、大定方向前进。

4月8日，红3军团一个团占领贵阳以东的犁儿关、黄泥哨等有利地形，积极向贵阳城郊佯动；红1军团一部占领观音山，并以一部佯攻龙里，从而控制了贵阳、龙里间黄泥哨至观音山约十五公里地段。红军主力由此全部通过湘黔公路，以每天六十公里的速度，

龙里县观音山红军战斗遗址

分两路经青岩、广顺、鸡场、定番（今惠水）、长水（今长顺县城）、紫云等地，向云南方向疾速前进。蒋介石在黔东地区围歼红军的计划再次破产，毛泽东与蒋介石在战场上的再次较量也以蒋介石的彻底失败而告终。

四渡赤水，是红军长征史中最辉煌的一页，是一场极具胆略和勇气的惊人之举，也是一首行云流水般的战争诗篇。在几十万国民党军的围追堵截中，毛泽东指挥三万

多红军历大小四十余战,驰骋数千里,在川黔滇的高山峻岭中,走中有打,打中有走,退中有进,进中有退,声东击西,忽南忽北,奇正圆合,虚实汇融,迭出奇兵,调动敌人,大范围迂回往来,如入无人之境,歼敌一万八千余人,创造出了中外战争史上的奇迹。红军彻底摆脱了长征初期的被动,开始牢牢地把握住了战略转移的主动权。国民党军高级将领们哀叹:"共军转个弯,我们跑断腿","佯为东窜之图,实做西窥之计",不得不赞叹"贵阳之役,为共匪西窜最紧凑之一幕"。

四渡赤水纪念馆

蒋介石也不得不承认自己的失败。4月8日,在红军跳出他几十万大军的围追堵截后,他痛心地说:"我们有这许多军队来围剿,却任他东逃西窜,好像把我们军队玩弄一般,这实在是我们最可耻的事情!比方这一次他由乌江北岸南窜,虽然我们的军队没有受什么损失,但是任他偷过乌江,以致失了最好的机会而不能将他剿灭;将来战史上评论起来,这就是我们最大的失败!"

四渡赤水,也是毛泽东军事生涯中的最富传奇色彩的篇章,被他称作一生的"得意之笔"。几十年后,英国陆军元帅、第二次世

四渡赤水纪念塔

界大战的英雄蒙哥马利访华,在与毛泽东会晤时,盛赞毛泽东在解放战争辽沈、淮海、平津三大战役中的指挥艺术。毛泽东却回答:三大战役固然打得很好,但你要了解中国军队的战略战术,还是要看四渡赤水。

史料链接

★ 贺子珍负伤

长征是一部伟大的史诗，其内容不仅包括激烈的战斗、艰难的行军和战胜种种人类难以忍受的困难，也包括了众多红军官兵的悲欢离合。

在最初决定的参加长征名单中，毛泽东并没有列入其中，他被博古等人列入了留守苏区的名单。可以想象，如果毛泽东没有参加长征，长征乃至于中国革命的历史很可能会改写。正是由于周恩来的坚持，毛泽东才最终踏上了长征路，但为了适应长途行军、作战的要求，却不得不把非常疼爱的幼子小毛留在了苏区，托付给弟弟毛泽覃与妻子贺怡照顾。后来在残酷的反"围剿"作战中，小毛不知所踪。

毛泽东的妻子贺子珍带着身孕踏上了长征路，被编入了军委纵队的休养连。在行军途中，生下了孩子，马上就送给了当地的老乡收养。连续失去孩子的痛苦几乎撕裂了贺子珍的神经，但她仍坚强地继续前进。

红军向云南进发时，途经贵州盘县，贺子珍和干部连的同志正在休息，忽然响起了命令部队分散隐蔽的军号，不一会儿，几架国民党军飞机从云缝中钻了出来。发现路边的红军队伍，敌机立即俯冲扫射。毛泽东的警卫员吴吉清正在贺子珍身旁，他让贺子珍到路边的沟里隐蔽，贺子珍却大声说："队伍里休养员、伤病员很多，我们应该去帮助他们！"说着，敏捷地跑上前去，呼喊着，指挥担架队隐蔽。

敌机投下了炸弹，周围弥漫着烟尘。吴吉清等人硬拉着贺子珍到路边的沟里隐蔽。突然，贺子珍发现离她不远的一位担架员被炸死了，伤员正挣扎着要爬起来。贺子珍不顾天上敌机还在嗡嗡作响，猛地冲向那位伤员。就在这时，敌机又俯冲下来，连续扫射和投弹，贺子珍晃了几晃，栽倒在地。

敌机走后，休养连的同志都围在了贺子珍的身边。贺子珍浑身是血，已经昏迷不醒。总卫生部的李芝医生赶到后，先给贺子珍打了针，然后仔细检查她身上的伤处，发现竟有十七处伤口。限于当时的医疗条件，贺子珍体内的弹片无法取出，只能留在了她的身上。

毛泽东的弟弟毛泽民和弟媳钱希钧也闻讯赶来，焦急地呼唤着贺子珍。贺子珍慢

史料链接

慢睁开眼睛，说："泽民弟、希钧妹，我大概不能和你们共同北上抗日了。我负伤的事情，请你们暂时不要告诉你大哥。他在前线指挥作战很忙，不要再分他的心。请你们把我寄放在附近老百姓家里，将来革命胜利了，再见面。"毛泽民难过地回答："大嫂，我们已经电告了大哥。部队一会儿就要出发了。你放心，只要有我们在，就一定把您带走！"

毛泽东得知贺子珍身负重伤，生命垂危，难过得流下了眼泪。但部队正在行动，他肩负着指挥全军作战的重任，实在无法抽身前来看望负伤的妻子，只好请毛泽民夫妇代他照料妻子。

贺子珍在阵阵剧痛中，躺在担架上随着部队走了三天的路程。一天，毛泽民匆匆赶来告诉贺子珍："总部要从这里路过，大哥要来，让你一定等他。"担架员在山上停下来休息，贺子珍吃力地对吴吉清说："小吴同志，你今后要照顾好润之。我大概不能和你们继续前进了，因为那样会拖累你们。如果我牺牲了，有件事情托给你。前几天，我从报纸上看到毛泽覃同志被反动派杀害了。我妹妹贺怡和小毛现在也不知道下落。革命胜利后，你要想办法把小毛他们找到。你是知道的，主席特别喜爱小毛这孩子。如果将来小毛找到了，你告诉他：他的母亲为了无产阶级的革命事业，在长征路上，献出了自己的生命。要小毛为共产主义理想而奋斗！"吴吉清泪流满面，他哽咽着说："贺大姐，怎么也不能把您一个人留在这里。只要我们还有一口气，一定抬着您走！"

贺子珍正与吴吉清讲着话，毛泽东来了。他先简单地向李芝医生询问了贺子珍的伤势，又向吴吉清简单地问了贺子珍的负伤经过，然后慢慢走到贺子珍的担架边，蹲下给贺子珍把被子掖好，泪水充满了眼眶。贺子珍醒来，见到毛泽东，心情激动，泪流满面，挣扎着要坐起来，毛泽东连忙阻止了她，轻轻地说："子珍，你一定要坚强地挺过来。不要多想什么。我和同志们绝不会把你一个人留在这里。"

部队出发了。担架员走过来，慢慢抬起贺子珍。毛泽东陪着贺子珍走了一段路后，依依不舍地与她告别，和总部队伍一起离去，部署新的作战行动。在休养连医生和同志们的照料下，贺子珍顽强地战胜了伤病，奇迹般地恢复了健康。

★ **战略骑兵：红9军团**

红9军团是一支具有丰富游击作战经验的部队，在中央苏区反"围剿"作战中，

史料链接

就曾多次单独执行作战任务，以散得开、收得拢，可以钻进敌人的中心活动，也可以从敌人前面绕到敌人背后，牵敌人的鼻子而著名，周恩来曾称赞他们是"战略骑兵"部队。1935年3月底4月初，中央红军四渡赤水、南渡乌江，红9军团在军团长罗炳辉、政委何长工的指挥下，在黔北地区执行诱敌任务，完成任务追赶主力时，由于国民党军已经封锁乌江渡口，红9军团被隔在乌江北岸。

前面是滔滔江水，后面是敌人重兵，红9军团陷入困境。恰在这时，电台发电机也发生故障，和中央完全失去了联系。罗炳辉与何长工等人商议后，决定立即向东北方向转移，首先摆脱敌军，然后再伺机南渡，追赶主力。部队连夜行动，忽朝东北，忽向西北，行军两昼夜，于4月4日晚到达黔西县属之老木孔（今属金沙县）。

老木孔是个百十户人家的小乡镇。部队刚到，就接到侦察分队报告：黔军魏金镛师三个团（后查明是七个团）正向老木孔开进。刚刚脱离了迎面而来的国民党中央军主力，尾追的黔军又赶到了跟前。怎么办？军团党委经过研究，认为：如果让敌人盯住穷追，红9军团想摆脱敌人是困难的。只有选择弱点，坚决地打垮它一路，才能做到行动自如。而黔军是身背烟枪的"双枪兵"，战斗力较弱，装备也差，但只要部署得当，集中兵力，有效利用地形，有把握打垮敌人，对正在向云南进军的主力也有直接的配合作用。罗炳辉把主战场选择在地处湾子、石榴、天堂、老木孔几个乡结合部的菜子坳。这里方圆十多里，山深林密，道路从山下林间蜿蜒通过。第二天拂晓，各团隐蔽进入阵地，设下了伏击圈。

上午8点多钟，黔军尖兵分队开入菜子坳，接着是驮马队，战斗部队随后跟进。黔军根本没有想到红军会在此设伏，士兵斜背着枪，每人背后又背着一个竹篓，竹篓里面装着棉被、衣服、烟枪、草鞋等，懒洋洋地走着。到了中午1时许，一支杂乱的队伍开了过来，有骑马的、坐滑竿的、抬担架的、挑担子的，还有许多驮着沉重物品的马驮子。罗炳辉断定这是黔军师部，立即发出攻击命令。十几名司号员一起吹响冲锋号，埋伏在路两侧的9团首先开火，黔军师部被打得溃不成军。红军战士勇猛冲上道路，把敌人截成几段。黔军指挥机关被打乱，下面的各团失去了掌握。红7、红8团乘机出击，将敌人击溃，接着跟踪猛追，一气追出了五六里路，然后打退敌人后续部队的反扑。战至下午5时，敌人不支，狼狈逃窜。

此战，红9军团以十七个连打垮了黔军一个师，俘敌团长以下一千八百多人，毙

史料链接

敌二百多人，缴获各种枪支千余支，子弹两万余发，创造出了以少胜多、孤军获胜的模范战例。这次战斗的胜利，不仅为红9军团甩开追敌，向主力靠拢创造了条件，而且使川军部队不敢轻易冒进，纷纷返回赤水河，正在息烽、扎佐一线尾追红军主力的中央军六个师也一度行动徘徊，有效地配合了红军主力经黔西南地区向滇东挺进。

老木孔战斗之后，红9军团利用缴获的敌人充电瓶，重新与中央恢复了电台联系。军委指示红9军团迅速择路向毕节、大定前进，配合主力红军行动。罗炳辉、何长工率部经过于坝、柿花树、烂坝等地，于7日到达石革佬，彻底甩掉追敌，脱离了险境。

这时，红军正威逼贵阳。8日，罗炳辉率部进入大定县境，随即以一部化装为"中央军"，智取长岩，攻取黔西北重要集镇瓢儿井。部队在此休整三天，扩大了新兵三百多人，筹款三千余元，获得大量物资补给，全军将士情绪更为高涨。4月9日，部队继续前进，越过大定（今大方）、黔西间的公路，于15日到达猫场。

猫场是一个较大的市镇，但地形不利，整个镇子位于一条深谷中，仅有的通道名叫梯子崖，是从笔陡的石壁上开凿出来的，有一百多级的阶梯，窄得只能容下并行走的两个人。军团在此宿营一夜。当晚，从黔西方向跟踪而来的黔军王家烈部一个师到达猫场北山后边的村庄。第二天拂晓，黔军突然进攻，红军发现时，黔军的先头部队已冲入镇子，封锁了街口。红军仓促迎战，罗炳辉迅速收拢部队，交替掩护，向梯子崖撤退。战至下午3点多钟，终于翻越了梯子崖，脱离险境。此战，红9军团伤亡四百余人。红9军团迅速向东开进，渡过北盘江，进入云南境内。

红9军团猫场战斗烈士纪念碑

此刻，红军主力正向金沙江前进。军委指示红9军团继续单独活动，沿叙昆公路

史料链接

北进，相机袭占宣威，吸引敌军，配合主力渡江行动。4月下旬，红9军团以急行军速度东进，连下宣威、会泽两城。宣威以所产火腿驰名全国，会泽境内的东川则是著名铜矿。红军在此得到充分的休整，开仓散谷，获得了大量物资供应，扩大了政治影响，大批贫苦农民踊跃参军，仅会泽一地，一天半的时间即扩大了新战士一千三百多人。

红9军团占领宣威、会泽两城，震动了云南全境，国民党军急调部队围剿，红9军团因此有力地牵制了国民党军力量，策应了红军主力渡过金沙江的行动。考虑到牵制任务已完成，东川离金沙江又比较近（只有八十里），红9军团决定趁机渡江，与主力会合。

5月6日，红9军团从东川西北树橘渡口全部渡过金沙江，进入四川境内。随后，根据中革军委的指示，沿江岸向巧家方向前进，担负警戒和破坏船只、抗阻敌人追击、掩护主力渡江的任务。在东瓜坪，红9军团歼灭川军两个营，完成了掩护任务。红军主力全部渡江后，红9军团继续在江岸监视、阻击国民党军追兵，保护主力在会理地区休整。完成任务后即折转西北，最终于5月21日在西昌附近的礼州与主力胜利会师。

从1935年3月27日与主力分兵，到5月21日会师，红9军团单独行动五十余日，转战数千里，经历大小战斗二十多次，扩军两千余人，牵制了国民党军"追剿军"和地方部队十余万兵力，胜利完成了掩护主力行动的光荣任务，成为名副其实的"战略骑兵"部队。

★ 中共中央三人军事指挥小组

1935年2月底，中央红军二渡赤水，横扫黔北，取得歼灭国民党军两个师又八个团的重大胜利。蒋介石调兵遣将，重新对中央红军进行合围，力图在黔北地区消灭红军。毛泽东和中革军委指挥红军沉着应战，在黔北地区与优势兵力的国民党军耐心周旋，寻找破敌战机。但由于蒋介石的谨慎，使得国民党军的行动更加小心，红军数次诱敌、寻敌均未成功。

此时，红军已经休整十多天，部队刚刚取得遵义大捷，求战情绪高涨。3月10日1时，红1军团军团长林彪、政委聂荣臻致电中革军委，提出：红军主力应该向打鼓新场（今金沙县）、三重堰方向前进，歼灭位于该地区的黔军部队。林彪的建议得到了多数军委委员的赞成，认为在当时情况下，避开中央军，出击黔军，既可扫清西进道路，

史料链接

又能调动敌人,为尔后作战创造条件。

但毛泽东反对这一建议。他发现,在破译的国民党军电报和报纸中,多次出现了"打鼓新场"这个地名,称黔军、滇军均在向那里集中,而蒋介石也认为那里是"共匪西窜的必经之路"。因此,毛泽东认定进攻打鼓新场的建议是错误的,是啃硬骨头,搞不好会落入蒋介石的圈套,遭受重大损失,红军还是应该寻机在运动战中歼灭敌人。

但中革军委的多数成员坚持要打。3月10日,张闻天在狗坝(今苟坝)主持召开中共中央政治局扩大会议,专门讨论是否进攻打鼓新场。毛泽东力主不打,但出席会议的绝大多数人都主张打,毛泽东以"去就前敌总指挥的职务力争"。在意见分歧的情况下,有人说:"少数服从多数,不干就不干。"会议最后进行表决,否决毛泽东的意见,通过了进攻打鼓新场的决议。主持会议的张闻天"鉴于博古过去领导缺乏民主",根据会上多数人的意见,做出了取消毛泽东前敌司令部政委职务的决定。

苟坝会议会址

会后,毛泽东回到住处,左思右想,感到这一仗绝对不能打,遂找到周恩来,要他暂时不要发布命令,再想一想。毛泽东指出:根据所得到的情报,黔军已经退往沣水,如红军进攻则会退向新场,滇军三个旅也将于12日到达新场。而红军则最快也需12日到达新场。如此,红军如进攻新场,则需同时对付黔军与滇军,且很有可能会被黔军、滇军缠住,中央军周浑元纵队和川军则会趁机攻击红军的侧背。那时,红军不但难以取胜,连转移都很困难。

史料链接

在毛泽东的耐心分析下，周恩来接受了毛泽东的看法。接着，毛泽东又说服了其他同志。第二天一早，政治局重新开会，改变了前一天会议的决定。3月11日，中革军委发布了《关于我军不进攻打鼓新场的指令》，红军主力集中于平家寨、枫香坝、花苗田寻求新的机动。

后来发现的国民党军档案证明，毛泽东的分析无比正确。在红军准备向打鼓新场运动的时候，国民党军各路部队也在向那里集中。如果红军贸然进攻，很可能将陷入重围，后果不堪设想。毛泽东的坚持，使红军避免了一次重大损失。

是否进攻打鼓新场的争论，也使毛泽东得出了一个结论：军事行动上需要集中指挥，当机立断，由中央政治局直接开会讨论具体的作战行动，是与军事指挥的原则相悖的。特别是在当时极端险恶、紧急的形势中，如果事事都要经过民主讨论，采取表决的方式来决定军事行动，必定贻误战机，难以实施灵活机动的作战指挥。因此，他建议，必须在军事决断和作战指挥权上采取集中的方式，成立军事指挥小组，在中共中央的领导下，实施作战指挥。

中共中央政治局在苟坝举行会议，采纳了毛泽东的建议，决定成立由周恩来、毛泽东、王稼祥组成的中共中央军事指挥小组，全权负责指挥红军的作战行动。毛泽东1967年在一次谈话中也讲到：后来搞了个"三人团"，团长是周恩来，团员一个是我，一个是王稼祥。

从此，遵义会议后重新确立的新的红军最高指挥集团，职责更加明确。在周恩来、王稼祥的有力配合下，毛泽东的正确军事路线在红军的作战中得到了坚定的贯彻，这是红军胜利结束长征的重要保证。

第十章

巧渡金沙江

1933年，在国民党军对中央苏区发动第五次"围剿"前，蒋介石曾在庐山开办军官训练团，专门集训参加"剿匪"行动的排以上军官。他亲自授课，就战场上的主动权问题做了一番训示，说："我们做军人的要立功，要打胜仗，就务必要时时记住'主动'这两个字。若一旦陷于被动的地位，就会失败！所谓主动者，就是要使得敌人和土匪照着我们的计划来走。更具体地说，就是我们定下一个计划，来摆布土匪。我们要土匪到东，土匪就不能不到东；要土匪到西，土匪就不能不到西；如要土匪来攻，土匪就不得退守；如要土匪退守，土匪就不得进攻。而我们自己的一切行动来往自如，纵横随意。要能如此，我们才可以打胜仗，才可以在最短期间把土匪完全消灭！"

毛泽东对主动权也有自己的理解，而且比蒋介石的理解要更加高明，不仅对主动权在战争中的含义进行了精确的诠释，而且将之上升到了哲学的层面做了精妙的定义。他说："战争力量的优劣本身，固然是决定主动或被动的

金沙江

客观基础，但还不是主动或被动的现实事物。必待经过斗争，经过主观能力的竞赛，方才出现事实上的主动或被动。在斗争中，由于主观指导的正确或错误，可以化劣势为优势，化被动为主动；也可以化优势为劣势，化主动为被动。"

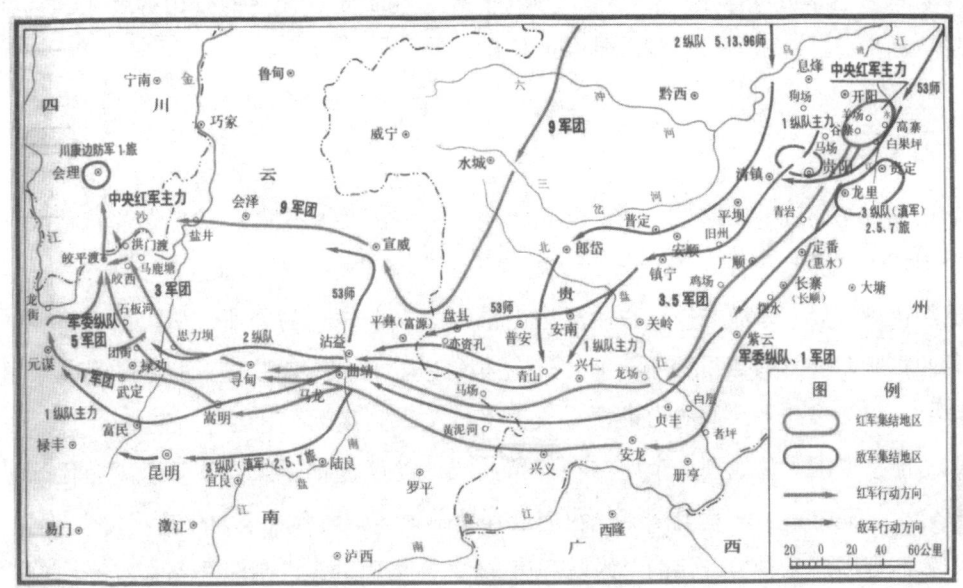

红军进军云南巧渡金沙江要图（1935年4月8日~5月9日）

蒋介石的主动是靠自己的计划强加于对方的，而毛泽东的主动则是"经过斗争，经过主观能力的竞赛"而产生的结果，是在战场较量中依靠化被动为主动、化劣势为优势的卓越指挥才能夺取的。因而，尽管蒋介石在发动第五次"围剿"后，曾一度在战场上占据了一定程度的主动权，把红军一步一步地逼上了长征之路，又曾一度陷红军于绝境。但当毛泽东重新执掌红军的指挥权后，蒋介石本来已经掌握的战场主动权即突然完全消失了，他关于主动权的高论也成了对自己战场指挥的绝妙讽刺。不是他要红军向东就向东，向西就向西，而是毛泽东牵着他的鼻子，要他向西就向西，要他向东就向东。国民党军已经完全丧失了战场主动权。

不过蒋介石并不想就此认输。他认为："现在贵州的残匪，根本就是在被我们大包围和小包围之中；加之贵州四境山川险阻，他想逃窜也逃窜不了，事实上已成为处于兵法上所谓'围地'和'死地'的'穷寇'。"因而，他很快就调整部署，开始对红军展开新的"追剿"行动。

而红军虽然暂时跳出了国民党军几十万大军的围追堵截，形势却依旧紧张，行动稍有失误，就将重新陷入重围。况且，调出滇军，只是实现了北上的第一步计划，在红军的前面还横着一道天险——金沙江。只有渡过金沙江，方能彻底摆脱国民党军的追堵，真正占据战略上的主动权。

于是，毛泽东与蒋介石、红军与国民党军，在贵州、云南的崇山峻岭中，为夺取战场主动权，展开了新一轮惊心动魄的较量。

挥师入滇

接到红军西进云南的报告后，蒋介石于4月10日召集他的"追剿"军高级将领开会，确定了"紧追围剿，不使休息"的"追剿"新战略。他解释说："现在贵州的残匪已经饥疲万分，恐慌之极，拼命想逃出重围找一个休息的处所，所以拼命逃窜。如果我们军队能够紧紧跟踪围剿，使他不能稍舒喘息，他沿途疾病、死亡、落伍、逃散的便一天一天多起来，他的力量便一天一天损失，到最后整个崩溃完事。反之，如果我们不能紧追围剿，他到一个地方多停留几天，甚至盘踞下来，就可以裹胁民众，搜集粮食，扩充力量了。紧追围剿是我们最容易做到，亦最有效果的战略。"

他命令周浑元、吴奇伟两个纵队和第53师掉头西进，沿黔滇公路在红军右侧实施平行追击；令孙渡纵队在红军后面跟踪追击；令薛岳重新执掌"追剿"军指挥权，统率各部展开"追剿"行动。同时令云南军阀龙云在滇黔边境地区部署部队，对红军实施堵击。

红军在云南的标语

然而，尽管蒋介石为部属拼命鼓劲，他的"追剿"部队却已经是精疲力竭。在川、滇、黔的山路上奔波数月，国民党军部队疲惫不堪，减员甚大。官兵怨气冲天，士气低落，根本不愿再为蒋介石卖命。因而"追剿"行动缓慢，始终无法跟上红军西进的步伐。

在蒋介石重新调整部署之时，红军正横穿贵州，向云南境内疾进之中。由于国民党军的主力均被调至黔东地区，西进的红军两路开进，进展顺利。4月18日，红军主力在白层、者坪地区渡过北盘江。随后，北路连克广顺、贞丰、龙场、兴仁等地；南路攻下定番、长寨、柴云、安龙、兴义，逼近滇黔边境。滞留乌江以北的红9军团也进入黔西的水城地区，与红军主力南北呼应。

红军逼近云南，号称"云南王"的龙云非常着急，慌忙召集军政高官讨论对策。此时的龙云，既怕红军在云南扎根，更怕蒋介石借"追剿"之名，驱使中央军入滇，就像对付贵州的王家烈一样，荡平他的龙氏政权。因此，龙云确定了全力堵截红军于云南境外的基本方针，并确定，万一堵不住红军，就要千方百计地使红军仅经过云南边境地区，尽快转向邻省，不使红军进入云南腹地。据此，龙云一面通令滇军要"不顾重大牺牲，努力杀敌，以收夹击之效"，并决定成立昆明城防司令部，加强纵深防御，一面密电孙渡：万一红军进入云南，"务望设法不分昼夜超越于前，阻其深入，是为至要"，并急调精锐李菘独立团等部赶赴平彝县（今富源县）布防，堵击红军。

云南沾益县红军纪念碑

在龙云调兵遣将的时候，蒋介石派出的"追剿"军部队也向红军压来。薛岳率前敌指挥部进驻关岭，他总结了在贵州境内屡次"追剿"失败的教训，认定对付红军，"追"必徒劳，"堵"为上策，遂令周浑元纵队两个师向兴仁开进，吴奇伟纵队主力向普定、安顺以南开进，孙渡纵队向关岭开进，第53师则集结镇宁，企图在平坝、安顺、普定、镇宁地区截击红军。

但对于毛泽东指挥的红军来说，国民党军"追"固无功，"堵"更是无效，因为毛泽东的战争指挥，从来都是避实就虚，绝不会硬闯对手设置的口袋。所以，"堵"只是薛岳的一厢情愿，因为毛泽东此时根本就没有打算北上。

国民党军追兵逼近，毛泽东本来打算在兴（仁）盘（县）路上设置口袋，消灭周浑元部第13师，但因地形不利，很快放弃了这一计划。4月23日，中革军委发布西进云南命令，红3军团为右纵队向平彝（今富源）、沾益前进，红1军团为左纵队经平彝向曲靖前进，红5军团和军委纵队为中央纵队，向益肠营方向前进。

24日，中央红军进入云南。25日，中革军委指示"1、3、5军团必须乘蒋敌主力正趋云南东北，而滇敌大部距我较远的眼前数日时机，首先在白水、曲靖、沾益地域消灭滇敌的先头部队（其较强的四个团）"。中共中央也在给各军团领导的指示中指出："最近时期将是我野战军同敌人决战，争取胜利以转变战局的紧急关头，首先要在沾益、曲靖、白水地区消灭滇敌。"

云南曲靖红军战斗遗址

入滇第一仗在白龙山打响。全军前卫红2师第2团进入云南境内后，越过块泽河，在向平彝县羊肠营开进途中，与奉命防御边境的滇军李菘独立团在海拔一千八百余米的白龙山遭遇。滇军先到一步，占据了主峰及其附近的制高点，封锁了道路。红2团在团长刘瑞龙、政委邓华指挥下，行进间不停顿地发起猛攻，滇军尚未清醒过来，前沿阵地杨梅坑已经丢失。红2团继续猛攻，战士们高喊着"活捉李菘，打开入滇通道"的口号，在夜色的掩护下，正面佯攻结合翼侧迂回，很快夺取了主峰两侧的山梁，逼近主峰。从未与红军交过手的滇军，此刻才真正领教了红军的厉害，黑暗中只觉得漫山遍野都是红军,惊慌失措。李菘见势不妙,赶紧命令撤退。红2团穷追猛打,一口气追出三十五公里,在平彝县糯岗村附近的车新口又抓住了滇军。此时天已经大亮,李菘见红军人数不多,整顿队势,凭险顽抗。红2团以少数兵力正面进攻,主力迅速绕到滇军侧后,突然发起进攻。激战两个多小时,毙敌二百余名,俘敌数百名,仅有李菘带几个随从夺路逃命。

红2团旗开得胜,打开了入滇通道。红军大队人马迅速跟进,沿预定路线大举入滇。

兵临昆明

中央红军主力大举进入云南,蒋介石终于明白了毛泽东让他调出孙渡的目的是要借云南西征,在连呼"上当"的同时,急忙调整部署。他判断,红军主力很可能将由平彝北进,与正在黔西水城地区活动的红9军团会合,然后向西渡金沙江或向北经毕节进入川南。于是,连电龙云、薛岳,命令周浑元纵队、吴奇伟纵队和第53师北向宣威、威宁推进,滇军孙渡纵队尾追红军,黔军在黔西地区部署部队堵截,川军一个师集中毕节机动,企图围歼红军于宣威、威宁地区。

红9军团在云南会泽扩红遗址

毛泽东和中革军委将计就计,令红9军团继续单独行动,由贵州水城地区向滇东北的宣威地区发展,吸引国民党军"追剿"军主力向北;主力红军则以神速动作穿过平彝向沾益、曲靖、马龙西进,直捣龙云的老巢昆明。

蒋介石围歼红军于宣威、成宁地区的计划又落空了。

这同时又是一次声东击西、调虎离山的妙计运用。毛泽东双管齐下，一方面以红9军团将国民党军主力牵住北上，另一方面则要通过兵临昆明，使龙云、蒋介石相信，红军的目的是攻占昆明，因而调动军队驰援，为红军北渡金沙江扫清道路。4月27日，红军攻占马龙，接着攻占寻甸、嵩明，前锋直趋昆明。

龙云大惊失色。他的精锐之师孙渡纵队调到贵州给蒋介石救驾未归，战斗力较强的独立团等部又在黔滇边境布防截截红军，云南腹地极度空虚，特别是昆明，虽然成立了城防司令部，但手边并无劲旅可用。于是，龙云急电薛岳求援，并令孙渡纵队昼夜兼程回援昆明。蒋介石也不敢怠慢，令薛岳等率部支援昆明。

国民党军主力回援昆明，毛泽东将敌人的注意力集中于昆明而忽略金沙江防务的第一步目的已经达到。但是，他并不满足，因为在通往金沙江的道路两侧城镇，特别是金沙江沿岸地区还有部分滇军部队，如果被其纠缠，就会影响红军的前进速度，妨碍红军迅速渡江的行动。于是，毛泽东再在龙云的胸口插上一刀：以一部兵力继续前进，大造进攻昆明的声势，迫使龙云调集云南境内的部队守城，调出通往金沙江沿途城镇和金沙江沿岸的部队。

红4团和红5军团一部伪装成红军主力，继续前进，于4月29日进至杨林。这里距昆明只有五十公里，是昆明的东部屏障，滇军在此设有兵站。红军缴获大批物资，开仓济贫，并四处张贴"打到昆明去，活捉龙云"等标语，大造进攻昆明的舆论。随后，红军继续前进，直抵距昆明仅十五公里的大板桥。红1军团侦察科长刘忠率红1师侦察连和军团便衣侦察队到达昆明城郊，发动群众建造爬城云梯，把"活捉龙云"的口号呼得山响。

昆明城内一片惊慌，云南全境剧烈震动。龙云方寸大乱，一边连向蒋介石呼救，一边急令地方部队迅速向昆明集结，准备守城，乖乖地按照毛泽东的意图为红军北去金沙江闪开了道路。云南各地民团纷纷向昆明集中，蒋介石的"追剿"军也向昆明疾驰，云南北部各县和金沙江南岸的防御力量因此被进一步削弱。

毛泽东立即抓住了这一时机。4月28日，中共中央、中革军委负责人开会，研究红军行动。毛泽东在会上指出：云南的地形条件不像湖南、贵州，有良好的山区可以利用，红军不宜在昆明东北的平川地带与敌人进行大的战斗，应该趁金沙江沿岸敌人空虚，尾追的敌军距我军尚有几天的行程，迅速北上，抢渡金沙江，夺取先机。

中革军委随即于4月29日发出《关于我军速渡金沙江在川西建立苏区的指示》，指出："由于两个月来的机动，我野战军已取得西上的有利条件，一般追敌已在我侧后,但敌已集中七十团以上的兵力向我追击,在现在地区我已不便进行较大的作战机动。另方面金沙江两岸空虚,中央过去决定野战军转入川西创立苏维埃根据地的根本方针,现在已有实现的可能了。"因此,"我野战军应利用目前有利的时机,争取迅速渡过金沙江,转入川西消灭敌人,建立起苏区根据地"。

4月30日,红军军委纵队到达云南寻甸县柯渡的丹桂村。中革军委在此召开会议,部署抢渡金沙江行动,确定:红军主力分为三路,红1军团为左翼,向西经禄劝、武定、元谋,直取龙街渡;红3军团为右翼,经思力坝、马鹿塘夺占洪门渡;军委纵队和红5军团为中路,经山仓街、海龙塘、石板河抢占龙街渡与洪门渡之间的皎平渡,其中5军团并执行殿后掩护任务。毛泽东在会上强调:红军各部务于5月3日以前抢占金沙江上的龙街渡、洪门渡、皎平渡等渡口,一定要走活这步棋。

云南柯渡镇丹桂村红军总部旧址

红军各部由寻甸、嵩明地区出发,旋风般奔向金沙江。红1军团在向龙街渡前进的途中,先头红2师第4团利用二取遵义时缴获的国民党军服和一些能配上套的武器,以三个连化装成国民党"中央军",一日之内智取禄劝、武定、元谋三城,缴获了大批武器和其他物资,为尽早到达金沙江边赢得了宝贵的时间。

红军主力由昆明附近快速掉头北上,蒋介石终于明白了红军入滇的真实目的,但他的"追剿"军主力已经被红军拉开了三四天的行程,云南境内金沙江南岸的守军又基本被调到了昆明附近,难以堵截红军北上。无奈之下,蒋介石只能将全部希望寄托于金沙江天险之上。他训令"追剿"军各部掉头向北实施追击,并命空军每天在金沙江各渡口进行侦察，严令龙云监督金沙江沿岸各县，收缴全部渡船和渡江材料，"坚壁清野"，封锁渡口。同时令金沙江北岸的第24军军长兼川康边防总指挥、军阀刘文辉严守金沙江各渡口，坚决不给红军留下一船一木渡江，力图利用金沙江的天险阻挡红军前进的步伐，并迫使红军背水决战。

巧取皎平渡

长江在西康（今属四川）、云南境内段称为金沙江。金沙江发源于青海，奔腾而下，从巴塘到石鼓突然来了个一百多度的急转弯，掉头北上，形成了著名的长江第一弯。奔流的金沙江水，冲入海拔五千多米的哈巴大雪山和玉龙雪山之间，削出了三千多米的大峡谷——虎跳峡。江水越过峡谷后，流到云南元谋、禄劝一带，这里江面渐宽，水流稍缓。龙街渡、洪门渡和皎平渡都是沿江川滇间的重要渡口。此地气候炎热，相传三国时诸葛亮"五月渡泸，深入不毛"，即指此地。

国民党军川康边防总指挥刘文辉接到布防堵截红军的电报后，将其第24军部队部署为两道防御线，以金沙江为第一道防线，大渡河为第二道防线。川康边防军总司令刘元璋指挥十二个团，防守金沙江，负责第一道防线，确保西昌地区安全。刘元璋接令后，认定守江不如守城，以旅长刘元瑭率三个团并指挥地方民团负责金沙江江防，而把主力摆在会理、西昌等地，不愿在金沙江边与红军死打硬拼，只求能把城池多守几天，待中央军追兵到达，红军离去，即算交差。

而负责金沙江防务的川康边防军旅长刘元瑭则认为，红军渡江北进的路线可能有三：一是由巧家渡江，经宁南攻西昌；二是由姜顺方向渡江直攻会理；三是从通安州方向渡江，攻击会理。三条路线中，他判断红军走第一条路线的可能性最大，因而将主力布置在这一方向，另以一个团守备姜顺方向。至于通安方向，他认为这是由云南通往会理的大道，红军为隐蔽行动，必不敢走此路，所以将此地的防务交给了江防大队负责，仅派一个营前去协防，在江边只放了一个连。

在国民党军紧急部署金沙江江防的时候，红军已经到达金沙江南岸。红1军团夺占龙街渡渡口，并马上开始找船，结果一只也没找到。架设浮桥又因江面太宽、水流太急，且敌机不断轰炸骚扰，刚架起一半就被冲垮了。与此同时，红3军团也抢占洪门渡渡口，但也因该处水流太急，所架浮桥被冲垮，只渡过一个团，就被迫停止续渡行动。

红军在龙街渡、洪门渡的活动情况，很快被国民党空军侦察飞机发现。薛岳接到报告后，判断红军主力"必在永仁北之仁合渡江，一部在元谋北之金沙江渡江"，遂命令欧震师由元谋向金沙江疾进，限 7 日午后到达；梁华盛师由元谋向永仁前进，限 8 日到达；万耀煌师由团街以西地区速转向元谋地区。同时命空军轮番监视、轰炸渡口，制止红军架设浮桥。

龙街渡口红军标语

国民党军的主力全部集中于龙街渡沿江两岸。薛岳认定，这一地区江水湍急，无法架桥，渡船又被收光，且北岸有西康军驻守，红军根本不可能过江，只能在元谋附近的江边与他背水决战。孙渡则对记者发表谈话，称必将把红军"追至江边解决"。蒋介石也训令部队全力以赴，务竟全功，还专门发给炸毁红军浮桥的飞行员一万元奖金。

但红军根本不想在龙街渡与国民党军决战。红 1 军团、红 3 军团在龙街渡、洪门渡渡江失败后，毛泽东把目光聚集在了皎平渡渡口上，把夺取渡口的任务交给了军委干部团，并确定干部团由红军总参谋长刘伯承指挥，国家保卫局执行部部长李克农率工作组随队行动。红军跳出国民党军包围圈的全部希望都落在了干部团的身上，周恩来亲自向干部团团长陈赓、政委宋任穷交代任务，强调：夺取渡口能否成功关系到全军的安危，必须成功。

5 月 2 日晚，干部团以 2 营 9 连为前卫，从柯渡出发，翻山越岭，一昼夜行进一百公里，于 5 月 3 日黄昏突然出现在金沙江畔的皎平渡渡口，并迅速控制南岸渡口，缴获了两只木船。指挥前卫连的团政委宋任穷马上命令连长萧应棠率 1 排、2 排乘船过江，消灭了对岸守敌国民党川康边防军一个连和江防大队一部，并抢占了江岸制高点，控制了渡口。已经赶到南岸渡口的刘伯承立即命令团长陈赓率干部团 2 营全部过江，迅速向纵深发展，夺取通安州。

皎平渡红军渡江纪念碑

通安州位于皎平渡以北二十公里，是一个不大的山地集镇，但地势险要，扼守着通往会理的大道。由皎平渡到通安，沿途崇山峻岭，山路崎岖。国民党军此刻已经得知红军过江的消息，负责江防的川康边防军一个营在沿途凭险阻击，刘元瑭也急率驻会理、西昌部队两个团赶来增援，力图控制通安州，阻止红军北上。

刘伯承指挥渡江处——将军石

陈赓率部过江后，很快与国民党军边防营遭遇。国民党军占据道路险要处，用巨石和火力阻击红军。红军坚决前进，翻越中武山，冲破国民党军的阻拦，直插通安州。

但刘元瑭的援军比红军早到了一步，并控制了通安州。陈赓指挥部队在行进中发起攻击，攻入镇内。一番激战，红军兵力单薄，被迫退出镇子，与国民党军形成对峙。

刘伯承这时也已过江，接到报告后，令宋任穷率干部团主力赶往通安州增援，并要求干部团不惜一切牺牲，坚决拿下通安州，确保全军顺利渡江。陈赓、宋任穷调整部署，以2营正面佯攻，1营、3营从右翼迂回，对通安州展开猛烈攻击。刘元瑭的边防军在红军部队前赴后继的攻击下，魂飞胆破，很快乱作一团，向着会理方向溃退。干部团乘胜追击，直抵会理城下，不但巩固了皎平渡渡口的安全，而且为红军主力过江后的行动创造了有利的条件。

红军渡江指挥部旧址

渡过金沙江

干部团巧夺皎平渡，占领通安州，为红军主力渡江打开了通路。陆续而至的红军部队在渡口附近努力搜寻，又找到了五只木船。七只木船，大者可渡三十人，小者可渡十一人。由于水流太急，无法架设浮桥，两万多红军渡过金沙江，全靠七只木船往复运渡。为此，中革军委组成渡河司令部，专门负责指挥渡河工作，并在两岸燃起木柴，昼夜渡江。

所有部队到达江边之后，一律停下待命，接到通知后才能向前行，按着指令上船。每船不但规定所载人数及行李担数，还标明座位次序。上船时，人员呈一路纵队依次而上，每船并派有船长，负责维持船中秩序，上至司令员下到普通战士，一律听从渡河司令部及船长的指挥。由于周密筹划，精细指挥，所以虽人多船少，时间紧迫，但红军渡江时却是井然有序，快而不乱。

对于船夫，红军则细心照顾。第一天渡江时，仅有十八个船夫，后来增加到三十七人。除进行革命道理的宣传，红军对船夫从优付报酬，每天五块大洋，吃六顿饭，餐餐有肉。而指挥渡江的红军人员，却每餐只有青豆果腹。船夫们从未享受过如此待遇，也从未见过这样的军队，因而对红军充满热爱之情，有的船夫就此加入了红军。

帮助红军渡江的37名船工姓名

中路红军在皎平渡渡江时，另外两路红军则在龙街渡、洪门渡继续受阻。中革军委命令红1军团、红3军团迅速赶往皎平渡。红3军团部队首先到达皎平渡，并立即开始渡江。红1军团距皎平渡距离较远，5月5日接到电报后，林彪和聂荣臻立即令部队出发，沿着江边小道，赶往皎平渡。

在红军主力渡江的过程中，蒋介石也从空军的侦察报告中搞清了红军的渡江点是皎平渡渡口。但薛岳的主力已经向元谋方向前进，只有万耀煌的第13师距皎平渡最近，他遂令万耀煌率部全力追击，同时令周浑元、吴奇伟纵队迅速向万耀煌师靠拢。

曾送红军巧渡金沙江的船工

万耀煌师拥有两个旅六个团，虽为蒋介石的嫡系部队，但万耀煌却非蒋介石的亲信，根本不想为了给蒋介石卖命而把自己赖以生存的老本赔上，行动迟缓。5月3日，万耀煌师到达团街，继续向北推进，很快与殿后掩护的红5军团在禄劝县石板河村附近接触，展开了激战。

红5军团扼守有利地形，节节抗击，并乘万耀煌师孤军冒进之机发起反击，击溃该师先头团。万耀煌一遭到红5军团反击，立即将全师收回到团街固守不进，却给蒋介石发报，谎称在前进道路上尚未发现红军踪迹。6日又继续发报，称经过一天侦察，前方依旧没有发现红军，准备转到其他方向协同友军"围剿"红军，然后率部后撤。蒋介石接电后大怒，派飞机给万耀煌投下"限即刻到"金沙江渡口的手令，严令其立即向皎平渡方向攻击，否则将军法从事。万耀煌这才不得不率部再次回到团街，并向石板村方向攻击前进。

万耀煌师在团街附近徘徊两天，正好给了红3、红1军团向皎平渡转进的时间。红1军团昼夜兼程，行进一百二十多里路，终于在7日赶到了皎平渡。一直担心红1军团无法及时过江的毛泽东见到林彪与聂荣臻后，长出一口气，说："你们过来了，我就放心了。"

红3、红1军团部队的渡江行动紧张有序地进行。毛泽东一面令红3、红1军团加快渡江速度，另一方面则派总政治部副主任李富春赶赴红5军团，令其坚决阻击敌军，确保红军主力过江，并要李富春转告红5军团全体官兵："中央相信5军团是能完成这个伟大而艰巨的任务的。"

红5军团是由宁都起义的西北军部队改编而成。经过红军熔炉的锤炼，早已成为了一支作风勇猛、善打防御的铁军。长征之后，经常担负殿后掩护任务，屡建功勋。接到中革军委的命令后，董振堂军团长代表全军团官兵表示："人在阵地在，坚决完成任务。"

5月8日，龙云、薛岳联名电告周浑元、吴奇伟、孙渡，令三个纵队一齐向"石板河一带之匪竭力压迫，乘其半渡而击之"。蒋介石也亲自给部队打气，乘飞机督察部队前进，每到一地，均令部队以团为单位在驻地空旷地点集合，蒋介石乘飞机低空巡视一圈，然后投下手令，要所有中央军部队必须绝对服从薛司令官指挥，继续渡江北进，如有违者，军法严办。

万耀煌在蒋介石的严令之下，开始加大兵力，向红5军团全力进攻。红5军团沉着迎战，坚守阵地，未使国民党军前进一步，并在作战过程中，先行将伤员全部送至渡口过江；在完成阻击任务后，交替掩护，撤出阵地，以急行军赶到皎平渡，迅速组织渡江。

5月9日，红5军团全部渡江。至此，两万多红军主力全部渡过金沙江。单独行动的红9军团则由水城地区西进，于4月27日攻占宣威，缴获大量物资。在完成牵制敌军任务后，也在东川（今会泽）以西的树节、盐井坪地区渡过金沙江，并沿金沙江西岸布防，掩护红军主力行动。

红军渡过金沙江两天之后，万耀煌的第13师先头别动队方到达皎平渡口。而薛岳的其他部队则在红军过江七天以后才尾追到江边。此刻渡口已经空无一人,红军主力早已在会理地区休整完毕,向西昌而去。薛岳等人只好望江兴叹。

巧渡金沙江雕塑

过江之后,黄镇等人编写了题为《破草鞋》的活报剧,热情地歌颂了红军巧渡金沙江、转危为安、化险为夷的光辉胜利,辛辣地讽刺了敌人追击千里,只捡到红军几只破草鞋的可悲结局。红5军团"猛进"剧团排演此剧在部队巡回演出。红军官兵观剧后,无不捧腹大笑。

云南王龙云被红军从他鼻子底下顺利地由滇入川,心中且喜且惧。喜的是红军始终没有攻打昆明,滇军实力也未受到任何损失;惧的是蒋介石怪罪,借题发挥,削弱他的权力。于是,在红军渡过金沙江的当夜,他电告蒋介石,红军"已过江无疑,闻讯后五内如焚……实职之调度无方……唯有请钧座将职严行议处"。接着,将他派去销毁沿江船只的参军孟智仁以"贻误军机"处死,为自己开脱了责任。事已至此,蒋介石也无可奈何,如果要追究责任,首先是他的判断指挥失误,只好不了了之。

在毛泽东的指挥下,红军四渡赤水、巧渡金沙江,经过近四个月的转战,终于完全跳出了数十万国民党军的围追堵截包围圈,彻底粉碎了蒋介石围歼红军于川、黔、滇地区的计划,实现了渡江北上的战略方针,取得了战略转移中具有决定意义的重大胜利。

毛泽东的作战指挥天人合一,出神入化,书写出红军战争史上的奇观,令人叹服。连一向高傲自得、看不起毛泽东"游击主义"的李德也心悦诚服,在他晚年所写的回忆录《中国纪事》中写道:"渡过金沙江以后,在战略上形成了一种新的比较有利的局势。"

史料链接

★ 龙云献地图

红军进入云南之后，全军只有一份小比例尺的云南地图，道路、村庄不详不准，因而部队老走弯路。依靠向导带路，则只能搞清两三天的行程，有时也要走弯路。因此，中革军委指示各部队要千方百计地收集大比例尺地图。没有想到的是，红军的困难竟被龙云给解决了。

4月27日，红军由平彝向马龙前进时，前卫部队发现公路上迎面驶来一辆汽车。部队埋伏公路两侧，排枪击爆车胎，俘虏车上两名国民党军人员。检查车辆时，意外地发现车上所装的竟然是各种云南省地图。

原来，奉命"追剿"红军的国民党军总指挥薛岳率部进入云南后，也为没有大比例尺的云南地图而发愁，同时部队中伤兵日多，缺少医伤良药，遂电告龙云，要龙云立即提供大比例尺的云南军用地图。龙云接电后，准备好二十份各种比例尺的军用地图，本拟派飞机运送去，但因飞行员生病，因此要求薛岳派人到昆明去取。薛岳派副官到昆明谒见龙云，龙云想借此与薛岳拉关系，除地图外，又随车送给薛岳大批白药、云南宣威火腿及普洱名茶，满载一车。不想却被红军照单全收，成了"迎接"红军入滇的"礼物"。

红军战士风趣地说："三国时刘备入川，有张松献地图。今天红军进入云南，则有龙云献地图。"

★ 巧夺渡口

红军由昆明附近向金沙江推进时，军委干部团奉命夺取皎平渡渡口，为全军渡江打开通道。干部团2营由政委宋任穷率领，在红军总参谋长刘伯承亲自指挥下，担负全团前卫。

1935年5月2日晚，2营以9连为前卫，从柯渡出发向皎平渡行进。由柯渡到皎平渡距离一百多公里，沿途都是崎岖的山路。9连连续行军一天一夜，于5月3日黄昏抵达金沙江边。放眼望去，只见江面灰蒙蒙的一片，根本分不清哪是河水哪是河滩，河

史料链接

对岸则是连绵起伏的高山，只有在山与河的连接处有点点灯火闪烁。

便衣侦察组悄然摸进渡口，发现江边停着两只木船，遂隐蔽上前。接近木船时，船上传来问话："回来了吗？"红军侦察员随机应变地回答："回来了。"边说边窜上船，俘虏了船上人员。审问后得知，这是运载对岸国民党军便衣过江的木船。在红军到来之前，对岸的国民党军川康边防军部队已经把渡口的船只都掳走了，断绝了两岸交通，并不时派便衣过江侦察情况。但红军的行动太神速了，国民党军根本没有想到红军会在此刻到达江边，因此这一天过江的探子上岸后，就不知到哪里鬼混去了，送他们的船和船工一直等在江边。

船工告诉宋任穷等人，对岸是个小村子，负责金沙江防务的川康边防军旅长刘元瑭认为这里不是主要渡口，所以防守并不严密，只驻有一个管税收的厘金局和三四十名保安队员，这天早上刚到川康边防军一个连。镇子中央临江处有一个石级码头，那里经常有一名保安队员放哨，最近因形势紧张，又增加一名。

宋任穷立即令9连连长萧应棠率1排、2排渡江，消灭对岸敌人，控制渡口。3排留南岸警戒，并随时准备以火力支援渡江。经过宣传、动员，船夫愿意为红军撑船。简单的准备后，萧应棠率队在夜色掩护下登船，向对岸驶去。

江面仅有微风，但江水湍急，木船在水中忽上忽下地摇晃不停。萧应棠等人紧张地注视着对岸，屏息以待。船终于靠岸了。两个战士沿岸边石级向上摸去，快要走到石级尽头时，上面传来喝问："你们怎么才回来？"两位战士怕口音不对，暴露身份，没有回答，暗中加快了脚步，待到距敌哨兵几步远处，猛地扑上前去，俘虏了敌哨兵。经审问，敌哨兵所供述的村内情况与船夫所述完全一致。萧应棠令1排顺街向右消灭敌边防连，2排向左打保安队，渡船则返回接后续部队。同时按预定计划，在江边烧起茅草，向对岸报告偷渡成功。

1排摸到敌边防连驻地时，迅速俘虏了敌哨兵。全排人冲进院子，分头踢开几个房门，大喊："缴枪不杀！"只见各屋都烟雾腾腾，敌兵正躺在屋里过大烟瘾。听到喊声，敌兵都愣住了，边举手边说："莫误会，莫误会，我们是今天才到的，咱们是自己人。"红军战士大声说："我们是红军，正是来找你们的。"敌兵面面相觑，在红军乌黑的枪口和闪亮的刺刀威逼下，乖乖地按照命令走到院子里集合。只有敌连长和几个军官在另一间屋子里，听见声音，知道不妙，打了几枪就逃跑了。因天黑路不熟，红军没有追击。

史料链接

2排在船工张朝寿的帮助下，冒充交税的百姓敲响了厘金局的大门。那些保安队员有的在抽鸦片烟，有的在打麻将，听说有人缴税，喜出望外，忙打开了门，结果糊里糊涂地做了红军的俘虏，连队长也没有跑掉。

红9连兵不血刃，夺取了皎平渡渡口，又迅速占领了渡口旁的制高点，并再次燃起大火，报告歼敌成功。干部团主力根据刘伯承的命令，迅速过江，直下通安州，胜利完成了为全军打开渡江通道的任务。

★ 智取三城

云南地区，经济落后，交通、通信设施陈旧，音讯闭塞，当地人既没见过红军，也不知红军是什么样，只知官场布告称红军为"赤匪"，而他们心目中的"匪"皆是衣衫褴褛、武器破旧和打家劫舍者。因而红军入滇后，当地人见红军服装整齐，武器也不坏，军容超过滇军，经常把红军误认为是"中央军"，当地官僚和豪绅上演过多场"欢迎中央军"的闹剧，不但将省政府所命办的军粮、军款全部交出，还招募挑夫与向导以供"中央军"之需。红军将错就错，以小分队化装为执行任务的国民党"中央军"，将当地官僚"筹办"的军粮钱款一律接收，饭菜酒宴照吃不误，然后再亮明身份，占领全城。依靠这种方法，红军在云南境内不战而下多座城池。

红军向金沙江挺进的过程中，担负左翼红1军团前卫的是红2师4团。团长黄开湘、政委杨成武考虑，行进路线要经过禄劝、武定、元谋三个县城。那里虽然敌人的正规部队不多，但杂牌部队、民团武装、警察也不少，若要强攻必定拖延时间，影响部队行动，遂决定利用二取遵义时缴获的一批国民党军服和能配上套的武器，以三个连化装成国民党"中央军"，力争智取三城。并确定，黄开湘带一个连取武定，杨成武带一个连取禄劝，得手后合袭元谋。

侦察连连长王友才化装为国民党中央军上尉连长，大摇大摆地走向了禄劝城。城门处的民团团丁刚刚开口查问，被王友才一记耳光打得晕头转向，乖乖地带红军到了县政府。伪县长下令挂起青天白日旗，带领全县的大小头目和豪绅、地主齐集县府，毕恭毕敬地迎接"中央军"，并摆盛宴招待。在宴会上，伪县长殷勤介绍情况，杨成武令他给武定、元谋打电话，好好接待"中央军"。酒足饭饱，红军毫不客气地收下了伪县府备下的银饷物品后，杨成武方大声宣布"我们是中国工农红军"。伪县长等人吓得

史料链接

面如土色，目瞪口呆，乖乖地做了俘虏。

有了禄劝县方面打的电话，武定、元谋的伪县府对"中央军"的准备更是充分，接待更是隆重，红军进城也更加顺利，当然"收获"也更大。就这样，红4团一天之内，不费一枪一弹，连取三城，不仅缴获了大批武器和其他物资，而且为尽早到达金沙江边赢得了宝贵的时间。

第十一章

彝海结盟

中央红军渡过金沙江，到达会理地区，将"追剿"的国民党军甩开了一星期以上的行程，获得了战略转移中的主动权。但是形势依然十分严峻，不容有丝毫乐观。波涛汹涌的大渡河横亘于前，薛岳指挥的十几万敌兵紧追于后，西南方向则是大部队无法生存的方圆八百里荒凉之地。红军唯一的前进方向就是继续北上，渡过大渡河，方能争取与活动于四川西北部的红四方面军会合，开创新的根据地。

蒋介石也看清了红军的这一唯一选择。因此，虽然为在川黔滇地区数月的较量中处处被动、屡失战机而懊恼不已，但依旧未失去信心。5月12日，他乘飞机由贵阳到达昆明，亲自部署大渡河会战。

蒋介石到达昆明后，龙云似乎是要弥补在金沙江之战中的过错，立即向蒋介石献计，称红军现在是在走当年太平天国将领石达开部队走过的老路，建议效当年清军围剿石达开太平军之策，首先层层拦截，然后凭借大渡河天险，将红军逼入绝地，予以全歼。此计正中蒋介石下怀，他立即确定了一个将红军围困于金沙江以北、大渡河以南、雅砻江以东地区"根本歼灭"的会战计划。

当时，从金沙江至大渡河，沿途国民党军兵力空虚，仅有西康军阀刘文辉的第24军及民团武装。由于红四方面军已经突破嘉陵江西进，到达川西北地区，直接威胁到成都的安全，已经吸引、牵制了川军大部力量，四川军阀的部队中唯一可以机动、增援大渡河地区的，只有驻扎川南的杨森第20军以及刘湘的部分部队。

蒋介石任命杨森为大渡河守备司令官，指挥第20军全部和第21军一部，巩固雷波、马边、峨边、屏山四县防务，确保川南。同时，令刘文辉在一个月之内完成雅河、大渡河沿岸的碉堡修筑,并专门派特务头子康泽率领武装特务中央别动队第 1 支队赶赴雅安,并随即转赴雅安所属各县,督导修建碉堡和江防工事。为迟滞红军北进,蒋介石又令刘文辉将第 24 军位于大渡河以南之六个旅统归刘元璋统领,受薛岳指挥,在金沙江至大渡河沿途道路层层设防,掩护薛岳部北进,并令薛岳率"追剿军"迅速渡过金沙江,尾追红军。

整个会战计划调动兵力十余万人。蒋介石命令各部充分汲取与红军在川黔滇作战的失败教训,行动必须稳扎稳打,每到一地都要先做工事,然后才能入营,绝不可掉以轻心,孤军冒进。5月中旬,国民党军各部依计划开始行动。蒋介石放心不下,又两次乘飞机亲自到大渡河上空视察,用通信袋向各部队指挥官投下"手令",指示机宜,令各部加速行动。

红军再次面临生死存亡之战。而整个北上行动的第一步,就是抢在国民党军增援部队到达和江防部署完成前,进到大渡河畔,否则后果将不堪设想。

围攻会理

会理位于四川省西南部,金沙江北岸,为川滇交通要邑,由国民党川康边防军第 1 旅刘元瑭部防守,其部署是:会理以东至宁南一个团,会理以西的姜驿、黎溪一带一个团,旅部率另一个团(欠一个营)驻会理。会理守敌加上民团共有三千余人,拥有机枪六挺、迫击炮三门,环城工事坚固,有已建成和正在建的大小碉堡二十余个。

红军渡过金沙江后,野战司令部于 5 月 9 日致电各军团首长,对行动作出部署:令红 3 军团(欠一个营)及干部团围攻会理,消灭守城的国民党军第 1 旅。若至 10 日强攻不下,应加紧进行坑道作业,于 12 日炸城,对城外的国民党军一个团则应坚决消灭之;红 9 军团向蒙姑、巧家之线开进,破坏沿江船只,遏阻东岸追敌;红 1、红 5 军团负责消灭国民党军增援部队于会理以北地区。

会理红军长征纪念碑

红3军团与干部团到达会理城下后，立即展开攻城作战。刘元瑭急调驻会理以西姜驿、黎溪的部队向会理增援。红3军团以一部包围会理城，主力对进入城西高地的国民党军援军展开攻击。国民党军援军大部被击溃，一部窜入城中，会理城内守敌因此增加到两个多团，刘元瑭也从西昌派出一个旅南下增援会理。

会理会议纪念碑

根据以上情况，野战军司令部决定：红1军团绕过会理城，进至会理以北之五里牌、大湾营、大桥、白云岩地域，向西昌侦察、警戒；红5军团取捷径集结会理城东北之交户保、杉松坡地域，向东、北两个方向侦察，并受红1军团林彪、聂荣臻指挥，打击由西昌增援之敌，保障红3军团进攻会理；干部团仍集结金庄庙、沙坝一带，并派队分向白沙、大拦河两方侦察。

12日，红3军团采用坑道爆破方法，对会理发动总攻，战斗激烈。刘元瑭督部拼死防守，红3军团进攻一日，始终无法突入城内。双方形成僵持局面。

在红3军团进攻会理期间，国民党"追剿"军先后到达金沙江南岸。5月11日，蒋介石令其迅速过江，在川、康军的配合下，围歼红军于金沙江以北、大渡河以南、雅砻江以东地区，并规定各部任务如下：第24军刘文辉部以有力部队固守会理、西昌待援，主力应在大渡河上游富林以西，沿大渡河北岸，赶筑碉楼，严防红军北进；孙渡纵队进驻盐边、盐源，沿雅砻江西岸筑碉防守，阻止红军西进；薛岳部各纵队迅速渡江，解会理之围，随后进至西昌筑碉，左与盐边、盐源之孙渡纵队，右与昭觉之川军连成封锁线，严堵红军南返。

国民党军大军逼近，继续在会理与其纠缠，红军很可能将丧失主动。毛泽东与中革军委冷静判断局势，决定利用国民党军追兵尚未到达的时机，抓紧休整部队，然后迅速北上。12日，中革军委致电各军团和军委纵队："我军渡过金沙江，取得战略上胜利和进入川西的有利条件。现追敌正企图渡江跟追，但架桥不易，至少需四五天，西昌来援之敌前进甚缓，并企图从两翼迂回。同时，爆炸会城亦须十四号始能完成坑道作业。"因此，"我野战军以遏阻追敌、打击援敌，并爆炸会城之目的和部署，决定在会理及其附近停留五天（十五号止），争取在长期行军后的必要休息与补充。如情况变化，当缩短此停留时间继续北进。"同时，要求各军团以备战姿态在部队中进行军政教育，加紧扩红、筹款及做地方工作等。遵照中革军委的指示，红3军团继续围攻会理，其他军团就地转入休整。

红军在会理留下的标语

与此同时，中共中央在会理郊区的铁厂召开政治局扩大会议，着重总结了中央红军在以毛泽东为代表的中共中央、中革军委的正确领导和指挥下，广泛实行机动作战的经验，批评了林彪反对机动作战，企图改变中央领导的严重错误，统一了战略思想，统一了对遵义会议以来军事战略和作战指挥的认识，增强了团结，进一步巩固了毛泽东在红军和中共中央的领导地位。会议讨论了渡过金沙江后的行动计划，决定按照遵义会议所确定的在川西地区建立根据地的战略方针，继续北上，抢渡大渡河，到川西与红四方面军会合。经毛泽东提议，中革军委确定由熟悉川军和当地情况的刘伯承任先遣队司令，聂荣臻任政委。

连过三关

5月15日，中央红军先遣部队离开会理，沿安宁河谷一直向北，经西（昌）会（理）大道，向西昌方向前进。

此时，驻防西昌地区的国民党军刘文辉部第24军部队以会理、德昌、西昌三城为中心，由川康边防军司令刘元瑭指挥，摆出了一字长蛇阵，企图固守待援，迟滞红军行动，以争取时间，加固大渡河江防和等待薛岳指挥的"追剿"军。红军北进，必须经过刘元瑭的防区，但又不能与之纠缠，延误时间，因而针对不同的敌人，采取了不同的策略。

红军从会理北上所经过的第一个城池是德昌，守军为刘元瑭部旅长许剑霜所率领的一个团又一个营。许剑霜大革命时期，曾任泸（州）顺（庆）起义军的团长，是刘伯承的老部下，起义失败后带兵投靠了云南讲武堂的同学刘元瑭，因而在刘家军队中属外来户，常受排斥，并要时刻担心被刘元瑭等人吃掉。红军在会理休整期间，刘伯承曾派人送信给许剑霜，追述旧谊，晓以大义，并言明红军是要北上抗日，只是借道西康，并不想争城夺地，希望许剑霜不要与红军为敌，让蒋介石坐收渔人之利。许剑霜接信后，不敢做主，将信转交了刘元瑭，并主张接受信中意见。刘元瑭本有保存实力的意图，但又不便明说，只是嘱咐许剑霜相机处理。许剑霜心领神会，于是在红军抵达时，稍作抵抗，就率部撤往西昌。红军顺利进占德昌。

红军在会理南阁留下的宣传画

德昌至西昌，属于刘元瑭部第20旅邓秀廷部队的防区。彝族出身的邓秀廷是当地土著武装的首领，不仅拥有正规军两个团，而且可以调动当地近万名彝民武装凭险固守。红军为避免与其纠缠，由刘伯承给邓秀廷亲笔写信，明确告诉他：红军只是借道北上，决不会与彝民为敌，但路是一定要过的，请其三思。邓秀廷接信后，犹豫不决，他曾在川军中服役多年，深知刘伯承乃川中名将，而红军又是英勇善战之师，打则必败，但不打则无法向上交代，遂召集部下训话，告以自己的意图：能打则打，不能打就跑,没有他的命令,任何人不得开枪。

邓秀廷将部队沿道路两侧山冈部署好后,红军部队很快到达。见到红军军威雄壮,军容严整,队伍漫长,秩序井然,邓秀廷心惊胆战,始终未敢下令开枪。红军官兵高喊着"汉彝一家"、"彝汉是兄弟"的口号,通过了邓秀廷的防区。邓秀廷则在红军通过之后,命令部队虚放几枪,随后率部撤到了冕宁地区。

红军继续向西昌推进。西昌,是会理至雅安之间的重要城镇,也是国民党军在大渡河南岸的最后一个据点,刘元瑭的川康边防军司令部即驻扎于此,有四个团及其彝兵两三千人防守。红军北进一路未遭抵抗,蒋介石非常恼火,连电斥责刘元瑭拦阻不力,令其必须在西昌对红军坚决阻击。刘元瑭只好硬着头皮上阵,准备在西昌与红军决一死战。

他设置了三道防线,第一道为城外的"土城",第二道是安宁河,第三道是西昌的城墙。他的计划是,利用第一、第二道防线争取时间,待红军攻城之时,再凭借城墙进行决战。为了防止红军利用民房掩护接近城墙,刘元瑭决定将距城墙较近的西街和鱼市街全部烧掉,扫清射界。这两条街,是西昌最繁华的商业街,约有三里长,店铺林立。刘元瑭明白烧街定会激起民愤,所以耍了一个花招,暗中指使商会会长召集地方士绅开会,以保护城池为名,联名上书请求烧掉西街房屋以保西昌。于是,当红军进至距西昌三十里的崩土坎时,刘元瑭下令烧房。西昌城的精华顷刻之间化为灰烬。

5月17日,中共中央、中革军委负责人在礼州附近的铁坑召开会议,讨论北上的行军路线。根据了解到的西昌城防务情况和刘元瑭烧街的举动,会议确定:放弃进攻西昌的计划,只以红5军团监视刘元瑭部,主力绕过西昌城,经礼州北进,趁大渡河两岸敌人兵力空虚、防御未固的有利时机,取道冕宁过彝民区,迅速抢渡天险大渡河,摆脱追兵,进入川西北,与红四方面军会合。

20日,红1军团攻占礼州,当晚进至泸沽地域并向冕宁侦察。红5军团将监视西昌的任务交给红3军团部队后,北进至奚龙地域。次日,红9军团进至礼州,与主力会合。

红军一兵一卒未到西昌,而西昌的两条繁华街道被烧光,令刘元瑭十分尴尬,对上对下都无法交代,原来怕红军攻城,此刻又怨红军不攻城。薛岳到西昌后,城内民众群起控诉刘元瑭烧房之事,刘元瑭把商会会长请求烧房的信拿出,才算搪塞过关。

穿过彝民区

中共冕宁地下党组织得知红军到达的消息后,派人到达泸沽向先遣队司令员刘伯承、政治委员聂荣臻汇报了冕宁党组织的情况,以及从泸沽到大渡河的道路、敌情、民情、给养等详细情况。红军由此了解到国民党军的准确部署,定下了北进决心的路线。

从泸沽到大渡河有两条路可走:一是从泸沽越小相岭,经越嶲(今越西)到大树堡,由此渡大渡河到对岸的富林。这是通往雅安、成都的大道,也是国民党军的重点防御方向,沿途各要地皆有重兵扼守。另一条路则是山路,从泸沽过冕宁,经大桥镇、拖乌,穿过冕宁西北的彝族聚居区,至大渡河边的安顺场。此路崎岖难行,且要穿越彝民区,当时彝汉矛盾很重,彝民敌视汉人,国民党军估计红军不会走此路,因而防堵力量比较薄弱。

当时在大渡河地区,川军第24军第4旅守泸定至安顺场一线,第5旅守安顺场至富林一线,川军第21军王泽浚旅增援富林,即日可达;在通往雅安的大道沿线,则驻有刘湘的重兵。杨森的大渡河守备指挥部设于富林。

刘伯承仔细分析了冕宁地下党提供的情况和通过电台截获的国民党军部署,判断:国民党军显然是认定红军将走西昌至富林的大道,因此红军如果从大树堡渡江,会正好遭遇国民党军主力,不易成功。红军应该立即改变原定行军路线,以少部兵力经越嶲向大树堡前进,摆出由此渡河欲袭成都的架势,迷惑、牵制敌人,而红军主力则转道经冕宁到安顺场的小路,穿越彝民区,出敌不意,直插大渡河。

毛泽东等中央和中革军委领导人完全同意刘伯承的建议,立即决定:红军主力部队通过彝族区,直扑安顺场,在国民党军防线的薄弱环节突破。

20日,中革军委致电各军团和军委纵队,指出:"渡过大渡河,进入到川西北地区,成为目前战略上的实际要求,但由于我军渡过金沙江的胜利及经会理北上,敌人已预知和预防我军北渡大渡河进入川西。现时敌人的布置,在利用大渡河的天险,大、小桐(相)岭及梁(凉)山等的阻隔,夷(彝)民与红军的隔阂,企图以刘(湘)、蒋(介石)两部突击我军于大渡河南岸,另以刘文辉、杨森、郭勋祺所部在北岸层层遏阻,破我渡河计划。"依此情况,"我野战军目前应以迅速北进,争取渡江先机,首先进到清溪、泸定桥、洪雅地区,与川军作战、机动,争取赤化(四川),为战略上基本方针"。同时,要求各军团"以极迅速、坚决、勇猛、果断的行动,消灭阻我前进的川敌各个部队,敌如固守工事据点,则绕过之。对追我之蒋敌中央军,应尽力迟阻之;如逼我过紧,使我不便过河或迂回,则应坚决回击,以消灭其一部"。

21日,中央红军从冕宁县泸沽地区分兵两路北进。主力为左路,经冕宁县的大桥、拖乌等地，通过彝族聚居区，向石棉县安顺场前进，抢渡大渡河；红1军团第2师第5团为右路，由军团参谋长左权、该师政治委员刘亚楼率领，沿西昌至雅安大道前进，经越巂（今越西）县向大树堡（今属石棉县）前进，以迷惑和牵制大树堡对面富林之敌。此外，以红3军团一部阻击从西昌尾追之敌。

冕宁彝海结盟纪念碑

22日，右路红2师第5团从泸沽出发，翻越小相岭，攻占越巂，歼敌一个营，释放了被国民党关押在县衙里的彝族群众数百人，并前出到大树堡渡口，打出"攻打富林，进军雅安，解放成都"的标语，还动员当地彝族群众帮助扎成数十只大木筏，摆出了由此渡江的架势。对岸国民党军十分紧张，日夜加强江防。

在红4团的掩护下，红军主力经冕宁迅速北进，开始向彝族区进军。为顺利通过彝族区，红1军团第1师第1团和红1军团侦察连、方面军工兵连组成中央红军先遣队，刘伯承兼先遣队司令员，聂荣臻兼政治委员，红1军团组织部长肖华及总部工作团团长冯文彬率工作团随队行动。

彝族主要聚居在中国西南地区。金沙江与大渡河之间的大小凉山地区，是最大的彝族聚居区。传说三国时期诸葛亮七擒孟获的故事，就发生在这一地区，至今尚有孔明寨、孟获城等遗址。彝族同胞长期遭受国民党政府、地方军阀以及奴隶主的残酷压迫和剥削，经济文化落后，生活极其贫困。历代汉族统治者实行大汉族主义政策，把彝族视为"蛮夷"，对其进行压迫、奴役，如遇反抗，则进行武力征剿，平时则分化其内部，以达到"以夷制夷"的目的。因而，彝族人民对汉族不信任，特别不准汉人的军队进入他们的地区。彝族的反抗精神极强，各家支部都有自己的武装，并有相当数量的快枪和土枪。彝民的枪法也很准，并且身体灵活，登山涉险，如履平地。红军要从这里经过，困难很大。正确执行中国共产党的民族政策，争取彝族人民的支持，成为红军继续北进的关键所在。

为此，朱德总司令专门发布了《中国工农红军布告》，宣传党和红军的民族政策，号召彝族人民同红军合作。中央和中革军委要求全军普遍进行遵守党的民族政策教育，尊重彝族风俗习惯，做到秋毫无犯，以模范的行动扩大党和红军的政治影响。总政治部也发出《关于争取少数民族工作的指示》，强调指出："野战军今后的机动和战斗，都密切地关联着争取少数民族的问题。这个问题之解决，对于实现我们的战略任务，有决定的意义。"刘伯承则要求先遣队全体官兵，严格遵守纪律，"没有我和聂政委的命令，谁也不许开枪"。

5月21日，红军先遣队占领冕宁，释放了被关在监狱里的彝族头领。这些彝民头领是当地反动政府作为"人质"关在狱里的，刘伯承、聂荣臻请他

西昌彝海结盟纪念碑

们喝酒，虽未能消除他们对红军的疑虑，但缓和了气氛。

22日，先遣队由大桥镇出发，穿过额鸡、俄瓦、园包包等彝汉杂居区，然后翻过俄瓦垭口，进入了彝民区。工作团在前面开路，工兵连随后跟进，红1团暂时在大桥镇待命。道路蜿蜒不平，两侧山势险峻，林木葱茏，野草丛生，地面上腐烂的叶子积存厚达数寸，且天气多变，时而浓云低垂，时而细雨霏霏，给人以一种瘴气弥漫的感觉。先遣队经过的一碗水、海子边、北沙村等处，山林深处有成百的彝民呼啸、呐喊，工作团官兵紧缩队伍，谨慎前进。

当工作团行至冕宁北二十五公里处之袁居海子地区，被彝族罗洪、老伍、沽基（鸡）等家族的人员挡住了去路。随后跟进的工兵连也遭到彝民的围攻。红军官兵严守纪律，

对彝民的围堵和抢夺物资坚持不予还击,通过通司(翻译)耐心地向彝族群众宣传共产党的民族政策和红军的宗旨,同时派出代表同彝族首领谈判。红军官兵的严明纪律,逐步赢得了彝族群众的信任。经过耐心的说服工作,彝民终于通过谈判与红军达成了协议。

刘伯承亲自接待沽基族首领小叶丹,并按照彝族的习俗同他结拜为兄弟,向小叶丹赠送武器、弹药,帮助他们建立自己的武装。红军的诚意打动了彝族同胞,争取了大多数彝族同胞站在红军一边,化干戈为玉帛。

当晚,刘伯承邀请小叶丹等同返大桥营地,给予热情款待,并代表红军授予小叶丹一面书写着"中国彝民红军沽鸡支队"的队旗,正式成立了中国红军彝民支队。从此之后,这支武装一直在彝族地区活动,坚持反对国民党统治的斗争。

第二天,在小叶丹的引导下,先遣队再次进入彝民区。彝民结队迎接红军队伍,红军指战员也每人准备一件礼物赠给彝族兄弟,红军热情友好、赤诚相待的态度,受到彝族同胞的热烈欢迎,所到之处充满彝汉兄弟团结的欢声笑语。彝族同胞到处传颂红军纪律严明、爱护群众的动人事迹。

"中国彝民红军沽鸡支队"队旗

走出沽基家支范围,小叶丹派人继续引导红军前行,并与其他家支交涉让路。红军则按照彝族各家支不同的政治态度,采取不同的政策。对受国民党蒙蔽,不了解红军政策的老伍族说服其保持中立;对受国民党利用同红军对立、并劫去红军器材及枪支的罗洪族,采取政治上争取与军事上打击相结合的政策。因此,一路没有再受到阻挠。

经过七天七夜的行军,红军畅行无阻,全部通过了被视为畏途的彝族区,并吸收了一批彝族青年参加红军。党的民族政策的胜利,使蒋介石企图利用彝族同胞阻止红军前进的阴谋彻底破产,红军因此争取了时间,为先机到达大渡河边创造了极为有利的条件。

毛泽东非常兴奋。走出彝民区,在大渡河畔见到刘伯承后,他幽默地问:"诸葛亮七擒七纵才使孟获心服。你怎么一下子就说服了小叶丹呢?"

刘伯承回答:"主要是我们严格执行了党的民族政策。"

史料链接

★《中国工农红军布告》

下面是中央红军长征通过彝民居住区时,红军总司令朱德发布的布告:

中国工农红军,解放弱小民族;
一切彝汉平民,都是兄弟骨肉。
可恨四川军阀,压迫彝人太毒;
苛捐杂税重重,又复妄加杀戮。
红军万里长征,所向势如破竹;
今已来到川西,尊重彝人风俗。
军纪十分严明,不动一丝一粟;
粮食公平购买,价钱交付十足。
凡我彝人群众,切莫怀疑畏缩;
赶紧团结起来,共把军阀驱逐。
设立彝人政府,彝族管理彝族;
真正平等自由,再不受人欺辱。

中国工农红军总司令　朱德

★ 会理会议

红军在毛泽东的指挥下,四渡赤水,威逼贵阳,兵临昆明,巧渡金沙江,在川黔滇边的崇山峻岭中与国民党军的几十万大军巧妙周旋,终于跳出重围,夺路北去。毛泽东连续的声东击西之计,令人眼花缭乱,不但将蒋介石转得晕头转向,也让自己的部下有些无所适从。特别是为了甩开敌人,红军将部队的机动性发挥到了极致,因此多走了一些路,多绕了一些圈。同时在敌强我弱的情况下,虽然作战中基本取胜,可也有一些战斗如土城战斗、鲁班场战斗等没有获胜。因此,在红军领导层中,出现了一些对遵义会议以后新的领导班子不满意,特别是对毛泽东的作战指挥不信任的议论,

史料链接

认为毛泽东的指挥不行了，要求撤换领导，红1军团军团长林彪是有代表性的一个。

红军入滇之后，林彪一直埋怨部队走"弓背路"，要求"走弓弦"、"走捷径"。渡过金沙江之后，林彪给红3军团军团长彭德怀打电话说："现在的领导不成了，你出来指挥吧。再这样下去，就会失败。我们服从你领导，你下命令，我们跟你走。"林彪的意见，遭到了彭德怀的拒绝。接着，林彪又与军团政委聂荣臻商量，要以两人的名义向中革军委提出建议，遭到聂荣臻的拒绝和批评。在这种情况下，林彪个人给中革军委写信，大意是：调换红军军事指挥员，毛泽东、周恩来、朱德随军主持大计，请彭德怀任前敌指挥，迅速北进与红四方面军会合。中心意思是要撤销毛泽东的军事指挥权。

为了统一思想，维护团结，中共中央政治局利用红军在会理附近短暂休整的时间，于5月12日至14日在会理郊外铁厂召开了中央政治局扩大会议。参加者除政治局委员、候补委员以外，还有林彪、聂荣臻和彭德怀、杨尚昆。会议总结了自遵义会议以来在川滇黔边实行大规模运动战的经验，毛泽东在发言中批评了否定遵义会议以后党中央、中革军委领导的思想，认为这是党内对失去中央苏区而缺乏胜利信心和存在怀疑的不满情绪。他对林彪的错误进行了严厉的批判，说："你是个娃娃，你懂得什么？"周恩来、朱德发言支持毛泽东，称赞毛泽东在危急时刻以兜圈子、机动作战的方针，指挥红军摆脱困境、争取主动的伟大功绩。

张闻天在发言中，也批评了对毛泽东军事指挥怀疑的言论。

会议要求维护遵义会议确立的政治领导和军事领导的团结，克服右倾思想，并充分肯定了红军机动作战的方针，肯定了毛泽东的军事指挥，维护了党和红军的统一和团结，并确定了继续北上，与四方面军会合的方针。

★ **盟誓彝海**

1935年5月22日，红军开始进入大小凉山地区的彝民区。红1军团组织部长肖华与红军总部工作团团长冯文彬率领红1军团侦察连组成的工作团开路，红一方面军工兵连随后跟进。红军先遣队司令刘伯承、聂荣臻亲自对官兵进行动员，指示：彝民不了解红军，我们必须以实际行动取得彝民的信任，无论如何不准向彝民开枪，谁开枪谁就违犯党的政策和军队纪律。

史料链接

彝民区山路崎岖，古树参天，野草丛生，地面覆盖着一层腐烂的树叶。彝民听说汉族军队来了，将一些山涧上的独木桥拆毁，把溪水里的石墩搬开，隐藏在山林里，不时挥舞着土枪、长矛，间或施放冷箭、冷枪袭击。红军只能边行军边砍树架桥，边修整道路。

进到彝民境内三十多里路的谷麻子附近时，工作团被一群挥舞着土枪、长矛、弓箭和棍棒的彝民拦住了去路。冯文彬带着通司（翻译）上前交涉，一个彝民小头领说："给点钱才让你们通过。"冯文彬给了他们二百块银圆，彝民一哄而散。可队伍刚刚前行不一会儿，又拥上来一批彝民要钱，给了二百块银圆还不走，而且人越聚越多。红军如要强行前进，势必会爆发冲突。

跟在主力后面约一百米远的工兵连，也遭到彝民堵截。彝民几个人困住一个红军，开始动手抢红军的武器和工具。东西抢完了，又将红军官兵摁倒在地，开始剥抢衣服。工兵连长王耀南火冒三丈，猛地拔出枪，打开了枪机，旁边的战士也哗啦一声拉开枪栓。已被剥得全身精光的指导员罗荣见状，大声喊道："总部命令，不准开枪。"王耀南猛醒，也下达命令："不许开枪，谁开枪谁就违反党的政策。"结果，工兵连的官兵被抢得精光，只好光着身子原路退回出发地。

肖华通过通司耐心地向彝民解说红军的政策，可彝民仍舞刀弄枪不许红军通过。正在混乱之际，几个人骑着骡马急驰而来，通司认出为首的一个彝人是此地彝民首领小叶丹的四叔。肖华立即通过通司与小叶丹的四叔对话，向他说明红军与国民党军队不同，是替受压迫的人打天下的，此次进入彝民区不是打彝胞，而是借路北上，并根据彝人重义气的特点，告诉他，红军刘伯承司令率领大批人马也要路过此地，愿与彝民首领结为兄弟。

小叶丹的四叔听了此话将信将疑，但他看到红军确实纪律严明，与国民党军队不同，便觉得可信了。特别是听说红军的刘司令愿与彝民首领结为兄弟，更加高兴，于是欣然同意了拜盟的要求。

肖华马上向刘伯承、聂荣臻报告。刘伯承、聂荣臻正为继续前进可能引起冲突而焦虑，获悉谈判如此顺利、迅速，喜出望外。刘伯承毫不踌躇地上了马，前去与小叶丹拜盟。

拜盟的地点确定在横断山脉的一个小山谷间的海子边上。海子里的水清澈如镜，

史料链接

倒映着浓密的树林。春风吹起微波，激荡着岸边的岩石。刘伯承到达后，小叶丹和另外几位彝族首领立刻趋前，准备叩头行礼。刘伯承一把将之扶起，以诚恳的态度重申红军的来意，表示将来红军打败反动派以后，一定帮助彝族人民消除一切外来的欺压，建设自己美好的生活。

结盟仪式按照彝族的风俗进行。两碗清清的湖水，一只雄赳赳的大公鸡，把公鸡的嘴破开，鲜血分洒在两只碗里，碗里的清水立刻变成了殷红色。不用香，不用烛，面对着蔚蓝的天和清明的水，刘伯承和小叶丹来到海子边庄重跪下，他们面前摆着滴过鸡血的水碗。

刘伯承高高地端起了大碗，大声地发出誓言："上有天，下有地，我刘伯承与小叶丹今天在海子边结义为兄弟，如有反复，天诛地灭。"说罢，把鸡血水一饮而尽。

小叶丹也端起大碗，起誓说："我小叶丹今日与刘司令员结为兄弟，如有三心二意，同此鸡一样死。"说罢，也一饮而尽。

这时，夕阳的余晖映红了海子里的水，高高的林梢被染得一片青紫，海子畔充满了友爱、团结的气氛。虽然暮春傍晚的大凉山还是凉风习习，然而人们的心中却是温暖的。

当天晚上，刘伯承请小叶丹叔侄到红军宿营地大桥镇赴晚宴。刘伯承知道彝族人善于喝酒，下令把全镇所有的酒都买来，让小叶丹叔侄开怀畅饮。饭后，刘伯承把一面写着"中国夷（彝）民红军沽鸡（基）支队"的红旗赠给小叶丹，并任命小叶丹为支队长，他的弟弟古基尔拉为副支队长，并当场写下了任命状。小叶丹喜形于色，眉飞色舞。刘伯承又向他讲述了一些革命的道理，小叶丹也表示要铭记在心。

第二天，小叶丹亲自带路，引导红军再次进入彝民区，直到走出沽基家支地盘，方与刘伯承依依惜别。临别时，刘伯承嘱托小叶丹一定要把后续红军安全送出彝民区，要坚持斗争，等待红军归来，并向小叶丹赠送了十支步枪。小叶丹将自己所骑的大黑骡子送给了刘伯承。

小叶丹忠实地完成了刘伯承的嘱托。在护送红军过境后，打起了红军彝民支队的旗帜，在因伤留下的红军某部政治委员帮助下，联合罗洪、洛伍家支，队伍发展到一千多人，坚持斗争五年多。1941年，由于彝族败类邓秀廷的分化，三个家支联盟解体，彝民革命被镇压，红军政委被捕。小叶丹倾家荡产，凑了一千五百两银子赎出了红军

史料链接

政委。邓秀廷将小叶丹视为眼中钉，不断寻衅，后来又通过内奸搜出了刘伯承给小叶丹的委任状，以"通共有据"将小叶丹下狱，予以杀害。

小叶丹被捕前，将彝民支队的旗帜交给自己的家人，说："只有共产党、红军讲民族平等，把我们彝人当人看。这样有信有义的队伍一定会回来，刘司令员那样有信有义的大人物一定不会骗人。我死后，你们一定要保存好旗帜，将来交给刘司令员。"

1949年四川解放，小叶丹的家人将精心保存的红军彝民支队队旗重新交到了西南军政委员会主席、中国人民解放军第二野战军司令刘伯承的手中。而刘伯承则始终关心着小叶丹的家属，直到晚年还嘱咐自己的孩子不要忘记小叶丹的历史功绩，想法照顾他的后人。

第十二章

强渡大渡河

　　大渡河是岷江最大的支流,两岸高山耸立,河道陡峭险峻,急流汹涌,险滩密布,宽处可达一千多米,水深约七至十米,人称"天险"。

　　1863年5月,太平天国翼王石达开率军数万渡过金沙江后,抵达大渡河畔的紫打地(今安顺场)渡口。清朝四川总督骆秉章调兵遣将,据险阻击太平军。当地两土司在骆秉章重赏之下背弃许给石达开的让路诺言,斩断松林河上的铁索桥,坚壁清野,并用巨石滚木堵塞山路,截断太平军的退路。太平军数次强渡大渡河、松林河,皆因水势太猛、清军炮火轰击太烈而失败。部队战守俱穷,进退失据,粮尽草无,疾病流行。被称作勇将的石达开纵横疆场十余载,面对大渡河,只能发出了"大江横我前,临流易能渡"的悲叹。6月初,太

安顺场

平军全军覆没,石达开被俘遇难。

安顺场红军渡

七十二年后,中国工农红军也来到了昔日的紫打地,同样面对着汹涌的大渡河。蒋介石力图让红军重演历史的悲剧,凭借大渡河天险,使中央红军成为"石达开第二"。当中央红军越过德昌向大渡河兼程疾进时,蒋介石判断中央红军"必谋在雅安附近"与红四方面军会合。5月21日,他给驻重庆行营参谋团主任贺国光下达手令,指示:此时主要战略,一是防止中央红军与红四方面军会合,二是防止中央红军西进西康。同时令薛岳部迅速渡金沙江北上;杨森第20军主力及第21军一部向雅安、汉源地区推进,加强大渡河以北的防御力量。

蒋介石致电大渡河守备总指挥、四川军阀杨森,以活捉石达开的清军四川总督骆秉章相激勉,并于5月26日,由重庆飞赴成都坐镇指挥,电勉沿岸各部指挥官:"大渡河是太平天国石达开大军覆灭之地,今共军入此彝汉杂处、一线中通、江河阻隔、地形险峻、给养困难的绝地,必步石军的覆辙,希各军、师长鼓励所部建立殊勋。"四川军阀刘湘也发布紧急通报,称红军已面临"石达开第二"的危境,消灭红军在此一举。国民党的各种宣传机器则一齐开动,大肆鼓噪朱毛"直步石达开之后尘",红军"前有大渡河,后有金沙江,'西窜'又不可能,势必被消灭于大渡河附近"。

毛泽东也想到了石达开。他在前往大渡河的途中,多次给部属讲述石达开兵败安顺场的故事。他说蒋介石和四川军阀抱着很大的幻想，企图把红军消灭在石达开失败的地方。但是，"敌人的好梦是做不成的，石达开没有走通的路，我们一定要走通！"

毛泽东的壮志预告着蒋介石的美梦注定将要破产。原因非常简单，红军不是太平军，毛泽东不是石达开。曾踏过万水千山、突破围追堵截的红军，在毛泽东的指挥下，可以创造出人类战争史上的任何奇迹。

激战安顺场

5月24日，红军走出彝民区，开始向大渡河前进。先头红1师第1团由先遣队司令刘伯承、政委聂荣臻直接指挥，冒着大雨直扑安顺场。红1师第2、第3团由师长刘亚楼、政委黄甦率领，随后跟进。

在前往大渡河的途中，如何夺取渡船是刘伯承反复考虑的问题。他曾是川军名将，对大渡河的情况略知一二，沿途又多方收集情况，对安顺场渡口也比较清楚。安顺场渡口，河宽三百多米，水深三十多米，流速如箭，河底乱石嵯峨，构成水面无数旋涡，俗称"竹筒水"，可让鹅毛沉底，任何人都无法泅渡。由于水深流急，不能架桥不说，就是船渡也要先牵至上游两里，放船后还要有经验的艄公掌舵和十余名船工篙杆齐施，形成一股合力，使船沿一条斜线冲到对岸才成。此外，对岸渡口铺砌了石级，如不对正，碰到石壁上，又会船毁人亡。红军必须渡过大渡河，而最关键的是要搞到船。船使得刘伯承一路沉思，常常喃喃自语："有船我就有办法！有船我就有办法！"连睡梦中也经常说着这两句话。

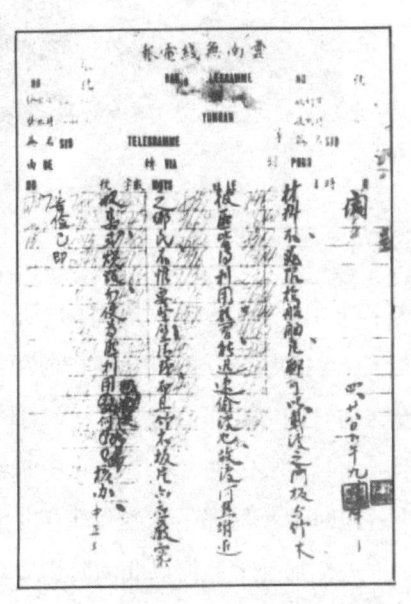

蒋介石关于毁掉渡江器材的电报

在红军向大渡河开进的时候，川军刘文辉部第5旅余味儒团已在大渡河两岸安顺场至大冲一线布防，安顺场渡口北岸部署有一个营，南岸部署有一个营。蒋介石下令收缴大渡河南岸所有渡河船只及可用于渡河的材料，全部集中北岸销毁。

驻守南岸的第5旅营长韩槐阶是当地的袍哥头目，其所率的队伍也是由袍哥队伍整编而成。他下令把船只及粮食全部撤到北岸，并在街上堆积柴草，准备24日点火烧街，坚壁清野。不料从西昌地区兵败逃回安顺场的当地恶霸、第24军彝务总指挥部营长赖执中却拒不受命，安顺场有一半房屋属于赖执中的财产，如果红军不走安顺场这一线，烧街岂不让他白受损失。赖执中最后与韩槐阶达成协议，红军如果到了安顺场就立即放火烧街；红军不到则不烧街。

同时，赖执中也暗做逃命的准备，在南岸偷偷保留了一条渡船，准备一旦红军到来，就逃往北岸。他万万没想到，正是他留在南岸的这条船，帮助刘伯承解决了大难题。

红军强渡大渡河雕像

红军先遣队在大雨中一路疾行，于晚上8时许到达安顺场附近。红1团团长杨得志、政委黎林下达作战部署：1营夺取安顺场，2营向下游佯动，3营为预备队。刘伯承、聂荣臻亲自向1营营长孙继先部署任务，要求他们迅速夺取渡口，找到船只，并做好渡河的一切准备，并规定，找到渡船，就点燃火堆报信。

团长杨得志亲自指挥1营战斗，令1营三路攻击：1连正面攻击，从安顺场南面冲入镇内；3连从左侧出击，从安顺场西南冲锋；2连和营部机枪排，则由镇东南面沿着大渡河边迂回攻击，直插渡口，堵住守敌退路，并负责找船。他要求全体官兵攻击动作一定要猛、要快，泰山压顶，一鼓而下，迅速结束战斗。

晚上10时，部队冒雨开始行动。此前一天，左权和刘亚楼率红5团攻占距安顺场三十余里的大树堡，在那里造船扎筏，守在安顺场的川军韩槐阶营以为红军要从大树堡方向渡河，加上天降大雨，认定红军根本不会在这个时候到安顺场，所以毫无防备。当1营隐蔽进至安顺场街心时，川军都待在屋内唱戏、拉琴、打麻将。1营官兵顺利解决了敌哨兵，随后包围了敌营部和部队，然后突然发起进攻，猛打猛冲。守军死的死、伤的伤、降的降、逃的逃，很快便全盘溃散。战斗不到三十分钟就结束了。

战斗进行中，杨得志走进了大渡河边的一间茅草屋，想向群众了解渡船情况。刚进屋，便听到外面一声枪栓响，接着传来"缴枪不杀"的吼声。原来他的通信员发现有几个逃窜的敌人，便先发制人，将其制服。经审问，这几个人正是为赖执中看守渡

强渡大渡河指挥所旧址

船的人。杨得志大喜过望，立即让通信员押着俘虏到1营，令孙继先马上拉船、找船夫。

孙继先带人赶往河边，费了九牛二虎之力，才把渡船拉到了岸边，接着又挨家挨户地动员群众，寻找船夫，直到25日拂晓，方找到了十几名船夫，却把及时发信号报告情况的事情忘记了。

刘伯承和聂荣臻在镇边焦急地等候着，一次又一次派警卫员去山坡上观察都不见火光。接到1营占领渡口的报告后，他们便再也待不住了，马上赶往河边。见到渡船，刘伯承长出一口气，然后转过身来，对着孙继先勃然大怒，吼道："孙继先，你该死！为什么不发信号？""什么信号？"孙继先先是茫然，随即猛然省悟，一拍脑袋，说："是该死，光顾上拉船找船夫，把这事给忘记了。"

刘伯承看到船后，心情也平静下来，看着疲惫的战士，说："有了船就好。你们回去睡觉。天亮后，我把全街能买到的东西都买给你们吃，早饭以后开始强渡。"

天亮了，雨过天晴。杨得志把挑选突击队员的任务交给了孙继先。孙继先决定从2连选人。谁都清楚，即将开始的渡河，不是激流探险，也不是龙舟竞渡，而是战斗，是在枪林弹雨、激流险滩中为红军杀开一条血路的殊死之战，但战士们还是要争，争做突击队员，而且每人都有自己的理由，毫不相让。孙继先一时很难确定人选，最后

是聂荣臻发话："算了，不要争了，就由营长下命令，叫谁谁去！"

孙继先和杨得志商量片刻，宣布了渡河突击队的十六人名单，并确定由2连连长熊尚林带队。突击队刚刚站好，一名战士从连队队列中冲出，边哭边喊道："我也去，我一定要去！"冲出的战士是2连通信员陈万清，是解放遵义时才入伍的新兵。孙继先被陈万清感动了，回头看看站在一旁的团长杨得志。杨得志同样被这一场面所感动，对孙继先点头同意。陈万清破涕为笑，跑入了行列。

十七位勇士伫立江边，每人一把大刀，一支冲锋枪，一支短枪，还有八颗手榴弹。杨得志站到了队前，神情庄重，说："同志们，红军的希望就在你们身上。你们一定要渡过河去，消灭对岸的敌人！"刘伯承亲自到江边指挥战斗，令六挺重机枪、几十挺轻机枪和三门迫击炮组成的火力掩护队各就各位，又特别嘱托神炮手赵章成做好准备。

9时整，刘伯承下令开始强渡。岸上掩护的轻重机枪一齐开火，在河面打出一道稠密的弹墙。对岸渡口处的川军碉堡也开火，向渡船扫射。一时间，密集的枪声伴随着轰鸣的江涛声响彻整个大渡河上空。刘伯承见对岸碉堡对突击队渡河威胁很大，令赵章成将其干掉。赵章成仔细瞄准，一发炮弹就把对岸渡口的川军碉堡送上了半空。

在激烈的枪炮声中，熊尚林带着八名突击队员登上了第一船，解开船缆，小船箭一般顺流向对岸渡口冲去。船刚离岸，就被对岸川军发现，立即不顾一切地向渡船射击，子弹打得渡船四周水花四溅。船工沉着扶舵，渡船冲破弹雨巨浪前进，岸上所有的目光都集中在它的上面。

忽然，一发炮弹落在船边，渡船剧烈地摇晃，飞快地滑出几十米，撞到了一块礁石上，溅起一个巨大的水柱。船工奋力用船篙撑着岩石，但渡船如转盘般旋转起来，再往下滑，就是接连几个大旋涡。岸上的人们不由地叫了起来，连司号员都忘记了吹号。

刘伯承、聂荣臻也走出工事，焦急地向河面眺望。听到号声停止，刘伯承厉声喝道："号声为什么停了？继续吹。"一旁的军团组织部长肖华几步上前，从司号员手中夺过军号，站在江边挺胸吹起了冲锋号，其他司号员也一齐吹响。在激昂的军号声中，几名船工跳下船，站在岩石上，用后背拼命顶着渡船，其他船工则奋力用船篙撑着。渡船一点一点地离开了岩石，再次向对岸冲去。

渡船终于冲过上流，靠近了对岸山崖下的渡口，船上的九名勇士飞身下船。川军慌作一团，手榴弹、滚雷冰雹般砸向勇士们。勇士们毫不畏惧，利用石阶死角掩护，向下猛冲，临到崖顶，一排手榴弹甩出，九名勇士紧随爆烟冲入了敌人的工事。

山崖上的川军见红军只有九个人登岸，组织了约二百人从后面的工事冲出来进行反扑。刘伯承从望远镜中见到敌人反冲锋，立即说："叫赵章成开炮。"赵章成打出仅剩的两发炮弹，全部落在敌群中开花。神枪手李得才也精心瞄准，重机枪射出的稠密弹雨将反扑的川军打得东倒西歪。熊尚林等人乘敌混乱，占领了滩头阵地。

红军强渡大渡河时所用木船

川军拼死顽抗，连续进行反扑。熊尚林等人依托敌人留下的工事，坚决守卫渡口，南岸的红军集中各种火力支援他们作战。双方正在激战，第二船的八名勇士也携带两挺轻机枪登岸。熊尚林抽出大刀，高喊一声："机枪掩护，跟我上！"带头冲入了敌群。雪亮的大刀上下翻飞，十七名勇士个个勇猛向前。川军那些"双枪将"根本没有见过如此拼命的战士，没过几分钟，就四处逃散。

当年运送红军强渡大渡河的船工

大渡河天险终于被红军突破了。十七名勇士在国民党军吹嘘的不可逾越的大渡河撕开了一道缺口，为红军主力打开了一道北上通路。这一壮举，不仅令红军当时的对手震撼，也令后人震撼，是中国革命战争史上最耀眼的一页，也是人类战争史上的奇迹。

曾任美国总统国家安全事务助理的布热津斯基,在历史书籍中看到这一战斗的描述后,感到难以置信。1981年7月,专门到安顺场实地考察。他后来写道:"在我们走近大渡河前,曾经一度怀疑它是否真的像长征战士在回忆录中描述的那样水流湍急,险象环生。及至目睹,才知并非虚言。这条河水深莫测,奔腾不驯,加上汹涌翻滚的旋涡,时时显露出河底参差狰狞的礁石,令人触目惊心。"他所得出的结论是:"长征的意义绝不只是一部无以匹敌的英雄主义的史诗,它的意义要深刻得多。"

两军夹江行

红1团部队突破安顺场后,刘伯承立即命令工兵连架设浮桥。但渡口水深流急,几次架桥都失败了。部队想方设法又找到了三只渡船,可都需修补。虽严密组织,加紧渡河,直到26日上午红1团才全部渡过了大渡河。红军数万人马要靠四只渡船迅速渡河,根本没有可能。而此刻,国民党军薛岳部"追剿"军已经到达礼州,正向安顺场昼夜赶进;北岸的川军杨森部第二十军先头部队则到达峨边以西的金口河,离安顺场只有几天的路程。如果红军不能迅速渡河,就将处于背水作战、两面受敌的险恶境地,很可能会重蹈石达开太平军的覆辙。

《战士》报关于强渡大渡河的报道

情况万分危急。要摆脱困境,红军只有一条路可走,就是抢在国民党军"围剿"

部署尚未完成之前，迅速北上，夺取位于泸定县境内大渡河上的铁索桥——泸定桥。

5月26日中午，毛泽东、朱德、周恩来等人到达安顺场。在听取了刘伯承的汇报后，当即决定：为迅速渡过大渡河，"取得天全、芦山乃至懋功，以树立依托，并配合红四方面军向茂县行动"，决定"改向西北，争取并控制泸定桥渡河点，以取得战略胜利"。

具体部署是：兵分两路，以红1师和军委干部团为右纵队，由刘伯承、聂荣臻指挥，从安顺场渡河，沿大渡河右岸前进；以红1军团军团部、红2师和红5军团为左纵队，由林彪指挥，沿大渡河左岸前进。两路纵队同时溯河而上，会师并夺取泸定桥。军委纵队和红3、红9军团及红5团随左纵队后跟进。

泸定桥之战，关系到红军的生死存亡。毛泽东下达了死命令：左纵队必须在三天内，右纵队必须在两天半内赶到泸定桥。他也做好了最坏的打算：万一无法夺取泸定桥，则刘伯承、聂荣臻率右纵队到川西打游击，开辟根据地。中央和军委在川康边继续活动，寻机北上。

就在毛泽东做出两军夹击泸定桥的同一天，蒋介石也接到了红军在安顺场渡过大渡河并开始向泸定桥推进的报告，他立即由重庆飞抵成都，严令各部加速

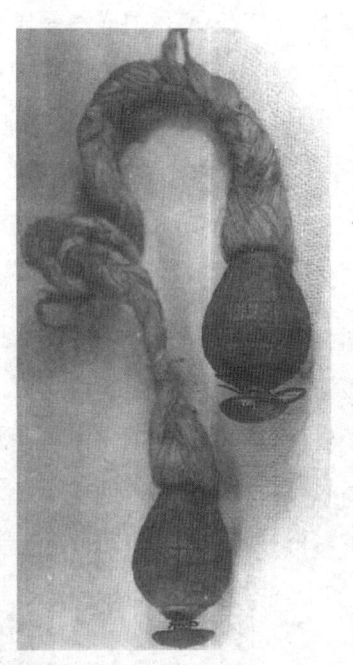

红军强渡大渡河所用的麻尾手榴弹

行动，向泸定桥地区开进。刘文辉见蒋介石亲自督战，担心泸定桥有失，会被蒋介石借机治罪，慌忙赶到汉源督战，急令其第4旅旅长袁国瑞率部增援泸定桥。

泸定桥，成为两军战场争夺的焦点。谁能抢先一步，谁将能夺得先机。而对于红军来说，夺取泸定桥不仅关系到能否避免背水一战的噩运，而且关系到红军的生死存亡，只能成功，不能失败。

安顺场与泸定桥，相距一百六十公里。不少路段是盘旋在悬崖峭壁上的羊肠小道，或绝壁上凿出的栈道，下面是数丈深谷，汹涌的大渡河水在谷底奔流，令人目眩。沿途还有国民党军队凭险拦路。5月27日拂晓，红军两路部队经短暂休息，以急行军的速度奔向泸定桥。

左纵队的前卫是在长征途中屡建奇功的英雄部队红4团。队伍行进在崎岖的小路

上，不久就被对岸的川军发现。川军以密集的机枪火力隔江封锁道路，红 4 团为避开敌人火力，只好绕道爬山前行，费了不少时间，才到达叶坪。川军一个连正在此抢粮，红 4 团一个冲锋，打得敌人四处逃散。红军毫不恋战，继续前行，但前面的桥梁却被敌人破坏，全团伐木架桥，到下午才到达菩萨岗下，却又被川军挡住了去路。

菩萨岗海拔两千多米，川军一个营在此掘壕固守，封锁了道路隘口。先头连连冲几次，都因地形不利，被川军的火力压回。黄开湘团长和杨成武政委率干部赶到最前沿观察。原路前进，地形不利，敲掉"拦路虎"需费周折；不打绕道走，则要耽误时间，难以迅速赶到泸定桥。黄开湘紧盯着川军阵地，转过身来，对杨成武一字一顿地说："我的意见，打！""好，就是打！"杨成武回答。红 4 团以 3 营展开，两个连正面进攻，一个连从左侧攀藤附葛，悄悄地爬上山顶，突然从川军背后发起攻击。前后夹击，终于打垮了川军。黄昏时分，红 4 团占领隘口，并继续追击溃逃的川军，进至菩萨岗以北五公里处的什月坪宿营。这一天，红 4 团边打边进，前进了四十公里。

第二天，5 月 28 日清晨 5 时，红 4 团再次上路。刚走了几里路，林彪派骑兵通信员送来了一份命令：

> 黄、杨：军委来电限左路军于明天夺取泸定桥。你们要用最高速度的行军力和坚决机动的手段，来完成这一光荣伟大的任务。你们要在此次战斗中，突破过去夺取道州和 5 团夺鸭溪一天跑一百六十里的记录。你们是火线上的英雄，红军中的模范，相信你们一定能够完成此一任务的。我们准备祝贺你们的胜利！林、聂

黄开湘、杨成武打开地图，查看部队所在方位，不由地倒抽一口凉气。他们距离泸定桥还有一百二十公里。也就是说，他们必须在一天一夜之内用两条腿走完一百二十公里，而且是在敌人层层堵击、道路崎岖难行的情况下完成这一任务。这几乎是根本不可能完成的任务，但红 4 团军又必须完成这一任务，因为红军已经没有任何退路。黄开湘、杨成武简单商量后，向全体人员下达命令：坚决在 5 月 29 日早晨 6 时前赶到泸定桥，夺取桥梁，完成为红军开辟通路的任务，并要求各级干部要边行军边动员，确保任务的完成。

"走完二百四，赶到泸定桥"，立即成了红 4 团全体将士最响亮的口号和最坚定的信念。政治处主任罗华生亲自带政治处的干部，站在路边的土墩上敲着竹片，唱着快板，为大家鼓劲。腿部负伤未愈的杨成武也不再骑马，带头走在行军的行列中。伤痛、疲劳、饥饿都被甩到了一边，官兵心中只有两个字：快走！快走！

猛虎岗，位于石棉县与泸定县交界处，上下各二十公里，是安顺场通往泸定桥的必经之路。红4团到达猛虎岗时，川军一个营已在山顶隘口布防。此刻，大雾弥漫，能见度只有五步。川军看不清红军的身影，躲在工事里胡乱放枪壮胆。红4团先头营在大雾的遮蔽下，悄然摸到敌军工事前，突然发起攻击，用手榴弹和刺刀驱散了敌军。川军向着山下的摩西面村狂逃，红军紧追不舍，村里的川军团部和另一个营还没搞清怎么回事，红军已经冲入了村里，只得四处逃命。但是，逃跑时，破坏了村东的大桥。红4团不得不花费了两个小时时间架桥，然后继续前进，傍晚时分到达了大渡河畔的一个小村子。

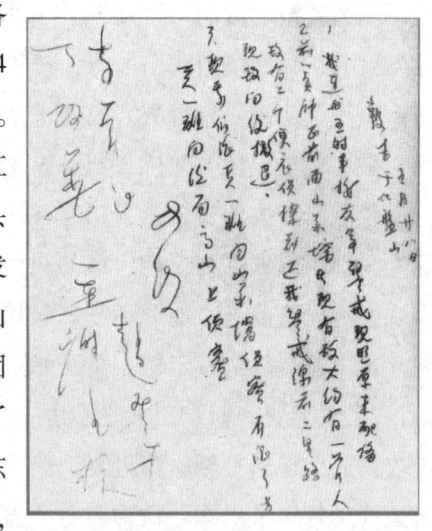

抢占泸定桥前5月28日侦察报告

在红4团疾进的同时，右纵队红1师也在大渡河对岸前进中。部队出发不久，即在挖角坝与川军第5旅第20团遭遇。川军依托险隘，节节阻击，前卫红2团在政委邓华的指挥下，不顾一切地前冲，经过几个小时的激战，终于打垮敌人。第二天，部队急行军五十余公里，沿途驱散当地民团武装，翻越一座高山，到达德妥，就地宿营。

红4团距泸定桥还有五十五公里。官兵们一天没有吃饭，战斗行军六十五公里，又饥又累，已经精疲力竭。老天也不作美，倾盆大雨骤然落下，把山路变成了泥水潭。可是，任务不允许官兵们停下休息，嚼生米充饥，喝雨水止渴，在泥水中继续前进。但是，路太滑了，天太黑了，红4团虽全力以赴，行进速度依旧无法提高。

此刻，川军第4旅旅长袁国瑞已率部到达大渡河右岸的龙八铺（今泸定县兴隆乡），获悉红军正兵分两路夹河而上，即令第38团火速开往泸定桥布防，阻止红军夺桥；令第11团在大渡河左岸的海子山一带阻击红1师，令第10团驻飞越岭东西两侧作为总预备队。川军第38团连夜点着火把行军，向泸定桥开进。

红4团与川军第38团两支队伍夹河并进。杨成武看到对岸川军燃起的火把，灵机一动，与黄开湘商量后，决定全团也点火把行军。如果对岸敌人问话，就用这两天被歼灭的川军番号伪装自己。虽然有些冒险，但"事到万难须放胆"，为了确保凌晨赶到泸定桥，也只能冒险了。红4团在路边的老乡家买来竹篱笆做成火把，每人绑一个火把，每班点一支，不许浪费，又令司号员先熟悉缴获的川军的联络号音，并选出几个四川籍的战士与刚捉到的俘虏预备和对岸敌人"对话"。同时，部队实行彻底轻装，所有的牲口、行李、重武器连同团长、政委的乘马一律留下，随后跟进。

一切准备妥当，红4团点起火把，向前挺进，行进速度果然明显加快。走了不一会儿，对岸传过来号音，同时在涛声中隐约传来"啥子部队"的问话。红军司号员按照敌人的号谱予以回答，川籍战士和俘虏也吊起嗓子高声作答。对岸川军认定红4团是"自己人"，不再问话。于是，敌我两支部队"相安无事"地隔河并行。大渡河两岸出现了两条火龙平行滚动的奇观，火光照亮了夜空，把波涛翻滚的大渡河映得通红。到了深夜12时左右，川军走不动了，熄灭火把宿营。

红4团继续前进。雨越下越大，雨水将道路冲刷得如同浇上了一层油，队伍中不时有人摔倒，官兵们跌跌撞撞，艰难行进。有的战士困得实在不行了，走着走着就睡了过去，直到后边的人推他一把，才惊醒过来，急忙跑步跟上。到了后来，全团干脆解下绑带，连接成一条长索，前后拉着前进。

29日清晨6时许，红4团终于按时到达了泸定桥西岸，并占领了全部沿岸阵地。

这一昼夜，红4团边打边走边开路，竟然走完了一百二十公里的山路。英雄的红4团创造了奇迹。

勇夺泸定桥

泸定桥，位于四川省泸定县境内，建于1701年，没有桥墩，由十三根铁索构成，全长近一百零二米，宽两米半。两边各有两根铁索，作为桥栏，地下并排九根，覆铺桥板，作为桥面。铁索有碗口粗，以三十多厘米的铁环相扣而成，铁索的两端分别固定在两岸的铁桩上。整个铁索桥悬空于距河面三十多米高的高空，西岸是雪峰高耸的贡嘎山，东岸是岩壁陡峭的二郎山，下面是浊浪滔滔、浓雾升腾的大渡河谷。水声轰鸣，铁索摇晃，人行其上，耳聋心悸。桥畔立有石碑一块，上书两行诗句："泸定桥边万重山，高峰入云千里长。"

桥的两端筑有桥楼，东岸与泸定城相连。泸定城紧靠铁索桥，西城门堵着桥头。28日深夜，川军第38团先头营到达泸定城，拆除桥上桥板，占据桥楼，紧闭城门，并在城门外用沙袋构筑工事。29日，团长李全山率另外一个营到达，遂以一个营加强机炮连守泸定桥，另一个营在城边山坡下进入阵地。

红4团到达时，桥上只剩十三根光滑的铁索。不要说是爬上铁索过河，就是看一眼都头晕目眩。对岸的川军见红4团到达，将机枪在桥头密集摆开，疯狂向红军射击，迫击炮弹也不时地落到了河西岸。他们根本就想象不出红军会有什么办法"飞"过泸定桥,高声喊道:"有种飞过来吧!你们要能飞过来,我们就缴枪啦!"红军官兵被喊得火起,也对喊道:"老子不要你的枪,要你的桥!要了桥,再缴你们的枪!"

红军必须夺取泸定桥,否则红军主力就无法抢在国民党"追剿"军之前渡过大渡河,就会陷于万劫不复的险境。红4团以破釜沉舟的无畏气概,发起了夺桥之战。黄开湘、杨成武到桥头仔细观察对岸情况后,在河边的天主教堂召开营连干部会,决定组成夺桥突击队,在强大火力支援下,攀铁索爬到对岸,打开通道;以一个连携带木板,随突击队后铺设桥板。夺取铁索桥后,两个连立即过河,夺取对岸的敌军桥头工事,占领泸定城。另以两个营组成活力支援队,以稠密的火力封锁河对岸通往桥头的道路,制止敌军增援桥头。同时,以军团配属的教导营部署于打箭炉方向,警戒康定方向的敌军。

泸定桥

组成突击队的任务交给了第2连，共选出二十二名勇士作为突击队员，2连连长廖大珠担任突击队长。每人配备一把马刀，一支冲锋枪，十二颗手榴弹。

在红4团进行夺桥准备的时候，右岸行进的红1师先头第2团已在距泸定桥二十五公里的铁丝沟与川军第4旅第11团展开了激战。这里地势非常险要，左侧是咆哮的大渡河，右侧是高耸入云的高山，只有一条小路在山半腰通过。川军占据险要，挡住了红军的去路。刘伯承亲自指挥夺路之战，令邓华率红2团2营翻山绕到敌军侧后，令肖华率1、3营正面强攻。正在左岸红4团后跟进的红1军团主力也以隔河火力支援红2团进攻。激战几个小时，红2团在随后投入战斗的红3团一部协同下，突破川军阵地，并一路追击，攻占川军第4旅旅部与预备队所在地龙八铺，残敌向化林坪溃退。红2团的作战行动，不仅打开了由右岸通往泸定桥的通道，而且有力地牵制并打垮了川军第4旅主力，极大地减轻了红4团夺取泸定桥的压力。

在泸定桥，红4团一切攻击准备就绪。5月29日下午4时，总攻开始。红4团数十名司号员一齐吹响冲锋号，所有武器一齐向对岸开火。刹那间，泸定河谷枪弹如疾风骤雨，喊杀声震天动地。二十二名红军突击队员，冲上悬空摇晃不止的铁索，向对岸爬去。紧跟在突击队后面的是连长王友才率领的3连，除携带武器外，每人夹着一块木板，边铺桥边冲锋。

面对攀索而来的红军突击队员，对岸的川军简直不敢相信自己的眼睛，吓得一时竟不知道该做什么，直到红军突击队员爬出一段距离，方开始放枪，轻重机枪射出的子弹打得铁索火星四溅。黄开湘眼睛冒火，喊道："给我把敌人的机枪压下去！"红4团的特等射手们集中火力，迅速打哑了敌人的火力点。

红军突击队员爬过铁索桥中段，动作越来越熟练，前进速度不断加快，距对岸桥头越来越近。对岸工事中的川军已经被红军突击队员的无畏气概所震慑，被红军的强大火力所压制，魂飞胆破，完全丧失了抵抗的勇气，纷纷从工事里钻出，掉头逃命。

红军突击队员终于爬过了最后一段铁索，站起身来，准备冲锋。川军营长周桂山见红军冲过桥来，声嘶力竭地向吓得呆若木鸡的部下喊道："快点火，快点火！"原来川军怕红军过河攻城，把从桥上抽下的桥板全部堆放在城门前，并浇上煤油，准备一旦"水"挡不住红军，就用"火"继续挡。

西城门烈焰冲天，一片火海。已经冲到桥头的突击队员被这突如其来的大火给搞愣了，停了下来。对岸的杨成武见状，焦急地喊道："冲过去，莫怕火！廖大珠，快冲啊！"黄开湘和其他人也一起喊道："同志们，冲过去！敌人垮了！"

廖大珠高喊一声："跟我冲！"端着枪第一个冲了上去，其他的突击队员也一拥而上，冲入了火海。冲在前面的廖大珠帽子着火了，眉毛烧没了，把帽子和上衣一甩，光着膀子，左手端枪，右手持刀，冲到了城门旁。守卫城门的川军还没来得及关门，就被迎面冲上来的"火人"消灭。红军突击队趁势冲入城内。

川军第38团团长李全山见红军冲入城内，连忙组织预备队在城内进行反扑。红军突击队员个个如"烈火金刚"，远了用手榴弹炸，近了用枪扫，川军虽然人多，但被勇士们冲得七零八落。突击队员弹药用完了，就抢起马刀，与敌人杀作一团。王友才带着3连铺好桥板后冲入了城内，杨成武带着二梯队冲入了城内，黄开湘率领后续部队也迅速过桥投入了巷战。激烈的肉搏战在全城各个角落展开，川军被红军马刀砍得鬼哭狼嚎，四处逃窜。

李全山再也顶不住了，给位于龙八铺的旅长袁国瑞打电话求援。袁国瑞的旅部此刻正遭到红2团的猛烈攻击，自顾不暇，刚说几句，电话就中断了。李全山心知不妙，担心继续打下去，会被左右两岸杀来的红军合围，带着部下仓皇逃往天全。

战斗进行了不到两个小时就胜利结束。英雄的红4团再次建立殊勋，勇夺泸定桥，占领泸定城，为红军摆脱险境杀开了一条血路。

夺桥的二十二名红军突击队勇士，三人光荣牺牲。为了表彰红4团所建立的功勋，中央军委向红4团颁发奖旗，并给二十二名突击队员和黄开湘团长、杨成武政委颁发奖品：每人一套印有"中革军委奖"字样的列宁服、一支钢笔、一个日记本、一个搪瓷碗、一双筷子。这在当时，已经是最高的奖赏了。

晚上10时许，刘伯承、聂荣臻率红1师先头部队进了泸定城。一进城，他们要黄开湘、杨成武带路，来到了泸定桥桥畔。激战后的泸定桥，显得格外寂静。刘伯承、聂荣臻从桥东走到桥西，不时地停下脚步，或眺望群山，或俯视流水，对每根铁索都看得非常仔细。从桥西折回走到桥中央，刘伯承站住了，重重地在桥板上跺了三脚，感慨地说："泸定桥，泸定桥，我们为你花了多少精力，费了多少心血！现在我们胜利了！"

泸定桥之战的第二天，毛泽东、周恩来等率大队红军到达泸定桥。毛泽东在河西岸沙坝村天主教堂外边大树下，听取了飞夺泸定桥的战斗经过情况汇报。他非常自豪地说："我们的红军真是无坚不摧，所向披靡。有这样的红军战士，我们还有什么克服不了的困难。"

毛泽东到了泸定桥畔。一位红军战士对毛泽东说："这样的桥，有我们一个班守着，谁也别想过来。"毛泽东听后，微微一笑，说："敌人嘛，总是敌人。他们和我们共产党领导的队伍是不能相比的。"

6月2日，红军全部由泸定桥渡过大渡河。

红军的胜利，使蒋介石精心策划的将红军围歼于大渡河以南地区，使"朱毛成为石达开第二"的计划完全破产。蒋介石勃然大怒，痛斥刘文辉在构筑金沙江、大渡河沿岸碉堡封锁线上"一味敷衍，实未遵办"，致使红军自如过江，通令各部，对刘文辉"记大过一次，戴罪立功"，并要求对其所部"各负责长官查明严处"。

泸定桥，成为中国革命战争史的"圣地"，甚至引得无数外国人到此"朝圣"。1995年，美国著名历史学家

飞夺泸定桥纪念碑

谢伟思被泸定桥之险所震撼，写下了这样的文字："能够亲临人类历史上如此重要的地方是激动人心的。在五十年前克服种种艰难夺取这座桥梁的伟大红军面前，每个人都会肃然起敬。"

强渡大渡河，飞夺泸定桥，是红军长征史中最为惊心动魄的一页。红军步步涉险，稍有闪失，就会全军覆没。然而，形势虽险，红军的胜利绝非侥幸，是毛泽东运筹帷幄和红军各部队协同作战的必然结果。红5团在大树堡的佯动，保障了红1团在安顺场的强渡成功；而红2团在大渡河右岸的行动，则直接减轻了红4团夺取泸定桥的压力。更重要的是，如聂荣臻后来所言："我们是中国共产党领导的工农红军，有敌人不能和我们相比的政治素质和以劣胜优的机动灵活的战术素养。特别是我军指战员无限忠于党、忠于人民、忠于中国革命的伟大的牺牲精神，所以有时能绝处逢生，再展得胜之旗，重结必胜之果。"

史料链接

★ 毛泽东安顺场问古

安顺场是清代石达开所率太平天国起义军全军覆没的地方。1857年，太平天国起义军发生内讧，翼王石达开率数万精兵负气出走，转战浙、闽、赣、湘、桂、黔、川省各地，纵横万里，飘然如风雨，声势如霹雳，威震大江南北。是年5月，石达开率部西进滇、川、康边，到达紫打地（今安顺场），准备由此渡大渡河，进军川西平原，直下成都。清朝政府调集重兵围剿，太平军遭清军重兵包围，渡河不成，后撤无路，惨遭失败。

红军走出彝民区之后，毛泽东随军委纵队向安顺场前进。在距安顺场约三公里的一个山脚下，耸立着一块石碑，上面记录着石达开在安顺场全军覆没的史实。毛泽东仔细看完碑上文字，沉思片刻，对身边的工作人员感慨地说："石达开不是一个有才干的战略家。既然渡不过大渡河，为什么不沿左岸直上，进入西康？为什么不向下走，到大树堡拐回西昌坝子？或者再往下走，到大凉山东的岷江沿岸去呢？那里的活动地区不是很大吗？现在，我们红军也来到了石达开失败的地方。蒋介石和四川军阀亦认定，摆在我们面前的注定是石达开的命运，幻想也把红军消灭在安顺场。这石碑为我们红军竖起了一个教训。石达开没有走通的路，我们一定能走通！"

到达安顺场后，毛泽东好整以暇，又专门在当地了解当年石达开失败的情况。镇上有一位清末老秀才宋大顺，九十岁上下，算得上是当年太平军悲剧的见证人。毛泽东听说后，立即派人将宋大顺请到住处，虚心讨教。

宋大顺诗词造诣很高。当毛泽东问及石达开失败的原因时，他捋须作答："朝西走，松林河千户阻挡；往东退，陡坎子百仞高山；向北进，唐（友耕）总兵虎踞铜河；欲南撤，黑彝儿福利房礌木蔽天。"说罢，向毛泽东至诚进言："长官勿停留！此地凶险，不宜大军周旋，石达开殷鉴不远。"

毛泽东又问安顺场百姓对红军印象如何。老秀才谈兴正浓，出口成章，以四言八句回答："红军起义，替天行道；百姓厘金，一笔勾销；贪官污吏，望风而逃；打尽土豪，百姓欢笑。"

史料链接

毛泽东闻言，微笑作谢。此番访古，令毛泽东对渡过大渡河的困难有了更清楚的了解，渡河的决心也更加坚定。

★ 强渡大渡河的十七名勇士

1935年5月25日，在安顺场渡口强渡大渡河、为红军打开通道的红1团渡河突击队，共由十七名勇士组成。他们是：

2连连长熊尚林

2排排长罗会明

3班班长刘长发、副班长张克表

3班战士张桂成、肖汉尧、王华停、廖洪山、赖发秋、曾先吉

4班班长郭世苍、副班长张成球

4班战士肖桂兰、朱祥云、谢良朋、丁流民

2连通信员陈万清

第三编
草地风云

246　第十三章　强渡嘉陵江，红四方面军开始长征
275　第十四章　翻雪山
293　第十五章　懋功会师
310　第十六章　从两河到沙窝
337　第十七章　过草地
358　第十八章　惊心动魄的一幕

第十三章

强渡嘉陵江，红四方面军开始长征

当中央红军和红25军先后踏上长征的艰难历程时，远在四川、陕西交界地区川陕革命根据地的红四方面军，刚刚取得了抗击四川军阀军队的"六路围攻"作战胜利。

徐向前

张国焘

陈昌浩

红四方面军，是中国共产党领导的主力红军之一。这支队伍诞生于鄂豫皖三省交界的大别山，最初只有三百余人，短短几年中便发展成为拥有数万健儿的劲旅。1931年11月，红四方面军正式成立，徐向前任总指挥，陈昌浩任政治委员。1932年12月，红四方面军在反国民党军第四次"围剿"作战中失利，主力在中共中央政治局委员、中共鄂豫皖中央分局书记、军分会主席张国焘的领导下，离开鄂豫皖革命根据地西征到达川陕边地区。在大巴山区，红四方面军重整旗鼓，逐步发展壮大，先后粉碎国民党军的多次围剿行动，并不断扩展根据地。到1934年9月粉碎四川军阀规模空前的

"六路围攻"，川陕革命根据地进入了全盛时期。红四方面军由入川时的四个师一万五千余人，发展到五个军十一个师三十四个团，总兵力达到了八万余人。

蒋介石已经在围追堵截中央红军长征的行动中焦头烂额，但对红四方面军的壮大与发展始终不敢掉以轻心，特别是红四方面军在彻底击败四川军阀"围剿"作战中所展现出的强大战斗力，更是令他不寒而栗。他很清楚，如果坐视红军两大主力协同作战，那么不仅四川难保，而且将直接威胁他的政权存在。因此，他在全力堵截中央红军，坚决阻止中央红军北上会师红四方面军的同时，加紧筹划对红四方面军新的"围剿"行动。鉴于四川军阀部队在"六路围攻"惨败后元气大伤，他在从经济和装备上给四川军阀以支援的同时，开始调集中央军大举入川。位于西北地区的胡宗南部迅速进入川北地区，接防广元、昭化，准备实施"川陕会剿"行动。以贺国光为首的委员长行营参谋团也于1935年1月间入川，监督川军"进剿"，攫取了四川省的军政大权。国民党军调动频繁，在川陕根据地周围共集结近二百个团的兵力，形成了对川陕革命根据地新的包围"会剿"之势。

此时，中央红军已经于1934年12月进入贵州，准备北上进入四川。而红四方面军在取得反"六路围攻"胜利后，部队进行了三个月的整训，兵强马壮，士气高昂。12月19日，中革军委《关于执行中央政治局十二月十八日决议的决议》中，要求"红四方面军应重新准备进攻"，以便当中央红军进入四川继续向西北前进时，红四方面军"能牵制四川全部的军队"。如何打破国民党军新的"会剿"，如何配合中央红军的行动，成了红四方面军所面临的重大任务。

决策西进

经历了十个月的反"六路围攻"作战，红四方面军虽然取得了重大胜利，但长时间的反"围剿"战斗，也给川陕根据地造成了巨大的损害。苏区已经是满目疮痍，物力、财力都到了枯竭的地步，饥荒、疫病流行，难以支撑新的迎击国民党军"围剿"的作战行动。11月中旬，西北革命军军事委员会主席张国焘在巴中县清江渡，主持召开红四方面军军事会议，徐向前在会上提出了依托老区，发展新区，以打击胡宗南部为主要目标，夺取甘南地区，力争将川陕根据地发展为川陕甘根据地的战略方针，得到了与会人员的一致赞成。据此，1935年1月12日，红四方面军集中十八个团的兵力，发起广（元）昭（化）战役，包围广元、昭化，歼灭了胡宗南部一部。

在广昭战役进行之际，中共中央政治局举行了遵义会议，确立了以毛泽东为核心的新的领导集体。1月22日，中共中央政治局与中革军委致电红四方面军领导人张国焘、徐向前、陈昌浩等人，对两大红军协同作战的战略方针做出指示："为选择优良条件，争取更大发展前途计，决定我野战军（指中央红军）转入川西，拟从泸州上游渡江。若无障碍，约二月中旬即可渡江北上。预计沿途将有许多激烈的战斗。这一战略方针的实现，与你们的行动有密切关系。为使四方面军与野战军乘蒋敌尚未完全入川实施'围剿'以前，密切地协同作战，先击破川敌起见，我们建议：你们应以群众武装与独立师团向东线积极活动牵制刘（湘）敌，而集中红军全力向西线进攻。因我军入川，刘湘已无对你们进攻的可能，你们如进攻刘敌，也少胜利把握，与我军配合作战距离较远，苏区发展方向亦较不利。西线则田（颂尧）部内讧，邓（锡侯）部将南调，杨（森）李（家钰）罗（泽洲）兵单力弱，胜利把握较多，与我配合较近，苏区发展方向也是有利的。故你们宜迅速集结部队完成进攻准备，于最近时期实行向嘉陵江以西进攻。至兵力部署及攻击目标，宜以一部向营山之线为辅助方向，而以苍溪、阆中、南部之线为主要方向。"

这是一个牵动全局的重大战略方针。接到电报后，张国焘于2月初在旺苍坝主持召开紧急会议，研究如何配合中央红军行动。会议一致认为，迎接中央红军是当务之急。决定暂停对胡宗南的角逐，适当收缩东线部队，集中主力强渡嘉陵江，策应中央红军。但嘉陵江昭化以南江阔水深，又有国民党军重兵防守，难以实施渡江作战。而昭化以北渡江虽然

河南新县红四方面军总部旧址

较易，但渡江后有剑门关之险，向南发展也不易，因此，如果立即实施渡江行动，困难很大。会议最后决定，红四方面军立即展开强渡嘉陵江、策应中央红军北上的准备工作，以红31军和总部工兵营迅速搜集材料，隐蔽造船，积极进行渡江准备，并监视昭化、广元之敌；集中红4军六个团、红30军四个团、红9军两个团共十二个团的兵力出击陕南，迷惑和调动国民党军，创造在苍溪南北地区渡江的有利条件，并策应已进至陕南向县一带的红25军。另以红9军第25师位于转斗铺地区，保障进攻部队左翼

侧后的安全。

2月3日，徐向前率部发起陕南战役。陕南地区，是西北军孙蔚如部的防区。出于自保的目的，孙蔚如曾与红军达成过互不侵犯的默契。红军出击陕南，战略目的是为了吸引沿江国民党军部队北上，以便制造空隙，便于红军从嘉陵江中段突破，因而战役行动是很有节制的，并不想与孙蔚如部正面交锋。出击前，徐向前专门派人送信给驻宁羌陕军独立第一旅第2团团长杨竹荪，要他主动撤兵，勿作抵抗。但杨竹荪却拥兵坚守，誓言要与红军一见高下。红军发起进攻，激战两日，全歼第2团，活捉杨竹荪。至2月9日，红四方面军部队连克宁羌、沔县县城和阳平关，歼敌四个多团，俘敌四千余人，并大量吸收青壮年参加红军。国民党军惊慌失措，连忙调动重兵向川陕边境增援。徐向前见战役目的已达到，遂于2月中旬率部回师川北，全力投入渡江准备。

红四方面军标语

2月16日，中央再次电告红四方面军领导人，通报情况：因国民党军在泸州附近沿长江沿岸重兵布防，不易通过，中央红军暂时放弃渡江与红四方面军直接配合作战的计划，转而向川黔边地区活动。红四方面军接到电报后，认为陕南战役已经调动了国民党军部队，且渡江的准备工作已经全面展开，红四方面军后方机关也已集中，西渡嘉陵江行动已经基本准备就绪，因此决定：继续贯彻原定向川陕甘边发展的方针，维持西渡嘉陵江计划不变。

为制止东线国民党军进攻，扫清渡江作战障碍，3月初，红30军和红9军、红31

军各一部向仪陇、苍溪之敌发起进攻，歼灭了四川军阀田颂尧、罗泽洲两部四个团的全部或大部和另四个团各一部，控制了除阆中县城外，北起广元、南至南部的嘉陵江东岸地区。除红33军4个团继续在东部战线阻击进犯敌军外，红四方面军主力四个军二十八个团全部集结于苍溪、阆中之间的沿江地带。

3月8日，中革军委致电红四方面军，询问敌情及红四方面军"目前所采取的战略方针和发展方向"。11日，红四方面军致电中革军委，明确答复："我军目前在南部大捷，拟大进，彻底灭敌，配合西方军行动，"坚决地表明了西渡嘉陵江，配合中央红军行动的决心。

突破嘉陵江

嘉陵江是四川省的四大名川之一，发源于陕西省凤县的嘉陵谷，由北向南，穿越陕南、川北，到达广元后与白龙江汇合，水势陡然增大，江水受两岸悬崖峭壁的挤压，如脱缰的野马奔腾而下。

国民党军担负嘉陵江沿岸及其以西地区防御的部队，系四川军阀田颂尧的第29军和邓锡侯的第28军部队，由邓锡侯统一指挥。北起广元地区，南至南部县境的沿江一线，部署有五十二个团，其中邓锡侯部十七个团，防守北起广元以北陈家坝、南至江口以北的沿江地段，以十个团守备江防，以六个团分置于车家坝、三磊坝和下西坝地区作预备队，以一个团担任广元兵站勤务；田颂尧部三十五个团，防守江口以南迄南部县境新政坝的沿江地段，以三十三个团守备江防，以一个旅为预备队（后调后方整顿补充）。江防部队均筑有坚固工事，但其后方直至涪江沿岸地区则十分空虚，仅在邓锡侯指挥部所在地绵阳及其以北之江油地区，有主力一部驻守。

徐向前亲自带参谋人员沿嘉陵江沿岸勘察地形、水文等，选择渡江点。他的标准是：敌人沿江防线的薄弱环节，有利于部队实施多路而有重点的突破；有利于突破成功后，以穿插、迂回战术消灭沿岸防御之敌，夺取江防要点；有利于突破江防后主力迅速向敌纵深发展，占领嘉陵江、涪江之间广大地区，打开战场，求得在运动中大量歼灭敌人，为下一步向甘南发展创造条件。

经过仔细比较，徐向前最后将渡江地段选在田颂尧的第29军防区，在苍溪至阆中之间选定了三个渡江点，并将苍溪东南的塔子山一带，确定为主要渡江点。这里江面开阔，水流较缓，西岸滩头平坦，易于部队抢滩和迅速展开，并向纵深发展。而东岸的塔子山俯视西岸，便于发扬火力，实为理想的渡江点。更为有利的是，田颂尧虽然

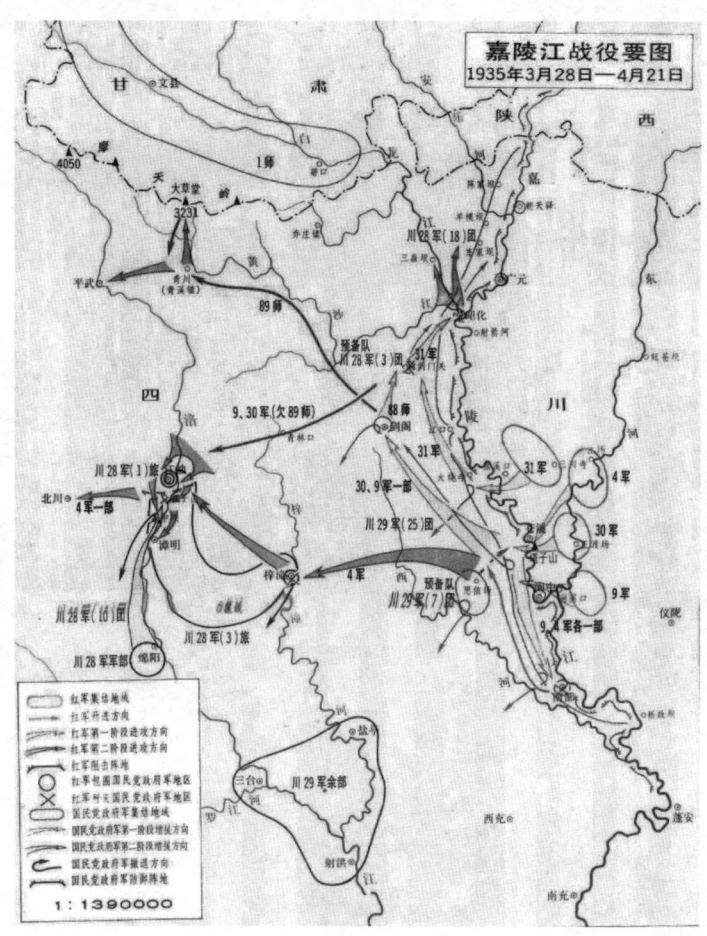

嘉陵江战役要图

拥有三十三个团担负江防任务，却以河段的宽窄决定兵力部署，见此段江道较为宽阔，且后面有剑门关天险，就断定红军不会由此渡江，因而百里江防只部署了三个团，而担负江岸防御的只有四个营。田颂尧待在屋里看着地图部署防御，结果主次颠倒，强弱不当，最终让徐向前打了一个措手不及。战后，田颂尧不得不承认徐向前用兵刁钻细致，说："匪军竟能乘虚进攻，真可谓善于选择弱点。"

选定渡江点后，徐向前决定杀鸡用牛刀，集中主力，多路突破，首先聚歼江岸之敌，然后猛打猛冲，直捣腹心，夺取剑门关，并向涪江发展。具体部署是：以红30军实施主要突击，从苍溪西南之塔子山附近突破，消灭江防守敌后向剑阁方向进攻，协同红31军消灭剑门关之敌；以红31军从苍溪以北鸳溪口突破，而后消灭剑门关守敌，并迅速向广元、昭化方向发展，保障右翼安全；以红9军于阆中以北涧溪口突破，尔后以一部协助红30军发展进攻,另以一部消灭南部之敌,保障左翼安全;红4军为方面军二梯队,随一梯队于苍溪渡江,主力向梓潼方向发展。方面军炮兵团配置在苍溪塔子山上,掩护红30军强渡。上述计划一经实现,红四方面军主力即全力向涪江沿岸推进。

强渡嘉陵江渡口遗址

　　经过紧张而有秩序的调度,到3月下旬,红四方面军全部完成了赶造渡船、登陆训练、敌前侦察等准备工作。3月底,各支红军部队秘密进至渡江集结地域。28日,西北军事委员会主席张国焘、红四方面军总指挥徐向前、红四方面军副总指挥王树声等人进入设在塔子山上的指挥所。在他们周围,万余名红军悄然隐蔽在密林之中。万事俱备,总攻即将开始。

　　28日午夜时分,江面涛声拍岸。从塔子山下的树林中,走出了一支肩抬木船的队伍。在夜色掩护下,他们快速地走下江岸,放下木船,然后有秩序地登船。西岸站岗的川军哨兵,根本没有想到红军会选在这样一个月黑之夜渡江,他们耐不住料峭的春寒,躲在避风处的哨棚里抽大烟,对于江面的情况一无所知。

　　担负突击队任务的是被方面军总部授予"钢军"团称号的红263团两个营和总部教导营。先头连的一百多名官兵熟练地操桨划水。借助风势,只只小船如离弦之箭疾驶,很快抵达了西岸。官兵们跳上滩头,向着哨棚扑去。川军哨兵还在悠闲地抽着大烟,昏昏然、飘飘然,结果在半神仙状态中成了真正的神仙。先头连连摸下三道岗哨,直到抵达川军第20旅第40团第2营营部,并向东岸发出偷袭成功的信号时,才被川军发现。川军营长陈择仁正在一间乌烟瘴气的厢房里打麻将,听到枪声后刚刚出门,就被红军的大刀劈得身首异处。

江岸的川军开始向江面射击。徐向前下令部队由奇袭转为强渡。塔子山上的几十门火炮和几十挺轻重机枪一齐开火，江上弹道如织，火光冲天。突击队全体登船，迅速冲上对岸，很快就消灭了川军江防营，并击退左右两翼川军的反击，巩固并占领了杜里坝、老君堂、胡家场一带滩头阵地，在川军的江岸防线撕开了一道缺口。与此同时，红 31 军在苍溪以北的鸳溪口强渡成功，红 9 军从阆中以北涧溪口强渡成功。嘉陵江顷刻间沸腾了。当嘉陵江防线上的川军官兵从睡梦中惊醒，红军已经冲到了他们的面前或迂回到了他们的背后，坚固的碉堡、密集的障碍物和纵横交错的战壕全部成了无用之物。

到 29 日拂晓，红 30 军第 88 师后续两个团也渡江投入战斗，攻占飞虎山、高城山、万年山等制高点，并击溃从阆中后撤之川军第 2 师第 5 旅；红 31 军攻占川军江防重地火烧寺，击溃川军一个旅；红 9 军也于 31 日攻克阆中，守敌逃向盐亭。

苍溪强渡嘉陵江渡口遗址

红军占领沿江要点后，徐向前立即令二梯队红 4 军投入战斗。各部队按预定计划猛烈发起进攻，向川军防线纵深及两翼迅猛穿插，左右迂回，发展攻势。左翼红 9 军一部在红 4 军一部配合下，直下南部，于 4 月 2 日攻占南部县城，歼敌三个团；右翼红 31 军击溃川军刘汉雄部后，迅速向剑门关推进；中路主攻部队红 30 军及红 9 军另一部于 3 月 31 日攻占剑阁，以红 89 师控制该城，副军长程世才亲率红 88 师向东北疾进，协同红 31 军进攻剑门关。

川军的沿江防线土崩瓦解，红四方面军以雷霆万钧之势，横扫嘉陵江西岸。川军望风而逃,国民党军江防总指挥、第28军军长邓锡侯把全部的希望都寄托在剑门关天险上。

剑门关,位于剑阁县城东北三十公里的剑门山上,扼川陕大道,为出入川的必经之路。邓锡侯正是看中了剑门关之险、之要,将其作为战略要地和江防重要支撑点,派其亲信第28军宪兵司令刁文俊率三个团驻防此地,构筑了坚固的防御体系。

徐向前非常看重剑门关之战,因为此战的胜负,不仅关系到渡江战役的胜负,而且直接关系到方面军下一步的发展。经过周密勘察,他决定以红31军担负主攻,红30军配合,在方面军副总指挥王树声指挥下,进攻剑门关。

王树声确定了三路进攻的计划:以红31军91师一部,在剑门关以东地区切断广元、昭化和沙坝河等地川军来援路线,并从东南面的黑山观、风垭子等地对李家嘴发起进攻,吸引守军注意,形成佯攻;以红88师山南面直插剑门,配合红31军攻关;以红31军93师在骑兵配合下,从八里坡直冲关槽,正面叩关。

剑门关

4月1日,红军各部展开扫清外围作战。红88师经汉阳铺和天生桥一路疾进,很快冲垮川军一个团,先后攻占鱼池梁、童家山、棚子梁;红91师夺取李家嘴;红93师以七名勇士由当地群众带路,绕道诸王山西侧的梯子崖进至金牛峡,缴获一面川军旗帜和一挺机枪,随即换上川军服装,打着川军旗帜走向关口,边走边喊:"兄弟们,自己人。"关楼上的川敌来不及辨别真伪,红军勇士已箭步冲上关楼,高喊"缴枪不杀!"连毙数敌,占领关楼。后续部队一拥而上,川军猝不及防,仓皇越烽火台逃向志公寺。刁文俊听说丢失关楼,亲率督战队整顿溃兵反扑。红军紧闭关门,以机枪封锁关口。

川军死伤无数，只能望楼兴叹。

2日11时许，在王树声的指挥下，各路部队发起总攻。红31军进攻隘口东侧，红88师进攻隘门西侧。经过激烈争夺，红军攻占了关口两侧川军的险要阵地和关口北端主峰，继续插入纵深。川军杨倬云团死守关内营盘嘴阵地，红军连续进攻都未成功。王树声派出预备队红274团2营，在各种火力支援下，攻上山顶，与川军展开肉搏战。激战至黄昏，川军三个团全部被歼，红军终于占领了川军所谓"插翅难飞"的剑门关要隘。红31军和红30军各一部乘胜追击，于3日攻克昭化，又歼敌一个团。

至此，川军的嘉陵江防线皆被摧毁，红四方面军控制了北起广元、南至南部约四百里的嘉陵江西岸地区，渡江战役第一阶段胜利结束。被击溃的川军田颂尧部第29军余部，逃往射洪、盐亭、三台地区集结；邓锡侯部第28军主力则退缩至广元及其以北地区，另以三个旅和军部所率之部分机动兵力布防于梓潼、魏城、江油、中坝、绵阳地区。

决战江油

红军发起嘉陵江战役后，邓锡侯和田颂尧最初存有侥幸心理，希望能趁红军立足未稳，发动反击，将红军重新赶回江东，因而隐瞒战情。等到红军全面突破了江防，防线被撕得支离破碎，且已经陷入险境，才在三天后不得不向蒋介石报告实情，请求援助。田颂尧以进为退，主动请求处分，希冀能够保住官位。但蒋介石虽对红军一筹莫展，对付地方军阀却是从来都心狠手辣，毫不留情，见田颂尧损兵折将，再无多少利用价值，于4月2日下达手令，将田颂尧撤职查办，任命孙震为代理军长。田颂尧长期割据川北，称霸一方，但自红四方面军入川后，屡遭重创，此刻又丢官损兵，只能自叹命运不济。

徐向前决定乘胜发起进攻，取得战役的全胜，集中主力向涪江方向推进，歼灭梓潼、江油地区之邓锡侯部，并伺机向川甘边发展攻势。因此，令红31军主力推进至羊模坝、三磊坝地区并围困广元；令红30军89师出青川、平武分割广元、江油川军，并阻击中央军胡宗南部南下，保障右侧安全；他亲

江油红四方面军纪念碑

率红9军、红30军和红4军主力，向江油、梓潼地区实施进攻。

江油是成都平原的门户，素有"居巴蜀之上游，通松龙之要道"之称。三国时期，魏将邓艾率兵攻蜀，袭取江油关，蜀军防线全线崩溃，蜀主刘禅只好不战而降。因此，江油不保，则邓锡侯的老巢绵阳将受到直接威胁，红军会直趋四川反动统治中心——成都。邓锡侯派亲信杨晒轩率麾下最精锐的第6旅驻守江油，特科司令游广居率两个旅以中坝为中心，沿涪江设防，自己统重兵坐镇绵阳策应。

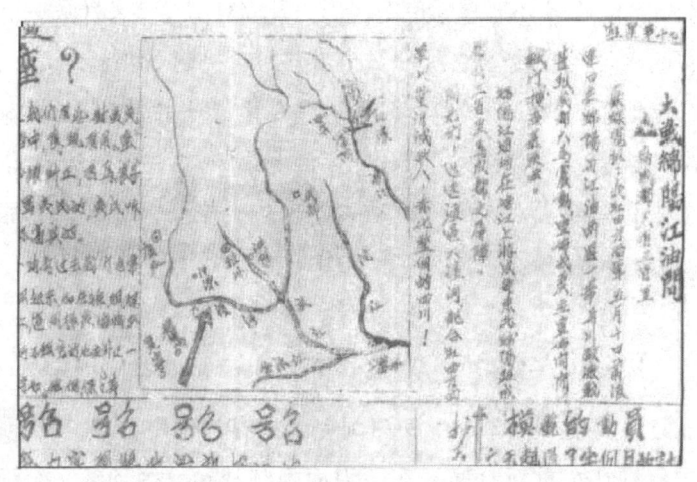

《红星报》报道红四方面军大战绵阳、江油的消息

红军发起进攻，各部进展神速。红30军和红9军各一个师直趋江油，红4军则出苍溪、阆中以西，攻占梓潼，并开始进击彰明。10日，红9军渡过涪江，包围江油，并攻占中坝。邓锡侯的涪江防线被红军扯得支离破碎，各部守军相互失去联系，自保不暇。江油守军旅长杨晒轩惊恐万状，一面打电话哀求邓锡侯派援兵解围，一面越级向蒋介石、参谋团主任贺国光和刘湘发电告急。邓锡侯坐不住了，亲率十八个团大举增援江油。

红军围攻江油的消息传到成都，人心浮动，达官富豪纷纷变卖家产，逃往重庆、上海、香港等地，致使车船票价暴涨，一张到重庆的车票涨到了上千元，足足翻了一百倍。蒋介石正在集中力量"围剿"中央红军，没料到川北局势急转直下，只能迭电严饬邓锡侯巩固绵阳以上防线，确保成都的安全。同时急令甘南的中央军胡宗南部南下增援，配合邓锡侯部沿涪江北上反击，南北夹击，压迫红四方面军主力在江油城下决战。

实际上，包围江油，正是徐向前调动川军，实施围城打援，在运动中歼灭川军主力的一个步骤。因此，邓锡侯的部队刚刚离开绵阳老巢，徐向前就下令部队撤离梓潼、中坝、彰明，以红9军27师继续围困江油，集中红9军25师、红30军88师及红4军10、12师各一部，准备迎击邓锡侯的增援部队。

14日，红军打援部队与川军增援部队在江油以南展开激战。红军坚守鲁家梁子、雉山关，死死卡住川军的前进道路，激战一日，川军寸步未进。当晚，红军以少数部队继续坚守阵地，主力展开反击。战至15日，红88师攻占塔子山，红25师对川军右翼实施迂回，截断了其退路。川军部队立即动摇，开始溃退。徐向前命令部队全线出击，川军土崩瓦解。邓锡侯丢下部下，仓皇逃回绵阳。4月17日，战斗胜利结束，红军击溃川军10个团，其中歼灭四个团，俘虏三千多人。

红军乘胜前进，于18日攻占中坝，19日占领彰明。红4军亦于18日攻占梓潼。在此期间，向西北推进的红30军89师于10日攻克青川，继而在青川以北川、甘交界之摩天岭歼灭胡宗南部一个营，14日攻克平武。塔子山战斗后，红4军一部乘胜向西，于21日攻克北川城。至此，嘉陵江战役胜利结束。

红四方面军强渡嘉陵江战役，历时二十四天，合计歼敌十二个多团，约一万余人。攻克阆中、南部、剑阁、昭化、梓潼、平武、彰明、北川等八座县城，控制了东起嘉陵江、西迄北川、南起梓潼、北抵川甘边界纵横两三百里的广大地区，有力地牵制了川军力量，策应了中央红军的转战行动。

这是红四方面军作战史上规模最大的一次渡江。在整个红军战争史上，也只有红一方面军横渡湘江之战可与之相媲美。两次战役都十分壮观，但湘江之战凸显悲壮，嘉陵江之战堪称雄壮。然而，红四方面军的将士们都没有想到，这次辉煌的胜利，竟然是他们放弃川陕根据地，踏上长征路的开始。

强渡嘉陵江战役纪念碑

在徐向前指挥红四方面军西线部队强渡嘉陵江，进击江油、中坝，开辟新区时，东线部队在方面军政治委员陈昌浩指挥下，也在顽强阻击国民党军对川陕根据地的进攻。四川军阀刘湘集中十个多旅的兵力，步步紧逼。张国焘此刻已经决意要放弃川陕根据地，因而令东线部队逐步收缩战线，掩护方面军后方机关、省委机关和地方干部等向嘉陵江以西地区撤退。4月4日，川军主力王缵绪部占领南部、阆中，唐式遵部占领南江、长池。红军东线部队在掩护撤退后,全部撤过嘉陵江,仅留下了刘子才、赵明恩等人带三百多人坚持根据地斗争。4月14日,川军唐式遵部占领川陕根据地党政军首脑机关所在地旺苍坝,21日占领苍溪。至此,国民党军全部控制了嘉陵江东岸地区并封锁了江面。

从此,红四方面军离开了战斗过二十七个月的川陕根据地,开始了艰苦卓绝的长征。

北川河谷之战

嘉陵江与涪江之间地区,山清水秀,物产丰富,是四川的重要物资产地。红四方面军强渡嘉陵江胜利后,在新区获得充分的物资补充,并大量扩充队伍。仅江油一地,就有六千多青壮年参加了红军。更为重要的是,川军主力为保成都云集于绵阳附近,而胡宗南部依旧停留于川甘边界的碧口一带,红军正好可以示形于东,兵出甘南,打击来不及调整防御部署的胡宗南部,实现预定的川陕甘计划。

徐向前很快拟定出了北上甘南的作战计划,连续发电报给坐镇川陕根据地的张国焘,要求后续部队迅速跟进,以便集结主力北击碧口,打开通道,进而夺取甘南。然而,令他奇怪的是,电报却是渺无回音。一连几日,徐向前连电催问,张国焘就是不予回答。

红四方面军标语

在徐向前焦急等待回音的时候,胡宗南则进入了他"一生中最紧张的时刻"。川甘交界地区兵力薄弱,如果红军即刻北上,整个甘南就将很快陷落,他的部队很可能将陷在几个据点中被红军各个歼灭。于是，他一面命令碧口的丁德隆旅择险要地形加紧构筑工事，固守待援，一面亲率大军星夜南下增援。直至部队到达摩天岭，发现阴平古道没有红军的踪影，他才长舒一口气。三国时期，邓艾攻蜀，走的就是阴平古道。现在他的大军卡住这条通道，封住了摩天岭，等于堵住了徐向前兵出甘南的出路。红四方面军发展胜利的战机就这样错失了，徐向前惋惜不已。

蒋介石也利用了红军部队迟迟未动的时机，调整部署，指挥川军与中央军从四面八方向红军压来。蒋介石为防止红四方面军在江油、中坝地区建立根据地，令从苍溪、南部尾随红军渡江的四川军阀刘湘部队主力王缵绪部为右纵队，由罗江出绵阳、魏城，沿涪江东岸向彰明、两河口、重华堰进攻；令邓锡侯和孙震两军各一部为左纵队，由三台、绵阳出动，沿涪江西岸经香水场等地向中坝、江油进攻。同时令胡宗南部由碧口、文县南下青川、平武，配合川军左、右两纵队实施南北夹击。此外，令退缩到广元以北的邓锡侯之另一部南下向剑阁推进，令唐式遵之一部守备昭化至阆中嘉陵江沿岸，令李家钰部防守阆中及其以西地区。

国民党军步步紧逼，红四方面军却由于张国焘专横武断，放弃川陕根据地的决策，造成了对下一步行动的踌躇未定。同时，为集中部队，等候大批的后方机关与地方干部、勤杂人员，丧失了极其宝贵的时间。由川陕根据地撤至嘉陵江西岸地区的红四方面军部队与后方机关，经剑阁、梓潼陆续向江油、中坝地区转移，与徐向前率领的红军前线部队会合。等到四方面军部队集中时，国

红四方面军标语

民党军已经四面逼向江油、中坝地区，部队回旋的范围已经非常狭窄，必须立即决策，跳出险地。

张国焘主持召开四方面军高级干部会议，研究下一步的行动方针。此刻，中央红军在毛泽东的指挥下，已经甩开了国民党军的围追堵截，正向金沙江急速前进，准备北上与红四方面军会合。因而，张国焘在会上解释了撤离川陕根据地的理由时称，撤离川陕根据地，是为了迎接中央红军北上，实现两军会合，并在川西北地区创建新的根据地，进而赤化四川、西康、陕西、甘肃、青海等省。同时强调由于国民党军的多

次"围剿"，四方面军始终是内线作战，根据地的经济已经极为困难，无法支撑红军迎击国民党军新的"围剿"，红军只有实行转移，方能摆脱困境。他在会上提出，四方面军新的行动方针是：首先占领北川、茂县、理番（今理县）、松潘一带地区，背靠西康作为立足点。

会议经过讨论，最终通过了张国焘的意见，决定：方面军部队立即西进，首先突破川军邓锡侯部在土门、北川河谷设置的防线，继而占领岷江流域的松潘、茂县、理番、汶川，策应并配合中央红军北上，为两军会合创造条件。

为保证部队西进行动，方面军进行了深入的思想动员，提出了迎接党中央，与中央红军胜利会师的口号。部队也进行了整编、补充。强渡嘉陵江之后，方面军曾将川陕军区的四个独立师和升钟寺独立师合编为红34军，此时编散人员补充各主力军。整编后，红四方面军部队计有五个军十一个师三十三个团，共八万余人，加上随军行动的学校、医院、职工和地方党政机关、地方武装等，西进部队合计约十万人。

北川河谷，是红四方面军西进的必经之路，但是这条路险隘重重。北川河横贯河谷，南侧耸守着千佛山、伏泉山、观音梁子等高山。其中千佛山位于北川、安县交界处，海拔两千九百四十二米，与伏泉山、大哑口等高山连成一片，蜿蜒起伏六十多公里，南扼川西平原，北控北川河谷，既是川西平原的"北部城墙"，又是河谷通道的自然屏障，地形十分险要。而土门则地处北川河谷中段，是东达北川、西进茂县的要隘。

国民党军发现红四方面军有西进动向后，各方神仙各怀鬼胎，但在据守北川河谷这一点上达成了一致。蒋介石要消灭红四方面军，不使两大红军主力会合，并削弱川军。因而威逼川军在北川河谷与红四方面军决战，以求两败俱伤，自己坐收渔人之利。刘湘为了对付蒋介石的阴谋，采取了以主力掩护川西平原，同时向北"送"红军出境的方针，因而以第21军主力会同第28军扼守北川河谷，重点防范红军出安县、绵竹南下成都。邓锡侯在嘉陵江战役中损兵折将，损失惨重，但为了确保其川西北王的利益，派出第5师副师长陶凯率龚渭清、牛锡光等八个团的兵力以及屯殖军马队共一万两千余人，封锁北川河谷，力图阻止红军从茂县出灌县、彭县直下川西。

红四方面军要想西进，必须通过北川河谷。蒋介石要消灭红四方面军，四川军阀要保住川西平原老巢，阻止红军南下，必须守住这块屏障。北川河谷成了双方的必争之地。

为打开西进通道，粉碎国民党军固守北川河谷的企图，红四方面军总指挥部决定发起土门战役。第一步，夺取伏泉山、千佛山、观音梁子，控制河谷，并制造红军将南下攻打成都的态势，吸引与调动川军主力；第二步，突破土门要隘，主力西进。

4月底，在徐向前的指挥下，红四方面军各部分头出击，发起战役。5月1日，红89师首先占领墩上。2日凌晨，红9军、红30军主力从三叉河抢渡湔江，与由墩上出发的红89师合力猛攻川军第28军第15旅，川军退往大垭口。5月3日，红军攻下大垭口，并包围伏泉山。

徐向前亲率四方面军善打攻坚战的红88师、红25师、红27师等部攻击伏泉山、千佛山一线山峰。首战目标是伏泉山。川军第29军第11旅在山上筑起明碉暗堡，挡住了红军的出路。红88师以红268团正面佯攻，红265团在师政委郑维山的率领下攀崖而上，在夜色掩护下悄悄攀上伏泉山主峰，于凌晨时分突然发起进攻。川军被打得晕头转向，乱作一团。红88师主力立即在师长熊厚发指挥下全面进攻，很快就攻占伏泉山主峰龙宫殿及其周围的制高点。

邓锡侯得知伏泉山失守，大惊失色，马上令第29军代军长孙震全力反扑，夺回伏泉山阵地。孙震不敢怠慢，命第2纵队司令王铭章率三个旅九个团由擂鼓坪向北川河西岸进攻。邓锡侯则以第1师师长陈鼎勋率五个旅十四个团由茶坪向北川、墩上一线攻击，配合作战。

5月5日，王铭章指挥所部猛攻伏泉山红88师阵地。红88师部队坚守阵地，粉碎了川军的进攻。王铭章企图分兵迂回，结果其部队在涟坪东侧与由治城方向来援的红军

曾为红军带路的羌族游击队员

部队遭遇。红军先敌展开，大败川军，并趁势猛烈追击，与坚守伏泉山的红88师前后夹击，冲垮了川军阵地。王铭章只好率部退至擂鼓坪与红军对峙。击退了王铭章部进攻后，徐向前指挥红25师、红88师、红89师各一部转兵迎击由茶坪北进的邓锡侯部第12、第15旅，于5月6日在白家林重创该部，迫使其退回茶坪。

在此期间，红4军一部到达千佛山以东地区，并攻占了巴罗山、大坪山、皇宫山；红88师、红25师各一部攻占千佛山，占领西大垭口，歼灭川军一个团；红9军部队则占领了观音梁子、横梁子等地。

土门战役

红四方面军夺取千佛山一线川军阵地的行动,攻破了所谓的川西平原"北部城墙",造成了南取成都的形势,川西平原陷入混乱。邓锡侯等人自知无力重夺要隘,阻止红军南下,不断向国民党军重庆参谋团和刘湘求援。为确保川西,5月10日,以贺国光为首的委员长行营参谋团秉承蒋介石指令,电令刘湘以位于罗江的四个旅赶到茶坪,协同邓锡侯、孙震两部向北川发动进攻,同时以王缵绪部速向罗江集结。

土门战役三元桥遗址

徐向前见调动国民党军的目的已经达到,且在进攻中攻占墩上,打开了向土门前进的通道,立即转兵西进,向土门的国民党军发起进攻。5月12日,红9军、红30军各一部由西大垭口西进,攻占了佛字顶。红31军一部也由墩上出击,于13日攻克桃坪,拉开了战斗帷幕。

土门位于茂县东部。它由北川向西,有隘道沿土门河,越土地岭到达茂县,是涪江、岷江上游地区之主要通道,而土门适扼其冲。4月下旬,当红四方面军占领江油、中坝地区后,邓锡侯开始筹划土门封锁线,任命张瑞图为松潘、理番、茂县、懋功、汶川屯区"剿匪"司令,统一指挥屯区内的屯殖军、民防团队和少数民族土司兵。随后又任命第28军第5师副师长兼第13旅旅长陶凯为屯区"剿匪"总指挥,第5旅旅长黄绍猷为副总指挥,抽调八个团赶往土门布防,封锁隘路。至4月底,陶凯所部除两个营外,全部进入土门及土地岭地区设防,设置了三道封锁线,共有八个团及近万人的地方武装据守。

14日拂晓,红军以红9军、红30军和红31军一部,分左、中、右三路,发起总攻。左路和中路进攻的红9军、红30军采取两翼迂回结合正面强攻的战法,相互协同,经4小时激战,夺取观音梁子高地,全歼守敌,随后直捣土门以西之雨淋蹬;右路进攻的红31军一部分割包围歼灭川军防线左翼之两个营,然后经大沟口向前推进,协同红9军、红30军将包括陶凯指挥部在内的土门守军主力四个团包围。当天下午,红军全歼被包围之敌,占领土门,陶凯仅带部分亲信逃往土地岭。15日拂晓,红军乘胜前进,将据守土地岭之川军两个团分割包围,全部歼灭。陶凯、黄绍猷侥幸由小路逃脱。

在以主力包围、歼灭土门川军的同时,徐向前另派两支部队从南北两个方向,绕过土门,向茂县快速推进。北路红军由羌族群众冯子清等人带路,绕道干沟,经神溪沟、大火地梁子、黄土包急速前进,沿途歼灭川军屯殖军马队一部,翻山进入茂县县城以北约十公里处的渭门沟。南路红军则沿观音梁子山脊小道,经黄草坪、猴儿山、大马厂,直插茂县县城以南五公里处的宗渠。茂县城内只有部分地方武装,听说土门失陷,早已六神无主,见红军神速到达,立刻作鸟兽散。15日夜,红军占领茂县县城。

土门之战,红四方面军集中优势兵力,以泰山压顶之势,速战速决,歼灭川军7个团和部分地方武装,彻底粉碎川军土门防线,胜利进入岷江流域。

红军攻占北川河谷,打通了西进通道,并严重威胁川西平原。以贺国光为首的委员长行营参谋团于15日晚严令刘湘,立即令邓锡侯、孙震、王缵绪重整旗鼓,限5月17日总攻伏泉山、千佛山,夺回全部阵地,并进至漩坪、土门一线,截断河谷,重新封锁土门要隘,阻止红四方面军向岷江流域西进。刘湘遂于当晚电令王缵绪率四个旅向观音梁子、土门进攻,其余部队由茶坪向大垭口正面进攻。邓锡侯、孙震、王缵绪接到电令后,在安县会商对策,以变化太快、时间仓促为由,决定推迟一天,待18日集中近三十个团发起总攻。

18日,邓锡侯所辖游广居部从大坪山、皇宫山,孙震所辖王铭章部从擂鼓坪,王缵绪部从高川坪,一起向千佛山一线红军阵地发起反扑。蒋介石则派出大批飞机助战。王缵绪部是主攻部队,其第3旅为第一梯队,三个团在飞机、大炮支援下,轮番猛攻大垭口。红军凭险据守,重创第3旅,击毙第9团团长王三友,并乘胜出击,攻占了白家林。川军第一、第二路军早已领教过红军的厉害,根本不想再碰钉子,所以只是向红军阵地盲目射击,虚张声势,根本没有积极进攻。22日,蒋介石判断红四方面军主力已经西去与中央红军会合，令邓锡侯、孙震、王缵绪停止攻击，邓锡侯撤出千佛山一线，转移至岷江流域堵截红军，孙震、王缵绪部则转攻为守，构筑防线，继续与红军对峙。川军的反扑随之告一段落。

红四方面军也调整部署，以红4军、红31军各一部和红33军，在方面军副总指挥王树声的指挥下，坚守伏泉山、千佛山、土门一线阵地，掩护方面军部队西进。在完成掩护和牵制任务后，部队从6月中旬起，由东向西逐次撤出阵地，至7月14日全部撤离完毕。

千佛山战斗遗址

北川河谷之战，是红四方面军西进岷江流域的一次重要战役。从4月底到5月22日，川军共投入约二十个旅的重兵，与红军激烈争夺北川河谷。红军共歼敌一万余人，击溃川军二十三个团，缴获大量枪支弹药和其他物资，彻底粉碎了川军的围追堵截和蒋介石企图消灭红四方面军于涪江流域的企图，为红四方面军向岷江上游地区挺进打开了道路。

扫荡岷江两岸

红四方面军进攻土门时，川军"剿匪"总指挥刘湘已经觉察到了红军西进的意图，遂令李家钰部新编第6师增援茂县。李家钰以驻遂宁的第2混成旅、第5混成旅取道灌县驰援茂县。红军突破土门封锁线后，川军"剿匪"总部严令陶凯收集残部在威州（今汶川）一带扼险据守，阻止红军南出威州、灌县，等候援军到达。

红四方面军攻占茂县后，兵分两路，向南展开扫荡作战。红9军、红30军部主力沿岷江东岸南下。5月29日晨，红9军27师一部向雁门关发起进攻。雁门关位于威州以北约四公里处，扼汶（川）茂（县）大道要道。陶凯从土门逃出后，以第25团主力、第 5 混成旅先头营及收容的五百多名溃兵布防于此。激战至下午，红 27 师部队夺取麻地口等制高点，全歼守敌一千余人。当夜，红 27 师部队进占威州。

川军李家钰部援军两个旅急忙在威州以南之岷江两岸设防。6 月初，红 9 军、红 30 军主力开始进攻，首先在东岸大尖山围歼川军第 2 混成旅第 5 团，将川军第 5 混成旅全部压至板桥沟以南地区。随后，转兵集中攻击西岸之敌。6 月 5 日夜，红 30 军 89 师趁端午节敌人戒备松懈，由当地群众董代荣等人带路，隐蔽迂回川军第 2 混成旅主力阵地侧后，于 6 日拂晓发起总攻，前后夹击，很快将川军分割包围。驻守岭岗的川军第 4 团首先被歼，据守招店、茅坪的川军第 6 团随后崩溃。川军第 2 混成旅基本被歼，第 5 混成旅龟缩板桥沟以南岷江以东地区，不敢动弹。红军控制了岷江以西、卧龙河以北地区。在此期间，红 88 师主力攻占汶川。

汶川红军桥

与此同时，四方面军总部水兵连（后改为工兵连）在当地羌、回、汉群众的支持和协助下，于 5 月 20 日在文镇关、茂县之间地区架起了横跨岷江的竹索桥。徐向前指挥红 4 军和红 31 军、红 9 军各一部立即渡江，沿西岸而下。红 9 军一部向理番（今理县）进军，6 月 3 日进占理番县薛城。国民党理番县县长彭佛同闻风逃逸，红军顺利占领县城，随后又占领了杂谷脑（今理县县城）。红 4 军和红 31 军一部向黑水河地区前进，分别进至松潘、平武以南的镇江关、片口等地，与国民党军胡宗南部对峙。

至此，红四方面军经过近两个月的转战，强渡嘉陵江，决战江油，突破北川河谷，横扫岷江流域，最终在川西北地区站稳了脚跟。红四方面军的作战，牵制了川军主力，有力地策应了中央红军的北上行动，为两军会师创造了条件。

史料链接

★ **攻克剑门关**

剑门关，位于剑阁县城东北三十公里的剑门山上。关口宽二十余米，长五百余米，两侧峭壁陡立，一条古道从两山之间通过。关口扼川陕大道，为出入川的必经之路，历来为兵家必争之地。据传，自秦惠王伐蜀之后，此地虽经历大小五十余战，却从来没有正面破关先例，无怪乎李白会写出"剑阁峥嵘而崔嵬，一夫当关，万夫莫开"的千古名句。

1935年3月下旬，红四方面军在嘉陵江以东地区集结，准备发起渡江战役。国民党军嘉陵江江防总指挥、第28军军长邓锡侯将剑门关作为战略要地和江防重要支撑点，派其亲信第28军宪兵司令刁文俊率三个团驻防此地，并专门指定其心腹杨倬云带其王牌团把守关口。整个剑门关明暗地堡密布，堑壕纵横密布，火力点交叉重叠，配合险峻的关隘，构成了坚固的防御体系。

红四方面军总指挥徐向前同样看重剑门关，因为能否夺取剑门关，不仅关系到渡江战役的胜负，而且直接关系到方面军下一步的发展。经过周密勘察，他发现，剑门关之险，险在南北走向，壁立千仞，无法接近。但东西则是起伏的群山，并有斜坡通往关隘。这对于善于山地攻坚作战的红四方面军部队来说，是险中有胜机。因此，他打破历代兵家叩关作战的惯例，确定了东西夹击夺关的计划，准备部队渡江后，立即以红31军担负主攻，同时以善打硬仗恶仗的红30军88师配合，在方面军副总指挥王树声指挥下，进攻剑门关。

3月28日，红四方面军发起嘉陵江战役。突破川军的沿江防线后，各路部队迅速向剑门关推进。至2日拂晓，红31军4个团和红88师击溃川军两个团，川军只余杨倬云团死守关内，被红军从东、西、南三面包围。邓锡侯接到报告后，虽然气急败坏，却依旧存有一线希望，因为杨倬云对他忠心耿耿，关内工事坚固，地势险要，他相信杨倬云团能够守住阵地，直到援兵到达。

杨倬云也的确不负邓锡侯的栽培，虽被包围，却死守不退，指挥部属依托剑门关两侧山头险要地势及预构之集团防御工事拼死顽抗。红军连攻数次，都没有成功。

史料链接

　　方面军副总指挥王树声亲临前沿观察敌情，见地势险要、狭窄，不宜集团进攻，且川军防御严密，遂下令各部暂停进攻，组织突击队，同时调来方面军炮兵营，准备集中迫击炮及轻重机枪火力，掩护突击队对川军各个集团工事实行逐点强攻。

　　2日11时许，天降大雨，王树声一声令下，红军冒雨展开总攻。红31军向隘口东侧川军进攻，红88师向隘口西侧川军进攻。经过激烈争夺，红军攻占了关口两侧川军阵地。杨倬云率部死守关内主峰营盘嘴阵地，并用箩筐装满银圆放在阵前，不时地组织敢死队进行凶猛的反冲击，红军连续进攻都未成功。

　　王树声伫立关前，手端望远镜，一动不动地观察着攻击情况。身后的山坡上，坐着他极为信任的部队——红274团2营。这个营是他亲自组建与带起来的，从最初的几十人游击队到一个营，在他的指挥之下，逐步成长为一支擅长攻坚、作风勇猛的营队，曾被方面军授予"夜摸常胜军"称号。每次作战，他都喜欢将2营带在身边，在最关键的时刻放出，总能旗开得胜。现在，剑门关之战到了最后的时刻，王树声回头轻声对2营营长陈康说："你们准备。"

　　陈康立即集合全营，几百名官兵整齐地排列在雨中，情绪高昂。过了一会儿，王树声下达命令："通知炮兵连，向敌人工事射击！"然后转身喊道："陈康，给我把主峰拿下来！"

　　陈康早就等得心急，王树声话音未落，就拔出手枪，高喊："跟我上！"带头冲入了弹雨之中。红军的各种火器也一齐发射，支援2营进攻。川军发现红军预备队加入战斗，立即集中所有火力向2营射击。关内地幅狭窄，只有一条山路，2营官兵虽前赴后继，终因川军火力稠密，兵力摆不开，第一次进攻失利。

　　陈康的胳膊在战斗中负伤，但根本感觉不到疼痛，感到辜负了王树声的期望，对着脑袋猛击一拳，蹲到了地上。王树声却没有一句责备的话，让陈康自己去组织第二次攻击，却叫来炮兵连长，说："敌人已经集中在主峰阵地，那里是集团工事。你必须把炮弹打到敌人工事内，压住敌人的火力，与2营的攻击动作要配合好。"

　　陈康听到王树声的话，加上雨水一浇，大脑冷静许多。他与营政委马上重新编组好攻击队形，与炮兵和支援火器规定了协同动作，并集中全营所有的司号员、"打旗兵"待命。

　　一切准备就绪，陈康下令："吹号！"所有的司号兵一起吹响了冲锋号，"打旗兵"展

史料链接

开了红旗，轻重机枪同时开火、迫击炮弹如长了眼睛似的准确落入川军阵地中。陈康挥起手枪，高叫："拿下主峰，剑门关就是我们的了。同志们，上！"全营官兵跟随陈康沿着选定的冲锋路线，很快冲上了山顶。战士们端着刺刀，挥舞大刀，冲进敌群，与川军展开肉搏战。川军被红军杀得血肉横飞，很快就顶不住了，号叫着向后溃退。

2营紧追不舍，跟随逃命的川军冲进了阵地核心，不但冲垮了川军阵地上的一个营，连川军预备营也被冲得七零八落。杨倬云见势不妙，手端机枪，带着督战队一字排开，见着逃兵就扫，逼迫溃退的部队回头拼命。退到关内的川军进退不得，被挤压在一个不到三百米的关槽中。2营十几挺机枪一齐怒吼，川军在关槽里无处藏身，转眼间尸体便填满了狭谷。

杨倬云明白大势已去，带着几个亲信向关口方向逃命，却发现关口上空已经飘扬起了鲜红的旗帜。原来在红31军部队血战主峰的时候，红88师在红30军副军长程世才的指挥下一举攻占了关楼。满脑子忠孝节义的杨倬云走投无路，决意为他的"恩公"邓锡侯殉职，跳崖自尽。

激战至黄昏，红军击溃川军两个团，歼灭一个团，共歼敌三千余人，攻克了雄关要隘剑门关。

为了纪念红军攻克剑门关的英雄业绩，新中国成立后，当地人民在关口建立了纪念碑。徐向前亲自为纪念碑题写了碑文："红军攻克剑门关纪念碑"。

★ 激战千佛山

千佛山，位于北川、安县交界处，与伏泉山、大哑口等高山连成一片，蜿蜒起伏六十多公里。南扼川西平原，北控北川河谷，既是川西平原的"北部城墙"，又是河谷通道的自然屏障，地形十分险要。川军在此重兵把守。

1935年5月上旬，红四方面军为西进岷江流域，发起土门战役。方面军总指挥徐向前亲率善打攻坚战的红88师、红25师、红27师等部攻击伏泉山、千佛山一线山峰。首战目标是伏泉山，由红88师担负攻击任务，红268团正面佯攻，红265团进行偷袭。

红265团是一支屡建奇功的英雄部队，尤擅夜战。为了练就夜战的过硬本领，平时训练有一个科目是用毛巾蒙住眼睛拼刺刀、过独木桥、登悬崖。因此，在红四方

史料链接

军中以"夜老虎团"声名远扬。在漆黑一团、密密麻麻的灌木丛中，团政委黄英祥带1营在前，师政委郑维山和团长邹丰明带2、3营跟进，全团官兵臂系白布，背插大刀，攀岩过涧，奔走如飞，用了四五个小时，悄悄爬上了伏泉山主峰。

凌晨时分，伏泉山顶突然火光冲天，手榴弹的爆炸声接连不断。红265团官兵挥舞大刀冲入敌阵，四处攻击。川军被打得晕头转向，想顽抗又分不清敌我，想逃命又辨不清路径，近百人跌下山崖，更多的人丧命刀下。红265团偷袭得手，红88师主力立即在师长熊厚发的带领下全面进攻，很快就攻占伏泉山主峰龙官殿及其周围的制高点。

川军立即发起反扑。第28军第2纵队司令王铭章率三个旅九个团于5月5日猛攻伏泉山，蒋介石也派出飞机助战。飞机轰炸，大炮轰击，一时间山摇地动，土石纷飞，伏泉山笼罩在烟雾之中。川军潮水般向红军阵地涌去。队伍中有不少袍哥，个个赤裸上身，手提鬼头刀，口中念着"刀枪不入"，冲在最前面。

这天无风，山头的浓烟久久不散。王铭章站在山下，从望远镜中看不到山上的战斗场面，只听到枪声爆响，炸声不断，因而只是连续投入部队，力求一举成功。可投入的川军一批一批涌上山岭，又一批一批地石沉大海，毫无声息。两三个小时过去了，第一梯队全都投入了战斗，却始终没有传来攻占山顶的消息。就在这时，一阵山风吹过，硝烟退去，显出了山坡上密密麻麻的尸体，而一面鲜艳的红旗在主峰高高飘扬！王铭章懊丧地放下望远镜，他明白，进攻失败了，投入的部队也基本完蛋了。

正面进攻不果，王铭章令二梯队兵分两路，向伏泉山迂回。下午3时，川军二梯队进至涟坪东侧后，正好与由治城方增援的红军部队遭遇。红军先敌展开，激战一小时，川军仓皇后撤。红军趁势猛烈追击，坚守伏泉山的红88师也发起反击，很快冲垮了川军阵地。王铭章只好率部后撤。

红军继续前进，兵临千佛山下。千佛山是北川河谷南侧的最高点，主峰海拔两千九百米，山势险峻，两侧为陡立的绝壁，只有半山腰有一个天然石洞"天门洞"，通往突兀的山顶。山顶有一座佛祖庙，是袍哥"金堂帮"帮主赖金亭的老巢。赖金亭刚被封为"剿共"自卫团司令，并从军阀邓锡侯处领取了几挺机枪和上百支新步枪，感到不可一世，声称要与红军"决一死战"，为伏泉山之败雪耻。

红88师、红25师各一部从千佛山东侧发起进攻。赖金亭赤膊上阵，操着机枪亲自把守天门洞。由于地形不利，红军初次进攻受挫。战至黄昏，红军暂停进攻，赖金亭

史料链接

得意扬扬，回到佛祖庙摆酒庆功。但没有想到酒杯还没端稳，红军突然攻到了庙前。原来红军采取"夜摸"的战术，组成突击队，携带短枪、大刀、手榴弹，在向导带领下，悄然从"天门洞"侧后的悬崖攀上了"天门洞"，用大刀解决了毫无防备之敌。红88师主力乘胜猛攻，很快夺取了千佛山主峰佛祖庙。赖金亭吓得带着几名亲信，腰系绳子，坠下悬崖，方侥幸逃命。

13日，红31军开始接替千佛山地区防务。川军一个旅趁红军换防，发动偷袭，重占千佛山主峰佛祖庙。红51军在当地群众的帮助下，组织了一批善于攀登山崖的战士，在向导苟玉书引导下，绕道迂回到距天门洞后侧一公里的花园坪。该处敌哨兵去天门洞换哨，红军遂分成两组，分别向天门洞、花园坪开枪，两处敌军不辨虚实，上演了自相残杀的好戏。红军突击队乘乱攻击，一举占领花园坪。正面进攻部队也发起进攻，夺取天门洞。

盘踞千佛山顶峰佛祖庙的川军王敬三团见天门洞已失，慌忙组织火力顽抗。红31军93师主力强攻不克，夜袭亦未得手，伤亡较大。红91师紧急增援，夜摸敌阵地，捉到敌哨兵和查哨班长，弄清了敌人的口令和火力配备。红93、红91师各一部利用查明的敌口令，奇袭加强攻，同时发起冲锋，冲上山顶，再次攻占千佛山。

18日，川军纠集近五十个团，三路反攻千佛山一线红军阵地。红军防御部队凭险据守，顽强阻击。红279团和红93师重机枪连及时增援，从左右两翼以密集火力扫射敌群。川军主攻团长王三友中弹亡命，部队失去掌握，争相往山下溃退，红军转守为攻，乘胜出击，夺占白家林阵地。奉命迂回红军阵地的川军教导师第2旅旅长于渊曾为中共地下党员，率部故意绕道山林，拖延时间，至19日才到达干沟，遭到红军攻击后，立即丢下大量辎重，撤回出发地。

川军的三路反攻偃旗息鼓。此后，川军部队与红军在千佛山、伏泉山一线陷入对峙，直至红四方面军部队全部通过北川河谷，也没有再发动大的进攻。

千佛山战斗，红四方面军共击溃敌二十个团，攻占了川军的坚固防线，粉碎了国民党军在涪江流域围歼红军的企图，为红军顺利通过北川峡谷构筑起一道坚固的翼侧屏障，使数万大军得以顺利西进开辟了道路。同时，攻占千佛山、伏泉山一线阵地，造成了红军直取川西平原的态势，牢牢牵制住了川军主力，创造了红军避实就虚，进占岷江上游地区的有利条件。

史料链接

★ 坚持川陕地区斗争的红军游击队

红四方面军离开川陕苏区开始长征后，留下了由刘子才、赵明恩率领的三百多人坚持根据地斗争。他们与一些地方干部、党团员和未能西渡嘉陵江的红军分队等共一千余人，组成了红军独立师，依靠广大群众，在广元、宁羌、南部、南江等地展开游击战争。

国民党军占领川陕苏区后，大批杀害红军伤病员、掉队人员和地方干部、红军家属、革命群众，并重兵清剿红军独立师。敌人强大，加上张国焘在撤离苏区时下令"坚壁清野"，在群众中造成恶劣影响，给独立师的活动造成极大困难，队伍人员不断减少。1936年春，独立师在转移过程中，遭到胡宗南部一个团的包围，虽最终突出重围，但损失极大，后来又发生了变节分子叛变投敌，引导敌军进攻的严重事件，最后部队只剩下六十余人。

但是，独立师的勇士们在如此恶劣的环境中，斗志不减，红旗不倒。1936年6月，独立师进行整编，编为两个队、一个独立连，并在南江县大河坝石窟召开会议，确定依托大巴山，在南江北部、南郑南部的川陕交界地区重建根据地。此后，在群众的大力支持下，游击队连续取得战斗的胜利，开辟出以桃园寺为中心的纵横百余里的根据地，并组织起一百余人的群众武装。8月，游击队全歼进剿的陕西国民党团防部队一百二十余人。随后，又击溃国民党军胡宗南部进剿的一个团，缴获大量作战物资。到1936年年底，游击队发展到了二百三十多人。

抗日战争爆发后，国民党军不顾民族大义，加紧对川陕游击队的围剿。1940年1月，国民党军一个师又一个旅向游击队大举进攻。游击队浴血奋战，最终寡不敌众，弹尽粮绝，全部壮烈牺牲。

★ 中坝决战

邓锡侯是四川军阀中有名的滑头，人称"邓猴子"。自从红四方面军入川以来，邓锡侯虽然多次出兵参与"围剿"，但每次都是出兵不出力，即使在规模最大的"六路围攻"，他的部队也是亦步亦趋，慢如蜗牛，半年才前推不到一百里。但当红军反攻时，仅两天就全部撤退回来，速度之快令所有人大跌眼镜。中央红军进入川黔滇边地区后，

史料链接

蒋介石亲自接管督剿大权,并调中央军入川。他曾与刘湘、田颂尧等人多次商议对策,认为朱毛红军不过两三万人,居然游走赣、湘、粤、桂、黔、滇、川诸省,屡剿不灭,屡堵不住,显然是蒋介石居心叵测,故意将中央红军赶往西南,让红军与地方军队鹬蚌相争,彼此消耗,然后由中央军一举两得,既消灭红军,又灭掉地方军队。因此,邓锡侯始终对"围剿"红军的基本态度是,保存实力为主。

但1935年4月上旬,红四方面军强渡嘉陵江之后,包围江油,直逼他的绵阳老巢,他不得不拼命了。于是,邓锡侯调集18个团的兵力浩浩荡荡向江油大举增援。这是他第一次集结了全部精锐部队,准备跟红军拼血本,因而亲自披挂上阵,率部出征,志在必得。

邓锡侯倾巢出动,正合徐向前的心意。与邓锡侯多次交手,徐向前深谙与邓锡侯的部队打上不容易,要迂回包抄它更不容易。在川军各路军阀中,最难打的就是邓锡侯。包围江油,正是他调动邓锡侯的一个手段。攻邓锡侯之必救,围城打援,在运动中歼灭其主力。而邓锡侯果然发急发狠,拿出全部本钱拼命,这就为歼灭该部提供了良机。因此,邓锡侯的部队刚刚离开绵阳老巢,徐向前就下令部队撤出梓潼、彰明、中坝,给邓锡侯一个错觉,让其放胆前进。同时以红9军27师继续围困江油,集中红9军25师、红30军88师及红4军10、12师各一部,在江油以南准备迎击邓锡侯援兵。

徐向前反复研究了地形,最终将打援地点选在了江油、中坝之间的塔子山、鲁家梁子一带。这里北靠观雾山,南连中坝盆地,东临涪江,西有官渡河,地形连绵起伏,几十条沟岔纵横交错,是非常理想的阻击与运动歼敌之地。

13日,邓锡侯率部抵达青莲渡,会同由中坝后撤的部队,对中坝外围的红军部队发起进攻。红军按照既定部署,稍作阻击,即放弃中坝,节节后撤。川军重占中坝,邓锡侯连夜部署兵力,决定三路进攻,冲入江油城。

14日,川军全线进攻,进入红军既设战场。邓锡侯亲自在前线督战,部队在飞机的掩护下,集中炮火猛烈轰击红军阵地,一个团退下来,再上一个团,轮番进攻红军阵地,竟日不停。红军坚守鲁家梁子、雉山关,死死卡住川军的前进道路。激战半日,川军寸步未进。

中午时分,川军损失严重,进攻气焰顿挫。徐向前等待的就是这个反击时机,立即命令预备队出击,红25师与红88师双箭齐发,红25师由北向南,红88师由南向

史料链接

北,很快冲入了敌群,将川军截成数段。邓锡侯见红军反击,也红了眼,下令部队向红军展开反冲击,旅长、团长全部带督战队冲锋。向前冲者赏大洋,往后退者吃子弹,并集中力量猛攻红军中路。山谷中硝烟弥漫,火光冲天,杀声震耳欲聋。

红30军副军长程世才指挥红88师向川军主阵地塔子山进攻,但遭到川军的猛烈反扑,战斗陷入僵持。程世才决定以一部分兵力对付正面之敌,另以一个团从侧翼实施主攻,直冲山顶,中心开花。红88师是红四方面军中的精锐,所属三个团,红265团被授予"夜老虎"称号,红263团有"钢军"称号,红268团有"百战百胜团"称号,是徐向前手中的撒手锏部队。五个团为主攻任务争得不可开交,师长熊厚发无法做主,程世才一锤定音:红268团担任主攻。

在轻重机枪的掩护下,红268团如一把尖刀直刺川军阵线核心,很快攻占塔子山主阵地。川军右翼总指挥游广居见红军占领山顶,立即组织反扑,红268团坚守阵地,人在阵地在。入夜之后,战斗更加激烈。"夜老虎"红265团投入战斗,协同红268团猛烈进攻,川军再也支撑不住了,战至25日,红88师全部占领塔子山,川军游广居所属部队死伤过半,向中坝溃逃。红88师及红268团搜剿残敌,师长熊厚发率红263团,穷追猛打,与其他部队协同,很快将川军卢济清旅三面包围,歼灭大部。

川军阵线左翼总指挥龚渭清听说右翼崩溃,慌忙下令后撤。但想跑已经来不及了。红25师早已迂回到其侧后等候多时。川军后撤部队刚到,隐蔽在公路两旁油菜地里的红军四面杀出,川军顿时大乱。龚渭清赤膊上阵,亲率二十响驳壳枪营拼死抵抗,还是阻止不住红军的冲锋。龚渭清中弹受伤,手下两个团长赵云霖、张南芳也先后挂彩,部队四散逃命。

红军全线出击,川军全线崩溃。邓锡侯见大势已去只得逃回中坝,并下令紧闭城门。未及进城的部队见状,胡乱开枪,破口大骂,而城内也挤满溃兵,秩序大乱。邓锡侯向新上任的第29军代军长孙震求援,孙震却反问:"邓军长,你手里有多少部队,能支撑多久?"孙震的话提醒了邓锡侯,中坝秩序大乱,如果红军来攻根本抵挡不住,他放下电话,丢下部队,连夜乘车逃往绵阳。途中经过漫坡渡时,遭到红军伏击,侥幸逃脱,而他的随行人员则全被歼灭。

4月17日,红军占领中坝,取得了决战的胜利。此战,红四方面军共歼灭川军四个团,击溃六个团,俘虏三千余人。

★ 红四方面军开始长征后编制序列（1935年4月~8月）

西北革命军事委员会
主　席：张国焘
副主席：陈昌浩
　　　　徐向前

红四方面军
总　指　挥：徐向前
政　治　委　员：陈昌浩
副总指挥：王树声
参　谋　长：倪志亮（后）
　　　　　　陈昌浩（兼）
政治部主任：曾传六（后）
政治部副主任：傅　钟（后）

红军大学	校　长：倪志亮（兼） 副校长：李　特
炮兵团 妇女独立团 特务团	第1团，第2团
红4军	军　长：许世友 政治委员：王建安 副军长：刘世模 政治部主任：洪学智 第10师　师　长：余永寿 　　　　　政治委员：叶友均（后） 　　　　　辖第28团，第30团，第34团，第36团 第11师　师　长：周仕元 　　　　　政治委员：陈再道 　　　　　辖第31团，陈锡联（后） 　　　　　辖第31团，第32团，第33团
红9军	军　长：孙玉清 政治委员：陈海松 副军长：王新亭 第25师　师　长：韩东山 　　　　　政治委员：陈海松（兼） 　　　　　辖第73团，第74团，第75团 第27师　师　长：李德明 　　　　　政治委员：李德明 　　　　　辖第79团，第80团，第81团
红30军	军　长：程世才（代） 政治委员：李先念 副军长：程世才 政治部主任：李天焕 红88师　师　长：熊厚发 　　　　　政治委员：郑维山 　　　　　辖第263团，第265团，第268团 红89师　师　长：邵烈坤 　　　　　政治委员：张文德 　　　　　辖第262团，第264团，第266团 红90师　师　长：汪乃贵 　　　　　政治委员：何重之 　　　　　辖第267团，第269团，第270团
红31军	军　长：余天云 政治委员：詹才芳 政治部主任：张成台 第91师　师　长：余家寿 　　　　　政治委员：易良品 　　　　　辖第272团，第273团，第275团 第93师　师　长：韩家松 　　　　　政治委员：詹才芳 　　　　　辖第274团，叶成焕（后），第279团
红33军	军　长：王维舟 政治委员：张广才 副军长：罗南辉 政治部主任：李伯选 第98师　师　长：蒋群麟 　　　　　政治委员：王　波 　　　　　辖第294团，第295团 第99师　师　长：王德安 　　　　　政治委员：王德安 　　　　　辖第296团，第297团

第十四章

翻雪山

中央红军渡过大渡河后,国民党军薛岳部"追剿军"以一部在西昌、泸沽之线筑碉守备,主力向汉源、泸定、康定推进。川军邓锡侯部主力位于汉川,奉命加强芦山防御的部队尚未到达。刘文辉部位于雅安、汉源,杨森部位于洪雅、荥经。蒋介石已经难以在短期内重新部署新的"围剿"行动,只能寄托于恶劣的自然条件限制红军的行动,同时以主力部署于通往成都等地的要隘和中央红军北上的道路,力图将中央红军围困在今雅安地区,将红四方面军堵截在川西北高寒地带,不使两大红军主力会合,以达到分别"围歼"的目的。

国民党军"追剿"红军的战略暂时由以追为主转为以堵为主。6月5日,蒋介石在成都召集川军各军头目开会,大讲"剿匪"要诀:"一、流寇穷追,踞匪紧围";"二、攻心为上,攻城次之";"三、我们要用土匪的战术来剿匪";"四、要特别注意碉堡工事";"五、要注重坚壁清野";"六、要注意下级干部和士兵专门技能的训练";"七、无论行军作战要特别注意联络、控制、警戒、侦探、掩护和观测";"八、要学共军研究之勤、补充之速,以及整理缩编能够实在……"等等,要求川军深刻领悟,以便在"剿匪"作战中灵活应用。

红军主力过了泸定桥之后,在附近地区略作休整。中革军委最初准备以主力南下清溪、富林,寻机歼敌一部,遏阻国民党"追剿"军渡河北上。但随后获悉清溪守军为川军四个旅,为避免与敌纠缠,尽快与红四方面军会合,1935年6月2日,中共中央政治局常委在泸定召开会议,决定中央红军继续北上,避开人烟稠密地区,走雪山一线,迅速夺取天全、芦山,实现与红四方面军会合。同时决定,派政治局委员陈云前往上海，恢复遭到破坏的白区党组织，争取重新建立与共产国际的联系。

会议结束后，陈云离开长征队伍，在地下党组织的护送下，经成都、重庆到达上海，与先期到达的潘汉年会合。由于白色恐怖严重，经与共产国际联系，陈云、潘汉年先后离开上海前往苏联。陈云于9月到达莫斯科，向共产国际详细汇报了有关遵义会议和红军长征的情况，使得共产国际第一次了解到中共中央新的领导集体和红军长征的真实情况。

陈云

潘汉年

闯过飞越岭

当红军主力尚在泸定地区时，担负开路任务的红军部队已经迅速向北推进。5月30日，红2团攻占化林坪，川军第11团余部退守镇北飞越岭半山腰的瓦窑坪一带凭险据守。当晚，红2团猛攻瓦窑坪，川军第11团望风披靡。红2团乘胜追击，攻入川军第4旅预备队第10团的阵地。第10团团长谢洪康见红军势不可当，斗志全无，自伤手臂，扮成伤员，混入散兵队伍逃往雅安。第4旅旅长袁国瑞收拢第10、第11团溃兵，固守飞越岭。

飞越岭位于泸定县的东南、汉源县西北，是两县分界线。上山二十里，下山三十里，鸟道蛇盘，尤其从伏龙寺到山顶一段，石级如天梯。山顶有个垭口，称作飞越关，海拔两千八百三十米。关北为桌子山，海拔三千零一米；关南为马鞍腰，海拔三千六百七十八米，双峰耸立，形成天然隘口，是由内地通向康藏的必经之路。

5月31日，飞夺泸定桥的红4团来不及休整，就奉命接替红2团进攻飞越岭。红2师师长陈光、政委刘亚楼亲自到山下观察，与黄开湘、杨成武研究进攻方案。黄开湘说："这种地形，兵力大了展不开，况且山上有雾，对敌有利也有弊，我们摸不清他们，他们也摸不清我们，还是小部队出击，可随机应变，出奇制胜。"陈光、刘亚楼批准了他的设想。

黄开湘叫来兼任6连连长的2营副营长黄霖，指着云雾缭绕的飞越关说："从这里到关口只有一条小道，敌人在路上埋了地雷，昨天夜里红2团连攻几次都没有成功。唯一的办法是从侧面爬上去。你们连担负这个任务，从侧面爬上背面的桌子山，从上往下打，砸开这道险关。为加强你们的力量，给你们增配一个机枪排。"

从向泸定桥开进至飞越岭下，红4团已经四天没有吃上一顿热饭了，官兵们全靠咽生米、喝生水充饥。拿下泸定城后，由于敌人纵火烧房，缴获的粮食非常有限，此刻全团已经基本断粮。刘亚楼下令把全团和师机关、直属队的干粮全部集中起来，勉强供6连的官兵吃了个半饱。

简短的战斗动员后，6连的一百四十多名官兵出发了，黄霖走在队伍的最前面。越过密林，跨过雷坑，到了山腰时，正好一股山风刮过，云雾飞驰，露出了一小片蓝天。黄霖连忙查看地形，发现左侧山峰古木参天，陡壁绝峭，敌人基本没有布防，如果能攀上山顶，再向右打，就能出其不意，摧垮敌人的防线。同时，敌人的力量都集中在正面小道上，有雨雾遮掩，连队的行动很难被发现。他决心已定，遂指挥全连向桌子山迂回攀登。

山上根本就没有路，到处都是乱麻般的野藤和荆棘，不时还有布满苔藓的石壁挡路。战士们用刺刀开路，搭起人梯向石壁攀登，一个战士摔下来，再上一个。快到山顶时，一个几米高的石壁横陈面前。此时离出发时已经整整一个上午，官兵们都已筋疲力尽，腿都无法站稳，再也没有力气搭人梯了。黄霖让大家休息，自己站在石壁旁琢磨如何攀登。一位身材矮小的战士站了出来，说："副营长，让我来！"他把官兵们用绑腿连起的长索系在腰间，爬上一棵大树，从树梢处猛地一荡，跳到另一棵大树上，然后又荡向另一棵大树，最终荡到了距石壁只有一米多高的地方，纵深一跃，登上石壁，放下了长索。黄霖大喜，马上令大家攀索而上。中午时分，所有人都登上了桌子山顶。

战士们检查枪支，准备战斗，黄霖带着几个排长观察敌情。他们发现，在正下方的浓雾中，有一团很浓的烟柱升起，断定那里就是敌人的阵地，立即率所有人滑下陡坡，踩着厚厚的碎枝烂叶，向着冒烟的地方扑过去。果然不出所料，这里是川军的警戒阵地，敌人根本没有想到红军会从云端中"飞"下来，加之山顶太冷，所以只留几个人守阵地，其他一百多名川军正围着两个火堆烤火。红军如神兵天降，机枪排的七挺轻机枪突然开火，黄霖带着其他三个排一个猛虎扑食，就冲垮了敌人，俘虏七十多人，余者滚下了山坡。

主阵地飞越关上的川军团长杨开诚正在抽鸦片，听到枪声在警戒阵地响起，简直不敢相信自己的耳朵，半天才搞清红军只有一百多人，急忙组织反扑。川军吸足鸦片，嗥叫着向6连扑来。6连沉着迎战，像钉子一样钉死在阵地上纹丝不动。川军的几次反扑都被打退，最后集中所有力量一拥而上。6连官兵毫不退缩，战至黄昏，子弹消耗殆尽，手榴弹也所剩无几，黄霖令所有人上刺刀，持马刀，待敌人靠近，一声令下，投出了手中最后一批手榴弹。浓烟中，黄霖马刀一挥，带着一百余名官兵如猛虎下山扑向了川军。川军早已经习惯了逃跑战术，见红军拼命，扔掉手中武器，扭头就跑。川军团长杨开诚骂娘、开枪都无法制止溃退的部下，自己也把帽子一扔，混入了逃兵群中。6连战士猛追猛打，乘胜夺取了飞越关垭口阵地。

在6连攀登桌子山的同时，红4团主力也从正面发起了佯攻。6连夺取飞越关垭口后，正面的川军土崩瓦解，红4团主力乘胜追击，冲下岭去，首先突破伏龙寺敌人的阵地，随后又向三道桥的川军冲去。逃命的川军在山路上拥挤不堪，互相践踏，死尸遍野。红军毫不松懈，穷追不舍。至夜幕降临，红4团已经夺取了飞越岭山前山后的所有川军阵地，俘虏川军二百余人。川军旅长袁国瑞收拾残兵逃往百里以外的汉源城。

红4团再次为红军主力打开了通道。红军主力迅速通过飞越岭，向汉源、荥经、天全、芦山、宝兴方向分别开进。在飞越岭战斗中，6连伤亡三十多人。

奇袭天全、芦山

闯过飞越岭后，红1军团直下三交坪，占领宜东场，然后兵分二路：一路由三交坪翻龙华山向荥经县大桥头前进，一路由宜东过打马岗向荥经县新庙推进，一路穷追败川军袁国瑞旅残部至富庄，再由富庄分两路，一部经西溪抵九根树，翻泥巴山至荥经新庙，一路沿塔子山进至猛虎岗、二牙关，逼近汉源。

第24军部队失守大渡河防线，遭到蒋介石的严厉训斥。深知蒋介石借"剿共"剪除地方军阀势力的军长刘文辉，生怕自己成为贵州军阀王家烈第二，亲率警卫旅到汉源督战，以旅长段绥章率部在城外猛虎岗至三牙关一线布防，固守汉源。袁国瑞旅残部退到猛虎岗一线后，也被刘文辉就地整编，与段绶章部共守城池。6月2日，红1军团先头部队进抵猛虎岗、三牙关，与川军展开激战。

红军兵临城下，刘文辉令所部拼死守住三牙关等要点。红1军团连攻数次均未奏效，遂改变战法，以小部兵力多路出击，不分昼夜地袭击三牙关、汉源县城，大造攻城声势，掩护主力迅速经化林坪、三交坪、宜东等地穿越汉源县境，向荥经县境开进。佯攻部队完成任务后也迅速撤离，赶到新庙与主力会合。川军第24军部队已经被红军彻底打怕，躲在三牙关一带的工事里，乱放枪炮。红1军团撤走后，刘文辉生怕有诈，也未敢下令出击。

在此期间，红军主力除红9军团暂留泸定桥地区担任后卫外，其余部队沿大渡河东岸经大坝、甘露寺、冷碛向南移动，到达兴隆，与右纵队会合。

从6月3日起，中央红军兵分三路继续北上：红1军团（缺红5团）与红5军团为右纵队，由林彪、聂荣臻指挥，取道胡庄街、凉风顶、牛屎坡（今建黎）、石坪（今泗坪）、小河子（今荥河）及其以西平行路，向芦山前进；红3军团、军委纵队及红5团为中央纵队，以战备姿态取道化林坪、大桥头、水子地向天全前进；红9军团为左纵队，由泸定直接向天全前进。

红军过荥经留下的蓑衣

6月5日，红军全部安全通过汉源县境。随后，又通过有效的政治攻势，争取了川军杨森部杨汉忠旅的让路，于6日全部通过荥经县境，向天全、芦山方向继续前进。先头红4团从荥经、天全交界处的青山垭入天全县境，经青元、于河、马汲，6日到达天全城关天全河北岸的沙坝村。右纵队先头部队则由荥经县的荥河乡翻坯子口入天全县境，经陈家坝、铜厂、后阳到柳家沟，抵达始阳的三谷椿渡口。

据守天全的是刚从洪雅赶来的杨森部一个营，在三谷椿渡口则有杨森部一个团和地方民团阻挡。川军据河守险，封锁河面，红军无法架设浮桥，双方隔河对射，形成僵持。杨森部第4混成旅和刘湘部王泽浚旅这时正在天全河北岸的天全、始阳、芦山一带布防，挡住了红军前进道路，而薛岳率领周浑元、吴奇伟、李韫珩三个纵队及川军第24军刘元璋、杨学端部追抵冕宁、安顺场一线，正沿大渡河东西两岸溯江而上。

中革军委电令红9军团星夜兼程，由泸定桥直趋天全城，从天全河北岸发起攻击，配合南岸的红5团，不顾一切牺牲，坚决迅速地夺取天全城，保障中央纵队迅速渡河北进。命令到达红9军团时，军团长罗炳辉正在生病。接到命令后，他坐上担架，亲自与参谋长郭天民率先头部队赶赴天全，并赋诗一首明志："辉病沉重旦夕间，中央陷危在天全，一息尚存赶营救，赤诚气勇破强敌。"7日晚，红9军团先头两个营到达天全。罗炳辉命令部队在行进间不停顿地发起战斗，两个营的官兵高喊着"打下天全城，保护党中央"的口号，向川军阵地的侧后猛烈攻击。

荥经革命烈士纪念碑

川军被红军在背后插上一刀，防线立时陷于混乱。南岸的红军也趁势猛攻，前后夹击，很快突破了敌人的阵地。罗炳辉指挥部队穷追猛打，一直打到飞仙关下。在红9军团的屏护下，中央纵队在天全南门外的老船头搭起浮桥过河入城。城内的民间艺人韩娃娃等人鸣锣、放鞭炮，带着群众在河边欢迎红军。据守三谷椿渡口的川军听说天全城失守，仓皇逃跑。

中央纵队的红军没有停留，穿过天全城，进至十八道水。右纵队的红1军团则兵分两路，主力在二谷椿搭浮桥过河，进至始阳；另一路由切山脚的铁索桥过河，奔向芦山县的思延乡。随后，红军主力在十八道水（今仁义乡）分兵：红3军团向天全的灵关（今属宝兴）前进，红1军团由始阳经老场向芦山前进，从切山脚过天全河的部队则经罗代、罗改向芦山前进。

担负芦山守备任务的川军刘湘部王泽浚旅，以一个团大部守备城西南的河岸和县城，正面堵击来自天全方面的红军，另以两个团位于城东北芦山冈高地构筑二线阵地，作为预备队。

6月8日，由天全城逃出的人群纷纷涌入芦山城。红军侦察队化装混杂其间进城。入夜后，红军先头部队红1团隐蔽进至芦山城下，突然从西北方向发起进攻。城内的红军侦察队马上行动，猛攻城内敌军旅部和守城部队，枪声和"缴枪不杀"的喊声响彻夜空，城内川军不知有多少红军攻城，乱作一团。旅长王泽浚听到枪声后，吓得连衣服都没有穿好，带着几个卫兵就逃出城去。红军不损一兵一卒夺取芦山城，主力迅

芦山五通牌红军标语

速穿城而过，向灵关开进。而王泽浚始终躲在芦山冈高地上的工事内不敢动弹，直到红军全部过完，听到城内居民"红军走完了"的喊声，才派人入城探听虚实。

进入藏民区

在中央红军北进的同时，策应中央红军的红四方面军部队也在急速南下中。6月8日，中共中央、中革军委决定，中央红军部队今后的"战略任务是以主力乘虚迅取懋功、理番，以支队掠邛崃山以东迷惑敌人，然后归入主力，达到与四方面军会合，开创新局面之目的……我军的基本任务，是用一切努力，不顾一切困难，取得与四方面军直接会合。如再遇特殊情况，使我们暂时不能直达岷江上游时，则以大小金川流域为暂时立足之地，争取以后与四方面军直接会合"。要求各军团首长必须向全体指战员说明与红四方面军会合的意义，"鼓动全军以最大的勇猛、果敢、机动，迅速完成战斗任务，以顽强意志克服粮食与地形的困难"。

红军官兵坚决响应中共中央、中革军委的号召，层层动员，展开革命竞赛活动，以百倍的勇气和毅力，踏上了与红四方面军会师前的最后一段艰难行程。

从天全到懋功，有一条向东南延伸经雅州、汉源的大道。但部队在向雅州行进途中，中革军委获悉，川军已经在汉源地区据险扼守以待红军。毛泽东立即决定：改变行动路线，全军撇开东南方向的大道，转向沿东北方向的小路行进，到达天全河后，再转向北行进。由此，红军的行进路线由大道完全转入了高山小路。

红1军团为全军先驱。林彪、聂荣臻令红2师师长陈光率红4团带电台先行开路，限12日前赶到懋功；红2师政委刘亚楼率红5团在红4团后跟进，军团部率红1师及红3军团第13团在红5团后跟进。6月9日，红1军团进至灵关，随后攻占宝兴县城，沿东河向盐井坪方向前进。10日午后，先头红4团经野猫坪到达崔店子。

由崔店子到锅巴崖，需要穿过一道很长距离的河谷。谷内林木茂密，荆棘丛生，奇石怪峰，突兀狰狞，河水咆哮奔腾，山崖陡峭入云，只有正午时分谷内才见阳光。从崔店子过河，原有一道拱桥，从两岸用几块岩石压着几根大树的底部，树冠伸向河面，再从两面用树条连接，以蔓藤竹条捆扎而成，形如彩虹，每次只能通过一个人，且摇晃不定。过河后，道路蜿蜒盘旋于谷内的栈道上，虽称栈道，实为简易木桥，当地人将从崔店子至黄店子间的栈道叫作"长偏桥"，把黄店子至锅巴崖的栈道叫作"短偏桥"。这些栈道都是在悬崖陡壁上凿洞支木，然后铺上树条建成，上面是直伸云端的峭壁奇峰，下面是滔滔河水，人行其上，胆战心惊，稍不小心坠入河谷，就会粉身碎骨。红军到达前，当地民团破坏栈道，拆毁拱桥，企图阻断红军北进通道。

伐木修桥需要时间，陈光令红4团溯河而上，开辟新的通路。官兵们爬上悬崖绝壁，攀着荆棘蔓藤，衣裤被荆棘撕成块块碎片，手掌被锐石划得鲜血直流，艰难行进一个多小时，总算绕过近3里的"长偏桥"，到达黄店子对岸的苟店子。前面全是悬崖绝壁，连垂藤杂树都没有，队伍只好停止前进，设法渡河。苟店子只有几户人家，可因不了解红军早已逃走。没有百姓帮助，官兵们解下绑腿，搓成一根根粗布绳，一端系上钩子和石块，选择了一处距对岸最近的峡谷，甩向对岸。不知试过多少次，钩子终于套住了对岸的一个树桩。官兵们将布绳固定后，一个接一个地攀"索"过河，随即开始抢修通往锅巴崖的"短偏桥"栈道。

晚上，红4团在黄店子宿营。陈光召集团长黄开湘、政委杨成武等干部开会，认为：白天走过的路太险恶，大部队根本无法通过，唯一的办法是抢修崔店子的拱桥和"长偏桥"栈道。陈光指示：红4团继续向锅巴崖、硗碛方向北进，留少量人员返回盐井，在当地发动群众抢修拱桥和栈道。第二天，陈光率红4团北进，留下人员很快在盐井动员了大批有修桥经验的群众，与红5团等部队一道抢修拱桥，仅用半天时间，就修复加固了崔店子拱桥和"长偏桥"栈道，不仅人员可成单行通过，马匹也能通过。由于道路难行，红军部队用了七天七夜时间方全部通过崔店子到锅巴崖间的河谷。

6月11日，红4团到达藏民（当时称夷民）聚集的硗碛，开始进入藏民区。国民党竭力挑拨民族关系，煽动民族仇恨，威胁利诱藏族土司头人阻击红军，并用飞机散

硗碛藏乡泽根村毛泽东、朱德旧居

发传单，对共产党和红军极尽攻击辱骂，以挑起藏民对红军的仇恨。飞机有时一天飞行多达九架次，平均每天散发藏汉两种文字对照传单两万余张。红军模范执行党的民族政策，以自身的行动戳穿了国民党所散布的谣言，赢得了藏民的爱戴。

红4团在硗碛稍事休息，于下午继续前行，经头道桥、凉水井、扎角坝，黄昏时分到达夹金山脚下的菩生岗。当地藏民受了反动谣言迷惑，红军刚刚到达，"忙米戈壁"，"忙米戈壁"（藏语："兵来了"）的喊声四起，寨子里跑得空无一人。红4团官兵严守纪律，没有一人进入藏民的房屋，更没有拿一根藏民的柴烧，自己从附近山林中捡来树枝，点起篝火，在路边露营。

躲在附近的藏民目睹红军秋毫无犯的行为，深深感动，第二天就纷纷走出山林，回到家中。红军向他们宣传"红军和夷（藏）民是一家"，"红军不拿夷民的一点东西"，"红军不拉夫"等道理，藏民们听得津津有味，非常高兴，有的人给红军送来木柴，有的人送来蔬菜，还有人主动为红军充任向导。扎角坝路边有三棵白杨树和一口水井，井水甘甜冽美，红军经过时曾汲水解渴。红军过后，藏民把白杨树和水井保护了起来，常常给儿童讲述红军的故事。

翻越夹金山

夹金山又名甲金山，当地藏民称作"甲几"，意为很高很陡。夹金山属于邛崃山脉，横亘于宝兴县与懋功县之间，是从雅安的天全、芦山、宝兴等地进入川西北地区的必经之路。主峰海拔四千六百多米，终年积雪，空气稀薄，气候恶劣，变化无常。时而电闪雷鸣、冰雹雨雪，时而狂风大作、飞沙走石。当地流传一首民谣："夹金山，夹金山，鸟儿飞不过，人不攀。要想越过夹金山，除非神仙到人间。"因此夹金山又被称为"神仙山"。

红军翻越夹金山纪念馆碑

翻越夹金山，早晨、黄昏绝对不行，因为那时山上风雪最大，天气最冷，必须选在上午9时以后、下午3时以前，而且要多穿衣服，带上烈酒、辣椒御寒壮气。中央红军的官兵一直生活、战斗在南方，又经历了上万里的长途转战，体力消耗很大，体质虚弱，衣着单薄，给养供给困难。当地人员稀少，红军难以筹措到充足的御寒物资，要翻越这座"神仙山"面临巨大的困难。

然而，走过万水千山的红军，无所畏惧地向着长征途中的第一座雪山进发。毛泽东听了民间的传说后，微微一笑，说："神仙不可怕，红军应该有志气和神仙比一比，一定要越过山去！"

6月12日，红4团经过简单的动员，由藏民莫口坚和汉族人杨茂才带路，开始翻越夹金山。2营为前卫营，6连为前卫连。全连官兵手执木棍，在雪中探路，用刺刀、铁铲在冰雪上挖出脚窝，后面的人员则沿着6连踏出的道路向上攀登。随着高度的升高，空气越来越稀薄，积雪越来越深，呼吸越来越困难，队伍也越拉越长。每个人都在艰难地行进，但情绪却非常高昂。红旗猎猎，在冰雪的辉映下色彩格外鲜艳。宣传队员站在队伍旁，用尽全力喊出鼓动口号，有的战上还唱起了江西民歌，歌声、喊声、马嘶声，震荡着皑皑雪山。

董必武

谢觉哉

徐特立

林伯渠

队伍行进着。忽然一阵狂风刮过，卷起了山上的积雪，雪流翻卷，一泻千丈。冰团、雪屑抽打在红军官兵的脸上、手上，如同刀割。山上无法躲避，官兵们只能用手捂住脸，把所有能披的东西都披在身上，忍痛顶风，互相搀扶，踉跄着继续攀登。接近山顶时，又是一阵冰雹袭来，核桃般大的雹子劈头盖脸地砸下来，官兵们无处藏身，只好用手捂着脑袋前行，终于攀上了山顶。

过雪山的艰难，对于任何人都是一样的，毛泽东、周恩来、朱德、张闻天等中央领导人都是拄着木棍与官兵一道翻越夹金山的。而对于红军休养连的老弱病残人员来说，雪山更是严峻的考验。但是，徐特立、谢觉哉、林伯渠等年过半百的老人同样以坚强的意志和毅力征服了雪山。

红一方面军翻越夹金山纪念碑

1936年至1937年，在巴黎《救国时报》上曾连载过一篇署名杨定华的文章：《雪山草地行军记》，这样记述了中央红军翻越夹金山的过程：

> 所谓"乌烟瘴气"的俗语，对于夹金山是最适当的形容词。照例想来，上山走快一点，身体发热，就可以御寒，然而空气却不容许您这样想。因为山上空气异常稀薄，呼吸异常困难。因此只好缓慢地一步步来走。吃辣椒水的办法，结果只对身体强健的人起了作用，对身体弱的人则不生效。这些体力弱的人竟有些冷得牙齿咯咯地响，有如机关枪发射的声音，甚至脸上也变成黝黑的颜色。然而他们革命热情的火焰，烧毁了夹金山的奇冷。并且红军间的革命友爱，经百战锻炼而来，在过山时，大家互相照料帮助，更是不遗余力，所以情形虽然这样困难，然而除个别同志牺牲之外，竟都平安地过了夹金山。如果以平常人的想法推测，红军在这样困难的情形下一定会有满脸不堪设想的忧虑，然而他们却不怕上山的疲惫和严寒的胁迫，一到下山的时候，"看呢！同志们！战争开始了，上我们的刺刀，勇敢杀上前"的喊声，又

震撼了山岳。每个人都热烈地表现出克服了雪山困难的胜利,喜悦的颜容挂在每个战士的脸上。

美国记者索尔兹伯里曾评论说:"对于大多数红军战士来说,翻越雪山是长征开始以来最艰苦的一关。其艰苦程度超过湘江之战,超过翻越五岭,也超过四渡赤水。比起只有少数人参战的抢渡金沙江或飞夺泸定桥来更是艰苦得多。"在世界战争史上,没有任何一支军队曾征服过这样的雪山,只有共产党领导的红军做到了。这一壮举向世人宣示,在红军的脚下,任何人间险阻都将被彻底征服。

雪山峰顶烈士墓

毛泽东在1935年10月长征结束后,写出了气壮山河的诗篇《念奴娇·昆仑》,恰如其分地展示了红军官兵的这种壮志:

横空出世,莽昆仑,阅尽人间春色。飞起玉龙三百万,搅得周天寒彻。夏日消融,江河横溢,人或为鱼鳖。千秋功罪,谁人曾与评说? 而今我谓昆仑:不要这高,不要这多雪。安得倚天抽宝剑,把汝裁为三截?一截遗欧,一截赠美,一截留中国(后改为"还东国")。太平世界,环球同此凉热。

毛泽东自注:"前人所谓'战罢玉龙三百万,败鳞残甲满飞天',说的是飞雪。这里借用一句,说的是雪山。夏日登岷山远望,群山飞舞,一片皆白。老百姓说,当年孙行者过此,都是火焰山,就是他借了芭蕉扇扇灭了火,所以变白了。"

史料链接

★ 红军过硗碛

1935年6月11日，中央红军长征到达了四川省宝兴县的大硗碛。这是红军长征第一次进入藏民居住区。

硗碛，嘉戎藏语意为"舒畅的心情"。夹金山、巴郎山融雪汇成的五条小河绕寨而过，汇成青衣江的上游，形成几块大小不等的坝子。一道山脊犹如恐龙的长颈，从云端直伸至寨子的尾部。白天雪山雄伟壮观，原始森林郁郁葱葱。晚上繁星璀璨，特别是月夜，一轮明月直挂夹金山巅，自然景观美不胜收。然而，当地经济落后，藏民生活贫困，寨中只有一条不长的小街，百来户人家（主要是藏族，也有少量汉族）房屋破烂不堪，只有半山坡上的喇嘛庙金碧辉煌。

在红军大队人马进寨前，先期到达的红军先遣队员向藏民与喇嘛详细说明了共产党和红军的民族政策，并公开宣示红军纪律：一、不进老百姓的住房；二、保护寺院；三、不随便吃群众的东西；四、不拿夷（藏）家一点财物，等等。这一切，使得藏民耳目一新，因此对红军的到来由恐惧转为欢迎。

6月11日早晨，藏民们在街上挂起了三道欢迎红军的"天花"（横幅），在街头摆起"吉露"（用红布围着大方桌，桌上放着一个盘子，盘内放着十样果品谓之"十祥锦"）和长颈水壶，家家门前还放着开水，准备迎接红军。中午时分，红军先头部队红4团进入硗碛寨。喇嘛们吹响了莽筒唢呐，藏民放起鞭炮，敲锣打鼓，热闹非凡。

红军进寨后，严格执行党的民族政策。官兵全部坐在屋檐下、道路旁休息，吃的是干粮炒米，喝的是溪沟凉水，并严格规定任何人不得进入喇嘛寺。喇嘛进殿念经，部队专门派人守门，严禁战士围观。喇嘛"吃茶"的时候，有位战士好奇地向里探头观看，立即受到严肃批评。

红军的模范行动，彻底改变了藏民和喇嘛对汉人军队的印象，交口称赞红军。当地的额德姆喇嘛对此感受很深，便问红军联络参谋："你们红军最大的'达洛'（头人）是哪一个？"

参谋笑着回答："是毛主席！"

史料链接

额德姆喇嘛又问:"毛主席今天在不在硗碛,他穿什么衣服?"

参谋回答:"毛主席在后面的队伍里。他穿的衣服和我们都一样。"

额德姆喇嘛听后,立即带上一些喇嘛,手捧哈达,守候在路口,准备迎接红军最大的"达洛"。当天等到天黑,第二天等了一天,第三天又等了一天,目送成千上万的红军经过,可所有人穿的衣服都一样,他怎么都认不出谁是"毛主席"。

其实,毛泽东、周恩来、朱德等中央首长是13日到达硗碛的,只在寨内休息片刻,就又继续前行。喇嘛们在毛泽东离开硗碛很长时间,才得知了这一消息。

额德姆喇嘛十分感慨地说:"红军真是一支特殊的队伍,那么多人穿的戴的都一样,我们没法认出来哪个是当大官的。不像我们藏族,从衣服上就可以分清楚哪个是小头人,哪个是大土司。"

★ 毛泽东遇险

1935年6月2日,红军总部从化林坪出发,翻越飞越岭,一路山路难行。进入荣经县境后,地势稍微平坦,道路也好走起来,但敌机又不断在上空骚扰。队伍进到三合乡茶合岗,行进在一片开阔地上,三架敌机突然从水子地方向飞来,大概是发现了地面目标,在军委纵队上空不断盘旋,接着便俯冲下来进行扫射和轰炸。一枚炸弹落下来,炸伤了两个抬担架的战士和一名饲养员。一会儿,几颗炸弹带着尖啸声又落到了军委纵队的前面。

警卫班长胡长保见情势急迫,大喊一声:"陈昌奉,主席!"带着警卫员陈昌奉就向毛泽东身旁奔去。两人刚到毛泽东身旁,一颗炸弹呼啸而下,胡长保猛地把毛泽东推倒在地,扑到了毛泽东身上。炸弹在距他们很近的地方猛烈爆炸,巨大的烟尘笼罩了一切。

等陈昌奉从地上爬起来,看到毛泽东满身是土,正蹲在胡长保身边,呼喊着:"小胡,小胡,胡长保同志……"陈昌奉忙跑过去,只见胡长保脸色苍白,两眼垂闭,双手紧捂住鲜血流淌的腹部。

毛泽东神情焦虑,用手轻轻地抚摸着胡长保的额头,像是在驱赶他的疼痛。见卫生员钟福吕过来,毛泽东急切地说:"快!给他上药!"胡长保无力地摇摇头,说:"不用了,主席,你们走吧。"

史料链接

毛泽东坐到地上，把胡长保的头放在他的手臂上，轻轻地说："长保同志，你不要紧，坚持一下，我们把你抬到前面水子地，找医生好好治疗一下就会好的。"

胡长保用尽全力摇着头对毛泽东说："不，不，主席，我绝不让你抬着我走。我自己明白，我不行了。我死了以后，请转告我的父母，他们住在江西吉安"，然后，对陈昌奉说："你要好好保护主席"，说着，慢慢地闭上了双眼。

看着牺牲的胡长保，毛泽东泪流满面，叫陈昌奉拿过一床夹被，亲自盖到了胡长保身上。

胡长保烈士之墓

军委警卫营长杨梅生和政委赖毅闻讯赶来，亲自护卫毛泽东，迅速离开了开阔地，走入了树林中，以避开敌机的再次袭击。毛泽东边走边嘱咐杨梅生、赖毅：一定要好好地安葬胡长保同志，将来革命胜利了，要通知他的父母。

胡长保纪念馆

史料链接

按照毛泽东的吩咐，红军战士们把胡长保的遗体抬运到距茶合岗半里地的水子地掩埋。五个多月后，南下的红四方面军经过荥经，得知毛泽东的警卫班长胡长保为保护毛泽东而牺牲的情况后，特地找到了掩埋胡长保的墓地，并将胡长保的遗骨重新安葬。

胡长保牺牲二十多年以后，毛泽东当年的警卫员陈昌奉担任了江西省军区司令员。他曾几次到江西吉安和吉水寻找老班长胡长保的父母，但都没有找到。1990年10月，四川省荥经县人民政府派专人寻找胡长保烈士的遗骨，经过几个月的努力，终于在一位八十多岁的老农帮助下，在距县城五十多公里的深山老林中找到了当年被红四方面军指战员埋在两座古墓中的胡长保遗骨，火化后重新安葬在荥经县烈士陵园。

毛泽东对胡长保的牺牲也始终无法忘怀。1965年1月，毛泽东在会见美国老朋友斯诺时，讲了一段感慨的话："我准备了好多次了，就是不死，有什么办法！好多次好像快死了，包括你说的战争中的危险，把我的卫士炸死，血溅到我身上，可是炸弹就是没炸到我！"斯诺思索许久，也讲了一句让人深思的话："救了你性命的命运中这些意外的事件，已经使也许是中国历史上最不平常的事业成为可能。"

★ 杨森让路

1935年5月25日，红1军团在安顺场强渡大渡河成功。蒋介石驻川"剿匪"参谋团和刘湘急电第20军军长杨森："派有力部队到荥经、天全、芦山防堵。"杨森接电后，即令第5混成旅旅长杨汉忠、第6混成旅旅长罗润德率部到荥经堵击；令第4混成旅旅长高德周率部顺雅河进至天全堵击，命王泽浚旅经荥经前往芦山堵击。

虽然调兵遣将，行动积极，但杨森实际上并不想与红军正面交锋。在四川军阀之中，杨森是有名的两面人。在大革命期间，此人伪装进步，曾一度与共产党人合作，朱德、刘伯承等都与其交往甚密。但蒋介石发动"四一二"反革命政变后，杨森立即翻脸，对共产党人举起了屠刀。大革命失败后，杨森拥兵自保，成为四川割据一方的军阀。红四方面军入川后，他出兵参与"围剿"行动，结果吃了大亏。因此，此番受命堵击中央红军，杨森始终踌躇不定。眼见得蒋介石调动几十万大军对中央红军进行围追堵截，追杀万里都未能取胜，他非常明白要靠自己区区数万人去与中央红军对阵，根本不是中央红军的对手，搞得不好就会落入蒋介石、刘湘借刀杀人的圈套，被红军打垮，搞光家底，落得一个兵败垮台的下场。

史料链接

左思右想,杨森想出了一个两全之策。既不与红军正面交锋,又不违抗蒋介石的命令,让开大路,放红军过境,保存实力,然后挥军尾追,能捞点便宜就可向蒋介石交差。红军总司令朱德与杨森曾为滇军同僚,北伐战争时期又当过杨森第20军的党代表。在杨森的授意下,第5混成旅旅长杨汉忠给朱德写了一封密函,提出了川军让路,红军过境,互不侵犯的建议。

朱德接信后,与毛泽东、周恩来、张闻天等人共同研究了杨森的提议。鉴于红军北上的目的是与红四方面军会师,同时国民党"追剿军"也在步步逼近,中央红军如能迅速通过杨森防区,将为北进争取到宝贵的时间。于是,中央决定接受杨森的建议。

朱德复函杨汉忠:"汉忠师长吾侄勋鉴:来函悉。吾侄深知兔死狗烹,鸟尽弓藏,殊堪嘉许。已按来意饬敝部先头部队与贵军取得联系,专复颂勋绥。朱德"

杨森接到朱德的复信时,他的第5、第6混成旅与中央红军掩护部队已在荥经县西区民建乡黄包寺附近接触,杨森立刻电令部下改为朝天开枪,给红军让路。因此,中央红军经过荥经县境期间,沿途基本没有发生大的战斗,顺利通过了杨森防区。

但红军部队通过后,杨森马上原形毕露,转而讨好蒋介石,命令部队从芦山经宝兴向夹金山方向一路追击红军,并命令各部搜捕杀红军伤病员和掉队人员。6月14日,杨森又致电蒋介石,捏造出一个"灵关大捷",谎称"在朱沙溪(灵关附近)截击红军,俘获两千余人,压迫入溪流溺毙者众。"蒋介石明知杨森在撒谎,却也无可奈何,为鼓励四川军阀为自己卖命,还对杨森部通令嘉奖和发放奖金。

第十五章

懋功会师

中央红军主力部队翻越夹金山后，断后的红 5 军团、红 9 军团在完成掩护任务后，顺利撤离，翻越雪山，与主力会合。国民党军追击部队川军第 20 军杨森部第 1 混成旅接踵而来，但面对雪山，却没有红军的勇气与气魄，停留硗碛以南不前。而其他川军部队已经被红军打得心惊胆寒，只是远远跟随，始终不敢逼近。沿西河尾追红军的第 2 混成旅和团务精练司令部部队（相当于一个旅）则停留在陇东、永兴一带，第 6 混成旅停留在宝兴。

与此同时，由涪江流域西进的红四方面军部队则通过扫荡作战，清除了四川西北部北川、茂县、理番、汶川等地之敌，牢牢控制了岷江两岸地区，将川军部队主力阻挡在北川河谷以东地区，将国民党中央军胡宗南部阻挡在松潘、平武一线。

两军距离越来越近。此刻已经没有任何险阻、没有任何力量能够阻止两军的胜利会师。从遵义会议后中央确定中央红军北上与红四方面军会合，在川西地区开辟新苏区的方针，两军会师的条件第一次成熟。会师已经是指日可待。

红四方面军部队西进接应

此时，红四方面军总部和川陕省委已经进驻茂县。接到中央通报中央红军北进情况的电报后，张国焘于 5 月 18 日在茂县主持召开会议，研究迎接中央红军的具体事宜。会议决定，由红 30 军政委李先念和红 9 军军长何畏率红 30 军 88 师主力和红 9 军第 25、第 27 师各一部共五个团，立即由岷江地区兼程西进小金川地区，扫清大、小金川地区的敌人，策应并迎接中央红军。具体部署是：以理番境内的红 25 师第 74 团和红 27 师第80、第81团先行,位于茂县、汉川的红88师第265、第268团随后跟进。

　　会议还决定,要在整个方面军中,深入开展两军会师的思想动员,并进行欢迎中央红军的准备工作,要求部队层层深入动员,以坚持战斗岗位,多多消灭敌人,认真执行民族政策,大力筹集和捐献慰劳品等行动,迎接中央红军。徐向前根据方面军部队在由鄂豫皖苏区西征川陕转战过程中,炊具大量丢失,伙夫不够使用,部队经常开不上饭,影响部队行军作战的教训,专门指示李先念,要从各部队抽调一批炊事员,带上粮食、盐巴、炊具,随红88师行动,待两军会师后补充到中央红军,解决他们吃饭问题。

　　也是在这次会议上,张国焘宣布成立"中共中央西北特别工作委员会"(简称"西北特委")。随后又于30日宣布成立"中华苏维埃共和国西北联邦政府",并以主席的名义发布《中华苏维埃共和国西北联邦政府成立宣言》,称:"中华苏维埃西北联邦政府的成立,树立了西北革命斗争的中心,统一了西北各民族解放斗争的领导,从此南取成都、重庆,北定陕、甘,西通青、新,进一步与中央红军西征大军打成一片。"张国焘未经中央批准,擅自决定如此重大事宜的行为,初步暴露了其自我膨胀的政治野心和拒绝服从中央领导的企图。

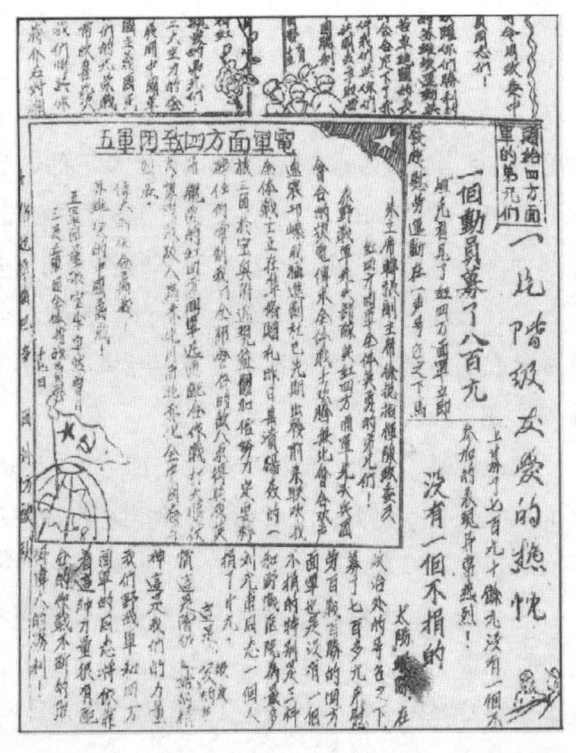

1935年6月20日《红星》报刊载《一片阶级友爱的热忱》

　　与中央红军即将会师的喜讯传遍红四方面军部队后,官兵们欢欣鼓舞,热情高涨。他们对党中央和红一方面军充满了爱戴和崇敬之情,掀起了捐献衣物、鞋袜和准备慰问品的热潮。各部队四处筹集粮食、皮革、羊毛等物资,人人捻毛线,打毛衣、毛背心、毛袜子。当时最紧俏的物资是盐巴,后来得知山上有一种白石头,含盐分,能熬盐,便有几千人涌上山去采石,架锅熬盐,一时间,山上到处都是叮叮当当的凿石声,山下则到处都是熬盐锅,场面极为壮观。人民军队的阶级感情和同志间团结友爱的精神尽显无遗。

在后方部队全体动员准备会师期间，西进接应部队顺序出发。红25师师长韩东山率红74团首先由汶川出发。随后，红80团、红81团于6月5日由威州附近动身，李先念与红88师政委郑维山也率红265团、红268团随红74团后跟进。

徐向前亲自在理番下东门方面军前向韩东山交代任务：一是打通前往懋功的通道，为两军会师创造条件；二是掩护中央红军安全翻越夹金山；三是向党中央汇报四方面军的情况。考虑到中央红军长途转战，物资、粮食供应困难，徐向前又紧急召见川陕省苏维埃副主席余洪远，令其立即抽调川陕省委、政府机关人员和方面军妇女团，组成筹粮工作队随西进部队行动，在懋功地区筹措物资，主要是筹粮，保障中央机关和红一方面军需要。

余洪远迅即组成了工作队，考虑到初到懋功仓促间准备物资有困难，工作队专门找来几头大骡子，驮上从中坝带出的食盐、豆豉、海椒面、酱菜和豆瓣酱，每位工作队员的水壶里也装满这些东西，干粮袋则装满粮食。6月初，工作队由一个战斗团、一个工兵营和川陕省委警卫营护送，向懋功出发。

红74团昼夜兼程西行，一路大小二十余战，横扫敢于阻挡的川军地方武装，伤员和掉队人员全部就地安置，部队不停留地向懋功疾进。6月4日，红74团占领猛固，然后越过海拔四千五百九十二米的虹桥雪山。由汶川西逃的川军屯殖军团第2营残部，会同当地屯殖兵与抚边民防团三百余人在两河口一带设防，企图阻挡红军。红74团翻越虹桥雪山后，猛冲猛打，在阎王桥附近击溃守军，于5日晨进占两河口。当日下午，红74团又击溃抚边民防团两个连，占领抚边。

设在懋功（今小金）的四川军阀"懋（功）抚（边）绥（靖）崇（化）剿匪军团联合办事处"接到红军已占抚边的报告后，急忙组织屯殖军残部、县保卫团及部分民团兵等，共一千余人，拆毁小金川上的桥梁，沿南岸设防，凭险顽抗。此时，由威州出发的红80团已于6月7日到达抚边与红74团会合。在韩东山的统一指挥下，8日凌晨2时，红军两个团发起进攻。官兵们冒着川军的猛烈火力，迅速在小金川上架起了简易浮桥，冲过河流，很快冲破守军防线，不到半个小时就攻占了县城，歼敌七百余人。

战斗结束，天依旧没亮，韩东山留下两个营据守懋功，自己率其他部队沿小金川东进，于9日抵达懋功东南四十五公里处夹金山下的达维镇。

至此，红9军部队已经占领了懋功地区的主要道路上的城镇，完成了打开会师通道的任务。韩东山令部队立即转入清剿作战，务必扫清残敌，确保两军会师安全。同时于10日清晨，派红74团团长杨树华率该团第3营向夹金山搜索前进，一方面警戒灌县方向的敌军，一方面寻找中央红军部队。

杨树华带队出发，进至巴朗地区时，突然与一股川军遭遇。川军预先设伏，凭借有利地形向红军猛烈扫射。杨树华毫不犹豫地下达进攻命令："全营冲锋，消灭敌人，用胜利迎接中央红军老大哥！"全营官兵争先恐后，奋不顾身地冲向敌人。战斗很快就胜利结束，但由于部队是在不预期遭遇情况下发起战斗，营长陈玉清等六十余人在战斗中牺牲。这是懋功地区最后一股有组织的川军武装。红74团的官兵用生命为两军会师作了一次血的奠基。

韩东山接到报告后，久久伫立。牺牲的同志有些是与他从鄂豫皖一起西征的战友，没有想到却倒在两军会师之前。他命令部队仔细搜剿，确保两军会师的安全，绝不允许再有偷袭事件发生。

6月12日中午，韩东山正在达维镇的住处处理公务，一名参谋狂奔而入，边跑边喊："来了，师长。师长，电话来了！"韩东山以为又发生了什么情况，猛地站起来，喝道："说清楚，什么来了？谁的电话？"那位参谋手舞足蹈，上气不接下气地说："74团……74团……来……来电话，他们……他们与……与中央红军会师了！"

达维会合

与红74团会师的是中央红军先遣部队红2师第4团。到达夹金山顶后，红4团一步没有停留。山坡积雪很深，不知道哪位战士发现，抱着枪躺在雪上往下滑，既省力又安全。全团官兵一起躺在雪地上，滑行下山。一口气滑出几百米，等到大家起身时，已经远离山顶，空气也不再稀薄。

越往下走，气温越高，官兵们像是从冬天又回到了春天，周围的一切也都充满了春意。厚厚的积雪没有了，地面上有了青苔、小草，在有些地方还有一些黄色的小野花在迎风怒放。在石崖上，生长着一株一株的青松。到了半山腰后，山坡上出现了成群的牦牛。刚从冰雪世界走出来的官兵，对充满生机的大自然格外亲切，情绪格外振奋，疲劳与痛苦一扫而光，队伍里欢声笑语不断，歌声震撼山岳。

快到山脚时，前方出现了一个小沟谷，当地人称作木城沟，沟中树木苍翠，上面是灌木林，下面是针叶林。红4团沿林中小路行进，到达沟尾磨盘石一带时，前面突然响起枪声。前卫营营长报告，前面发现人员活动，距离远，看不清，风太大，问话也听不清。带队的红 2 师师长陈光和团长黄开湘、政委杨成武令全体人员做好战斗准备，两人赶到队伍前列用望远镜观察。只见前方村庄中以及村庄周围的树林中，有一些人在走动，背着枪，戴着大檐帽，搞不清是什么队伍。两人研究了一下，决定派出侦察员去探清虚实，同时让司号员用号音联络。

司号员按照号谱吹响联络号后，对方也马上吹号回答，但号谱不对。让人大声喊话，对方也大声回答，但双方都听不清对方的话语。红 4 团官兵警惕地慢慢前行，双方的距离越来越近。等到距离只有几十米时，对面的话音逐渐清晰起来，那声音是："我们是红军。你们是谁？"

黄开湘、杨成武愣了。红 4 团是全军前卫，前面怎么还有红军？此前，他们只知道红四方面军已经到达岷江流域，并不知道他们已经派出接应部队到达夹金山北麓。因而，根本没有想到会在这里与红四方面军相逢。就在他们半信半疑之际，侦察员飞跑而来，边跑边喊："他们是红四方面军！是红四方面军！"

几乎在同一瞬间，下面传来了许多人一齐发出的喊声："我们是四方面军的部队！"

红 4 团官兵激动地齐声回答："我们是中央红军部队！"

两大红军主力的前锋部队，终于在夹金山下的磨盘石会合了！这一刻，是 1935 年 6 月 12 日 12 时。

红 4 团的官兵狂喜地冲向四方面军的战友。二百多个日日夜夜，一万多里的艰苦征战，遇到的总是围追堵截的敌人和难以想象的困难，从来没有看到过兄弟部队的影子。在湘江之滨，他们曾热切地盼望着与红二、六军团会合，却未能实现。而在翻越了人迹罕至的雪山后，却猝然与红四方面军部队相遇，怎么能不激动？！

红 4 团与红 74 团的官

达维会师桥

兵相互问候，相互携手回到了达维镇。迎接他们的是更加热情、更加热烈的红25师主力部队。两个方面军的指战员早就像久别重逢的亲人，紧紧地握手，热烈地拥抱，人人眼中都含着激动的泪水，跳呀蹦呀，喊呀说呀……

韩东山抑制不住心中的激动，叫来参谋："马上发报，向徐总指挥，向陈政委，向张主席，报告会师的喜讯。"同时下令：红四方面军人员全部搬到镇外露营，将房子让给中央红军部队，每个团都要抽出三十担粮食送给中央红军。

身在理番的徐向前接到电报后，难以抑制心中的激动，连夜起草了以张国焘、陈昌浩、徐向前三人名义给毛泽东、周恩来、朱德的信，在汇

达维会师纪念碑

报了敌情和红四方面军的情况并提出作战的建议后，满怀深情地写道："最后，红四方面军及川西北数千万工农群众万分地热忱欢迎我百战百胜的中央西征军。"他派警卫员康先海带一个警卫班携带信函以及数份地图，火速前往懋功，并嘱托："信，一定要交到毛主席的手中。"远在茂县的张国焘也通过红2师电台向中央报告了红四方面军的部署，对中央红军表示慰问。

6月15日，红四方面军向中央红军正式发出慰问电：

毛主席、朱总司令、周政委，中央红军全体指战员同志们：

懋功会合的捷电传来，全军欢跃。你们胜利地转战千余里，横扫西南，为反帝的苏维埃运动与神圣的民族革命战争，历经艰苦卓绝的长期奋斗，造成了今日主力红军的会合，定下了赤化西北的有利的基础和条件。我们与你们今后在中国共产党统一指挥之下，共同去争取西北革命的胜利，直至苏维埃新中国胜利。

张国焘、陈昌浩、徐向前及四方面军全体指战员启

6月15（日）

已经到达夹金山下准备翻山的毛泽东等人接到电报后，立即回电：

张主席、徐总指挥、陈政委并转红四方面军全体红色指战员、亲爱的兄弟们：

来电欣悉。中国苏维埃运动两大主力的会合，创造中国革命史上的新纪录，展开

中国革命新的阶段,使我们的敌人帝国主义国民党惊惶战栗。我们久已耳闻你们的光荣战绩,每次得到你们的捷电,就非常欣喜。此次会合使我们更加兴奋。今后我们将与你们手携着手,打大胜仗,消灭刘湘、胡宗南、邓锡侯等军阀,赤化川西北。我们八个月的长途行军,是为苏维埃而奋斗。

我们誓与你们一起,为苏维埃奋斗到底,特此电复。

朱、毛、周、张及中央野战军全体指战员
1935 年 6 月 16 日

6月17日,毛泽东、张闻天、周恩来、朱德等率中央机关循红4团的路线翻越夹金山,过木城沟,到达达维城边。韩东山早已率驻达维的红四方面军部队在城外的吉斯沟河桥头列队迎接。他不认识中央领导,只好憨笑着一个一个地敬礼。忽然一个人从背后窜出,紧紧握住了他的手,说:"韩东山,你还认识我吗?"韩东山定神一看,原来是他的老首长、军委干部团团长陈赓。当年在鄂豫皖根据地,陈赓任红12师师长,韩东山是他手下的副团长。后来陈赓负伤去上海治疗,九死一生,转移到了中央苏区,两人再也没有见面,没想到会重逢于夹金山下。

有了陈赓引见,韩东山方认识了毛泽东等人。他把中央领导引到镇内唯一的一座大的建筑物喇嘛寺中。毛泽东坐下后,立即开始询问部队情况,而且问得非常仔细,从部队的建制、干部的成分、思想状况、生活训练和学习,一直问到师团的历史、党组织建设、部队战斗力、军民关系等。朱德等则认真地记着笔记。

这种场面,韩东山还是第一次经历,紧张得满头冒汗,生怕说错了话。周恩来哈哈大笑,端过一碗水,说:"师长同志,讲得很不错嘛,别慌,别着急!"毛泽东也用亲切的目光鼓励着他。韩东山彻底放松了,把他知道的红四方面军情况全部讲了出来,最后说:"我们部队的指战员都是来自鄂豫皖和四川的贫苦农民,没有多少文化,但打仗非常勇敢,一上战场没有一个怕死的,都是拼命地往前冲!"

毛泽东听到这里,猛地站了起来,说:"好!这就是红军的作风。我们从江西出发那天起,飞机在头上飞,敌人在地上追,我们还是闯过来了,而且……"他把两个拳头举到胸前,有力地握在一起,"更发展了,更壮大了!嗯?!"说完,放声大笑起来。周恩来、朱德等人也一起笑了起来。韩东山后来回忆这段经历时,对这一场景记忆犹新,说:"这笑声里充满了对蒋介石的蔑视,对会师的喜悦,更向往着对明天胜利的希望。"

汇报结束后,韩东山走出寺门后,被陈赓一把拉住,说:"你这个人啊,官当得越

达维镇喇嘛寺

来越大,人却越来越小气。不懂规矩。"韩东山吓了一跳,忙问:"老首长,我有什么错误,你尽管批评!"陈赓生性幽默、爽朗,与上级和下级说话从来都不转弯抹角,而且关系亲密,对老部下更是如此,不客气地说:"毛主席和中央首长都到了这里,特别是我这个老首长也来了,怎么也不见你弄点好吃的招待?"韩东山恍然大悟,忙说:"老首长放心,几天前就开始准备了。这个地方见不到肉腥,我专门派了两个排上山,打了两头牦牛,现在都在锅里炖着呢。"陈赓"嘿嘿"一笑,说:"这还差不多。这一路上,毛主席、周副主席、朱总司令和我们一起吃糠咽菜,已经很长时间没有吃肉了。"

当天晚上,红军总政治部在喇嘛寺附近一个空场上举行了两军会师联欢晚会。周恩来亲自主持。他说:"今天,我们在这里开联欢晚会,欢迎四方面军的同志,也欢迎一方面军的同志",这一独特的开场白,立即引起了一片欢笑。

韩东山代表红25师讲话,对中央红军的到来表示热烈欢迎,表示今后在党中央的领导下,坚决执行党的政策,完成党交给的任务。他文化不高,不善言辞,没想到话刚讲完,还没来得及敬礼,就掌声雷动,口号声四起。红一方面军的官兵高呼:"向四方面军学习!""感谢四方面军对我们的帮助和欢迎!""庆祝伟大的会师胜利!"红四方面军的官兵也高喊:"向一方面军老大哥学习!""向中央首长致敬!"千百人的欢呼压过松涛,狂潮般在夜空中久久回响。

毛泽东、朱德也相继在会上讲话。毛泽东说:"同志们!我们一、四方面军会合了。这是红军史上百战百胜的纪录，是中华苏维埃有足够战胜国民党反动派政府和完成北上抗日任务力量的表现。我们在中央苏区就知道四方面军同志在党的领导下，作战勇敢，创造了川陕苏区，消灭了大量敌人，各方面都有很大成绩。我们中国工农红军是打不垮的队伍，是为劳动人民求解放的队伍。我们从离开苏区那天起，每天都同超过我们几倍的敌人作战。敌人前堵后追，飞机轰炸，不仅没有消灭我们，反叫我们把他们消灭了不少。一方面军这次长征，虽然在战斗中有些伤亡，但是，我们锻炼得更坚强，扩大了革命影响，沿途撒下了革命的种子。今天胜利会师了，一、四方面军是一家人，会师的胜利证明我们红军是不可战胜的。在中央的统一领导下，一、四方面军努力工作，互相学习，

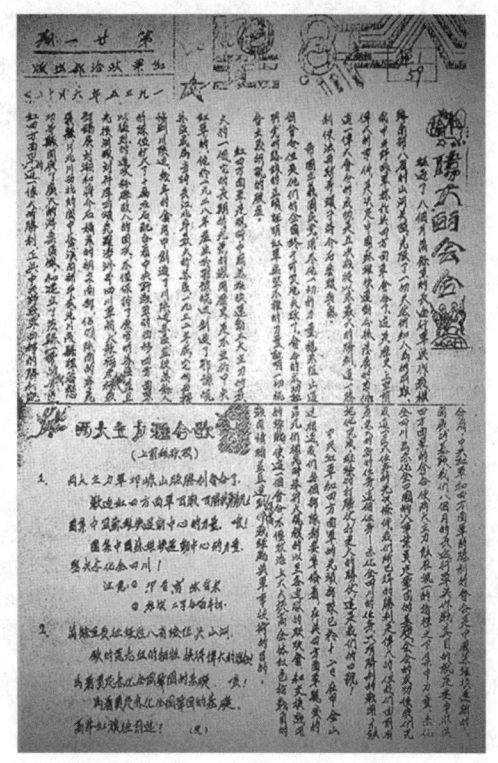

红军关于两大主力会师的报道

搞好团结，为消灭蒋介石反动派，赶走日本帝国主义而共同奋斗。"朱德则讲了各地红军的作用和两军会师的意义及今后的任务。

尽管早已知道毛泽东、朱德是红军的领袖，但这是红四方面军官兵第一次聆听他们讲话，大家都屏住呼吸极认真地听着，不肯漏掉每一句话、每一个动作。听到精彩处，都情不自禁地鼓起掌来。

讲话结束后，军委总政治部文工团演出文艺节目。团长李伯钊歉意地说："文工团经过长期行军、作战和通过敌人封锁线，道具大部分丢失了，演员也牺牲了一些。今天的演出只能表示点心意。"然而，演出还是获得了全体官兵的热烈欢迎，许多节目在雷鸣般的掌声中只好一再重演。直到晚上10时，才在全场齐唱《两大主力会师歌》中结束。

第二天清晨，灿烂的朝霞映照着达维大地。军委纵队离开达维，继续前往懋功。红25师官兵列队为中央领导送行。毛泽东亲切地握着韩东山的手说："我们走后，后面的部队还得几天走完，你要把警卫工作布置好，掩护部队安全通过。我们将5军团

的27团交给你指挥,等我们离开懋功后,你们再行动,明白吗?"

韩东山坚定地表示:"明白,徐总指挥也早指示我们要在这里坚守七天,坚决完成掩护警戒任务。请毛主席放心,我保证完成任务!"

韩东山指挥部队在达维、夹金山、懋功一线坚持了七天七夜,圆满完成了掩护中央红军行动的任务。

两军同庆

中共中央、中革军委高度重视两军会师后的政治工作,要求中央红军全体人员都要虚心地向红四方面军官兵学习,全力做好密切和维护两军团结的工作。6月13日,总政治部专门给中央红军部队下发了两军会师后加强政治工作的指示,要求各部队:迅速传达两军会师的捷报,提高红军战士情绪,鼓动不掉队、不落伍、不怕粮食困难,注意卫生,严整纪律,迅速争取与四方面军的全部会合;解释两大主力的会合,"是为着以更大的战斗胜利消灭敌人,赤化川西北以至全四川。克服以为会合后可以放下枪弹、安心休息的情绪";"在部队中发动与四方面军联欢与慰问的盛大运动,号召每个战士准备娱乐,准备礼物,去会亲爱的弟兄。"

6月18日,红军总司令部、总政治部再次联合发出《关于一、四方面军会合后部队休整的规定》:中央红军各部到达规定地区后,一律休整三天。休整区域划分是:红1军团在抚边、木坡、八角等地域,红3军团在官寨、达维地域,红5、红9军团在大碛碛地域,军委纵队在懋功地域,并要求,各部队在休整期,应"开干部会,报告与四方面军会合,赤化川陕甘的战略意义及今后战斗任务,并开各连队军人会进行解释";同时,还要求以团为单位召开同乐会、集中礼物与四方面军部队进行广泛的联欢和学习活动。

按照总司令部和总政治部的要求,红一方面军部队在各级政治机关组织下,与四方面军部队展开了广泛的联欢和慰劳活动。各部队官兵欢欣鼓舞,纷纷捐钱捐物,编歌曲、排节目,热情慰问红四方面军的同志;自动开展向红四方面军学习的活动。红四方面军各部队官兵更是热情捐献物品慰劳和补充中央红军部队。仅红30军部队捐赠的慰劳品,就有衣服四百九十五套,草鞋一千三百八十双,毯子一百条等。总政治部收到的红四方面军第二批慰问品包括:红31军衣服四百九十五套又下装十九件、草鞋一千三百八十六双、手巾一百五十二条、鞋子一百六十九双、袜子四百一十九双、袜底一百九十一双、毯子一百床、红匾两块;特委草鞋四百八十一双、布鞋三十八双、手巾五十条、袜子一百四十六双、袜底一百一十三双、衣服三十三件、袜套十三双；红9军汗巾二百零三条、袜子三百五十七双、毯子四床、单衣十一件、袜底三十七双、草鞋二百九十三双、皮衣四十七件、鞋二十双、牙粉三瓶、香皂二块、旗子二面；红四军草鞋一千二百三十六双、鞋一百三十五双、汗巾一百七十一条、单衣一百九十一件、袜子六百九十双、匾四块、对子四副，军需处棉大衣若干件。

在中央红军和红四方面军的驻地，到处是互相学习、互相帮助的感人场面，到处飘荡着《两大主力会师歌》的歌声，充分体现了两支兄弟部队之间的团结和友谊，体现了无产阶级革命军队之间的良好关系。

6月18日晚上，总政治部在懋功召开两军干部联欢会，庆祝会师。随后又举行了各种联欢活动。《红星报》真实地记录下了两军会师的场景：

"太阳"纵队（注：指中央纵队）21日在懋功开了一次干部同乐会，第四方面军驻懋功部队的干部亦全部参加。在未开会之前，唱歌呀、谈话呀，两方面军指战员互相谈说战绩呀，整个会场，充满着欢快的气氛。

同乐大会正式开幕了。首先是党中央和总政治部代表博古同志与朱总司令的演说，告诉了全体指战员目前的有利处境，两大主力会合的意义，与我们的战斗任务。接着，便是五大碗的会餐。这时，有同志起来报告"猛进"剧社到了，掌声大起，表示欢迎他们的盛意。

会餐之后，晚会开始。首先由"火线"剧社的小同志唱歌和跳舞；接着由"火线"剧社与"太阳"纵队的一些名角演的名剧《十七个》；最后，"猛进"剧社表演《破草鞋》。这两出戏无论在剧情上或者在艺术上都是成功的。边章武同志的京剧，李伯钊同志的舞蹈，都博得了大家的掌声。会场空气盛极一时，为反攻以来第一次！

23日上午，"太阳"篮球队与四方面军驻懋功部队的篮球队举行友谊赛。开始是分开打，以后又混合打。球艺虽由于双方长期行军与作战而表现得生疏，但活跃的精神，英勇的表演，处处都显示出百战百胜的英勇健儿的大好身手！

两河相会

6月18日，毛泽东、张闻天、周恩来、朱德等率中央纵队和红2师到达懋功县城。红30军政委李先念率红88师主力已经于几天前到达，接到报告后，出城八里，在老营列队热烈欢迎。当晚，毛泽东等中央领导在住地会见李先念。李先念代表张国焘、陈昌浩、徐向前等红四方面军领导人热烈欢迎中央领导，并转交了徐向前起草的信和送来的军用地图。毛泽东代表中央领导向红四方面军全体指战员表示亲切关怀和慰问，并充分肯定了红四方面军的成绩，给予红四方面军很高评价。

懋功会师会议旧址

两军会师，未来如何行动，大政方针如何确定，亟待议决。6月20日，毛泽东、张闻天、周恩来、朱德致电中共中央政治局常委、红四方面军领导人张国焘："兄亦宜立即赶来懋功，以便商决大计。"由于张国焘尚在茂县，毛泽东等中央领导人决定进至两河口，在那里迎接张国焘，并召开中央政治局会议，商决两大红军主力会合后的战略方针。

6月23日，军委纵队离开懋功，沿着一条商旅古道，经双柏、八角、木坡、抚边，于24日到达懋功以北七十公里的两河口。

两河口是两条河的交汇之处。发源于北面梦笔雪山的梦笔河和发源于东面虹桥雪山的虹桥河在这里相会，形成了一个三角形绿洲，两河口镇就坐落在绿洲上。镇上有百余户居民，汉族居多，当时被称为"绥（靖）、抚（边）、卓（克基）、松（岗）各土之中枢"。入镇之后，毛泽东住在镇中关帝庙的大殿里，张闻天、周恩来和朱德等中央领导人住在山坡上的房子里。

就在中央领导人离开懋功的同一天，张国焘也在秘书长黄超的陪同下，由一个三十多人组成的骑兵警卫排护送，从茂县出发，经威州、理番赶往两河口。6月24日，张国焘在理番下河口方面军前线指挥部与徐向前会面，然后于25日经杂谷脑赶往两河口。

毛泽东等人对张国焘的到来高度重视，专门指示总政治部在两河口镇外的空地上搭起了讲台，布置起欢迎张国焘的会场，并在镇内外的墙壁上刷满标语、口号，许多房屋前还挂起红旗。毛泽东、张闻天、周恩来、朱德、王稼祥、博古、刘伯承等率中央及军委机关四十余人，则步出镇外两里多，等候张国焘的到来。其中，周恩来在过雪山时染了风寒，王稼祥伤久未愈，两人都抱病出门，中央对此次会面的期待与郑重可见一斑。

所有人都非常激动。毛泽东与张国焘同是中共一大的代表。大革命失败后，毛泽东率领秋收起义部队上了井冈山，开始了探索中国革命道路和创建红一方面军的艰苦探索，而张国焘则于1931年从苏联回国，并于当年4月进入鄂豫皖根据地，成为鄂豫皖中央分局和红四方面军的最高领导人。两人各为红军主力的领袖，却一直没有晤面，仅从他处获知对方一鳞半爪消息；朱德、刘伯承和张国焘曾在1927年南昌起义时并肩领导起义，起义失败后退至广东三河坝匆匆分手，一别数年；周恩来、张闻天等则是张国焘从莫斯科返回上海时一晤，自此遥遥相望。然而，历经数年战争风雨的磨炼，以自身的经历来感悟，他们都知创业不易。张国焘和徐向前、陈昌浩等曾创建起面积不亚于中央根据地的鄂豫皖根据地，后来又在川陕地区打出了一片红色天地，当算得上轰轰烈烈。如今两路英雄即将相逢，怎能不令人兴奋！

可惜，天公不作美。毛泽东等人刚出镇子，天空便飘起了毛毛细雨，后来竟变成瓢泼大雨。但所有人都没有离去，站在随行人员临时用油布搭起的棚下，耐心地等待着。

下午3时左右，张国焘一行飞马而至。毛泽东等人冒雨出棚，站立路旁迎候。壮实白胖的张国焘骑着一匹白马走在最前面，见到毛泽东等人出迎，在数十步外下马，边走边拱手："诸位仁兄久等了，这么大的雨，劳驾你们，实在担当不起。"他快步走向毛泽东。两人相见，先是握手，继而拥抱，非常亲热。随后，张闻天、周恩来、朱德等人也与张国焘握手寒暄。

张国焘说："中央红军的奋斗精神，让我们四方面军的同志备受鼓舞。我经常教育部队，要好好向老大哥学习，现在有了当面候教的机会，还请多多赐教。"

周恩来回答："四方面军的同志个个体强力壮，精神饱满，可见国焘兄等奋斗有成，值得我们好好借鉴。"

一行人相携走进欢迎会场，早已集结在那里的一千多红军指战员立即欢呼起来。毛泽东、张国焘、张闻天、周恩来、朱德等走上主席台，不断向欢呼的指战员挥手致意。

欢迎仪式开始。毛泽东先致欢迎词："四方面军的指战员，为了迎接中央红军，做了许多艰苦的努力，为中央红军准备了大量物资，热情支援兄弟部队。我代表中央红军全体同志，衷心感谢四方面军，感谢张国焘同志。两军终于会师了。今后，一、四方面军要在中央的统一领导下，为实现党中央的战略方针，并肩战斗，团结前进。我们一定会成功！我们一定会胜利！胜利永远属于兄弟的一、四方面军！"

张国焘致答词："我们今天在这里胜利大会师，是两军广大干部、战士英勇西征的结果。我们欢庆我们的成功！我们欢庆我们的胜利！我代表四方面军全体同志，向党中央致敬。四方面军过去一直远离中央，现在好啦，中央就在我们身边，和我们在一起。今后我们要在中央的直接领导下，去战斗、去奋进。对艰苦奋斗的一方面军，我表示深切的慰问。胜利属于一方面军！胜利属于四方面军！胜利属于一、四方面军大会师！"

小金红军会师广场

他们的讲话赢得了台下暴风雨般的掌声和欢呼声。

中央红军、红四方面军胜利会师，宣告了蒋介石各个消灭一、四方面军，阻止红军两大主力会师计划的破产，极大鼓舞了全党、全军的胜利信心。两军会师，壮大了红军的力量，为中国革命和革命战争的胜利发展，创造了十分有利的条件。

懋功会师，使蒋介石和国民党军高级将领极为沮丧。当时的报纸在评述此事时写道："国军防止朱毛西窜之声，早已传之数年，今朱毛毕竟西窜，而达其预定之目的矣。在朱毛西窜当中，行营三令五申严防朱毛与徐匪向前会合，声犹在耳，墨尚未干，而朱毛毕竟与徐匪向前、张匪国焘会合矣。然而全川之六路大军，不能拒堵徐匪之南窜；中央与各省数十万劲旅，不能截拒朱毛之西奔，中间虽有河山之险隔，给养之困难，病疫之交侵，霜雪之严冷，均不足以慑匪胆，而刺激其改变初衷。两大洪流，竟于中华民国二十四年六月十有六日，在懋功之达维合拢。查国军电令，一再言曰，须收聚歼之效，今使之聚矣，何以不歼。然在分窜之中，各个尚不能击破，今既会合，则已蔓不叮图，尚可聚歼之大言不惭哉。"

史料链接

★ 两大主力会合歌

两大主力邛崃山脉胜利会合了,
欢迎四方面军百战百胜英勇兄弟。
团结中国苏维埃运动中的力量,嗳!
团结中国苏维埃运动中的力量,
坚决赤化全四川!
万余里长征经历八省险阻和山河,
铁的意志血的牺牲换得伟大的会合。
为着奠定赤化全国巩固的基地,嗳!
为着奠定赤化全国巩固的基地,
高举红旗往前进!

★ 维古河畔徐彭会

徐向前、彭德怀,一位是红四方面军总指挥,足智多谋,声名显赫,率领数万健儿,转战鄂豫皖和川陕,带出了一支屡战屡胜、所向披靡的劲旅,一位是红军的创始人之一,先任红5军军长,后任红3军团军团长,骁勇善战,率部无坚不摧。他们都是红军的著名将领,却各自战斗在不同的区域,只闻大名,从未相见。1935年6月,中央红军与红四方面军在懋功会师,但徐向前正在理番下东门的红四方面军前线指挥部,指挥部队与岷江流域的国民党军对峙,彭德怀则率部在达维地区休整,未能见面。

7月,根据中革军委的部署,红军开始北上。彭德怀到达黑水后,接到报告:徐向前率部正向黑水推进。他非常高兴,立即给徐向前发报通报行踪。徐向前接报后,也非常兴奋,马上回电,约彭德怀在维古河的渡口见面。

徐向前带着一个通信排,飞马赶到维古河畔。但到渡口后才发现,渡口上的铁索桥已经被破坏,根本无法过河。就在这时,彭德怀也带人到达了对岸。两人隔河呼喊,可水流湍急,水声太大,根本听不清楚。同时,两人从未见面,彼此也无法断定对方

史料链接

就是自己要见的人。

情急之下，彭德怀在一张纸片上写下两行字："我带三军团之一部，在此迎接你们！彭德怀"，让人用绳子绑在石头上，投过河来。徐向前见到纸条后，也用石头包着一张纸条甩过河，上面写着："我是徐向前，很想见到你！"两人隔河挥手，暂时作别。

当天，通信分队在两军之间架起了电话线。徐向前与彭德怀第一次通话，相互问候，并约定第二天在维古河上游一个叫"亦念"的地方见面。

第二天，徐向前一早出发，带人翻越两座高山，在中午时分到达亦念。彭德怀也正好到达。但这里的铁索桥上的桥板也被破坏了，两人只好继续隔河相望。就在这时，徐向前在铁索桥旁发现了一根横贯河面的绳索，上面系着一个箩筐。当地人称之为溜索，人坐在箩筐里可以滑行过河。

正巧，一位老乡坐着箩筐悠悠地滑到了面前。徐向前二话没说，坐进箩筐，周围的警卫人员还没反应过来，他已经用脚猛蹬一下岩石，滑向了对岸。彭德怀快步走到绳索旁，亲自把徐向前从箩筐中扶出。

彭德怀说："真是看不出，你徐总指挥还有这种本领。"

徐向前笑答："我这也是大姑娘上轿头一回啊。为见你彭军团长，我只好冒险一试了！"

两人哈哈大笑。两双大手紧紧地握到了一起。这是两位威震敌胆的红军高级将领的第一次会面，也是一次传奇式的会面。

★《伟大的会合》

中央红军与红四方面军在懋功会师后，中革军委机关报《红星报》于1935年6月15日第21期，发表题为《伟大的会合》的社论，阐明两大主力会师的意义，说明红军所面临的任务，全文如下：

经过了八个月万余里的长途行军与作战，横跨南部八省的山河关隘，克服了一切天然的和人为的困难，我中央野战军终于与四方面军会合了。这是历史上空前伟大的事件，是决定中国苏维埃运动今后发展的事件。这一伟大会合的成功，是五次战役（指中央苏区第五次反"围剿"作战）以来最大的胜利。这一胜利，使法西斯的头子蒋介石垂头丧气。

史料链接

　　帝国主义、国民党，用尽他一切的力量想来阻止这个会合。但是，他们的企图终于可笑地失败了。会合的成功，证明党的路线的正确，证明红军无坚不摧的力量，证明一切机会主义胡说的破产。

　　红四方面军是现时中国苏维埃运动三大主力的最大一个。它长期的光荣的战斗历史，是不亚于中央红军的。他于1928年产生于鄂豫皖边，创造了鄂豫皖苏区，成为当时长江北岸最大的苏区。1932年底，它向西转移到川陕边，几年的奋斗中，创造了川陕边苏区，并从万余人的队伍扩大了十万左右。配合着中央野战军的西移，四方面军以猛烈的进攻粉碎敌人的围攻，不仅保持了原有的苏区，并且先后消灭刘存厚、田颂尧、罗泽洲等四川军阀，大败杨虎城、杨森、邓锡侯、刘湘和蒋介石嫡系的胡宗南部，占领陕南的宁羌、褒县（褒城县，现已撤销）、川北、川西北的阆中、苍溪、南部、平武、北川、茂县、理番、懋功等县，开辟了广大的游击区域和建立了茂县一带的新苏区。红四方面军的这一伟大胜利，正与中央野战军西移的胜利配合着。

　　中央红军和四方面军的胜利会合，是中国苏维埃运动新的大开展的基点。我们8个月的长途行军与作战，其目的就是要争取与四方面军的会合，使两大主力能在统一的指挥之下，集中力量，赤化全四川，为赤化全中国的大事业奠定巩固的基础。会合的成功，使［是］我们完成这一巨大任务的先决条件。我们所取得的胜利，是伟大的，但我们面前有着更大的新的任务，这个任务——赤化全四川的任务，只有胜利的战斗才能把它完成。继续地打胜仗，打更大的胜仗，这是我们的口号！

　　中央红军和四方面军的先头部队，已于12日在甲［夹］金山边相遇。我们每个部队都要准备着，在与四方面军亲爱的弟兄们相见时，举行大规模的以至各连队的联欢会，和交换战斗的经验，使这一个会合，不仅政治上大大提高全体红色指战员的战斗情绪，并且达到提高作战经验与军事技术的目的。

第十六章

从两河到沙窝

懋功会师,中央红军与红四方面军合兵一处,总兵力达十余万人,士气高昂。这是一支强大的红色武装力量,如何保存和运用这支武装力量,彻底打破国民党军的"围剿",进而不断壮大发展,为中国革命的最后胜利奠定坚实的基础,成为两军会师后所面临的重大问题。而当时全军所面临的紧迫问题,是会师后红军行动方向指向何处,向何处发展,在何处建立新的红色根据地,这是关系到红军和中国命运的头等大事。

此刻,正值全国抗日运动新高涨的前夜。日本帝国主义侵华步骤不断加快,自 1935 年 5 月 29 日起从东北抽调大批部队入关。蒋介石政府重兵"剿灭"红军,对日本的侵略却步步退让,于 6 月 9 日与日本签订了屈辱卖国的《何梅协定》,让出了河北、察哈尔两省的大部分政治、军事控制权,并于 10 日颁布《敦睦外交令》,公开声明要严惩一切反日言行和团体。这些事件,激起了全国人民极大的愤怒,各种社会矛盾迅速激化。整个国家处于重大事变的前夕,中国的形势正向有利于革命的方向发展。

红军因此获得了新的发展契机。特别是在西北地区,红军有着广阔的发展空间。"追

毛泽东与张国焘在陕北

剿"中央红军的几十万国民党军队,已远离中心城市,减员很大,补给困难,士气颓丧,战斗力大为下降。川陕甘地区之国民党军派系庞杂,协同作战十分困难。国民党中央军薛岳部远在南面的川西地区,暂时无法对红军构成直接威胁;位于北面的国民党中央军胡宗南部主力尚未全部集结,只有一部兵力部署于川陕甘边界地区;四川军阀迭遭打击,士气颓废,但求自保,特别是驻守川陕边境的军阀田颂尧部,在嘉陵江战役中遭受重创,元气大伤,根本无法阻挡红军北进;西北军阀则各自为政,矛盾重重。而红军两大主力会合后,力量集中,特别是四方面军主力在徐向前指挥下,正驻守在岷江西岸的北川、茂县、镇江关、片口等地,位置机动,可随时出动。这就形成了红军迅速北上,在川、陕、甘的广大地区发展壮大的有利局面。

早在两军会师之前,毛泽东等中央主要领导人即与张国焘等红四方面军领导人电报来往,交换意见。张国焘等人多次致电中央,请求"飞示以后行动总方针"、即告"今后两军行动大计"。6月12日,两军刚刚会师,由徐向前起草、以张国焘、陈昌浩和他三人署名给毛泽东、周恩来、朱德的电报中提出:"目前我军之主要敌人为胡宗南及刘湘残敌,我军之当前任务必先消灭其一个,战局才能顺利开展,因之或先打胡或先打刘亟待决定者。弟等意见:西征军万里长征,屡克名城,迭摧强敌,然长途跋涉,不无疲劳,休息补充亦属必要。最好西征军暂位后方固阵地休息补充,把四方面军放在前面消灭敌人为好。究以先打胡先打刘,何者为好,请兄按各方实况商决示知为盼。"

这是一个非常尊重中央、顾全大局的建议。但是,非常可惜,它实际上只是反映了徐向前一个人的意见。而红四方面军的最高领导人张国焘却另有想法,而且与中央的决定背道而驰。

分歧初显

中共中央此刻所确定的红军行动方向是,迅速北上,在川陕甘三省建立新的革命根据地。这一目标是中共中央根据变化着的形势逐步确定的。在遵义会议上,中央曾把渡过长江,与红四方面军会合,在川西南或川西北地区建立新的苏区,作为红军未来发展的基本战略方向。后来由于国民党军拦阻,中央红军北渡长江不成,遂改为在云贵川黔交界地区求发展。在此后很长一段时间内,中央的主要精力放在了指挥中央红军摆脱国民党军的围追堵截之上,而对未来的发展方向,则随着战局的演变而不断变化。同红四方面军会师前后,中共中央、中革军委发现红军所在的大、小金川流域及其周围的川西北地区，高山穷谷，地瘠民贫，经济落后，又多系少数民族聚居区，语言不通，风俗习惯不同，存在着复杂的民族问题，不利于红军的生存发展，不适于建立根据地。因此，中共中央、中革军委决定放弃遵义会议制定的关于在川西北建立根据地的计划，继续北上，在川陕甘边地区建立根据地，以推动中国革命和革命战争的发展。

6月16日2时，朱德、毛泽东、周恩来、张闻天致电张国焘、徐向前、陈昌浩，明确指出："为着把苏维埃运动之发展放在更巩固更有力的基础之上，今后我一、四两方面军总的方针应是占领川陕甘三省，建立三省苏维埃政权，并于适当时期以一组织远征军占领新疆。"而当前计划，则红四方面军全部及一方面军主力均宜在岷江以东，"对于即将到来的敌人新的大举进攻给予坚决的打破，向着岷（江）、嘉（陵江）两江之间发展。至发展受限制时，则以陕、甘各一部为战略机动地区。因此，坚决地巩固茂县、北川、威州在我手中，并击破胡宗南之南进，是这一计划的枢纽。"同时指出："以懋功为中心之地区纵横千余里，均深山穷谷，人口稀少，给养困难。大渡河两岸直至峨眉山附近情形略同。至于西康情形更差。敌如封锁岷江上游（敌正进行此计划），则北出机动极感困难。因此，邛崃山脉区域只能使用小部队活动，主力出此似非长策。"

张国焘不同意中央的决定。在他的心目中，红军的发展方向，应该是或者西进西康、青海、新疆，避开国民党统治的主要区域和国民党军的主力，到"经济落后、文化落后"的区域发展，或者是向南发展，"直取成都，出长江，打到武汉"去。这一点，他早在两大红军会师前，就在6月13日撰写的一篇题为《新的胜利和新的形势》的文章中有明确的表述。这两个发展方向，一个消极避战，一个冒险进攻，反映出了张国焘对红军发展的战略方向的确定，始终没有摆脱机会主义或冒险主义的巢穴，而这正是遵义会议所坚决纠正的。但张国焘对此笃信不疑。西进岷江流域，只是这一计划的第一步。因而，在强渡嘉陵江战役胜利后，尽管徐向前迅速拟定了北出甘南的计划，而且当时胡宗南部在川甘边界也兵力薄弱，但张国焘还是否决了徐向前的计划，决定挥师西进。现在，中央提出迅速北上建立川陕甘根据地，更是不合他的心意。但他城府很深，并没有直接向中央表明自己的意见，而是采取了一种迂回的方法，就是同意建立川陕甘根据地，但强调第一步应该向西进攻，在川西北和西康等地站稳脚跟。

6月17日，张国焘、陈昌浩联名致电中央：同意向川陕甘发展的方针，以及组织远征军占领青海、新疆和集中两大红军主力作战的设想。但反对中央的"目前计划"，认为北川一带地形不利于大部队行动,且胡宗南部已有准备,不易北进。由岷江向东打或向北打松潘,也都不利。主张红一方面军沿大金川北上占阿坝,红四方面军折返茂县、北川,并进至松潘以西地区,或先向南进攻,然后再北返。

接到张国焘、陈昌浩的复电时,毛泽东等人已经到达懋功。毛泽东仔细研究了徐向前信中所谈的情况,专门向前来迎接的红30军政委李先念了解情况。他打开一幅军用地图,边看边问李先念:"岷江、嘉陵江地区气候怎样,地形如何,人民群众生活状况如何,还能不能打回川陕苏区去?"

李先念说:"岷(江)嘉(陵江)两江之间地区,大平坝子很多,物产丰富,人烟稠密,是汉族居住地区,部队的给养和兵源都不成问题。从战略地位看,东连川陕老根据地,北靠陕甘,南接成都平原,可攻可守,可进可退,回旋余地大。如红军进入这一地区,有了立足之地,可以很快得到休整补充,恢复体力,再图发展。现在茂县、北川在我军控制之下,可以打回去,否则再打过岷江就难了。"他继续说:"来懋功的一路上,只看到很少的藏族牧民,筹粮很难,大部队久驻无法解决供给。大小金川和邛崃山脉一带高山连绵,谷深流急,大部队很难运动,不容易站住脚。向西和向北条件更差。"他的意见是,无论从地理条件、群众基础,还是从红军急需休整补充的实际情况和发展前途看,两军会师后都应该向东北方向发展,首先是向岷江、嘉陵江之间地区发展比较有利。

听完李先念的汇报,毛泽东更加坚定了自己的决心。他说:全国抗日高潮正在到来,整个形势对我们很有利。"今后一、四方面军的行动方针,就是北上抗日,建立川陕甘革命根据地,促进全国抗日高潮的发展。"

6月18日,张闻天、朱德、毛泽东、周恩来再次致电张国焘、陈昌浩、徐向前,强调指出:"目前形势须集中兵力首先突破平武,以为向北转移枢纽。其已过理番的部队,速经马塘绕攻松潘,力求得手"。否则,两个方面军"如此大部队经阿坝与草原游牧区域入甘、青,将遇绝大困难,甚至不可能"。南下向川康边之雅安、名山、邛崃、大邑等地发展,"即一时得手,亦少继进前途。因此,力攻平武、松潘是此时主要一着",希望张国焘等人"即下决心为要"。

但张国焘坚持自己的意见不变,于第二天,6月19日,与陈昌浩再次致电中央,称平武地形不利红军进攻,只同意打松潘。同时提出一个新的作战计划,要求一、四方面军分头行动,"一方面军南打大炮山,北取阿坝,以一部向西康发展;四方面军北打松潘,东扣岷江,南掠天(全)芦(山)灌(县)邛(崃)大(邑)名(山)",

并说:"目前给养困难,除此似别无良策。"

双方电报来往不断,意见却南辕北辙。毛泽东等人剖析利害,苦口婆心,但张国焘却不为所动,双方意见根本无法统一。两军刚刚会师,分歧就如此之大,这是任何人都始料不及的。而战略方针牵动全局,部队行动不容拖延,必须尽快确定方针,必须尽快化解分歧。在这种情况下,毛泽东、张闻天等人商议后,决定在两河口召开政治局会议,具体讨论、决定红军会师后的战略方针。

6月20日,张闻天、朱德、毛泽东、周恩来致电张国焘,指出:"从整个战略形势着想,如从胡宗南或田颂尧防线突破任何一点,均较西移作战为有利","如认为绝无办法,则需暂时抛弃川陕甘方针,改变为向川西南发展,请你再过细考虑"。

为了统一认识,开好即将召开的政治局会议,经与毛泽东等人商议,张闻天在到达两河口后于6月24日撰写了《夺取松潘,赤化川陕甘》的文章,发表在当天出版的《前进报》上。在文章中,张闻天指出,两大红军主力会师,已经造成了"实现我们在川陕甘建立新的苏区根据地的战略方针的可能"。而松潘、理番、懋功等地,地形不利作战,经济落后,物资给养补给非常困难,国民党军正想将红军首先压缩在这一地区,然后逐渐压缩至西康、青海边缘地区,因而在此停留或西进西康、青海,正符合蒋介石的封锁政策,对红军极为不利。因此,红军应该立即北进,集中全部力量,首先夺取松潘,突破国民党军的北部防线,使红军转入川陕甘的广大地区,寻求在运动战中大量消灭敌人。而"夺取松潘和控制松潘以北地区,消灭胡宗南的部队,目前成为整个野战军与四方面军创立川陕甘新苏区的最重要的关键,也是目前我们红军的紧急任务"。

张闻天并针对张国焘的错误主张,阐述了红军的作战原则,不点名地批评了"避免战争"的"逃跑主义倾向",指出:"川陕甘三省是一块很广大的地区。在取得松潘之后,我们或将首先取得甘肃东南或川北一部分地区。到底在川陕甘哪一地区开始创立根据地,就决定于当时的敌情与我们同敌人作战的胜利及胜利的大小"。他强调,"如果在目前情况下,我们仍然以到达一定地区为我们行动的中心,实际上就是要避免战争,放弃建立新的苏区根据地任务,而变为无止境的逃跑","必须同这种逃跑主义的倾向做坚决的斗争"。

1935年6月26日,中共中央政治局扩大会议在两河口关帝庙里举行。中央政治局委员张闻天(洛甫)、毛泽东、周恩来、朱德、王稼祥、博古(秦邦宪)、张国焘,政治局候补委员邓发、凯丰(何克全)、刘少奇参加会议。林彪、彭德怀、聂荣臻、李富春、刘伯承、林伯渠等也参加了会议。会议中心议题是两军会师后的战略方针问题，史称两河口会议。

两河口会议会址

政治局分管军事的周恩来首先代表中共中央和中革军委作目前战略方针的主报告。关于战略方针问题，他指出，一、四方面军会合后，新的战略方针是集中主力向北进攻，创造川陕甘革命根据地；关于战略行动问题，周恩来分析了敌情变化，指出：目前，回头向南是不可能的，向东过岷江也不可能，向西北也不行。只有转向甘肃，向岷山山脉以北发展最为有利。消灭蒋介石的主力部队是我们的主要任务，红军目前的作战行动是向松潘同胡宗南部作战，向松潘以北转移，要高度机动，要坚决统一意志。关于作战指挥问题，周恩来强调：最高原则是：第一，应统一集中，指挥权要集中到军委；第二，使作战更有力量，须组织左、中、右三个纵队；第三，加强政治工作，克服当前困难，保证战略计划的实现。

周恩来报告完毕后，会议转入讨论。张国焘、彭德怀、林彪、博古、毛泽东、王稼祥、邓发、朱德、刘伯承、聂荣臻、凯丰、刘少奇、张闻天等人相继发言，都表示同意周恩来的报告，同意北上的战略方针，同意在川陕甘建立根据地，强调要迅速北上，首先控制松潘地区。

会议最后通过了周恩来报告所提出的战略方针，决定由博古起草政治部训令，由张闻天起草中央政治局决定。

6月28日，中共中央政治局发出由张闻天起草的《关于一、四方面军会师后战略方针的决定》，指出："在一、四方面军会师后，我们的战略方针是集中主力向北进攻，在运动战中大量消灭敌人，首先取得甘肃南部，以创造川陕甘苏区根据地，使中国苏维埃运动放在更巩固、更广大的基础上，以争取中国西北各省以至全中国的胜利。""为了实现这一战略方针，在战役上必须集中主力消灭与打击胡宗南军，夺取松潘与控制松潘以北地区，使主力能够胜利地向甘南前进。"《决定》同时指出："为了实现这一战略方针，必须坚决地反对避免战争，退却逃跑，以及保守偷安、停止不动的倾向。这些右倾机会主义的动摇，是目前创造新苏区斗争中的主要危险。"

同一天，为适应两军会师后新的形势和任务，加强集中统一领导，中央政治局常委召开会议，决定任命张国焘为中革军委副主席，徐向前、陈昌浩为中革军委委员。为促进两军的相互了解和团结，会议还决定由总参谋长刘伯承、总政治部代主任李富春、中华苏维埃政府财政部部长林伯渠、中共中央组织部部长李维汉和周兴、金维映等人组成中央慰问团，到红四方面军部队进行慰问。

两河口会议正确分析了红军两大主力会师后的形势和川陕甘、川康边的实际情况，确定了两军共同北上，在川陕甘创建根据地的战略方针，为两大主力会师的行动指明了方向。这对于中国革命和革命战争的发展，具有重要的指导意义。

会议进行期间，先头红 6 团已于 29 日攻占卓克基。会议结束后，中共中央、中革军委与位于懋功、两河口地区的中央红军主力、红四方面军第 30 军第 88 师主力，翻越梦笔山雪山，于 6 月 29 日到达卓克基地区。红 1 军团和红 88 师随即前出至马塘、康猫寺等地，准备发起松潘战役。

两河口会议纪念馆

松潘战役

要实现中央确定的战略方针，迅速、坚决地攻占松潘，打开北进通道，是两大红军主力会师后的首要任务。因此，中革军委对松潘战役高度重视，决心全力打好两军会师后的第一仗。总参谋长刘伯承亲自起草了战役计划。

红军两大主力会师之时，国民党军也在加紧调整部署，共集中近二百个团的兵力，企图将红军围困于懋功、理番（今理县）、威州地区，进而予以消灭。6月下旬，川军刘湘、孙震、李家钰等部集中九十余个团，固守江油（不含）、威州（今汶川）地带，阻止红军东进；中央军胡宗南所部二十七个团，固守文县、松潘、平武、江油地区，阻止红军北上；川军杨森、邓锡侯等部共约五十个团，由宝兴、大川、牛头山地段，向北筑垒推进，阻止红军南下；中央军薛岳部周浑元、吴奇伟两个纵队向绵阳集中，策应川军行动；川军刘文辉、李抱冰部共十五个团，在康定、丹巴、泸定地域筑垒，扼守大渡河右岸，阻止红军向川康边发展；万耀煌部留清溪、雅州筑垒待机。

但各路部队中，追剿军主力薛岳部从江西到川康边万里转战，已经被中央红军拖得精疲力竭，急需休整补充；另一支中央军主力胡宗南部仍分散在松潘、平武、文县地区，尚未完全集中；四川军阀部队则屡遭红四方面军的沉重打击，士气低落。这对于红军主力夺取松潘，迅速北上甘南，实现中共中央确定的在川陕甘创建根据地的战略方针是有利的。

6月29日，中革军委以主席朱德，副主席周恩来、张国焘、王稼祥的名义颁布《松潘战役计划》，确定：战役的基本任务是"迅速、机动、坚决地消灭松潘地区的胡敌，并控制松潘以北及东北各道路，以利北向作战和发展"。为此，确定一、四方面军主力统一划分为左、中、右三路军。左路军由十六个团组成，司令员林彪，副司令员彭德怀，政治委员聂荣臻，副政治委员杨尚昆；中路军由十个团组成，徐向前任司令员兼政委。左、中两路军的主要任务是从两河口、黄胜关迂回攻击松潘地区之敌，坚决消灭之，并先机切断平武、南坪东援之敌的来路和取得北出甘南的道路；右路军由十一个团组成，陈昌浩任司令员兼政委，其中八个团经芦花、毛儿盖向松潘前进，三个团经松坪沟、红土坡、小姓沟向松潘前进，实施正面突击，会同左路军、中路军对胡宗南部形成夹击之势。如"胡放坚守城堡，不利攻击，则我军应监视该敌，严防截击，并缩短行军长径，以利迅速北出甘南作战"。《计划》要求三路部队务必在7月3日以前渡过岷江，按期赶到第一步集中地点，以便发起进攻。另以王树声指挥红四方面军一部组成岷江支队，继续在北川至茂县一线阻击川军部队，并牵制和吸引胡宗南部南向；以红9军团一部组成懋功支队，在夹金山、巴郎山、懋功、崇化地区活动，掩护主力北进作战，保障后方安全。

7月初，各路红军开始行动。由中央红军与红四方面军红88师编成的左路军从卓克基、康猫寺、马塘等地出发，向松潘西北黄胜关、两河口地区开进。红1军团政治部主任朱瑞和红2师师长陈光率红6团和红5团3营为前卫，执行探路任务。队伍从刷经寺出发，经过壤门（甲尔卡）、龙日沟进入草地，向龙日坝行进。草地渺无人烟，夜间寒气逼人，战士们饥寒交迫，备尝艰辛。7月2日，红6团在龙日坝与青海军阀所属西北"剿匪"第1路军第5纵队麦桑骑兵支队相遇。地形开阔，毫无遮拦，麦桑支队二千多人，全部为当地藏人组成的骑兵，行动迅速，剽悍骁勇，马上射击枪法准确，红6团尚未展开，敌骑兵已经冲到近前。红6团就地抵抗，激战两个多小时，打退了藏兵的进攻，但自身也伤亡四百余人。入夜之后，红6团在1营的掩护下撤退。当晚，朱瑞与陈光向军委报告草地行进与战斗情况。鉴于草地行军保障困难，且有国民党军骑兵不断骚扰，为加快行进速度，军委立即决定左路军主力改道行进，直向黑水、芦花前进。

7月2日，红1军团和红88师翻越海拔四千八百多米的长板山雪山，进至芦花、黑水地区，然后经马河坝、寡古、长生寨、羊茸、昌德等地，再翻越海拔四千二百八十三米的昌德山雪山，经上、中、下三打古，翻越海拔四千七百五十二多米高的塔鲁岗（打古山），到达沙窝（今松潘县血洛），进入毛儿盖地区。

8日，先头红268团和红1军团侦察连，包围驻守毛儿盖之胡宗南部第1师补充旅第1团第1营（加强营），展开激战。毛儿盖位于松潘以西，是红军进攻松潘的必经之地。胡宗南接到毛儿盖被围的消息后，亲自命令守军营长李日基固守待援。红军猛烈攻击，扫除外围据点，逐步向镇内发起进攻，于14日夜攻入李日基营核心据点索花寺，李日基率部突围。红军穷追不舍，于16日下午将之再次包围于松潘腊子山以西五十公里处，全部歼灭。此战，红军共俘敌三百余名，缴获各种枪支两百余支（挺）、电台一部。

在此期间，左路军其他部队，红3、红5军团进至黑水、党坝地区。中共中央、中革军委由卓克基到达芦花地区。由红四方面军部队组成的中路军和右路军也于7月6日从理番、茂县出发北上。

红1军团由毛儿盖继续向松潘推进，于7月18日在距松潘城约五十公里的羊角塘与正在构筑工事的胡宗南部廖昂补充旅一部遭遇，展开激战。与此同时，红4军也由松潘以南的红土坡、小姓沟一带向北发起进攻，击退胡宗南部丁镕隆独立旅，推进至距松潘十至十五公里的牟尼沟（牦牛沟一带）。岷江东岸的部队也向镇江关以北进攻，与胡宗南部李文部第2旅展开激战。战斗在从西到南的弧形战线上全面展开，战况甚烈。

松潘，是四川西北部的重要城镇，控制着由四川北出甘南的交通要道。红军占领这个地区，可以不经川西北的茫茫草地，直出甘南。这对于红军主力迅速北上，创建新的根据地十分有利。这时，胡宗南部尚未完全集结，出现了夺取松潘的有利态势。如果红军后续部队及时赶到，集中全力进攻，则很有可能获得胜利。战机稍纵即逝。但是，张国焘却置大局于不顾，借口所谓"统一指挥"和"组织问题"没有解决，开始向中央发难，故意拖延红四方面军主力的行动。

松潘古城

在两河口会议期间，张国焘最关心的不是红军行动的战略方针，而是中央红军的实力到底有多少，到底红四方面军与中央红军谁的实力大。当得知中央红军只有一万多人时，他的个人野心开始急剧膨胀。虽然在两河口会议上支持中央的北上战略方针，但会下却千方百计地探听情况，特别是遵义会议以及会理会议的情况。中央为加强统一指挥，任命他为军委副主席，已经远远满足不了他的权力欲望。在他的眼中，不是党指挥枪，而是枪指挥党，谁的兵多、枪多，谁就应该决定一切。

于是，两河口会议结束后，他开始抵制执行北上的战略方针，以解决所谓的"组织问题"为借口,对执行松潘战役计划处处作梗。6月29日,张国焘致电中央,强调攻打松潘的困难,再次提出他的川、康边方案,主张分兵进攻,中央红军向阿坝前进,以一部向西康发展;红四方面军主力向西打松潘、向南进攻天全、芦山、邛崃等地。返回红四方面军驻地后,他又对前往红四方面军慰问的李富春等人公开提出:要"充实总司令部",徐向前任副总司令,陈昌浩任总政治委员,军委设常委,决定战略问题,开始向中央要军权。10日,张国焘更是直接致电中央,提出:"我军宜速决统一指挥的组织问题",并要挟说:否则"不能以坚决的意志,迅出主力于毛儿盖东北地带,消灭胡敌",甚至会使部队调动"参差零乱",而给敌以先机之利及各个击破和横截的可能。在电报中,他还再次提出了部队分路北上的意见。

芦花会议会址

中共中央拒绝了张国焘改组中革军委和红军总司令部的要求,但对他的错误始终采取了党内斗争的方针,希望他能够以大局为重,服从中央领导,保证松潘战役计划的顺利实施。7月10日,已进至上芦花的毛泽东、周恩来、朱德致电张国焘:"分路迅速北上原则早已经确定,后勿(忽)延迟,致无后续部队跟进",切盼红四方面军"各部真能速调速进,勿再延迟,坐令敌占先机",并提出:"急盼"张国焘和徐向前、陈昌浩到芦花与中央会合,"集中指挥"。

然而,张国焘的个人野心已经极度膨胀,根本置战役大局于不顾,只要不满足他的要求,就不愿讨论其他问题。在这种情况下,中共中央不得不在松潘战役紧张进行的同时,分散精力首先解决迫在眉睫的组织问题。7月18日,中共中央政治局在芦花召开常委扩大会议,讨论"组织问题"。决定任命张国焘为红军总政治委员,陈昌浩为中革军委常委,博古任总政治部主任,并决定设立红军前敌总指挥部,徐向前、陈昌浩分别兼任总指挥、政治委员。

芦花会议会场

会议结束后,中革军委于当日发布通知:"一、四方面军会合后,一切军队均由中国工农红军总司令、总政委直接统率指挥。仍以中革军委主席朱德兼任总司令,并以张国焘同志任总政治委员"。21日,中革军委又发出《关于一,四方面军组织番号及干部任免的命令》,决定:组织前敌总指挥部,徐向前兼总指挥,陈昌浩兼政治委员,叶剑英兼任参谋长。同时决定,中央红军第1、第3、第5、第9军团,依次改为第1、第3、第5、第32军。红四方面军第4、第9、第30、第31、第33军的番号不变。此外还决定,从中央红军抽调张宗逊、陈伯钧、李天佑、李聚奎、李荣等一批干部到红四方面军各军任职,从红四方面军抽调红4军第11师第32团、第33军第98师第294团共两千一百多人,编入红1军;抽调红30军第90师第270团和第89师直属队共一千六百余人,编入红3军。两大主力红军指战员的交流,促进了两军的团结和部队建设,增强了中央红军的战斗力。

在此期间,松潘战役继续激烈进行。7月19日,中革军委制定了《松潘战役第二步计划》。计划指出:"依据目前敌情的变化,证明军委6月29日松潘战役计划中关于敌情的判断,是完全正确和适用的。"然而,"由于我军调动未能高度迅速,及地理、气候、番民关系,致先遣部队与后续部队相隔过远,各方面的配合亦尚未完全协调"。

计划确定，将中央红军、红四方面军混编为五个纵队和一个支队，继续北进，夺取松潘。

红军继续进攻，徐向前、陈昌浩也于22日率红四方面军从芦花出发，向毛儿盖开进。但是，战机已经错过。由于红军部队未能迅速集中，完成攻击任务，国民党军已加强了松潘地区的防御力量。胡宗南亲率司令部抵达松潘，并把指挥部也迁到了城南山头，以鼓士气，其所属部队则加速南下，共在松潘城以南，镇江关以北之岷江东岸一线集结了一个师又五个旅，其中一线四个旅，二线一个师又一个旅，并构筑了较坚固的工事，凭借优势火力和坚固工事拼死抵抗。国民党空军也全力支援，每天都出动飞机对红军阵地进行侦察轰炸，有时同一时间、同一区域即有六架次飞机助战。红军虽勇猛进攻，但始终无法取得决定性进展，在西起腊子山、羊角塘，向南经包子寺（今松潘之包座）、牟尼构、镇江关一线与胡宗南部队形成对峙。不少阵地得而复失，失而复得，整个战线呈拉锯状况。

战至7月底，国民党军胡宗南部又有两个师赶到，其主力已经全部集结松潘地区，并在松潘城北的漳腊建起了飞机场，配置了作战飞机。而薛岳也率吴奇伟纵队到达江油，先头第90师等部进抵文县、平武、松潘境内之木瓜墩一线，策应胡宗南部作战。其他国民党军部队也向前推进，进占懋功、绥靖（今金川）、北川、茂县、威州及其岷江东岸地区。国民党军已经对红军形成了三面包围，企图围困与消灭红军于岷江以西、懋功以北地区。

7月底，中革军委鉴于敌情变化和红军攻占松潘的有利时机已经丧失，决定停止松潘战役。

沙窝会议

松潘战役后，红军除红30军一部和红4军大部与胡宗南部相峙，红31军一部和红33军大部沿岷江西岸向东警戒，红9军一部位于抚边、党坝之线外，主力部队在毛儿盖、黑水地区转入筹粮工作，另有部分部队位于理番、卓克基等地。

川西北地区地瘠人稀，物产不丰，主要居民为藏民，严重缺粮。红军十多万兵马集中此地，粮食供应极为困难。缺粮成为上到中央领导下至普通战士都十分头痛的事情。虽然除前线部队外，其余部队都全力筹粮，但所获甚少。当地国民党政府和反动土司头人规定：凡是给红军当向导、当通司（翻译）、卖粮食给红军的藏民一律处死；不把粮食藏起来的，就要没收一切财产；不听政府和土司命令打红军的，按"叛逆"

论处。因此，藏民受反动宣传欺骗、胁迫，逃匿一空，红军根本无法购买粮食。

为了生存，总政治部不得不规定：在用其他办法得不到粮食时，允许部队到藏民田收割青稞、麦子，自己做干粮。首先割土司头人的，在迫不得已时也可收割普通藏民的。但规定：收割普通藏民的青稞、麦子，必须将所收数量、收割的原因等写在木牌上，插在田中。藏民回来可以凭木牌向红军部队领取赔偿金。

红军上到总司令，下到战士，都参加了收割麦子、青稞的工作。毛泽东、朱德等人亲自下地同红军战士一起割青稞，就连生病的周恩来也挣扎着参

松潘长征纪念碑园

加搓麦子。尽管如此，依旧无法彻底缓解部队的缺粮困难，官兵们只能以野菜充饥，面黄肌瘦，体力大幅下降，许多人误食有毒野菜，全身浮肿。时任红2师政治部主任的舒同1936年在《芦花运粮》一文中写道："因为粮食已绝，茹草饮雪，无法充饥，饿死冻死者触目皆是。"

红军留给藏民的割麦证

两河口会议结束，红军已经在懋功、黑水、芦花、毛儿盖等地区停留了一个多月的时间，国民党军步步紧逼，松潘无法拿下，加上缺粮，处境日益困难，必须马上采

取行动，摆脱困境。可是，张国焘到了毛儿盖，却采取了一系列反对中央、破坏团结的严重活动。

他召集红四方面军高级干部举行了一个紧急会议，在会上公开宣布中央执行的是机会主义路线，声称要彻底清算中央的"政治路线"错误。他指责遵义会议是"调和主义"，要求博古退出书记处与政治局，周恩来退出军委工作，并向中央提交了一个名单，要求将红四方面军的十余名干部分别批准为中央委员、政治局委员及书记处书记，企图以人数优势来控制中央领导权。他利令智昏，不达目的誓不罢休，甚至动用部队在中央驻地附近搞了一次军事示威。

同时，张国焘开始采取行动架空中央、独揽军权。就任红军总政委后，他立即下令收缴原中央红军各军团之间互通情报的电报密码本和红1、红3军团与军委、中央通报的电报密码本。红军各军与中央、军委联系，各军之间联系，此后都必须通过张国焘和前敌总指挥部沟通，切断了中央、军委与原中央红军各军的联系。

红军处境已经异常困难。但如不抵制张国焘的错误方针，制止破坏团结、反对中央的行为，则红军将面对更为凶险的形势。毛泽东、张闻天、周恩来等中央领导人，从全局和全党全军的团结出发，为求得共同北上，促进张国焘转变与争取四方面军，采取了特殊的及十分忍耐的策略，与张国焘的错误进行了有理、有节的斗争。

8月4日至6日，中共中央政治局在沙窝（松潘县毛儿盖以南约十公里）举行会议，讨论一、四方面军会合后的形势与任务以及组织问题。经与毛泽东、周恩来等人商量，张闻天在会前起草了会议决议案草案，着重阐明了中央北上方针的依据，说明了北上的任务和意义，强调加强两军团结的重要性，强调加强党对军队绝对领导的重要性，并对张国焘"西进""南下"的主张和枪指挥党的军阀主义倾向做了不点名的批评。

张闻天主持会议，并首先宣读了决议草案。毛泽东作补充说明，说：要争取更大胜利，领导全国革命，就要加强两个方面军的团结。一、四方面军会师后出现了一些问题，经过一个时期的耐心说服教育，这些问题是可以解决的，因为我们是共产党领导下的无产阶级军队。保卫中国，把全中国放在苏维埃的旗帜下，是党和红军的神圣任务。

朱德、邓发、凯丰、刘伯承、周恩来、博古等先后发言，赞同张闻天的报告，并对决议草案的内容提出了一些补充意见，认为一、四方面军现在应加强相互间的了解与团结，消除隔阂与误会，融为一体，把不正确的现象引向正确的方面去。要提高党在红军中的威信,红军与党是不能分开的,党的力量的削弱就是红军的削弱,党中央威信的提高,就是增加红军的战斗力。

朱德说:对面临的形势应有正确的估计。要看到敌人追堵我们,已被拖得不像样子,逃兵很多,内部矛盾增加,钱财消耗巨大。一、四方面军会师前敌人要找我们决战,企图各个击破。我们会合后,它不决战而采取堡垒主义。现在我们去找它,用战斗的胜利去创造川陕甘新苏区。一、四方面军都是党创建起来的军队,有着光荣的历史,经过长期战争锻炼,成了铁的红军。不能说一、四方面军谁好谁坏,有缺点是可以克服的。

沙窝会议会址

周恩来说:两军会师,力量增加,我们能够依靠这个力量去消火敌人,我们应该相信自己的力量。对于一方面军,过去国焘、昌浩估计过火了一点,出发点是要整顿我们的部队,但要注意对下面的影响。现在我们的最高原则是作战胜利。为了战胜敌人,实现战略方针,两个方面军要团结起来。

但张国焘在发言中却声称:虽然就全国来说,一方面军是先进的,有着光荣的历史,经过一万八千里的长途征战,是应该发扬的。但撤离苏区后一路打掩护战,部队中存在着失败情绪、疲劳现象,纪律松弛。这些问题,看轻了就会影响整顿,看重了就会抓紧整顿。他还提出,要反对"左"的和右的倾向,对在川康边创造根据地缺乏信心、认为少数民族工作困难、作战想避开敌人,这些都是要反对的。

陈昌浩在发言时则反对草案中对张国焘的不点名批评,称他可以"担保国焘没有反党的意思",并说:四方面军没有人说中央路线不正确。国焘批评一方面军是希望其改好,并非歧视。一方面军的主要危险是右倾,干部不负责任,应做专门决议对一方面军进行整顿。

经过两天讨论,张闻天作总结发言说:"对决议案大家意见无大分歧,同志们也都是一致的,这是一、四方面军胜利前进的保障。"张闻天着重肯定了遵义会议的正确,强调了遵义会议决议所确定的军事路线的正确性,要求红四方面军中党的支部应该讨论遵义会议决议。关于红四方面军同志对一方面军的批评,张闻天肯定"是好的,是帮一方面军来纠正缺点的",同时又指出:"但须注意可能发生的不好影响,过分的批评会妨碍团结的。"他强调,切实紧要的是"现在就是要实际去做",即通过整顿部队来纠正缺点。会议最后"基本上通过决议案"。

但会议在关于组织问题——"吸收四方面军干部参加中央工作"的讨论中,发生了激烈的争论。张闻天代表政治局提出了预先经过磋商的名单,徐向前、陈昌浩、周纯全为中央委员,何畏、李先念、傅钟为候补中央委员。陈昌浩为政治局委员,周纯全为政治局候补委员。

张国焘对此非常不满意,说:要坚决提拔工农干部,还可以多提几个人。毛泽东当即反驳说:四方面军中有很多好的干部。我们现在提出这六位同志,是很慎重的。照党章规定,政治局不能决定中央委员人选,现在是在特殊情况下才这样做的。其他干部可以更多地吸收到各军事、政治领导机关工作。张国焘继续纠缠,说:本来我们的意见,要提这几个同志都到政治局的,这样可以提拔

《中央关于一、四方面军会合后的政治形势与任务的决议》

工农干部,他们有实际经验,又可以学习领导工作。毛泽东非常策略地回答:国焘同志的意见是很好的,四方面军的好干部将来很可以吸收到中央机关及其他部门工作。将张国焘的意见挡了回去。

8月6日的会议主要在这个问题上争论很久。毛泽东等人看透张国焘企图以形成多数来控制党中央的用心,所以在中央委员的人数上坚决不再松口。但从大局出发,同时为了团结红四方面军的同志,并尽可能地与张国焘搞好团结,还是做了让步。会议最后决定:徐向前、陈昌浩、周纯全为中央委员,何畏、李先念、傅钟为候补中央委员。陈昌浩、周纯全为政治局委员。任命陈昌浩为红军总政治部主任,周纯全为副主任。

会议同时决定,恢复红一方面军番号,成立红一方面军总司令部,任命周恩来为

红一方面军司令员兼政治委员。从此，中央红军改称红一方面军。

其间，即 8 月 5 日，会议通过了《中央关于一、四方面军会合后的政治形势与任务的决议》。《决议》肯定两河口会议决定的"向北进攻"的战略方针"无疑义是正确的"，"创造川陕甘的苏区根据地，是放在一、四方面军前面的历史任务"，并进而提出了在川陕甘及广大西北地区"创造出西北苏区根据地"的设想。这实际上是对会合以来战略方针问题的争论做出了结论，肯定并坚持了中央的"北上"方针，否定了张国焘的"西进""南下"方针。

《决议》正面回答了两军会合以来出现的问题，不指名地批评与抵制了张国焘的种种错误，指出："必须在一、四方面军中更进一步加强党的绝对领导，提高党中央在红军中的威信。"强调："没有中国共产党就没有中国工农红军"，党中央在遵义会议以后的军事领导"无疑义的是完全正确的"。在对红一、红四方面军分别做出了全面的估价后，号召"全体党员和红军指战员像一个人一样团结在党中央的周围"，强调要维护"一、四方面军兄弟的团结"，指出："一切有意无意破坏一、四方面军团结一致的倾向，都是对于红军有害、对于敌人有利的"，这就有力地抵制了张国焘破坏团结的行为。

《决议》提出了十二项"目前的中心工作"，作为落实战略方针与上述重大原则问题的具体措施与任务，包括军队建设、少数民族工作、白军工作、地方工作、保卫工作、组织工作、苏区工作等。

《决议》最后号召全党和全军，要坚决地同夸大敌人力量、怀疑中央的战略方针、企图"远离敌人""避免战斗"和对创建新根据地缺乏信心的右倾机会主义做斗争。

沙窝会议及其所形成的《决议》，非常及时，具有历史意义。它针对红一、红四方面军会合后出现的问题，总结历史经验教训，分析当前现实情况，做出了深刻而又具体的回答，有力地然而又是策略地抵制和批评了张国焘"西进""南下"的错误战略方针、枪指挥党的军阀主义倾向、破坏两个方面军团结的行为和避战退却逃跑的右倾机会主义动摇，创造了在特殊情况下正确处理党内矛盾的范例。

经历了一个多月的徘徊、磨难，在毛泽东等中央领导人的积极而策略的努力下，两大主力红军终于克服了会师后的第一次危机，重新踏上了北上的征程。但是，张国焘的分裂活动已经给两大会师所造成的大好局面投下了浓重的阴影，这种阴影使得红军的北上前途充满了悬念。

史料链接

★ 两河口会议

1935年6月26日，中共中央政治局在两河口举行扩大会议，讨论中央红军与红四方面军会师后的战略方针问题，史称两河口会议。中央政治局委员毛泽东、朱德、周恩来、王稼祥、张闻天（洛甫）、博古（秦邦宪）、张国焘，政治局候补委员邓发、凯丰（何克全）、刘少奇参加会议。林彪、彭德怀、聂荣臻、李富春、刘伯承、林伯渠等也出席会议。

会议由张闻天主持，政治局分管军事的周恩来首先代表中共中央和中革军委作关于战略方针的主报告。他在回顾了一方面军离开中央苏区以来战略方针的几度变化之后，着重讲了两军会师后的战略方针、战略行动和战争指挥问题。关于战略方针问题，他指出，四方面军决定西去懋功到西康，一方面军决定到岷江东岸，这两个战略方针是不同的。到底应当在什么地方创建新苏区，首先要有利于我们作战。因此，在地区的选择上应力求：一，地域宽大，好机动。松潘、理番、懋功地区虽大，但多是狭路，敌人容易封锁我们，使我们不易反攻，而且敌人正想在这些地方困死我们；二，群众条件要人口较多，有利于红军本身发展，能大批扩大红军。松潘、理番、汶川、懋功、抚边等地，是少数民族占多数的地区，人口只有二十万，这地方是不能成为根据地的；三，经济条件较优裕，能解决红军的供给。松潘、理番、懋功一带粮食缺少，牛、羊有限，衣着布匹不易解决，军事上的补充更困难。因此，岷江西岸的懋、松、理地区，是不利于建立根据地的，如陷在这里是没有前途的。而川陕甘三省地区则具有上述优良条件。我军应迅速前进，去川陕甘开创革命根据地。他强调：一、四方面军会合后，新的战略方针便是集中主力向北进攻，创造川陕甘革命根据地。

关于战略行动问题，周恩来分析了敌情变化，指出：目前，回头向南是不可能的；向东过岷江也不可能，因为川军在东岸部署了一百三十个团，对我军很不利；向西北则是广漠的草原，也不行。只有转向甘肃，向岷山山脉以北发展最为有利。这一地域道路多、人口多、山少，虽然在这里必定会遇到敌人，但可在运动战中消灭之。如果敌人前进得慢，即可在这一广阔的地区前进，并向陕西方向迎敌。向北行动，可以青海

史料链接

南部地区作依靠。而四川方面的现有地区则可成为游击区，至于到了那里后是否还要扩大地区，要到那里后再决定。他指出：我们现在是反攻，是无后方的运动战，这个性质是不可久的。为了实现这一战略方针，必须勇猛果敢、巧妙行动、毫不迟疑地打击敌人。消灭蒋介石的主力部队是我们的主要任务。所以，红军目前的作战行动，第一，是向松潘同胡宗南部作战，向松潘以北转移，基本条件是要迅速；第二，要高度机动，使敌人对我估计发生动摇，使其部署赶不上我们。而我们自己不要被敌牵制，不要因而妨碍我们的机动，这样才能消灭敌人；第三，要坚决统一意志。两个方面军部队要特别坚决地实施统一指挥，遇到困难也要统一意志来克服。这第三个条件是最高原则，必须实现。

关于作战指挥问题，周恩来强调最高原则是：第一，应统一集中，指挥权要集中到军委；第二，使作战更有力量，须组织左、中、右三个纵队；第三，加强政治工作，克服当前困难，保证战略计划的实现。

周恩来报告完毕后，会议转入讨论。张国焘、彭德怀、林彪、博古、毛泽东、王稼祥、邓发、朱德、刘伯承、聂荣臻、凯丰、刘少奇、张闻天等人相继发言。

张国焘说：一、四方面军会合了，消灭敌人当更有把握。现在怎样打，现接近我们的是胡宗南与刘湘，其他为配角。如南向成都，打川军是不成问题，但消灭了他，蒋介石会向成都增加兵力。向东打，受地势上的限制。往西边到青海，要过草地，冬天过没有帐篷冷得很；夏天雨期长途行军会大减员。发展条件是甘南对我有利。但一定要把胡宗南打下，否则他一定要来追我们、来牵制我们，使我们去甘南还是立足不稳，还要移动地区，还要减员。所以，向甘南一定要以主力打下胡敌，至少打下他几个团，才能立稳。现以消灭胡敌为重点，如果有哪些同志有不用打下胡敌的观点，是没有道理的。两个主力会合，力量增加，指挥统一，经验增加，虽敌不会让我军很容易占领大的区域，但只要有一个地方有一个月的根据地，就可以消灭敌人。政治局应决定在甘南建立根据地。至于怎样打，军委应作具体计划。许多军事计划不容慢，要快，有错随时可改，政治局应赶快决定。

彭德怀对战略方针表示同意，认为周恩来的报告对形势的分析和部队向东、向南、向西等都说得很清楚，指出具体战术只能临时决定。

林彪同意周恩来的报告和张国焘的发言，说，战略方针的实现，靠打胜仗，消灭

史料链接

敌人的有生力量，不然无法扩大红军、创造根据地。作战方式应采用运动战，在战役中应尽可能控制广大地区。应将主力拿到前面去与敌作战，用少数部队去扩大红军、征集资材。

博古指出：一、四方面军会合后，战略方针应有新的决定。现在力求到达经济、居民、政治、军事条件上比现在好的地区，这要依靠两个方面军消灭敌人来实现。我们必须有一定地区成为根据地，并做出模范来影响全国。先在川陕甘，首先在甘南，依靠群众工作，游击战争，这就能影响全国。这是我们的战略方针。夺取松潘、打击胡敌，是实现战略方针的枢纽。今后应努力做到不像从前那样没有后方的作战。现在战争性质与前不同，每个大战役都应建立临时后方，并由游击区发展成根据地。

毛泽东在表示同意周恩来报告和张国焘的发言后，谈了五个问题：一，红军要用全力到新的地区发展根据地，在川陕甘建立新根据地，这是向前的方针，要对四方面军同志作解释，因为他们是要打成都的。为什么弄到川陕甘地区，因为这个区域有它的好处，可以把苏维埃运动放在更加巩固的基础上；二，战争性质，不是决战防御，不是跑，而是进攻。根据地的建立依靠的是进攻。我们过山战胜胡宗南，占取甘东南，迅速向前，前面打退敌人后建立根据地；三，我们现在没有根据地，蒋介石的部队高度机动。我们应看到哪些地方他是致我命的，应先打破。我军须高度机动，这就有走路问题、掉队问题。蒋介石军队与川军是不同的，如不好的路他也能走，如我迟缓他即占了先机；四，要集中兵力，把主力集中在主攻方面。胡敌是会集中兵力的。敌与我打野战，我有二十个团以上是够的；敌不与我打野战，守堡垒，这一定要打破。现应迅速打破胡敌向前，今天决定，明天即须行动。这地区条件太坏，后退不利，应力争尽快突破，经松潘到决定地区去；五，统一指挥问题，责成常委、军委解决。

王稼祥发言说：一，一、四方面军会合后力量大了，甘陕川又有好的条件，这地区能使我们建立根据地，但能否成为根据地，就看我们能否消灭敌人。如认为一面无敌，后退无穷这就错了。这是躲避斗争，看不到进，只看到退。我们把苏维埃扩大到全国，主要不是打通苏联，而是坚决斗争，扩大苏区，主要是消灭敌人；二，战争怎样打？敌采取堡垒战对我，因此，我军应有大区域，好机动，以运动战去消灭敌人。现在我军没有后方，还是带游击战争的形式。中央苏区的经验告诉我们，不能采取正规战争，应正确地运用过去的经验；三，这区域条件坏，它能使一、四方面军会合，

史料链接

因敌不易来，但会合了，这区域对我即不利。敌想陷我在此，我应迅速打出，到甘川陕广大地区。从松潘打出去是一个关键，动作如快，困难即少，慢即更困难。蒋介石很机动，但机动的红军总是超过他。只要指挥正确、坚决、迅速，我们能战胜困难，战胜敌人。

邓发除同意周恩来的报告和其他发言外，还指出：一、四方面军会合，红军主力在这里，党的力量也在这里，发展前途是推动中国革命的前进。我们现在向前打去，不是打通苏联，而是向前，向甘南发展。这里的后方需要整理，应组织委员会来缩编。大的机关单位如政治部和医院要缩编，闲杂人员补充到战斗部队。一、三军团应补充。要进行大的政治动员，消灭对雪山草原的恐惧。

朱德说：同意周恩来的报告。背靠西北，面向东南，总的方针应决定下来。要迅速打出松潘，进占甘南，打下敌人，建立根据地，要调动敌人，在野战中消灭敌人。两大主力会合，不但在数量上增加了很大力量，统一指挥，一致行动，更有利于打击敌人。我们还须用很大力量从政治上来保障胜利。

刘伯承认为：报告、发言对战略说得很清楚。在战略上，中心向甘东南发展，引起时局变化，使蒋介石兵力分散。对胡宗南，最好在松潘消灭他，如不能，就在岷江消灭他。要通过作战，增强我军有生力量，消灭敌有生力量。现在这个区域，要建立党的工作，开展游击战争，特别是民族问题的正确解决，都对整个行动有利。

聂荣臻说：两大主力会合，部队很兴奋。对口号，政治部要改变过来。此前四方面军的口号是打到成都去，一方面军的口号是赤化全四川，这些口号在部队中很有力量。现在是相反的走向，应向部队解释。

凯丰说：实现战略方针，首先打胡宗南是关键，应坚决向前。这一战略方针的实现，将使苏维埃运动成为领导全国的革命运动。我们从甘南向川陕发展，把苏区巩固在此，要坚决。如不坚决就要向西走，使敌更易封锁我军。应向部队解释，最中心的是进攻松潘。

刘少奇同意战略方针，说：要很好地向部队解释敌情，解释为何不能向成都去，去川陕甘好的条件也要解释清楚。我们坚决通过松潘，但有些部队万一不能通过，应支持以后的工作，应在此地域成立特委。

众人发言后，主持会议的张闻天先作一般总结，说：战略方针大家意见一致，应

史料链接

一致来实现。这个方针是前进，是唯一正确的。要实现这个战略方针，首先要进攻和控制松潘。困难是可能发生的，我们应想法来克服；创造川陕甘苏区，只有依靠决战胜利。这个地区狭窄，不能以大的运动战消灭敌人，固然不好，但争取前进，前有广大地区，建立苏区意义比其他区域大。保持后面的路也是一个条件。现区域要尽量发展游击战争，成为游击区，安插病员及笨重的东西。他最后强调，组织上应统一，依照战斗部队组织队伍，缩小政治部及大的机关，干部的调剂、人员的调剂要具体商量。

周恩来对会议发言作最后总结：各位同志都是同意的意见，战争性质是进攻。我们过去在路上讨论过战争性质问题，那时是无后方的运动战。现在不同，是转入反攻，建立根据地。进到大的地区须与敌人战斗。在甘肃南部更便利消灭敌人。对胡宗南一般要求在野战中消灭他，有可能时就在工事中消灭他。也有可能他在堡垒中我们不易打他，但并非不消灭他，我们就不能前进。当然，他会尾追、切断我军，我军可用隐蔽、高度机动来处理变化的情况。从两大主力会合开始至到达预定地区的口号是：赤化川陕甘。通过新的战略方针，司令部应有战役计划，政治部须有政治训练口号发出。两个方面军都要行动。粮食计划等，都应明天弄好。

6月28日，中共中央政治局正式发出《关于一、四方面军会师后战略方针的决定》，明确规定："在一、四方面军会师后，我们的战略方针是集中主力向北进攻，在运动战中大量消灭敌人。首先取得甘肃南部，以创造川陕甘苏区根据地，使中国苏维埃运动放在更巩固更广大的基础上，以争取中国西北各省以至全中国的胜利。"

两河口会议是一次重要的会议。它正确分析了红军两大主力会师后的形势和川陕甘、川康边的实际情况，确定了两军共同北上，在川陕甘创建根据地的战略方针，为两大主力会师的行动指明了方向。这对于中国革命和革命战争的发展，具有重要的指导意义。

★ 芦花会议

两河口会议之后，红军开始实施松潘战役，力图打下松潘，迅速北上，直出甘南，创建川陕甘根据地。但是，张国焘却因手下兵多枪多，抵制执行北上的战略方针，借口解决所谓"统一指挥"和"组织问题"，开始向中央发难，争权、夺权，挑起了党内争端和分歧。

史料链接

两河口会议结束后，他返回红四方面军驻地后，下令严格限制前往红四方面军慰问的中央慰问团活动，开始进行反对中央、破坏两军团结的活动。而两军会师后，中央和红军中的极少数干部，不负责任地批评红四方面军有"土匪作风""政治落后"，撤出鄂豫皖和川陕是"逃跑主义"，等等，也引起了红四方面军官兵的反感，为张国焘挑拨两军关系找到借口。

7月8日，张国焘在杂谷脑主持召开红四方面军高级干部会议，不是宣讲两军会师的伟大意义和北上的战略方针，大力促进两军团结，反而却抓住凯丰在《前进报》上发表的一篇《列宁论联邦》的文章中，批评成立西北联邦政府和中央与红军中极少数干部不负责任的言论大做文章，大肆攻击中央、挑拨两军关系。同时在公开和私下谈话中，散布"中央政治路线有问题"、"一方面军的损失和减员应由中央负责"、"遵义会议不合法"、"军事指挥不统一"等言论。还露骨地攻击中央领导人：他们是洋鬼子，修洋头，穿西装，戴眼镜，提着菜盒子，看不起我们四方面军这些"老土"，不想要我们。

张国焘是中央政治局委员，又是红四方面军的最高领导人，他的话当时在红四方面军中很有影响力。在他的引导和怂恿下，红四方面军中对中央和中央红军的不满情绪开始增加。在张国焘的指使下，7月8日，中共川陕省委致电中央，称张国焘成立的西北联邦政府"在理论上、在组织上都是正确的"，《前进报》上凯丰文章中对联邦政府的批评，是不正确的。第二天，7月9日，中共川陕省委又致电中央，要求"任命徐向前任红军副总司令，陈昌浩任总政治委员，周恩来任总参谋长。军委设主席，下设常委，决定军事策略问题。请中央政治局速决速行。"10日，张国焘亲自致电中央，提出："我军宜速决统一指挥的组织问题"，并要挟说：否则"不能以坚决的意志，迅出主力于毛儿盖东北地带，消灭胡敌"。7月18日，陈昌浩秉承张国焘的旨意，致电朱德，提出了一个让张国焘独揽军权的方案："职坚决主张集中军事领导，不然无法顺利灭敌。职意仍请国焘任军委主席，朱德任总前敌指挥，周副主席兼参谋长。中政局决大政方针后，给军委独断决行。"所有这些，从根本上讲，就是张国焘企图依恃兵多、枪多，以枪指挥党，要挟中央，要权、要官，最终取代毛泽东等中央领导人，控制党权和军权。

在这种情况下，中共中央不得不在敌情严重的情况下，首先解决迫在眉睫的组织

史料链接

问题。毛泽东、张闻天商议了这个问题。毛泽东说:"张国焘是个实力派,他有野心。我看不给他个相当的职位,一、四方面军很难合成一股绳。"张闻天说:"我这个总书记的位子让给他好了。"毛泽东坚决地说:"不行!他要抓军权,你给他做总书记,他说不定还不满意,但真让他坐上这个宝座,可又麻烦了。"两人考虑再三,最后毛泽东说:"让他当总政委吧。"毛泽东提出这一方案,是要尽量考虑张国焘的要求,但又不能让张国焘全部掌握军权。两人与当时担任红军总政委的周恩来商量,周恩来毫不计较个人地位,立即表示赞同。

7月18日,中共中央政治局在芦花召开常委扩大会议,讨论"组织问题"。张闻天主持会议,并提出了关于人事安排的方案:"军委设总司令,国焘同志任总政治委员,军委的总负责者。军委下设小军委(常委),过去是四人,现增为五人,陈昌浩同志参加进来,主要负责还是国焘同志。恩来同志调到中央常委工作,在国焘同志尚未熟悉前,恩来暂帮助之。这是军委分工。关于总政治部,本是(王)稼祥主任,因病实际是博古,现决定博古任主任。"

会议讨论中,张国焘提出:要提拔新干部,有的"可到军委"。毛泽东说:提拔干部是需要的,但不需要集中这么多人到军委,下面也需要人。

会议最后通过了张闻天提出的方案,决定任命张国焘为红军总政治委员,陈昌浩为中革军委常委,博古任总政治部主任,并决定设立红军前敌总指挥部,徐向前、陈昌浩分别兼任总指挥、政治委员。

7月21日至22日,中央政治局在芦花的奎尼大草坝上再次举行会议,专门听取四方面军的汇报,统一对红四方面军工作的认识。出席会议的有:博古、张闻天、毛泽东、周恩来、张国焘、朱德、王稼祥、李富春、邓发、徐向前、凯丰、刘伯承、陈昌浩。

张国焘汇报了红四方面军在鄂豫皖根据地和川陕根据地对敌斗争和反"围剿"战略方针的情况。徐向前汇报了军事工作情况,陈昌浩汇报了政治工作情况。徐向前的汇报客观、中肯。他特别介绍了部队的情况,说:红四方面军的优点是工农干部多,对党忠诚;服从命令听指挥,纪律较好;作战勇敢,打起仗来各级干部层层下放,指挥靠前;部队运动迅速敏捷,长于夜战,特别是红24团和红265团夜战最好;平时注意军事训练,射击、手榴弹操练很勤,战后注意总结经验。缺点是文化程度低,军事理论及战略战术的素养不够,参谋业务较弱。

史料链接

会议对三个报告进行了讨论。邓发、朱德、凯丰、周恩来、张闻天、毛泽东、王稼祥、博古等先后发言。他们对四方面军的发展历史和各项工作所取得的成绩给予了充分的肯定,认为:红四方面军正确地执行了中央的路线,使部队得以巩固和发展,其中有许多宝贵的经验值得一方面军学习。特别是在部队中坚决、积极、大胆地提拔工农干部,使红军迅速发展壮大;干部、战士坚决执行命令,遵守纪律、作战勇敢,富有战斗能力;在鄂豫皖反第四次"围剿"未能获胜后,克服了疲劳和各种困难,到通南巴建立了新的根据地,不但恢复了元气,而且使队伍扩大了十倍以上。同时也指出了存在的某些错误与不足:在鄂豫皖根据地反第四次"围剿"开始时领导对形势估计上有"左"的倾向,后来当敌人分兵合击时,未能抓住敌人的弱点,集中打他一路;在川陕根据地粉碎了敌人的围攻,却放弃了根据地,而且退出川陕时,把所有干部和游击队统统带走,是不对的;离开川陕后缺乏明确的战略方针,没有一定的发展方向,造成现在的困难。此外,在对待少数民族的政策上也有一些问题,在成立西北联邦政府时,实际上并没有弄清怎样才算是"联邦",少数民族没有发动就首先成立联邦,结果必然是徒然的。

当时,经过遵义会议后,党内民主气氛较浓,在党的会议上不同意见可以自由发表。而且在会议上,与会同志充分肯定了红四方面军的功绩,对张国焘采取了积极团结的方针,因而张国焘虽心有不甘,也找不到"借口"。

两次芦花会议,毛泽东、张闻天等中共中央领导人从大局出发,采取党内斗争的正确方针,对张国焘争权的无理要求进行了坚决的抵制。同时在确保党对军队绝对领导的前提下,为保证北上战略方针的实施和战役行动的顺利进行,为了促进两军的团结,做出了极大的让步,调整了中革军委的组成和红军的领导人,将前线作战指挥权交给了红四方面军领导人,这充分反映了中共中央对红四方面军的信任和维护两军团结的坚定而积极的态度。

★ 中央红军、红四方面军整编后编制副序列（1935年7月~8月）

中华苏维埃共和国中央革命军事委员会： 主 席：朱 德 副主席：周恩来、王稼祥 常 委：陈昌浩 中国工农红军 总 司 令：朱 德 总政治委员：张国焘 参 谋 长：刘伯承 总政治部 主 任：周纯全 副主任：杨尚昆 红军大学 校 长：倪志亮 政治委员：何长工 教 育 长：李 特 政治部主任：刘少奇 军委纵队 司 令 员：叶剑英 政治委员：邓 发 参 谋 长：蔡树藩 红军前敌总指挥部： 总 指 挥：徐向前 政治委员：陈昌浩 副总指挥：王树声 参 谋 长：倪志亮 政治部副主任：李 特	红一方面军 司 令 员：周恩来 政治委员：周恩来（兼） 参 谋 长：周 昆 政治部主任：李富春 第1军（第1军团改称） 军 长：林 彪 政治委员：聂荣臻 参 谋 长：左 权 政治部主任：朱 瑞 第3军（第3军团改称） 军 长：彭德怀 政治委员：杨尚昆 参 谋 长：萧劲光 政治部主任：袁国平 辖第10、第11、第12、第13团 第5军（第5军团改称） 军 长：董振堂 政治委员：曾日三（代） 黄 超 参 谋 长：曹里怀 政治部主任：曾日三（代） 辖第37、第38、第39团 第32军（第9军团改称） 军 长：罗炳辉 政治委员：何长工 参 谋 长：郭天民 政治部主任：黄火青 辖第107、第108、第109团 第4军 军 长：许世友 政治委员：王建安 参 谋 长：张宗逊 政治部主任：刘志坚 第9军 军 长：孙玉清 政治委员：陈海松 参 谋 长：陈伯钧 政治部主任：王新亭 第30军 军 长：程世才（代） 政治委员：李先念 参 谋 长：彭绍辉 政治部主任：李天佑（后） 第31军 军 长：余天云 政治委员：詹才芳 参 谋 长：张骞童 政治部主任：张成台 第33军 军 长：罗南辉 政治委员：张广才 参 谋 长：杨克明（后） 政治部主任：李 荣 李百选 红四方面军 炮兵团 特务团 妇女独立第1、第2团	第1师 师 长：刘亚楼 政治委员：黄 甦 陈 光 华 肖 辖第1、第2、第3团 第2师 师 长：陈 光 政治委员：肖 华 辖第4、第5、第6团 第10师 师 长：王友均 王近山（后） 政治委员：叶道志 辖第28、第30、第34、第36团 第11师 师 长：陈再道 政治委员：陈锡联 辖第31、第32、第33团 第25师 师 长：韩东山 政治委员：杨朝礼 辖第73、第74、第75团 第27师 师 长：陈朝松 政治委员：陈伯钧（兼） 辖第76、第79、第80、第81团 第88师 师 长：熊厚发 政治委员：李德明 辖第263、第265、第268团 第89师 师 长：郑维山 政治委员：张烈德 辖第262、第264、第266团 第91师 师 长：余家寿 政治委员：邵烈坤 辖第271、第272、第273团 第93师 师 长：易良品 政治委员：韩家松 辖第274、第276、第277、第279团 第98师 师 长：蒋群麟 政治委员：叶成焕 辖第294、第295团 第99师 师 长：王德安 政治委员：冉南轩 辖第296、第297团

第十七章

过草地

两大红军主力的会师，使得蒋介石分别聚歼红一方面军和红四方面军的企图完全破产，这使得他非常懊恼。但红军进入川西北的不毛之地，又使他重新看到了困死和消灭红军的希望。他在成都连续召见薛岳部师以上高级军官开会，分析红军会师后的动向，认为：红军如果北上，将有两条路可走，一是从毛儿盖、松潘经腊子口出甘南，一是从理番出平武、青川、碧口，沿阴平占道再出文县、武都，与在陕甘活动的红25军徐海东部会合。无论红军走哪一条路，在蒋介石看来都是纵虎归山，后果难以预料。

红军过草地雕像

他的基本意图是，彻底堵住红军可能北上的路线，将红军封死、困死在川西北。

根据蒋介石的命令，薛岳8月上旬将前敌指挥部进至文县，以周浑元纵队进至武都，堵截红25军；吴奇伟纵队北进至平武、青川，策应胡宗南部作战，并调胡宗南第2纵队归薛岳指挥，集结于松潘、漳腊、黄胜关，构成了第一道封锁线。另外，蒋介石对西北"剿匪"重新部署，以兰州绥靖公署主任朱绍良为第三路总司令，杨虎城为副总司令，统一指挥杨虎城、邓宝珊、马鸿逵、马鸿宾等西北各省所有的国民党军队，并从豫皖边调第3军王均部入甘，在夏河两岸的和政、临桃、渭源、武山、天水一线构筑第二道封锁线；从江西调第37军毛炳文部至甘肃静宁、会宁、华家岭、隆德地区构筑第三道封锁线。

国民党军各部陆续行动，红军所面临的形势日趋紧张。必须立即行动，出奇制胜，方能抢在国民党军形成新的封锁线之前，走出川西北，实现在川陕甘创建根据地的战略方针。

1935年8月3日，中革军委在毛儿盖举行会议，重新讨论北上路线。除中革军委成员外，毛泽东、张闻天、博古、王稼祥、刘伯承、徐向前、叶剑英等人也出席了会议。

会议认为：国民党军似已判定红军有改道进入甘肃、青海的企图，故胡宗南部重兵麇集松潘，防止红军北进；川军从东、南面步步紧逼，企图牵制红军；薛岳部则意图先期控制夏河、洮河流域，以达紧缩和围困红军于现在地区之目的。而陕甘各省国民党军亦在调集中，准备阻止红军北进。红军的松潘战役"由于预先估计不周，番民阻碍及粮食困难，颇失时机"，未能实现预定目的。因此决定，立即分兵两路，改道北进，穿越人迹罕至的草地，"攻占阿坝，迅速北进洮河流域，突击敌包围线之右侧背，向东压迫敌人。以期于洮河流域消灭遭遇之蒋敌主力，形成在甘南广大区域发展之局势"。

同日，中革军委发布"夏洮战役计划"，决定：以红一方面军第5、第32军和红四方面军第9、第31、第33军共二十个团，编为左路军，"以主力一部迅速经卓克基，打通到大藏寺、查理寺、阿坝道路，消灭番兵马队。阿坝攻下，则应急以主力向北探进，以一部兵力打通阿坝到墨洼路，以接引我右路军"。另以一部兵力在抚边、党坝"坚守要点，积极打击，以掩护我军主力转移。同时川敌如进，应坚决遏阻，在有利时机应集中兵力一部，实行回击而消灭之"。

以红一方面军第1军和红四方面军第30军共十二个团，编为右路军，"向班佑、阿西（巴西）侦察，准备走此路，遭遇和消灭胡敌一部，然后向北转移，以争取进占夏河流域的先机"。

红四方面军第4军第10、第11师和第35团共七个团，为牵制部队，"沿小姓沟至羊角塘，牵制松潘之敌，以掩护我左右两路军及一切后方前进"。

红一方面军第3军和红四方面军第269、第29团共六个团，为总预备队，"策应各方，并首先打通茨坝、杂窝到波罗子道路，以便在有利时机，经此路循右路军后北进"。

计划还规定：后方地区以杂谷脑、卓克基、阿坝为中心，"目前仍以卓克基地区为总后方，一切器械资材及伤病员统向该方转移。党及苏维埃工作应在这一地区特别加强，首先准备迅向阿坝开展"。

随后，中革军委根据敌情和我情，对各路部队的行动兵力与方案进行局部调整，决定将牵制部队和总预备队全部编入右路军，由前敌总指挥徐向前、政委陈昌浩指挥，共辖红1、红3、红4、红30军计四个军；左路军由红军总司令朱德、总政委张国焘指挥，共辖红5、红9、红31、红32，红33军计五个军。中共中央机关随右路军行动。红军总部随左路军行动。

"夏洮战役计划"发布后，红军各部立即分别向集结地域开进。右路军部队以毛儿盖为中心集结，左路军部队则集结马尔康、卓克基。

红军在毛儿盖修建的关卡

风波再起

沙窝会议结束后,张国焘虽然在会上对中央确定的北上方针表示赞成,但会后却在与徐向前、陈昌浩的交谈中,对毛泽东、张闻天等中央领导人表示极大不满,表示要与毛泽东等人斗争到底,提出了"在比较更西北地区来创造根据地的战略意见",企图拖延部队行动。对此,徐向前明确表示反对,说:"现在的问题是部队在这里没有粮食吃,吃黄麻吃得嘴都肿了。我们不能待在这里挨饿,得赶快走,等找到有粮食吃的地方,你们再争吵去!"

在这种情况下,张国焘勉强同意部队北上,并与朱德率红军总部及军委纵队一部离开毛儿盖南返卓克基,准备指挥左路军行动。可到了卓克基后,张国焘再次对北进的方针产生怀疑,重新提出了西进甘肃、青海的方案,拒绝执行中央确定的北进路线。朱德后来回忆说:"当时他(张国焘)愿意北上,又不愿意北上的原因,就是想争官做。到了毛儿盖后,他悲观失望了,他感觉革命没有前途,拼命想往西,到西藏、青海,远远地去躲避战争,他却不晓得,在那里人烟稀少,……只想取巧,采用脱离群众的办法。他最错误的观念是想到一个最偏僻最落后的地方去建立根据地。"因而,张国焘不但想要西进,而且拖延右路军部队集中时间,并向中央提出了对北上行动路线的意见,甚至想要让已经北进的部队掉头再占抚边、理番。

在此期间,敌情发生了重大变化。为执行夏洮战役计划,红军最初决定左路军向阿坝方向进攻,右路军配合行动。因而,8月10日,前敌总指挥部拟定了《右路军行动计划》,要求右路军派两个团作为先遣队向班佑侦察前进,准备占领并控制班佑、撒路、包座地区,以掩护左路军北进,同时向松潘之敌佯攻,吸引胡宗南大部于松潘附近,配合右路军北进。

但就在红军各部开始行动的时候,南线之国民党军刘文辉、李抱冰等部加紧进犯红军,党坝、耿达桥相继失守,红军后方受到严重威胁。毛泽东在分析了敌情、地形、气候等因素后,做出了一个重大决策。他认为,要抢在国民党军部署调整之前迅速前出至夏河、洮河流域作战,红军必须集中全部主力,以最快的速度经班佑北上。因此,主张调整战役计划,以右路军前进路线为主要方向,左路军立即向右路军靠拢,同出班佑,向北前进。

毛泽东的意见得到了周恩来、徐向前、陈昌浩等人的赞成。8月11日,红一方面军司令员兼政治委员周恩来电示红1、红3军首长:"我军前进道路,一经阿坝,一经班佑。阿坝情况尚不明，但由班佑到夏河，行程约十二日，我军主力有出右路的极大可能"，要求"一、三军应准备在七天到十天内经班佑前进，"为全军探路。

8月15日，中央正式将改变行进路线的决定电示朱德、张国焘："不论从地形、气候、敌情、粮食任何方面计算，均须急以主力从班佑向夏河急进。左路军及一方面军全部应即日开始出动，万不宜再事迁延，致误大计。"同时指出：新麦虽收，总数不多，除备行军十五天干粮外，所余无几，班佑以北则粮、房不缺，而且目前洮、夏敌各尚薄，迟则堡垒线成线。因此，"此事甚迫切，再不出动，难乎为继"。而毛儿盖到班佑仅五天，到夏河十二天，"一、四方面军主力均宜走右路，左路阿坝只出一部，掩护后方前进"。"目前应专力北向，万不宜抽兵回击抚边、理番之敌。"

8月18日，徐向前、陈昌浩再次致电朱德、张国焘，指出："左路军大部不应深入阿坝，应从速靠紧右路，速齐并进。"

张国焘却根本不屑回答，坚持左路军经阿坝北进，进而西进出青海、青海边远地区的方案，直到19日才令红5军军长董振堂率军主力，于19日由查理寺向班佑探查北进平行路，为先头纵队由班佑向西前进作准备。但同时回电徐向前、陈昌浩，为经阿坝北进辩护："阿坝仍需取得，一是财粮策源，必要时可助右路，二是可多辟北进路，三是后方根据地"，并称："大金川、大藏寺有三四条平行路向阿坝北进，人粮甚多，比芦花、毛儿盖好多了"。"右路对松潘，对夏、洮都须单独作战"，反对两军平行北进，集中兵力对敌。同一天，他再次致电徐向前、陈昌浩，强调"查理寺情况不明，由查理寺至班佑路更不知。事实上，右路与左路联络困难，左路若不向阿坝攻击，将无粮并多番骑扰害。"

张国焘拥兵自重、对抗中央的倾向越来越明显。为了确保中央的领导权威和工作机制，对今后的工作实行有力的领导，8月19日，中央政治局常委在沙窝召开了会议，讨论常委的工作分工问题。张闻天、毛泽东、博古参加会议，周恩来因病未出席，王稼祥列席。会议决定：张闻天兼管组织部，李维汉辅之；毛泽东负责军事，博古负责宣传，王稼祥负责红军政治部，凯丰负责少数民族委员会。同时决定，应该加强常委会的工作，发挥常委会的作用，每周至少开会一次，各部有临时发生事件，由各部与书记商量，必要时召集临时常委会。这一决定，使得中央在党内矛盾趋于尖锐的形势下，将统一领导的权力集中于常委会和党中央书记。会议同时决定，加强对宣传工作的领导，《干部必读》和《斗争》分别成立编委会。《干部必读》由张闻天兼主编，编委李维汉、陈昌浩；《斗争》由博古主编，张闻天、王稼祥为编委。

会上,王稼祥提出要同张国焘做斗争。但为了保证两军团结,确保北上方针的实现,毛泽东反对在军事行动压倒一切的情况下开展党内斗争,说:斗争是需要的,但目前开展斗争是不适宜的。目前我们应采取教育的方式。写文章,要不指名,不引证。

毛儿盖会议

为了确保实现北上建立川陕甘根据地的战略方针,同时统一中央和红军高级指挥员对改变夏洮战役计划的认识,8月20日,中共中央政治局在毛儿盖召开扩大会议,专题讨论战略方针问题,明确夏洮战役的行动方向。毛泽东、张闻天、博古、王稼祥、陈昌浩、凯丰、邓发、徐向前、李富春、聂荣臻、林彪、李先念等十二人参加。朱德、张国焘、刘伯承已去左路军,叶剑英带右路军先头部队先行,彭德怀率部殿后,未参加会议。

毛泽东首先做报告,说明改变夏洮战役部队行动方向的情况:我们向北行动,存在着两个方向:一是向东到陕西,一是向西到青海、新疆。向东是转入反攻,向西是退却,红军主力不应向黄河以西。向东发展的理由是:第一,从敌情方面说,如果我们向黄河以西,敌人则在黄河以东构筑封锁线,把我们限制在黄河以西地区。这个地区虽然大,但多是草地、沙漠,将会发生很大的困难。因此,我们要迅速攻破敌人逼我向黄河以西的封锁计划,第一步占洮河,第二步占天水,第三步占平凉一带,向陕西发展,求得在运动中消灭敌人;第二,从地形方面说,由兰州至潼关一带地域广大,符合我们在广大的区域建立政权、创造后方的需要;第三,从经济条件说,西北要比黄河以东差,同时气候寒冷,给养困难;第四,从民族条件说,黄河以西大部分是回族、蒙古族,汉族很少。我们到西边去,只能扩大回民的人民革命军,而不能扩大红军本身。基于上述四点,红军主力

毛儿盖会议会址

应向黄河以东，只以支队到黄河以西，这样就能破坏敌人的封锁计划。

他强调，夺取洮河流域东岸，是夏洮战役的主要目的。目前洮河作战步骤，极大关系着将来的行动。我们应以洮河流域为基础，建立陕甘革命根据地。这一区域背靠草地，四川军阀很难来；西背靠黄河，便于作战；同时又可以黄河以西为退路。将来向东大力发展时，后方应移到甘肃东北与陕西交界的地方去。

参加会议的人员一致同意毛泽东的报告。王稼祥、博古、凯丰在发言中指出：不应把向东向西看成一个小问题，这是一个根本的原则问题。向东是转入反攻，转入新的形势，是创造苏维埃新中国；向西不仅是军事上的退却，而且是政治上的退却，是缩小苏维埃运动。因此，应克服一切困难，坚决向东发展。徐向前提出，红军北出甘南后，应坚决沿洮河右岸东向，突破岷州王均部的防线，向东发展；万一不成，再从河左岸向东突击。陈昌浩在发言中，也主张快速北进，然后集中最大兵力向东突击，实现中央既定方针。

关于左、右两路军的行动路线问题，发言者都认为，要达到战略目的和战役计划，应以右路军为基准决定左路军的行动，左路军一定要向右路军靠拢，而不应以右路军靠拢左路军。因为从敌情、时间和地理条件来看，右路军配合左路军是困难的，红军需要集中最大力量前进，否则向岷州前进是困难的。

毛泽东在对讨论作总结时说：今天讨论意见是一致的。第一，向东、向西是个关键问题。如果不采取积极方针，将要被敌人逼迫向西。所以我们应采取积极向东的方针；第二，为配合全国红军和全国的革命运动，亦应向东；第三，战役方针究竟从洮河左岸前进还是右岸前进，应当依照实际情况而定。但我们目前需要有这样一个方针，就是我们到包座后，调查去岷州的道路，应采取包座至岷州路线。昌浩同志提出的最大限度集结兵力的意见，是正确的。占领西宁，目前是不对的，在民族政策上不应该，从兵力上说也不够；第四，左路军向右路军靠拢，阿坝要迅速打一下，后续部队应不经阿坝，向右路军靠拢。左路军应当看成是战略预备队，而不是战役预备队。作战役预备队，它赶不及，我们不应指望他。我们应坚决向东打，以岷州、洮河为中心向东发展，不应因一些困难而转移向西。

会议最后通过了以毛泽东的报告为基本内容形成的《关于目前战略方针之补充决定》，指出："为实现 6 月 28 日关于目前战略方针之基本的决定，要求我们的主力迅速占取以岷州为中心之洮河流域（主要的洮河东岸）地区，并依据这个地区向东进攻，以便取得陕甘之广大地区，为中国苏维埃运动继续发展之有力支柱与根据地。""为着实现这个战略决定，当前的战役是一个有决定意义的关键，目前战役之疏忽与失着，将使整个战略计划之实现困难，甚至失败，因之当前的战役应力争控制洮河，首先是其东岸地区，粉碎敌人兰州松潘封锁线之计划，以处于有利的机动地位，而便利于继续战胜敌人。集结最大限度的主力于这个主要方向，坚决与果敢作战，灵活与巧妙的机动，是这个战役胜利之保证。机会主义的投降困难，走抵抗最小的道路，将不仅丧失这个战役之胜利，并使战略的实现成为不可能。"

针对张国焘关于红军主力西进的主张，《决定》不点名地进行了批评。指出："政治局认为在目前将我们的主力西渡黄河，深入青、宁、新僻地，是不适当的，是极不利的（但政治局并不拒绝并认为必须派遣一个支队到这个地区去活动）。""如果我们目前采取这种方针，将使苏维埃与红军遭受损失，并限制其发展。所以政治局认为目前采取这种方针是错误的，是一个危险的退却方针。这个方针之政治的来源，是畏惧敌人，夸大敌人力量，失去对自己力量及胜利的信心的右倾机会主义。"

毛儿盖会议重申了红军北上，开辟陕甘根据地的战略方针，并最终改变了夏洮战役计划的具体部署，变右路军为北进主力，具有重大意义。后来的历史发展，完全证明了毛泽东关于战略方针和改变战役部署的主张是正确的。

穿越草地

川西北草原，即毛儿盖草原，历史上一直为松潘所辖，所以又称松潘草地。它位于青藏高原同四川盆地的联结段，范围大致包括热尔郎山（今若尔盖县北部）以南，浪架岭（今松潘县西端）以西，查针梁子（今红原县南部）以北，面积约一万五千平方公里，海拔三千五百米以上。地势倾斜，起伏很小，一望无际，一些缓坡平岗在其间隆起，白河（葛曲河）和黑河（墨曲河）由南向北纵贯其间，河道迂回蜿蜒，水流滞缓，河汊众多。由于排水不畅，形成大片的沼泽，水草盘根错节，形成片片草甸覆于沼泽之上。面似平坦，实则险沼处处。在色彩绚丽的野花丛中，到处都是深不可测的泥潭。人行其上，极容易陷溺而亡。草地气候恶劣，年平均气温在零度以下，雨雪风雹来去无常。时而晴空万里，时而雨雪交加。自然条件的恶劣，使得草地成了绝地，人烟渺见。

对于过草地的困难和危险，中央领导人与红军总部高度重视，多次召开会议，并下达一系列指示，要求所有部队都必须进行细致的思想动员和物质准备工作。各部队也采取了各种措施，组织征粮，收购青稞，炒麦磨面，缝制御寒衣物。毛泽东亲自给探路部队部署任务，事无巨细，一一检查、叮嘱。

8月7日，红军左路军先头红25师74团率先进入草地，占领大藏寺，并继续向查理寺推进。随后，红军主力经过准备，陆续向草地进军。左路军先头纵队红5军、红9军25师、红31军红93师于15日兵分两路，从卓克基地区出发，开始穿越草地，向阿坝前进。

以坚强意志走过长征的部分女红军1949年在北京合影

与此同时，右路军也兵分两路，向班佑推进。红30军、红4军为右翼，由洞哑、腊子山入草地；红1军为左翼，由毛儿盖经曲定桥、徐支梗沙入草地，经色既坝（色迪）、年朵坝等地北进。毛泽东、张闻天率中央机关与前敌总指挥部、军委纵队、红3军随红1军后跟进。8月18日，右翼先头部队红30军三个团，在前敌总指挥部参谋长叶剑英和红30军代军长程世才的率领下，进入草地。21日，红1军军长林彪率左翼先头部队红2师，以红4团为前卫，进入草地。22日后，中央机关和右路军其他机关、学校、部队相继出发。

8月，是草地繁花似锦的季节，自然景观绚丽多彩。但对红军指战员来说，草地之行则是一次死亡之旅。为了克服行军中的困难，党中央、前敌总指挥部和各军领导人想了许多办法，命令前锋部队在沿途插上安全路标，指示道路；组织有经验的人挖野菜、尝"百草"，个人不准乱挖乱吃；严禁丢弃伤病员，尽量减少一切不必要的辎重和干部坐骑，腾出马匹、牦牛，运送伤病员。尽管如此，红军的草地之行，依旧成为长征途中最艰辛的一段历程。

草地无路可循，只有在向导的指引下，沿着牧民留下的痕迹，踏着掩盖千年沼泽的草甸缓缓而行。部队进入草地后，几乎无日不雨。雨水不仅淋湿了官兵的衣衫，也淹没了前进的路线。有些地段连续几十里水深没膝，连向导也难以辨清道路。草地中，除偶见灌木丛出现于缓坡平岗，明显地标很少，使人方向莫辨，只能凭指北针行进，有时艰难地行进了几个小时，才发觉又回到了原地。许多官兵因此偏离路线，陷于沼泽中身亡。

行路之难阻滞着部队的行动，缺食之苦则直接威胁着官兵的生命。过草地前，部队普遍开展了筹粮工作，并要求每人准备十天的干粮。但川西北物资贫乏，根本无法满足十万大军所需。绝大多数部队远未筹到规定的粮食，有的仅筹到了两天的干粮。因而行程未及一半，众多单位即告断炊。草地中无法补充粮食，甚至喝水都成了问题，涝淤之水被水草经年腐蚀，不仅饮之中毒，而且浸泡过久或伤口接触，都会感染肿溃。干部们纷纷杀掉坐骑，给官兵食用，但杯水车薪，根本无法缓解缺粮困难。官兵们不得不吃野菜、草根，甚至于煮食皮带、鞋底、马鞍等，连粪便中没有消化的青稞粒也有人捡食。

天气也是变化无常。一会儿晴空万里，烈日炎炎，一会儿黑云密布，雷电交加，暴雨夹着冰雹扑面而来。夜间气温则降到摄氏零度以下。衣衫单薄的红军官兵行进、露宿在空旷的草地上，无处避雨，无物御寒，只能在凄风苦雨中顽强硬撑。

风雨、泥泞、寒冷、饥饿、缺氧的折磨，使得红军官兵的体质迅速衰弱，减员大幅增加。许多红军官兵最终没有走出草地。据统计，有上万名红军指战员长眠在草地。许多经历过草地之行的红军官兵，后来回忆往事，都心绪难平。红4团政委杨成武回忆说："草地，茫茫的草地，残酷无情的草地，你夺去了我们多少战友宝贵的生命，不少同志在草地的短短几天经受饥寒交

参加长征的小红军王东平，他参加红军时仅12岁

迫的折磨，把全身的每一分热、每一分力气都消耗尽了。他们在死前的瞬间还非常清醒，还念念不忘革命，还希望北上抗日，迈完征途的最后一步。可是，缺氧、风雪、饥饿、寒冷却夺去了他们的生命。"

　　第一梯队红1军政委聂荣臻到达班佑后，曾致电红3军军长彭德怀、政委李富春并转周恩来："一军团此次因衣服太缺和一部分同志身体过弱，以至连日来牺牲者约百人。经过我们目睹者均负责掩埋，在后面未掩埋的一定还有。你们出动时，请派一部携带工具前行，沿途负责掩埋。"十天后，周恩来回电："据三军团收容及沿途掩埋烈士尸体统计，一军团掉队落伍与牺牲的在四百人以上。"而红3军由于最后出动，过草地时，沿途的树皮、野菜都已被采光，因而处境更惨，损失更大。红3军带队担任收容任务的王平回忆说：过班佑河时，他看到对岸有数百人，背对背坐着，一动也不动。过河后才发觉，他们都牺牲了。只发现一个小战士还有点气，但没有等到背出草地，也牺牲了。

　　"身无御寒衣，肚内饥；晕倒爬起来，跟上去，走到宿营地。""天当被，地当床，暴雨来了当蚊帐。""天上无飞鸟，地上无人烟，茫茫草原，蓝蓝的天，只有红军亲眼见。"这些红军留下的诗歌，真实记录了草地的困苦。在如此艰巨的考验和恶劣的环境中，支撑着红军战胜困难、走出草地的，是一种坚决跟党走的革命信念，是一种战胜一切艰难困苦的革命意志，是红军官兵亲如兄弟的团结友爱之情，是高度的革命英雄主义和革命乐观主义精神。在红军长征回忆书籍和文章中，可以看到一个又一个感人的故事。

　　同是辘辘饥肠，但干部及党员主动取过战士的枪背在身上。指挥员无论职务高低，一律让小坐骑，驮运伤病员，自己与战士一起行军。一个干粮袋，一条军毯，这双手传给那双手，再传给了另一双手，谁都不愿自己留下，都想送给最困难的战友。许多收容队官兵全力帮助掉队的官兵走出了草地，自己却永远躺在了草地中。

　　每当夜幕降临，红军部队都会点起篝火，官兵围坐一起，靠相互的体温抵御草地的严寒，共度长夜。在一个夜晚，毛泽东、张闻天、彭德怀等人与战士们坐到了篝火旁。彭德怀开口："我们请毛主席讲故事好吗？"话音未落，毛泽东就欣然带着浓重的湖南乡音讲起了故事，讲完后，又点名要张闻天、成仿吾讲留学国外的生活，毫无造作，完全与官兵融为一体。先遣部队进入草地后，遇到风雨，叶剑英、程世才和官兵们坐在湿地上，整整坐了一夜，全身都湿透了。叶剑英给大家谈古论今，并带着大家唱起了《国际歌》，"谈笑歌吟到明天"。在当时，《国际歌》是最好的政治动员，一曲

《国际歌》，常常能够让官兵们热血沸腾，士气重振，虽然有的官兵尚未唱完，就永远闭上了眼睛。

就这样，熬过了一天又一天，告别了一个又一个倒下的战友，红军终于战胜千难万险，走出了人迹罕至的茫茫草地。

左路军先头部队红93师经龙日坝向阿坝前进途中，在档格哈里玛山西南约15公里处与凹北"剿匪"第1路第5纵队麦桑支队司令、阿坝游击司令杨俊扎西率领的2000余藏民骑兵遭遇。红军以优势火力击退藏兵，进至石匠宫（四寨）一带。由红5军和红25师组成的左路军先遣纵队主力，从马尔康、大藏寺一带出发，经卡尔古，翻安得山，过龙尔甲，在石匠宫与红93师会合。8月19日，红军先头红25师占领查理寺。青海军阀马步芳接到红军向阿坝推进的报告后，一面严令杨俊扎西固守，一面调嫡系精锐马彪旅火速增援。但杨俊扎西遭受红军打击后，自知无力拒阻红军，收拾细软，毁弃官寨，逃往果洛。阿坝已经是一座空城。8月21日，红25师占领阿坝。

右路军先遣部队走出草地后，于8月23日在班佑附近贡巴龙山一带与国民党军游击指挥部第2支队张莱孝部及毛尔盖藏民部落之一千余名藏兵遭遇。24日晨，红军发动进攻，经两小时激战，将敌击溃，乘胜占领班佑。次日，国民党军与藏兵再次来袭，叶剑英令红265团占领有利地形，以密集火力阻击敌军，同时令红264团增援。两团合力打退国民党军骑兵的进攻，并缴获许多马匹。

班佑是个只有二三十间牛屎房的藏民游牧集散地。叶剑英在班佑抓紧调查通往甘南的道路，了解到如按照原定计划由班佑至拉卜愣，还有四天的路程，且需再次穿越草地，沿途会经常遇到国民党军骑兵的骚扰。而如果由班佑转向东北，经巴西至包座，则可以直趋甘南，且不需要再次穿越草地。

叶剑英向随后到达班佑的毛泽东、张闻天、周恩来、徐向前、陈昌浩等人报告了这一情况，并正式提出了转道行进的建议。毛泽东听取汇报后，仔细研究了地图，果断地说："剑英同志的意见很好，我们就从这里转弯，向巴西、包座、俄界开进，打开一条北上通道。"

右路军部队随即转向东北方向扩展，至27日相继占领巴西、上藏寺、牙弄寨、甲基、潘州等，切断了求吉寺和阿西茸之间的交通。28日，红军一部向阿西茸发起攻击，再败溃敌张莱孝部和胡宗南部一个连，占领阿西茸。

包座战斗

包座位于松潘以北（今属若尔盖县）之包座河畔，分为上、下包座，包座河横贯南北，河宽两丈，时值雨季，水深湍急，且岸边坡陡。包座距离巴西、班佑五十多公里，松（潘）甘（南）古道北出黄胜关，经两河口，翻浪架岭，蜿蜒于包座河沿岸之山谷中。国民党军胡宗南部设兵站于下包座的求吉寺，并以补充旅一个团驻守，利用险要地形，构筑了比较完善的防御体系。

胡宗南接到红军占领班佑的报告后，十分震惊。这位志大才疏的将军自认为卡住了松潘，就断绝了红军北上的道路，做梦都没有想到红军会穿越茫茫草地，绝地出击，突然出现在自己的后方，顿时慌了手脚，连忙于8月24日深夜电令漳腊的伍诚仁第49师迅速向包座、阿西增援，务必将红军阻止在包座河一线。27日，伍诚仁率部向包座开进。

红军要北上甘南，必须打下包座。根据毛泽东的指示，前敌总指挥徐向前与政委陈昌浩派人前往包座侦察，开始部署战斗。鉴于担负后卫任务的红3军还没走出草地，红1军又比较疲劳，徐向前主动向中央与毛泽东建议，由红四方面军部队担负进攻任务。毛泽东批准了这一请求。

前敌总指挥部随即作出部署：以红30军89师264团攻击上包座大戒寺之敌；以红30军主力设伏于援敌必经之地——上包座西北地区的山林中，并以小部兵力控制河东岸制高点，准备歼敌援军；以红4军一部攻击下包座求吉寺。红1军集中于巴西和班佑待机。

形成部署后，徐向前带红30军政委李先念和代军长程世才到中央驻地阿西，在一座喇嘛寺庙里向毛泽东作了汇报。寺内没有桌椅，毛泽东把地图摊在地上，听取了徐向前的汇报，又详细询问了红30军部队的情况，部队掉队的人数，各连有多少人，战士的情绪高不高，生活怎么样，是否解除了疲劳，缺粮食的困难解决了没有，所有能想到的问题都问到了，然后才对即将发起的战斗作指示，批准战斗部署。

从班佑、巴西到包座，全是难行的山路。任务紧急，程世才率红88师为前卫，李先念率军部和红89师跟进，迅速向包座开进。途中，徐向前急电红30军，通报国民党军第49师增援的消息，要求红30军做好遭遇战的准备。李先念看完电报，命令部队加速前进，并将军部机关交给参谋长李天佑，自己赶到前卫师预作部署。红30军官兵克服缺粮、疲劳等困难，快速前进，于8月28日抢在国民党军援兵到达前到达了包座，在城边森林中隐蔽集结。

红30军是红四方面军的主力，原有两万余人，两军会师后调给红一方面军一千六百余人，加上过草地时严重减员，只剩下一万三千人，并取消了红90师番号，只保留了两个师的建制。而国民党军第49师则齐装满员，全师人员一万两千人。两军兵力相差无几，装备却不可同语而论。第49师原属第十九路军，参加过上海抗战，"福建事变"后为蒋介石收编，编入胡宗南部队，装备虽不及胡宗南嫡系第1师，但也配备很强，且各级军官都屡经沙场，经验丰富，部队战斗力较强。红30军既要对付包座的敌人，又要对付第49师，任务非常艰巨。

徐向前、陈昌浩、叶剑英亲临前线指挥战斗。李先念召集部队进行动员，大声说道："包座之战关系到红军能否打开前进通道。这是两军会师后的第一仗，徐总指挥把这个任务交给我们30军，是对我们最大的信任，两大方面军都在看着我们。我们是代表整个四方面军部队在作战，只能打好，不能打坏。我们要用胜利来向党中央和毛主席报捷。"

29日晚，红264团向上包座守敌一个营发起攻击。经彻夜激战，连克敌军外围据点，歼敌两个连，但残敌退居大戒寺，固守待援，双方形成对峙。天亮之后，程世才与李先念得到消息，国民党军第49师已经逼近包座，遂令红264团以一部兵力对据守大戒寺之敌围而不攻，迫其求援呼救，军主力隐蔽进入上包座西北山地的预设阵地，准备打援。

国民党军第49师沿着松潘通向包座的大道开进，于30日下午4时半到达了距上包座约十五公里之松林口。伍诚仁为黄埔军校毕业生，并在第49师整编后被蒋介石亲自委任为师长，傲气十足。虽然其部属在中央苏区作战时曾领教过红军的厉害，力劝其小心推进，避免夜战。但伍诚仁坚信走出草地的红军已经是疲惫之师，根本不相信红军还有能力与他的师抗拒，因而下令部队连夜进攻，以一个加强团迅速前进，占领包座河西岸高地，掩护师主力前进；以一个团主力向上包座、大戒寺进攻，与守军会合；自己率一个团和直属队随后跟进。

下午7时，战斗打响。国民党军291团附一个营进入大戒寺地域，猛攻红264团。李先念、程世才立即令红264团稍作抵抗即向大戒寺东北后撤，诱敌深入。8时，国民党军291团占领上包座，与大戒寺守军会合。伍诚仁志得意满，将师部及师直属队移驻大戒寺，边向胡宗南报捷，边下令部队"向当面之匪攻击前进"，"迫匪于下包座附近而歼灭之"。

31日，第49师全线向北推进，两个团位于包座河西岸背水而战，一个团位于包座河东岸。红30军部队沉着应战，以一个团节节阻击，依托一些小的山头边打边撤，逐步将敌诱入了即设阵地。同时也在战斗中，渐渐摸清了第49师的作战特点：连、排分队战术比较灵活，也相当顽强，火力也很强。程世才边看边对李先念说："这个49师不简单，战术上有一套，要收拾它得费点工夫。"李先念回答："它再硬也硬不过红军，只要把它诱进来，避开它的火力，靠近它，我们就有办法。"两人商议后，决定部队进攻采取多梯队的疏开队形，同时集中所有火力打其一点，先拦腰斩断，打乱其队形，再各个歼灭。

下午3时，第49师全部被诱进了红30军的伏击圈。这里是一个山谷，山上全是原始森林，粗大的松树满山遍野，红30军部队隐蔽在松林之中。伍诚仁将红军的边打边撤看成是节节后撤，他命令全军全力进攻，全歼"共匪"。其属下团长经过一天的战斗，也认定红军的战斗力大不如前，所以督促部队放胆前进。

红30军本来计划黄昏发起总攻，但国民党军前进较快，先头分队很快就要冲破红军的最后一道阻击阵地。李先念和程世才商量后，决定提前发起进攻。下午5时，李先念一声令下，冲锋号四起，隐蔽在树林中的红30军部队一齐出击，冲下山坡，扑向敌群。

"百战百胜团"红268团直扑第49师阵线的核心包座桥，如一架铧犁在国民党军的部队中犁出了一道血路。前面是几挺机枪开路，后面全团官兵呈疏开队形，手持大刀跟进，远了用枪打，用手榴弹炸，近了用大刀砍，很快冲上桥头，将国民党军的三个团切成了三段。伍诚仁见势不妙，亲自组织部队进行反扑，从包座河两岸对红268团进行夹击。红268团左冲右突，以白刃拼杀打垮敌军的数次冲击，死死地卡住了包座桥，使得第49师部队无法靠拢。程世才后来回忆说：战后，"当我们经过这段阵地时，几乎每一步都会踏到烈士的鲜血。有一个烈士，一只胳膊打断了，另一只手里还紧紧攥着大刀片"。

第49师战斗力也是名不虚传。虽然遭到突然打击，但很快稳住阵脚，占据几个小山包，利用松树与灌木丛掩护，就地转入防御。红军冲到哪里，国民党军就在哪里顽抗，并拼命地反击。战斗从一开始就呈白热化。官兵们经过草地行军，枪弹所剩很少，难以压住敌人，只能拼死向前靠近敌人，用手榴弹、大刀同敌厮杀。前边的倒下了，后面的继续前进。战场上到处硝烟弥漫，杀声动地，双方战成一团，各个角落都展开了肉搏战。

李先念命令所有人员包括机关的干部、宣传员、炊事员、饲养员都拿起枪冲锋，自己和程世才开始时还在后面通过电话指挥，后来也拔出手枪带着警卫员上了最前线。红30军从军长、政委到普通战士，都冲向了敌群，一往无前。

红88师第263团、第265团紧随红268团前进，并在红268团的协助下，猛攻包座桥西北的国民党军第291团，仅激战一小时，即全歼敌军四个营。红89师第266团、第267团对包座桥以南的国民党军第289团实施围攻，逐渐将敌压迫于包座河畔的一个小山头上，最后全部歼灭。红89师第264团则与红268团一部，并肩进攻包座河东岸的国民党军第294团主力和第49师师部及直属队。

伍诚仁见包座桥已丢，各团损失惨重，率师部退守大戒寺。红264团包围大戒寺，不停顿地连续猛攻。战至9月1日凌晨2时，重伤的伍诚仁在夜色掩护下，率余部逃往踏藏。留下的二百余名守军在红264团喊话下，全部缴械投降。

包座战斗，刚刚走出草地的红30军，以疲劳之师攻击精锐之旅，以大无畏的革命英雄主义气概，重创国民党军第49师，毙伤敌四千余人，俘八百余人，缴获长短枪一千五百余支，轻机枪50余挺以及大批粮食、牛羊，取得了红一、红四方面军会师后第一个重大胜利，粉碎了国民党军将红军困死于川西北草地的企图。

在红30军与第49师激战的同时，红4军第10师也在师长王友均指挥下，对驻守下包座之国民党军一个团发起进攻。国民党军固守求吉寺，凭借坚固的碉堡、工事进行顽抗。红10师四面围攻，但因缺乏重武器，无法摧毁敌军工事，加上守敌火力强大，始终无法靠近寺院。王友均打红了眼，亲自将机枪架在警卫员肩膀上射击，掩护部队攻击，不幸中弹牺牲。为避免更大伤亡，徐向前下令停止进攻，转为围困。

至此，红军右路军部队完全走出草地，并扫清了北上的通道，打开了北进甘南的门户。包座战斗后，红4、红30军位于包座地区，红1军由阿西进至拉界地区，红3军进入班佑、巴西、阿西地区，中共中央、前敌指挥部进驻潘州，一面休整，一面等待左路军向班佑地区集中，共同北上。

红军终于摆脱了川西北的苦寒之地，前面北上前景一片光明。然而，任何人都没有想到的是，就在这时，空前的危机正向党和红军逼来。张国焘不但拒绝两路红军会合迅速北上，而且提出并顽固地坚持南下主张，导致了党和红军历史上最严重的一次分裂。

> 史料链接

★ "毛主席指示我们过草地"

红1军团第2师第4团，是一支善打硬仗、恶战的部队，战斗力不仅在红1军团中首屈一指，而且在中央红军中也声名远扬。自从中央红军踏上长征路后，红4团经常担任开路先锋的任务。强渡乌江、飞夺泸定桥、翻越大雪山，与红四方面军会师，红4团都走在全军的最前面，是中央、军委和军团非常信任的一个团队。1935年6月，中央红军与红四方面军会师后，为加强这支拳头部队的力量，总部和军团将红四方面军的第294团编入了红4团，作为第2营，使得全团达到了齐装满员。8月，红军决定穿越草地，北上陕甘。红4团再次承担了先头团的任务。

毛泽东于8月17日亲自在毛儿盖召见红4团政委杨成武，当面部署任务。他说："这次你们4团还是先头团。要知道草地是阴雾腾腾、水草丛生、方向莫辨的一片沼泽，你们必须从茫茫草地上走出一条北上的行军路线。"他接着说："敌人判断我们会东出四川，不敢冒险走横穿草地、北出陕甘这一着棋。但是，敌人是永远摸不着我们的底的，我们偏要走敌人认为不敢走的路。"

在向杨成武详细说明过草地可能遇到的困难和解决的方法后，毛泽东强调："克服困难最根本的方法，是把可能碰到的一切困难向同志们讲清楚，把中央为什么决定要过草地北上抗日的道理向同志们讲清楚。只要同志们明白了这些，我相信没有什么困难能够挡住红军的。"

毛泽东特别关心向导的问题。当杨成武回答已经找到一位六十多岁的藏族通司做向导，并准备用八个人以担架抬着向导行进时，毛泽东点头赞成，说："一定要告诉抬担架的同志抬稳当点，要教育大家尊重藏民，团结好少数民族人民。同时，一个向导解决不了大部队行军的问题。你们必须多做一些'由此前进'、附有箭头的路标，每到岔路，就插上一个，而且要插牢，好让后面的同志跟着路标走。"

谈话结束时，毛泽东突然问："四方面军是否有部队编入了你们团？"杨成武回答后，毛泽东非常严肃地说："这是中央和总部加强你们战斗力的措施。一个很重要的问题是，你们必须搞好和四方面军同志的团结。团结是党的事业胜利的保证，你们搞好

> **史料链接**
>
> 了整编后的团结，就是一、四方面军亲密团结的标志。这个事情上，坚决不能出现问题。"
>
> 毛泽东部署完任务后，杨成武又根据毛泽东的指示向红军前敌总指挥徐向前请示了具体的任务，返回毛泽东住处后，正在那里请示工作的国家政治保卫局局长邓发听说杨成武还没有吃饭，就出去为其找饭吃。可当时，红军粮食非常缺乏，能找到的粮食都节省下来准备过草地。邓发找了一圈也没找到吃的。毛泽东听说后，马上让邓发把自己的晚饭端出来。邓发端出一个土盘子，上面放着六个小鸡蛋大小的青稞面馒头，杨成武没有想到主席的晚饭只是这样几个青稞馒头，也知道自己吃完，毛泽东的晚饭就没有着落了，所以勉强吃下两个。虽然毛泽东劝其都吃完，但杨成武再也吃不下去了。
>
> 21日，红4团在红1军军长林彪的亲自指挥下，踏入了草地。经过六天的艰难跋涉，终于在茫茫草地走出了一条前进的道路，于27日到达草地尽头班佑，完成了开路的任务。
>
> "毛主席指示我们过草地"，成了红4团官兵的莫大荣誉，也变成了全团官兵永恒的记忆。二十多年后，人民解放军总政治部开始编辑出版革命回忆录《星火燎原》，杨成武深情地写下了以此为题的回忆录。
>
> ### ★ 一口行军锅
>
> 在红军连队中，行军中最辛苦的是炊事班。不但要携带粮食，还要携带各种炊事用具，每个人的负重量都在三四十公斤。中途休息，他们要烧水给战士喝。到了宿营地，他们要安锅、拾柴、做饭，睡觉时间很少。红军长征后，鉴于行军艰苦，总部要求各部队除了必需的粮食弹药外，必须减轻官兵的负重量，以节省体力，并特别规定，炊事兵每人只准挑四十斤。
>
> 这一规定下达后，立即遭到炊事兵们的反对。他们心里装的都是职责，而不是重量，纷纷找干部提意见，说：上级只知道照顾炊事兵，却不关心战士。行军找不到粮食，我们不多挑点东西，连队吃什么？他们把粮食悄悄藏进了行军锅中，负重依旧，保障着连队的生活。但是，在过草地之前，由于粮食缺乏，官兵都自己携带炒制的青稞面、麦子，炊事班也没有粮食挑了。

史料链接

红3军的一个连队炊事班，原来有九个人，翻雪山时，牺牲了两人，剩下了七个人。上级要求轻装，炊事兵狠心减掉了盆盆罐罐，但无论如何都舍不得丢掉行军锅。他们说："没有饭做，我们还可以给大家烧点水吧。"

炊事兵们背起铜制的行军锅，踏入了草地。进入草地的第二天，炊事班长对连队司务长说："大家走烂泥地，脚都泡坏了，不烧点热水烫烫脚不行啊。"司务长当然同意，可看着炊事班战士单薄的身躯，实在不愿让他们劳累，加上草地阴雨不断，根本找不到干柴，所以没有吱声。但到了露营地，炊事班已经想方设法烘干了几根树枝，烧好了开水。战士们烫着脚，齐声称赞炊事班。炊事兵们个个笑逐颜开。

然而，草地行军毕竟不同于平地。炊事兵们每人同样只带了十分有限的干粮，有的人还偷偷地把自己的干粮送给了伤病员，身体非常虚弱。两天之后，在行军途中，背着行军锅的炊事兵忽然栽倒在地，没有说一句话，就牺牲了。后面的炊事兵一声不响地走上前去，解下行军锅背到了自己身上，继续前进。中途休息，官兵们在雨水中冻得全身哆嗦。炊事班连忙用油布遮挡支起了行军锅，烧开一锅生姜、辣椒汤，又挨个送给战友。但第二个背锅的炊事员刚刚把碗递给战友，自己便倒在地上，停止了呼吸。战士们手捧热气腾腾的姜汤，难过得谁都无法下咽。

队伍重新上路了，第三个炊事员背起了行军锅。到了宿营地，炊事班照旧给战士们送上了热姜汤。炊事班的人员已经明显体力不支了。连长见状，要给炊事班补充几名战士。炊事班知道后，推举班长去见连长，说："绝不能抽战士补充我们，这样会影响连队的战斗力。牺牲的同志留下的担子，我们担得起来。"连长含泪答应了他的请求，因为连队也实在是无兵可抽了，经过长途转战，连队已经由一百多人只剩下三十多人。

到了后半夜，班长悄悄地起身，开始为大家烧开水。司务长知道班长一直发着烧，就起来帮忙，劝他去休息。可班长坚决不肯放手，说："这是我的任务。明天早晨大家起来后，没有开水喝，我这个炊事班长就对不起大家了"，反而一个劲地要司务长休息。两人正在烧水，班长的额头出现了豆大的汗珠，用微弱的声音对司务长说："给我点水喝吧，……"司务长连忙舀水，水还没舀起，听见身边"扑通"一声，班长已经倒在锅旁一动不动了，死在了自己的岗位——锅灶前。

天亮了，官兵们喝完班长生前烧开的开水又出发了。炊事班收拾好东西，一名炊

史料链接

事员默默地背起了行军锅。一天又一天，每当休息和宿营时，连队照旧可以用上热水，可炊事员却一个又一个地倒下，长眠在草地上。

等到红军走出草地，那口铜制的行军锅已经背到了司务长的肩上。连长见了哭了，战士们见了都哭了。他们知道，炊事班的同志已经全部牺牲了，永远地倒在了草地上。

★ 真挚的同志情谊

长征期间，身为中共中央和中革军委主要领导人的周恩来，肩负着重大的责任。不但中央的重大决策形成需要他的参与，而且军事决策的大政方针都是由他与毛泽东共同商量决定，然后由他来具体组织实施的。因此，周恩来每天都处于高度紧张与忙碌之中。白天行军作战，一到驻地就要收拢各方情况，经过分析研究后，再与毛泽东等人商量，然后由他组织起草作战命令、下达行军路线，等到他睡觉的时候，往往已经是天明时分。红军到达毛儿盖后，由于长期高负荷工作，加上粮食缺乏，每天只能吃野菜和青稞，周恩来的身体终于支撑不住了。

沙窝会议后，周恩来突然病倒，持续高烧不退，无法进食。最初以为患上了疟疾，可治疗几天后，高烧依旧不退，并且发现肝部肿大，皮肤也变成了黄色。这才确定周恩来是患上了肝炎，而且已经变成了阿米巴肝脓疡，需要马上排脓。但在当时红军的医疗条件下，根本不具备开刀或穿刺的条件，医生只好让警卫员找来冰块，采取冷敷局部冷冻的治疗方法。邓颖超在长征开始后，一直随军委纵队干部休养连行动，这时也被接到了病情危重的周恩来身边。冰敷从上午10时一直持续到了黄昏，周恩来逐步清醒，不断呻吟，腹痛不止。医生与邓颖超将他扶起来后，整整排出了半盆绿色的脓。排完脓后，他的高烧才慢慢退下来。

这时，红军已经开始穿越草地。重病数天，没有进食，周恩来的身体极度虚弱，无法骑马，更无法走路，不要说过草地，就是在平地行军也不行，更何况草地气候恶劣，他的病情随时都可能复发。但是在两大红军主力会师的情况下，周恩来的作用举足轻重，党和红军都不能没有周恩来。毛泽东将周恩来交给了红3军，严令必须确保周恩来安全过草地。

红3军军长彭德怀与政委李富春、参谋长萧劲光商量后，最后只说出了一个字："抬。"众人点头称是，心里都清楚，这个"抬"字，对于彭德怀来说，是很难出口的。

史料链接

如果是在平时，组织抬担架是一件很容易的事情。可长征之后，特别是过雪山和进入藏民区后，部队缺盐少粮，风餐露宿，官兵们的身体都非常虚弱，自己要走出草地都有困难，更不要说抬担架了。彭德怀向萧劲光郑重下达命令："你来具体负责，立即组织担架队。实在不行的话，宁可丢掉一些装备，也要把恩来同志安全地抬出草地。"

萧劲光下令从迫击炮连抽出人员组成担架队，把带不走的迫击炮全部埋掉。担架队分成几个组，轮流抬着周恩来、王稼祥等重病的中央领导人过草地。从大革命时期就在周恩来身边工作的军委干部团团长陈赓自告奋勇，担任担架队队长，向彭德怀等人保证："有我陈赓，就有周副主席等人的安全。周副主席出了问题，你拿我陈赓的脑袋。"一些红军干部听说要抬周恩来等人过草地，也纷纷要求加入担架队。军委兵站部部长兼政委杨立三坚决要求给周恩来抬担架。

担架队走进了草地，深一步、浅一步艰难地行进在沼泽之中。陈赓拖着伤腿，前后招呼队伍，杨立三则寸步不离周恩来，始终担架不离身，用尽全身的力气，极力保证了担架的平稳。周恩来清醒时，见到杨立三等人摇晃的身躯非常难过，几次挣扎着要下担架，都被杨立三坚决地按住。经过六天六夜的跋涉，周恩来终于安全地走出了草地。而这时，杨立三的双肩已经全部磨破，脖子被担架压得无法自由转动，筋疲力尽，走出草地就累得病倒了。

十九年后，已经担任军委总后勤部部长的杨立三因病去世。在杨立三的葬礼上，国务院总理周恩来无论如何都要亲自为杨立三抬棺送葬，最后送杨立三一程。这种真挚的革命同志情谊，令许多人潸然泪下，感慨万千。

第十八章

惊心动魄的一幕

红军穿越草地，突然出现在班佑、巴西、包座地区，特别是在包座歼灭伍诚仁所率第49师后，蒋介石焦虑不安，急令位于松潘、漳腊地区的胡宗南部以最快的速度回师甘肃，绕道文县开赴西固（今舟曲）堵截。但胡宗南鉴于第49师被歼，不愿孤军北进，坚持待薛岳部到达松潘、漳腊地区接防，侧后安全后才能行动。这样，在甘肃南部的文县、武都、西固、岷州等广大地区，国民党军部队均未到位，出现了部署上的力量真空。

由包座到西固、岷州，只有五六天的路程，沿途均为汉族居住区，路多、粮多、房多。红军右路军已经拿下了包座，如果能够执行中央的指示和部署，左路军迅速向东与右路军靠拢，集中力量向东北方向推进，红军就能够趁国民党军部署调整尚未完成的空隙，直下其力量空虚的甘南，很快打出一片崭新的天地。但是，张国焘却拖延、拒绝左路军北上，致使右路军部队不得不在巴西、包座、俄界地区停留、等待10余天。红军又一次丧失了北上的绝佳时机。

中央的苦心

红军右路军走出草地并取得包座战斗的胜利时，左路军部队的分布情况为：红军总部率先头部队红5军、红93师、红81团、红276团等部位于查理寺及其附近；红25师位于阿坝。右路军主力红32军、红33军、红27师、红91师和红262团、红269团等部，依旧分散于党坝、松岗、大藏寺、马尔康、卓克基、两河口、梭磨、马塘、杂谷脑、芦花、康猫等地，牵制各路敌军，掩护后方。

此时的张国焘，已经与中央离心离德，且由于大权在握，肆无忌惮。左路军先头部队占领阿坝后，张国焘即指示刚成立不久的中共川康省委以阿坝为中心，大力开展工作，争取"赤化草地"，使阿坝成为新苏区之一部。同时命令先头部队派出分队向西探进。该部由阿坝翻山沿吉柯河北行，到达黄河东岸的齐哈玛。因缺乏渡河设备，加之遭到当地藏族头人武装的阻击，未能渡河，徘徊数日后，只得原路返回。西进的失败，虽然使张国焘打消了西进的念头，却转而更加坚定了他南下的意图。因而，左路军始终没有向右路军靠拢。

阿坝红军长征纪念馆

在此期间，中央和前敌指挥部多次致电张国焘等左路军领导人，要求左路军立即向班佑开进。8月24日，中共中央致电朱德、张国焘，详述毛儿盖会议通过的《关于目前战略方针之补充决定》的主要精神，指出："我军到达甘南后，应迅以主力出洮河东岸，占领岷州、天水间地区，打破敌人兰州、松潘线封锁计划，并依据以岷州为中心之洮河区域，有计划地大胆地向东进攻，以便取得甘、陕二省广大地区为中国苏维埃运动的有力根据地。"若以红军主力向洮河以西发展，则"敌沿洮河封锁，致我军被迫向黄河以西，然后敌沿黄河东岸向我封锁，则我将处于地形上、经济上、居民条件上比较的大不利之地位。因这一区域，合甘、青、宁三十余县，计人口共不过三百万，汉人不及一半，较之黄河以东，大相悬殊。而新疆之不宜以主力前往经营，尤为彰明较著"。电报最后强调:"目前应举右路军全力,迅速夺取哈达铺,控制西固、岷州间地段,并相机夺取岷州为第一要务,左路军则迅速出洮河左岸,然后并力东进。断不宜以右路先出黑错、旧城,坐失先机之利。"

同日,徐向前、陈昌浩两位前敌指挥部主官也致电朱德、张国焘,催促左路军速向右路军靠拢,非常诚恳而急迫地指出:"目前箭已在弦,非进不可","弟意右路军单独行动不能彻底[灭]已备之敌,必须左路马上向右路靠近,或速走班佑,以便两路集中[向]夏、洮、岷前进。主力合而后分,兵家大忌,前途所关,盼立决立复示。迟疑则误尽中国革命大事"。

在中央的不断催促和朱德、刘伯承等人坚持下,张国焘勉强同意左路军部队靠拢右路军。根据红军总部的命令,28日,红5军由查理寺出发,向班佑前进。30日,红军总部率红93师随红5军跟进,向麦尔玛、箭步塘(甲本塘)方向跟进,红25师亦由阿坝向班佑进发。红军总部并致电位于卓克基、马尔康地区的后续部队指挥员倪志亮、周纯全,要求红73、红81、红262、红269团和红军大学、红四方面军供给部,9月8日集中箭步塘,向班佑前进;红27师、红32军和方面军独立团于12、13日,集中查理寺,向班佑前进;以红91师和红33军分别担负阿坝至查理寺和大秋地、马塘至查理寺一带的警戒任务。据此,左路军主力陆续向卓克基、大藏寺、查理寺一线收缩。

但张国焘依旧对中央方针持有怀疑,不同意中央红军迅速北进的决策,于8月31日电告徐向前、陈昌浩:"西固不会是敌空隙,敌已有备。一、三军单独深入夺取,不能制敌,反为敌制。"并称:左路军先头七个团须三天后才能到班佑,主力最快须14日才能到达班佑。现在不是乘夜间或敌空隙穿过敌人的封锁线,而是集中兵力打破封锁线,因而"弟等宜兵力集结再大举前进"。

中央与前敌指挥部以极大的耐心等候张国焘的转变。得知左路军开始行动的消息,一面令右路军没有担负作战任务的部队,从8月30日起,以五天时间在巴西、阿西、包座地区进行筹粮,等候左路军,一面将敌情和道路情况通报张国焘等人,催促左路军加快行进速度。包座战役后,中央马上将战斗情况通报红军总部,同时徐向前、陈昌浩、毛泽东于9月1日再次致电朱德、张国焘,指出:"目前情况极有利于向前发展","文县、武都、西固、岷州线一般空虚,无多敌,仅12师及鲁大昌部或在此,但碉堡未成","右路军须以主力向前推进,以不突出西固、岷州线为度,第一步以1、3两军控制罗达地区,4军、30军主力控置白骨寺地区,其一部控制包座。这样控制了两条平行东向路,并随时可与胡敌五个旅有把握地作战,决不会被敌截断,更不会从间隙突出封锁线。候左路［军］到达，即以一支队向南坪方向，又一支队向文县方向佯攻胁敌，集中主力从武都、西固、岷州间打出，必能争取伟大胜利"。电报并指出："日前蒋胡注意力集中西固以东方向。毛儿盖通班佑，路短、棚多，提议以三至四个团掩护能行走伤病员及资材，从卓克基经毛儿盖缓缓前进，免致抛弃。"

左路军的靠拢，使得毛泽东等人如释重负。毛泽东与徐向前、陈昌浩商定，以红4军31团带上马匹、牦牛、粮食，准备接应左路军部队。同时，为整顿部队，保证两军会合后的北进行动，9月2日，中央在等候左路军的间隙，在巴西举行了政治局会议，专门讨论红一方面军的工作方针问题。毛泽东在会上指示：一方面军部队目前最重要的任务是整理部队。要从头做起，重新开始。军长、师长要亲自给干部上课。并强调，部队进入甘肃后，客观条件有利于红军的扩大，主要的问题是加强群众纪律，建立良好的群众关系，重新进行三大纪律、八项注意教育。他同时要求，红一方面军应该立即建立起司令部、政治部，并开始工作。会议一致同意毛泽东的报告，决定由张闻天起草给一方面军的指示信，责成红军总政治部监督执行。

巴西会议会址

根据中央的指示，红1军由巴西、阿西茸先期北上，于9月5日抵达甘肃南部的俄界（今甘肃省迭部县高吉），并派队向罗达侦察前进。红1、红3军在俄界、巴西地区转入休整，并进行军事、政治教育。方面军机关也随即成立，周昆出任参谋长，朱瑞出任政治部主任。

中央、前敌指挥部和右路军官兵盼星星、盼月亮般地期待着与左路军的会合，但是张国焘却再次横生枝节，制造两军的分裂。在接到前敌指挥部通报包座战斗胜利的电报后，他不是为这一打开北进通道的胜利而兴奋，反而把这一胜利视为要挟中央的资本，竟当着众多参谋人员，得意扬扬地对朱德、刘伯承说："这是昌浩、向前同志给我的一份厚礼！看看，谁最能打仗？还是我的四方面军。"

张国焘的个人野心已经极度膨胀，四方面军部队在他的眼中不再是党的部队，而是只听命于他个人的武装。他开始以南下方针对抗中央的北上方针，党和红军的领导层因此又一次为行动路线和战略方针发生严重分歧。

9月1日，左路军先头部队进至噶曲河西岸。因连日降雨，河水上涨，前进暂时受阻。张国焘接到报告后，断然下令已经抵达红原县墨洼附近的先头部队红5军停止前进，所有东进部队原路返回阿坝地区。朱德、刘伯承对此坚决反对，亲自带人到河边勘察水情，发现河水虽然上涨，但完全可以渡过，因而坚持部队应按照原定计划向右路军靠拢。但张国焘一口回绝，坚持部队立即返回。

9月3日，张国焘以朱德、张国焘的名义致电徐向前、陈昌浩并转中央，正式提出南下方针，反对继续北上，称："（甲）上游侦察七十里，亦不能徒涉和架桥。各部粮只能吃三天，25师只两天，电台已绝粮。茫茫草地，前进不能，坐待自毙，无向导，结果痛苦如此，决于明晨分三天全部赶回阿坝。（乙）如此影响整个战局。上次毛儿盖绝粮，部队受大损，这次又强向班佑进，结果如此。再北进，不但时机已失，恐亦多阻碍。（丙）拟乘势诱敌北进，右路军即乘胜回击松潘敌，左路军备粮后亦向松潘进。时机迫切，须即决即行。"

实际上，河水挡路、草地缺粮只是张国焘拒绝北上的借口。红四方面军有一支一百多人的造船队随左路军行动，完全可以就地取材，营造简便渡河工具。而阿坝地区比毛儿盖粮产丰富，右路军筹到的粮食绝不会比左路军少，右路军能够穿过草地，左路军当然也可以。张国焘回兵阿坝的真正原因，是他已经决心依恃军力要挟中央，执意南下。5日上午，张国焘在西返阿坝途中，电令指挥松岗、党坝、卓克基等地部队的倪志亮、周纯全："我左路军先头兵团决转移阿坝补粮，改道灭敌"，令后续部队"巩固现地，伸前游击待命"。

7日，红军总部和左路军先头部队全部返抵阿坝。

需要指出的是，在当时中央、前敌指挥部与红军总部的电报往来中，红军总部方面的电报都是署名朱德、张国焘。但实际上，张国焘在红军总部利用中央政治局委员的地位和政治委员的最后决定权，完全架空了朱德和刘伯承等人，实施个人独裁。左路军的一切行动，都由其一人决定。因此，在当时和此后的相当一段时间内，虽然朱德、刘伯承等人同意中央的决定，但由于张国焘的一意孤行，很难对部队行动产生影响。署名朱德、张国焘的电报，实际上都是由张国焘一人决定内容发出的。二十多年后，朱德在1960年11月9日的一次谈话中，回忆当时的情况说："到阿坝时，张就变了，不要北上，要全部南下，并发电报要把北上的部队调回南下，我不同意，反对他，没有签字。"

阿坝红军长征纪念碑园

北上？南下？

左路军退回阿坝，张国焘执意南下，这一突如其来的变化，使得中央与前敌指挥部精心筹划的北上计划彻底落空。而且由于张国焘以红军总部的名义发号施令，也使得红军的指挥体制立显混乱，部队指挥员对来自不同上级的不同命令无所适从，同时对行动计划迟迟无法付诸实施，部队停滞不前而迷惑不解。中央所确定的战略方针的实施和红军部队行动的协调一致，已经受到严重影响。

红1军根据方面军指示派出的探路部队红1师已经于9月7日到达莫牙,距离罗达只有一天路程,到岷州则只需三天。8日晨,红1军军长林彪、政委聂荣臻电询周恩来:"我军久滞番地,部队日益减员,应即乘岷(州)、西(固)敌防薄弱之时突出为妥。目前迟迟不进,究拟如何?总指挥部、总司令部、中央对行动意见如何?"

左路军能否迅速与右路军会合共同北上,事关红军和中国革命的前途与命运。毛泽东、张闻天、周恩来等人当然不能同意张国焘的错误主张和行动,但为了党和红军的团结,他们还是希望最终能够说服张国焘北上。因此,他们与徐向前、陈昌浩多次讨论如何答复张国焘的电报,怎样妥善解决已经产生的重大分歧。毛泽东等人力图通过和缓而有策略的商讨来解决问题,既不破坏原则又婉转留有余地,尽量由张国焘的老部下徐向前、陈昌浩出面说话,以留转圜空间。徐向前、陈昌浩也对张国焘的突然变化感到不解。他们认为:既然政治局毛儿盖会议已经确定了北上的方针,右路军又占领包座打开了北进通道,无论如何都不应该改变原定计划。

巴西会议会址及周恩来旧居

因此,9月8日,在与毛泽东、张闻天、周恩来商议后,徐向前、陈昌浩致电朱德、张国焘:"目前突击南、岷时间甚易。总的行动究竟如何?一军是否速占罗达?三军是否跟进?敌人是否快打?飞示,再延实令人痛心。""中政局正考虑是否南进。毛(泽东)、张(闻天)皆言只有(要)南进便(更)有利,可以交换意见;周恩来意北进便(更)有出路;我们意,以不分散主力为原则,左路速来北进为上策,右路南去南进为下策,万一左路若无法北进,只有实行下策。如能乘(敌)向北调时(取)松潘、南坪仍为上策。请即明电中央局商议,我们决执行。"

9月8日晚,中央政治局在巴西周恩来住处召开非正式会议,毛泽东、张闻天、周恩来、博古、王稼祥、陈昌浩、徐向前等七人参加。会前,毛泽东等人已经形成了一份给张国焘的电报。陈昌浩表示同意电报内容,并建议:力争两路部队一起北上,如果不成,是否可以考虑南下。徐向前只表示同意中央的意见。会议最后决定,由七人联名致电张国焘,要他执行中央确定的北上方针。

当晚22时,电报发出,全文如下:

朱、张、刘[伯承]三同志:

目前红军行动是处在最严重关头,须要我们慎重而又迅速地考虑与决定这个问题。

弟等仔细考虑的结果认为:

(一)左路军如果向南行动,则前途将极端不利,因为:

(甲)地形利于敌封锁,而不利于我攻击,丹巴南千余里,懋功南七百余里均雪山、老林、隘路。康、泸、天、芦、雅、名、邛、大,直至懋、抚一带,敌垒已成,我军绝无攻取可能。

(乙)经济条件,绝不能供养大军。大渡河流域千余里,求如毛儿盖者,仅一磨西面而已,绥、崇人口八千余,粮本极少,懋、抚粮已尽,大军处此有绝食之虞。

(丙)阿坝南至冕宁,均少数民族。我军处此区域,消耗无补充,此事目前已极严重,绝难继续下去。

(丁)北面被敌封锁,无战略退路。

(二)因此务望兄等熟思深虑,立下决心,在阿坝、卓克基补充粮食后,改道北进。行军中即有较大之减员,然甘南富庶之区,补充有望。在地形上、经济上、居民上、战略退路上,均有胜利前途。即以往青、宁、新说,已远胜西康地区。

(三)目前敌不敢动,周(浑元)、王(均)两部到达需时,北面仍空虚,弟等并拟于右路军抽出一部,先行出动,与25、26军配合行动,吸引敌人追随他们,以利我左路军进入甘肃,开展新局面。

以上所陈，纯从大局前途及利益关系上着想，万望兄等当机立断，则革命之福。

恩来、洛甫、博古、向前、昌浩、泽东、稼蔷［祥］

9月8日22时

但是，张国焘决心已定，决难改变，并且已经确定了南下作战的基本方案："一路由阿坝经绥靖、崇化、丹巴，一路经卓克基、懋功，以向邛（崃）、大（邑）、天（全）、芦（山）、灌（县）、绵（竹）、安（县）进为目的。"就在中央发出电报的同时，张国焘也在8日22时电示徐向前与陈昌浩："一、三军暂停向罗达进，右路军即准备南下，立即设法解决南下的具体问题，右路皮衣已备否？即复。"此外，并命令左路军中红四方面军驻马尔康地区部队，要正在北上的军委纵队移到马尔康待命，不服从即就地扣留。

红四方面军指战员所刻同中央红军北上抗日标语

陈昌浩、徐向前左右为难。从内心讲，他们都赞成中央的北上方针，但作为张国焘多年的老部下和红四方面军的最高指挥员，他们又感到难以与张国焘决裂，无法承受红四方面军一分为二的结局。一直被张国焘着力培养并视为亲密助手的陈昌浩此刻改变态度，决定遵从张国焘的指令，带右路军南下。徐向前既不同意南下主张，更不愿意左右路军分开行动，致使红军分裂，在陈昌浩的坚持下，只好也表示同意南下。陈昌浩遂将两人意见报告了中央。

事态由此急转直下。北上、南下之争，变得针锋相对，成了牵动全局和影响红军前途命运的斗争焦点。陈昌浩向中央报告张国焘电报内容和两人的态度后，毛泽东焦虑万分，为了中国革命和红军的前途，在与张闻天、周恩来等人商量后，决定再一次做最后的努力，力争使张国焘改变态度。

9日，中央再电张国焘："陈（昌浩）谈右路军南下电令，中央认为完全不适宜的。中央现恳切地指出，目前行动方针只有向北是出路，向南则敌情、地形、居民、给养都对我军极端不利，将要使红军受空前未有之困难环境。中央认为：北上方针绝对不应改变，左路军应速即北上。在东出不利时，可以西渡黄河占领甘、青交通（界）

新地区，再行向东发展。"

然而，毛泽东、张闻天、周恩来等中央领导人的苦口婆心，却使得张国焘更加飞扬跋扈。在接到中央的两封情真意切的电报之后，9 日 24 时，张国焘发出了给中央的回电，语气强硬，言辞激烈，为其南下错误主张进行辩护："时至今日，请你们平心估计敌力和位置，我军减员、弹药和被服等情形，能否一举破敌，或与敌作持久战而击破之；敌是否有续增可能……一，向东突出蒙西封锁线，是否将成无止境的运动战，冬天不停留行军，前途如何？二，若停夏、洮是否可能立稳脚跟？三，若向东非停夏、洮不可，再无南返之机。能不受阻碍否？上三项诸兄熟思明告。"他极言南下好处，称"北进，则阿坝以南病号均需抛弃；南打，尽能照顾……南打又为真正进攻，决不会做瓮中之鳖。"最后，他信誓旦旦地写道："左右两路军决不可分开行动。弟忠诚为党、为革命，自信不会胡说。如何？立候示遵。"

危急时刻

1935 年 9 月 9 日，是中共党史和红军史上最惊心动魄的一天。这一天的中午，红 3 军军长彭德怀到前敌总指挥部商议军情，发现曾经支持北上方针的陈昌浩态度突变，极力宣传南下的好处。彭德怀感到事情蹊跷，遂向毛泽东做了报告，提醒毛泽东注意，采取预防措施。在此之前，彭德怀已经有一种不祥的预感，觉得很可能有大事发生，为了保卫党中央，高度的责任感使他提前采取了一些预防措施，派专人给已到俄界的红 1 军送去了他编制的新的电报密码表，以保持两军间的联系，同时派红 11 团隐蔽驻扎在毛泽东住处附近，以防不测。

毛泽东已经知道了陈昌浩的变化，但他并不想就此与张国焘摊牌，更不想与前敌总指挥部翻脸，还是希望能够说服张国焘、陈昌浩等人一同北上，避免党和红军的分裂。彭德怀后来回忆说："我问毛主席，我们坚持北进，保护中央；他们拥护张国焘南进方针，一军团已先走了两天，四方面军如解散了（三）军团怎么办？为了避免红军打红军的不幸事，在这种被迫的情况下，可不可以扣押人质？主席想了一会，答曰：不可。当时我难过，如强制三军团南进，一军团不能单独北进了；中央不能去，一军团单独北进也起不了作用。一同南进，张国焘就可能仗着优势军力，采取阴谋手段，将中央搞掉。"

毛泽东在极力避免事态恶化。张国焘却是利令智昏，不择手段地要达到自己的目的。他南下的决心已定，且深知毛泽东等人绝不会同意他的南下主张，更不会容忍他无视党的组织纪律、对抗中央的错误行为。于是，在极端膨胀的个人野心驱使下，他竟然利用手中所掌握的军权，干出一件惊天动地的事情——武力胁迫、危害中央，武力解决党内分歧。他给陈昌浩发出了密电，指示："南下，彻底开展党内斗争。"

张国焘的"彻底开展党内斗争"，即意味着采取一切手段包括武力手段解决党内分歧。张国焘处理党内意见对立同志的手段一贯是残酷无情的。在鄂豫皖边根据地和川陕根据地所进行的"肃反"中，众多忠诚的党员和红军指挥员因反对他而被处死。就在红一方面军和红四方面军会师之际，他还下令秘密处死了被长期监禁的原西北革命军事委员会参谋长、红军著名将领曾中生，以防曾中生向中央揭露其错误行为。因而，随着他的密电发出，他危害和分裂党中央的企图已经完全明朗，中央处境已经极端危险。

张国焘的密电到达前敌总指挥部时，指挥部正在开会。译电员将电报交给了指挥部参谋长叶剑英。叶剑英借故离开会场，飞跑至毛泽东住处，做了报告。叶剑英的行动，在紧要关头为中国革命做出了重大贡献，为党立了大功。

张国焘已经摊牌。毛泽东与张闻天、博古磋商后，一致认为，再继续说服等待张国焘率部北上，不仅不可能，而且会招致严重后果，所以决定迅速离开潘州，到红3军所在地阿西。

由于种种原因，张国焘密电没有保存下来。一年多后，1937年3月，毛泽东在有张国焘参加的一次中央政治局扩大会议上，讲述了当时的情况，说："左路军和右路军的时候，叶剑英同志把秘密的命令偷来给我们看，我们便不得不单独北上。因为这电报上说：'南下，彻底开展党内斗争。'当时稍微不慎重，那么会打起来的。"

临行前，毛泽东还是想最后看一看前敌总指挥部的态度，做最后的努力。他以非凡的胆略独自走进了前敌总指挥部，首先找到徐向前，就部队的行动方针问："向前同志，你的意见怎么样？"徐向前说："两军既然已经会合，就不宜再分开，四方面军如分成两半恐怕不好。"毛泽东没再说别的话，告辞而去，又到了陈昌浩的住处。陈昌浩只是强调："张总政委来电要南进。"毛泽东明白，事情已经到了无可挽回的地步，遂说："既然要南进，中央书记处要开一个会。恩来、稼祥同志有病，住在三军团部，我和张闻天、博古去三军团找恩来、稼祥开会吧。"陈昌浩见毛泽东语气变了，高兴地表示同意。

毛泽东稳住陈昌浩之后，立即与张闻天、博古到达红3军驻地阿西，与随红3军行动的周恩来、王稼祥召开紧急会议，决定中央立即率红1、红3军北上，迅速脱离险区。由毛泽东马上起草告全体红军官兵书，右路军以后归军委副主席周恩来指挥。同时，中央通过红3军电台，电示红1军军长林彪、政委聂荣臻：行动方针有变，红1军在俄界地区原地等待。

命令迅速下达。叶剑英以准备执行张国焘南下指示为由，请示徐向前、陈昌浩，要求组织部队"打粮"，以备南下之需。在得到两人同意后，召集军委纵队负责人开会，部署"打粮"任务。叶剑英向大家通报了中央的决定，说："中央已经走了，深夜两点我们出发'打粮'。这次行动意义非常重大，要严守机密，统一行动。"会后，他又和杨尚昆商谈了具体行动方案，并返回前敌总指挥部，带走了甘肃省军用地图。

中央机关、政府机关、总政治部出发的组织工作，由中央组织部部长李维汉负责。张闻天亲自向李维汉交代任务，要李维汉在次日凌晨把机关人员从班佑带到巴西，会同党中央一同北上，并特意叮嘱要绝对保守秘密。李维汉随即分别通

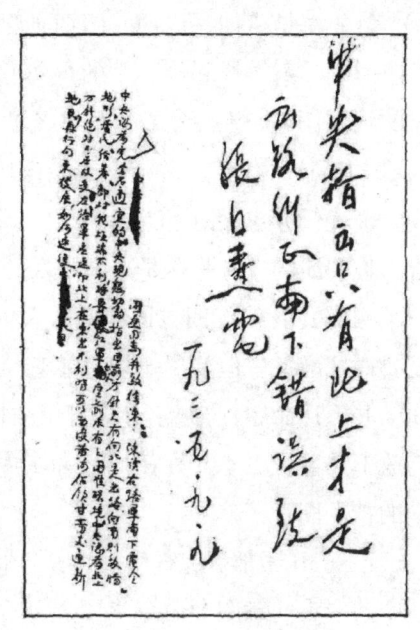

中央关于北上问题致张国焘电

知中央机关负责人凯丰、中央苏维埃政府秘书长林伯渠和总政治部副主任杨尚昆，要他们凌晨组织部队行动，对下一律称到黑水"打粮"。

10日2时，军委纵队准时出发"打粮"，从潘州向阿西前进。中央机关、政府机关、总政治部与红3军掩护部队也秘密集中，分批以筹粮的名义，迅速与右路军中的红四方面军部队脱离接触，向红3军驻地阿西前进。中央政府机关因行李、辎重较多，行动迟缓，李维汉马上下令东西不要全部打包，扔掉一些不必要的东西，带走的东西全部驮在牲口上。当晚，党中央、中央政府机关和总政治部安全到达阿西。

红军大学情况比较复杂。红军大学是红一、红四方面军会师后，由军委干部团和红四方面军红军大学合编而成，政委何畏，教育长李特，政治部主任刘少奇，党总支书记莫文骅。军委干部团编为红军大学特科团，团长韦国清，政委宋任穷，团里的干部均来自红一方面军，学员则以红四方面军居多。3时，毛泽东、周恩来签署的命令送到红军大学，要求红军大学立即向北出发。韦国清、宋任穷立即集合全团干部、学员简要说明情况："现在有两个方针，一个是往甘肃、陕西北上，一个是回过头南下，再

一次过草地。北上是中央的方针，南下不是中央的方针，愿意北上的跟我们走，不愿意北上的可以留下。"干部和学员一齐回答："我们要北上，不要南下！"于是，特科团出发北上，红军大学其他人也随即出发。

红3军是班佑、巴西、阿西地区唯一一支中央能够指挥的部队。值此风云突变的危急时刻，彭德怀和红3军的全体官兵坚定地站在了党中央一边，承担起了保卫党中央的艰巨任务。毛泽东要求红3军派出一支部队护卫中央机关北上，彭德怀决定派红10团执行这一任务，并指定军参谋长萧劲光随红10团一起行动。彭德怀亲自向团政委杨勇交代任务："张国焘要南下，让我们也跟他走，那不成！中央已经决定我们单独北上。你们团的任务是掩护中央机关，必须绝对保证中央的安全，要格外小心，防止万一。"杨勇问："红四方面军部队人多势众，会不会打我们？"彭德怀说："有可能，你们要做好准备，但要尽一切可能避免冲突。"杨勇接受任务后，到各营仔细检查准备工作，并下达命令："绝不允许打第一枪，遇到情况，要申明不打自己人的道理。但绝不能放下武器，更不允许任何人冲击中央机关。保卫党中央和毛主席的绝对安全，是我们的神圣职责！"

给红10团部署完任务后，彭德怀飞马赶到红13团，向团长彭雪枫、政委张爱萍传达中共中央的意图，命令该团立即在巴西河畔上布防，掩护中央机关安全北上。一切部署就绪，彭德怀又亲自殿后，随红10团一起在队伍最后行进，确保中央的安全。

在部队行动期间，毛泽东起草了《中央为执行北上方针告同志书》，并于9月10日以中共中央名义发布。10日凌晨2时，毛泽东一行在彭德怀带领的警卫部队护送下，离开阿西红3军司令部驻地出发，向求吉寺行进。

在离开阿西前，中央政治局向陈昌浩、徐向前发出指令："目前战略方针之唯一正确的决定，为向北急进。其多方考虑之理由，已详屡次决定及电文。"张国焘"电令你们南下，显系违背中央累次之决定及电文，中央已另电朱张取消该电"。"为不失时机地实现自己的战略计划，中央已令一方面军主力向罗达、俄界前进。4、30军归你们指挥，应于日内尾1、3军后前进，有策应1、3军之任务。以后右路军统归军委副主席周恩来同志指挥之。""本指令因张总政治委员不能实行政治委员之责任，违背中央战略方针，中央为贯彻自己之决定，特直接指令前敌指挥员（党员）及其政委，并责成实现之。"

走出险区

10日凌晨，红军前敌总指挥部接到了中央离开巴西北上的报告。徐向前、陈昌浩大吃一惊，没有想到北上、南下之争竟然导致如此严重的后果，一时竟然不知所措。很快，总指挥部里电话声大作，下属部队纷纷报告：红一方面军部队和中央机关、军委总队已于9日夜出走，并且对四方面军部队驻地设置了警戒。陈昌浩盛怒之下，命令部队做好战斗准备，并令红28团立即出发追击中央红军。红4军军长许世友接到命令后，简直不敢相信自己的耳朵，立即打电话给总指挥部核实命令。陈昌浩接电话后，也有些犹豫，握着听筒，问在床上呆坐的徐向前："怎么办？打不打？"

徐向前虽然对中央的离去感到不理解，但在大是大非问题面前却迅速冷静了下来，坚定地回答："哪有红军打红军的道理？叫他们听指挥，无论如何不能打！"陈昌浩此刻也冷静了下来，同意徐向前的意见，下达了不许开枪的命令。

徐向前的决断，表现了一个红军高级指挥员以大局为重、以团结为重的恢宏气度，避免了两大红军主力自相残杀的悲剧发生。而陈昌浩虽然支持张国焘的南下方针，也能以大局为重，为制止两军冲突做出了贡献。徐向前后来说："他（指陈昌浩）是政治委员，有最后决定权。假如他感情用事，下决心打，我是很难制止的。在这点上，不能否认陈昌浩同志维护团结的作用。"

当天上午，前敌总指挥部召集红4、红30军和有关高级干部开会，研究对策。陈昌浩情绪激动，在会上讲了许多难听的话，大骂中央是"右倾机会主义"、北上是"逃跑路线"，等等。徐向前则始终坚持不能用对付敌人的办法对付自己的同志，绝不能派部队进行追击，力避两军冲突。最后，陈昌浩做出决定："既然这样，就分道扬镳吧。他们走他们的，我们走我们的。"

会后，陈昌浩派出前敌指挥部副参谋长、红军大学教育长李特带人追赶中央，进行"劝说"。并派人送信或致电红3军、红1军领导人，公然挑拨红1、红3军与中央的关系，称"中央在毛周逃跑路线上，已经把一方面军几十万健儿葬送"，"……胡为乎几个人作恶，分散革命力量，有益于敌"，"吾兄在红军久经战斗，当振臂一呼，揭此黑幕"，要他们反对中央，"即率队转回阿西"。

李特率人在求吉寺追上了断后的红3军部队，向随队行动的彭德怀出示了陈昌浩的信，要彭德怀立即率队返回，遭到彭德怀的严词拒绝，并复函陈昌浩，言明："后会有期"。

毛泽东向李特及其随行人员作解释工作，分发中央的《告同志书》，但李特纠缠不休，跟在部队后面大吵大闹，并要求红军大学的红四方面军学员随他回去。毛泽东为避免纠缠，同意了这一要求。

毛泽东亲自对红军大学的红四方面军学员讲话，首先分析北上之利和南下之弊，解释中央与张国焘分歧的本质，最后讲了一段诚挚感人的话："你们愿意留下的，就跟我们北上，不愿意留下的就回。请你们回去劝说张国焘、陈昌浩同志，希望他们认清形势，执行中央的决定。过一段时间想通了，再北上，中央也欢迎。我们先走一步，也算是为了整个红军部队北上开辟道路。我相信，不出一年之内，你们还要北上的，一定会跟上来的。"

红军大学的大部分红四方面军学员随李特回去了，但工兵科的学员则与特科团一起，坚定地跟着党中央、毛泽东踏上了北上的征途。毛泽东坚持原则，坚持团结，坚持党内斗争的方针，终于化解了一触即发的紧张局势。

红一方面军主力终于脱离了危险区域。在此之前，在俄界的红1军军长林彪、政委聂荣臻接到彭德怀的电报后，已经意识到肯定发生了严重的情况，电询彭德怀、李富春："你们现达何处，情况如何，除三军外，还来一些什么部队，中央各负责同志均来否，望详告。"中央到达拉界后，彭德怀、李富春致电红1军："张国焘违背战略方针，令右路军南退，中央已去电申斥"；"中央今日率3军全部及军委纵队开抵拉界，明日到俄界。"

11日，中央、军委纵队及红3军走过在四川境内的最后一个村寨下黄寨，进入甘肃省地界。然后，沿包座河左侧行进，经迭布县达拉乡岗岭村，到达俄界，与红1军会合。

同日，中央电令张国焘："一、中央为贯彻自己的战略方针，再一次指令张总政委立刻率左路军向班佑、巴西前进不得违误。二、中央已决定右路军归军委副主席周恩来同志指挥，并已令一、三军在罗达、俄界集中。二、左路军应立即答复左路军北上的具体部署。"

但张国焘不仅完全拒绝中央指令，反而于次日分别致电红1、红3军首长并转中央领导人，称"一、三军单独东出，将成为无止境的逃跑，将来真会悔之无及。""诸兄不看战士无冬衣，不拖死也会冻死。不图以战胜敌人为先决条件，只想转移较好地区，自欺欺人论真会断送一、三军的。"要红1、红3军领导人"速归来受徐、陈指挥，南下首先赤化四川"。同时，他电令右路军中的红四方面军部队，立即掉头南下，与左路军会合。

红1、红3军的领导人识破了张国焘的挑拨阴谋，坚定地站到了中央一边。林彪、聂荣臻电示下属各师负责人，对张国焘的电报，"除你们亲阅外，不需有任何泄漏"。

但陈昌浩却坚定地执行了张国焘的命令，率红4、红30军和红军大学部分人员，由包座、班佑地区南下，再次穿越草地，向马塘、松岗、党坝一带集结。与此同时，位于阿坝地区的左路军先头部队也在张国焘的率领下南下。

红军两大主力在会师后仅仅两个月，就北上、南下分道扬镳了。雪山、草地的艰难没有挡住红军会师的脚步，蒋介石的围追堵截没能阻止红军会合的步伐，却由于张国焘的分裂主义而使得北上步履艰难，最终使党和红军经历了长征以来最为惊心动魄的一幕，走过了红军历史上最漫长、最艰险的一段路程。红一方面军主力脱险北上，势单力薄。红四方面军和被胁裹的红一方面军部队、人员艰苦南下，迭遭重挫。更为严重的是，中国共产党内部出现了两个指挥中心的声音，这是比蒋介石几十万兵马追杀更加危险的事情。每一名共产党员、每一名红军官兵，都因此陷入极度的痛苦之中。

张国焘分裂主义的本质，是自恃兵多枪多，不恪守党指挥枪的原则，企图以枪指挥党。1937年3月，中共中央政治局在延安召开扩大会议，讨论张国焘的错误。毛泽东在发言中说："张国焘一到毛儿盖，就反了。要用枪杆子审查中央的路线，干涉中央的成分和路线，这是完全不对的，根本失去了组织原则。红军是不能干涉党中央的路线的，张国焘在分裂红军问题上做出了最大的污点和罪恶。"

会议通过了《关于张国焘同志错误的决定》，指出：张国焘对党在领导中国革命胜利中的决定作用是忽视的。"他用全力在红军中创造个人的系统。他把军权看作高于党权。他的军队，是中央所不能调动的。他甚至走到以军队来威胁中央，依靠军队的力量，要求改组中央。在军队中公开进行反中央的斗争。""张国焘的路线是农民狭隘性、流氓无产阶级的破坏性及中国封建军阀的意识形态在无产阶级政党内的反映。"

毛泽东后来在《战争和战略问题》中一语中的，道出党中央与张国焘分裂主义斗争的要害："共产党员不争个人的兵权（决不能争，再也不要学张国焘），但要争党的兵权，要争人民的兵权。""我们的原则是党指挥枪，而绝不容许枪指挥党"。

史料链接

★ "吕端大事不糊涂"

1935年9月9日,设在潘州汉官衙门内的红军前敌总指挥部正在开会,一位译电员走进了屋子,见政治员陈昌浩在做报告,就把一份电报交给了坐在门边的参谋长叶剑英。叶剑英看完电报后,非常震惊。

电报是张国焘发给陈昌浩的一份密电,内容是要陈昌浩劝毛泽东等中央领导人放弃北上方针,实行他所坚持的南下方案。如果毛泽东等人听劝告,应监视其行动。若坚持北进,则应开展党内斗争,彻底解决之。

事关重大,叶剑英清楚应该马上报告毛泽东。但如马上离开,则会引起陈昌浩的怀疑。所以他虽心急如焚,表面上依旧平静如常,随便将密电如同一般电报一样装进口袋,继续开会。过了一会儿,才借故离开会场,飞跑至毛泽东住处,做了报告。叶剑英后来回忆说:毛泽东"看完电报后很紧张,从口袋中拿出一根很短的铅笔和一张卷烟纸,迅速把电报内容记了下来。然后对我说:'你赶紧先回去,不要让他们发现你到这来了。'我赶忙回去,会还没有开完,陈昌浩还在讲话,我把电报交回给他,没有出娄子。那个时候,中央要赶快离开,否则会出危险"。

毛泽东与张闻天、博古立即到红3军驻地,同周恩来、王稼祥召开政治局会议,决定率红3军、军委纵队和红军大学单独北上,摆脱险境。随着中央领导人的离去,叶剑英作为中央派出的前敌总指挥部参谋长,处境非常危险。因此,张闻天、博古特意找到叶剑英,说:"你要走啊,这里危险"。但叶剑英考虑,如果自己一走,就会暴露中央的意图,毛泽东等领导人和军委直属队都无法成行。自己是军委纵队司令员,必须保证毛泽东和中央领导人的安全,同时把军委纵队安全地带出去,所以回答:"我不能走,你们先走吧。如果我一走,恐怕大家都走不了啦。我以后会来的。"

毛泽东等人离开潘州后,叶剑英先以研究情况为由,让指挥部作战科副科长吕继熙把一份甘肃省的军用地图拿到住处,藏在床下的藤箱子里,以备中央北上后使用。随后反复考虑了如何带走军委纵队的事情,决定利用张国焘要右路军南下的电报做文章。他找到前敌指挥部总指挥徐向前,说:"总政委(指红军总政委张国焘)来电要南

史料链接

下，我们应该积极准备。首先是粮食准备。先发个通知给各个直属队，让他们自己找地方打粮食。限十天把粮食准备好。"徐向前表示同意。叶剑英遂起草通知，要各直属队当晚2时出发，自己找地方打粮。通知写好后，陈昌浩审阅同意。叶剑英遂召集各直属队负责人李维汉、林伯渠、杨尚昆、李克农、萧向荣等人开会，简要说明情况，说："中央已经走了，今天晚上两点我们也走。大家对表，早一分晚一分都不行，整整两点动身。"同时要求大家严格保密。

一切部署就绪后，叶剑英回到设在一座喇嘛寺中的住处。当时，他与徐向前、陈昌浩同住一屋，晚上亮着马灯睡觉。他躺在床上，计算着时间，到了10日凌晨1时45分左右，轻声起床，穿好大衣，带上装着地图的藤箱，悄悄走出屋子，到了军委纵队秘书长萧向荣的住处，要萧向荣赶紧把地图藏好。当时，整个红军只有这一份甘肃省军用地图。因此，叶剑英特别叮嘱说："这份地图千万要保管好，不要丢了，这可是要命的东西。"他一摸身上，发现手枪忘记带了，就回去拿上手枪，没有惊动总指挥部的任何人，装作巡视部队、检查打粮，牵着一匹骡子，匆匆出门，在一座磨坊附近，与早已等候在那里的总政治部副主任杨尚昆会面，一同上路。

两人急急赶路，走了很长时间，方追上了军委直属队。大家见到两人安然无恙都非常高兴，开玩笑说："你们开小差出来了"，叶剑英自豪地说："不，不是开小差，而是开大差，是执行中央的北上方针。"

队伍在夜幕下急速行进。在一个岔路口，叶剑英和杨尚昆遇到了正在焦急等待他们的张闻天、博古和彭德怀。险后重逢，格外亲切。几个人正说得热闹，博古忽然想起还没有完全脱离险境，特别是叶剑英，忙说："叶参座，你和我们不一样，还不快走！"于是，叶剑英和杨尚昆继续赶路，拂晓时分，终于赶上了红3军主力，毛泽东、周恩来、王稼祥正为叶剑英的安全担心，见他到达，毛泽东长出一口气，说："哎呀！你可出来了。好，好！我们真为你担心。"

毛泽东等人的担心绝非多余。发现叶剑英离去并带走地图后，陈昌浩对叶剑英向中央报告密电的事情恼怒异常，暴跳如雷，专门派人追击，要求务必将叶剑英带回，如果无法带回，可以就地打死。叶剑英如果不是及时机智地离去，将面临极大的危险。

叶剑英将张国焘企图危害和分裂中央、分裂红军的密电及时送给毛泽东，使得中央迅速摆脱险境，是党中央与张国焘分裂主义斗争的一个重要组成部分，是叶剑英在

> **史料链接**
>
> 关键时刻为党为革命建立的一个大功。
>
> 　　毛泽东后来多次在会议上和谈话中提及叶剑英的功劳。20世纪60年代初召开的一次中央工作会议上，一位领导人发言提到旧戏中王佐"为国家尽忠心，昼夜奔忙"时，毛泽东突然站起身插话，对叶剑英说："剑英，我送你一句话：诸葛一生唯谨慎，吕端大事不糊涂。"其中后一句就是指的这件事情。在1967年夏天一次谈话中，毛泽东摸着自己的脑袋说："叶剑英同志在关键时刻是立了大功的。如果没有他，就没有这个了。他救了党，救了红军，救了我们这些人。"
>
> 　　周恩来在1972年6月中央的一次会议上，也专门讲述了叶剑英的历史功绩，说："剑英同志先将密电报告了毛主席，因而脱险，立了大功……古人有两句话：'诸葛一生唯谨慎，吕端大事不糊涂。'主席拿这个例子多次说这个事……那是一个惊险场面，在关键时刻才显出是同志嘛。古话说：'板荡识忠臣'嘛！"
>
> ### ★ "哪有红军打红军的道理"
>
> 　　1935年9月9日夜，中央获悉张国焘发出的"彻底解决"党内分歧密电后，当机立断，率领红一方面军第3军和军委纵队、红军大学迅速单独北上，摆脱险境。当时，与中央同驻巴西、班佑、包座地区的还有红四方面军第4军、第30军部队，归红军前敌总指挥部指挥。
>
> 　　由于中央的行动秘密、迅速，直到10日凌晨，前敌总指挥部才接到报告：参谋长叶剑英不知去向，指挥部的军用地图也不见了。徐向前与政治委员陈昌浩听后，大吃一惊。接着，前方的部队又电话报告：红3军连夜出走，还设置了警戒哨。
>
> 　　这突如其来的变化，令徐向前不知所措，心情沉重，呆坐在床板上，半个小时一言不发。在红四方面军中，虽然徐向前位居最高军事首长，却始终受到张国焘、陈昌浩的压制、排斥，连他的妻子也在鄂豫皖苏区的肃反中被杀害。只是由于他卓越的军事才能和在部队中所享有的崇高威望，张国焘才没敢对他进行迫害。两大红军主力会师后，他曾对党和红军的未来充满希望。而中央内部的政策方针分歧，又使得他非常痛苦。他曾尽自己最大努力弥合中央与张国焘之间北上与南下的分歧，但现实却无情地粉碎了他的希望。红军分裂了，这是徐向前最不愿看到的事情。
>
> 　　此刻，陈昌浩情绪激动，竟命令部队做好战斗准备。红4军军长许世友接到命令

史料链接

后，难以置信，打电话给总指挥部核实命令。陈昌浩接电话后，问在床上呆坐的徐向前："怎么办？追不追，打不打？"

徐向前虽然对中央的离去感到不理解，但在大是大非问题面前却冷静异常，坚定地回答："哪有红军打红军的道理？叫他们听指挥，无论如何不能打！"

"哪有红军打红军的道理"，徐向前的话，字字千钧，在关键时刻，制止了红军部队自相残杀的悲剧发生，充分表现了这位红军高级指挥员对党和红军事业的忠诚，对党和红军团结的珍惜。这一功绩，因此被镌刻在了中国革命的历史之上。

前敌总指挥部里，如炸了锅，人来人往，乱作一团。徐向前躺在床上，用被子蒙头，始终不发一言。几十年后，徐向前在回忆录中真实地写下了自己当时的感受：

"男儿有泪不轻弹。"那两天，我想来想去，彻夜难眠，忍不住偷偷哭了一场。我的内心很矛盾。一方面，几年来自己同张国焘、陈昌浩共事，一直不痛快，想早点离开他们……另一方面，右路军如单独北上，等于把红四方面军分成两半，自己也舍不得。红四方面军是我眼看着从小到大发展起来的，大家操了不少心，流了不少血汗，才形成这支队伍，真不容易啊！分成两半，各走一方，无论从理智上还是感情上说，我都难以接受。这也许是我的弱点所在吧。接着，中央又来电报要我们带着部队北上……陈昌浩的态度很坚决……决心南下。我想，是跟中央走还是跟着部队南下呢？走嘛，自己只能带上个警卫员，骑着马去追中央。那时陈昌浩的威信不低于我，他能说会写，打仗勇敢，又是政治委员。他不点头，我一个人是带不动部队的，最多只能悄悄带走几个人。想来想去，还是决定和部队在一起，走着看吧！

★ 中共中央为执行北上方针告同志书

亲爱的同志们：

自从我们翻越了雪山、通过了草地之后，我们一到包座，即打了胜仗，消灭了白军49D（即第49师）。目前的形势是完全有利于我们的，我们应该根据党中央正确战略方针，继续北进，大量消灭蒋介石、胡宗南的部队，创造川陕甘新苏区。

我们无论如何不应该再退回原路，再去翻雪山、走草地，到群众完全逃跑的少数民族地区。两个月来，我们在川西北地区所身受的痛苦，是大家所知道的。而且，南下的出路在哪里？南下是草地、雪山、老林；南下人口稀少，粮食缺乏；南下是少数

史料链接

民族地区，红军只有减员，没有补充。敌人在那里的堡垒线已经完成。我们无法突破。南下不能到四川去，南下只能到西藏、西康，南下只能是挨冻挨饿，白白地牺牲生命，对革命没有一点利益。对于红军，南下是没有出路的，南下是绝路。

同志们，只有中央的战略方针是唯一正确的。中央反对南下，主张北上，为红军为中国革命取得胜利。你们应该坚决拥护中央的战略方针，迅速北上，创造川陕甘新苏区去！

中央
（1935年）9月10日

第四编

挥师北上，奠基陕北

380　第十九章　红25军与陕甘红军会师

402　第二十章　红一方面军主力到达陕北，结束长征

427　第二十一章　红一方面军主力与红15军团会师

449　第二十二章　巩固与扩大陕甘苏区

第十九章

红 25 军与陕甘红军会师

陕甘苏区，位于陕西省和甘肃省的交界地区，包括陕甘边和陕北两块革命根据地。这块苏区是历经艰难曲折而发展起来的，也是第二次国内革命战争后期全国唯一完整保留下来的革命根据地。

渭华起义陈列大厅

1927 年大革命失败后，中共陕西省委先后发动了清涧起义、渭华起义等，举起了武装斗争的旗帜。1932 年 2 月，中国工农红军陕甘游击队成立，谢子长、刘志丹、阎红彦先后任总指挥，在陕甘边开展游击战争。同年 12 月，陕甘游击队改编为中国工农红军第 26 军，开始创建苏区。至 1934 年 11 月，形成了以南梁为中心的纵横各七十公里的陕甘边苏区。与此同时，陕北地区的游击战争也逐步发展，开辟出了陕北苏区，并于1934年底组成了中国工农红军第27军。1935年2月，中共陕甘边和陕北特委举行联席会议；决定成立中共西北工作委员会和中国工农红军西北革命军事委员会。在刘志丹的统一指挥下，红26军和红27军相互配合，粉碎了陕、甘、宁、晋四省军阀发动的第二次"围剿"，解放了延长、延川、安塞、靖边、保安（今志丹）六座县城，使陕甘边、陕北两个革命根据地连成一片，革命力量有了新的发展，主力红军发展到五千余人，并成立了陕甘边工农民主政府和陕北工农民主政府。到1935年9月，陕甘苏区已在陕甘两省的二十余县建立了苏维埃政权，拥有人口约90万，为中国革命保留了一块巩固的根据地，成为中国工农红军主力由南方向北方战略转移的立足点。

陕甘边照金革命根据地纪念馆

刘志丹

谢子长

1935年9月，红25军率先结束长征，到达陕甘苏区，与陕甘红军胜利会师，从而拉开了各路红军会师陕北的帷幕。

红25军转战陇东

中央红军与红四方面军在懋功会师期间，即1935年7月，红25军北出终南山，全歼西安以南蓝田焦岱和长安引驾回等地的民团，前锋直抵西安以南几十里的韦曲、杜曲，威逼西安。西安城内一日数惊，国民党被迫急调"围剿"鄂豫陕革命根据地的部队回援，红25军因此彻底打破了国民党军的"围剿"行动。

但是，红25军情况依旧非常严峻，客观条件也限制了红军与根据地的发展。尽管鄂豫陕革命根据地已经形成，但群众基础和党的组织却仍然比较薄弱，红25军的力量有限，难以实施大规模歼灭国民党军有生力量的作战，根据地尚不巩固。此外，根据地面积狭窄，回旋空间不大，且经济落后，物资供应难以充分满足红军的需要。此外，在鄂豫陕革命根据地第二次反"围剿"中，红25军虽然取得了一系列作战胜利，但"只是粉碎了敌人三个月的进攻计划而没有争取〔得〕最后的全部胜

陕南地区的红25军桥

利"，敌人正酝酿实行新的"围剿"，兵力有增无减。在这种形势下，红25军急需谋求新的战略出路。

自1934年11月离开鄂豫皖革命根据地，由于电台损坏，红25军即与中共中央失去了联系。此后，红25军转战鄂豫陕地区时，始终独立决策，独立行动。威逼西安时，红25军从当地报纸上得悉中央红军和红四方面军已在川西会师，并有北上的动向。恰在这时，原中共鄂豫皖省委交通员石健民从上海经西安于7月15日到达红25军驻地，带来了中共中央数月前发出的几份文件，并证实了中央红军和红四方面军已在川西会师并有向北行动的消息。

于是，中共鄂豫陕省委在代理省委书记吴焕先主持下，于7月15日在长安沣峪口

召开紧急会议,讨论红 25 军的行动方向。会议根据中央文件精神、报纸消息和敌情动态,分析了斗争形势。认为:"中国苏区发展,红军新胜利,主力会合在西方的胜利与将要形成中国西北部苏区根据地……这都是目前中国革命发展的新形势特点。"鄂豫陕革命根据地的党和红军必须"加紧粉碎敌人新的进攻,配合红军主力行动,以争取最后全部胜利,这是当前最紧迫的战斗任务"。为此,红 25 军应在一切行动中,极力与陕北红军"集中一个大的力量,有力地去消灭敌人,配合红军主力在西北的行动,迅速创造新的伟大的巩固的革命根据地"。

会议决定:中共鄂豫陕省委立即率红 25 军西征甘肃,北上陕北,赴陕甘苏区与红 26 军会合,首先争取陕甘苏区的巩固,"集中力量以新的进攻策略消灭敌人,直接有力地配合红军主力,创造新的伟大红军与准备直接与帝国主义作战的阵地。"同时决定:将中共鄂陕、豫陕两特委,合并为鄂豫陕特委,统一领导留下的武装力量,继续坚持鄂豫陕革命根据地的斗争。这一独立自主的战略决策,完全符合当时中国革命形势的发展,符合党中央把革命大本营放在西北的战略意图,相当及时而高明,十分果断而坚定。

沣峪口会议旧址

第二天,即 1935 年 7 月 16 日,中共鄂豫陕省委根据沣峪口会议的决定,率领红 25 军继续长征,开始了第二阶段战略转移的行动。从此,红 25 军的长征历程又掀开了新的一页。

红 25 军离开鄂豫陕革命根据地后,坚持根据地斗争的部队在中共鄂豫陕特委的领导下,组成了红 74 师。在同上级失去联系、极端艰难困苦的条件下,转战于鄂豫陕边的二十四个县境，经历大小战斗上百次，打破了敌人三次围攻，歼灭敌人正规军与地方反动武装约四千人，缴获各种枪三千余支，取得了鄂豫陕边界地区游击战争的胜利，直至重新与党组织取得联系，与主力红军会合，由一支游击武装力量发展成为一支正规的红军部队。

红25军离开沣峪口地区后，经鄠县（今户县）、盩厔（今周至）县境，沿秦岭北麓冒雨向西前进。7月17日、21日，先后在盩厔店子头和马召镇两次打退陕军骑兵团的尾追。国民党军认定红25军要前往陕甘地区与红26军会合，遂在西安至宝鸡、渭河、延安地区严密布防，张网以待。另以第51军113师紧追不舍，先头抵达盩厔，距红25军仅十五公里。

敌军前堵后追，红25军难以顺利前行会合红26军，遂当机立断，于22日突然由辛口子向南折入秦岭山中，以隐蔽行动意图，摆脱尾追之敌。部队经青岗砭、宽台子、厚畛子等地，翻越太白山，沿佛坪旧城、二郎坝等地向南疾进，并放言将进攻汉中。三年前，红四方面军曾沿此路南下四川，创建川陕苏区。于是，西安的报纸连篇累牍地报道说：红25军将沿红四方面军的老路，南下四川。

7月27日，红25军到达留坝之江口镇，并在此休整两天，进行西征北上的思想动员和物资准备工作。在此之前，中共鄂豫陕省委曾在佛坪召开会议，重申了沣峪口会议所确定的北上会合陕北红军的决策，此时则重新明确部队任务，决定：首先西进，迎接正在川西北地区准备北上的主力红军部队，并在部队中提出了"迎接党中央"、"迎接主力红军"的口号。

休整期间，红军领导对红25军部队进行了整编，将跟随主力部队行动的第四路游击队人员和原华阳游

蒋介石致陕西省主席邵力子的电报

击队赶上人员及沿途收容的伤病员，一并补入部队。整编后，全军编有第223、第225团和手枪团，连同机关与直属分队，共四千余人。

红25军的西进行动，给正在堵截红一方面军和红四方面军部队的国民党军后方造成了严重威胁。正在成都督战的蒋介石大发雷霆，于7月21日电责西安绥靖公署："区区之匪，至今尚不能歼灭，可知进剿不力，奉命不诚。兹再限期8月15日以前肃清，如届时再不能通令肃清，则唯该主管长官纵匪论罪。"西安绥靖公署不敢怠慢，于

7月31日向所属各部发出电令:"徐海东股匪主力已窜至留坝、佛坪之间江口镇、黄柏楼、二郎坝附近,有进犯当中附近或向凤县、天水一带窜扰,以牵制我军、策应朱毛及徐向前各股之势……为预防朱、毛、徐等股匪侵入陇南或汉中方面时得以全力迎击起见,决于朱、毛、徐股匪未侵入陕甘地境之前,以最大努力于最短期间先将徐海东股匪粉碎而歼灭之,以除后患。倘匪万一向东回窜或北窜时则派队穷追,不灭不止;并派有力部队于陕甘边境及汉水流域各地严防固守。"

国民党军在东自商洛山中,西至陕甘边境,南到汉江两岸,北抵渭河沿线,布下天罗地网,企图置红25军于死地。然而,其行动却慢了半拍。7月30日,红25军从江口镇出发,经庙台子、留凤关等地转向西北挺进。前卫红223团1营,轻装奔袭,以迅雷不及掩耳之势,于31日占领川陕公路要地双石铺(今凤县县城),歼灭守敌胡宗南部四个连。

四坡村战斗战场遗址

这一行动完全出乎国民党军的意料,当红军主力进驻双石铺后,1营3连的警戒排哨在镇东北截住一名坐滑竿的大胖子，一审问，竟然是一名国民党军的少将参议，而且随身携带着许多文件与报纸。从这些文件、报纸和俘虏的口供中，红25军获悉：红一方面军和红四方面军正在北上之中，前锋似正向甘青交界之洮州、岷县、西固等处推进，而国民党军胡宗南部、鲁大昌新编第14师、王均第3军、邓宝珊新编第1军及马鸿宾第35师均部署于川西北和甘南边境、渭河沿线和西（安）兰（州）公路上，堵截红军主力北上。

吴焕先、程子华、徐海东等人马上决定：部队立即进入甘肃境内，袭击天水县城，威胁敌人后方，配合主力红军的北上行动。

8月3日，红25军以手枪团和军部交通队一部化装潜入甘肃两当县城，配合先头部队攻占该城，打开入甘通道。随后经由两当县城以北之利桥镇转向西北，翻越麦积山，直至天水城下。天水，是甘、陕、川的交通要道和战略要地，也是陇南的政治、经济、文化中心，自古乃兵家必争之地。徐海东亲率红223团2营从城北发起进攻，一举攻克天水北关。守敌一面凭借城防工事顽抗，一面向上告急。国民党军第3军第12师一部从武山、甘谷紧急回援；与红25军一水相隔的国民党军第51军114师也由渭河北岸的清水地区向天水靠拢。红25军数次攻击天水，未克坚城，遂于11日撤围，取道新阳镇北渡渭河，进占了秦安县城。

过了渭河的红25军，成功地插到了国民党军的背后，完全处于主动地位，既可以乘胜转入陕北，实现与陕北红军会师的目的，又可以扼住西（安）兰（州）公路，扰乱敌人后方，策应主力红军的北上行动。吴焕先形容说："现在，我们就像一个过了河的卒子，只能向前进攻，而不能再后退了。"

国民党军极为震惊。7月26日至8月10日，蒋介石接连从成都行辕发出五道电令，初则要求各部加强西安、宝鸡、汉中一线的碉堡封锁线，防止红25军入甘；继则督饬陕军各部不分省界、跟踪追击，并要第51军以一部向凤（县）徽（县）方向轻装截堵，围歼红25军于两当一带；最后在8月10日的电报中，口气严厉地命令："查徐海东匪西窜原因在策应朱毛，我军应采用内线作战要领，先以优势兵力迅速解决徐匪，再行以全力回击朱毛"，薛岳、王均、于学忠、杨虎城等部各抽调一部分兵力，"统归朱绍良负责统一指挥"，集中对付红25军。据此，国民党军以一部由四川江油北上甘肃文县，一部东移天水，而原准备南下的第60师和中央补充第1旅则暂留文县、碧口一带。

红25军继续向国民党军纵深挺进。8月12日，红25军经魏店北进，逼近静宁县城，随后于 15 日进抵静宁县城以北的单家集、兴隆镇等地，切断了横贯陕、甘两省的交通大动脉西（安）兰（州）公路。

《大公报》发出"徐海东果为萧克第二乎"的感叹

部队在兴隆镇地区休整 3 天。中共鄂豫陕省委派出人员多方侦察了解主力红军的行踪，但始终没有得到党中央和红一、红四方面军行动的确切消息。省委研究后认为，红 25 军已经远离鄂豫陕根据地，要返回根据地比较困难，如果再打听不到党中央的消息，只能奔向陕北，先与陕北红军会合。而目前则暂时转兵东进，在西兰公路沿线回旋，继续探听主力红军消息，争取与主力红军会合。

8 月 17 日，红 25 军开始沿西（安）兰（州）公路东进，一举攻克隆德县城，歼守敌第 11 旅 2 团 1 营大部，活捉敌县长、保安团长，并将所缴获的部分衣物、被褥救济贫苦百姓。国民党军第 6 师 17 旅由兰州乘汽车沿西（安）兰（州）公路向东驰援，遭到红军阻击。当日黄昏，红 25 军继续东进，连夜翻越六盘山，向平凉县城开进。

蒋介石见红军东进，亲自下令驻防宁夏余积、灵武等地的马鸿宾部第35师移驻陇东，以主力控制平凉、西峰镇之间地区，堵截红25军。据此，马鸿宾率部南下陇东，在瓦亭、三关口、平凉、泾川、西峰等地设置防线。

18日，红25军进至瓦亭附近，与由固原赶来堵截之国民党军第35师105旅（两个步兵营、一个骑兵营、两个炮兵连）遭遇。红军先敌展开，控制几处山头，将敌击退，并占领瓦亭、三关口、蒿店，于19日逼近平凉县城。马鸿宾一面令第105旅一部增援平凉，一面令师属骑兵团及第104旅208团分别由庆阳西峰镇、宁县早胜镇向泾川县城集中，企图将红25军逐出陇东。

红25军为了继续牵制敌人，于20日绕过平凉县城，由该城以东之四十里铺附近南渡泾河，沿西（安）兰（州）公路进至白水镇。马鸿宾亲率第105旅3个步兵营尾追而来。傍晚时分，红25军冒雨进至马莲铺以东，抢占打虎沟高地，布下伏击圈，将敌全部打垮，歼敌一个多营，马鸿宾险些被红军生俘。

然而，就在这时，意外的情况发生了。由于连日暴雨，西兰公路北侧的泾河水暴涨，部队渡河非常困难。而公路南侧则是一道数十里宽的高塬，部队被困于狭小地域之中，回旋余地很小。吴焕先等人立即决定，部队暂时离开公路，南渡泾河支流汭河，佯作进攻灵台和夺路入陕，实则西去威逼崇信县城，继续切断西（安）兰（州）公路，以探听主力红军的行动消息。

8月21日，红25军离开白水镇东进，在泾川县城以西的王村翻越王母宫塬，徒涉汭河。部队刚刚渡过一半，山洪突至，河水暴涨，军部机关、军直属队和担任后卫任务的第223团被阻于河北岸。国民党军第35师104旅208团忽然由泾川县城沿着王母宫塬袭来。前面是咆哮的汭河，后面是猛扑过来的国民党军部队，先头部队已渡河难以回援，河北岸的红25军部队陷入背水作战的危境。

吴焕先牺牲处

担负后卫任务的红223团3营来不及调整部署，就地展开，依托塬上四坡村的房屋、土墙和窑洞，分班分排地投入战斗。团重机枪连连长戴德归把机枪架在窑洞顶上，向蜂拥而来的敌人猛烈扫射，压住了敌人的进攻势头。吴焕先令红223团1营、2营立即投入战斗，从正面猛烈反击敌人，自己亲率军部交通队和学兵连一百余人从河边冲到塬上，抢占制高点，从侧翼向敌人发起冲击，与敌人展开了肉搏战。在红军的夹击下，国民党军陷入混乱，纷纷溃散，最终被压在一条烂泥沟里，全部歼灭。国民党军团长马开基被击毙。但在战斗中，中共鄂豫陕省委书记、红25军的创始人之一、军政治委员吴焕先不幸中弹牺牲。

吴焕先牺牲后，中共鄂豫陕省委常委临时商定，军政委和省委书记均由徐海东兼任，待以后有机会再开省委扩大会议选举。

红25军到达陕甘苏区

马鸿宾第35师连战皆败，气焰顿失。其他国民党军部队也慑于红25军的战斗力，暂时不敢逼近。红25军西进金龙庙，威逼崇信县城；南下什字镇，逼近灵台县城，并在崇信与灵台之间的上良镇、梁原镇、赤城镇等地积极活动。军部每天都派人搜集报纸，访问客商，极力探寻有关主力红军北上的动向。但由于张国焘的阻挠，红一方面军和红四方面军滞留于川西北地区迟迟无法北上，加之双方没有电台联络，红25军始终无法得到主力红军活动的准确消息。

这时，红25军已经在陇东的隆德、平凉、泾川、灵台、崇信、华亭等广大地区活动了一个多月的时间，并切断西（安）兰（州）公路有力地牵制和吸引了国民党军的力量，打乱了国民党军围堵红军的部署，在一定时期内减轻了主力红军的压力，有力地配合了主力红军的行动。

国民党军被迫抽调更多的兵力围堵红25军。国民党军第6师第17旅由兰州乘汽车到达泾川县城，第35师也向泾川附近开进，位于陕甘边之第51军第113师则由凤翔、清水向北推进到陇县、马鹿镇一带，第3军第12师由武山、甘谷等地向华亭方向前进，逐步形成对红25军的合围之势。

国民党军日益迫近，主力红军却不知去向。红25军部队连日在大雨和泥泞中行军作战已经非常疲劳，伤病员也难以安置，如果继续进行无后方依托的行动将十分不利。中共鄂豫陕省委研究后，决定按照沣峪口会议所确定的北上方针，不再等候与北上的主力红军会师，而是立即北上陕甘革命根据地，首先与陕甘红军会师。

8月30日，红25军为进一步调动敌人，打开入陕通道，突然掉头西进，进入华亭境内，接着由安口镇转向北进，于31日晚在平凉县城以东的四十里铺涉过泾河，向东北方向经由镇原、庆阳县境兼程前进。国民党军第35师以骑兵团和一个步兵团跟踪追击，红25军先后在西峰镇、赤城镇两次打退敌骑兵的尾追，于9月3日渡过马莲河，进抵合水县板桥镇宿营。

板桥镇战斗战场遗址

9月4日晨，红25军准备由板桥镇出发继续前进。军参谋长戴季英集合部队讲话，由于时间过长，耽误了出发时间，加之警戒疏忽，国民党军骑兵悄然而至。部队出发后，后卫红225团3营突然遭到袭击。3营打退敌骑兵袭击后，官兵杀得性起，奋勇追击敌人。不料敌骑兵团主力到达，从两翼展开包围，步兵也随之到达，从正面猛攻，3营陷入包围。徐海东接报，从前卫部队飞马赶到后尾，亲自指挥该团2营投入战斗，掩护3营突围。但因敌众我寡，部队被冲散。

板桥镇，位于马莲河与台水川的汇流处且与川塬相连，沟壑纵横，地形复杂。马家军多为回民，兵强马壮，作战凶猛剽悍，加上官兵都是当地人，善于山地作战，步兵与骑兵配合默契，进攻异常凶猛。激战中，敌人发现了骑马的徐海东，认定是红军高级军官，遂打马狂追，高叫"捉活的！"危急关头，红225团1营营长韩先楚、营政委刘震带领部队主动出击，抢占山头，以猛烈的火力制止了敌人的进攻，掩护徐海东率部突出包围。此战，红25军损失二百余人，红225团团长方炳仁壮烈牺牲。

红25军迅速与国民党军脱离接触，在东华池、太白镇之间渡过葫芦河，沿陕甘边界的崇山峻岭继续向北前进。这里位于子午岭山区，重峦叠嶂，遍山梢林，野兽出没，地瘠民贫，人烟稀少，无粮可筹，加之道路崎岖难行，战士体力消耗很大。尽管部队千方百计节约粮食，最后还是全军断粮。连续两天，官兵粒米未进，许多人饥不可支，走着走着就昏倒在地。就在无计可施的时候，恰遇一位赶羊商贩，军经理处立即以一块大洋一只羊的高价全部买下其贩运的五百多只羊，暂时解除了饥荒，才使部队得以继续前进。

板桥镇战斗临时医院——七仙女洞

9月7日，部队终于走出山区，到达保安（今志丹）县合水东北的豹子川（今属华池县）。这里已经进入了陕甘根据地，艰苦的转战即将结束，与陕北红军的会师就在眼前。

中共鄂豫陕省委在豹子川召开会议，决定由程子华代理中共鄂豫陕省委书记兼红25军政治委员，徐海东任红25军军长，戴季英任参谋长，郭述申任政治部主任。同时对部队进行进入陕甘革命根据地与陕甘红军会师的政治动员，要求官兵整顿军容，遵守纪律，注意团结，讲究礼节，尊重地方政府，虚心向兄弟的陕甘红军学习，向根据地人民学习。

9日，红25军抵达保安（今志丹）县永宁山，与陕甘革命根据地党组织取得了联系。稍作休息后，红25军在陕甘苏区党组织、红军和人民群众的热烈欢迎声中，向永坪镇开进。一路上，根据地人民群众送水送饭，送米送柴，送鞋送袜，到处可见到欢迎红25军的标语，听到热烈欢迎的口号。一首陕北民歌唱道："一杆杆红旗空中飘，红25军上来了。来到陕甘洛河川，劳动百姓好喜欢。"陕甘党组织和人民的热情，使艰苦转战的红25军重新感受到了根据地的温暖，深受感动。

经过四天行军，9月15日，红25军到达延川县永坪镇。至此，红25军经过两个月的艰苦转战，胜利完成了战略转移。这时，全军总共有三千四百多人。毛泽东后来曾经评价说："徐海东之由陕南经陇东入陕北，乃偶然做成中央红军之向导。"

从1934年11月离开鄂豫皖地区，红25军的长征历时十个月，行程近万里，在与中央长期失去联系的情况下，独立决策，独立行动，不但冲破了占绝对优势的国民党军的围追堵截，而且开辟出鄂豫陕革命根据地，并成为红军长征第一支到达陕北的队伍。在历史转折的重要关头，红25军的行动在中国革命形势急骤变化的棋盘上，投下了一枚举足轻重的棋子。

《大公报》关于红25军与陕北红军的报道

永坪会师，组建红15军团

中共陕甘边特委、军委得悉红25军到达永宁山的消息后，立即写信报告中共西北工作委员会，并派陕甘边苏维埃政府主席习仲勋、陕甘边军事委员会主席刘景范前往迎接。

西北工委组织部印发了《为欢迎红二十五军北上给各级党部的紧急通知》，《通知》指出："这一胜利的红二十五军、二十六军、二十七军的会合，是争取陕甘、川陕的联系及联系全国各苏区，在苏维埃中央政府与中央革命

习仲勋

军事委员会统一指挥下的一致行动。为苏维埃在整个西北及全中国的胜利而斗争的这个伟大胜利消息，使我们西北劳苦群众听见了，没有一个不手舞足蹈、鼓掌欢迎与庆祝的。我们党应该抓住这一千载难逢的机会，动员全体党员及全苏区的每个劳苦群众，欢迎红二十五军与陕甘〔同〕红军的会合，庆祝红二十五军北上的伟大胜利"，并要求各级党组织立刻动员起来，举行各种形式的欢迎会与庆祝会，散发传单，广贴标语，发动群众捐助各种食品与鞋袜，派代表慰问，欢迎远征的红25军。

正在安定县王家湾休整的陕北红军接到《通知》后，红26军军长兼政委刘志丹亲自起草《欢迎红二十五军的指令》，并主持召开红军干部会议，讨论欢迎红25军的有关事项。刘志丹在会上讲话，指出：红25军到陕甘根据地是一件大喜事，革命的力量更加强大了。红25军是老红军，他们带来了建设红军的经验，是我们学习的榜样，这是个千载难逢的好机会，大家不要放过。两军会合后，我们要有好饭让给老大哥吃，有好房让给老大哥住；调什么就给什么，不能讲价钱；打仗要配合，缴获战利品要互相推让。总之，要照顾大局，绝不能有本位主义。会议同时决定，部队立即结束休整，准备南下与红25军会合。

9月16日，刘志丹率领红26、红27军到达永坪镇，与红25军胜利会师。

9月17日，中共西北工作委员会与中共鄂豫陕省委在永坪镇召开联席会议。为了统一党的领导和集中兵力，统一指挥作战，会议决定：撤销中共西北工委和鄂豫陕省委，成立中共陕甘晋省委员会，朱理治任书记，郭洪涛任副书记；改组西北革命军事委员会，聂洪钧任主席，戴季英兼任参谋长；撤销红25、红26、红27军番号，组成中国工农红军第15军团，徐海东任军团长，程子华任政治委员，刘志丹任副军团长兼参谋长，高岗任政治部主任，郭述申任副主任。

永坪会师的情形

9月18日，在永坪镇举行盛大的军民联欢大会，庆祝红25军与陕甘红军胜利会师和纪念九一八事变四周年。刘志丹、徐海东、郭述申、聂洪钧、朱理治分别代表陕甘革命根据地军民、红25军、西北革命军事委员会、中共西北工委讲话，号召全体军民互相学习，加强团结，积极参加抗日救亡运动，坚决粉碎敌人对陕甘革命根据地的第三次"围剿"，为巩固和扩大陕甘革命根据地而奋斗。

会后，红25、红26、红27军部队在中共中央西北代表团和陕甘晋省委的主持下，合编为红15军团，三个军依次改编为第75、第78、第81师。整编后的红15军团，合计三个师九个团，共七千余人。

红25军与陕甘红军的永坪会师，是中国工农红军在西北大会师的前奏。而红15军团的建立，对粉碎国民党军对陕甘根据地的第三次"围剿"，巩固和扩大陕北根据地，迎接党中央和主力红军北上，推动革命的发展，都具有重要的意义。

劳山战役和榆林桥战斗

红25军长征到达陕北时，国民党军对陕甘革命根据地的第三次"围剿"正在进行之中。1935年7月中旬，蒋介石调集东北军之于学忠第51军、董英斌第57军、王以哲第67军及何柱国骑兵军等四个军十一个师和晋绥军孙楚部五个旅以及高桂滋第84师、高双成第86师等部，采取南进北堵，东西配合，逐步向北压缩的战法，企图将陕甘红军围歼于保安、安塞地区。

东北军是"围剿"陕甘根据地的主力。东北军总司令张学良以王以哲的第67军出关中北上，以董英斌的第57军和何柱国的骑兵师由甘肃庆阳、合水向陕北推进，形成夹击之势，其中第67军军部及刘翰东第107师进驻洛川，并以一个营进占羊泉源；何立中第110师、周福成第129师（欠第685团）沿洛（川）延（安）公路推进至延安，第685团进驻甘泉，维护南北交通。其他各军亦逐步向陕甘革命根据地境内推进。

国民党军重兵压境，红15军团开会研究退敌之策。刘志丹建议从米脂、横山打起，首先吃掉高桂滋和井岳秀各一个师，然后打出三边（定边、安边、靖边），扩展根据地。徐海东则认为，国民党军"围剿"军的主力是东北军，打蛇先打头，只有歼灭东北军一部，方能震慑敌军，粉碎敌人的"围剿"。会议经过讨论，最终采纳了徐海东的意见，确定先歼灭第67军一部，尔后转移兵力各个歼灭敌人，粉碎国民党军对陕甘根据地的进攻，以战斗胜利迎接党中央和中央红军。具体作战方案是：围城打援，以一部兵力包围甘泉，调动延安之敌前来增援，军团主力在其必经之路设伏，求得在运动中歼灭敌人。对陕北地形了如指掌的刘志丹据此提出以劳山作为伏击点的建议，得到与会同志的一致赞成。

劳山，南距甘泉十五公里，北距延安三十公里，为延安通往甘泉必经之地。这里山峦起伏，地势险要，洛（川）延（安）公路从谷底穿行，路两侧树林茂密，便于隐蔽，是设伏歼敌的较好战场。9月下旬，红15军团进至甘泉以西之下寺湾、王家坪一带集结。徐海东、刘志丹率团以上干部到劳山现场勘察，为了诱敌放胆前进，徐海东、刘志丹放弃了地势最险恶的九沿山地段，而将伏击点选在了劳山东西地域。

9月28日，劳山战役开始。红81师243团包围甘泉县城，发起攻击。守军东北军第685团不知红军兵力多少，连忙向上司求救。张学良

劳山战役英名亭

令第110师师长何立中和第129师师长周福成立即收缩部队，并令110师先解甘泉之围，然后后撤。

10月1日拂晓，第110师从延安出动，沿公路向甘泉开进。何立中曾在对鄂豫陕革命根据地的"围剿"中与红25军交过手，对红军的伏击战心有余悸，因而部队进入劳山地区后，十分小心，专门在四十里铺留下一个团作为策应。队伍通过地势险要的九沿山地段时，他又下令两个团沿公路两侧山头搜索前进。直到通过了九沿山后，何立中方长出一口气，说："都说徐海东厉害，我还以为他会打我的埋伏呢。现在好了，终于出了龙潭虎穴。"队伍到达劳山，何立中下令稍作休息，然后成四路纵队大摇大摆地沿公路向甘泉开进。

红军早已严阵以待，在29日拂晓前隐蔽进入了伏击阵地。所有人员携带三天干粮，严格规定在任何情况下，都不准走动，不准生火，没有命令绝对不准开枪。因而，虽然国民党军搜索严密，依旧没有发现设伏的红军。1日下午14时，国民党军第110师先头部队进至甘泉以北六公里的白土坡，后续部队也全部进入了红15军团的伏击

圈。歼敌时机已经成熟，徐海东下令全线出击。

负责拦头的红81师241团首先开火，挡住了敌人的去路。隐蔽于劳山以北三公里阳台的红78师骑兵团也迅速出击，切断了敌人的退路。国民党军首尾受击，何立中命令部队向中心靠拢。已经在公路两侧山上埋伏多时的红75师和红78师如神兵天降，突然从两侧对敌军发起猛烈进攻。战士们奋勇冲下山冈，楔入敌群，很快将敌分割成数段，分别包围于榆林沟口和小劳山。激战五个多小时，国民党军第110师第628、第629团及师直属队全部被歼，师长何立中身负重伤，在警卫分队的护卫下拼死逃入甘泉，很快就一命呜呼。

劳山战役，红15军团共毙伤敌一千余人，俘敌三千七百余人，缴获战马三百余匹、山炮四门、迫击炮八门、重机枪二十四挺、轻机枪一百六十二挺、长短枪三千余支、五十瓦电台一部。红15军团组建后，首战告捷，取得了陕甘苏区建立以来空前的胜利，打出了军威，振奋了民心。

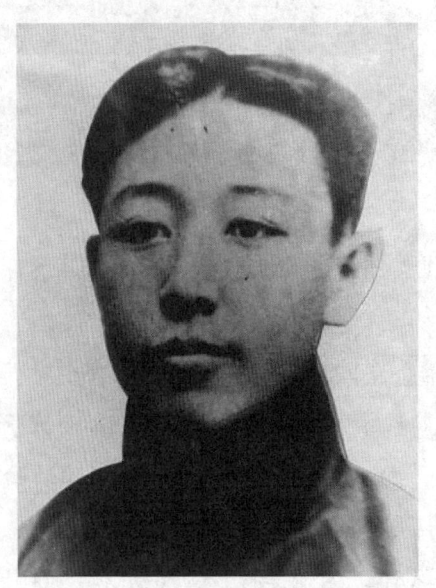
高福源

张学良

国民党军遭此沉重打击，极为震惊。张学良更加谨慎，改取步步为营的堡垒政策，开始对苏区实行严密封锁，企图层层压缩，逐步缩小根据地，直至最后消灭红军。红15军团决定耐心寻找敌弱点，消灭孤立或立足未稳之敌，以打破国民党军的围困。

10月20日，东北军第107师第619团加第602团一个营进驻榆林桥。榆林桥位于甘泉县城与鄜县（今富县）之间的公路上，南临洛河，北倚高塬，地势易守难攻。619

团装备精良，是东北军的主力团。团长高福源曾任张学良的卫队营长，骁勇善战，是张学良最喜爱的团长。

红 15 军团首长查明敌情后，决定乘敌设防工事尚未构成、立足未稳之际，以红 81 师 243 团继续围困甘泉，军团主力转进榆林桥，虎口拔牙，消灭张学良的王牌团。

10 月 25 日拂晓，榆林桥晨雾弥漫，能见度较低。红 75 师与红 78 师在大雾掩护下，秘密接近敌人，突然从东、西两面同时向榆林桥发起攻击。红 75 师迅速突破敌人的外围防御阵地，占领制高点，歼敌大部；红 78 师消灭洛河以西山梁之敌后，红 232 团由西向东涉水向榆林桥据点发起进攻。第 619 团号称东北军王牌，战斗力殊非虚构。高福源很快稳住阵脚，将余部全部展开，死守镇边防线，战斗陷入僵持。

徐海东以预备队红 81 师主力投入战斗。红 81 师趁守敌注意力集中在镇子东西两侧，沿洛河左岸开阔川道迅猛突击，一举拿下了榆林桥西门，突入镇内。守敌立即动摇，各路红军趁势猛攻，先后突入榆林桥镇，与守军展开巷战。高福源依旧拼死顽抗，指挥余部凭借房屋和窑洞，与红军展开逐窑逐屋的争夺。巷战是红 75 师的拿手好戏，而且红军的士气远非国民党军可比，红军官兵将几束手榴弹从窑洞顶的烟囱投入，将敌人赶出窑洞，然后在街头予以痛击。战至下午，终于将敌全歼。

此次战斗，红 15 军团共毙伤敌 300 余人，俘敌团长高福源以下 1800 余人，缴获迫击炮 8 门、重机枪 16 挺、轻机枪 108 挺、长短枪 1300 余支。红军伤亡 200 余人，红 225 团团长郎献民壮烈牺牲。

劳山、榆林桥两战，红 15 军团歼敌一个师部、三个整团、一个整营，甘泉城内守敌亦陷入红 81 师和地方武装的严密围困之中，国民党军南线进攻的主力第 67 军部损兵折将，不得不转攻为守。这两战，也是张学良的东北军自进入西北地区参与"剿共"作战后所遭受的最大失败。整师整团的部队被消灭，师长、团长被俘或被击毙，这在东北军的历史上也是罕见的。所有这一切使得东北军受到了前所未有的震骇，特别是对张学良的打击甚大，"剿灭"红军的信心发生严重动摇，这也是他尔后觉醒的一个原因。

劳山战役、榆林桥战斗的胜利，巩固和扩大了陕甘革命根据地，壮大了红军的力量。战役中缴获的大量物品，使红 15 军团的武器装备得到改善，服装给养得到补充，为迎接中共中央和中央红军的到来创造了有利条件。

史料链接

★ "仁义之师"

甘肃省静宁县兴隆镇一带是回民聚居的地区。由于反动政府实行大汉族主义统治及军阀部队的暴行,这一地区民族之间隔阂严重,1935年8月15日,长征的红25军到达此地,并休整三天。

在回民聚居区开展工作,红25军并不陌生。1935年年初,红25军在鄂陕边界的茅坪(回民地区)地区活动时,曾以土地革命推动了少数民族的斗争热潮,不少贫苦回民群众自动参加红军。但在当时,少数民族工作并未引起各级领导的足够重视。为此,中共鄂豫陕省委曾在1935年2月19日做出决议,批评了"对少数民族中工作的不了解与不可容忍的严重倾向",要求"党与红军政治部不但要从日常实际生活、政治上抓紧这一工作",而且要建立"回民族中的工作"。此后,全军上下都很重视少数民族工作。部队每到一个新的地区,军领导都根据当地民情风俗,适时地提出一些新的规定,要求部队严格遵守,切实做到秋毫无犯。

进入单家集、兴隆镇之前,红25军政治委员吴焕先要求部队坚决尊重当地回族的宗教信仰和风俗习惯,坚决反对大汉族主义,要一面行军打仗,一面做好回民地区的工作,扩大红军的政治影响。他还专门规定了"三大禁令、四项注意":禁止部队驻扎清真寺,禁止毁坏回族的经典文字,禁止在回民地区吃大荤;注意遵守回族人民的风俗习惯,注意使用回民水桶在井里打水,注意回避青年妇女,注意实行公买公卖。

按照省委和军领导的要求与规定,红25军在进入回民区前进行了充分的准备。许多连队把一些没有吃完的猪肉作了处理。军领导还派手枪团和少数回民战士先期进入兴隆镇,广为张贴标语、传单、布告,宣传红军的政策与纪律。

进入兴隆镇后,吴焕先亲自召集当地的知名人士和阿訇开座谈会,宣传党的抗日救国主张和红军的政策纪律,讲明红军只是稍作停留,不征粮派款,不拉夫抓丁,以解除他们的思想顾虑,稳定人心。随后,吴焕先、程子华、徐海东等军领导以仪仗队开路,在军号、锣鼓、鞭炮声中,热烈而隆重地到清真寺拜访,赠送了绣有"德高望重"四个大字的锦缎匾额和一些银锭、肥羊等礼品。清真寺的阿訇看到红军如此尊重

史料链接

回民，心情十分激动，按照最高民族礼节宴请了吴焕先等人，并且赶了一群染着红色的肥羊，到军部作回拜，并回赠一面锦旗，上面绣着"劳苦功高"四个大字。

部队严格执行党的民族政策，普遍开展群众工作，进行助民劳动。街头巷尾到处都打扫得干干净净。军医院的医护人员热情为群众治病，院长钱信忠亲自为一腹胀病患者扎针治疗。"红军好"的消息很快传遍了回民地区，回民群众称赞红军是"仁义之师"。许多回民群众积极为红军做事，有两位回族妇女看到红军哨兵在山顶上放哨，就提着一篮馒头，拎着汤罐，上山送饭。

红25军离开兴隆镇时，全镇男女老幼齐集街头，在道路两旁摆设香案，放上点心、油果，依依不舍地为红军送行。清真寺的阿訇和镇上的长者，带着礼品来到军部，向红军指战员深深鞠躬敬礼，表达了全镇人民对红军的无限敬意，衷心祝愿红军这支仁义之师多打胜仗。还有十几名回族青年参加了红军，被编在军政治部，沿途负责带路联络，做宣传群众工作。红25军所到之处，回民群众结队相迎，许多回族老乡自觉为红军报告敌情，充当向导。

红25军模范地执行党和红军的民族政策，给当地群众留下了深刻的印象，产生了深远的影响。一个多月后，10月5日，毛泽东率陕甘支队长征途经这里，也受到了回民群众的热烈欢迎。毛泽东后来在陕北见到徐海东、程子华时，特意表扬红25军路过陇东回民区时所做的工作，称红25军政策水平很高，民族政策执行得很好。

★ 吴焕先之死

王母宫塬，是一道地势突兀的黄土高坡，位于甘肃省泾川县，北临泾河，南靠汭河，向东不远处是两河交汇的泾川县城。塬上有座建筑于北魏年间的王母宫石窟，因而得名。1935年8月21日，红25军长征途经此地，徒涉汭河。

渡河行动开始时，一切顺利。军手枪团和红225团先后渡过汭河，占领了南岸高地，并向泾川方向警戒。但等到军供给部和军医院过河时，意外的情况发生了。山洪突然暴发，平日温顺的汭河变得浊流咆哮，水急漩多，几个战士被洪峰卷走。正在岸边指挥渡河的军政委吴焕先见状，马上命令停止渡河，抢救落水的战士。

这时，军机关、军直属队和红223团1营、3营都已经集中到了河岸，人员、骡马、担架、行李、医疗药品、军械器材，以及随医院行动的伤病员，拥挤在汭河以北

史料链接

狭窄地域中。

突然，王母宫塬上响起了枪声。国民党军第35师104旅208团一千余人，在一个骑兵连的配合下，在大雨的掩护下，由泾川县城沿着王母宫塬向红军发起突袭。由于雨中观察困难，位于塬上四坡村担负后卫任务的红223团3营发现敌人时，敌人已经冲散排哨，攻到了近前。红25军主力已渡河难以回援，其余人员大多位于塬下河边，部队处于背水作战的危险境地。如顶不住敌人的进攻，让敌人占领塬上制高点，后果不堪设想。

首先与敌接触的红223团3营凭借房屋土墙，跟敌人展开激战。团重机枪连连长戴德归把一挺重机枪架在窑洞顶上，迎着蜂拥而来的敌人猛烈扫射。红223团1营、2营马上转身投入战斗，从正面顶住了敌人的进攻。但是，敌人凭借兵力优势和先机之利，全力突击，步步逼近了徒涉场。

危急关头，军政委吴焕先亲率军交通队和学兵连一百余人，从右翼出击，直插敌后。吴焕先身先士卒，冲在最前面。战士们看到政委带头冲锋，士气大振，不顾敌众我寡，泥泞路滑，迅速从河边冲到塬上，抢占制高点，从侧后将敌拦腰截断。只顾向四坡村发动进攻的敌人，没想到从背后杀出一支奇兵，顿时乱了阵营，抱头鼠窜。吴焕先边指挥部队反击，边高吼着："同志们，压住敌人就是胜利，绝不能让敌人逼近河边！一定要坚决地打！"跟随吴焕先的警卫员廖辉发现前方一百多米处有几个敌人正向吴焕先举枪瞄准，连忙叫道："政委，卧倒！前边有敌人！"吴焕先闻声便向身旁土堆跃去。可是，敌人的枪先响了，一颗子弹射入吴焕先的胸部，他慢慢地倒在了泥泞的地上。

战士们得知政委负伤的消息后，人人怒火万丈，红着眼吼叫着："为吴政委报仇，冲啊！"奋不顾身地冲入敌群，用马刀、刺刀与敌人展开了肉搏战。正面阻敌的红223团也发起了冲锋。红军两面夹击，像赶羊群似的把敌人压到一条烂泥沟里。敌军人马互相践踏，各不相顾。

四坡村战斗胜利结束了，国民党军第208团全部被歼。但是，红25军的指战员们却没有任何胜利后的喜悦，而是捶胸顿足，放声大哭。在战斗即将结束的时刻，他们所爱戴的军政治委员、28岁的吴焕先闭上了眼睛，停止了呼吸……

吴焕先，湖北黄安四角曹门村（今属河南新县）人，1907年出生。1926年加入中

史料链接

国共产党。1927年秋参加领导黄（安）麻（城）起义，是鄂豫皖革命根据地创始人之一。历任红4军12师政治部主任、红25军73师政治委员、红4军政治部主任、鄂东北游击总司令，红25军军长、政治委员和中共鄂豫皖省委常委、鄂豫陕省委副书记、代理书记等职。红四方面军西征后，他受命于危难之际，挽狂澜于既倒，在重建红25军和坚持鄂豫皖革命根据地的斗争中，在长征入陕、开辟鄂豫陕革命根据地时期，在为迎接党中央和中央红军西征北上中，建立了不可磨灭的功绩。

吴焕先在红25军深受指战员的爱戴，享有极高的威望，是红25军官兵的主心骨。他的骤然离去，令官兵难以置信，也无法接受。为了稳定部队情绪，他牺牲的消息在一段时间内只传达到营以上干部。战士们不见政委，甚是想念。行军时，走在前面的战士说："吴政委可能在后面。"走在后边的战士说："吴政委可能在前边。"后来总见不到政委，战士们纷纷向干部询问："怎么总见不到吴政委呀？"干部们无言以对，只能哽咽地回答："吴政委在我们的前面，他永远在我们前面。"

★ 红15军团编制序列

军　团　长：徐海东	第75师　（红25军编成）	第223团　团　　长：陈锦秀
政治委员：程子华	师　　长：张绍东	政治委员：常玉清
副军团长兼参谋长：刘志丹	政治委员：赵凌波	第225团　团　　长：郎献民
政治部主任：高　岗		政治委员：刘　震
副　主　任：郭述申	第78师　（红26军编成）	第232团　团　　长：王富贵
手　枪　团	师　　长：杨　森	政治委员：黄罗斌
团　　　长：傅春早	政治委员：张明先	第234团　团　　长：郭宝山
政治委员：夏云亭		政治委员：马沛雄
补　充　团		骑兵团　　团　　长：康健民
军团交通队		政治委员：高锦纯
	第81师　（红27军组成）	第243团　团　　长：刘明山
	师　　长：贺晋年	政治委员：李宗贵
	政治委员：张达志	第243团　团　　长：李仲英
		政治委员：王国昌

第二十章

红一方面军主力到达陕北，结束长征

中共中央率红一方面军主力单独北上到达俄界的第二天，9月12日，政治局召开紧急扩大会议，讨论张国焘的分裂错误和行动方针。在听取了毛泽东关于与张国焘的争论和今后战略方针的报告后，会议确定，应继续坚持北上方针，首先打到甘东北或陕北，开展游击战争，一边得到共产国际的指示和帮助，一边休养兵力，扩大部队，创建根据地，发展革命战争。

俄界会议会址

会议通过了《关于张国焘同志的错误的决定》，指出：张国焘与中共中央的争论，"其实质是由于对目前政治形势与敌我力量对比估计上有着原则的分歧"。张国焘夸大敌人的力量，"轻视自己的力量，特别是红一方面军的战斗力，以致丧失了在抗日前线的中国西北部创造新苏区的信心，主张以向中国西南部的边陲地区（川康藏边）退却的方针"，并"公开违背党中央的指令，将红四方面军带到在战略上不利于红军发展的川康边境"。"造成张国焘同志这种分裂红军的罪恶行为的，除了对于目前形势的机会主义估计外，就是他的军阀主义倾向"。他"不相信共产党领导是使红军成为不能战胜的铁的红军的主要条件"，"他对于党中央，采取了绝对不可容许的态度。他对于中央的耐心说服、解释、劝告与诱导，不但表示完全的拒绝，而且自己组织反党的小团体同中央进行公开的斗争，否认党的民主集中制的基本组织原则，漠视党的一切纪律，在群众面前任意破坏中央的威信"。《决定》号召"红四方面军中全体忠实于共产党的同志团结在党中央的周围，同这种倾向做坚决的斗争，以巩固党与红军"。

腊子口战役纪念碑

会议决定，成立由毛泽东、周恩来、王稼祥、彭德怀、林彪组成的五人团，作为全军的最高领导核心；将红1军、红3军和军委纵队改编为中国工农红军陕甘支队，彭德怀任司令员，毛泽东任政治委员，精简机关，充实连队；成立以李德为主任，叶剑英、邓发、蔡树藩、李维汉为委员的编制委员会，主持部队整编工作。

9月12日，陕甘支队离开俄界、罗达（今洛大）地区，踏上了北上的征程。

突入甘南

在红军徘徊于川西北的班佑、巴西、包座、俄界地区时，蒋介石对围绪红军的部署进行调整，除令毛炳文等部坚守南面防线外，急电甘肃绥靖公署主任、第三路军总司令朱绍良督令所部妥为防堵，薛岳部迅速向川甘边地区集中，宁夏军阀马鸿逵部在固原及陕甘边之环县布防，东北军于学忠部第51军迅速开往平凉、固原地区作纵深防堵配置。此外，令川军各部从东、南两个方向继续紧逼红军，青海军阀马步芳部重兵把守玉树、果洛一线，防止红军西进。

朱绍良接令后，令鲁大昌部新编第14师派兵火速进驻腊子口附近筑工事固守，并派第3军第12师唐维源部进驻岷州（今岷县）以为策应。然而，由于时间仓促，难以形成稳固的封锁线,西固、岷县、临潭一线兵力比较薄弱。

中央决定,趁国民党军部署尚未完成的有利时机,红1军在前,红3军殿后,军委纵队在中,迅速向岷州前进,彻底摆脱困境。

从俄界到岷州,中间横着一道天险腊子口。国民党军新编第14师第1旅在此据险扼守,并在隘口至岷州设置了数道防线,共部署了三个团。突破了腊子口,国民党军阻挡红军北上的企图就将彻底破产。而拿不下腊子口,则红军或者将被迫掉头南下,重过草地,或者将西进青海,或者将东出川东北取道汉中北上,无论哪条路都将落入国民党军重兵堵截之中,对于刚刚经历了草地煎熬、兵力单薄的陕甘支队来说,都是凶多吉少。

16日,毛泽东随红1军经黑拉到达黑朵寺(今黑多寺)。在这里,毛泽东与林彪、聂荣臻商量后,下定决心:不惜一切代价,坚决夺取腊子口,打开通往甘南的通道。当日,毛泽东致电彭德怀,通报作战计划,指出:腊子口"是隘路,非消灭该敌不能前进"。

红4团再次担负了开路先锋的任务。红1军军长林彪和政委聂荣臻训令红4团:必须在16日夺取天险腊子口,并扫除前进途中拦阻之敌人。

从俄界到腊子口,路程一百九十余公里。在团长黄开湘、政委杨成武的率领下,红4团昼夜兼程,翻山越岭,穿越原始森林,向腊子口前进。红1军令红2师师长陈光、政委肖华随红4团行动,并指示陈光、肖华:无论16日是否夺取腊子口,红2师主力都应于17日迅速通过腊子口,攻占大草滩等地。

16日上午,部队在距腊子口只有几十里的地方,与国民党军新编第12师第6团遭遇。虽然国民党军以逸待劳,但也刚到不久,正在构筑工事,红4团在行进中发起进攻,两个连的官兵与担负迂回任务的一个营到位,就发起冲锋。一顿手榴弹加上机枪扫射,官兵呼喊着,手持大刀冲入了敌军阵地。国民党军以为红军缺粮少弹、早已溃不成军,根本没有想到红军如此神勇,前卫一个营还没来得及抵抗,防线就被冲得七零八落,官兵丢下枪支和工具,掉头拼命逃命。

战斗仅用二十分钟就告结束。红4团继续前进,在黑朵附近捉到三个国民党军的便衣侦探,审问后得知前面有国民党军一个营沿大路右侧设伏,准备伏击红军。黄开湘、杨成武将计就计,令先头连用缴获的国民党军服装、装备化装前进,直到进入国民党军的潜伏阵地,方突然开火,以一个连打垮敌军一个营,并缴获大批物资。随后,穷追猛打,当天下午,直抵腊子口下。

红4团先头第1营不停顿地发起进攻，但被国民党守军凭借天险，以机枪与手榴弹火力所阻，数次进攻均未奏效。入夜后，红4团调整部署，黄开湘率军侦察连和第1营1连、2连组成迂回部队，攀崖绕至守军背后进攻；杨成武指挥第2营正面强攻，夺取木桥，猛攻隘口。迂回部队在一位苗族战士的带领下，攀上右侧悬崖，隐蔽进至守军背后的山顶，突然发起进攻。守军措手不及，立即陷入混乱。正面进攻部队趁势猛攻，前后夹击，激战两个多小时，终于在17日凌晨夺取了隘口，并冲破隘口后的第一道防线。随后，又攻破了守军在隘口后山谷后段设置的第二道防线。

国民党军第1旅已经被红4团打得心惊胆战，后退很快变成了大溃退。红4团主力紧追不舍，第1旅三个团的防线一触即溃。国民党军第1旅旅长梁应奎亲自指挥一部在大剌山（又称岷山）设防，以密集的火力封锁道路，企图守住岷州南面的最后一座屏障，掩护部属撤退。但红4团根本不与其纠缠，兵分两路，从大剌山的两侧猛插下去，准备围歼守敌，吓得梁应奎急忙收兵逃往岷州，沿途到处都是丢下的伤兵、枪支、弹药、粮食和各种物资。

就这样，红4团一天猛追九十里。天黑时，红4团追到了大草滩，这里是国民党军第1旅的补给基地，国民党军溃兵以为红军连续作战两天一夜，不会再追过来，正在点火做饭，红4团先头营突然发起进攻。一场短兵相接的战斗后，红4团占领了大草滩。

《战士》报报道夺取腊子口的消息

在大草滩，红4团缴获粮食数十万斤，盐一千多公斤。对于经过雪山草地行军，长期缺粮少盐的红军来说，真是天降甘霖。更令红4团官兵兴奋的是，在人烟稀少的藏民区行进几个月后，红军部队在大草滩首次受到了汉族、回族群众的欢迎。见到了可以互通语言的百姓，红军官兵兴奋异常。

当晚，红1军侦察连乘胜前进，进至岷州，占领岷州城东关。团主力则挥师东进，甩开了岷州地区的国民党军，于18日进占哈达铺。

腊子口战斗至此胜利结束。红军由此彻底走出了川西北的苦寒之地，突入甘肃南部地区。蒋介石企图把红军困死、饿死在雪山草地的计划随之彻底破产。

18日,中央和陕甘支队主力全部通过腊子口。

哈达铺整编

哈达铺是甘肃宕昌县的一个小镇,以盛产中药当归而闻名,镇上居民回族占一半以上。18日,红1军侦察连化装成国民党中央军,大摇大摆地进入哈达铺,不费一枪一弹,将当地保安队全部缴械,占领全镇。

此刻,由于陕甘支队行动神速,飘忽不定,国民党军根本来不及调整部署,薛岳、胡宗南和东北军各部都距离甚远,鞭长莫及,而甘南的鲁大昌部则在腊子口一战中遭受惨败,完全吓破了胆,不敢贸然与红军交战。因而,中央决定,陕甘支队在哈达铺休整两天,一面恢复体力,一面进行整编,同时等候红四方面军部队一起北上。

为了迅速恢复战士们的体力,中央做出决定,全军上下,上到司令员,下到炊事员、挑夫,每人发大洋一块,改善生活。红军总政治部还特别提出了一个"大家要吃得好"的口号。哈达铺地处偏僻之处,交通不便,物价十分便宜,加上缴获国民党军的大米、白面,红军每个连队都杀鸡杀鸭、宰猪宰羊,顿顿吃肉,顿顿"过年"。官兵们在雪山、草地艰苦转战几个月,终于能够饱饱地吃一次舒心的饭了,人人喜形于色,疲劳、饥饿一扫而光。

更为让人兴奋的是,中共中央终于确定了红军北上和长征的最后目的地。

哈达铺红军长征纪念馆

在川西北地区,红军处于国民党军围追堵截之中,终日作战,特别是在人烟稀少的藏民区中停留近三个月,几乎完全与外部隔绝,根本无法得到其他红军部队活动的任何确切消息。因此,虽然在6月召开的两河口会议上,中央政治局确定了北上建立川陕甘根据地的战略方针,但究竟应该到什么地方建立根据地,始终无法最后定案。毛泽东甚至做好了长期进行无根据地的游击战争的准备,并计划将红军中年纪比较大的徐特立、谢觉哉、林伯渠、董必武等人送到白区从事地下工作。

在部队向哈达铺开进前,毛泽东特意交代红1军侦察连连长梁兴初、指导员曹德连,要注意在镇上收集"近期和比较近期"的报纸、杂志,找些"精神食粮"。梁兴初不负使命,率部在占领哈达铺时,抓到了鲁大昌部的一名少校副官。而这名副官刚从兰州回来,所带物品中有几张近期的报纸。梁兴初连忙将其交给了聂荣臻。

聂荣臻在其中一张《晋阳日报》上读道:"陕北刘志丹'匪'部已占领六座县城,拥有正规军五万余人,游击队、赤卫军和少先队二十余万人,窥视晋西北,随时有东渡黄河的危险性。并可能与徐海东部会合。"报纸并附有一张所谓"匪区"的陕北革命根据地略图。聂荣臻非常高兴,立即派通信员骑马把报纸送给毛泽东。

毛泽东看完报纸后,兴奋地说:"好了!好了!我们快到陕北根据地了。"

中央到达哈达铺后,梁兴初又送来了一大捆从镇上邮政所中找到的报纸,主要是7至8月的天津《大公报》。毛泽东、张闻天、周恩来等人从报纸中,读到了更多的红25军、红26军的活动情况,以及红军在陕甘地区保存、发展了大片革命根据地的消息。这使得毛泽东、张闻天等人初步定下了到陕北落脚的决心。

9月20日,中央政治局召开常委会,确定了陕甘支队的整编方案,并决定派出毛泽民、谢觉哉去新疆建立交通站,在可能的情况下与共产国际取得联系。毛泽东在发言中,特别强调了干部问题,指出:现在的干部是精华,应该注意保护和了解。

同日,陕甘支队在镇上关帝庙召开了团以上干部会议。毛泽东在

哈达铺红军干部会议会址

会上作了关于形势和红军任务的报告。他充满豪情地说:"同志们,今天是9月20日,再过几天是阳历10月。自从去年我们离开瑞金,过了于都河,至今快一年了。一年

来，我们走了两万多里路，打破了敌人无数次的围追堵截。尽管天上有飞机，蒋介石连做梦也想消灭我们，但是我们走过来了，过了江西、湖南、广西、贵州、云南、四川，过了金沙江、大渡河、雪山、草地，过了腊子口，现在坐在哈达铺的关帝庙里，安安逸逸地开会了。这本身就是个伟大的胜利！"

毛泽东随即宣布了陕甘支队的整编方案，彭德怀任司令员，毛泽东任政治委员，林彪任副司令员，叶剑英任参谋长，张云逸任副参谋长，王稼祥任政治部主任，杨尚昆任副主任。下辖三个纵队：原红1军编为第1纵队，林彪兼司令员，聂荣臻任政治委员，左权任参谋长，朱瑞任政治部主任，罗荣桓任副主任，下辖五个大队；原红3军编为第2纵队，彭德怀兼司令员（10月由彭雪枫接任），李富春任政治委员，刘亚楼任副司令员，萧劲光任参谋长，袁国平任政治部主任，下辖四个大队；军委纵队编为第3纵队，叶剑英兼司令员，邓发任政治委员，张经武任参谋长，蔡树藩任政治部主任。

哈达铺毛泽东旧居

整编后，全军人数七千余人。从中央红军离开江西时的八万余人减到七千余人，不免令人伤感。但毛泽东却心中充满了豪情，他说："我们目前只有七千多人，人是少了一点，但少有少的好处，目标小点，作战灵活性大。人少，但不用悲观。我们现在比1929年年初红四军下井冈山时的人数还多哩！就是我们这样一支队伍，将来一定会扩展到全国去。到了那个时候，我们的伙夫、马夫都是很好的干部！胜利是一定属于我们的！"

战胜了张国焘的分裂主义，党中央和红军成功地摆脱了险境，现在又得到了陕北有红军和根据地的好消息，毛泽东两个多月来的忧郁心情一扫而光，不由地诗兴大发，又开始写诗，写出了不朽的诗篇《长征》：

> 红军不怕远征难，万水千山只等闲。
> 五岭逶迤腾细浪，乌蒙磅礴走泥丸。
> 金沙水拍云崖暖，大渡桥横铁索寒。
> 更喜岷山千里雪，三军过后尽开颜。

确定落脚点

陕甘支队在哈达铺一边休整，一边耐心等待红四方面军北上。早在俄界会议结束后，中共中央就于9月14日致电张国焘和徐向前、陈昌浩，严正指出张国焘的错误和责任："一、四方面军目前行动不一致，而且发生分离行动的危险的原因，是由于总政委拒绝执行中央的战略方针，违抗中央的屡次训令与电令。总政委对于自己行动所产生的一切恶果，应该负绝对的责任。"电报谴责张国焘"不得中央的同意，私自把部队向对于红军极端危险的方向（阿坝及大小金川）调走，是逃跑主义最实际的表现"，郑重指出："中央先率领一、三军团北上，只是为了实现中央自己的战略方针，并企图以自己的艰苦斗争，为左路军及右路军之四军、三十军开辟道路，以便于他们的北上。""中央为了中国苏维埃革命的利益，再一次地要求张总政委立即取消南下的决心及命令，服从中央电令，具体部署左路军与四军、三十军之继续北进。"

到达哈达铺之后，为了继续争取张国焘，根据毛泽东的指示，彭德怀、李富春、林彪、聂荣臻于9月18日致电朱德、张国焘、徐向前、陈昌浩及各军军长，报告胜利喜讯："我们执行中央正确路线，连日击溃了鲁大昌师，缴获甚多，于昨17日占领距岷州、哈达铺各三十里之大草滩、占扎路、高楼庄一带，前锋迫近岷州城，敌人恐慌之至……此地物质丰富，民众汉回各半，十分热烈拥护红军，三个半月来脱离群众的痛苦现在改变了。"

哈达铺红军长征纪念碑

并十分诚恳地请求:"请你们立即继续北进,大举消灭敌人,争取千百万群众,创造陕甘宁苏区,实现中央战略方针。"

但张国焘、陈昌浩却扣压电报,对部队封锁胜利的消息,并且操纵部属做出了声讨中央的决定,执意率部南下。陕甘支队在哈达铺整整等待了红四方面军七天,结果却很是令人失望。继续等待只会陷陕甘支队于新的被动。9月23日,陕甘支队根据中央的决定,离开哈达铺,继续北上。

在此期间,国民党军也在调整部署。蒋介石见陕甘支队在甘南出现,生怕各路红军会在西北地区会合壮大,决定不惜一切代价进行堵截,坚决将陕甘支队和红25、红26军分歼之。9月26日,蒋介石在西安成立西北"剿共"总司令部,自任总司令,东北军总司令张学良任副总司令代行总司令职权,统一指挥陕西、甘肃、宁夏、青海四省国民党军的"剿共"作战。蒋介石判断陕甘支队会东进天水威胁西安,遂以主力向天水地区集结,并以一部兵力占领渭河附近的武山、漳县两城,形成渭河封锁线,防止陕甘支队东进。

哈达铺周恩来旧居、红一方面军司令部

毛泽东再次上演声东击西的拿手好戏,抓住蒋介石对红军行动的错误判断,令林彪率第一纵队投其所好,东进攻占闾井镇,摆出进攻天水的姿态。蒋介石果然上当,令已经进至和政、临洮、渭源、陇西、武山直到天水一线的王均部第3军、东北军51军于学忠部和鲁大昌新编第14师加紧构筑工事,严阵以待。毛泽东见惑敌目的已经达到,立即率主力以急行军折向西北,利用国民党军部署上的空隙,穿越武山、漳县间的封锁线,甩开了国民党军的重兵集团,于9月26日到达渭河岸边的鸳鸯镇和山丹镇之间地区。

这里是渭河上游，河面虽宽却不深，可以徒涉。部队开始渡河，前方突然传来了机枪声，毛泽东十分自信地对彭德怀说："不是敌人主力。有来无往非礼也。派两个连，放几枪，吓唬一下，他们不敢怎么样的。"果然，红军放了几枪后，敌军的机枪声戛然而止。红军安然渡过渭河，经里心（今立新）于9月27日到达通渭县榜罗镇。

榜罗镇位于渭水北岸，距通渭城四十五公里。陕甘支队进驻榜罗镇后，从镇上一所小学里又获得了很多报纸，上面刊载了日本侵略中国北方的很多消息，也报道了红25军到达陕北与红26、红27军会合的消息。

中央政治局遂于9月28日召开政治局常委会议，分析研究了所面临的形势和陕北的军事、政治、经济状况，认为陕甘支队应迅速到陕北同陕北红军和红25军会合。会议决定：改变俄界会议首先打到甘东北或陕北，经过游击战争，打到苏联边界去，取得国际的帮助，整顿休养兵力，扩大队伍，创建根据地的原定战略方针，做出了把中央和红军长征的落脚点放在陕北，"在陕北保卫和扩大苏区"的决策。

榜罗镇会议会址

榜罗镇会议，是红军长征史上最重要的会议之一。中央第一次明确地确定了以陕北苏区作为红军长征的落脚点和中国革命的大本营。这是一个英明的决定。后来，毛泽东曾专门谈起这次会议，说："俄界会议与张国焘决裂，那时的口号是，打到陕北去，以游击战争与苏联发生联系。榜罗镇会议改变了俄界会议的决定。因为那时得到了新的材料，陕北有这样大的苏区与红军，所以改变决定，在陕北保卫与扩大苏区。"

同日，陕甘支队召开连以上干部会议，毛泽东在会上做形势和任务的报告，进行突破国民党军封锁线和陕北根据地进军的动员。他向全体干部说明了日本侵略中国的严重性,陕北根据地和陕北红军的状况,解释了北方可成为抗日新阵地的经济、政治条件,明确陕甘支队的任务是避免同国民党军作战,迅速到达陕北集中,并提出了严格整顿纪律、充分注意群众工作、宣传红军北上抗日的意义和注意扩大军队等要求。

他最后说:我们出了潘州城以来,已经过了两个关口——腊子口和渭河,现在还有一个关口,就是固原、平凉的一条封锁线。这将是我们长征的最后一个关口。"我们要到陕甘根据地去。我们要会合25、26、27军的同志们去。……陕甘革命根据地是抗日的前线。我们要到抗日的前线上去!任何反革命都不能阻止红军去抗日!"

榜罗镇毛泽东旧居

六盘山上

9月29日,陕甘支队离开榜罗镇地区,继续北进。国民党军新的部署调整尚未完成,尽管蒋介石雄心勃勃,但部属却消极怠战,但求自保,不思出击。胡宗南部集中于西固附近,王均部第7师位于狄道(今临洮),鲁大昌部在岷州,周浑元部正向武都开进,于学忠部在天水、陇西一线,毛炳文等部则在静宁、平凉一线,各部划地防守,将主力放在封锁西(安)兰(州)公路,重点封锁会宁至静宁之间与平凉至固原之间的两道公路,据守不出。因此,中央决定,部队边行军,边休整,尽快恢复体力,准备迎接新的战斗。部队占领大的城镇后,一般都要稍事休整。队伍中充满了欢声笑语。经历了一年多的艰苦转战,官兵们度过了长征途中最轻松的一段日子。

红军先头部队进至通渭城下,国民党守军望风而逃。10月1日,红军开始向陇东高原进发,在静宁以西击溃国民党军一部,穿越西兰公路封锁线,控制了静宁县界石铺东西数十里的公路沿线地区。

红军长征界石铺纪念碑

蒋介石获悉陕甘支队突破西兰公路,直奔陕北,即将与陕北红军会合,大为恼火。眼见着一年来苦心设计的一道又一道封锁线都被突破,一个又一个围追堵截计划都落了空,实在心有不甘。因此,急令毛炳文、马鸿宾部和东北军在隆德、平凉、固原一线严密堵截,紧追不舍,不惜一切代价阻止陕甘支队北进,阻止陕甘支队与红15军团会合。

10月5日,陕甘支队兵分两路,以第一纵队为右路,第二、第三纵队为左路,从界石铺及其附近地区北进,进入宁夏境内后两路会合,急转向东,由固原、镇原间向环县前进。虽然敌机时常临空骚扰,地面敌人四面挤压,有时敌我相距甚近,甚至双方哨兵的口令声都可以听见。但在毛泽东、彭德怀的指挥下,陕甘支队灵活穿行于国民党军各部防线的空隙之中,能打则打,打不动则走,迈开大步,飞速前进,国民党军始终无法抓住红军。

红军一路疾行,如入无人之境,在隆德县单家湾击溃国民党军一个营,直抵六盘山下。六盘山,位于宁夏、陕西、甘肃三省交界地段,海拔二千九百多米,南北走向,绵延二百四十余公里,是陕西和陇中两高原的界山、渭河和泾河的分水岭。因山路曲折,盘旋六重始达山顶,故此得名。虽然它的海拔不高,也不算是险峻,但是它是红军长征所翻越的最后一道高山,翻越六盘山,意味着红军的长征已经看到了目的地。因而,当红旗迎着夕阳在山上飘起来时,显得是那么鲜艳。官兵们激动地欢呼着、拥抱着，许多人流下了热泪。毛泽东同样十分激动，心中感慨万千，再次填词一首：

　　　　天高云淡，望断南飞雁。不到长城非好汉，屈指行程两万。　　六盘山上高峰，红旗漫卷西风。今日长缨在手，何时缚住苍龙？

10月5日至7日，陕甘支队顺利翻越了六盘山，进入黄土高原。放眼望去都是黄色的世界。土是黄的，屋是黄的，山是黄的，甚至连风也是黄的。而且住房较少，当地人都住在傍山而挖的土洞中。经询问当地群众，红军官兵才知道，这就是陕甘群众居住的窑洞。自然风光、气候和住房的迥然不同，引得来自南方的官兵兴致盎然，而终于找到落脚点，即将结束长征的喜悦则使得每个人都兴奋异常。

界石铺毛泽东旧居

国民党军无法跟上红军的前进步伐，即以骑兵部队进行追击。尽管红军曾经在川西北的草地与之有过交战，但体会不深。骑兵部队飞驰而来，飞奔而去，马刀闪闪，飘忽不定，习惯于近战的红军一时难以适应。对付骑兵突袭，已经成为红军必须解决的问题。红军部队上下对此展开了认真的研究，林彪对打骑兵的战术研究得很透，抓部队的训练也非常紧，专门组织编写了打骑兵的口诀在部队中传唱。

红军翻越六盘山后，国民党军第35军第24师李英部紧追红军，东北军骑兵第7师门炳岳部则踞守六盘山东麓，挡住了红军前进道路，妄图前后夹击，消灭红军于六盘山下。10月7日上午，红军第一纵队捉到了一名国民党军便衣侦探，得知东北军骑兵第7师第19团两个营正在固原县青石嘴驻扎。毛泽东立即带林彪、聂荣臻等人到村边高地观察，发现国民党军部队已经将战马卸鞍，散放在村边吃草，准备宿营。毛泽东立即决定，集中第一纵队主力，以第1、第5大队左右迂回，第4大队正面突击，吃掉这股骑兵。

六盘山红军长征纪念碑

各大队立即行动，隐蔽接近敌人，很快形成了包围。随后分路出击，同时进攻，伴随着漫山遍野的喊杀声和枪炮声，冲进了村里，正在吃饭的国民党军还没弄清是怎么回事就被消灭了。战斗不到一个小时就胜利结束，共缴获军马一百余匹，以及十多马车子弹和军衣。红军不仅获得了宝贵的子弹和冬装补充，更重要的是增强了与国民党军骑兵作战的信心，而且以缴获的军马组成了红军第一个骑兵连。

驻固原的国民党军骑兵第7师主力，得知先头部队在青石嘴与红军发生交战后，立即派一个团增援。毛泽东指挥第一纵队主力迅速打扫战场，脱离敌人，继续北进，但殿后掩护的红13大队却被国民党军骑兵团截住。国民党军没有想到后面还有红军部队，而红13大队则认为敌骑兵已被我主力消灭或击溃，也没有想到国民党军增援部队来得如此之快。两军不期而遇，红13大队大队长陈赓、政委邓富连非常冷静，决定以突袭的方法，先敌开火，迅速穿越敌群，摆脱险境。

红13大队开始行动，参谋长彭雄率一个连和机枪排担负前卫，突然开火，猛打猛冲，杀开一条血路，穿越敌群，占领北侧的一条山沟，并在沟口架起两挺重机枪，扼守住通道。陈赓率两个连随后跟进,与邓富连所率一个连交替掩护前进。

国民党军骑兵从最初的混乱中很快清醒过来,编队上马,吼叫着在山沟两侧冲来冲去,挥舞马刀,截杀红13大队。红13大队的干部大多为陈赓从军委干部团带来的,都是富有战斗经验的连排干部,面对骑兵的凶猛冲击,沉着迎战。敌骑兵冲到近前,就迅速卧倒,排枪射击,专射马匹。打倒敌人后,就迅速前跃。敌骑兵被打倒一排,又冲上来一排,红军队伍不时被冲断,但很快又连为一体,战斗非常激烈。战斗持续到下午6点多钟,红13大队在夜色掩护下,边打边撤,攀上山坡,摆脱国民党军骑兵,最终脱离了险境。

青石嘴战斗纪念碑

到达吴起镇

8日,红军由小岔口一带出发北进。前卫红4大队到达白杨城附近时,与国民党军两个团遭遇,红4大队先敌展开,先敌开火,打得国民党军晕头转向,先头一个团稀里糊涂地被红军消灭,跟在后面的另一个团吓得掉头逃窜。随后,红军经白杨城转向东北,进入山区,经杨家园、洪德城,于17日到达陕甘宁三省交界的老爷山,第二天继续前进,到达了子午岭。

吴起革命纪念馆

子午岭上竖立着一块高大的石碑，上书"分水岭"三个大字。毛泽东看完石碑上的大字，转身眺望远方，兴奋地对周围的人说："我们已经走完了十个省，下了山就进入了第十一个省——陕西省了。

那里有我们的根据地，我们的'家'就要到了。"

就要到家了。也许是在饱尝艰辛后急于到家的心情的驱使，红军官兵的步履变得格外轻快。10月的陕北，正是秋高气爽、风和日丽的日子，红军队伍中歌声此起彼伏，笑语不断。10月19日，陕甘支队终于进入了陕北革命根据地边缘地带的一个小镇——保安县吴起镇。

吴起镇（今吴旗县城）是陕北革命根据地保安县属地，有一百多户人家，七百多人口。它是革命根据地边境，已有红色政权。吴起镇在历史上赫赫有名。相传战国时期，大将吴起曾在此把守边关，战死在疆场上。后人为了纪念他，把此地定名吴起。后来，为纪念毛泽东率领红军长征最终落脚吴起，当地政府把吴起改名"吴旗"，表示毛泽东领导陕北人民闹革命之意。1942年陕甘宁边区政府设县时，把吴起正式定为吴旗县。

但当陕甘支队到达吴起镇时，已经看不到任何有关吴起的古迹了，却在破旧的窑洞墙上，看到了"打土豪，分田地！""中国共产党万岁！""拥护刘志丹"等标语，并在一个窑洞前面看到了一块牌子，上书"赤安县第六区苏维埃政府"。所有这一切都表明，这里真的是苏区，这里真的有党组织和红色苏维埃政权存在，红军真正地到家了！

陕甘支队进入镇内后，很快与当地党组织和苏维埃政府人员取得了联系。吴起镇地区的党组织和人民以极大的热情欢迎党中央和红军，经过紧急动员，吴起镇及其周围三个乡的群众络绎不绝地给陕甘支队送来了粮食和肉食、蔬菜等，共送小米、荞面八万斤，猪五十多头，羊二百七十多只。

经历了两万五千多里的艰苦长征，终于到达了革命根据地，终于到达了最后的落脚点，终于取得了长征的伟大胜利，终于再次享受到了根据地人民的欢迎，红军官兵激动异常，每个人的心中都充满了希望。

10月21日，毛泽东亲自指挥了陕甘支队在吴起镇进行了红一方面军长征的最后一战，消灭了跟踪而至的国民党军第6师主力，击溃西北军阀马鸿宾部骑兵团，缴获了大批轻重武器和战马，干净利索地砍掉了"尾巴"。军委警卫连、工兵连则在第一纵队参谋长左权率领下，扫除当地地主豪绅和土匪据守的若干据点。

至此，红一方面军主力胜利地结束了长征。从1934年10月10日，中共中央、中革军委率领中央红军（第1、第3、第5、第8、第9军团和军委第1、第2纵队）离开江西中央苏区的瑞金等地，踏上长征路，到1935年10月19日到达陕甘苏区的吴起镇，历时十二个月零九天，共三百六十七天，战斗不超过三十五天，休息不超过六十五天，行军约二百六十七天，行程两万五千里，纵横福建、江西、广东、湖南、广西、贵州、云南、四川、西康、甘肃、宁夏、陕西等十二个省，经过苗族、侗族、瑶族、布依族、壮族、彝族、藏族、羌族、裕固族、回族等十个少数民族聚居和杂居区，渡过了贡水（雩都河）、桃江（信丰河）、章水（池江）、钟水、潇水、灌江、湘江、清水江、余庆河、翁安河、乌江（二次）、赤水河（四次）、北盘江、牛栏江、普渡河、金沙江、大渡河、小金川、梭磨河、黑河、白龙江（包座河）、渭水等二十二条大小河流，翻越了大庾岭、骑田岭、都庞岭、越城岭、天南山、佛顶山、大娄山、乌蒙山、梁王山、拱王山、小相岭、大相岭、夹金山（雪山）、梦笔山（雪山）、长坂山（雪山）、大鼓山（雪山）、拖罗岗（雪山）、岷山（雪山）、秦岭、六盘山等二十余座高山，沿途共进行三百八十多次大小战斗，冲破国民党军的中央军和地方军阀部队共二十九个纵队（军）和三个师的围追堵截，攻占县城四十四座。

到达陕北的中央红军一部

陕甘支队胜利到达陕北，宣告了蒋介石"围追堵截"、消灭中央红军罪恶计划的彻底破产。长征的胜利，是以毛泽东为代表的中共中央正确领导的结果，是红一方面军广大官兵前赴后继、英勇奋战的结果。

长征的胜利为中国革命的胜利提供了充足的思想基础、群众基础、干部条件和领导力量。长征的胜利，同时证明了毛泽东领导的正确，他在中国共产党和红军的最高领导地位因此而确立。所有经历过长征的红军官兵，都对毛泽东和他领导下的中国共产党，从内心深处发出拥护之声。而没有经历过长征的后来者，也为长征的英雄事迹所感动，为毛泽东高超的领导艺术所倾倒。

中央红军长征胜利纪念碑

长征的胜利充分显示出中国革命事业具有无比强大的生命力，证明中国共产党和它所领导的红军是不可战胜的。外国人同样看到了这一点。美国人莫里斯·迈斯纳在《毛泽东的中国及后毛泽东的中国》一书中，对红军长征的"政治意义与心理意义"做出了这样的评价："无论以何种人类壮举的标准来衡量，很少有人不会同意埃德加·斯诺把长征比做'现代无与伦比的奥德赛'的说法"。"长征拉开了其后中国共产主义革命胜利时期的序幕。从这个意义上说，长征的确具有重要的政治意义和心理意义"，"长征使毛泽东登上了中国共产党的最高领导人的地位，并使毛泽东率领的革命队伍到达了一个相对安全的地方。在这里，他们能够发表宣言对日作战，并为了爱国和革命这两重目的激发起中国人民的民族主义感情"。

史料链接

★ 俄界会议

甘肃省迭布县达拉乡高吉村，是与四川省毗连的一个依山傍水的藏族村寨，住有三十多户人家。红军长征时，根据通司（翻译）的发音把高吉村叫作"俄界"，也称"鹅界"，而"高吉"则是新中国成立后行政部门根据汉族干部的藏语发音所确定的名字。正确的汉字音译应该是"郭界"，藏语意思为"八个头"，这是依据该村后面的八个锯齿形的山头而命名的。

1935年9月12日中共中央率红一方面军主力单独北上到达俄界的第二天，政治局在这里召开紧急扩大会议，讨论张国焘的分裂错误和行动方针。毛泽东、张闻天、博古、王稼祥、凯丰、刘少奇、邓发、蔡树藩、叶剑英、林伯渠、李维汉、杨尚昆、林彪、聂荣臻、朱瑞、罗瑞卿、彭德怀、李富春、袁国平、张纯青等二十一人参加会议。

毛泽东在会上作关于与张国焘的争论和今后行动方针的报告。他指出：中央应继续坚持北上的方针。一、四方面军会合后，是应该在川、陕、甘创建苏区。但现在只有一方面军主力北上。当前的基本方针，是要经过游击战争，打通同共产国际的联系，整顿和休养兵力，扩大红军队伍。他说，中央同张国焘的斗争，是两条路线的分歧，是布尔什维克主义与军阀主义倾向的斗争。张国焘是发展着的军阀主义，将来可能发展到"反对中央，叛变革命"，这是党内前所未有的。他强调：因一、四方面军已经分开，张国焘南下，使中国革命受到相当严重的损失。但是我们不是走向低落，而是经过游击战争，大规模地打过去。一省数省首先胜利，是不能否认的，现在如此，将来也是如此，不过不是在江西，而是在陕甘。毛泽东坚定地反对南下，认为在少数民族地区革命是没有发展前途的，而在汉族聚集区发展，"即使给敌人打散了，我们还可以做白区工作"。

毛泽东报告后，彭德怀、邓发、李富春、王稼祥、聂荣臻、杨尚昆、林彪、博古先后发言，一致拥护北上方针，严厉批判张国焘抗拒中央、企图分裂党的严重错误。会上，有人提议开除张国焘的党籍，但毛泽东表示反对，指出：同张国焘的斗争，应采取党内斗争的方法处理。最后做组织结论是必要的，但现在还不要做，因为它关系

> **史料链接**
>
> 到团结和争取整个红四方面军的干部,也关系到一方面军在张国焘手下的很多干部的安全。开除他的党籍,张国焘还是统率着几万军队,还蒙蔽着几万军队,以后就不好见面了。我们要尽可能地做工作,争取他北上。这个意见得到与会同志的赞成,同意暂不给张国焘作组织结论,并要求在一、三军中加强教育解释工作。
>
> 张闻天最后作总结性发言。他明确指出:关于同张国焘斗争的性质,"这是两条路线的斗争。一条是中央的路线,一条是右倾的军阀主义——张国焘主义。"对于张国焘错误发展的前途,张闻天同意毛泽东所作"反对中央,叛变革命"的估计,并且具体指出:"其前途必然是组织第二党",但"只要还有一线可能,我们还要争取他"。
>
> 会议作出了《关于张国焘同志的错误的决定》。因为时间紧迫,会议对《决定》只是原则通过。到达哈达铺后,在9月20日举行的政治局常委会上,决定"关于张国焘问题的决议的起草,由洛甫负责"。张闻天写成《决定》并经常委通过后,没有立即发布。直到1935年12月间才在中央委员范围内公布,在一方面军高级干部中口头传达。
>
> 会议还同意彭德怀关于缩小部队编制的意见,决定成立中国工农红军陕甘支队。同时成立由毛泽东、周恩来、王稼祥、彭德怀和林彪组成的五人团,作为全军的最高领导核心。

★ 砍"尾巴"

陕甘支队刚到陕北吴起镇后,国民党军部队接踵而来。蒋介石电示各部:"朱毛赤匪长途行军,疲惫不堪,企图进入陕北会合刘志丹",各部要"前往堵截,相机包围,予以歼灭"。于是,白凤翔部第6师主力和归他指挥的第3师一部从正面推进,马鸿宾部第35师马培清骑兵团侧后迂回,紧追陕甘支队,企图在吴起镇地区聚歼陕甘支队。连曾在腊子口地区遭受红军沉重打击的鲁大昌部也急急赶来,企图报复。

陕甘支队在北上途中,为了保存力量,迅速前进,一般不与敌人死缠硬打,进入陕甘地区后,更是如此。除非敌人穷追、死拦,方给予还击,扫除前进的障碍。这使得国民党军认为红军经过长途跋涉,已是羸弱怯战,不堪一击,故长驱直入,特别是从吴起镇迂回的马鸿宾部骑兵团气焰嚣张,前进速度很快。

毛泽东绝不容许将国民党军部队带进陕甘根据地,使红军继续处于流动作战的状

史料链接

态。他召开陕甘支队干部会,坚定地说:我们后面的敌人是条讨厌的"尾巴",一定要把这条尾巴斩断在根据地门外,作为与陕北红军会师的见面礼,不把敌人带进根据地。

战斗计划在10月21日打响。毛泽东与彭德怀精心部署,决定利用吴起镇一带的有利地形,在塬上深沟设伏,以第三纵队干部团节节阻击,诱敌深入,以第二纵队在左翼,第一纵队在正面,首先消灭马鸿宾部骑兵团,然后突击其余敌军部队。

21日晨,红军各部秘密进入吴起镇以西的五里沟口的设伏阵地。这里地形险要,是歼灭敌人骑兵的好战场,红军部队在头道川、二道川两侧的山岭和山沟潜伏。当国民党军骑兵团进入红军伏击圈后,彭德怀一声令下,轻重机枪一齐开火,手榴弹如雨点般投入敌马群。受惊的马匹四处乱窜,从马背上摔下的敌人哭爹喊娘,乱作一团。红军各部奋勇冲锋,经过数小时激战,击溃国民党军骑兵团。随后转兵向西,又在齐桥、李新庄之间击溃了国民党军另外两个骑兵团,其他各部国民党军吓得急忙停止前进。

红军干净利索地砍掉了"尾巴",缴获了大批轻重武器和战马。国民党军第6师师长白凤翔战后承认,第6师的山炮、迫击炮、重机枪等重型武器都在这次战斗中丢弃,损失驮马、战马达八百余匹。红军第10大队大队长黄珍在战斗中光荣牺牲。

毛泽东亲自在吴起镇西山督战,但部署好战斗后,却把具体作战指挥事宜全部交给了彭德怀和各纵队首长处理。自己对警卫员说:"我要在这里睡会儿觉,等战斗结束时再叫醒我",然后倒地便睡,即使枪声最激烈时也是鼾声如雷,直到战斗结束后,方一觉醒来,精神抖擞,兴致盎然地观看红军追歼逃敌。见到彭德怀提枪勒马,指挥部队冲杀,威武的英姿犹如一尊战神,他诗兴大发,当场赋诗一首赠予彭德怀:

山高路远坑深,大军纵横驰奔。
谁敢横刀立马?唯我彭大将军。

彭德怀接诗后,挥笔将最后一句改为"唯我英勇红军"。

★ 勇夺腊子口

腊子口位于甘肃省迭部县东北、岷县以南,是四川通往甘肃的重要隘口。隘口地势险峻,仿佛大山被劈开了一条三十多米宽的缝隙,两侧绝壁峭立,似一道用厚厚的石壁构成的长廊。腊子河从谷底流过,水流湍急,虽不没顶,但无法徒涉。河上有道

史料链接

木桥，前面是三四十米宽、一百多米长的一片开阔地，要过腊子口，必须先过这道木桥。进了隘口，则是一个三角形的谷地。隘口后面是高耸入云、白雪皑皑的腊子山。因而，腊子口素称天险，一夫当关，万夫莫开。

岷州是国民党军新编第14师师长鲁大昌的老巢。得知红军走出草地后，鲁大昌派出其亲信第1旅旅长梁应奎据守腊子口。梁应奎以一个团防守腊子口，在腊子桥东端桥头构筑了几个碉堡，以一个营防守，四挺重机枪面对开阔地构成稠密的火网，封锁通往木桥的通道。主力配置在隘口后的山谷，沿两侧山坡构筑工事，封锁道路。另在至岷州的道路两侧纵深部署了三个团，形成了严密的防御体系。

16日下午，红4团进至腊子口。先头第1营不停顿地发起进攻，但被国民党守军的机枪与手榴弹火力所阻，数次进攻均未奏效。团长黄开湘、政委杨成武率全团营、连干部到腊子口前观察，看了很长时间，也找不到破关之策。腊子口实在是太险了，唯一的办法是利用国民党守军兵力全部集中在正面和桥头碉堡没有封盖的弱点，设法爬上守军没有设防的两侧悬崖，居高临下，突然前后夹击。但悬崖高约七八十米，几乎呈八九十度的仰角，既陡又直，让人眼晕，根本无法攀登。

红4团召集全体官兵献计献策。大家提出了一个又一个的方案，又否定了所有的方案。就在众人无计可施时，坐在角落中一直未开口讲话的一位外号"云贵川"的苗族战士毛遂自荐，说他能爬上悬崖。杨成武马上和这个战士谈话，了解情况。"云贵川"说：在家时他时常采药和打柴，爬高山、攀陡壁是家常便饭。只要能找到一根长竿子，竿头绑一个结实的钩子，用它钩住悬崖上的树根、崖缝、石嘴，一段一段地往上爬，就能爬到山顶。

事关重大，黄开湘、杨成武决定先进行试验。派人用一匹高头大马把"云贵川"送过腊子河，在右岸守军视线死角处开始攀岩。"云贵川"果然身手矫健，借助绝壁石缝中长出的几棵松树，手脚死抠石缝、石板，一段一段地攀登，很快到了崖顶。黄开湘、杨成武大喜过望，立即决定连夜进攻。黄开湘率军侦察连和第1营1连、2连组成迂回部队，攀崖绕至守军背后进攻；杨成武指挥第2营正面强攻，夺取木桥，猛攻隘口。

腊子口之战牵动上下，红1军军长林彪、政委聂荣臻和红2师师长陈光接到红4团的攻击部署后，亲自到前沿阵地观察情况，指挥战斗，并决定以军迫击炮连支援红4团。

史料链接

  黄昏时分，迂回部队开始渡河。由于水流湍急，无法徒涉，用马匹驮渡耗费时间，部队砍倒几棵大树，做成两根独木桥，抢渡速度大大加快。几百人全部过河后，"云贵川"攀上陡崖，抛下绳索，后面的官兵顺着绳索依次上攀。

  此刻，夜幕降临。正面进攻部队也开始行动了。第2营原为红四方面军第33军第98师第294团。懋功会师后编入红4团，缩编为第2营，很快与红4团融为一体。杨成武到主攻连第6连进行战前动员，战士们群情激昂，都要求参加突击队。最后选定二十人，由连长杨信义、指导员胡炳云带队。

  进攻开始，全团的机枪一起开火。突击队员全身挂满手榴弹，背插大刀，手持枪支，向木桥悄悄移动。可守军也打乖了，恪守老虎不出洞的战术，躲在碉堡中，一枪不发，直到突击队员接近桥头，才猛烈开火，并投下成捆的手榴弹。一团团火光在隘口翻腾飞舞，红4团加强火力压制，机枪喷出道道火舌，子弹倾泻在守军阵地上，打得岩石火星四溅。守军躲入碉堡，每当红军发动突击时，就外投手榴弹，致使红军突击队员几次冲锋都没成功。

  杨成武组织战士开展政治攻势，高喊："我们是北上抗日的红军，从这里借个路，你们别替蒋介石卖命了，赶快让我们过去吧！""缴枪不杀，我们说话算话！"守军则回喊："老子就是不缴枪，你们就是打到明年今天，也别想过了腊子口。"

  战斗陷入僵持。如果不能在当夜拿下腊子口，则鲁大昌在岷州有几个团，天亮后倾巢增援，几个小时就能到达，形势就更加严峻。在前沿观察战斗的林彪、聂荣臻派人询问杨成武：有什么困难，需不需要增援。杨成武召集干部研究进攻方案，确定：以6连轮番突击，即使无法攻占木桥，也要疲惫、消耗敌人，掩护迂回部队行动，为总攻创造条件。

  6连继续进攻，枪声更急，杀声更高。守军的抵抗也更加顽强，手榴弹如雨点般落在开阔地上，弹片、木柄和没有爆炸的手榴弹竟在空地上铺了厚厚的一层。6连官兵前赴后继，接连突击，都因地势不利，守军火力过猛，根本无法靠近桥头。杨成武为减少伤亡，令6连停止攻击，除以几名突击队员不断向守军射击外，其余人员抓紧吃饭、休息，待迂回部队到达位置后，进行总攻。

  就要到3点了，和迂回部队预约的时间该到了。2营全体战士进入了进攻出发阵地。十分钟、二十分钟、半小时，一个小时过去了，但迂回部队还是没有发出信号。

史料链接

等不及了，他们再次组成突击队，在夜色掩护下，一路沿河岸崖壁悄悄摸到河下，攀着桥桩过河，隐蔽在桥的另一头，另一路则悄悄逼近桥头，两边突然一起开火，发起攻击。守军打了一夜，已经筋疲力尽，在6连后撤休整时，已迷迷糊糊进入梦乡，被枪声惊醒后，慌忙抵抗。红军突击队勇猛地冲上桥头，指导员胡炳云也带着全连从正面猛冲。桥头的枪声、爆炸声震耳欲聋，6连官兵三面夹击，奋勇前冲，坚决要拿下腊子口。

就在这时，在守军背后的山崖上，两颗信号弹划破了拂晓前的天空，迂回部队终于到位了。原来迂回部队攀上悬崖后，发现四周根本无路可行，只好摸黑找路，开辟出一条左行的道路，才到达守军上方的崖顶。黄开湘马上命令展开进攻，战士们居高临下，将手榴弹绑成捆，投进守军没有顶盖的碉堡，炸得敌人嚎叫着跳出工事逃命，正好暴露在6连的面前。6连的战士早就等着这一时刻，枪也不用，抢起雪亮的大刀冲入敌群，展开了肉搏战，砍得敌人鬼哭狼嚎，四处逃窜。激战两个多小时，红4团终于夺取了隘口，并冲破隘口后的第一道防线。

这时天已大亮，梁应奎见势不妙，下令死守山谷后段的第二道防线，等待援兵。杨成武令2营二梯队5连投入战斗，协同崖上的1连、2连歼灭被迂回部队截断退路的守军一个营，自己率2营主力猛攻守军第二道防线。经过近一个小时的连续冲锋，守军彻底崩溃了，放弃阵地，向后逃窜。守军被截断退路的一个营则被红军逼到了悬崖边上，全部缴械投降。

红4团不辱使命，再建奇功，突破天险，打开了红军的北上通道。聂荣臻后来评价这一战斗时说："腊子口一战，北上的通道打开了。如果腊子口打不开，我军往南不好回，往北又出不去，无论军事上政治上，都会处于进退失据的境地。现在好了，腊子口一打开，全盘都走活了。"

史料链接

★ 中国工农红军陕甘支队编制序列（1935年9月~10月）

司　令　员：彭德怀 政治委员：毛泽东 副司令员：林　彪 参　谋　长：叶剑英 副参谋长：张云逸 政治部主任：王稼祥 政治部副主任：杨尚昆	第1纵队（红1军改编） 司　令　员：林　彪（兼） 政治委员：聂荣臻 参　谋　长：左　权 政治部主任：朱　瑞 政治部副主任：罗荣桓	第1大队　大队长：杨得志 　　　　　政治委员：肖　华 第2大队　大队长：李英华 　　　　　政治委员：邓　华 第3大队　大队长：黄永胜 　　　　　政治委员：林龙发 　　　　　　　　　　张爱萍（后） 第4大队　大队长：黄开湘 　　　　　政治委员：杨成武 第5大队　大队长：张振山 　　　　　政治委员：谢有勋 　　　　　　　　　　赖传珠（后） 第13大队　大队长：陈　赓 　　　　　　政治委员：邓富连
	第2纵队（红3军改编） 司　令　员：彭雪枫 政治委员：李富春 副司令员：刘亚楼 参　谋　长：萧劲光 政治部主任：袁国平	第10大队　大队长：黄　珍 　　　　　　　　　　肖　桂（后） 　　　　　　政治委员：杨　勇 第11大队　大队长：邓国清 　　　　　　政治委员：王　平 第12大队　大队长：谢　嵩 　　　　　　政治委员：苏振华
	第3纵队（原军委纵队） 司　令　员：叶剑英（兼） 政治委员：邓　发 副政治委员：蔡树藩 参　谋　长：张经武 政治部主任：蔡树藩（兼） 　　　　　　罗瑞卿（后）	

第二十一章

红一方面军主力与红15军团会师

吴起镇战斗之后，陕甘支队在吴起镇及其附近地区转入休整，整顿部队，恢复体力，改善生活，充实被服，发动群众，扩大红军，并进行与陕北红军会师前的各种教育。

中央政治局在到达吴起镇的第三天，1935年10月22日，召开扩大会议。毛泽东、张闻天、周恩来、王稼祥、博古和陕甘支队各纵队负责人出席了会议。长征已经结束，会议的主要议题自然设定为讨论红军今后的行动方针。

吴起镇会议会址

毛泽东在会上作关于目前行动方针问题的报告。他豪迈地指出：陕甘支队自俄界出发已走两千里，到达这一地区的任务已经完成。现在全国革命总指挥部到这里，成为反革命进攻的中心。敌人对于我们的追击堵截不得不告一段落,现在是敌人"围剿"。我们的任务是保卫和扩大陕北苏区,以陕北苏区领导全国革命。陕、甘、晋三省是发展的主要区域。现在以吴起镇为中心,第一期向西,以后向南,在黄河结冰后可向东。要极大地注意同西北同志的关系,应以快乐高兴的态度和他们见面。

张闻天在发言中,用"一个历史时期已经结束,一个新的历史时期开始了"的结论来表达对新的任务和发展的期待,这一概括也代表了每一个出席会议人员的心声。毛泽东在作会议结论时指出:经过一年的转战,现在要转入有后方的运动战。我们的任务是:"建立西北的苏区,作为领导全国大革命的中心。"

会议一致同意:批准榜罗镇会议的战略决策,宣告了中央红军、红一方面军长征结束,并决定,党和红军今后的战略任务是,"建立西北苏区,领导全国大革命"。会议还确定,派遣原在陕甘红军工作过的白区工作部长贾拓夫和中央组织部长李维汉先行出发,寻找陕北红军和刘志丹,安排两军会师事宜。

吴起镇毛泽东旧居

随后,陕甘支队发布了《告红二十五军和陕北红军全体指战员书》,充满激情地写道:"我们经过了两万余里的长途远征,经历了十一省的地区,粉碎了一切国民党军阀的堵击追击截击,越过了无数的天险要隘高山大河,为的是要与亲爱的红25军、26军弟兄会合,开展西北苏维埃运动的大局面,替中国苏维埃运动奠定下巩固的基础,迅速赤化全中国。""我们的会合是中国苏维埃运动的一个伟大胜利,是西北革命运动大开展的导火索。"表示要在党中央的领导下,加强团结,携手前进,"为保卫和扩大陕北苏区,粉碎敌人的'围剿',开展西北苏维埃运动的大局面,开展神圣的民族革命战争,武装保卫苏维埃而战斗"。陕甘支队政治部也发出了《给陕北工农劳苦群众书》,

宣传红军宗旨，号召工农群众起来反抗国民党的反动统治，支援红军作战。

陕甘支队到达吴起镇时，国民党军对陕甘根据地的第三次"围剿"仍在进行之中，而且随着陕甘支队到达陕北，蒋介石加快了"围剿"的步伐。在"西北剿匪总司令部"的指挥下，东北军张学良部、西北军第17路军杨虎城部、西北军阀马步芳、马鸿宾、井岳秀、高桂滋等部，山西军阀阎锡山部，以及中央军胡宗南、关麟征、毛炳文等部蜂拥而至，总兵力达三十余万人。而陕甘支队经过长征，急需休整，红15军团力量薄弱，不足以单独破敌。在这种情况下，红军如何立足，陕甘支队如何与红15军团配合迎击敌军，如何巩固与扩大西北根据地，急需中央确定方略。

10月27日，中共中央政治局常委再次召开会议，讨论红军发展与作战方针。毛泽东在会上指出：陕甘支队应该立即南下，与红25、红26军会合，共同粉碎国民党军的"围剿"。目前主要作战方向是南边，首先歼灭东北军进攻部队，然后如能再对西北军杨虎城、孙蔚如部继续给予打击，打两个胜仗，就可打破"围剿"。他坚定地说：红军要准备在严冬之前粉碎敌人"围剿"。

会议批准了毛泽东提出的部队行动方针，并确定了常委分工：毛泽东负责军事工作，博古负责苏维埃工作，周恩来负责中央组织局和后方军事工作。同时确定，李维汉任中央组织部长，王稼祥任红军总政治部主任，刘少奇负责工会工作，凯丰任中共书记。

恢复红一方面军番号

红15军团是在劳山战役中，通过缴获的国民党军一份文件获悉中央红军已经进入甘肃并正在向关中地区推进消息的，徐海东、刘志丹等人非常兴奋，立即派人报告了陕甘晋省委，并建议红15军团西出庆阳，迎接党中央。

陕甘晋省委书记朱理治接到红15军团的信函后，拿不定主意，遂征求正在永坪养伤的红15军团政委程子华的意见。程子华看完前方来信和敌军文件后，说："敌军文件是一个多月前的，中央红军要来关中苏区的话，已经来了，用不着我军全部去；要是没有来关中，那就是到别处去了，15军团去欢迎就会扑空。15军团远去关中，来回要一个多月，敌军会乘虚占领永坪镇，苏区就困难了。不如15军团继续向南打，调动西安之敌北援，以此配合中央红军的运动。同时，15军团在苏区边沿，敌人就不敢占永坪镇。"

朱理治听后，说："我考虑一下答复你。"过了两天，朱理治对程子华说："戴季英同意你的意见,我也同意,你去前方与同志们开个会,把后方同志们的意见转告他们,征求他们的意见。"程子华的伤还未好,坐担架到了前方,与徐海东、刘志丹、聂洪钧、高岗、郭述申等人开会,转达了后方同志的意见。徐海东、刘志丹等人同意后方同志的意见。于是,红15军团继续南下,实施了榆林桥战斗。

榆林桥战斗刚刚结束,陕甘晋省委派专人向红15军团通报了党中央率陕甘支队到达吴起镇的消息,并送来了陕甘支队《告红二十五及陕北红军全体指战员书》。徐海东等人欣喜异常,立即发出了欢迎中央红军北上抗日的通电,表示:"愿做红军抗日先遣队的敢死队、别动队,……巩固抗日的西北阵地。"中共陕甘晋省委派出副书记郭洪涛和红15军团政委程子华动身前往吴起镇方向迎接党中央。

下寺湾会议会址

"中央来信了"的消息不胫而走,红15军团上下一片欢腾。"打胜仗迎接党中央!打胜仗庆祝会师!"成为全军团指战员的共同心愿。徐海东对指挥部的人员说:"毛主席和党中央快到了,我们要再打一仗,作为见面礼!从哪里下手呢?110师搞掉了,107师已经被搞垮了五个营,米脂方面高桂滋、井岳秀两支部队已经放弃瓦窑堡向北逃走了,我们现在附近的敌人已经不多了,干脆立刻南下打一仗!"

指挥部人员完全同意徐海东的意见,经过讨论,认为,张村驿一带几个地方民团据点,虽然兵力不多,但都由当地土顽武装组成,储藏了大量粮食和物资,凭借深沟壁垒,不时出动骚扰,并经常给国民党军通风报信,对红军行动妨碍极大。红15军团决定,由徐海东率红78师南下,拿下这几个据点,肃清顽匪,解决部队物资供应问题，迎接中央红军。

就在红78师准备南下作战的同时，贾拓夫率领的陕甘支队先遣队与中共陕甘晋省委派出迎接中央的郭洪涛、程子华两人在安塞县下寺湾（后属甘泉县）相遇。程子华和郭洪涛通过贾拓夫带来的电台，把陕甘苏区和红15军团的情况，向党中央作了简要汇报。

接到电报后，中共中央于10月29日率陕甘支队经保安东进，准备与红15军团会师。有了与红四方面军会师后所发生的一系列问题的教训，毛泽东高度重视此次与红15军团的会师，特别是这次会师关系到未来中国革命的大本营建设，更是意义非凡，因此专门与彭德怀电令部队：要精心准备沿途受到群众欢迎时回答的口号，特别注意与红15军团见面时应说的话；部队官兵要打草鞋，洗衣，洗澡，补充粮食，力求部队清洁、整齐、有礼节。

11月2日，中央到达下寺湾。下寺湾，是陕甘边区特委所在地。中央到达时，天空飘起雪花，毛泽东、张闻天、周恩来等人和陕甘支队官兵受到了边区政府和列宁小学师生、当地群众的夹道欢迎。第二天，边区政府专门举行了欢迎大会。大会召开前，中央政治局常委举行扩大会议，听取陕甘晋省委副书记郭洪涛和西北军委主席聂洪钧关于陕北苏区、陕北红军及其作战情况的汇报。在此之前，毛泽东已经得知了陕北肃反扩大化和刘志丹等被关押的情况，当即下令停止逮捕，停止审查，停止杀人，一切听候中央解决。

下寺湾毛泽东旧居

欢迎大会结束后，中央政治局继续开会就中央和红军的组织问题，做出了一系列重大决策。毛泽东建议：中央对外用中共西北中央局和中央政府办事处的名义较适当，公开使用中共中央和中央政府名义可在打破国民党军"围剿"之后再定。他指出：陕甘支队同红15军团会合后，红15军团编制应保存，红26、红27军也不要合并。成立红一方面军，陕甘支队编为红1军团。

会议通过了毛泽东的建议，最后决定：中共中央对外暂时使用中共西北中央局和中华苏维埃共和国中央政府西北办事处的名称。成立中国工农红军西北革命军事委员会，毛泽东为主席，周恩来、彭德怀为副主席，同时规定：大的战略问题，军委向中央提出讨论；战斗指挥，由军委全权决定；恢复红一方面军番号。

中共西北中央局实际上就是中共中央，中国工农红军西北革命军事委员会则由中共中央直接领导，实际上是中央革命军事委员会。只是考虑到部分中央政治局成员随红四方面军行动，朱德等人也被张国焘裹胁到了川西北地区，中央和红军处于分裂的状态，为了维护党内团结，暂时使用了这两个名称。

会后，西北革命军事委员会主席毛泽东和副主席周恩来、彭德怀于11月3日发布通令："奉中华苏维埃中央政府命令，兹委任毛泽东、周恩来、彭德怀、王稼祥、聂洪钧、林彪、徐海东、程子华、郭洪涛九同志为西北革命军事委员会委员，以毛泽东为主席，周恩来、彭德怀为副主席。"

同一天，西北革命军事委员会发布命令，宣布恢复中国工农红军红一方面军番号，任命彭德怀为红一方面军司令员，毛泽东为政治委员，下辖红1军团、红15军团。随后，西北革命军事委员会又任命叶剑英为红一方面军参谋长，王稼祥为政治部主任，李富春为政治部代理主任，张云逸为副参谋长，杨尚昆为政治部副主任。

红1军团由红军陕甘支队第1纵队、第2纵队编成，林彪任军团长，聂荣臻任政治委员，左权任参谋长，朱瑞任政治部主任，罗荣桓任政治部副主任。下辖第2师（师长刘亚楼，政治委员萧华，参谋长钟学高，政治部主任邓华），第4师（师长陈光，政治委员彭雪枫，参谋长陈士榘，政治部主任舒同）和第1团（团长杨得志，政治委员罗元发）、第13团（团长陈赓，政治委员邓飞）。红15军团依旧辖原属部队，徐海东任军团长，程子华任政治委员，周士第任参谋长，郭述申任政治部主任，冯文彬任政治部副主任，下辖第75师（师长张绍东，政治委员赵凌波，参谋长毕士悌，政治部主任周碧泉）、第78师（师长杨森，政治委员崔田民）、第81师（师长贺晋年，政治委员张达志）和一个骑兵团。方面军总兵力一万余人。

在恢复红一方面军番号时，彭德怀主动提出：为保留井冈山的旗帜，应恢复红1军团番号，而将原红3军团列入红1军团序列，红10团、红11团、红12团编为红4师，红13团编入红1师。这种顾全大局、不计个人兵权的高尚品德，博得了党中央和全军的敬佩，也为红一方面军的顺利整编创造了条件。

象鼻子湾会师

11月4日，毛泽东、周恩来、彭德怀率红1军团继续南下，准备和红15军团会合，粉碎国民党军对陕北苏区的第三次"围剿"；张闻天、博古等率领中共中央机关前往瓦窑堡（今子长县城），主持苏区后方工作。

两军会师就在眼前，毛泽东的心里非常高兴。到达象鼻子湾时，他召集部队进行会师前的最后动员："从江西瑞金算起，我们走了一年多时间。我们每人开动两只脚，走了两万五千里。这是从来未有过的真正的长征。我们红军的人数比以前是少了一些，但是留下来的是中国革命的精华，都是经过严峻锻炼与考验的。留下来的同志不仅要以一当十，而且要以一当百、当千。今后，我们要和陕北红军、陕北人民团结一致，要作团结的模范，共同完成中国革命的伟大使命，开创中国革命新局面。"

红1军团部队在象鼻子湾进行休整，准备与红15军团会师。11月7日，毛泽东、周恩来与彭德怀前往设在甘泉县道佐铺的红15军团团部，与徐海东、程子华、郭述申等人共同商定打破国民党军第三次"围剿"的大计。

此刻，徐海东已于11月初率红78师南下，包围了张村驿、羊泉源、东村、套通（今北道德）等民团据点，并发起攻击。战斗刚刚开始，军团政治委员程子华派人骑快马给徐海东送来了信函："毛主席今天下午要到军团部来，请徐海东同志速回军团部驻地。"徐海东见信后，大喜过望，马上命令部队暂停攻击，自己骑马飞奔军团驻地。刚刚洗完脸，毛泽东等人就走进了院子。

程子华刚要介绍徐海东，毛泽东已快步上前，紧紧握住徐海东的手，说："是海东同志吧？你们辛苦了！"徐海东这位窑工出身的红军高级将领，见到了天天盼、夜夜想的毛泽东等中央领导同志，心情非常激动，把一路上想好的话忘得一干二净，一时什么话都说不出来了，只是紧紧握着毛泽东的手傻笑着。毛泽东、周恩来、彭德怀与众人一一握手，并给以亲切的问候和鼓励。毛泽东见众人拘谨，遂开了几句玩笑，大家才都感到轻松，消除了拘束。

徐海东、程子华向毛泽东等人汇报了红25军长征到达陕北，与红26、红27军合编为红15军团,以及取得劳山、榆林桥战役胜利的情况。毛泽东高度评价了陕甘红军和红25军开辟根据地的历史功绩,并用"落霞与孤鹜齐飞,秋水共长天一色"的诗语,来形象地说明开辟革命根据地同发展红军的密切关系,说:我们军队打到哪里,根据地就发展到那里。我们现在到了陕北,根据地就建立在陕北。

毛泽东详细询问了部队的情况,并对照作战地图听取了红15军团反击国民党军第三次反"围剿"的计划。徐海东分析了敌我双方的情况后,对反"围剿"的设想做了汇报。毛泽东听得很认真,折起地图后,说:"按你们的部署打下去,先拿下张村驿,使苏区连成一片,打开红军向西出击的道路,我们再谈下一步的作战方针。"

红1、15军团在象鼻子湾会师时毛泽东雪地讲话旧址

谈话结束后,徐海东返回前线指挥战斗。毛泽东对徐海东说:"给你一部电台带着,能方便些。""我不会用,"徐海东老实地说,"有骑兵通信员就行了。"毛泽东微笑着说,"那可太慢了。不要你自己动手,需要联络时,你向电台工作同志说,他们会使用它。我等着你的胜利捷报!"

徐海东回到前线,立刻将毛泽东等中央领导已到达军团部的消息和毛泽东的指示传达到了全体官兵。红78师沸腾了,官兵们纷纷表示:"一定要打下张村驿,迎接毛主席!"

当天深夜，红78师发起总攻，战士们奋勇爬上敌人两丈多高的围墙，经过激烈的战斗，全歼了守敌。战斗结束后，徐海东发出了自己的第一份电报，向毛泽东报告了战斗胜利的消息。毛泽东马上复电，向参战部队祝贺胜利。

红15军团主力随即北返，到达象鼻子湾，与红1军团部队胜利会师。虽然天降大雪，但每一个红军战士心里都是热乎乎的，如同久别重逢的亲人，有说不完的话，诉不完的情。

两军会师之后，部队进行整编。徐海东和程子华等红15军团领导人热烈欢迎党中央和中央红军的到来，坚决服从党中央的指示，指示部队：我们虽然原来是四方面军的部队，但长期单独活动。现在情况不同了，有党中央直接领导，今后一切大政方针由党中央定夺，我们就照中央指示办，要执行好、贯彻好。他们要求全体官兵必须尊重和服从中央的领导，全体干部、党员要保持坚定的党性和高度的组织纪律性，保证不发生张国焘分裂党和红军那样的错误。徐海东并特别要求部队，中央红军是老大哥，我们一定好好向他们学习，要互敬互爱，亲如兄弟。

《大公报》对中央红军与红15军团会师以及红四方面军南下的报道

徐海东文化不高，但党性坚定。中央红军刚到陕北，经费困难。毛泽东派人找到徐海东，要求借用两千五百元钱。徐海东立即找来供给部部长查国桢和财务科长傅家选商量，查国桢为难地说："军团长，我们现在全部家底只有七千元，……"徐海东打断他的话，果断地说："中央红军刚到，困难比我们多。我们要勒紧裤带，多为中央红军解决困难。"他决定，军团只留下两千元，其余五千元全部送给中央。中央供给部长叶季壮后来说："这真是雪里送炭啊！中央红军刚到陕北时，还像夏天一样，穿的是单衣单裤，难以抵御黄土高原强劲的西北风。现在穿上了棉衣，吃到了陕北老乡送来的小米稀饭。想想过去，丢掉了根据地，屁股都没有坐处，吃尽了苦头。许多同志想着想着，大颗大颗的泪珠就滴到捧着的饭碗里。"

为了加强红15军团的各级领导，根据徐海东、程子华的要求，西北军事委员会先后派周士第、王首道、冯文彬、张纯清、陈奇涵、宋时轮、黄镇、唐天际、杨奇清、毕土悌等军政领导干部到红15军团工作，有力地加强了红15军团的建设。红15军团则全力帮助红1军团解决人员、弹药等缺乏的困难。徐海东与程子华商议后，召开干部大会，要求每个连队抽出三挺机枪和若干枪支，以及部分衣物、布匹、医药用品等送给红1军团，并要求做到"三个不送"：不送缺损零件的枪支，不送变质药品，不送脏破衣服。红15军团同时决定，集中部分在芳山、榆林桥战役中入伍的战士，经过训练后，编入红1军团。

这种同志间的团结友爱和阶级情谊，使得两军会师后整编为红一方面军的工作进行得异常顺利，部队的战斗力得到了大大提高，有力地保障了即将到来的战斗。

奠基礼——直罗镇战役

中共中央到达陕北和两支红军的胜利会师，令蒋介石如坐针毡。南奔北走一年多，围追堵截大半个中国，依旧无法"剿灭"毛泽东指挥的中央红军，反而使中央红军落脚陕北，与红15军团会合。他很清楚，如果不能迅速"剿灭"红军于立足未稳之际，那么在毛泽东的领导下，红军很快就会在西北打出一片新的红色大地，最终构成对国民党统治的巨大威胁。因此，陕甘支队刚到陕北，他就严令西北"剿总"代总司令张学良进兵"围剿"，务求不使红军落地生根。

根据蒋介石的命令，10月28日，国民党西北"剿总"代总司令张学良重新调整对陕甘苏区的"围剿"部署，集中东北军精锐5个师，分别由鄜县、合水东西对进，企图乘红军立足未稳，围歼中共中央机关和红一方面军。具体部署是：以第57军四个师，由甘肃的庆阳、合水地区，经太白镇沿葫芦河东进；以第67军之第117师由洛川北进鄜县，尔后西进，打通由合水至鄜县的交通联系。

张学良的计划是：首先构成沿葫芦河的东西封锁线（合水至鄜县），并打通洛川、富县与保安之间的联系，然后构成沿洛水的南北封锁线（鄜县至保安）。在完成这两道纵横交错的封锁线后，再按南进北堵、逐步向北压缩的方针，消灭红军于洛水以西、葫芦河以北的狭小地区。

11月1日，国民党军第57军在军长董英斌指挥下开始行动，部队稳扎稳进，步步为营，由西向东缓慢推进，先头第109、第111师于当日进占太白镇，第106、第108师随后跟进。第67军第117师则在军长王以哲指挥下，于6日由洛川到达鄜县。两路国民党军总兵力三万余人,而且均是张学良东北军的主力,是他看家的本钱,装备精良。

红一方面军只有一万余人,兵力和装备都与国民党军相差悬殊。形势十分严重,如果让国民党军构成合水至鄜县、鄜县至保安的东西、南北封锁线,陕甘苏区就将被整体分割,不仅无法打破国民党军对陕甘苏区的第三次"围剿",而且现有的苏区也不能巩固,甚至于中共中央在陕甘地区立足也很困难,很有可能还得再次踏上转战的征程。

但是,毛泽东却非常镇定。大敌当前,他看到的不但是悬殊的力量对比和险恶的前景,更看到的是破敌的有利条件和胜利的基础。他认为:红军固然在力量对比中处于绝对下风,但也存在着众多有利条件,这就是:东北军背井离乡移至西北,受蒋介石驱使参加"剿共"作战,而自己的家乡却被日本侵略者占领,广大官兵对蒋介石对日妥协、积极"剿共"的反动政策极为不满,士气低落;而中共中央和红一方面军主力到达陕北,极大地鼓舞了陕甘苏区全体军民的胜利信心,增强了反"围剿"的军事力量,红军全体指战员士气高涨,一致要求以打胜仗来庆祝陕甘支队同红15军团的胜利会师;苏区广大群众拥护红军,反对国民党统治;红军具有丰富的反"围剿"作战经验,且处于内线作战,可以有效地集中兵力,各个歼敌;陕甘红军长期在陕北地区作战,熟悉当地地形,可以选择最有利的地域迎击敌人,最大限度地降低国民党军的装备优势。天时、地利、人和,都在红军一方,因此毛泽东对胜利充满信心。

他仔细研究了敌情、地形,认为,国民党军进攻的关键是构建纵横交错的两道封锁线,而这两道封锁线的中轴线则是葫芦河。葫芦河成了敌我双方争取主动、夺取胜利的战略和战役枢纽。抓住了这一战略与战役枢纽,就抓住了国民党军"围剿"部署的致命"七寸"。只要能够在葫芦河沿岸消灭国民党军一部,则国民党军的整个进攻部署就会被打乱,红军向东、向西转向,都能灵活自如地发展胜利。

毛泽东毫不犹豫地将战役作战方向指向了葫芦河。他与周恩来、彭德怀周密筹划,决定将首战目标指向董英斌指挥的沿葫芦河东进部队。首先集中全部兵力,采取诱敌深入的战法,将敌诱入既设战场,力争歼灭其一两个师,然后再视情转移兵力,各个歼灭敌人,打破敌之"围剿",并向洛川、中部、宜君、宜川、韩城以及关中、陇东一带发展进攻。

为了确保战役胜利,毛泽东等人再三斟酌,并与徐海东等红15军团干部反复协商,最终确定了歼敌的战场——位于葫芦河中游,陇东通往鄜县、宜川的必经之地直罗镇。

大战悄然拉开帷幕。11月6日和7日，红1军团由甘泉以西的定边集、下寺湾先后进至富县西北之秋林子和甘泉西南之老人仓地区；红15军团则攻占直罗镇以东的张村驿、东村等据点，扫清了预定作战地区内的敌军势力。同时，第15军团第81师继续围攻甘泉城，调动敌人东进。

但国民党军行动谨慎。遭受了劳山战役的惨败，更清楚毛泽东所率的红一方面军部队精于诱敌深入，内线破敌，曾在反"围剿"作战中屡挫国民党军的精锐之师，张学良严令部队不得冒进，以免遭受不测。董英斌遵命行事，第57军于11月1日占领陕甘边界上的太白镇后，即在太白镇、合水地区徘徊不前，构筑工事，搜集粮食。

红1军团和第15军团部分领导干部合影。
左起：王首道、罗瑞卿、杨尚昆、程子华、聂荣臻、陈光、徐海东、邓小平。

11月12日，红1军团进至直罗镇东北的九原、上高地、套通地区，第15军团主力进至直罗镇东南张付驿、桃花岭地区。毛泽东令部队耐心隐蔽待命，同时令第81师加紧对甘泉之敌的围攻，促使敌人判断失误，让第57军放胆东进。

双方僵持达半个月之久，张学良这位西北"剿总"终于上当，断定红军主力正位于甘泉城下，命令第57军立即东进。11月17日，第57军以一个师留守太白镇，主力继续沿葫芦河向鄜县方向前进。19日，第57军所属第109师并指挥第111师第632团进至黑水寺，董英斌率军部及第111师主力、第106师进至张家湾东西地区。

久盼的战机终于出现。毛泽东于18日在张村驿主持召开方面军团以上干部会议，做战役动员与部署。毛泽东详尽地分析了敌情，然后给大家讲了《水浒传》中武松打洪教头的故事。他说："武松打洪教头，不是先冲过去，而是先后退两步，这是为了避其锋芒，握紧拳头，发现弱点，一下击中对方的要害，直罗镇战役的部署正是这个道理。我们要利用有利地形，把敌人引进来，然后集中优势兵力，攻其不备，消灭敌人的主力。"生动的比喻，严密的部署，使众人豁然大悟，尽悟毛泽东的破敌之策。彭德怀也对各级指挥员提出了严格要求：抓战机要准，打敌人要狠，一定要打出我们工农红军的威风，坚决歼灭敌人。

会后，毛泽东、彭德怀组织两个军团的干部前往直罗镇，现场确定作战部署。这是一个不过百户人家的小镇，三面环山，一条从西向东的大道穿镇而过。镇北是一条流速缓慢而平静的小河。镇东有个旧寨子，房屋已经全部倒塌，但寨墙大部完好。整个地势如同一个口袋，非常利于打伏击。众人看后，笑逐颜开，对胜利更加充满信心。

众人都在议论，彭德怀却严肃地绷着脸，不多说话，只是用望远镜细细地察看地形，不放过任何一个疑点。忽然，他走到了徐海东的跟前，指着小寨子说："如果敌人占领了它，就会把它变作一个据点，可能会给我们的进攻造成麻烦，要把它平掉！"

徐海东马上说："这个好办，今天晚上我派一个营，把它彻底毁掉！"并当即向一位团长下达了命令。

现地勘察后，毛泽东、彭德怀确定了战役计划：主力集结待机，红15军团以一个连在阎家村北山担任警戒，与国民党军接触后，节节抵抗，把其先头部队第109师引进直罗镇，然后红1军团由北向南，红15军团由南向北，两面夹击，求歼敌于直罗镇地区。

19日下午，红1军团进至直罗镇东西的石咀、凤凰头、上下莫河地区集结，并于安家川、直罗镇以北山地开设观察哨，直接观察敌人的行动。红1军团军团长林彪亲自到观察哨观察国民党军动向，于19日晚向毛泽东、彭德怀报告：敌109师向直罗镇前进时，可能会先占领和巩固北山寺北端高地，不太可能长驱直入直罗镇，建议红1军团除以一部分人员进行侦察外，主力20日继续隐蔽待机，何时发起攻击，如何进行攻击，依敌军进展情况再最后确定。谨慎细致，是林彪指挥作战的一大特点，他也是这样估计敌人的，认为国民党军第109师不敢冒进直罗镇。可是这次他高估了他的对手。

国民党军第109师师长牛元峰是张学良的亲信，狂妄自大，董英斌都不得不让他

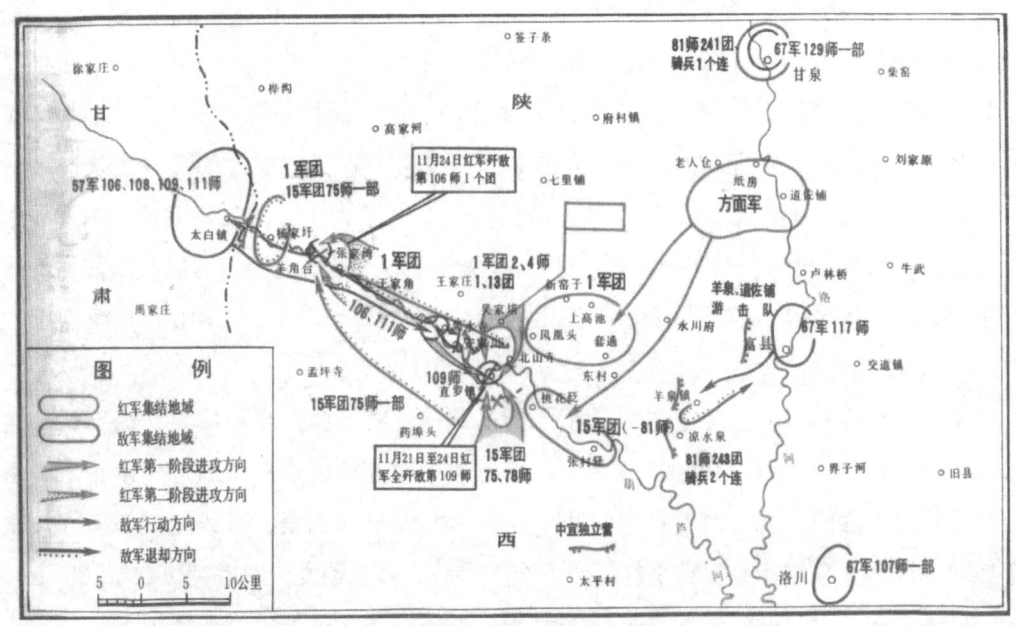

直罗镇战役要图

三分,更没有把红军放在眼里。虽然董英斌再三嘱托他要稳扎稳进,牛元峰却坚持要经直罗镇快速北进,加上红军派出的诱敌分队一打就退,更使他认定红军是抵挡不住,怯战退走,对部属说:"我们早走晚走,怕什么?那么胆小,还打什么仗!老子一个师都不怕,他董英斌指挥四五个师倒被红军吓得像个娘们。"他指挥部队一路猛追红军诱敌分队,在飞机的掩护下,兵分三路,浩浩荡荡地于20日16时进入了黑水寺、直罗镇。进了镇子后,牛元峰见没有红军更是得意忘形,一面向西北"剿总"发电"报捷",一面下令杀猪宰羊,大摆筵席,犒赏全师,庆祝"胜利"。

牛元峰就这样被毛泽东牵住"牛鼻子",顺从地进入了红军的伏击圈。20日16时,彭德怀、毛泽东定下决心:"21日消灭直罗镇一带之敌一师至两师。"并做出了具体部署:红1军团于21日拂晓前到达袁家山附近展开,以两个师自北向南进行主要突击。第一步攻占直罗镇北山,歼灭该处之敌,尔后协同红15军团夺取直罗镇。另以一个团在直罗镇东北,协同葫芦河以南之红15军团一部,阻止敌军沿葫芦河东窜,以一个团进至老人山方向,断敌先头师与安家川后续部队的联系,阻敌西逃,并打击可能来援之敌,以侦察连向黑水寺佯动。第二步视战役发展情况,准备歼敌后续部队。

红15军团主力(今第81师)于21日拂晓前到达直罗镇以南地区展开。第一步自南向北进行突击,歼灭直罗镇南山敌人后,立即向直罗镇发起进攻,协同红1军团歼灭该敌。第二步视情况发展，准备协同红1军团作战。

红15军团第81师，除以第241团及军团一个骑兵连继续围困甘泉之敌外，师部率第243团在中（部）宜（君）独立营、地方游击队配合下，积极牵制鄜县、中部等处之敌，阻止东路敌军之可能增援。

红军各部连夜行动。在牛元峰和他的部下酒足饭饱、昏昏酣睡的时候，红1军团和红15军团主力在夜色掩护下，悄悄地将直罗镇围得水泄不通。战斗胜负关系到红军的前途命运，因此，毛泽东、周恩来亲自在红1军团指挥战斗，彭德怀则在红15军团指挥战斗。

21日拂晓，天空飘起了小雪，红1军团和红15军团主力突然发起进攻。在红1军团方向，红2师、红4师主力和红13团从北、西北、东北三个方向展开猛攻，红4师一个团插向安家川以东高地，断敌退路；在红15军团方向，红75师两个团及红78师一个团，从西南、南、东南方向冲向直罗镇。各路红军如数把利剑，迅速刺进了敌阵，很快将敌军分割、包围。

直罗镇战役旧址

国民党军在红军的突然打击下，从睡梦中惊醒，仓促应战，很快被红军歼灭一部。但第109师毕竟是东北军的主力，在经过了最初的混乱后，重整队势，发起凶猛的反击，力图打通各部联系。牛元峰如一头落入火阵的蛮牛，赤膊上阵，率部左冲右突。红2、红4师并肩突击，攻占镇北高地，打垮敌军四个营，冲向镇子。但第109师第

626团团部仍带一个营固守在一个高地上。

毛泽东伫立直罗镇后山的一棵梨树下,密切注视着战局的发展。见红1军团各部都在与敌僵持,拿出铅笔,在一张纸条上写道:"陈赓同志:命令你团立即向敌626团团部发起攻击,务必歼灭之。现有四团两个连协助你们,注意联络。毛,21日9时半。"然后把手中铅笔往空中一挥,对林彪派出向他报告战斗进展情况的参谋,斩钉截铁地说了两句话:"告诉你们林军团长,我要的是歼灭战,不要击溃战。"

红13团团长陈赓接到命令后,立即率部投入进攻,消灭了第626团团部及一个营。在此期间,红15军团也在彭德怀、徐海东的指挥下,攻占了镇南高地,在红1军团主力协同下,突入了镇内。激战至12时,红军攻占直罗镇两侧的高地,国民党军109师大部被歼。

牛元峰率残部五百余人,退入镇东南之土寨内,重新垒起石头作为工事,固守待援。红军将土寨包围,并展开政治攻势,喊话要求敌军投降。牛元峰却在寨内破口大骂,拒不投降。红15军团连攻数次,但因缺乏火炮,火力不足,未能奏效。徐海东没有想到战前派出的部队没有彻底平毁寨子,让敌人可以利用,想起当时彭德怀的指示,非常后悔自己没有亲自监督检查。他绝不允许红15军团在两军会师后的第一仗中出现纰漏,决定再次组织进攻,坚决拿下寨子。部队正在准备,周恩来到了阵前,听取汇报后,用望远镜仔细观察了土寨内的情况,胸有成竹地说:"让部队停止进攻。敌人已经是瓮中之鳖,不好攻就暂且围着它。寨子里既无水又无粮,他撑不了多长时间,很快就会逃跑的,那时你们就可以在运动中消灭它。"

国民党西北"剿总"接到第109师被围的消息后,张学良心急如焚,于21日22时令董英斌率第111、第106师火速增援直罗镇,解第109师之围;令鄜县西进的第117师加紧向羊泉镇、张村驿前进;令中部地区的第38军第17师进至公家原、丁家原,策应第57军及第117师作战。22日上午,国民党军第57军部队开始行动,第111师沿安家川北山向红

直罗镇战役缴获的牛元峰的手枪

军发动进攻,第106师由黑水寺沿老人山向红军右翼实施迂回,但其余两路部队按兵

不动。

毛泽东早已把目光由直罗镇转向了增援之敌，决心抓住各路敌军协同较差的弱点，集中红军主力，以各个击破的战法，首先歼灭西线增援之敌。因此，他留下周恩来、彭德怀在直罗镇坐镇指挥第15军团主力围歼残敌，亲率红1军团迎击增援之敌。不料，第111师在安家川以东地区与红1军团一经接触，董英斌就命令该师向西退至黑水寺地区，向第106师靠拢。红军歼灭援敌的计划未能实现。

直罗镇烈士纪念碑

董英斌竭力避战，毛泽东则不依不饶，穷追不舍。根据两天来的战况，毛泽东认为第57军已是惊弓之鸟，红军必须迅速抓住战机，乘胜扩大战果。因此决定主动出击，以"包围黑水寺，整个解决董英斌"为基本方针。23日8时，毛泽东确定了新的作战部署：以红1军团主力进至黑水寺东北之韩家河、甘沟门、王家庄地区，准备对黑水寺实施进攻；以第1团、第13团及军团侦察连，由聂荣臻率领，由北面实施迂回，进至黑水寺以西的龙益湾、王家角以北地区，阻敌西逃，并打击由西来援之敌；以红15军团主力秘密进至黑水寺以北，控制黑水寺至太白镇之间二三十公里的地区，断敌退路和阻敌援兵，确保孤立董英斌部。另外，以羊泉镇、道佐铺两地游击队逼近鄜县，大造声势，摆出红军主力马上要攻打鄜县的姿态，牵制、迷惑敌人，袭扰第67军后方，阻止其可能的西援。

可是，董英斌实在是被红军打怕了，特别是第109师全军覆没，令他心惊胆寒。

就在红军调整部署之时，董英斌率第106、第111师及军部逃往了太白镇。毛泽东下令部队三路追击。24日，红1军团部队在聂荣臻指挥下，在张家湾至羊角台途中，追歼国民党军第106师第617团。

一直被红15军团部队包围在直罗镇土寨内之国民党军第109师残部已经陷入了绝望的境地。牛元峰虽对部属恩威并施，但寨子里缺粮无水，增援无望，很快就无人再听他指挥。无奈之下，牛元峰只得在23日午夜率部突围。红15军团穷追几十里，于24日上午在直罗镇西南的老牛湾将之包围。卫士要掩护牛元峰逃命，牛元峰当初将话说得太大，自觉无颜再见袍泽，掏出手枪给随从副官，说："我姓牛，这里是老牛湾，这是老天容不下我。天意不可违，我走不了了，你帮我做个了断。"老牛湾便成了牛元峰的归天之处。

董英斌率部退守太白镇后，紧急加固工事，重兵固守。敌军猬集一团，红军不易攻克。毛泽东从来反对作战中的死打硬拼，遂指示聂荣臻在前线释放几个俘虏军官，让他们转告东北军领导人，只要东北军同意反蒋反日，与红军停战，红军俘虏东北军的人员和缴获的枪支可以如数归还。

随后，毛泽东指挥方面军主力撤出战斗，挥师向东，寻歼由鄜县西进的国民党军第117师。但在红军东进途中，第117师得知第57军后撤的消息后，急速退回了鄜县县城。红军遂结束战役，主力集结羊泉镇以北地区转入休整。

直罗镇战役，红一方面军共歼敌一个师零一个团，毙国民党军师长牛元峰、团长石世安、郑树藩以下一千余人，俘虏五千三百六十七人，缴枪三千五百余支（挺）。在战斗中，原红8军团政治委员黄甦英勇牺牲。东北军被俘人员经过教育后，大多被予以释放，对红军以后同东北军建立抗日民族统一战线起了积极作用。

直罗镇战役的胜利，彻底打破了国民党军对陕甘苏区的第三次"围剿"，为苏区的巩固与发展赢得了一个相对稳定的环境。正如毛泽东后来评价的那样："直罗镇一仗，中央红军同西北红军兄弟般的团结，粉碎了卖国贼蒋介石向着陕甘边区的'围剿'，给党中央把全国革命大本营放在西北的任务，举行了一个奠基礼。"

陕甘支队与红15军团会师，整编为红一方面军，同时取得了粉碎国民党军第三次"围剿"的胜利，标志着红一方面军彻底结束了无后方的长途转战，开始进入了壮大发展的新时期。而陕甘苏区的巩固与发展，则为尔后的工农红军各大主力会师西北，最终结束长征，奠定了坚实的基础。

史料链接

★ "刀下留人"

在中共中央率领陕甘支队到达陕北时,陕北根据地党内正面临一场严重的危机。1935年7月,朱理治以中央代表名义到达陕北,开始推行"左"倾错误路线。红25军到达陕北后,成立了陕甘晋省委,朱理治任书记,戴季英任政治保卫局局长,并改组了西北军事委员会,聂洪钧任主席。在聂洪钧、戴季英的主持下,陕北根据地在党内和红军内错误地进行了反对右倾取消主义和肃清反革命右派的斗争。

"肃反"首先在后方展开,随后又扩大到了前方的红26军部队,刘志丹、高岗、习仲勋、马文瑞等陕甘苏区和陕甘红军创始人,以及二百多名干部、党员被逮捕,受到严刑逼供,一些人被杀害。陕甘苏区这个硕果仅存的革命根据地因此陷入内部危机。

党中央到达吴起镇以后,毛泽东、周恩来等人在接见当地游击队负责人张明科时,首次了解到了陕甘苏区肃反的严重情况。当听说刘志丹也被逮捕时,毛泽东非常震惊,起身反复问道:"为什么?什么时间被关押的?现押在什么地方?"并指示先期出发寻找陕甘晋省委和红15军团的贾拓夫、李维汉,一定要搞清情况,立即电告中央。

贾拓夫、李维汉到达甘泉下寺湾时,与陕甘晋省委副书记郭洪涛相遇,证实了陕甘苏区肃反扩大化的严重问题。他们立即将这一情况电告党中央。毛泽东意识到了事情的严重性,马上下令:"刀下留人,停止逮捕,停止审查,停止杀人,一切听候中央解决。"

毛泽东、张闻天、周恩来等人到达下寺湾后,亲自听取了郭洪涛的汇报。毛泽东坚决地说:"陕北的肃反搞错了,要纠正,要立即释放刘志丹。"他说:"我们刚刚到陕北,仅了解到一些情况,但我看到人民群众的政治觉悟很高,懂得许多革命道理,陕北红军的战斗力很强。苏维埃政权能巩固地坚持下来,我相信创造这块根据地的同志们是党的好干部。"

中央决定,立即派国家政治保卫局执行部长王首道与贾拓夫、刘向三等人带电台赶往陕甘晋省委驻地瓦窑堡,接管陕甘边区保卫局,制止肃反,调查情况,控制事态发展。临行前,毛泽东语重心长地对王首道等人说:"杀头不能像割韭菜一样。韭菜割

史料链接

了还可以长起来，人头落地就长不拢了。如果我们杀错了人，杀了革命的同志，那就是犯罪的行为，要切记这一点，要慎重处理。"并说："要做好调查研究工作，绝不能马虎从事。"

王首道等迅速赶到瓦窑堡。主持肃反的戴季英搬出了证明刘志丹是所谓"右派"、"反革命"的许多案卷，力图证明肃反是正确的。王首道等人认真审阅案卷，并深入干部、群众中进行周密的调查研究，认为：刘志丹对革命忠心耿耿，屡建功勋，是久经考验的共产党员和红军的优秀领导干部，绝不是什么"右派"、"反革命"。戴季英等人强加在刘志丹身上的"罪状"一条也不能成立，强加在其他被捕同志头上的"罪状"也全是诬蔑不实之词。

11月10日，中共中央机关到达瓦窑堡。中央决定组成董必武为主任，王首道、张云逸、李维汉、郭洪涛参加的五人党务委员会（通称"五人小组"），在博古的指导下，审查错误肃反事件。张闻天作为中央总负责人，亲自指导审查工作，经过严格的审查，中央认为逮捕刘志丹等同志是完全错误的，是莫须有的诬陷，是机会主义的"狂热病"，下令释放了刘志丹、高岗、习仲勋、马文瑞等人。

11月30日，中央召开大会，正式为刘志丹等人平反。中央在《西北中央局审查肃反工作的决定》中指出：陕甘晋省委个别领导同志夸大反革命的力量，在反革命面前表现恐慌，因此在肃反斗争中犯了小资产阶级的"极左主义"和"疯狂病"的严重错误。党中央对制造这次冤案的戴季英、聂洪钧等给予了严厉处分，撤销了戴季英等人的职务。

毛泽东、周恩来回到瓦窑堡后，亲切接见了被错捕的同志。刘志丹见到周恩来后，说："周副主席，我是黄埔四期的，是您的学生。"周恩来热情地说："我知道，我们是战友。"并说："你和陕北的同志受委屈了。"刘志丹回答说，"中央来了，今后事情都好办了。"周恩来严厉批评了戴季英，指着他说："像刘志丹这样的'假革命'，越多越好；像你这样的'真革命'，倒是一个没有才好！"毛泽东也亲切地安慰刘志丹说："你受委屈了！但对一个革命者来说，坐牢也是一种考验，又是一种休息。"

此后，毛泽东又从徐海东那里了解到鄂豫皖苏区肃反中还有三百余名同志受冤枉，被打成"改组派"、"AB团"、"反革命嫌疑犯"。这些同志随红25军长征到达陕北，至今仍戴着这些帽子。毛泽东马上指示："要立即给他们摘掉帽子。党员恢复党籍，团

史料链接

员恢复团籍。"当这些同志被平反并恢复党籍团籍时,所有人都激动得哭了。

★《三大纪律、八项注意歌》

红25军由鄂豫皖西征的过程中,时任红25军政治部秘书长的程坦从不同渠道了解到了中央红军部队实施的"三大纪律八项注意"规定。红军陕甘支队到达陕北,并与红15军团会师后,他又看到了陕甘支队发布的《中国工农红军三大纪律八项注意布告》。正巧,红15军团部队在劳山战役和榆林桥战斗补入了许多解放战士。为了用革命纪律教育广大指战员,特别是补入红军的一批解放战士,已经担任红15军团秘书长的程坦,在军团政治部宣传科长刘华清的协助下,依照布告的内容,编写歌词,填入原来在鄂豫皖革命根据地流行的《土地革命歌》的曲调中,经军团政治部主任郭述申批准,以《红军三大纪律八项注意歌》为名,刊登在军团政治部编印的《红旗》报上。

《红军三大纪律八项注意歌》,以简明易记的内容和流畅上口的曲调,受到红军官兵的热烈欢迎,不仅在红15军团部队迅速传唱开来,而且在红军各部队和尔后的八路军、新四军、解放军部队中广为传唱,对加强人民军队建设产生了重要作用。

全国解放后,解放军总政治部根据1947年10月10日中国人民解放军总部重新颁布的"三大纪律、八项注意"内容,先后于1950年和1957年两次组织人员对歌词进行修改,并两次正式公布。因此,现在的《三大纪律八项注意歌》,署名是:程坦编词,集体改词。

《三大纪律八项注意歌》,传唱全军,唱遍全国,那高亢嘹亮而又富有节奏感的旋律激励了一代又一代中国人,成为一代又一代革命军人的行为规范。

★ 给陕北工农劳苦群众书

告诉全白区工农劳苦群众:

万恶的军阀井岳秀、高培五、马鸿宾和陕北的地主豪绅,用尽一切苛捐杂税、重租高贷剥削你们,压迫你们,使你们受穷受苦,受冷受饿,成年间得不到好日子。现在,陕北有了红26军和广大的苏区,到处发展游击运动。苏区里面,打倒了地主豪绅国民党统治。工农群众,分了地主豪绅的田地、房子,不交租,不还债,不出款子,群众过的日子,比以前好的多了。这就证明,只有苏维埃、红军,才是解放工农穷人

史料链接

的唯一出路。

我们是中国工农红军陕甘支队。我们从江西中央苏区出发以来，经过了二万多里的长途远征，打败了十省国民党军阀的阻拦与进攻，才来到陕北地区与26军会合。为了解放你们及全中国工农劳苦群众而斗争！

亲爱的弟兄们！现在是你们翻身出头的日子到来了，我们来了，陕南的红26军也来了。我们同26军会合起来，红军的力量就更大了。不要畏惧帝国主义国民党军阀和地主豪绅的进攻。有了几个主力红军的会合，有了数十县发展着的赤色游击队，有了广大工农劳苦群众的觉悟与坚决斗争，我们一定能够战胜敌人！

苏区工农劳苦弟兄们！战斗的动员起来，团结在苏维埃和红军的周围，拿起枪炮和刀矛，坚决肃清苏区内部残余的反动势力。积极进攻外面来的敌人，粉碎敌人的"围剿"，为保卫和发展苏区而斗争！

邻近苏区与游击区域的群众！建立红色的工会、农会、游击队、革命委员会。不交租，不还债，不出款，团结起来，打白军，打白条，打差人。实行不见白军面，不卖米柴给白军，报告白军消息给红军。努力发展游击战争，同红军配合起来消灭敌人。

白区工农兵士学生们！起来罢工、罢课、抗租、抗债、抗款，举行革命兵变，发动游击战争。用你们的斗争，反对国民党军阀对苏区和红军的进攻。记着——只有苏维埃、红军的胜利才能解除你们的痛苦！我们一致高呼：

中国工农红军万岁！

苏维埃新中国万岁！

中国工农红军陕甘支队政治部
1935年10月29日

第二十二章

巩固与扩大陕甘苏区

直罗镇战役的胜利，使得国民党军西北"剿总"十分震惊，不敢轻举妄动，并调整部署，全力阻止红一方面军向外发展。在南侧，西北军主力第 17 路军以两个师主力驻守宜川、韩城、白水地区，东北军将主力两个军一个部署于延安、甘泉、鄜县、洛川一带，一个军部署于甘肃合水、太白镇地区并拟东调进入陕西黄陵地区，阻止红军向南发展；在北部，陕北军阀以一个师部署于榆林、横山、靖边、定边一带，不断向南袭扰，企图夺占陕甘苏区的安塞、安定、瓦窑堡等地；在东部，陕北军阀一个师据守米脂、绥德和清涧地区，山西军阀阎锡山晋绥军的步兵四个旅、骑兵一个旅进入陕西，分别位于吴堡、义合镇和神木、府谷地区，并对神府苏区的红军和游击队进行"清剿"。在西面，国民党军在宁夏、甘肃边境地区部署了两个师。国民党军从四面对陕甘苏区形成了封锁、围困。

如何巩固与扩大苏区，当时中央和红军内部有两种意见：博古等人主张红军应该"稳固地向前发

长征到达陕北后的毛泽东、朱德、周恩来、博古（自右向左）

展"，也就是继续实行在井冈山和中央苏区行之有效的"以巩固求发展"、"波浪式推进"的方针，以巩固陕甘苏区为主，逐步向南，与东北军、第17路军作战，寻求向渭水以北地区发展。毛泽东此刻则放弃了自己所独创的"波浪式推进"的方略，主张红一方面军充分利用当时蓬勃发展的抗日形势，大举东征，东渡黄河向山西发展，不是"以巩固中求发展"，而是"以发展求巩固"。

毛泽东的主张在中央和红军内部引起了不大不小的一场争论。争论的本质，在于是采取机械地、教条化的思想路线，还是一切从实际出发，具体问题具体分析的思想路线。博古等人虽然摆脱了"左"倾路线的束缚，坚决地拥护毛泽东的领导地位，但在具体问题上却难以摆脱程式化、教条化思维，认为"以发展求巩固"是"冒进"、"冒险"。更多的人则是不理解毛泽东，更不理解红军为什么要放弃一贯实行的"以巩固求发展"的方针。

毛泽东在战争指导上，从来都是不拘一格的，一切以夺取胜利、发展红军为第一要务。他东征山西的军事战略设想，是建立在客观现实的分析之上，同时又基于对军事形势的细致解剖，高瞻远瞩，是为红军找到的一条既求生存，又求发展的切实可行的军事方略。他因此说服众人，最终形成了东征的战略决策。

瓦窑堡会议

直罗镇战役胜利后，红一方面军主力集中在鄜县以西、羊泉镇以北地区进行休整，并派出一部协同陕甘苏区地方武装围攻甘泉、围困延安。

正在此时，原在苏联的中国共产党党员张浩受中共驻共产国际代表团派遣，经蒙古辗转来到陕北苏区。他也是受共产国际派遣成功到达中国与中国共产党取得联系的第一人。

张浩带来了两条主要的信息：一是共产国际七大关于统一战线政策的决议精神；二是斯大林同意红军可向西北及北方发展，并不反对靠近苏联。

这对于一直以来想取得苏联援助的中共中央来说，无疑是一个非常重要的好消息。中共中央总负责人张闻天于11月20日和25日两次致信毛泽东，主张迅速经宁夏靠近外蒙，以取得苏联的技术援助并建立更加巩固的战略根据地。

毛泽东考虑到红军需要休整、扩大，根据地需要巩固，于11月30日复电张闻天，主张"目前不宜即向宁夏，根本方针仍应是南征与东讨，东讨之利益是很大的。"继而，他又于12月1日给张闻天写信，进一步详细地指出：关于红军靠近外蒙的根本方针我是完全同意的,因为这个方针是使中国革命战争,尤其不久就要到来的反日民族战争取得更加有力量与更加迅速发展的正确方针。我不同意的是时间与经路问题,第一,红军目前必须增加一万人,在四个月内我们必须依据陕北苏区用空前努力去达此目标;第二,最好是走山西与绥远的道路,这是用战争用开展用不使陕北苏区同我们脱离的方针与外蒙靠近。为完成上述两种任务,我想有六个月左右的时间就够了。所以,我们应在明年夏天或秋天与外蒙靠近。

1935年12月17日,中共中央在瓦窑堡(今子长县县城)召开政治局扩大会议,讨论制定新时期策略路线和军事战略。毛泽东、张闻天、周恩来、博古、邓发、刘少奇、凯丰,以及张浩(即林育英,1935年12月由苏联回国,到达陕甘苏区)、郭洪涛等人出席。会议全面分析了国内政治形势,确定了建立抗日民族统一战线的总政策,并相应地调整了党的各项具体政策。

瓦窑堡会议会址

会议于25日通过了《中央关于目前政治形势与党的任务决议》,指出:日本帝国主义侵占东北三省之后,现在又在并吞整个华北,而且正准备并吞全中国,"把全中国从各帝国主义的半殖民地变为日本的殖民地,这是目前时局的基本的特点"。"我们的任务,是在不但要团结一切可能的、反日的基本力量,而且要团结一切可能的反日同盟者,是在使全国人民有力出力,有钱出钱,有枪出枪,有知识出知识,不使一个爱国的中国人不参加到反日的战线上去。这就是党的最广泛的民族统一战线策略的总路线"。决议还明确指出:"在目前形势下,关门主义是党内的主要危险",并就组织国防政府与抗日联军,将苏维埃工农共和国改变为苏维埃人民共和国,扩大与巩固共产党等问题,指明了党的方针与政策。

确定中国共产党在新的形势下的军事战略,是会议的另一个重要议题。毛泽东在会上作关于军事战略问题的报告,详细分析了红军所面临的形势和东征的意义。他指出:在陕甘苏区的北面,陕北地方军阀兵力虽不强,但临近长城和长城外荒无人烟的沙漠,红军没有发展前途。西面宁夏、甘肃边境地区,国民党军兵力也不多,但系地瘠民贫、人口不多的回民聚居区,红军发展也是困难重重。南面的关中、渭北地区,物产丰富,人口密集,但靠近国民党军的西北大本营西安,有东北军和第17路军八个多师驻守,蒋介石的中央军一部也正向西(安)兰(州)公路两侧集中,红军如向南发展,必将与国民党军重兵相抗,前途未卜。只有东面的山西,提供了红军发展的空间。山西军阀阎锡山号称拥有十万人的晋绥军,但分布在晋绥两省,缺乏同红军作战经验。同时山西是日本急谋夺取的华北五省之一,也是红军直接对日作战的重要通道。阎锡山媚日反共,派出五个旅"进剿"陕北苏区,严重威胁着苏区的巩固。红军东征,师出有名,容易得到全国人民的拥护。

毛泽东认为:目前形势正处在全国大变动的前夜,有利于革命力量发展,苏区必须迅速向外发展,红军必须迅速得到扩大,而"东讨之利益是很大的"。东征山西,可以进一步向北转进绥远或东进河北,开赴抗日前线,争取对日直接作战,把国内革命战争同抗日民族战争结合起来,推动华北乃至全国抗日救国运动走向新的高潮,可以避免同有抗日要求的国民党东北军、第17路军作战,有利于同他们建立抗日民族统一战线。同时,进攻山西,威胁阎锡山的老巢,可以把入陕的晋绥军调回山西,缓解陕北苏区的军事威胁;山西人口稠密,物产丰富,便于红军扩大兵员,解决给养以及筹款和征集作战物资。一举四得。

会议经过充分讨论,接受了毛泽东的主张,于12月23日以毛泽东报告的军事报告为基本内容,形成并通过了《中央关于军事战略问题的决议》,指出:在日本帝国主义变中国为殖民地的形势下,在中国红军和其他革命武装力量的现时状况下,党的总任务是"以坚决的民族革命战争,反对日本帝国主义进攻中国"。党的战略方针是:"把国内战争同民族战争结合起来"、"准备直接对日作战的力量"、"猛烈扩大红军"。1936年主力红军作战的主要目标,应该还是汉奸卖国贼的军队,同时应估计到1936年下半年红一方面军有可能和必要同日本军队发生部分的战争。要求红一方面军猛烈扩大到五万人。

陕北地区的红军部队

为贯彻上述战略方针，决议对红一方面军的任务和行动步骤做出明确的规定，指出：红一方面军行动部署的基础应放在"打通抗日路线"与"巩固扩大现有苏区"两大任务上，并把"打通抗日路线"作为中心任务。为此，红一方面军行动与苏区发展的主要方向，应确定放在东边的山西和北边的绥远等省，并分作三个步骤完成上述任务：第一步，在陕西，为巩固陕北苏区和确保东征山西时后方的安全，应给北面和南面进攻的敌人一个打击；扩大红军五千人，组建红28、红29军；扩大整理游击队、赤卫队等群众武装，并着手组织骑兵旅、蒙古游击队；完成东渡黄河的政治上、军事上和组织上的准备工作等。以上限于1936年2月5日前完成。第二步，东征作战，准备以六个月的时间，击破阎锡山之晋绥军主力，消灭其一部；开辟晋西五县以上地区为初步的苏区；扩大红军，筹措资财；调动入陕之晋绥军撤回山西，恢复陕北苏区已失的土地；完成北出绥远的各项准备；保证必要时回陕所需的船只；加强对河北与陕南等地的游击战争的指导；沟通与苏联和红2、红6军团的通信联络。第三步，依日本帝国主义对绥远之进攻程度，决定红军由山西向绥远进军的时机。

决议还对红2、红6军团和红四方面军,以及各地游击战争的战略作用作了充分估计,提出了在长江南北原有苏区、日本占领区和"自治"区游击战争的目标与方针,并总结了九年来指导革命战争的经验,系统地阐述了"作战指挥上的基本原则"。为了加强军事行动的集中统一领导,决议赋予"军事委员会在军事范围内完全的权力"。

瓦窑堡会议,是中国共产党在中华民族危亡关头,是在中国革命的转折时刻,是在红军扩大发展的重要时刻,召开的一次极为重要的会议。会议科学地分析了中国的政治形势,制定了全党全军进入新阶段的基本战略方针,为红一方面军规定了战略任务,指明前进方向。从此,中国革命开始由国内革命战争向抗日民族革命战争转变。红军进入了新的快速发展时期,陕甘苏区进入了巩固与发展时期。

东征准备

12月24日,西北革命军事委员会主席毛泽东、副主席周恩来依据瓦窑堡会议确定的军事战略,签发了《关于四十天准备行动计划》。随后,军委后方办事处主任周恩来颁布了《第一步行动计划中的后方工作计划》。红一方面军在陕甘苏区党政军民的支持、配合下,全面转入东征作战准备。

首先是扩大、充实主力红军与地方武装。陕甘苏区开展了声势浩大的"扩红"运动,至1936年1月,五千余名青壮年参加红军,另有七百五十多名伤病员出院归队,一百八十四名军校毕业学员分配到部队,并争取了二千多名俘虏兵参加红军。红一方面军以红1军团扩编为三个师,除保留原红2、红4师之外,以第1、第13团为基础,加上新建的第3团,重建了第1师(师长陈赓,政委杨成武),其他各部也做了调整充实,方面军辖两个军团六个师,总兵力增加到一万两千七百人。陕甘苏区地方武装部队力量也得到加强。在北线,以陕北独立第1、第2、第4团为基础组建了第28军,辖三个团一千二百余人,刘志丹任军长,宋任穷任政治委员;在南线,以红军第1团及中宜、宜川独立营和华池等县游击队为基础组建了红军第29军,暂编两个团,萧劲光任军长,朱理治任政治委员。此外,还整理与扩建了六个独立营、十个基干游击队。

为了打击南北两线进犯之敌,确保红军东征后后方巩固,同时迷惑国民党军,隐蔽东征作战的准备与意图,从12月下旬开始,红一方面军兵分两路,展开北征和南征作战。刘志丹、宋任穷指挥红15军团第78师、军委骑兵团和红28军组成北路军,北出横山,向进犯苏区的国民党军第86师发动进攻,包围横山县城。彭德怀率方面军主力南下进至洛河以东宜川、洛川之间,以第1、第13团和第81师围攻甘泉,红1军团主力在宜洛地区扫除民团据守的围寨，开展群众工作，并派红 4 师进出于宜川、韩城、郃阳（今合阳）、澄城、洛川 5 县城之间，发动群众，扩大苏区，进行抗日民族统一战线政策的宣传。

毛泽东在党的活动分子会议上作《论反对日本帝国主义的策略》报告

中共中央在此期间积极进行了与东北军的统战工作，派出李克农与东北军第 67 军军长王以哲秘密谈判，达成了联合抗日、互不侵犯的协议。为表示与东北军共同抗日反蒋之诚意，红一方面军于 1936 年 1 月中旬解除对甘泉之包围，并由宜、洛地区北撤。这一成功的统战工作，打乱了国民党军的"围剿"部署，使得陕甘苏区所面临的南部威胁得到缓和。

一切准备都在按照计划稳步推进。1936 年 1 月 17 日，中共中央政治局举行会议，决定彭德怀、张浩参加中央政治局工作，毛泽东、张闻天、彭德怀、张浩率领中央政治局在东征作战中随红一方面军行动，另以周恩来、博古、邓发组成中共西北中央局，周恩来为书记，王稼祥病愈后参加会议，负责红军的后方工作，坚持陕甘苏区的斗争和开展西北地区的统一战线工作。

1 月 19 日，军委下达《东进抗日及讨伐卖国贼阎锡山的命令》，命令主力红军即刻出发东征山西，开辟山西抗日根据地；要求陕甘苏区的红军、游击队和人民群众，配合主力红军作战，支援前线，保卫后方。

但是，东征作战事关重大，毕竟红军长征初到陕北，主力大举东征，后方力量单薄，如果国民党军趁机进攻苏区，一旦陕甘苏区失守，而东征作战又无法到达预定目的，则后果不堪设想。因而，虽然东征作战准备全面展开，但许多高级指挥员依旧对此忧心忡忡。正在前线指挥作战的彭德怀致电中央，提出红军还是应该把主要力量放在巩固陕甘苏区上，可考虑向北发展。如果决意东征山西，必须确保在蒋介石中央军大举增援的情况下，红军主力能够撤回陕北根据地。这一建议反映了许多红军指挥员的看法，其核心是担心东征山西，会丢了陕北根据地。彭德怀后来说："我的这种想法，反映了红军当时体质弱的实际情况以及长征中没有根据地的痛苦教训。"当然也有人有其他考虑，李德此时向中央提交了一份《对战略意见书》，指责东进山西，并转进到绥远，接近中蒙边境，是"想挑起日苏战争"。

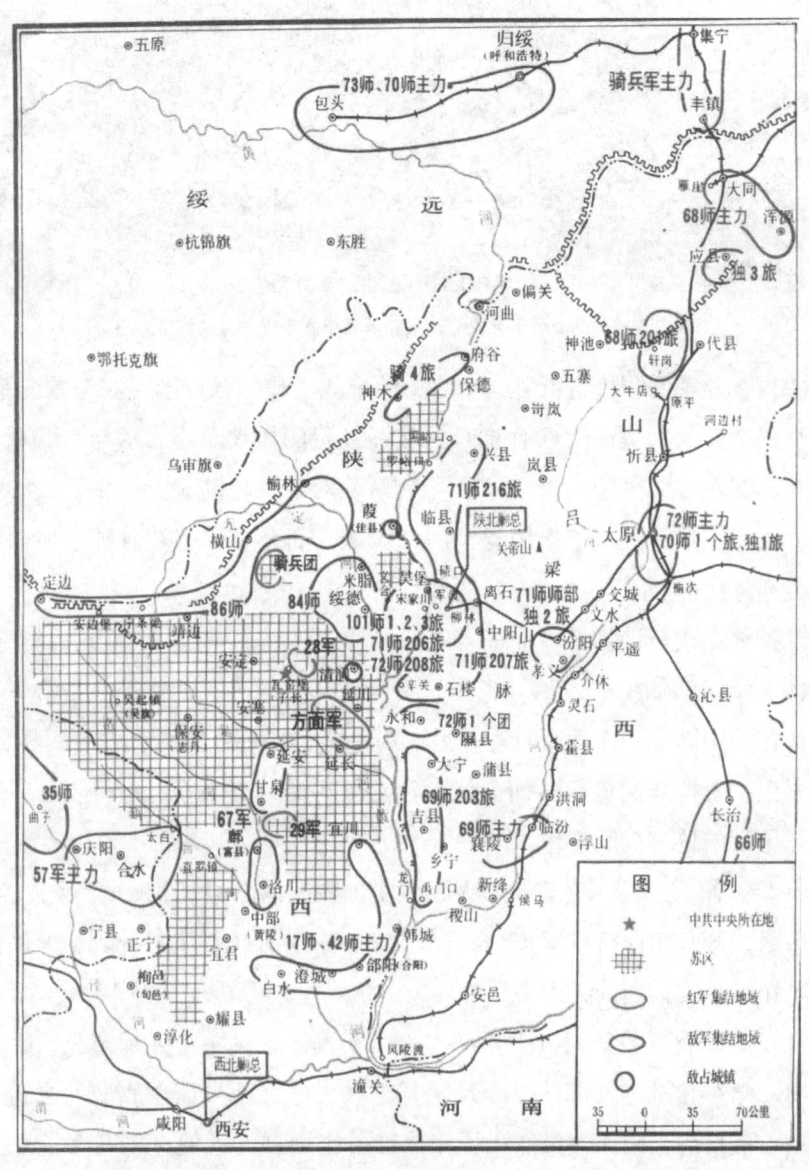

东征战役前双方态势图

为了进一步统一战略和作战指导思想，1月31日，毛泽东在延长县城主持召开了西北革命军事委员会会议。毛泽东在会上对东征作战的意义、目的进行了详细说明，耐心说服了持不同意见的同志，并批驳了李德的观点。他强调：东征山西，讨伐阎锡山，无论在政治上还是军事上都是有利的。我们执行的是在发展中求巩固的方针，希望通过东征建立一块根据地，与陕北根据地连接，同时解决红军的给养和扩大等问题。他充分尊重彭德怀等人的意见，指出：在东征作战中，一定要保证黄河渡口在我手中，使我进退有据。

会议最终决定，红一方面军以中国人民红军抗日先锋军的名义进行东征，彭德怀任总指挥，毛泽东任总政委，叶剑英任总参谋长，杨尚昆任总政治部主任。红1军团为左路军，红15军团为右路军。

在黄河东岸，统治山西二十四年的阎锡山自红军直罗镇战役胜利一直处于紧张之中，生怕红军会乘胜东进，威胁其封建统治。为阻止红军东进，他以四个旅一个团连同沿黄河沿岸各

红军东征纪念馆

县的十二个"防共保卫团"，统归晋绥军前敌总指挥、第34军军长杨爱源指挥，布防在黄河东岸黑峪口至禹门口之间三百多公里的地段上，控制渡口，并构筑大量碉堡，部署各种火器，设置多层工事，力图凭借黄河天堑阻止红军东进。

能否越过黄河天堑，突破阎锡山的黄河防线，是东征作战成败的关键。延长会议后，根据彭德怀、毛泽东的电令，林彪、徐海东分别带先头师师长和先头团团长到河岸现地侦察，较详细地掌握了渡河点附近及突破点的敌情、地形等情况。彭德怀、毛泽东也亲自到黄河沿岸侦察渡河点情况。

在清涧县的袁家沟，毛泽东深入调查了黄河沿岸的情况，并亲自到黄河岸边的铺子洼观察对岸敌情。他曾经设想利用黄河结冰期指挥部队从冰上过河，但调查后发现这一年开春早，部分河冰已经开始解冻。考虑到部队东征后与西岸的交通联络和准备必要时回渡，他决定改变渡河点，选择河面较窄、地形较隐蔽的延水关至福禄坪地段上实施槽渡。

清涧县袁家沟红军总部机关旧址

2月7日，大雪初霁。毛泽东再次来到黄河岸边。壮丽的北国风光引得他诗兴大发，挥笔写下了千古绝唱——《沁园春·雪》：

> 北国风光，千里冰封，万里雪飘。望长城内外，惟余莽莽；大河上下，顿失滔滔。山舞银蛇，原驰蜡象，欲与天公试比高。须晴日，看红装素裹，分外妖娆。　　江山如此多娇，引无数英雄竞折腰。惜秦皇汉武，略输文采；唐宗宋祖，稍逊风骚。一代天骄，成吉思汗，只识弯弓射大雕。俱往矣，数风流人物，还看今朝。

指点江山，直抒胸臆，革命领袖、卓越统帅的豪情壮志跃然纸上。就这样，毛泽东吟诵着"欲与天公试比高"的诗句，指挥红一方面军踏上了东征的征程，展开了巩固与扩大陕甘苏区的征战。

东征山西

2月18日至20日，红一方面军下达东征作战命令和补充指示。命令规定，方面军第一步作战任务是："东渡黄河，以坚决手段消灭东岸地区之敌，占领吕梁山脉各县，首先占领石楼、中阳、永和等县，粉碎沿河堡垒线，控制船渡于我手中，在东岸造成临时作战根据地"。为达成渡河行动的一致，毛泽东专门下达命令：行动"一律20号20时开始，以聂荣臻之表为准"。

20日20时，红一方面军兵分两路，红1军团及红15军团第81师为北路，红15

军团主力为南路，在陕西绥德县沟口至清涧县河口一带，突然发起渡河战斗。

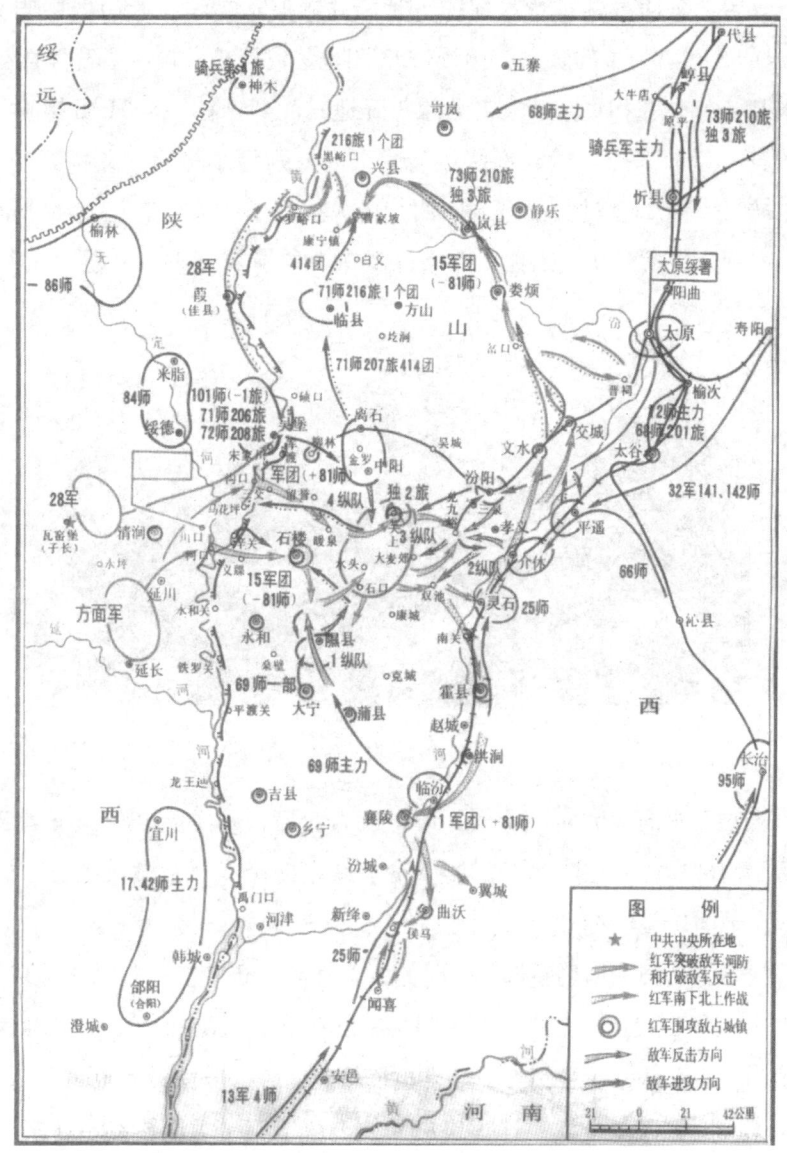

东征战役经过要图1（1936年2月中旬~4月3日）

红2师第5团以曾国华为队长，由二十四名勇士组成突击队，在夜色掩护下，乘坐两只木船冲入黄河。汹涌的河水夹带着冰块直泄而下，船到河心，被对岸晋绥军发现，枪弹、炮火打得河面冰屑、水花四溅。勇士们毫不畏惧，疏开船距，奋力划桨，由偷渡转为强渡，疾冲对岸。在船靠岸边的一瞬间，曾国华高喊："跟我上！"带着二十四名勇士跳上对岸，短兵相接，以猛烈的火力击退了晋绥军的反扑，迅速夺取了岸边的碉堡，牢牢控制了滩头阵地。在岸边指挥战斗的师长刘亚楼立即令二梯队出发，与突击队会合后，全面占领了晋军河防阵地，并乘胜追击，占领山西中阳县三交镇。与此同时，红15军团先头部队第75师第223团也强渡成功，攻占了石楼县贺家凹。红75师参谋长毕士悌，在指挥部队攻占敌滩头阵地时壮烈牺牲。至21日拂晓，红2、红75师全部渡河，以一部掩护后续部队渡河，主力分别经小算镇、义牒镇向石楼前进。23日，红一方面军全部渡过黄河进入山西境内，控制了辛关、老鸦关、转角镇、三交镇各渡口，占领了包括三交、留誉、义碟各镇在内的横宽五十余公里，纵深三十五公里的地区。

东渡黄河的骑兵

阎锡山苦心经营的黄河防线土崩瓦解，极为惊慌，一面急电蒋介石请求支援，一面调整晋绥军的部署，令在陕北"清剿"的晋绥军四个步兵旅撤回晋西，共集中七个师从南北两个方向堵截红军。

毛泽东根本不给阎锡山调整部署的时间，指挥红军迅速扩大战果，完成战役展开。25日，红1军团向吕梁山区前进，对中阳县城发起攻击。阎锡山派出独2旅增援。独2旅是阎锡山的精锐部队，装备精良，经常担负救援任务，号称"满天飞"。独2旅行动迅速，先头第4团加强一个炮兵连很快进入关上村，旅主力则集结于石板上。林彪立即决定，改取围城打援，乘独2旅立足未稳，集中军团主力歼灭之。26日下午，部队发起进攻，红1、红4师由西北向东南，红2师由南向北，合击关上村之晋绥军第4团。红军居高临下，攻势凌厉。晋绥军退守村北高地上的一座寺庙，红1师师长陈赓指挥部队以猛烈火力压制敌军，工兵连续爆破，在围墙上炸开一个豁口，部队一拥而上，消灭敌人。独2旅旅长周原健见第4团被歼，带着旅主力向汾阳逃命。红1、红4师穷追猛打约二十五公里，于27日在郭家庄附近将逃敌大部歼灭。"满天飞"折戟沉沙，阎锡山大怒，将侥幸逃命的周原健撤职查办。

山西中阳红军东征纪念馆

在红1军团激战关上村的时候，红15军团主力也向隰县进击，先头红225团在石楼以南歼灭从黄河边溃退之敌一个营，军团主力随后在隰县西北之蓬门一带与救援石楼的晋绥军第69师第203旅遭遇，徐海东指挥部队先敌展开，猛烈攻击，激战一昼夜，歼敌一个营，击溃一个营，俘敌营长以下三百余人，随即东进吕梁山区，于27日进占晋西交通要地隰县水头镇。

关上战斗纪念碑

这样，红一方面军在不到十天的时间里，伤亡三百余人，歼灭与击溃晋绥军五个团，俘虏一千二百余人，夺取了石楼、中阳、孝义、隰县四县交界地区，完成了战役展开。随后,红1、红15军团主力分别在以关上、水头为中心的地区进行休整;随军东征的中共山西地方工作委员会则深入发动群众,建立革命政权,大力开展创造抗日根据地的工作;方面军直属队等部在叶剑英的指挥下,巩固渡河点,确保后方联络线的畅通;留在陕北的周恩来指挥红28军及陕北地方武装乘晋绥军东撤,迅速收复吴堡、葭县、神木、府谷等被占的苏区之地,使黄河东西两岸连成一片,并继续发展同东北军的统战工作,保障红军巩固的战略后方。

阎锡山堵截红军作战受挫,孤注一掷,调集起所有可机动的部队编为四个纵队,以石楼为中心,对红军发动全面反击。3月4日,晋绥军由北东南三面向红一方面军逼近。毛泽东再次展现了抓"枢纽"的本领,决心"以关上、水头为枢纽,背靠石楼,集中两军团最大主力,以连续战斗,消灭其东面之两路或三路为基本作战方针"。红一方面军以一部兵力分别阻击南北两路进攻之敌,主力于兑九峪镇西南地区隐蔽待机,准备首先歼灭晋绥军第2纵队于兑九峪及其附近地区。毛泽东、彭德怀抵达大麦郊指挥战斗。

大麦郊红军东征总指挥部旧址

9日,晋绥军第2纵队由孝义向大麦郊、水头镇方向推进,主力进入兑九峪地区。10日7时,红1、红15军团同时发起攻击。担任正面进攻的红1师和右翼红15军团主力迅速击溃晋绥军一线部队,但晋绥军主力占据有利地形顽强抵抗,第2纵队司令杨效欧亲率卫队拼死反扑,红军连续进攻均无法奏效,战斗陷入僵持。此刻,晋绥军援军第70师两个团赶到,战场兵力增至十三个步兵团另一个炮兵团,同时晋绥军第3纵队一部则向红1军团主力侧后迂回。红军歼敌时机已经丧失,继续恋战将陷入晋绥军的包围之中，毛泽东果断下令部队撤出战斗。

兑九峪战斗虽然未能全歼敌人，并被迫撤出战斗，但毛泽东却在战后迅速抓住了胜利的转机。他认为，此战晋绥军两个团遭受重创，第2、第3纵队不得不撤到孝义、汾阳休整补充，阎锡山的反击计划已经受挫，正是红军全面反击的大好时机，因此指挥部队不退反进，全线出击。林彪指挥红1、红4师和红75师两个团迅速东进至汾阳附近；聂荣臻率领红2师等部向北逼退晋绥军第4纵队；程子华率领红15军团主力在水头、大麦郊以南迫退晋绥军第1纵队。阎锡山根本没有料到红军会全线出击，只得命令部队暂时停止进攻。晋绥军的第一次反击以失败而告结束。

蒋介石得知红军东渡入晋后，既怕且喜。怕的是红军出山西得到发展，东进冀豫等省妨碍他推行对日妥协的卖国政策；喜的是阎锡山长期在山西称"王"割据，是他的心腹之患，现在正可借消灭红军将蒋系势力插入山西。因此，阎锡山请求增援后，蒋介石立即做出反应，先后从河南、湖南等地抽调中央军约十个师，委任陈诚为总指挥，驰援山西。3月上旬开始，中央军部队陆续进入山西，而晋绥军则积极准备对红军再次实施反扑。

红军面临被合围的危险，而且是蒋阎军队绝对优势兵力的合围。是避敌退却，返回陕北，还是留在山西，继续发展？以"发展求巩固"的毛泽东毫不犹豫地选择了后者，决定以攻对攻，以方面军主力向汾河流域及同蒲铁路南段的出击，打乱蒋阎军队的进攻部署，扩大占领区，扩大红军，发展胜利。3月12日，红一方面军在大麦郊召开团以上干部会议，确定：以红1军团并指挥第81师（欠一个营）为一路（后称右路军），担负主攻，出击霍县，尔后沿汾河和同蒲铁路南下作战，并伺机向晋东南发展；以红15军团第78师、第75师主力和军团直属队为一路（后称左路军），向灵石佯攻，掩护主攻部队南下行动；以方面军直属队、第15军团第75师第224团、第81师一个营和正在组建的第30军（军长阎红彦、政委蔡树藩）等部（后称中路军），统归方面军参谋长叶剑英指挥，巩固已占地区，保护黄河渡口和后方联络线，并以一部控制吕梁山区要点，牵制晋西方向的晋绥军主力四个纵队。

3月16日，红军开始行动。右路军突破汾河堡垒线，红1军团主力包围霍县城，红5团沿同蒲铁路向赵城、洪洞方向进击。左路军进抵灵石以西地区，并以一部佯攻姚家山和灵石县城。

第二天，3月17日，晋绥军新的反扑行动开始。阎锡山命令晋绥军主力四个纵队向石楼方向全线进攻，夺回被红军占领的沿河地区及渡口。防守黄河沿岸地区的红军部队力量单薄,很难抵挡晋绥军主力的进攻,黄河渡口岌岌可危。

但毛泽东镇定自若,眼睛盯住的不是黄河渡口和退路安全,而是红军发展与壮大的有利时机。他断定,阎锡山将主力投入争夺黄河沿岸地区,山西内陆的晋南、晋西北和太原等富庶地区防守兵力必定空虚。因此,果断决定:以小部兵力在中路牵制晋绥军的主力,主力分兵北上、南下,猛烈扩张,筹款扩军。18日,毛泽东、彭德怀电示林彪、聂荣臻、徐海东、程子华:右路军迅猛南下,兵出晋南,相机夺取赵城、洪洞、临汾,并向曲沃、闻喜、运城前进;左路军迅速北上,威胁太原,尔后继续北进,向晋西北发展。

红军各部立即行动。左路军红15军团主力急速北进,于22日进至太原以西的双龙、岔口镇地区,袭击晋祠,逼近太原,吓得阎锡山紧急调兵加强太原城防,并在绥靖公署的门前垒积沙袋,构筑工事,自己躲在公署内二门不出,见人就骂。就在阎锡山惶惶不可终日的时候,红15军团主力却潇洒地继续北上,进入了岚县、兴县地区。

右路军红1军团南下后,至23日,占领霍县、赵城、洪洞、临汾、曲沃等县的广大村镇,切断同蒲铁路交通。汾河流域人口稠密,土地肥沃,商业发达,是山西最富庶的地区之一。红1军团在此深入发动群众,建立基层苏维埃政权,并招收新兵五千余人,筹粮十万余斤,每人都缝制了两套崭新的夏装。官兵们高兴地称之为"人财两旺"。

永和红军东征纪念馆

此刻,蒋介石的中央军十个师已经大举入晋,加上晋绥军的四个纵队,总兵力已经达到五十一个团,超过二十万人。阎锡山与陈诚会商后,决定将中央军编为第1路,由陈诚任总指挥，分别部署在同蒲铁路南段和晋东南地区，主要"进剿"红军右路军，并防堵红军向河北、河南转进；晋绥军编为第2路，由杨爱源任总指挥，分别部署在晋西、晋西北地区，主要对付红军左路军和中路军。蒋介石为策应山西的"进剿"，还命令驻陕西的东北军、第17路军进攻陕北苏区，从西面封锁黄河，阻止红军西返，企图将红一方面军各个击破，分别围歼于山西境内。

3月下旬，晋绥军以石楼为中心，向黄河沿岸渡口猛烈进攻。红军中路军在叶剑英的指挥下，英勇坚决抗击敌人的进攻，掩护物资特别是笨重物件西渡黄河。战至29日，石楼方向的红军炮兵营及笨重物件安全西渡，方面军首长遂决定中路军暂时放弃义碟及沿河渡口，同时令在陕北神木、府谷、葭县地区活动的红28军迅速东渡黄河，配合左路军行动。31日，红28军于罗峪口附近渡河，进入晋西北。

4月初，晋绥军占领黄河渡口后，主力开始向红军左、右两路军发起进攻。毛泽东、彭德怀决定左、右两路军逐步收拢，以便集中歼敌，粉碎敌人"进剿"计划。中路军以主力在隰县、灵石间牵制敌人，以一部兵力在永和以西地区破坏黄河封锁线，保证与陕北后方的交通联系。据此，红军左、右两路军从4月4日开始，边抗击敌人进攻，边逐步向晋西地区集中。左路军红15军团主力在白文镇与红28军会合后，一路冲破敌人的拦阻，并在师庄、三角庄地区击溃晋绥军第196旅，全歼该旅第392团，于4月14日进至大麦郊地区休整，并进行整编，将原第75师第223团扩编为第73师，下辖第217、第218、第219团；原第75师第225团扩编为第75师，下辖第223、第224、第225团；原第78师不变，下辖第232、第233、第234团；原第75师第224团三个营分别编入三个师；原第81师正式脱离军团建制，归方面军直接指挥。整编后，红15军团下辖三个师，每师三个团，每团四个步兵连和一个机枪排。

红28军在直罗镇附近与红15军团分手，向西转进。13日，第28军开始进攻三交镇，激战两日未克，主动撤出战斗，向南转移，于17日进到康城镇附近，同方面军总部会合。在三交镇战斗中，军长刘志丹亲赴第一线观察敌情、指挥战斗，于14日不幸牺牲。刘志丹是陕甘红军和陕甘苏区主要创建人之一，深受陕北人民爱戴。为纪念刘志丹烈士，中共中央于1936年决定，将烈士故乡陕西省保安县改名为志丹县。

右路军于4月4日开始分路向西转移。为调动敌人，林彪、聂荣臻虚晃一枪，首先指挥部队南进，吸引敌人主力于晋西南，尔后急速北进，横扫乡宁、吉县地区，摧毁平渡关至清水关之间约四十公里的晋绥军沿河据点，于21日集结于大宁以北、桑壁镇西南地区隐蔽休整。

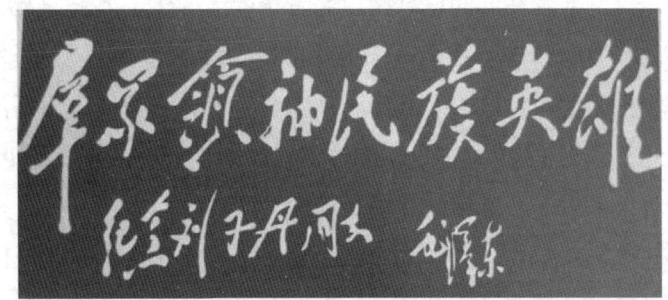

毛泽东为纪念刘志丹题词

至此,红军左右两路军均摆脱了敌人的追堵和围攻,完成了收拢兵力、集中作战的预定计划,粉碎了敌人分别聚歼红军于南北两线的企图。在此期间,中共中央开始准备派代表赴莫斯科,同共产国际商议对日作战彼此共同步骤问题、两军委间通信联络问题、中国红军向绥远发展创立局面问题、技术帮助以及人员帮助等问题。国民党军跟踪而至,中央军与晋绥军采取堡垒主义推进的战法,以主力构筑从三交镇起,经中阳、孝义、灵石、临汾至新绛、河津的弧形封锁线,并以一部兵力驻守石楼、隰县、大宁、永和等重要城镇,企图压迫红军于黄河东岸狭小地区而消灭之。在黄河以西,东北军第67军等部和第17路军第42师一部也按照蒋介石的命令分别在鄜县、甘泉和韩城、宜川一线构筑工事,准备从西面封锁黄河。

周恩来为纪念刘志丹题词

毛泽东、彭德怀在全面分析敌情之后,认为由于国民党军兵力猬集,红军继续在山西顺利作战的条件已经丧失,而陕西的神府区域和三边(靖边、安边、定边)区域和甘肃的环水区域及其以西均空虚,为红军提供了扩大苏区,锻炼红军,培养干部等有利条件,遂决定避敌锋芒,暂时撤出山西,返回陕北,转向西方作战。

5月2日,彭德怀、毛泽东下达西渡黄河命令。方面军各部迅速分批由清水关、铁罗关两渡口渡河,至5日全部返回陕北苏区。在红军西渡之际,陈诚曾命令国民党军三个纵队星夜追击,企图抢占渡口,歼灭红军于黄河东岸。但当他们追到黄河岸边时,红军已经集结陕北的延长、延川、永坪地区休整、总结经验和作新的战斗准备。蒋介石、阎锡山围歼红军于黄河以东的计划彻底破产。

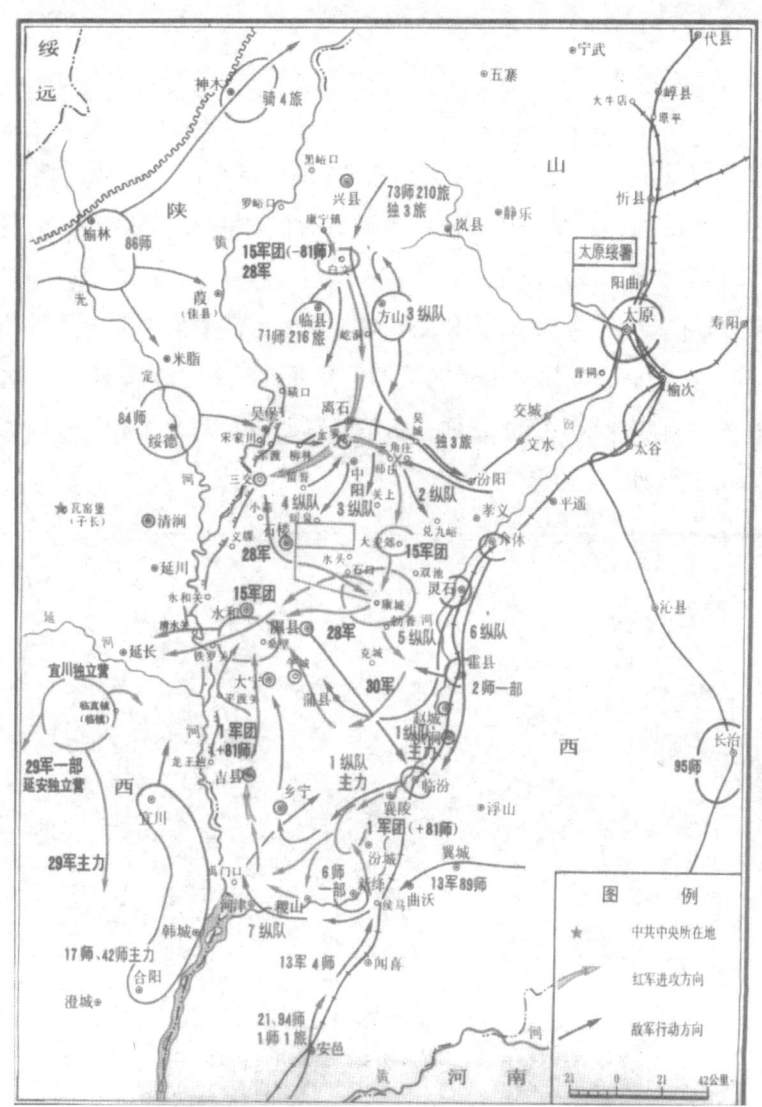

东征战役经过要图2(1936年4月4日~5月5日)

历时七十五天的东征作战,红军共消灭敌人七个团,俘官兵四千余人,缴获各种枪四千余支(挺)、火炮二十余门;迫使"进剿"陕北的晋绥军撤回山西,恢复和巩固了陕北苏区;吸收了八千多青壮年参加红军,筹款三十余万元,达到了扩大红军、巩固苏区的目的。同时，红军在山西二十多个县播下了抗日的种子，发展了革命力量，激起了山西和全国人民抗日救国热情，推动了全国的抗日救国运动和抗日民族统一战线工作的开展。正如毛泽东所总结的那样：东征作战，"打了胜仗，唤起了民众，扩大了红军，筹集了财物"。

西征作战

红军结束东征作战后，蒋介石不顾日益严重的民族危机，坚持"攘外必先安内"的政策，建立了以陈诚为总指挥的晋陕绥宁四省边区"剿共"总指挥部，指挥入晋的中央军和晋绥军各一部，以及东北军、第17路军主力等共16个师另三个旅，对陕甘苏区发动新的"进剿"，首攻目标是以中共中央所在地瓦窑堡为中心的陕甘苏区东北部。此外，晋绥军4个多师位于黄河东岸的晋西、晋西北地区，防备红军再次东渡入晋；宁夏军阀部队两个师位于陕甘苏区西面，防堵红军西进；东北军骑兵军主力及第51军等部驻防甘肃境内待机。

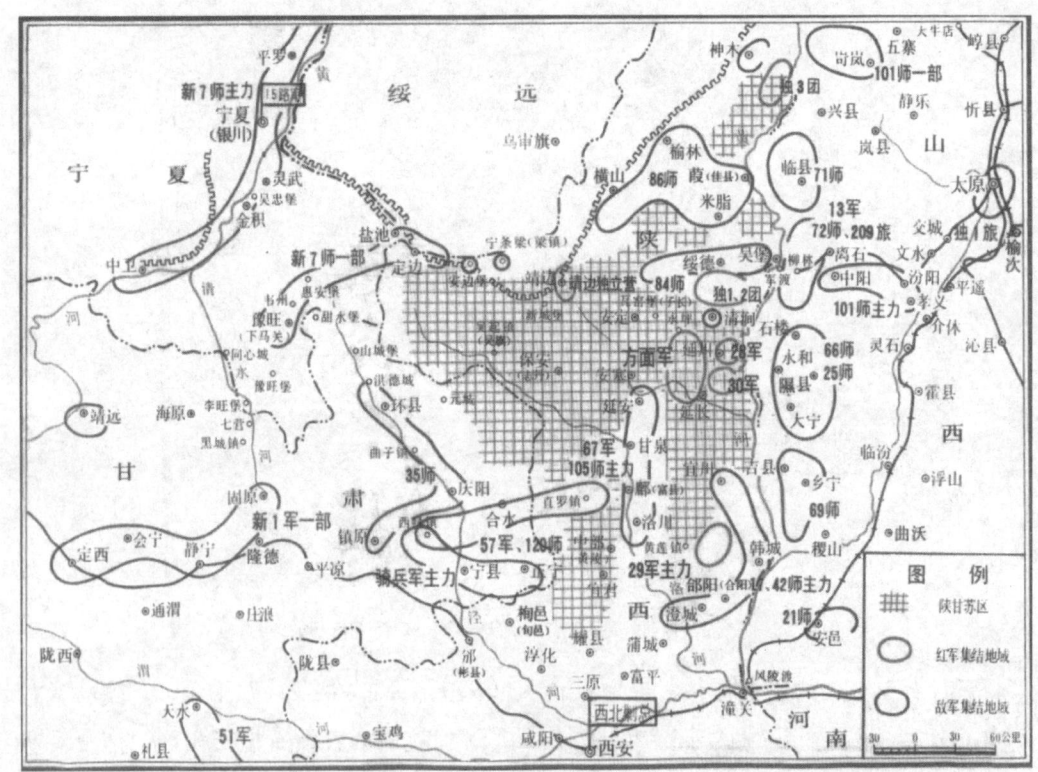

西征战役前双方态势图

中共中央确定，党在今后的政治任务是：扩大和巩固西北抗日根据地与抗日红军，努力争取西北地区抗日力量的大联合，争取迅速直接对日作战，进而推动全国国防政府和抗日联军的建立，实现民族的独立和解放。在军事上，陕甘地区党和红军的战略任务是：第一，造成广大的陕甘宁抗日根据地，进而向北打通与苏联、蒙古的联系，向南策应红2、红6军团和红四方面军北上；第二，争取东北军及其他可以联合的友军；第三，坚决地进行陕甘苏区的游击战争。执行这三项任务的目的，是争取时间，争取空间，争取力量，为发动全国抗战和发展革命力量创造条件。

根据中共中央的决定和西北地区国民党军的情况，中革军委决定：以红1、红15军团和红81师、军委骑兵团共一万三千余人，组成西方野战军，由彭德怀任司令员兼政治委员，进行西征战役，开辟新的抗日根据地，策应红2、红6军团及红四方面军北上；以红29军主力（两个团）、红30军、陕北地方部队和群众武装，在东线坚持游击战争，阻挠国民党中央军和晋绥军西渡黄河，并牵制上述国民党军及陕北、渭北国民党军的进攻，保卫陕甘苏区老根据地，配合红一方面军主力西征；以红28军准备出陕南，协同在陕南坚持斗争的红74师，巩固与扩大鄂豫陕苏区，吸引蒋军主力南下，策应西方野战军作战（后因情况变化参加西征）。

红军西征纪念园

5月14日，红一方面军在陕北延长县大相寺召开团以上干部会议。毛泽东作了形势与任务的报告，总结东征作战经验，进行西征战役的动员。会后，中央调整了红1军团的领导人，林彪调任中国人民抗日红军大学（后改成中国人民抗日军政大学）校长，军团参谋长左权任代理军团长。

此刻，在西方野战军即将展开作战的战场上，国民党军部队总兵力为26个师约30

万人，但在陕甘宁3省边境地区则兵力薄弱，只有宁夏军阀马鸿宾第35师步骑兵八个团，驻守在环县、庆阳、镇原一带；第15路军总指挥兼新编第7师师长马鸿逵部步骑兵十二个团，主力集中在黄河以西的宁夏腹地，一部驻守定边、盐池、豫旺等地。"二马"虽然反共坚决，但防区广大，兵力分散，是个较薄弱的方向。因此，军委确定的西征基本作战方针是：对西线东北军部队大力进行统战工作，避免正面冲突，集中力量进攻宁夏"二马"的两个师。5月18日，军委正式下达西征战役行动命令，规定西征的第一步任务是：夺取并赤化安边、定边、环县、曲子地区。

5月19日，西方野战军分左右两路相继出动。红1军团为左路军，红15军团为右路军，红81师、军委骑兵团和野战军机关、直属队随右路军跟进。5月30日，左路军红1军团进至元城镇地区，前卫第2师抵近曲子镇。驻守该地的国民党军第35师第105旅旅长冶成章骄横跋扈，作战骁勇，绰号"野骡子"。他得知红军到来，率特务连及骑兵团一部约300多人抢先占据曲子镇。红2师立即包围曲子镇，于1日15时发起攻击，突入镇内。冶成章赤膊上阵，率部疯狂反扑，与红军展开混战。左权、聂荣臻赶到最前沿观战，令红2师师长杨得志投入预备队，坚决消灭敌人。红军官兵边打边进行阵前喊话，经过反复冲杀和激烈的巷战，全歼敌军，活捉"野骡子"，缴获各种枪二百余支（挺），汽车五辆。与此同时，红4师于庆阳方向马岭附近击溃第105旅一个营，进占阜城。6月2日，马鸿宾以第103旅三个营、第105旅三个营及骑兵团向阜城反击，红1军团主力迅速迁出至阜城附近，对敌猛攻，歼其大部，俘其官兵一千一百余人。

西征部分红军将领，左起：左权、彭德怀、聂荣臻、陈赓、孙毅、聂鹤亭

曲子镇、阜城战斗，沉重打击了马鸿宾的第35师，据守环县、洪德城之敌军闻风撤退。红1军团控制了阜城、曲子、环县、洪德城一线城镇。在此期间，红15军团攻占了宁条梁，包围安边堡，主力进至宁夏边境；野战军直属队及第81师在宁条梁地区大力开展地方工作，政治解决了与红军对抗的城川寨、小桥畔等回民堡寨，争取了回族教民的拥护和蒙民的同情，打破了马鸿逵防堵红军西进的防线。

6月7日，红军继续西进。右路军红15军团第73师第219团于11日攻占同心城，军团主力进至王家团庄附近地区；左路军红1军团主力于13日进占七营、上新堡地区，切断了国民党军第35师余部经七营、同心城大道向中宁、石空堡北撤的退路，占领陕甘宁三省边境的广大地区，并进行了创建苏区的初步工作，胜利完成中央军委赋予的第一阶段作战任务。形势对红军极为有利。

在西进作战期间，根据毛泽东、周恩来的指示，彭德怀于6月10日下令，以红28军、红81师及骑兵团组成中路军（又称北路军），由红28军军长宋时轮、政治委员宋任穷统一指挥，担任夺取安边、定边及小桥畔、城川寨、堆子梁等要点的任务，在南至薛壕口、小河畔，西至定边、盐池，北至内蒙古地界，东与陕甘苏区连接之广大地区进行创建苏区工作，同时控制有力一部，准备消灭敌之增援部队。

红78师攻克盐池县城遗址

6月14日，西方野战军确定西征作战第二阶段的基本任务："以最大努力赤化占领区域，摧毁安边、定边、豫旺（堡）及豫旺城（等）的支点，打击敌出扰部队，肃清民团，解决本部给养、冬服材料"。各路军随即继续西进。

6月16日2时，归中路军指挥的红78师突袭陕宁两省边境县城定边，守军马鸿逵部新7师骑兵第1旅第1团第2营仓皇由西门溃逃。17日，红28军主力和骑兵团进驻定边城。红78师及骑兵团主力继续向盐池进击，全歼守敌新7师骑兵第1旅第2团第1营两个连及民团二百余人，于21日3时攻占盐池城。中路军红28军、红81师和骑兵团则完成对安边堡的包围，并于7月3日击溃国民党军第86师增援部队。

右路军红15军团第75师和军团直属队于27日2时攻占豫旺县城，歼灭马鸿逵部两个骑兵连及反动地方武装、民团近一千人，俘二百八十余人。随后转向韦州城进击。马鸿逵派骑兵三个团驰援韦州，并于5日以骑兵三个团另两个营向南进犯，企图夺回豫旺县城。红75师在红城水一带设伏，毙伤敌三百余人，追敌退回韦州城。

左路军红2师于6月20日攻占七营镇，逼近东北军防区。此前，中共中央通过卓有成效的统战工作，与东北军达成了停战的默契，约定东北军部队不超过庆阳、镇原之线，红军则以该线以北地区为根据地，向西进取固原（今属宁夏）以北及豫旺县地区。然而，7月初，东北军总司令张学良去南京参加国民党五届二中全会，骑兵军军长何柱国执行蒋介石的命令，指挥东北军七个师及第35师余部，开始大举进攻红军。东北军背信弃义，毛泽东于7月14日致电彭德怀等西方野战军首长，指出："对何柱国指挥'进剿'之全部东北军，宜决定消灭其一部，这样并不会妨碍大局，反有利于大局"。

斯诺在豫旺拍摄的红军号手

7月17日，何柱国指挥骑兵第6师向七营地区红2师阵地进行试探性进攻，红2师当即将其全部击溃。此刻，张学良从南京返回西安，鉴于红军已做好充分的战斗准备，无隙可乘，严令何柱国停止进攻。

7月27日，中央军委确定结束西征战役，西方野战军部队就地转入休整备战，准备南下迎接红二、红四方面军北上，实现三大主力红军会师。

在历时两个多月的西征作战中，西方野战军共歼灭国民党军七个营，击溃三个团又五个营，俘二千余人，缴获各种枪支二千余支，战马五百余匹，占领城镇十余座，在陕甘宁三省边界开辟纵横各两百余公里的新区，为策应红二、红四方面军北上，实现三大主力红军会师创造了有利条件,并对抗日民族统一战线工作的开展起了积极作用。

在西征作战中,红军官兵严格执行民族政策,尊重回民风俗习惯,在回民聚居地区建立革命政权和群众组织,组建回民武装,采取区别于汉人地区的土地革命政策,打击群众痛恨的官僚、土豪和进行分配土地的斗争,得到了占领地区广大回族人民的热烈拥护。野战军的建设也有新的发展,红1、红15军团各组建一个骑兵团,充实了第81师等部,并协助陕甘宁军区组建独立师、独立团,征集了众多物资。

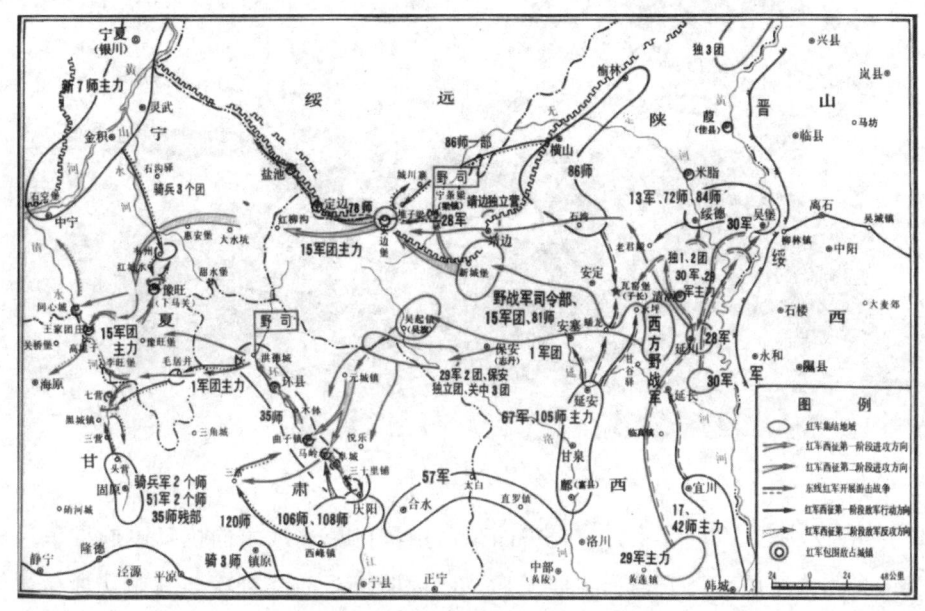

西征战役经过要图（1936年5月18日～7月底）

在红一方面军主力西征期间,6月1日,国民党军"晋陕绥宁四省边区剿共总指挥部"在太原成立,总指挥陈诚任命汤恩伯为前线指挥,指挥中央军第13军第4、第89师和晋绥军第72师、第209旅等部,从晋西柳林、军渡地区西渡黄河,企图首先肃清陕北红军,尔后向西寻求红军主力作战。6月上旬,国民党军各部渡过黄河,在驻陕北的第84、第86师配合下,采取堡垒推进的战法,准备分别向南、向北"清剿"红军。东北军第67军和第105师主力也随后按照蒋介石的命令,于6月中旬由延安地区分三路向北进攻,企图进占中共中央所在地瓦窑堡。

中共中央和军委在分析了敌情之后,认为在优势敌军的进攻之下,瓦窑堡迟早必失,为争取主动,保存力量,同时避免与东北军发生直接战斗,于15日决定中央各机关撤离瓦窑堡向西转移,并决定由周恩来副主席统一指挥东线各军及地方部队继续抗击进攻之敌。7月10日前后,中央党政军机关和红军大学按照预定计划,西迁至保安、吴起镇等地。红29军主力、红30军在陕北地方武装的配合下，以积极的游击战争抗击国民党军的进攻。国民党军中央军和晋绥军部队在侵占了陕甘苏区东北部的一些城镇，并完成修路、筑碉计划以后，重点转为巩固已占领地区。东北军、第17路军的进攻行动也在张学良从南京返回西安以后转向缓和。国民党军的进攻因此而基本停止。

陕甘宁苏区一景

1935年12月至1937年7月，是中国革命由国内革命战争向抗日民族战争过渡的阶段，中日民族矛盾已经上升为主要矛盾，国内阶级矛盾降到次要与服从地位，中国共产党的国内斗争方针与政策面临调整。与此同时，红一方面军刚刚经过长征，实力单薄，又地处贫瘠狭小的陕甘苏区，受到国民党军封锁围困，红军和苏区的巩固发展都受到很大限制，稍有不慎，就难以站稳脚跟。红军的发展既面临机遇又面临挑战。毛泽东和中共中央科学地分析了形势，正确地把握了方向，确定了建立抗日民族统一战线的总政策和客观求实的军事战略，将"把国内战争同民族战争结合起来"、"准备对日作战力量"和"猛烈扩大红军"作为全党全军的基本战略方针。在敌多我少、敌强我弱的总势态下，把握有利形势和时机，"以发展求巩固"，以进攻求稳定，果断地发动战略性进攻战役，以凌厉的攻势和灵活的战术纵横驰骋于三晋大地和陇东高原，胜利地进行了东征、西征战役，建立起拥有两百万人口、约十三万平方公里的陕甘宁根据地。红一方面军也在这一期间发展到两万余人，并与国民党东北军、第17路军建立起日益广泛、密切的统战关系。红军的东征、西征作战，巩固与扩大了陕甘苏区，为胜利实现红军三大主力会师，实现将中国革命大本营根据地放在西北奠定了坚实的基础。

史料链接

★ 晋西会议

1936年3月20日至27日，在红一方面军实施东征山西作战期间，中共中央政治局在晋西地区举行扩大会议，参加会议的有毛泽东、周恩来、张闻天、博古、王稼祥、邓发、凯丰、张浩、彭德怀，以及林伯渠、杨尚昆、陆定一等。会议首先在隰县大麦郊镇（今属交口县）上贤村举行，随后政治局向石楼方向移动，会议在途中于石口、罗村、四江村、石楼附近继续进行，故称"晋西会议"。

会议传达了共产国际第七次代表大会关于建立反法西斯统一战线的决议。毛泽东作了关于战略方针问题的报告，分析了全国和华北的抗日形势，指出，现在日本正在加快侵略中国的步伐，"争取迅速对日作战为党与红军的重要任务"。党要把革命与民族联系起来，站在民族解放的最前列，利用每一分钟争取最大多数的群众。中央提出的"国内革命战争与民族战争联系起来"、"停止内战，一致抗日"等口号，是布尔什维克主义，不是冒险主义。超过会冒险，不足则右。在谈到"联俄问题"时，毛泽东坚定地说：中国人的事情要自己干，相信自己。从前我们有信心，才创造了苏维埃。但找个朋友更好。所以一要相信自己，二是不要朋友是不对的。

关于红军的战略方针，毛泽东指出：华北是全面对日作战的战场，华中是后方。黄河流域以华北五省为战场，其他为后方。经营山西是对日作战的重要步骤。我们的方针是"以发展求巩固"，只有发展才能求巩固。红一方面军"第一时期以经营山西为基本战略方针，在此种方针下，向河北、河南、绥远三省境内作战役的跳跃是许可的"。我们在战略上必须采取大胆的方针，因为客观的形势好；战役上采取谨慎的方针，在有利地形上实行以多胜少，力求减少错误。

毛泽东同时对抗日民族统一战线的方针、准则和实施方法进行了详细阐述。

会议同意毛泽东的报告，就对日作战、战略方针、统一战线等问题达成了一致意见。确定：红一方面军当前的战斗任务是："普遍摧毁反动基础，普遍发动群众，猛烈扩大红军，各个消灭敌人。"并要求"提高红军干部的政治水平与军事水平，保证红军战争中优秀的与坚强的领导"，"保证红军的统一与团结"。

> **史料链接**
>
> 晋西会议,发展了瓦窑堡会议精神,进一步明确了中共中央的军事战略和红一方面军的战斗任务。
>
> ### ★ 三大禁条、四大注意
>
> 1936年5月,红一方面军组成西方野战军进行西征作战,进入回民聚居区。为了执行中央关于民族政策的指示,5月24日,红军总政治部发出《关于回民工作的指示》(以下简称《指示》),指出:"我们对回民的基本原则是回民自决,回族事情由回族自己解决。我们只有站在帮助与督促的地位去推动与发动他们的斗争。坚持与正确地灵活去运用这一原则到回民实际工作中的各个方面,是争取回民决定意义的先决重要前提。"
>
> 《指示》要求在回民中进行下列中心工作:第一,发动回民反对国民党反动派的压迫和剥削,反对日本帝国主义的侵略和进攻。把上述斗争与回民切身利益和要求联系起来。根据回、汉族杂居和回族聚居的不同地区,建立不同的政权组织;第二,没收回奸和个别阿訇的财产,须经回民同意,并发给回民。如专供军需品,可采取募捐的方式,在回民同意下捐取,但须持"特别慎重的态度"。建立回民的革命组织,在回民中不成立共产党的组织;第三,争取回民与争取回军工作要密切地联系起来;第四,红军的模范纪律,对取得回民的拥护和信仰有重要和决定的意义;第五,红军以团为单位成立回民工作团,研究回民的生活习惯及对回民的政策与方法,以便有组织有计划地进行回民工作。
>
> 为严肃纪律,尊重回民习俗,《指示》专门提出对回民的三大禁条、四大注意。
>
> 三大禁条为:1. 禁止驻扎清真寺;2. 禁止吃大荤;3. 禁止毁坏回文经典。四大注意:1. 讲究清洁;2. 尊重回民的风俗习惯;3. 不准乱用回民的器具;4. 注意回汉两大民族的团结。
>
> 西方野战军官兵模范地执行党的民族政策和各种纪律,尊重回民,有策略地开展回民工作,赢得了广大回民群众的衷心爱戴和热烈拥护,为党和红军在回民地区有效地开展工作奠定了基础。
>
> ### ★ "以发展求巩固"
>
> 在毛泽东的战争指导艺术中,和巧妙处理打与走的关系相伴,走与住关系的处理

史料链接

同样是他军事思想的重要组成部分。而这其中的核心，就是根据地建设思想。他将红军的作战定位为游击战争，套用王勃的名句"落霞与孤鹜齐飞，秋水共长天一色"来比喻根据地建设与红军发展的关系，形象地解释说："人不能老是走着，老是站着，也得有坐下来的时候，坐下来就靠屁股，根据地就是人的屁股。"他后来更在理论著作中，对根据地与游击战争的关系作正式定义：根据地为"游击战争赖以执行自己的战略任务，达到保存自己、消灭和驱逐敌人之目的的战略基地。没有这种战略基地，一切战略任务的执行和战略目的的实现就失去了依托"。根据地建设，成为红军发展壮大的基础。

早在井冈山初创红军的时刻，工农革命军就全力展开以发动群众、建立红色政权、建立群众武装和土地革命为核心的根据地建设，使得井冈山根据地在短时间内就形成规模。工农革命军有了展开游击战争的深厚群众基础，如同鱼儿畅游于水中，能够灵活自如地打击敌人，壮大自己，并在迎击敌人进攻时占有天时、地利、人和的有利地位。

到了1929年1月，毛泽东率领红4军转战赣南闽西，将根据地发展的战略总结为"固定区域的割据，用波浪式的推进政策"，同时为红军明确了"分兵以发动群众，集中以对付敌人"的行动方针。他反对跳跃式的不平衡的推进，反对不深入巩固既得地区就冒进的方针。依靠这套方略，毛泽东率领红军在赣南闽西打出了一片红色天地，创建出了全国最大的红色苏区，建立了全国最强的红军队伍。

两万五千里长征，红军四处转战，没有立足之地，吃尽了没有根据地、没有人民支援之苦。因此，当毛泽东在重新回到红军的领导岗位后，所做的第一件事情就是选定未来的落脚点和建立根据地的区域。虽然由于国民党军的围追堵截，他的设想屡屡受挫，但找到可以坐下的"屁股"的努力则始终未曾停止一刻。正因为如此，当红军终于在陕北找到落脚点，结束长征后，毛泽东马上将巩固和扩大苏区的工作摆到了重中之重，不仅要使陕甘苏区成为红军壮大发展的摇篮，而且要成为中国革命的中心。

但这一次，毛泽东出人意料地没有再采取"以巩固求发展"的方针，而是反其道而行之，采取了"以发展求巩固"的方针，不待根据地巩固，就指挥红军连续发动了东征、西征战役。

"以发展求巩固"的方针，有两个基本的依据：一是历史的原因。中央苏区第五次

史料链接

反"围剿"失败,使得毛泽东强烈地意识到,单求固定区域的割据,巩固地发展,利于国民党军的堡垒政策推行,红军很容易陷入不利和被动的地位。陕北的环境比江西苏区更加利于国民党军推行堡垒政策,一旦让国民党军喘息过来,聚集重兵,在根据地四周构筑起堡垒线,红军将很难有所作为。二是现实的原因。红一方面军在长征中减员严重,到达陕北与红15军团会师后,总兵力只有一万余人,急需休整补充,而陕甘苏区面积狭窄,人口稀少,土地贫瘠,经济落后,粮食缺乏,根本无法满足红军壮大发展的要求。只有猛烈地向外发展,才能摆脱困境,打开局面。

除此之外,还有一个重要的原因,就是当时日本不断加快全面发动侵略中国战争的步伐;全国抗日的浪潮正日益高涨,而国民党政府消极抗日、积极"剿共"的政策遭到全国人民的反对。在民族危机空前严重的形势下,中国国内的各阶级、各阶层和各政治团体的政治态度正在发生重大变化,中国已经处于政治形势大变动的前夜。中国共产党和红军必须顺应全国的抗日浪潮,在抗日的旗帜下有所作为,动员民众,与国民党消极抗日的路线进行坚决的斗争。而这种斗争,将对于红军巩固苏区、扩大游击区和壮大自身力量意义重大,必须抓住这一历史的机遇。

叶剑英后来评述说:"在我们数十年的革命斗争中,党常常运用'巩固地向前发展'这一条原则,实践证明是成功的。但是我们在学习这一条原则时,应该认识到这也是有条件的。应该记得,当我们长征结束到达陕北以后,这一条原则就不适应当时的具体情况了,必须有另一条原则来代替它,那就是'在发展中求巩固'的原则。当时党中央批判了博古等少数同志机械地运用'巩固地向前发展'的老原则来反对东渡黄河的错误思想,坚持了'在发展中求巩固'的正确方针。"

不管是"以巩固求发展",还是"以发展求巩固",最终的目的只有一个,就是巩固苏区,扩大苏区,壮大革命力量。毛泽东的战争指导艺术从来没有固定的模式,有的只是从实际出发,实事求是的思想路线。

★ 红一方面军东征作战序列

红一方面军（中国人民红军抗日先锋军）
司令员：彭德怀
政治委员：毛泽东
参谋长：叶剑英
政治部主任：杨尚昆

方面军特务团

红1军团
军团长：林彪
政治委员：聂荣臻
参谋长：左权
政治部主任：朱瑞
政治部副主任：罗荣桓

- 红1师
  - 师长：陈赓
  - 政治委员：杨成武　杨勇（后）
  - 副师长：杨得志
  - 参谋长：耿飚
  - 政治部主任：谭政
  - （辖第1、第3、第13团）
- 红2师
  - 师长：刘亚楼
  - 政治委员：肖华
  - 参谋长：李天佑
  - 政治部主任：邓华
  - （辖第2、第4、第5团）
- 红4师
  - 师长：陈光
  - 政治委员：黄克诚
  - 参谋长：陈士榘
  - 政治部主任：舒同
  - （辖第10、第11、第12团）

红15军团
军团长：徐海东
政治委员：程子华
参谋长：周士第
副参谋长：郭述申
政治部主任：陈奇涵
政治部副主任：冯文彬

- 红73师
  - 师长：张绍东
  - 政治委员：陈漫远
  - 参谋长：伍修权
  - 政治部主任：王集成
  - （辖第217、第218、第219团）
- 红75师
  - 师长：张绍东
  - 政治委员：赵凌波
  - 参谋长：毕士悌
  - 政治部主任：谭辅仁
  - （辖第223、第224、第225团）
  - 陈锦秀（后）
  - 卢绍武
- 红78师
  - 师长：田守尧
  - 政治委员：崔田民
  - 参谋长：姚喆
  - 政治部主任：钟伟
  - （辖第232、第233、第234团）
  - 韩先楚（后）
- 红81师
  - 师长：贺晋年
  - 政治委员：张明先
  - 参谋长：张寿轩
  - 政治部主任：李宗贵
  - （辖第241、第242团）

红28军
军长：刘志丹　宋任穷（后）
政治委员：宋任穷　蔡树藩
参谋长：唐延杰
政治部主任：伍晋南
（辖第250、第251、第252团）

红30军
军长：阎红彦　宋时轮（后）
政治委员：蔡树藩　阎红彦
参谋长：杨森
政治部主任：杜平
（暂有600余人）

第五编

三军大会师

482　第二十三章　红四方面军南下川康边
509　第二十四章　红2、红6军团开始长征
536　第二十五章　甘孜会师
554　第二十六章　红二、红四方面军北上甘南
572　第二十七章　三大主力红军胜利会师

第二十三章

红四方面军南下川康边

初秋的毛儿盖草地，寒气逼人，似乎冬天已经过早地降临到了这座川西北小镇。1935年9月13日，率右路军先头部队由噶曲河畔返回阿坝的张国焘，在镇内的格尔登寺大殿召开川康省委及红四方面军党的活动分子会议。张国焘在会上做报告，点名恶毒指责毛泽东、张闻天、周恩来、博古等中央领导人"破坏团结，分裂红军"，是"典型的逃跑主义"，声言：由于红军北上的时机已经失去，应当采取积极的南下进攻的方针。

阿坝格尔登寺

会议通过了以张国焘报告为基调的《阿坝会议决议》，称："中央政治局的部分同志,洛、博、周等同志,继续他们的右倾机会主义逃跑路线,不顾整个中国革命的利益,破坏红军的指挥系统,破坏主力红军的团结,实行逃跑",应当坚决反对和斗争。"只有南下打击敌人建立新苏区,才是真正的进攻路线"。并提出:"在斗争中不愿执行党的进攻路线,经过斗争和教育仍不转变的分子,应当予以纪律制裁。"

已经率红一方面军主力到达俄界的中共中央为了挽救张国焘,制止红军分裂,做出了最后的努力,于9月14日致电张国焘、徐向前,指出:"一、四方面军目前行动不一致,而且发生分离行动的危险的原因,是由于总政委拒绝执行中央的战略方针,违抗中央的屡次训令与电令。总政委对于自己行为所产生的一切恶果,应该负绝对的责任,只有总政委放弃自己的错误立场,坚决执行中央的路线时,才说得上内部的团结与一致。一切外交的词句,决不能掩饰这一真理,更欺骗不了全党与共产国际。""中央先率领一、三军北上,只是为了实现中央自己的战略方针,并企图以自己的艰苦斗争,为左路军及右路军之四军、三十军开辟道路,以便利于他们的北上。……张总政委不得中央的同意,私自把部队向对于红军极端危险的方向(阿坝及大小金川)调

卓木碉(今白莎寨)喇嘛寺

走,是逃跑主义实际的表现,是使红军陷于日益削弱,而没有战略出路的罪恶行动。"要求张国焘"立即取消南下的决心及命令,服从中央电令,具体部署左路军与4军、30军之继续北进"。随后,中共中央和红一方面军主力在哈达铺整整等待了七天,希望红四方面军能够迅速跟上,共同北上。

但张国焘军权在握,对中央的指示根本不予理睬,于9月15日以红军总政治部名义发布《大举南进政治保障计划》,肆意颠倒黑白,混淆视听,诬称"由于中央政治局中个别右倾分子的逃跑路线,断送了我们的大举北进进攻敌人的时机";鼓吹"我们目前的战略方针是集中主力,大举向南进攻,消灭川军残部,在广大地区内建立根据地,首先赤化全川";声称"只有大举南进,消灭川敌残部,才是真正的进攻路线"。

9月17日,张国焘下达了南下命令,并提出"大举南下,打到天全芦山吃大米"的口号。位于包座、班佑地区的红4、红30军及红军大学的大部分人员,在徐向前、陈昌浩的率领下,穿越草地,于9月17日和18日返回毛儿盖,并继续南下,沿黑水、芦花以西的山路向党坝、松岗开进。与此同时,红军总部机关和左路军也奉张国焘的命令,从阿坝、马尔康等地出发南下。9月底,两路南下部队分别集结于马塘、松岗、党坝一带。

张国焘的个人野心已经到了极度膨胀的地步。在制造了红军分裂的悲剧之后,又更进一步地公然走上了分裂党的道路。10月5日,张国焘在卓木碉(脚木足,今马尔康县白莎寨)喇嘛寺主持召开红四方面军高级干部会议,做出了另立"中央"的决议,公开打出了分裂主义的旗帜。在他的主持下,会议建立了新的所谓的"中央委员会"、"中央政治局"、"中央书记处"、"中央军事委员会"和"常务委员会",并通过了"中央"的组织决议,宣布:"毛泽东、周恩来、博古、洛甫应撤销工作,开除中央委员会及党籍,并下令通缉。杨尚昆、叶剑英应免职查办。"至此,张国焘与党中央在战略方针上的分歧,已经激化到在政治上、组织上同党中央的公开对立;从抗拒中央指令坚持南下,转为企图另立"中央"。张国焘分裂党、分裂红军的罪恶活动,发展到了登峰造极的地步。

南下天、宝、芦

红四方面军突然南下,重返川西北,令蒋介石和四川军阀刘湘迷惑不解。他们对红军意图做出了两种估计:一是渡岷江向东攻击;一是袭取懋功、丹巴向南进攻。不管红军走哪一条路,都将威胁四川军阀的势力范围,刘湘不敢怠慢,以刘文辉第24军两个旅,位于大金川沿岸之绥靖、崇化(今安宁)、丹巴一线;杨森第 20 军四个旅另一团,位于小金川沿岸之懋功、抚边、达维一线;以邓锡侯第 28 军一个团驻守抚边以东之日隆关等地,企图凭借高山峡谷,将红四方面军封堵于阿坝及其以南的川西北地区,首先使红军在恶劣的自然环境中不断削弱,然后再集中力量进行"围剿"。

10 月 7 日,自封为"中革军委会主席"的张国焘发布《绥(靖)崇(化)丹(巴)懋(功)战役计划》,决定"主力采取秘密迅雷的手段,分由观音铁桥及党坝沿大金川两岸夹河并进,配合夺取绥靖、崇化,后即分取丹巴、懋功,以作南下出天全、芦山、邛崃、大邑的策源地"。具体部署是:红 5 军、红 9 军第 25 师、红 31 军第 93 师组成右纵队,沿大金川西岸前进,抢占绥靖、丹巴;红 4、红 30、红 32 军及红 9 军第 27 师主力为左纵队,在大金川以东地区实施进攻,夺取崇化、懋功;红 33 军及第 27 军一个团,留守马塘、梦笔山地区,掩护后方地域。

朱德虽不同意张国焘的分裂主义行为,但部队既然已经南下,从爱护和发展红军力量的大局出发,他还是坚持不当"空头司令",来到前敌指挥部,同徐向前等一起指挥作战。他对川军作战特点了如指掌,指示:川军向来欺软怕硬,惯打滑头仗,我们不打则已,要打就抓住打,狠狠地打!要求各级指挥员要讲究战术,发挥运动战的特长,以快、以巧制敌。他强调,这么多的红军,没有地盘,没有饭吃,搞不好会不战自毙。要迅速打开战局,赶紧找个地方立足。

丹巴县革命烈士纪念碑

10 月 8 日,红军左、右两路纵队开始行动,沿大小金川疾进。大小金川地区,地形复杂,沿途多深山绝壁和激流峡谷,易守难攻。右纵队先头红 9 军第 25 师出动后,在绥靖以北西渡观音河时受阻,指挥作战的朱德、徐向前立即调整部署,令左纵队迅速出击,快速进攻,打破川军封堵。左纵队三箭齐发,综合运用夜袭、奇袭和小部队迂回战术,出敌不意地穿行峡谷,夺占要隘,抢占桥梁,强渡急流,很快冲破了川军防线。红 4 军强渡大金川后,沿西岸疾进,于 12 日攻克绥靖,击溃守敌刘文辉部两个团,继而向南发展,16 日克西康省之丹巴县城;红 30 军渡过党坝河,15 日占崇化;红 9 军第 27 师向南疾进,于 15 日夜对两河口守敌杨森部第 7 旅发起攻击,激战三小时,将其全部击溃,并跟踪追击,于 16 日克抚边,接着于 19 日夜袭并占达维，击溃杨森部第 4 旅。

战至 20 日，第 30 军一部攻克懋功，守敌杨森部两个旅向夹金山以南逃窜。进占达维之第 9 军第 21 师当即主动截击，俘获甚多，继而向东南发展，连克日隆关、巴郎关、火烧坪、邓生等地。

历时十余日的绥崇丹懋战役，红军以两过草地的疲劳之师，在地形十分复杂的条件下，以坚忍不拔的毅力，克服重重困难，击溃川军杨森、刘文辉所部十七个团，毙、俘敌约三千人，占领了丹巴、懋功两县城及抚边、绥靖、崇化三屯和达维、日隆关等要镇，夺取了战役的胜利。红四方面军部队英勇顽强的战斗作风尽显无遗。

初战的胜利，使张国焘有些忘乎所以，因而也更增加了他继续推行南下错误方针的底气。10 月 22 日，他又以"军委主席"的名义发布《天（全）芦（山）名（山）雅（安）邛（崃）大（邑）战役计划》，确定以主力乘胜迅猛向天、芦、名、雅出动，彻底消灭川军杨森、刘文辉部，接着转向川西平原，迎击主要敌人刘湘、邓锡侯部，力图取得战斗胜利，占领大片肥沃土地，建立根据地，达到赤化全川的目的。对康定、汉源、荥经方向，采取佯攻姿态，配合主力行动。为达成战役目的，张国焘将部队分为左、中、右三个纵队：以红 4、红 32 军为右纵队，由丹巴经金汤攻取天全，并以一部向汉源、荥经活动；以红 30 军及红 31 军第 93 师、红 9 军第 25 师为中纵队，首先夺占宝兴、芦山，得手后向名山、雅安及其东北地区进攻；以红 9 军第 27 师为左纵队，除以一部巩固抚边、懋功、达维外，主力向东扩展，威胁灌县、大邑之敌。另以红 5 军为右支队，巩固丹巴地区；以红 33 军为左支队，驻守马塘、两河口，相机威胁理番，占领威州。

然而，此时敌情已发生了重大变化。红四方面军的南下行动，引起了蒋介石的高度重视，令川军集中全部力量制止红四方面军南下。他将委员长行营由成都移至重庆，正式成立"重庆行营"，并派大批军政官员入川，对川军进行了整编。整编后的川军，虽员额紧缩约三分之一，但充实了建制，补充了武器弹药，战斗力有所增强。根据蒋介石的命令，川军以遏阻红军攻势，确保川西平原，进而消灭红军为目的，在川西北至川西南的千里防线上，共部署二十个旅六十多个团，其中刘文辉部防守金汤及泸定至汉源、雅安一线；杨森部防守宝兴至大硗碛一线；邓锡侯部防守宝兴以东大川场至水磨沟一线；刘湘之模范师九个团集中天全，另从绵竹等地抽调十八个团向西增援。各部修筑碉堡，扼守要点，摆出了全力堵击红军的姿态。

10 月 24 日，红四方面军以迅猛之势发起天芦名雅邛大战役。

中纵队为主攻部队。红 30 军、红 9 军第 27 师从懋功出发，横扫川军杨森部残敌，先头红 88 师于 27 日翻越夹金山，突然出现在夹金山南麓，以泰山压顶之势，猛攻驻守菩生岗的川军第 20 军第 1 旅第 1 团及地方团队。川军防线一触即溃，但部队散入山谷、密林，凭借有利地势顽抗。红 88 师正面进攻结合侧后迂回，猛冲猛打，歼敌一个营。余敌拼命后逃，结果被红军逼到盐井乡穿洞子悬崖小道上全部歼灭，仅挤下悬崖丧命的就有近二百人。

红四方面军留下的标语

徐向前、陈昌浩于 29 日翻过夹金山，进抵前线指挥作战。中纵队主力由硗碛分兵，攀越悬崖峭壁，穿行原始森林，多路向宝兴推进。主力修复黄店子栈道，迅速进占盐井坪。另外两路部队则分别到达羊村、新磨坊，于 31 日三面包围宝兴。宝兴守敌是川军杨森部第 20 军第 1、第 5、第 6 旅。中纵队总指挥王树声发现川军部队主要沿宝兴河东岸的大路布防，而宝兴侧后险峻的东山则无兵防守，立即决定，以一个团从马草坡渡河绕至宝兴背面进攻，新磨房、羊村的两路红军则沿大路正面进攻。战斗在 11 月 1 日拂晓打响，经两个多小时的激战，川军败逃，红军攻占宝兴城。

杨森的部队曾在红一方面军经过此地时，避开红军主力而疯狂截击、残害掉队的红军官兵，占了不少便宜。此次与红四方面军正面交锋，终于领教了红军的厉害，敌军官兵只恨少生一条腿，发疯般地向灵关逃命。红军穷追不舍，败兵逃到宝兴以南五公里处的观音岩（现水文站），人多路窄，被挤下河淹死者数以百计，路旁被击毙者无数，以至于当地百姓此后很长时间都不敢从观音岩经过。11 月 1 日，中纵队红军部队进占灵关。

在中纵队向宝兴、灵关推进的同时,右纵队红4军、红32军也向天全疾进。红4军担负主攻,军长许世友指挥部队连克丹巴、金汤,横扫天全以北地区的川军刘文辉部队,于11月7日翻越二郎山,沿昂州河向天全推进。8日晨,前锋进抵紫石关,击溃川军第24军袁国瑞旅主力,进抵天全城西郊。助攻的红32军在罗炳辉、何长工的指挥下,进至泸定城附近的五里沟与川军李抱冰部对峙,掩护红4军主力向天全进攻。

天全城地势险要,担负守备的部队是曾在土城之战堵击中央红军而受到蒋介石嘉奖的川军第21军模范师郭勋祺部。模范师装备精良,人员充足,郭勋祺夸下海口:"纵有红军数万,也难飞过天全。"8日午后3时,红4军先头红12师与川军模范师第2旅一个团展开激战。川军沿天全河河岸和大岗山上构筑工事,以猛烈的机枪火力控制着河面,红12师多次冲锋都被压了回来。战至黄昏,军长许世友带红11师赶到,令红12师暂停攻击,派出侦察分队以当地农民做向导,在夜色掩护下,悄然摸上大岗山上川军阵地,突然发起进攻,端掉了川军的营部。偷袭成功,许世友立即令红11、红12师再次发起进攻。川军腹背受创,急忙撤离河边,退守大岗山顶。红11、红12师官兵涉水过河,猛攻大岗山,歼敌大部,夺占了天全城的制高点。在此期间,红10师在师长王近山的指挥下,从天全河浅滩处隐蔽过河,于9日拂晓攻占城南浮桥,攻入城内。王近山亲率先头连直捣郭勋祺师部,郭勋祺从后院翻墙,侥幸逃命。红4军攻占天全旧城。

曾被蒋介石亲自提拔为川军模范师师长的郭勋祺实在不甘输得如此不明不白,逃到了离城五公里的梅子坡后,收拢部队,对天全城发动凶猛多路反扑。红4军沉着迎战,分头阻敌,不仅彻底粉碎了川军反扑,而且乘胜攻占天全新城。郭勋祺见大势已去,只得于10日凌晨率败兵退往芦山县境的飞仙关、三江口。

宝兴、天全已攻下,徐向前命令各路红军迅速前进,合击芦山。芦山县地势南低北高,是川西平原的门户。红军进入宝兴县城,刘湘令第21军教导师和独立第1旅火速赶至芦山布防。11月2日,中纵队前锋红31军93师部队攻占了双河场,直逼芦山城下,在仁加坝与川军教导师第1旅展开激战。红军勇猛进攻,川军拼死固守,双方展开激烈的拉锯战。战至4日,红93师攻占城边七里,突破川军第1旅防线,川军教导师退守城内,并放火焚毁东街。红93师三面包围城池,不停顿地连续发起进攻。

川军教导师师长杨国桢狂叫"要和芦山城共存亡",令督战官在城墙上竖起"前进者有赏,后退者斩"大旗一面,组成"敢死队"向红军反扑。刘湘为解芦山之围,急令独立旅由名山地区增援。红9军第27师和红30军第88师立即南下分路迎敌，将其全部歼灭，随即攻克名山西北之五家口镇，又全歼守敌一个团。而右纵队在占领天全县城后，也向东迂回，于11日赶到芦山，封闭了守军的唯一退路城南门。12日拂晓，红军从四面发起攻城作战，杨国桢再也抵挡不住，率残部弃城逃窜。红军占领芦山。

至此，红四方面军经过十余日的英勇作战，占领了邛崃山以西、大渡河以东、青衣江以北和懋功以南之川康边的广大地区，毙、伤、俘敌一万余人，击落敌机一架。前锋直逼川西平原。

邛崃红军长征纪念馆

百丈决战

在半个多月的时间内，红四方面军占宝兴、克天全、下芦山，突破刘湘苦心经营的防线，击败川军十七个旅，取得了南下作战的初步胜利，张国焘志得意满，踌躇满志，于攻占芦山的当天，即11月12日，致电中共中央，但报头已不写"中央"，而是称"毛、张、周、王、博"，得意地通报占领天全、芦山的胜利消息，并声称这一胜利已经"打开了川西门户，奠定了建立川康苏区胜利的基础，证明了向南不利的胡说，达到了配合长江一带的苏区红军发展的战略任务，这是进攻路线的胜利"。红军总部和红四方面军总部进驻芦山城外的仟家坝。随后，四方面军决定，立即向名山、邛崃地区发展进攻，乘胜东下川西平原。

中共中央祝贺红四方面军的胜利，同时在红四方面军已经南下的情况下，从红四方面军的发展和中国革命的前途考虑，于11月12日致电张国焘等："关于方针，你们目前应坚决向天全、芦山、邛崃、大邑、雅安发展，消灭刘（湘）、邓（锡侯）、杨（森）部队，求得四方面军的壮大，牵制川敌主力残部，（以利）川、陕、甘、晋、绥、宁西北六省局面的大发展。"

红军兵逼川西平原，直接威胁四川军阀统治老巢的安全，引起了蒋介石和四川军阀的极度恐惧。刘湘为阻止红军进攻，确保成都平原安全，亲自到邛崃前线设立总指挥部，紧急调集属下全部精锐部队集结，并飞电四川其他军阀，晓以利害，要求各路军阀一同出兵，共拒红军。生死攸关之际，各路军阀也不敢怠慢，纷纷派出主力参战。川军主力云集百丈及其附近地区，共集结第21、第23、第41、第44、第45军及刘湘直属部队三十五个旅、八十五个团另七个独立营、两个特务营，约二十万人。四川军阀尽管平时钩心斗角，此时却为共同的利益而齐心协力，决心在百丈与红军决一死战。国民党中央军薛岳部主力则集结成都地区，准备增援。

百丈关（今称百丈场），位于名山县境，地处成（都）雅（安）公路要隘。公路沿线多为起伏的丘陵，只有以东约五里处有座控断山横断公路。百丈四周耕地满布，沟渠纵横。红四方面军总部也将百丈之战视为打开进入川西平原通道的关键一仗，因而集中主力，先后投入红30军和红9军第25师、红4军第10师、红31军第93师，共十七个团，约四万人，在徐向前的亲自指挥下，与川军展开决战。

百丈关战役纪念碑

11月12日，百丈决战拉开帷幕。红军中纵队全部及右纵队红4军由雅安北部和芦山北部向名山、邛崃、大邑攻击前进，川军部队此刻尚在集结中，红军一路突进，于14日占领朱家场、太和场。随即兵分三路，分别从雅安上里、中里和蒙顶山向百丈、黑竹一线发起进攻，先头红25师第75团于16日拂晓，击溃川军两个团，占领百丈关，与川军模范师、教导师接触。

川军模范师、教导师号称川军精锐，是刘湘起家的本钱，虽然在天全、芦山战斗中受创，但主力犹在，且急于复仇，挽回脸面，立即向百丈展开反扑。红25师毫不畏惧，以攻对攻，红74、红75团如两把尖刀，直插川军腹心。双方沿公路展开混战，川军出动飞机助战，然无法辨别人员，无法轰炸扫射，只能低空盘旋。狭路相逢勇者胜，红25师奋勇冲杀，至黄昏时分，击退川军反扑，并乘胜前进，占领黑竹关、治安场、王店子。川军南路总指挥潘文华亲率特务营沿公路一字排开，拦截溃兵，也无法阻挡部队逃命。幸赖增援部队一个师到达，方稳住阵脚。

17日，川军增援部队七个旅到达邛崃至百丈公路沿线地区，并对黑竹关展开反扑。徐向前判断，川军已经形成纵深防御配置，红军继续沿大路向邛崃进攻诸多不利，且易受翼侧川军的侧击，遂调整部署，以主力集中百丈左右靠紧，首先迎击川军援兵。当晚，"夜老虎"团红88师第265团再显神威，夜袭鹤林场川军援兵彭焕章旅，将该旅先头团打得到处逃散。

19日，川军开始发动总攻，百丈决战进入高潮。首批投入进攻的川军六个旅，在飞机大炮的掩护下，从北、东、南三个方向猛攻百丈关附近十余里弧形地带的红军阵地。红军相互协同，分路迎敌。红25师迎击夹关方向来攻之敌；红88师迎击鹤林场方向来攻之敌，红93师正面迎击向百丈关方向进攻之敌。红93师的阻击战最为惨烈，川军沿公路轮番进攻黑竹关，整连、整营、甚至整团实施集团冲锋，红93师在大量杀伤敌军后，撤至控断山附近。双方投入预备队，在控断山附近展开拉锯，阵地得而复失，失而复得，战至黄昏，红93师撤至百丈关阵地，转入坚守。

20日，天刚放亮，川军的进攻就已开始，主攻方向为百丈关。川军不断投入预备队，不顾一切地连续进攻，并重金组成"敢死队"。刘湘颁布《告剿共官兵书》，规定：凡有临阵退缩、畏敌不前或谎报军情、作战不力者，一律军前正法。其余各级官兵，倘有违令者，排长以下，得由连长枪决，连长得由营长枪决，营长得由团长枪决，团长得由旅长枪决，旅长得由师长枪决，师长得由总指挥枪决，总指挥倘有瞻徇陷匿者，由总司令查证依法严办。同时，刘湘派信给现任副处长杨德纯率队赶赴前线，当场散发11月份饷款。

面对敌人优势兵力的疯狂进攻，红军指战员忍着极度疲劳和饥饿与敌人展开血战，有的部队子弹打光了，就与敌人反复进行白刃搏斗；有的战士手臂打断了，就用牙齿咬着拉火索将手榴弹拉响，与冲到跟前的敌人同归于尽。红88师政委郑维山后来回忆当时的战斗情景说："师的指挥所跟前一个班，打到下午只剩下三个人了。但是这三个人，却像钉子钉在那片树林里似的扼守着阵地。敌人冲上来了，他们从三个方面投出集束手榴弹，趁着爆炸的浓烟，呼叫着分头冲下去。把敌人杀退后，三个人又从容地回到原处，战士们就是这样，以一当百地和敌人厮杀。"在百丈，川军从早到晚不停顿地发动集团进攻，并以飞机猛烈轰炸扫射，在久攻红军阵地不下的情况下，竟然放火烧街，然后以几十挺机枪集中扫射救火的红军战士和居民。红军不顾危险，冒着敌人的密集火力一面坚守阵地，一面奋勇救火，保住了镇上一部分人民的房屋财产。

百丈关战役纪念馆

战至21日，红四方面军共歼敌一万五千余人，坚守住了百丈主要阵地，但自身也付出了重大伤亡，伤亡近万人，且参战部队均为红四方面军主力，自两过草地，翻越雪山，连续作战，始终没有得到很好的休整补充，已经极度疲劳。21日，徐向前致电张国焘、陈昌浩，指出：百丈地区地面开阔，川军兵力集中，红军歼敌时机已失，决定放弃百丈。同日，红军部队全线转移到北起九顶山，南经天台山、五家口至名山的莲花山一线山地，扼险防守。历时7天的百丈决战至此结束。红四方面军天（全）、芦（山）、名（山）、雅（安）、邛（崃）、大（邑）战役，也随之结束。

百丈之役的失利，是南下红军被迫由进攻转为防御的转折点，也是张国焘南下错误方针碰壁的主要标志。此后，红军转进到北起九顶山，南经天品山、五家口至名山西北附近之莲花山一线扼险防守。与此同时，右纵队第32军和第4军一部分别在天全、飞仙关渡过青衣江南进，于11月25日克荥经，继占汉源，歼守敌一部。12月初，敌薛岳部由东面之洪雅向荥经发起进攻，红军在予敌以大量杀伤后，于中旬撤出荥经、汉源地区。

西进甘孜

百丈战斗后，川军主力集中于名山、邛崃地区，中央军薛岳部六个师也由成都、新津向雅安、天全地区集结，李抱冰第53师则部署于康定、泸定地区。各部敌人采取堡垒战术，稳扎稳打，加强封锁，在巩固既有阵地的基础上步步推进，逐步收缩对红四方面军的包围。

红四方面军以巩固天全、芦山、宝兴、丹巴地区为中心任务，在大川场、天台山、五家口、莲花山、姚橘、金鸡关直到雅安、荥经、天全三县交界的山区地带，构成一条自东北向西南的防御线与敌对峙。同时，全力开展建立根据地的工作，先后建立起一些地方党组织和工农民主政权，组织了几支地方武装。但是该地区地广人稀，粮食缺乏，经济文化落后，语言不通，红军数万大军转战于此，人员、物资补充日益困难，部队冬装亦无着落，指战员们经常以野菜、土豆充饥，以棕榈制成衣服来抵御严寒。中共中央早先提出的"向雅、名、邛、大南出，即一时得手，亦少继进前途"，"南下是绝路"的警告，不幸变为了现实。

1936年2月初，天全、芦山地区的形势更加恶化。国民党军经过周密准备，以"中央军"薛岳部六个多师会同川军主力，开始向天、芦地区大举进犯。红四方面军陷入了前有强敌、后无根据地、进退失据的不利地位。张国焘不得不于2月上旬下达《康道炉战役计划》，决定红四方面军部队转向西北，进入西康省境，夺取道孚、炉霍、甘孜，相机占领康定，争取在这一地区进行休整补充，以便尔后发展。西进甘孜，标志着张国焘的南下建立川康边根据地方针的破产。

2月11日至23日，红四方面军陆续撤离天全、芦山、宝兴地区，分为三个纵队经达维、懋功向西康省北部的道孚、炉霍、甘孜进军。前进路上，首先要翻越位于宝兴和懋功之间的海拔三千多米的夹金山。翻越这座山，对于红四方面军指战员来说是第二次，而对于其中原红一方面军的部队来说，已经是第三次了。前两次翻山是在夏、秋季节，这一次却是在冬末春初时节，当地有"正二三，雪封山，鸟儿飞不过，神仙也不攀"的歌谣。然而,红军指战员们凭着坚强的意志,再一次战胜了这座雪山。在向道孚进军途中,海拔五千多米的折多山又横亘在红军面前,主峰党岭山终年雪漫冰封,空气稀薄,有"万年雪山"之称,当地藏族人把它奉为"神山"。可红军指战员们并没有被它吓倒,他们脚踏草鞋,身着单衣,迎着风暴,以大无畏的英雄气概,征服了这座长征途中遇到的最大的雪山。

炉霍红四方面军总部遗址

3月1日,红军先头部队红30军攻占道孚,接着于15日占领炉霍,随后乘胜前进,又占领西康省东北部重镇甘孜。与此同时,红4军经炉霍向西南疾进,攻占瞻化(今新龙),俘国民党西康宣慰使诺那喇嘛以下一百余人,缴枪一百余支,电台一部。红31军及红9军第25师分别由丹巴、道孚南下泰宁(今乾宁),守敌李抱冰第53师一部弃城南逃康定。红32军及红9军第27师在懋功以南完成掩护主力转移任务后,跟进到道孚、炉霍。红31军第91师在宝兴南关、大垭口多次与追敌激战,击溃敌两个团,完成后卫任务后,也向炉霍地区转移。至4月上旬,西进红军在康北控制了东起丹巴,西至甘孜,南达瞻化、泰宁,北连草地的大片地区。

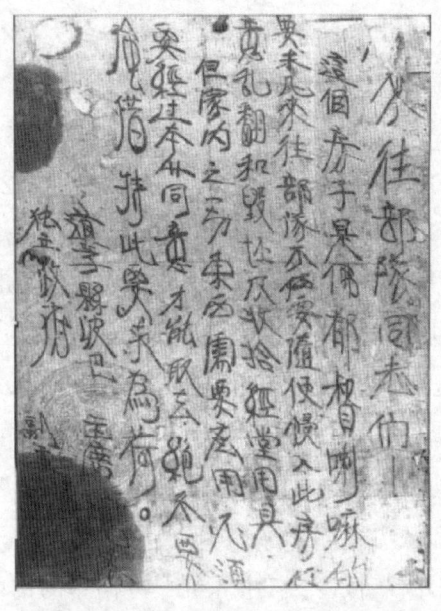

道孚县波巴政府为路过的红军张贴的公告

康北是以藏民为主的藏汉杂居地区，是一片平均海拔三千米以上的高原，地域辽阔，但气候寒冷，人烟稀少，物产贫瘠，对于红军的生存和发展都极为不利。红四方面军原来不打算在这一带久留，只想筹集到必要的粮食、物资后，即刻北上。然而，就在这时，红2、红6军团北上的消息传来。根据朱德的提议，红四方面军改变原定计划，决定在这一地区停留下来，现地休整补充，接应红2、红6军团北上。张国焘对此表示同意。4月初，红四方面军制定了《四、五月战斗准备工作计划》，接着便在"迎接二、六军团"，准备北上"创造西北广大抗日根据地"的口号下，积极展开了整编、训练、筹集物资等各项工作。

南下、西进作战，红四方面军往返雪山草地，连续进行激烈战斗，部队减员严重，遂在甘孜对部队进行了整编。整编后的红四方面军，徐向前任总指挥，陈昌浩任政治委员，王树声任副总指挥，李特任参谋长，周纯全任政治部主任，李卓然任副主任，下辖六个军十九个师，共4万余人，与南下时相比，减员达一半以上。

党中央对张国焘的教育挽救

尽管张国焘另立"中央"，公开走上了分裂党、分裂红军的道路，但是，中共中央在先行北上以后，一直与南下的红军总司令部和红四方面军保持着电台联系，一方面转告敌情、北上红军的情况以及全国的政治形势，指示行动方针；另一方面在继续对张国焘的南下错误方针进行批评、斗争的同时，也尽力对他进行教育、挽救，以维护党和红军的团结。尽管俄界会议做出了《关于张国焘同志的错误的决定》，但始终没有向中央委员传达，更未向全党公布，直到张国焘另立"中央"，并且拒不改正时，才于1936年1月22日做出《关于张国焘同志成立"第二中央"的决定》，指出："张国焘同志这种成立第二党的倾向，无异于自绝于党，自绝于中国革命。党中央除去电命令张国焘同志立刻取消他的一切'中央'，放弃一切反党的倾向外，特决定在党内公布1935年9月12日中央政治局在俄界的决定"，即《关于张国焘同志的错误的决定》，让广大党员了解事情真相，以便同张国焘的错误划清界限，增强党性。

在此期间，中央始终对张国焘采取了善意、和解的态度，力图使张国焘早日转变立场，消除党和红军的分裂。到达陕北瓦窑堡后，中央即于11月12日致电红四方面军："我1、3军团已同25、26、27军在陕北会合"，现在"正与白区党及国际取得联系"，要求红四方面军将"你们战况及工作情形，应随时电告党中央"。另外，中华苏维埃共和国中央政府发布文件，仍以主席毛泽东、副主席项英、张国焘名义发布，并没有把张国焘排除在外。但在组织上对张国焘仍须积极工作,促其觉悟,以免其自弃于党,自弃于人民。

但是张国焘却对中央的诚意置若罔闻,并以狭隘的心胸对党员和红四方面军官兵封锁中央的声音和一切来自红一方面军的胜利消息。红四方面军百丈决战失利时,正值红一方面军取得直罗镇战役胜利。中央向红四方面军通报直罗镇战役胜利的消息后,徐向前对张国焘说:"出个捷报吧!中央红军打了胜仗,对我们的部队是个鼓舞。"张国焘却冷冷地回答:"不要管他们,用不着出捷报。"徐向前对此非常反感,认为张国焘连中央红军打了胜仗都要封锁消息,不让下面知道,可见其心中有鬼,是怕中央的。

南下作战受挫后,张国焘不仅不检讨其错误路线,集中精力解决红四方面军所面临的严重问题,反而变本加厉地争权争地位,更加猖狂地进行反党分裂活动。12月5日,他以"党团中央"的名义致电彭德怀、毛泽东,狂妄地宣称:"此间已用党中央、中共中央、中央政府、中革军委、总司令部等名义对外发表文件,并和你(们)发生关系。""你们应以党北方局、陕甘政府和北路军,不得再冒用党中央名义。""一、四方面军名义已取消",以后不能再用,等等,在分裂党的道路上越走越远。

在此期间,张浩(林育英)受共产国际派遣,从苏联秘密回国,辗转到达陕甘苏区。中央决定,由张浩利用从共产国际回国的身份优势,出面做张国焘的工作,调解中央与张国焘的紧张关系,争取张国焘能够转变态度,放弃对抗中央的立场。中央的态度非常明确:对于过去的争论可以等待共产国际或党的第七次代表大会解决,一切为了党和红军的团结,为了党和红军的前途。

张浩

林育英支持中央的决定,于1936年1月16日致电张国焘:"共产国际派我来解决一、四方面军的问题,我已会着毛泽东同志,询问一、四方面军通电甚(少?),国际甚望与1、3军团建立直接的关系。"张国焘接电后,以中央"正统"自居,于1月20日回电:"我们一切都经党中央同意,假冒党中央或政府机关名义发表重要文件,此间有公开否认之权。为党的统一和一致对外,望告陕北同志,自动取消中央名义,党内争论请国际解决。"张浩立即于1月24日复电,明确告知张国焘:"甲、共产国际完全同意中国党中央的政治路线,并认为中国党中央在共产国际队伍中，除联共外是属于第一位。中国革命已成为世界革命伟大因素，中国红军在世界上有很高的地位，中央红军的万里长征是胜利了。乙、兄处可即成立西南局，直属代表团。兄等对中央的原则上争论可提交国际解决。"

张浩的电报和共产国际的态度，对于张国焘等于是当头一棒，也使得一些曾经积极支持张国焘的同志逐步改变了立场，陈昌浩明确表示服从共产国际的决定。更重要的是，红四方面军广大指战员从正反两方面的事实中逐渐认识到，党中央的北上方针是符合当时全国形势和人民愿望的，是完全正确的，对张国焘的分裂主义越来越不满，要求北上同党中央和红一方面军会合的呼声日益增长。在这种情况下，张国焘不得不表示"急谋党内统一"，愿意率军北上。

尽管如此，张国焘依旧继续进行攻击中共中央的活动。3月15日，张国焘在西康道孚召开团以上干部会议，作《关于苏维埃运动发展前途》的报告，声称"反对毛、周、张、博的机会主义逃跑路线与主力红军毅然南下是完全正确的"，"南下是胜利"的，达到了我们"预定的目的"；"我们向北发展"，与他们（指中央）北上是根本不同的。他们是在"北上进攻敌人"的掩盖下向北逃跑，而我们是在南下进攻目的达到后，主动向北发展的，是"向西北伸张我们势力"。并称："任何暗中三五成群议论党的决议而发生破坏作用的现象，都要受到铁锤的打击。"

5月间，红一方面军结束东征，回师陕甘根据地，并开始西征。红2、红6军团也正辗转北上，即将与红四方面军会合。与此同时，国内的政治形势正急剧地发展变化，中共中央制定的抗日民族统一战线政策已在全国各阶级、阶层中引起了强烈反响，尤其是在西北地区，已得到东北军、西北军和各阶层爱国人士的支持和赞同。红一方面军同张学良的东北军已经达成了秘密的团结抗日协定，与西北军也建立了联系。5月20日，中共中央致电朱德、张国焘、刘伯承和红四方面军及红2、红6军团领导人，通报了全国的政治形势，明确表示：与张国焘"过去的分歧不必谈"，现在"唯一任务是全党全军团结一致，反对日本帝国主义及蒋介石"。中央对红四方面军和红2、红6军团"全体同志之

红四方面军司令部公文箱

艰苦奋斗表示无限敬意",并欢迎他们采取北上的方针。关于中央与红四方面军的关系,中央表示可以"暂时采用协商方式,总之为求革命胜利,应改变过去一切不适合的观点与关系,抛弃任何成见,而以和谐团结、努力奋斗为目标"。5月25日,中共中央再次致电朱德、张国焘等人,指出:"国内及国际的政治形势均取着暴风雨般的姿态向前发展,党的反日统一战线策略有第一步的成就。""四方面军与二方面军,宜趁此十分有利时机与有利天候速定大计,或出甘肃,或出青海。在兄等大计决定之后,一方面军适时向天水、兰州出动,进一步策应兄等。"

红四方面军长征时使用的步枪

得到了与中央"暂时采用协商方式"的允诺,加之朱德、刘伯承、徐向前等人的一再敦促、劝告,陈昌浩等人的态度转变,同时红2、红6军团也即将到达甘孜地区,张国焘被迫于6月6日在炉霍召开的党的活动分子会议上,宣布"取消中央的名义"。至此,张国焘擅自建立的第二"中央"寿终正寝。6月10日,朱德、张国焘和红四方面军领导人致电中央,表示"一致同意"北上,并"拟于6月底出发,向夏、洮西北出动"。

红四方面军长征时使用的口哨

在经历了九个多月的分裂后,各大主力红军终于看到了胜利会师、共同战斗的前

红四方面军长征时使用的手榴弹

景,艰难困苦的长征也逐步进入了尾声。但张国焘的个人野心和错误路线仍然影响红军的团结,危及红军的前途。三军大会师的道路因此还将是荆棘重重、坎坷艰难。

张国焘虽然宣布取消其第二"中央",并同意北上,但依旧对中共中央的领导地位拒不承认,竟然在宣布取消其第二"中央"的同时,要求中央也"同时取消中央的名义",陕北方面设"北方局","中央的职权由驻国际的代表团暂行行使",并说:"我们对陕北方面的同志不一定用命令的方式,就是用互相协商的形式也还是可以的。"可见,张国焘篡夺党和红军最高领导权的野心虽因南下失败而彻底破产,但依旧坚持分裂党、分裂红军的错误,反对党中央和独树一帜继续与党中央分庭抗礼的野心未死。

史料链接

★ "不沉的'航空母舰'"

中共中央率红一方面军主力北上后,由于张国焘严密封锁消息,朱德对中央北上的真相并不了解,但他坚信中央的决策是正确的。他对康克清说:"情况一时弄不清楚,我们只有一条,坚信毛泽东和党中央。如果不是出于必要,他们是不会这样做的。"

9月11日,中共中央率红一方面军主力抵俄界后,致电张国焘,指令他立刻"率左路军向班佑、巴西开进,不得违误"。可张国焘无视中央对他的一再争取,竟于第二天亲拟电致红1、红3军领导人,声称"1、3军单独东进出,将成无止境的逃跑","不拖死也会冻死","将来真悔之无及",要红1、红3军"速归","南下首先赤化四川"。朱德断然拒绝在这个电报上签字。

9月13日,张国焘在阿坝格尔登寺大殿内召开川康省委及红军中党的活动分子会议,并要省委、省苏维埃、法院、保卫局、妇女部和儿童团的负责人都来参加会议,以壮声势。会场外公开打出了写有"反对毛、周、张、博北上逃跑"的大横幅。张国焘煽动不明真相的干部围攻朱德,逼迫朱德当场表态"同毛泽东向北逃跑的错误划清界限","反对北上,拥护南下"。朱德稳坐在会场里,不予理睬。直到张国焘说:"总司令,你可以讲讲嘛,你对这个问题的认识怎样?是南下,是北上?"朱德才站起身来,从容不迫地说:党中央北上抗日的方针是正确的。现在日本帝国主义侵占了我国的东三省,我们红军在这民族危亡的关头,应当担起抗日救国的责任。北上决议,我在政治局会议上是举过手的,我不能出尔反尔。我是共产党员,我的义务是执行党的决定。"南下是没有出路的!"

会场的气氛更加紧张。有人对着朱德喊叫:既然你拥护北上,那你现在就走,快走!朱德说:我是中央派到这里工作的,既然你们坚持南下,我只好跟你们去。刘伯承看到一部分人这样蛮横地围攻朱德,便挺身而出,说道:现在不是开党的会议吗?你们怎么能这样对待朱总司令!

阿坝会议在张国焘的操纵下,通过决议,指责党中央先行北上是"右倾机会主义逃跑路线",是"破坏红军的指挥系统,破坏主力红军的团结"。朱德回到住处,忧心

史料链接

忡忡地对康克清说:"会议开得一团糟,糟透了。""张国焘把中央、军委北上说成是'制造分裂',看来他是要搞分裂了。"

朱德的担心不幸变为了现实。张国焘于10月5日在卓木碉主持会议,公然做出了另立"中央"的决议。朱德坚决反对张国焘这一极为严重的反党行为,他在会上语重心长地说:"大敌当前,要讲团结嘛!天下红军是一家。中国工农红军在党中央统一领导下,是个整体。大家都知道,我们这个'朱毛',在一起好多年,全国和全世界都闻名。要我这个'朱'去反'毛',我可做不到呀!不论发生多大的事,都是红军内部的问题,大家要冷静,要找出解决办法来,可不能叫蒋介石看我们的热闹!"

两大红军主力会合后又分裂,朱德的心情异常沉重,他很想去追赶中央。可是,这里还有由八万指战员组成的红四方面军,还有编在左路军中原红一方面军的第5、第9军团和其他同志,不能把他们丢给张国焘不管。这样,对朱德来说,只剩下一个选择,那就是留下来,跟着这支队伍,哪怕遇到再多的艰难曲折,也要尽自己的最大努力保护它,并把它最终带回到党的正确路线上来。

朱德坚持全党只有一个中央,即以毛泽东为代表的中央,不能有两个中央。张国焘非常恼火,与自己的追随者们处处给朱德施加压力,甚至谩骂朱德是"老糊涂"、"老右倾"、"老顽固"。朱德的处境十分艰难。但由于朱德在红军中享有很高的威望,张国焘还不敢对他采取极端手段。遂在实际工作中将朱德架空,剥夺了朱德作为红军总司令的军事指挥权,并以各种名义召开大大小小的会议,不断攻击党中央。鼓吹"只有南下才是真正的进攻路线"。朱德顾全大局,掌握正确的斗争方针和策略,同张国焘展开了斗争,尽力维护党和红军内部的团结。康克清后来回忆当时的情况说:"朱总很沉着,任你怎么斗,怎么骂,他总是一言不发,像不沉的'航空母舰'。等对方斗完骂完,他才不慌不忙地同他们讲道理。"

有一次张国焘等在会上造谣说:"他们(指党中央)走的时候,把仓库里的枪支弹药粮食,还有一些伤员,统统放火烧了。"朱德立刻站起来,愤然地反驳道:"这纯粹是谣言!从井冈山开始,毛泽东就主张官兵平等,不准打人骂人。宽待俘虏,红军的俘虏政策就是他亲订的,对俘虏还要宽待,怎么会烧死自己的伤员?过草地干粮还不够,动员大家吃野菜,怎么会把粮食烧掉?这种无中生有的谣言,是别有用心的人制造出来的!"一席话,驳得张国焘无言以对。

史料链接

在逆境之中，朱德坚持原则，讲究策略，同张国焘分裂党、分裂红军的错误进行了坚决的斗争，展现了一名无产阶级革命家坚定的党性，为最终纠正张国焘的错误，实现党和红军的团结做出了重大贡献。

★ 征服"神山"

1936年2月中下旬，红四方面军撤离川康边的天全、芦山、宝兴地区，开始向西康省北部的道孚、炉霍、甘孜进军。

在通往道孚的路上，横亘着一座"万年积雪"的党岭山。这是红军长征所遇到的最大、最高的一座雪山。它位于大雪山脉中段，是折多山的主峰，海拔五千多米，顶天矗立，直插云间，藏族人把它奉为"神山"。山上积雪终年，空气稀薄，气温低至零下三四十摄氏度。翻越党岭山，必须赶在中午12点钟以前。下午山顶会起风暴，发生雪崩，人员根本无法生存。在当地老百姓的心目中，这是一道鬼门关，根本无法翻越。

红军指战员们没有被"神山"所吓倒，勇敢地踏上了征服"神山"的征程。方面军总指挥部命令部队充分做好征服大雪山的准备工作，规定每人带足三天以上的干粮；备有两双草鞋和一副铁脚码子；尽量筹集御寒取暖的衣被、毛皮、辣椒、生姜、青稞酒、干柴；每个班、排配有刨冰攀崖用的铁锹、绳索等。同时，各级政治机关大力进行思想动员，号召指战员们发扬不怕艰难困苦和团结友爱的精神，万众一心，战胜雪山。

为了赶在中午前通过党岭山，总指挥部规定各部下午开始登山，在半山腰过夜，以便第二天早晨冲顶。指战员们身着单衣，脚踏草鞋，顶着凛冽的寒风向陡峭的冰峰挺进了。越往上，路越陡越滑，空气越稀薄，越觉得喘不过气，头昏脑涨，四肢无力。晚上在山腰露营时，气温骤降，狂风雪浪阵阵袭来，指战员们相互依偎着，衣服冻成了冰筒，眉毛、胡子结满冰霜，一些战士被冻僵在雪堆里，再也没有醒来。

登顶的过程更为艰难。时任方面军兵站部部长的吴先恩后来在《党岭山上》的回忆录中这样写道：

雪还在成团地落着，篝火只剩下几颗火星在闪烁。度过了漫长的黑夜，掩埋了同志的尸体，我们又踏上了征途。……走到昨天前卫营宿营的山崖下，发现有许多冻僵了的战友的遗体，被埋在雪里。我们发现了露在雪外的一只胳膊，他的拳头紧握着。

史料链接

跑上去掰开一看，里面是一张党证和一块白洋，党证上写着："刘志海，中共正式党员，一九三三年三月入党。"我取过党证和白洋，默默地低下了头："志海同志，你的党证和最后一次党费，一定替你转交给党。安息吧，同志！"

张政委站在悬崖峭壁的边缘上，检查由面前走过的每一副担架。……队伍不停地前进，张政委依旧顶着寒风站在高地上。他一边咳嗽，一边喊话，每吐一个字都要用尽全身气力，"同志们！努力！前进，前……进……"忽然他的沙哑的声音中断了，身子一歪倒在雪地上，警卫员吃惊地叫着："政委，政委，醒一醒！"张政委慢慢地睁开眼睛，看看周围的人们，又看看行进的队伍，吃力地站了起来，勉强笑了笑说："你们走吧！我……我不行了！同志们！……全国人民在盼望我们……"他转身把脸紧紧贴在警卫员的脸上，而后又扑在我的身上，紧紧地和我握了一下手，无力地倒了下去。……

我们扒开积雪，含着泪掩埋了张政委，把他留下的那只怀表上紧了发条，迎着北风，踏着战友们没走完的路，继续向山上走去。

五十岁的朱德总司令把总指挥部为他备好的坐骑、担架全部让给了伤病员，迈着稳健的步伐，同战士们一起步行登山。红四方面军总指挥徐向前挂着木棍，和先头部队一起登上了山顶。他下令把一面红旗插在峰顶，让鲜艳夺目的红旗在风雪中猎猎飘扬，为后续部队指引前进的目标。

就这样，红军广大指战员以大无畏的英雄气概和团结互助的友爱精神，最终胜利地征服了"神山"党岭山。

★ 刘伯承和红军大学

红四方面军南下川康边后，与朱德一起滞留红四方面军的红军总参谋长刘伯承拒不表态支持张国焘的南下方针，也拒绝承认张国焘的第二"中央"。张国焘因此对刘伯承怀恨在心，将刘伯承调任红军大学校长，剥夺了他的军事指挥权。

红四方面军红军大学成立于1934年12月，由彭杨学校改编而成，校长倪志亮，副校长李特，教育长兼军事主任徐深吉。红一方面军和红四方面军会合后，1935年8月，中共中央决定，把红一方面军干部团和红四方面军红军大学合并，成立中国工农红军大学，任命倪志亮为校长（未到职），原红9军军长何畏为政委，刘少奇兼政治部主

史料链接

任,李特为教育长,莫文骅为总支书记。红军北上时,红军大学随右路军行动。9月,张国焘分裂党和红军,在李特的鼓动下,红军大学中原红四方面军人员大部分随军南下川康边。10月9日,以红四方面军原红军大学干部队为基础,在卓木碉再次成立红军大学。

刘伯承出任校长后,不计个人得失,尽心履行职责,制定了周密的教学计划,有计划、有步骤地提高红四方面军指挥员的军政素质和管理教育部队的能力,并充分利用这个阵地,耐心地向干部和学员宣传党中央的正确主张,引导他们走上党中央所指引的"团结一致、北上抗日"的正确道路。

针对当时边打仗、边行军、边教学的具体情况,刘伯承为红军大学提出了"理论联系实际,全面培养干部"的教育方针,即结合当时斗争实际,需要什么学什么,缺什么补什么,把学员培养成为有高度政治觉悟,有指挥作战本领,有管理教育能力,有艰苦奋斗不怕牺牲精神的红军干部。刘伯承常说,古今中外能打胜仗的军队都没有"不教而战"的,没有训练的部队是乌合之众,不讲战术的指挥员是无头苍蝇,打起仗来东撞西碰,七零八落,各不相顾,没有不失败的。为此,他不仅亲自主持制定教学计划,而且还亲自给学员上课。

红军大学主要开设政治课和军事课。在政治教育方面,刘伯承要求着重讲述红军的性质、任务和宗旨,把大家的认识逐步统一到党中央制定的"团结一致、北上抗日"的政治路线上来,同时组织学习党的抗日民族统一战线政策,为将来开展工作做准备。除了正式课程以外,刘伯承还针对红四方面军中存在的一些军阀主义倾向,狠抓"三大纪律、八项注意"的教育,强调官兵平等和军民团结,反对打人、骂人。针对部队进入藏区的新情况,刘伯承要求学员了解少数民族的风俗习惯,遵守保护寺庙和宗教信仰自由等政策,并向群众宣传民族平等、民族联合和国家统一的道理,并带头示范。红军进入炉霍后,红军大学驻在一个喇嘛庙里。这座喇嘛庙房子很多,都是金色屋顶,有的还是上下两层楼。庙里原有七八百名喇嘛,因不了解红军,都纷纷出逃了,只留下少数喇嘛看庙。刘伯承除了严格要求学员要遵守少数民族政策外,自己以身作则,经常带着通司(翻译)找没逃走的喇嘛谈话,向他们解释红军的政策,说明红军是穷人的队伍,和国民党军队有本质的不同,请他们把山上的喇嘛找回来。经过耐心细致的宣传工作,跑上山去的喇嘛和群众陆续返回。他们还多次和红军举行联欢会,表演

史料链接

歌舞，欢迎红军的到来。在喇嘛庙里，红军学员上课学习，喇嘛念经拜佛，大家相安无事。

在军事教育方面，刘伯承针对红四方面军工农干部多、军事理论基础差的情况，组织开设了苏联红军战斗条令、野战条令和工事地形学、射击原理等课程。他亲自讲授军事理论，并联系作战实际，提出要学会"打"和"走"的本领："走"是长征的一门主课，既包括爬雪山过草地等不同地理环境的行军、宿营、警戒各方面的知识，也包括红军北上可能遇到的地形特点、气候变化、民情物产和敌人部署情况等；"打"就是可能遇到的各种情况下的不同战斗，要学会打骑兵、打平地战、打山地战、打河川战、打隘路战、打麻雀战。刘伯承讲课通俗易懂，生动风趣，还善于运用典故，阐明道理。他在战术课小结时说：我们千万不要学牛抵角的战术，去消耗、胶着。要学狼的战术，当一个人推车过来的时候，它不咬，只在旁边跟着。瞅准上坡的时候，才突然跳出来咬推车人的屁股。推车人不敢撒手，白白让狼咬掉一块肉。学员们听着笑声不断，可印象非常深刻。

为了迎接即将到来的红2、红6军团，为共同北上作准备，刘伯承奉方面军的指示，专门给部队干部讲授打骑兵战术。他说："在我们今后的北进中及通过广大的草原地域时，必然会遇到敌人的骑兵。我们的指战员过去主要是习惯于森林、山地作战，很少甚至完全不了解骑兵，因此，很易于过分估量骑兵对于我们的危险性，遇见骑兵时，很易发生惊慌，以至受到不应有的损失。现在我们应来了解新的敌人和消灭他的最好的战术。"接着，他详尽地讲述了对骑兵作战的四项基本要则：一要提高战胜敌人骑兵的信心；二要严格估计部队从准备到进入战斗的时间；三要经常研究和充分利用地形；四要利用各种武器在一定的距离上组成密集而有效的火力。最后，他讲解了打骑兵的队形、追击、有组织的后移以及平时进行实际演习等问题。刘伯承的讲课，为红军以后有效对付敌人骑兵做好了充分的精神和战术准备。

在刘伯承的领导下，红军大学在条件极其简陋的情况下，培养出了一大批合格的军政指挥员，为提高红四方面军部队战斗力奠定了坚实的干部基础。为检阅教学成果，振奋士气，红军大学还曾在炉霍专门举行了一次阅兵和体育大会。刘伯承陪同朱德总司令检阅了队伍，并发表讲话说：将来革命胜利了，我们的人民武装要组成浩浩荡荡的分队，接受党和国家领导人的检阅。他的话给了全体学员以极大的鼓舞。

史料链接

1936年6月底、7月初，红2、红6军团和红四方面军部队在甘孜会师。7月上旬，红二、红四方面军组成左、中、右三路纵队北上甘南。刘伯承随红二方面军行动，从此离开了他曾倾注大量心血的红四方面军红军大学。

★ 张浩的使命

张国焘另立"中央"后，中共中央决定一方面应以最大的耐心，同张国焘分裂党的行为进行坚决的斗争，另一方面也采取恰当的方法教育、挽救他。但是张国焘执迷不悟，顽固坚持其错误路线，与中央对立。在这种情况下，借助共产国际的权威同张国焘进行斗争，就显得极为重要。恰好在这时，中共驻共产国际代表团成员张浩（即林育英）来到陕北。

张浩，原名林育英，1922年加入中国共产党，曾长期从事工人运动。1933年奉派赴苏联，任中国共产党驻共产国际代表团和全国总工会驻赤色职工国际代表。1935年秋，他在莫斯科参加完共产国际七大后，为传达共产国际七大关于建立国际反法西斯统一战线精神秘密回国，于11月中旬辗转来到陕北，与中共中央取得了联系。

张浩到达陕北后，中央决定由张浩利用从共产国际回来的有利条件，以"共产国际代表"的身份，出面做张国焘的工作。张浩坚决支持中央的决定，接受了这一重大任务，不断地致电张国焘，批评张国焘分裂党的错误，要张国焘接受意见，北上同中央会合。

1935年12月22日，张浩致电张国焘，劝告他注意党内团结，并就组织统一问题提出："可以组织中共中央北方局、上海局、广州局、满洲局、西北局、西南局等，根据各种关系，有的直属中央，有的可由驻莫中共代表团代管，此或为目前使全党统一的一种方法"，要张国焘"熟思见复"。

张国焘于1936年1月6日复电张浩，表示"一切服从共产国际的指示"，但仍自称"党中央"，并攻击中共中央的路线是"向北逃跑"，是"反党的机会主义路线"。

1月16日，张浩致电张国焘，说明"共产国际派我来解决一、四方面军的问题，我已会着毛泽东同志"，并告诉他："我已带有密码与国际通电，兄如有电交国际，弟可代转。"

然而，张国焘一意孤行，竟于1月20日致电张浩，称中共中央是"假冒党中央"，要求"自动取消中央名义，党内争论请国际解决"。

史料链接

在这种情况下,中共中央政治局于 1 月 22 日做出了《关于张国焘同志成立"第二中央"的决定》,同时决定在党的组织关系上仍采取变通方式,同意在张国焘取消其另立的"中央"后,成立西南局,直属中共驻共产国际代表团,暂时与陕北党中央发生横的关系。1 月 24 日,张浩致电张国焘,明确指出:"共产国际完全同意中国党中央的政治路线,并认为中国党在共产国际队伍中,除联共外是属于第一位。中国革命已成为世界革命伟大因素,中国红军在世界上有很高的地位,中央红军的万里长征是胜利了。""兄处可即成立西南局,直属代表团。兄等对中央的原则上争论可提交国际解决。"

张浩电报中所阐明的共产国际态度,对于张国焘是当头一棒,也使得一些曾经积极支持张国焘的同志逐步改变了立场,陈昌浩明确表示服从共产国际的决定。更重要的是,红四方面军广大指战员从正反两方面的事实中逐渐认识到,党中央的北上方针是符合当时全国形势和人民愿望的,是完全正确的,对张国焘的分裂主义越来越不满,要求北上同党中央和红一方面军会合的呼声日益增长。在这种情况下,张国焘不得不致电张浩等,表示"急谋党内统一",愿意率军北上。

尽管如此,张国焘依旧继续进行攻击中共中央的活动,并提出要中央改为西北局的无理要求,实际上是要取消党中央的领导。鉴于这种情况,张浩和张闻天于 2 月 14 日致电张国焘,断然指出:"关于党的最高领导机关问题,已见弟等前电所述,此外办法国际都不能同意。"并在电报中指出:"育英动身时曾得斯大林同志同意,主力红军可向西北及北方发展,并不反对接近苏联。"同时就红四方面军的战略行动方针提出三个方案:一是北上陕甘,二是就地发展,三是南下转战,指出第一方案是上策,如何实行,由红四方面军视敌情、地形条件而定。

朱德、刘伯承、徐向前、陈昌浩等都明确表态赞同张浩和张闻天提出的第一方案。张国焘在南下碰壁,各种主客观条件不利的情况下,不得不同意红四方面军西进康北、准备北上的计划。这标志着张国焘分裂党、分裂红军的错误路线遭到了决定性的失败。

在制止张国焘错误行为、维护中央权威地位、维护党和红军的团结上,张浩坚决执行党中央的决定,利用其特殊身份,积极工作,发挥了积极而重要的作用。

★ 红军第四方面军南下作战期间组织序列（1935年9月～1936年年初）

中国工农红军
- 司令：朱德
- 总政治委员：张国焘
- 总参谋长：刘伯承
- 总政治部主任：陈昌浩

红四方面军
- 总指挥：徐向前
- 政治委员：陈昌浩
- 副总指挥：王树声
- 参谋长：倪志亮
- 副参谋长：陈昌浩（兼）
- 政治部副主任：李卓然、李特

军	领导	师	师领导	辖团
第4军	军长：许世友 政治委员：王建安 副军长：陈再道 参谋长：张宗逊 政治部主任：洪学智（后）	第10师	师长：余家寿 政治委员：叶道志	辖第28团、第29团、第30团
		第11师	师长：陈锡联 政治委员：周仕元	辖第31团、第32团、第33团
		第12师	师长：张才千 政治委员：陈伯钧	辖第34团、第35团、第36团
第9军	军长：孙玉清 政治委员：陈海松 参谋长：陈伯钧 政治部主任：谢富治 曾日三（后）	第25师	师长：韩东山 政治委员：杨朝礼	辖第73团、第74团、第75团
		第27师	师长：陈家柱 政治委员：李德明 刘理运 易汉文（后）	辖第76团、第79团、第80团、第81团
第30军	军长：程世才 政治委员：李先念 参谋长：彭绍辉 政治部主任：李天焕	第88师	师长：熊厚发 政治委员：郑维山	辖第262团、第263团、第264团
		第89师	师长：邵烈坤 政治委员：张文德	辖第265团、第266团、第267团
		第90师	师长：汪乃贵 政治委员：何立池	辖第268团、第269团、第270团
第31军	军长：余天云 政治委员：詹才芳 参谋长：王维舟 政治部主任：张成台 王树声（后兼）	第91师	师长：韩东松 政治委员：桂干生	辖第271团、第273团、第274团
		第93师	师长：陈友寿 政治委员：叶成焕	辖第277团、第279团
第33军	军长：罗南辉 政治委员：张广才 参谋长：李荣 政治部主任：李伯钊	第98师	师长：吴世安 政治委员：吴诚忠	辖第294团、第295团
		第99师		辖第296团、第297团
第5军	军长：董振堂 政治委员：黄超 参谋长：曹里怀 政治部主任：曾日三		杨克明（代）	辖第37团、第39团、随营学校
第32军	军长：罗炳辉 政治委员：何长工 参谋长：郭天民 政治部主任：刘伯承（兼）			辖第7团
红军大学	校长：刘伯承 政治委员：何畏 教育长：张宗逊 政治部主任：王新亭			
妇女独立团				
特务团	张际春（后）			

第二十四章

红2、红6军团开始长征

中央红军（红一方面军）、红四方面军和红25军相继开始长征后，位于湘鄂川黔边界地区的红2、红6军团成为中国南方唯一一支红军主力部队，湘鄂川黔苏区也成为中国南方唯一一块红色根据地。1935年1月，在配合中央红军长征，胜利地进行了湘西攻势之后，红2、红6军团主力返回到大庸地区，转入休整，并全力展开根据地建设。红2军团发展到六个团约六千五百人，红6军团发展到五个团约五千二百人，两军团共约一万一千七百人；新组建地方武装三千余人，军区机关、学校、医院、兵工厂等共有一千一百五十人。兵员增加了，装备也有所改善，部队政治思想工作得到加强，两军团官兵之间的团结更加巩固，斗志空前旺盛。同时，两军团已建立起以任弼时、贺龙、关向应为核心的领导集体，统一指挥，行动一致。全军上下呈现出一派朝气蓬勃的面貌。

湘鄂川黔苏区，北临武汉，南接长沙，四省交界，既可对红一、红四方面军的长征进行有效配合，又直接威胁到了国民党军反动统治的核心区域，战略地位极为重要。红2、红6军团的作战，不仅有力牵制了国民党军的力量，配合了中央红军的长征，而且对国民党在湖南等地的反动统治构成了严重的威胁。早在红2、红6军团发起湘西攻势之时，湖南军阀何键就向蒋介石发出了急电，称"情势紧张，全湘震骇"，提出了"欲靖川黔，先靖湘西；欲除朱毛，先除萧贺"的方略。蒋介石则坚持双管齐下的方针，既重兵"围剿"中央红军，又绝对不容红2、红6军团继续发展壮大，于1935年2月调集十一个师又四个旅约十一万人的兵力，以湖南、湖北两省军阀部队为主力，分六路对湘鄂川黔苏区展开大规模的"围剿"。

红 2、红 6 军团以外线机动与内线防御相结合的方针，紧密依靠根据地人民，灵活机动地迎击国民党军的"围剿"。经过半年多的奋战，先后取得了陈家河战斗、桃子溪战斗、忠堡战斗、板栗园战斗等胜利，至 1935 年 8 月，胜利粉碎了国民党军的"围剿"，共歼灭国民党军两个师、一个旅，俘虏、击毙国民党军师长各一人，缴获大批武器装备。红 2、红 6 军团发展到了两万一千余人。

红军带到陕北的唯一一门山炮（红 2、6 军团在陈家河、桃子溪战斗中缴获）

红 2、红 6 军团反"围剿"作战的胜利，湘鄂川黔苏区的扩大，再次震撼了国民党反动政权。蒋介石将"围剿"失败的原因归于湘军、鄂军作战不力，立即调兵遣将，于 1935 年 9 月纠集一百三十多个团的兵力，以中央军的嫡系和半嫡系部队为主力，再次对湘鄂川黔苏区发动新的"围剿"。在部署上，以湘军、鄂军"围剿"部队在以大庸、永顺、龙山、来凤、鹤峰、走马坪为前沿的袋形阵地上筑碉固守，从湘鄂川黔苏区的南、西、北三面实行防堵；而以中央军的孙连仲纵队和樊嵩甫纵队为进攻部队，从津市、澧州及其以北地区由东向西逐段筑垒推进，采取持久作战和堡垒主义方针，综合军事、政治、经济等多种手段，企图消灭红 2、红 6 军团和革命政权。

敌情空前严峻，中共湘鄂川黔边省委和军委分会决定"依据原有苏区及东部游击区，抓住有利时机击破东面急进之敌，破坏其向西进逼企图将我军包围于龙山、桑植、永顺狭小地区之计划，再寻求机动，在运动中击灭其他方向之敌"。按照这个方针，红 2、红 6 军团于 9 月上旬撤离津市、澧州，在石门西北集结待机。但国民党军逐段筑碉，交替前进，红 2、红 6 军团几经寻战，始终难以找到有利的歼敌机会。

红军逐步被压缩到了东西一百五十多公里、南北五十多公里的狭小地域，回旋空间越来越小。形势危急，必须果断决策，摆脱险境，否则就会陷入重围，后果不堪设想。

刘家坪决策

早在遵义会议结束之后，中共中央曾致电任弼时等人，通报会议情况，并对红2、红6军团的行动方针做出指示。2月11日，中共中央和中革军委电示红2、红6军团："总的方针是决战防御而不是单纯防御，是运动战而不是阵地战。""你们主要活动地区是湘西及鄂西，次是川黔一部。当必要时，主力红军可以突破敌人的围攻线，向川黔广大地区活动，甚至渡过乌江。但必须在斗争确实不利时，方才采取此种步骤。"同时指示："应组织革命军事委员会的分会。以贺（龙）、任（弼时）、关（向应）、夏（曦）、萧（克）、王（震）为委员，贺为主席，讨论战略战术问题及红军行动方针。"

3月，在红2、红6军团反国民党军第一次"围剿"最艰难的时刻，任弼时、贺龙等人曾对被迫北渡长江，进行战略转移时的路线进行了讨论，任弼时于22日给中央发出请示电报，称："根据目前情况，我们以最大决心争取这一地区的巩固，以与西方军（即中央红军）配合。（我们）正集中全力在保持有生力量条件下，首先求得侧击郭（汝栋）敌，必须取得两次伟大胜利，方能保持新区的巩固发展；否则，2、6军团将被迫退出新的苏区。目前，我们与西方军活动是互（呼）吸相关，西方军放弃桐梓、遵义，是否将转移于贵州以西地带？万一2、6军团被迫转移，就目前情况只有渡长江到（南）漳、兴（山）、远（安）边为便利。因为乌江、酉水、沅江均无渡过条件，施（南）、鹤（峰）、桑植逼近湘鄂敌主力不能立足。这种预定的方向，是否适宜？"

中共中央于4月5日复电："目前你们那里胜利的可能还是存在的，仍应尽力在原有地区争取胜利。至于现在提出以后可能转移地区的前途问题，我们认为是适当的。如果渡江后对于你们不成一个困难问题时，我们可同意你们渡江的意图，但这只是你们认为在原有地区不利于作战，且红军主力非转移地区不足以保存有生力量时，才可实行。对渡江的可能问题，你们必须精密地估计一切可能发生的困难与必需的准备工作。"

此后，由于连续取得陈家河战斗、桃子溪战斗的胜利，红2、红6军团放弃了北渡长江的计划，继续坚持湘鄂川黔苏区的斗争。然而，反"围剿"作战期间，红2、红6军团在进入鄂东地区作战时期，中断了与中央的联系，并在此后一直处于单独决策、单独作战的状态。

桑植县红2、6军团总指挥部旧址

9月29日，正在进行湘鄂川黔苏区第二次反"围剿"斗争的红2军团，突然收到中革军委周恩来发来的明码电报，询问红2、红6军团的情况，并告知联络密码留在红四方面军处。此时，红2、红6军团和中共中央中断联络已有三个多月了，并不知道中央红军与红四方面军会师以及随后发生分裂的情况，因而对周恩来突然以明码电报联系既感到兴奋，又感到奇怪，担心是敌人设下的圈套，因而任弼时等人只是谨慎地密码致电周恩来，以询问红2、红6军团领导人的方式试探真伪，沟通联系。

密码电报没有到达中央，但拥有通信密码的红军总部电台收到了电报。张国焘立即以朱德和他两个人的名义，于9月30日回电红2、红6军团，准确回答任弼时等人提出的问题，并通报："一、四方面军6月在懋功会合行动，中央任国焘为总政委。……我们今后应互相密切联络。"红2、红6军团领导人并不知道党中央已率红1、红3军团北上，更不知张国焘分裂党、分裂红军的错误，以为与中央的电信联络已经恢复，所以后来很长一段时间给上级的电报，包括部队行动的请示报告，都是发给朱德、张国焘的。张国焘因此拥有了对红2、红6军团发号施令的便利。

与红四方面军恢复通信联系的时刻，正值红2、红6军团反国民党军第二次"围剿"最艰难的时期。中共湘鄂川黔边省委和军委分会于10月上旬对行动方针进行了反复讨论，并致电朱德、张国焘，说明：因红一、四方面军未有东出计划和湘鄂川黔苏区东部地形不利，以及其他主观方面的原因，在当前敌情下继续活动在不宽广地区来打破敌人新"围剿"是困难的。建议主力转移到黔东石阡、镇远、黄平地区活动，在广大无堡垒地带和敌人进行运动战，争取在那里创建新的根据地。10月15日，朱德、张国焘复电指示："现在小地区内，固守固然失策，决战防御亦不宜，轻于尝试远征，减员必大，可否在敌人碉堡线外原有苏区附近，诱敌出碉堡，用进攻路线，集中全力击破之，"并指示，"一切请按实际情况由你们自行决定。"

据此，红2、红6军团于10月17日和23日，先后在石门渡水坪和热水溪召开军委分会会议，但未能做出最后决定。10月下旬，红2、红6军团从磨岗隘陆续回到桑植中心区后，中共湘鄂川黔边省委和军委分会于11月4日在桑植县刘家坪召开联席会议，进一步对行动方针问题进行了讨论，提出3个方案：一是突围后转移到石、镇、黄地区；二是突围后在现在苏区附近活动；三是继续在现有狭小地区内防守。会议在认真分析敌我形势的基础上，认为：红2、红6军团在长江以南已经成为孤军，要想在现有地域内打破兵力数十倍于红军的敌人"围剿"极为困难，既不可能固守根据地，也无法按张国焘的电示在苏区周边活动，因为敌人开始"围剿"后，步步为营，兵力集中，很难分散敌人，寻找战机。红军主力只有撤出苏区，突围远征，实行战略转移，方能从根本上摆脱敌人，争取主动。

湘鄂川黔军委分会布告

会议最后决定：红2、红6军团立即实行战略转移，坚决突围向贵州的石阡、镇远、黄平方向前进，在广大无堡垒地带和敌人进行运动战，积极创造条件，转入反攻，以保存红军的有生力量，争取创建新的根据地。

会后，红2、红6军团集中在桑植，进行突围转移前的各种准备。除进行广泛的思想动员外，并将部分地方武装整编，新组建了红5师、红16师共5个团，分别编入红

2、红6军团，同时裁减部分机关人员补充主力部队。整编后，红2、红6军团总兵力一万七千余人。

红2、红6军团分别在桑植刘家坪的干田坝和瑞塔铺的枫树塔举行突围誓师大会。贺龙在刘家坪红2军团长征动员会上讲话说："现在我们二军团已经有了三个师八个团，6军团也建立了16师、17师和18师，两个军团有一万七千人，而且个个都是能征善战的好汉子，这比我们刚刚会师的时候，扩大了一倍多。蒋介石搞了一百三十个团来围攻我们。他们修筑碉堡，步步为营，我们活动的地盘越来越小。我们苏区建设了近一年，人民群众尽了最大努力，支援红军。可是这里山多、田少，加上敌人烧杀抢掠，哪还能养得起我们近两万人的红军？人要吃饭，马要吃料，可是老天爷长不出那么多粮食，所以我们只能转移到外线去，抛开这一大帮子乌龟壳子。外边地方大着呢，我们可以行动自如啊！"

桑植贺龙旧居

11月19日，贺龙、任弼时下达突围命令。除留下红18师坚持根据地斗争外，红2、红6军团主力于当晚整装出发。部队中的大多数官兵是湘西子弟，桑植的百姓扶老携幼为红军送行，离别之情的惆怅使每个人都充满难舍之情。桑植是贺龙的老家，也是他开始举起革命大旗的地方，这里的一草一木都曾留下过他的脚印。临行前，贺龙专门回到了自己的家乡洪家关，但没有进村，只是默默在村边山坡伫立片刻，然后悄悄离去。他没有想到的是，这是他和许多湘西子弟兵最后一次见到家乡的山水。

红2、红6军团踏上了战略转移的漫漫征程，开始了伟大的长征。

突围湘黔边

国民党军在湘鄂川黔苏区周围设置了数道封锁线,将红2、红6军团重重包围。红2、红6军团长征行动开始后,首要的任务是迅速突破国民党军沿澧水、沅江设置的第一、第二道封锁线。

贺龙、任弼时指挥部队采取逐段跃进的战法,昼夜兼程,直趋湘中。先头红17师第49团于11月20日夜到达大庸和溪口之间澧水北岸的张家湾后,团长王烈亲率第1营进行抢渡,占领对岸敌人的工事,控制渡口,搭起了浮桥,红军主力迅速通过澧水,突破了国民党军的第一道封锁线。随后,红2军团第4师和红6军团侦察队及红16师兵分两路,连续行军一百公里,于21日抢占了沅江北岸的洞庭溪和大晏溪,控制了沅江江面,突破了国民党军的第二道封锁线。

红2、6军团长征动员会议会址

至此,红2、红6军团达到了突围行动的第一步目标,胜利跳出了国民党军的包围圈。部队立即在湘中广大地区展开,发展进攻。至11月28日,红2军团第4师占领了辰溪,第5师占领了浦市,第6师占领了溆浦;红6军团东渡资水,第16、第17师分别占领了新化、兰田(今涟源)和锡矿山,控制了湖南中西部的广大地区。红军在各地迅速开展了发动群众抗日救国、打击土豪劣绅、组织抗日游击队和筹集物资、经费的活动,取得了很大成绩,还吸收了三千多名新战士入伍。

红军突入湘中,完全出乎蒋介石的意料。他立即调整部署,以何键为"追剿"军总司令,大量投入中央军嫡系部队,以两个纵队七个师为主力实施"追剿",以两个纵队三个师又八个团进至沅江西岸进行堵截,以一个纵队两个师作为预备队,并在湘鄂川黔苏区配置两个纵队"清剿"红18师和防止红2、红6军团主力返回。国民党军部队行动迅速,很快就形成了对红2、红6军团新的包围,力图将红2、红6军团消灭于沅江、资水之间。

红2、红6军团进入湘中之后,部队分头发动群众,收拢过迟,当部队集中时,国民党军已经大兵压境。贺龙、任弼时等人研究后,决定立即按预定计划退出湘中,向黔东地区转移,同时决定:为了尽量调动和疲惫敌人,使敌主力远离黔东地区,转移行动采取了声东击西战法,先向东南,再求西进。贺龙说:"敌人追来了。我们再拖他们一阵。我们兵分两路向东南兜个大圈子,索性把这帮敌人全部吸引过来,让他们跟在我们屁股后头追,弄得他们人困马乏,我们再掉头去贵州。"

12月11日,红2、红6军团开始行动,连续九天向东南急进,摆出东渡资水的姿态。国民党军以为红军要重返湘鄂川黔苏区,穷追不舍,随着红军涌向湘东南。21日,红军到达高沙、洞门地区,突然转而西进,在瓦屋塘受阻后,又改道南向,绕过国民党军主力,由遂宁、洪江间的竹舟渡渡过巫水,转道北去。时值隆冬,大雪纷飞,红军在崇山峻岭中忍受着寒冷和饥饿,兼程疾进,在江西街和托口渡过清水江,于1936年1月1日进至芷江以西的冷水铺地区。

刘家坪红二方面军长征出发地

1月3日和4日,红2、红6军团以少数兵力继续向北活动,迷惑敌人,主力集中于晃县、龙溪地区,寻机打击尾追之敌。5日,国民党军追击部队湘军李觉纵队三个师开始陆续渡过源江,逼近红军。贺龙等人决定,集中主力,争取在运动中歼灭国民党军先头部队第16师。5日,红军在便水地区同国民党军一个旅遭遇,随即展开攻击,经一天多激战,歼敌一部。但国民党军后续部队接踵赶到,战斗形成僵持。贺龙立即下令部队于7日拂晓撤出战斗,继续向西北转移。红军在田心坪歼灭黔军一个营,冲破拦阻,于1月9日和12日先后占领江口、石阡,进入黔东地区。

在此期间,留在湘鄂川黔苏区内执行掩护任务的红18师,在地方党组织和人民群众的有力支援下,与敌七个师又三个旅的兵力进行了一个多月艰苦卓绝的战斗。在完成牵制敌人、掩护主力转移的任务后,突出重围,进到黔江、酉阳地区。后迭遭激战,经秀山、松桃县境,于 1936 年 1 月 11 日到达江口,同主力胜利会合,并恢复红 6 军团建制。

红 2、红 6 军团以灵活的作战行动,胜利地突破国民党军的围追堵截,到达黔东地区,完成了战略转移的预定任务,但预定在黔东地区创建新根据地的设想却难以实现。红军刚刚到达石阡、江口地区,国民党军"追剿"军十五个师就陆续围拢而来,北截西堵,东、南进攻,形势再度紧张。同时,这一地区地瘠民贫,经济落后,山大谷深,也不利于部队久留和进行运动战。基于此,军委分会于 1936 年 1 月 9 日在石阡召开会议,决定放弃在湘黔边建立根据地的计划,继续西进,争取在贵州西部的黔西、大定(今大方)、毕节地区建立根据地。这一决策得到朱德、张国焘的同意。23 日,朱德、张国焘电示:"应以佯攻贵阳姿势,速转黔西、大达(定)、毕节地区,群众、地形均可作暂时根据地。"

红 18 师归建后干部会议会址

从石阡到黔西,最主要的问题是能不能顺利地渡过乌江天堑。部队休整七天后,于 1 月 20 日开始西进。为了迷惑敌人,保证部队顺利渡过乌江,贺龙等人精心设计了"龙摆尾"的战术,指挥部队先是挥戈南下,进入余庆县境,于 21 日在龙溪口附近突破国民党军第 23 师的防线,占领瓮安、平越(今福泉)。随后转兵西进,连下洗马河、龙里,以多路纵队直趋贵阳。

蒋介石曾经在指挥部队堵截中央红军长征部队时,被毛泽东的兵逼贵阳搞得晕头转向,怎么也想不到贺龙也会再施佯攻贵阳、调虎离山之计,认定贺龙这次是要真攻贵阳,急调第99、第23师向贵阳收缩,使得乌江沿岸防御力量骤减。但遵义方向的国民党军约三个师却准备南渡乌江,截击红军。贺龙再施巧计,率部绕过贵阳,向贵阳西北疾进,袭占修文、扎佐,摆出要经息烽北渡乌江的姿态。蒋介石断定红2、红6军团是要走中央红军的老路,渡乌江北取遵义,乃调重兵严守乌江,增兵遵义。然而,红军只是虚晃一枪,星夜西进,于2月2日从鸭池河渡口抢渡乌江,进入黔西,将国民党军各路"追剿"军远远地甩到了身后。

红2、6军团鸭池河渡乌江纪念碑

2月6日和9日,红军先后进占大定和毕节县城。随后在贵州地下党组织的配合下,在黔西、大定、毕节地区,发动群众,建立政权,扩大武装,全力创建根据地工作。2月7日,中华苏维埃人民共和国川滇黔省革命委员会成立,贺龙任革命委员会主席。各县苏维埃和九十五个乡、镇、村的红色政权也随之建立。红军也得到了充分的休整,吸收了五千多名新战士。同时,红军还团结与争取了当地有影响的上层民主人士,曾任北洋政府秘书长的知名人士周素园出面,筹建了贵州抗日救国军。后来红2、红6军团北上时,周素园不顾年迈体弱,毅然跟随红军一起长征,到达了延安。毛泽东称赞他是"我们的一个十分亲切而又可敬的朋友与革命同志"。

红2、红6军团突出重围,进入黔西地区,并开始创建根据地,蒋介石大为恼火。他从南京飞抵贵阳,亲自督战,严斥各路"追剿"军将领行动不力,并命令各部立即行动，务求"剿灭"红2、红6军团，并做出了"追剿"部署：除以川军一部向川南的高县、叙永和川黔交界的赤水地区赶进，滇军一部进至昭通、宣威一线，防止红军北渡长江和西进云南外，调集中央军三个纵队经遵义、三重堰等地，湘军李觉、郭汝栋两纵队分经织金、贵阳等地，向黔西地区进逼。各路敌军不敢怠慢，向红军发起了进攻。

红2、6军团部分干部于贵州大定合影

2月6日，贺龙、萧克率红4、红6、红17师向三重堰方向迎击国民党中央军万耀煌纵队，计划在三重堰东北地区歼敌，然而万耀煌部占领三重堰等地后并没再向南移动，却乘红2、红6军团主力转向东北方向、正面兵力薄弱之机，突然于14日袭占了黔西县城，把被红军阻于乌江东岸的敌之第99、第23师接应过了鸭池河。17日，红2军团进到大定，第二天万耀煌、郝梦龄两纵队即向大定进攻。当日黄昏，红2军团第6师在黄家坝重创郝梦龄部第54师，缴获枪支六十余支。但红6师未能阻住郝敌主力的进攻，大定被敌占领，毕节直接受到威胁。

为阻止敌人攻击行动，红17师于2月19日拂晓进抵将军山设伏。将军山位于大定县城以西十余公里处，数十个巍峨的山峰从南向北一字排开，清毕公路蜿蜒穿行于山间，是大定通往毕节的门户。红17师前卫第49团刚上公路，就发现一股敌人由大定沿公路接近伏击区。红军立即展开进攻，经过一个多小时激战，毙敌一百余人，俘敌三百余人，缴枪三百余支。红17师随即在将军山一带转入防御，阻敌七天。红2、红6军团主力则先后在羊场、乌溪西、沙窝寨等地寻机歼敌，但因国民党军行动谨慎，未能奏效。

黔西、大定在数天内得而复失，国民党军万耀煌等4个纵队又蜂拥而至，红军已被压缩于毕节狭小地区，失去了在黔西、大定、毕节地区继续活动的条件。2月27日，中共川滇黔省委和军委分会举行会议，鉴于红军未能给予敌人致命的打击，各路国民党军已经靠拢，黔西地区地域狭小，工作基础薄弱，部队给养困难，决定撤离毕节，同时放弃在黔西地区建立根据地的计划。

1936年2月，王震（前排左1）在贵州省与苗族群众合影

在此期间，朱德、张国焘曾来电指示："你们即可单独行动，暂不宜渡江，即在黔、滇、川、湘、鄂广大地区作运动战，争取建立你们的新根据地。"据此，红2、红6军团军委分会决定，向黔南的安顺地区转移，争取在那里创立临时根据地，准备时局大变动时，再东进到湘黔边境活动。鉴于后面和左侧后国民党军已有十个师另一个旅虎视眈眈，贺龙、任弼时等决定，部队首先沿毕节、威宁大道西进，牵引国民党军主力向西，造成敌人的疲惫与错觉，然后再突然转向，摆脱敌人，向东南直插安顺。

2月26日晚，军委分会在毕节城召开了军民万人大会。贺龙作了感人至深的讲话，鼓励军民坚定信心，战胜困难，争取最后胜利。会后，军民一起举行了盛大的游行。成千上万的群众涌上街头，提着灯笼，举着火把，气氛十分热烈。

2月27日，红2、红6军团从毕节地区西进，开始了新的征程。

乌蒙山回旋战

红2、红6军团开始行动后，坐镇贵阳的国民党军委员长重庆行营主任顾祝同立即决定：以三个纵队沿毕（节）威（宁）大道及其两侧道路向威宁方向追击红军；以一个纵队由织金方向、一个纵队由大定方向向水城、威宁截击，力图将红2、红6军团歼灭于金沙江以东、毕威大道以北地区。

毕节城百花山礼拜堂——红2、6军团在此成立川滇黔革命委员会

3月2日，红2、红6军团进到赫章以东之野马川地区，而国民党军李觉、郭汝栋、郝梦龄三个纵队则转到东南，截断了去安顺的道路。贺龙、任弼时等人立即决定，改变原定行军路线，放弃去安顺的计划，继续西进，经威宁以东的妈姑地区向南，进入滇黔边的南、北盘江之间地区。但当红2、红6军团于3月4日进到妈姑地区时，发现湘军李觉、郭汝栋两个纵队已抢先一步，进抵水城、威宁之间，堵住了红军前进的道路。

前有重兵，后有追敌。西进、南下的路线都被封死。贺龙说："南下不行了，向西有孙渡，我们走西北，那里的川军远在金沙江，还来不及过来。想办法把追我们的几个纵队往西北方向调，看看能不能敞开南面或东面的道路。"于是，红军再次改变原定路线向西北方向滇东北的奎香、彝良方向前进。3月6日、7日，红二、六军团经以则河、可乐等地，先后进到奎香地区，进入乌蒙山区。

乌蒙山海拔两千三百多米，层峦叠嶂，气势磅礴，逶迤千里，以东北、西南的走向，连绵于云南东北和贵州西部，形成一个高原地带。这里是金沙江和南北盘江的分水岭，地形复杂，2月间寒气袭人，周围的高山顶上还覆盖着皑皑白雪。红军进入乌蒙山区，正好可以充分发挥机动作战的优点。贺龙、任弼时等人沉着冷静，指挥部队穿梭于十余万国民党军部队之间，采取灵活机动的战术，与追剿的国民党军开始了盘旋打圈子，进行了一场红2、红6军团长征史上著名的乌蒙山回旋战。

红2、红6军团向西北方向的奎香、彝良前进，顾祝同判断红军将经彝良、盐津北渡金沙江，立即以3个纵队转向西北追击，以两个纵队经威宁迅速北进。不料红2、红6军团却在3月8日由奎香突然折转南进，在威宁以北的以则河歼敌一部后，回头向北经乌沙寨东转，循山中小径前进，拟从镇雄以东跳出国民党军包围圈，穿过毕威大道去安顺。

红2、红6军团在乌蒙山中与国民党军耐心地周旋，一般不恋战与国民党军纠缠，这一行动方针造成了顾祝同的错觉，判定红军已疲惫不堪、走投无路，急令追击军队全部东调，令樊嵩甫纵队尾追红2、红6军团，郝梦龄、万耀煌两纵队转向镇雄截击；其余各路则走大路，取捷径向红军左右两翼靠拢，准备将红2、红6军团围困消灭于镇雄西南的大山之中。

然而，红军的回旋战绝非怯战避敌，而是在寻找战机。3月12日，贺龙、任弼时接到报告，国民党军第13师正经得章坝向镇雄开进。他们当机立断，令红4师第11团在左，第12团在右，速向得章坝方向迎敌；红6师在第11团左侧平行前进，准备侧击来敌。当日午后，红4师与敌遭遇，并迅速发起攻击。与此同时，红6师也对敌展开了顽强攻击。经过一个多小时的战斗，红军消灭敌人近二百名，缴获轻重机关枪八挺，亲自率部冒进的国民党军纵队司令兼第13师师长万耀煌侥幸逃命。

战斗结束后，贺龙令部队迅速撤出战斗，改向西行。13日凌晨，红军在财神塘地区又与国民党军郭汝栋部遭遇。这时，尾追之敌郝梦龄、万耀煌两纵队已与红军后卫部队接触，北面则有国民党军樊嵩甫纵队的堵击，南面有国民党军李觉纵队的拦截。红2、红6军团被包围于纵横约十五公里的狭小区域，四面受敌，陷入重围。这是红2、红6军团长征后所面临的最紧张、最危险的时刻。

贺龙镇定自若，在险恶的环境中看到了胜利的曙光，他说：“现在敌人主力大部分被调动到我们的北面和东面去了。顾祝同以为我们快垮了，有些骄傲了。我看，时候到了，应当从敌人的空隙中钻出去了。要迅雷不及掩耳，跳出包围圈，把他们留在乌蒙山。我们尽快进入云南，捅一捅龙云这个马蜂窝。”

贺龙、任弼时等军委分会领导人决定：敌进我进，部队彻底轻装，选择国民党军樊嵩甫与郭汝栋两个纵队的接合部，坚决突围。军委分会号召全体官兵以最坚强的决心和最顽强的毅力作战，突出敌人的包围圈就是胜利！要求全体共产党员发挥模范带头作用，克服种种困难，英勇战斗。还巧布疑兵阵，命令部队扎制大量的稻草人布设于前沿阵地，在树林处插放红旗，做出坚守的姿态，阻吓国民党军追兵。

一切准备就绪，13日深夜，红2、红6军团悄然撤出阵地，从国民党军防线的空隙地域穿过，跳出了国民党军的包围圈。国民党军郝梦龄纵队觉察到红军突围，企图阻截，红17师奋勇冲锋，将其拦阻部队击溃。16日，红2、红6军团再次进入奎香地区，胜利突出重围。接着，随即兼程南进，在昭通、威宁之间穿过滇军孙渡纵队的防线，直趋滇东。至此，红2、红6军团历时一个月、辗转千里的乌蒙山回旋战胜利结束。

乌蒙山回旋战，是红2、红6军团长征史上最精彩的篇章。在人烟稀少、气候恶劣、地形复杂、瘴疫盛行的乌蒙山区，处于多路国民党军围追堵截之下，贺龙、任弼时等人指挥部队忍受各种艰难困苦，牵着敌人的鼻子，忽南忽北，神秘莫测，胜利突出了重围。两大主力红军会师陕北后，毛泽东曾称赞道："2、6军团在乌蒙山打转转，不要说敌人，连我们也被你们转昏了头。硬是转出来了嘛！出贵州、过乌江，我们一方面军付出了大代价，2、6军团讨了巧，就没有吃亏。你们一万人，走过来还是一万人，没有蚀本，是个了不起的奇迹，是一个大经验，要总结，要大家学。"

而国民党军"追剿"部队则被红2、红6军团转得精疲力竭、晕头转向、怨声载道。顾祝同手下的湘军纵队司令李觉后来说："我们完全知道顾祝同的指挥作风，他本人毫无办法，一切听参谋摆布。国民党军队的参谋，大部分是陆军大学毕业的，他们是纸上谈兵出身，没有带兵和战场的实际经验。当时国民党部队里有这样一句话：'参谋画一笔，部队跑一天。'图上作业是非常容易的，实际行动起来问题就大了。"

抢渡金沙江

1936年3月22日，红2、红6军团进抵滇东宣威附近，随后继续向南转移，于28日进至滇黔边境的盘县、亦资孔地区。

这时，尾追的国民党军李觉纵队进至郎岱，郝梦龄纵队进至北盘江沿岸的白义河、铁索桥、茅坪坡渡，与在白层的郭思演纵队沿北盘江东岸联合布防；樊嵩甫纵队和郭汝栋纵队集结于水城、土城；滇军孙渡纵队进至白龙洞、迤后所一带，与红6军团对峙。国民党军各部虽有五十多个团，但绝大多数已被红军拖得疲惫不堪，行动消极。而红2、红6军团因沿途不断补充新兵，实力与从桑植出发时相当，并且在运动战中得到了锻炼和提高。部队到达滇黔边境以后，生活又得到改善，体力有所恢复，士气正旺。此外，牛栏江以东、南北盘江之间广大地区，位置偏僻，交通不便，反动统治比较薄弱，地形和政治、经济条件也有利于红军活动。因而，军委分会决定："在滇黔边活动，并创立根据地"，"集全力首先击溃孙、郭两敌，以开展新的局势，创立根据地"。

然而，就在这时，贺龙、任弼时、关向应于3月23日接到了张国焘以朱德和他两人名义发出的电报，通报红四方面军西进炉霍、道孚、甘孜地区和红一方面军组织西征的情况，建议红2、红6军团北渡金沙江与红四方面军会师，同时也可在"滇黔边行动"。由于电报对于红2、红6军团的行动指示并不肯定，贺龙、任弼时、关向应于29日致电朱德、张国焘，说明"在目前敌我力量下（即包括敌之樊、郝、万、郭、孙、李等纵队），于滇黔川广大地区内求得运动战中，战胜敌人，创立根据地的可能，我们认为还是有的"，同时表示："我军究应此时北进与主力汇合，抑或应留在滇黔川边活动之问题，请军委决定。"3月30日，朱德、张国焘复电，指示："最好"红2、红6军团渡江，与红四方面军会师一同北上，"在困难条件下可在滇黔川广大地区活动，但须准备较长期的运动战。""究应如何请按实况决定，不可受拘束。"

盘县会议会址

接到电报后的当天，军委分会在盘县召开会议。会议认为朱德、张国焘的电报虽未明确表明态度，但基本趋向是要红2、红6军团北渡金沙江与红四方面军会合。经过慎重研究，会议决定放弃在滇黔边创建根据地的方针，渡江北上与红四方面军会合。

会后，贺龙、任弼时、关向应电告朱德、张国焘："我们决经华坪之路线北进，四月一日前后开始向滇西方向移动，望在适当时派队接应。"以后的实践证明，红2、红6军团渡江北上，是符合当时党和红军提出的战略方针的，顺应了全国正在蓬勃兴起的抗日救亡运动的新形势。

萧克后来回忆说："这时我们对一、四方面军会合时张国焘闹分裂反中央的情况，一点也不知道。当时我们还想在滇黔边站住脚，后来查明虽然来包围这地区的敌人比进攻黔西、大定、毕节地区少了，但也还在五十个团以上，时间久了敌情也可以变化，是否能站得住，是个未知数。总司令部要我们北上抗日，我们从当时整个国内形势看，认为北上抗日是大势所趋，经军委分会的考虑，决定执行总司令部的指示，与四方面军会师，北上抗日。"

3月31日，红2、红6军团离开盘县，挥师北上，又一次开始了战略转移。

两军团在平彝附近冲破滇军防线后，向滇中推进，准备过普渡河，然后从元谋附近的龙街渡口北渡金沙江。蒋介石发现红2、红6军团北上，迅速调整部署，建立滇黔

普渡河铁索桥

"剿共"军总司令部，龙云为总司令，令柯渡以东地区的滇军兼程赶往金沙江岸边，柯渡以北金沙江沿岸的川军在巧家、宁南、蒙姑、盐场各要点加紧设防，将红2、红6军团消灭于金沙江以南地区。顾祝同也飞抵昆明，代蒋介石坐镇指挥。龙云发现红军出现在滇中，判断红2、红6军团是要走中央红军的老路，从元谋渡金沙江，一面令孙渡纵队全力"追剿"，一面令旅长张冲率其在昆明的直属部队四千余人，先期赶往普渡河铁索桥堵击。

4月6日，红2军团前卫红18团攻占寻甸，红4师继续前进，于8日到达普渡河铁索桥，但滇军张冲旅已经抢先赶到河对岸，并封锁了渡口。红4师奋勇渡河，夺占铁索桥，在对岸与滇军张冲旅对峙。红6军团一部则在款庄、小松园与增援普渡河的滇军近卫第1团遭遇，滇军孙渡纵队随后蜂拥而至，双方展开激战。中央军樊嵩甫和湘军李觉、郭汝栋纵队也快速向普渡河靠近。

贺龙、任弼时等人果断决定停止渡河，转道前往滇西金沙江上游寻机渡江。但滇军精锐龚顺壁旅对红军穷追不舍，纠缠不放。为打掉滇军气焰，贺龙、任弼时令红6师由可郎返回六甲地区，迎头痛击龚顺壁旅，掩护红军主力行动。红6师迅速在六甲占领阵地，顽强阻击，但弹药越来越少。龚顺壁趁机集中部队，在数架飞机掩护下，对红6师阵地发起了全面进攻。紧要关头，贺龙令红5师一部从滇军左翼突然发起攻击，增援红6师作战。滇军受此打击，阵脚大乱，全线后撤到七甲。此战，红军歼敌七百余人，滇军再也不敢继续追逼，红2、红6军团因此得以顺利实施由滇西金沙江上游渡江的计划。

六甲阻击战进行之时，贺龙、任弼时等人重新研究了部队行动方案。他们认为：能否抢在蒋介石中央军四个纵队追到之前，甩掉滇军主力，是实现抢渡金沙江计划的关键。而滇军主力倾巢出动，云集普渡河，则为红军提供了声东击西、调动敌人的有利战机。昆明方向此刻只有滇军四个团，如果佯攻昆明，龙云必定惊慌，调兵回援，这样红军摆脱滇军主力，迅速西进，争取到三至五天的时间，渡过金沙江。贺龙说："龙云把老本都掏出来押在普渡河，他那个云南省会变成了空城。他唱空城计，我们又不是司马懿，没那么胆小，我们就打昆明。龙云，还有那个顾祝同准会吓得灵魂出窍，调兵去保昆明。然后，我们一掉头，甩掉敌人，到石鼓、丽江过金沙江。江是死的，人是活的，何必一定要过普渡河到元谋过江呢？"

4月10日凌晨，红2、红6军团掉头南下，巧妙地穿过滇军防线间隙直奔昆明。当天，先头部队突然出现在昆明以北地区，并派小部队进至离昆明城仅十五公里的地方。

当晚8时,红军侦察人员向昆明方向发射一发信号弹,昆明全城震惊。顾祝同、龙云惊恐不安,下令昆明全市戒严。龙云一面调军官学校的学生加强城防,一面急命张冲、孙渡率部支援昆明。

滇军主力从普渡河紧急回援昆明。但贺龙却率部贴城而过,突然西转,于11日晨进占距昆明二十公里的富民城,随后在瓦厂、散旦街渡过普渡河,兵分两路,兼程西进。两路红军日行百里,攻城拔寨,横扫滇西,所向披靡。左路红2军团沿滇西大道,连克楚雄、镇南(今南华)、祥云、宾川、鹤庆等县城;右路红6军团连克牟定、姚安、盐兴(今属禄丰)等县城。4月20日,两路部队在滇西重镇宾川会合,攻克县城,23日又占领鹤庆,从而把所有国民党军部队甩在了后面,摆脱了敌人的围追堵截,获得了更大的主动权。

红军攻打宾川时通过的南熏桥

红2、红6军团在宾川会合后,蒋介石明白已经难以在云南境内阻止红军渡过金沙江,但对红军的渡江点做出了错误的判断。他认为,红军将会从宾川经永胜渡江北上。因为走这条路,红2、红6军团渡江北上与红四方面军会合,路程最近,且地域较开阔,交通方便,便于大部队运动。因此,蒋介石力图在金沙江畔挡住红军。4月22日,蒋介石飞抵昆明,亲自坐镇指挥,令孙渡、李觉两个纵队沿滇西大道追击;令郭汝栋纵队由元谋、永仁渡金沙江后,向华坪、永胜急进,抢先控制金沙江北岸;令樊嵩甫纵队随郭汝栋纵队渡金沙江,向盐边、盐源急进,作纵深配置。24日,蒋介石又拉上龙云乘机飞往宾川、鹤庆一带的金沙江上空察看地形，视察部队。返回昆明后，立即飞往成都，继续筹划迫红军于江边决战的部署，并准备万一红军渡江，继续追逼红军在金沙江与大渡河之间聚歼之。

贺龙将计就计，再施声东击西之策，命令红6军团部队大造声势，摆出要从永胜渡江的架势，迷惑敌人，同时维持原定计划不变，秘密进行在石鼓渡江的准备。从鹤庆到石鼓有两天行程，4月24日，红2军团先头红4师隐蔽转至丽江。

位于玉龙雪山脚下的丽江，是一个风景秀丽的山城。红2军团进入丽江后，严格执行民族政策，受到当地各族群众的热烈欢迎。这是部队离开湘鄂川黔根据地后，在新区遇到的少有的军民团结、鱼水交融的场面。指挥部在丽江向全军发出三项紧急政治动员令：一是北渡金沙江与中央红军会合；二是开展行军不掉队、不落饭的比赛；三是严守渡江纪律，按秩序渡江。4月25日，红4师从丽江出发，疾行三十公里，抵达石鼓，进行渡江的准备工作。同日，红6军团在完成惑敌任务后，迅即撤出鹤庆，经丽江的九河、白汉场，急行军六十公里，赶到石鼓。

红军长征过丽江纪念馆

石鼓，位于金沙江上游。汹涌的金沙江自西北而来，在这里直扑海罗山，因山崖阻挡，急转一百多度，折向东北，形成了闻名中外的"万里长江第一弯"，然后切断玉龙雪山和哈巴雪山，形成了三十多里的虎跳峡。这里江面海拔一千七百五十米，两岸的山高却在两千米以上，水急浪高，地势险要。红军在石鼓渡江，完全出乎敌人的预料。蒋介石、龙云得知红军集结石鼓的报告后，如梦方醒，但已来不及调整部署，只得一面派飞机在石鼓地区猛轰滥炸，迟滞红军的行动，一面令地面部队加紧追击。各路国民党军部队掉头向着石鼓前进。前面是滔滔的金沙江，后面是国民党军追兵，能否在追兵靠近前渡过金沙江，对红军是一个严峻的考验。

由于国民党军事先进行了封江，红4师到达江边时，只找到一条木船。鉴于石鼓渡口江面宽，水流急，不便防空和船渡，红军将渡江点选在了石鼓上游五里处的木瓜寨。红12团首先过江，占领滩头阵地。当地一位副乡长受红军政策感召，主动贡献一只船，在木取独渡口等候。但两个军团一万八千余人只靠两条木船渡江，显然是不行的。木筏渡江，则因江水浮力小只能作为辅助。贺龙、任弼时令红16团与已经过江的红12团夹江而上，寻找新的渡口和船。至27日中午，部队先后在格子渡口（对岸为土林村）、士可渡口（对岸为满库）、羊犁石渡口、巨甸余化达渡口和苏甫湾马场找到五只船。这样，红军控制了石鼓至巨甸约七十五公里沿江地段的两岸渡口，共找到大小船只七条，船工二十八人，另突击扎制了十多只木筏，为全军渡江创造了条件。

根据金沙江的地形条件，红军最后选定了石鼓的木瓜寨、木取独、格子、士可和巨甸的余化达五个渡口为渡江点。26日，两个军团主力采取梯队而进，逐步向上收缩的方法，全面抢渡金沙江。至28日下午，部队全部过江。

当滇军刘正富旅追到江边时，只见到了红军留下的标语："吓死滇军、拖死湘军、脚踏川军、打死中央军，英雄是红军"，"来时接到宣威城，走时送到石鼓镇，费心、赞心，请回！请回！"气急之下，滇军乱放了几枪，也算可以向蒋介石交差。

红2、6军团渡金沙江纪念碑

抢渡金沙江，是红2、红6军团摆脱国民党军前堵后追、两面夹击的关键一步。至此，红2、红6军团完成了战略转移最艰难的历程，彻底摆脱了国民党军主力的围追堵截，取得了重大的胜利，与红四方面军的会师指日可待。回首在云南境内惊心动魄的战斗历程，红6军团军团长萧克兴奋之余，禁不住赋诗一首："盘江三月燧烽飚，铁马西驰调敌忙。炮火横飞普渡水，红旗直指金沙江。后闻金鼓诚为虑，前得轻舟喜欲狂。遥望玉龙舒鳞甲，会师康藏向北方。"

史料链接

★ 巧渡乌江

1936年1月下旬,红2、红6军团由贵州东部的石阡地区出发西进,准备到贵州西部创建根据地。为了迷惑敌人,贺龙指挥部队采取"龙摆尾"战术,首先南下,威逼贵阳,迫使蒋介石调动追堵的国民党军主力回援,然后突然改变方向,向西北疾进,绕道贵阳北面,奔袭扎佐,歼灭守敌两个营近一千人,袭击修文,甩开追堵的各路敌军,直趋贵阳以西的乌江渡口鸭池河。

鸭池河位于乌江上游河段,是通往黔西的必经之路。河北岸的滥泥沟(即大关),地处要津,是川盐集散地。河道曲折回旋,两岸山石壁立,河水落差大,激流滚滚,十分险要。国民党军此刻尚在回援贵阳,并判断红军会在息烽北渡乌江,因而对鸭池河沿线江岸疏于防范,在渡口只有盐商组织的盐防军和地方团防军约一个营驻守,南岸有一个连。北岸有两个连,所有渡船都被拉到了北岸,防止红军渡河。

夺取鸭池河,对于红军并不困难,关键是夺取渡船。贺龙下令从各师抽调了一百二十多名侦察员,组成一支精锐的侦察队,奇袭鸭池河渡口。贺龙命令,侦察队必须在2月2日天亮前拿下渡口,并攻下滥泥沟,控制渡船,保证主力过江。同时派红6师一部抄小路从鸭池河下游十公里处过江,直插滥泥沟背后,切断敌人与黔西城守敌的联系。

从修文到鸭池河,路程六十多公里,且均为山路。2月1日晚,侦察队整装出发。刚刚行进不久,天下大雨,山路被雨水一浇,像抹上了一层油,湿滑异常。侦察员们在泥泞的山路上一步一滑地前进,在2日拂晓时分到达了距鸭池河两里半的一个小村庄。在那里,侦察员们稍作休整,整理武器,并向群众调查,搞清了渡口守敌的情况,连哨兵的位置都搞得一清二楚。

侦察员们决定奇袭,选了一名贵州籍战士走在队伍的前头,一个班紧随其后,其他官兵随后跟进。侦察队逼近渡口,国民党军哨兵问话后,听到贵州口音的回答,还没搞清来者是谁,就被先头班缴械。侦察队迅速包围住在附近祠堂里的敌人一个连,数十名敌人还在睡觉便稀里糊涂做了俘虏。侦察队员将缴获的枪支与卸下的枪栓让俘虏们背着跟红军走,赶到了鸭池河渡口。

史料链接

这时，天已放亮，侦察队在一个山坡下隐藏起来，仔细观察对岸情况：只见河宽一百多米，几十只木船排列在对岸岸边，岸上有一间小屋，一条公路蜿蜒通向远处一个山头。俘虏供称：小屋里有一个班，负责看船，山上驻扎着营部和两个连，控制着渡口。

侦察员们命令俘虏向对岸喊话调船。不一会儿，一条小船撑了过来。小船快靠岸时，一个俘虏忽然纵身跳上小船，由于怕对岸守敌发觉，战士们没有开枪，不料这个俘虏却劫船返回对岸，一上岸就声嘶力竭地喊："不好了，红军来了！红军来了！"

滥泥沟的木屋中看船的守敌大惊，胡乱开枪，向山上逃命。侦察队员一齐开火，猛烈的机枪火力完全压制住了山上盐防军、团防军的破旧装备。侦察队员边射击，边向对岸船工喊话："老乡们，快把船撑过来，红军发工钱，加倍发工钱！"船工们见河边的敌人上了山，而山上的敌人又被红军机枪火力压制，壮着胆子跳上船，一连撑过几条木船。

侦察队员迅速登船过江，向山上守敌展开进攻。这时，担负迂回任务的红6师小部队秘密渡江，也及时赶到滥泥沟，突然从背后对山上守敌展开攻击。守敌立时慌了手脚，一窝蜂地从山沟小径鼠窜逃命。红军完全控制了鸭池河渡口。

为加快渡江速度，侦察队决定架设浮桥。他们从伪区长董醒吾家中抄来电线，拧成铁绳，拴在河北岸的羊舔石和河南岸的大树上，把渡船固定在铁绳上，再用木板连接船只，很快搭成了浮桥。

红2、红6军团主力相继赶到，立即开始过河。但一万八千人的部队云集，渡河速度缓慢。而追击的国民党军第99、第25师则已逼近。贺龙下令组织泅渡，加快渡江速度。曾参与指挥渡河的红5师政治委员谭友林后来回忆说："有些会水的同志性急下河泅渡，水急浪猛，寒冷彻骨，泅渡的同志被浪头打倒后，再也没有钻出水面。河面只有百把米宽，我们拿出在湘中打土豪时弄来的布匹拧出一条柔韧的绳索，往河面一绷，大家抓着绳索下水过河，脱离了险境。"

在部队渡江过程中，萧克指挥后卫部队在鸭池河渡口的半山腰和河边一带坚守阵地，消灭追兵约两个团后，迅速收拢渡江，烧毁浮桥。

这样，红2、红6军团仅用不到一天的时间，就全部渡过乌江。等国民党军部队追至岸边时，看到的只是红军丢下的烂鞋子和烟头。蒋介石消灭红2、红6军团于乌江东岸的计划彻底破产。

史料链接

★ "我们的一个十分亲切而又可敬的朋友与革命同志"

在长征途中,红2、红6军团非常重视开展统一战线工作,每到一地,都把争取当地有影响的上层开明人士作为一项重要的任务。1936年1月下旬,两军团由黔东石阡、镇远、黄平地区一路征战,于2月上旬来到贵州西北的黔西、大定、毕节地区。

毕节城里,居住着一位叫周素园的社会名流,年已五十七岁。他曾是清末秀才,贵阳《黔报》的创办者,贵州辛亥革命的元老,任过贵州军政府行政总理和云贵川总司令秘书长,在西南军政界有相当高的威望。1925年,他因不满新军阀的统治,辞官回到故乡毕节,闭门读书。红军逼近毕节时,国民党毕节专员莫雄劝他到外面去躲避,他断然拒绝说:"我不走,要走你走。"并劝莫雄不要跟红军为敌。

周素园故居

红6军团占领毕节后,工作队打土豪来到周素园的家里,看到这位当过大官的人家居然没有多少值钱的家当,却有很多书籍,其中许多是被国民党政府严令禁止的马克思主义著作,上面已被批注得密密麻麻、圈圈点点,工作队同志们肃然起敬,立即向红6军团政治委员王震、政治部主任夏曦做了汇报。

王震和夏曦听后亲自前往周家拜访。一见面,王震笑着问:"周老先生,你当过大官呐,红军来了,你为什么不跑?"周素园回答道:"我是当过大官,但我没做过伤天害理的事,也没发过不义之财,没得家产,两袖空空,何必跑呢?"王震又问:"那你为什么看马克思主义的书啊?"周素园笑了,真诚地说:"孙中山的革命失败了,如今

史料链接

的中国乱成了这个样子。我研究马克思主义十年了。我觉得马克思主义讲得对，我相信马克思主义。"

双方相谈甚洽，大有相见恨晚之意。王震和夏曦邀请周素园出山与共产党合作，携手共建抗日反蒋根据地。周素园高兴地说："我已年近花甲，息政多年，承蒙贵党邀请，使我在有生之年能为国家民族尽力，这是我的光荣。"

不久，周素园应邀出任贵州抗日救国军司令员。在他的领导下，抗日救国军很快发展到一千多人。为了使红军能在黔、大、毕地区站住脚，周素园利用他与龙云、孙渡等滇军将领的关系，给他们写信，宣传中国共产党和红军的抗日救国主张。他在写给龙云的信中说："蒋介石派中央嫡系万耀煌、樊嵩甫等进入云南、贵州来打红军，也叫你打红军，红军是不好打的；退一步说，即使你把红军打掉了，也是两败俱伤，万、樊挟天子以令诸侯，人多势大，那时的云南，还是你的？假道灭虢，史有明鉴。"由于周素园的劝说，再加上萧克、王震也给孙渡写信建议两军签订停战协定，所以，孙渡就在威宁、昭通按兵不动。这对于红2、红6军团着重对付蒋介石"追剿"军和在黔、大、毕地区进行休整，都是十分有利的。

2月底，红军准备撤离毕节、转战乌蒙山区。贺龙指示说："周素园年纪大了，身体不好，经受不住和我们一道长征。他老先生为人刚正，影响不小，我看可以转到香港去为我们党作统一战线工作，发挥他的长处。"并让人把一批黄金和银圆送给周素园作路费、生活费及活动经费。

周素园坚决不同意离开红军，他非常激动地说道："我在黑暗社会里摸索了几十年，想为中国做些贡献却到处碰壁。现在参加了红军，才找到了光明。请告诉贺龙同志和几位首长，我周素园就是死也要死在红军里！"

贺龙听说后十分感动，说："好啊，有骨气，我佩服，我就赞赏这样的人，就是拿十八个人不去打仗专门照顾他，我也要抬着他长征！"

于是，周素园就跟随红2、红6军团一起长征。到达陕北后，毛泽东和周恩来亲切接见了他，称赞他是"我们的一个十分亲切而又可敬的朋友与革命同志"。

★ **独臂将军**

1936年3月12日，转战乌蒙山区的红2、红6军团在得章坝与追击的国民党军万

史料链接

耀煌纵队遭遇。红2军团第6师第18团奉命在干沟梁子设伏。敌人进入伏击圈后，冲锋号一响，团长成钧率先跃出战壕，一旁的团政治委员余秋里突然听到子弹声响，大叫一声"危险"，伸出左手将成钧拉回工事。成钧脱险，余秋里的左臂却被敌人的机枪子弹击中，打断的骨头白茬已穿出皮肉，有两根筋露在外面，微微颤抖。战斗正在激烈进行，余秋里没有顾及伤口，继续指挥战斗。随队行动的师政治委员廖汉生命令身边人员用梯子硬将余秋里抬下了阵地。

部队正在转战之中，缺医少药，根本无法做手术，只能给余秋里简单地包扎。余秋里的伤臂迟迟无法痊愈。但他依旧坚持工作、战斗。部队渡过金沙江后，余秋里的伤口溃烂化脓，高烧不止，只好上了担架。贺龙、任弼时、关向应都非常关心余秋里的伤势，为他弄了一件皮衣，在一个天主教堂里还搞了一条鸭绒被。同志们也为他找来干粮和酥油。诚挚的战友情，使余秋里十分感动。他强忍疼痛，经常跳下担架自己行走。由于缺少止痛药，实在痛得受不了时，他就把伤口伸到水里，以此来缓解一下疼痛。过草地时，余秋里便准备了一个装满水的水壶，疼痛难忍时，就用凉水浇在伤口上止痛。

等红军到达甘孜，医生为余秋里拆掉绷带时，惊呆了，只见伤口已爬满了白蛆。由于没有手术器械，特别是没有止血钳，再加上余秋里身体虚弱，又刚刚吃下大量打蛔虫的药，依然不能进行手术，医生只好眼含热泪，帮他清洗了伤口，又换上新的绷带。

1936年9月，红二方面军长征到达甘肃南部的徽县、成县，从敌毛炳文部中缴获了一批止血钳。红二方面军卫生部长贺彪立即组织人员为余秋里做截肢手术。那次手术，除止血钳是缴获的外，手术刀是从老百姓家里借的剃头刀，锯子是老百姓使用的普通钢锯。

就这样，余秋里从负伤到做手术，整整隔了一百九十二个日日夜夜。余秋里拖着那只断臂，顶着炮火硝烟，从贵州赫章县走到甘肃徽县，历经五个省，行程万余里，成为长征中有名的独臂将军。

史料链接

★ 红军第2、第6军团长征时的组织序列表（1935年11月~1936年6月）

中央革命军事委员会湘鄂川黔分会		
主　席：贺　龙 委　员：任弼时 　　　　关向应 　　　　夏　曦 　　　　萧　克 　　　　王　震	第2军团 军 团 长：贺　龙 政治委员：任弼时 副政治委员：关向应 参 谋 长：李　达 政治部主任：甘泗淇	第4师 师　　长：卢冬生 政治委员：冼恒汉 　　　　（辖第10团、第11团、第12团）
		第5师 师　　长：贺炳炎　王尚荣（后） 政治委员：谭友林 　　　　（辖第13团、第14团、第15团）
		第6师 师　　长：郭　鹏 政治委员：廖汉生 　　　　（辖第16团、第17团、第18团）
	第6军团 军 团 长：萧　克 政治委员：王　震 参 谋 长：谭家述 政治部主任：夏　曦 　　　　　张子意（后）	第16师 师　　长：周球保 政治委员：晏福生 　　　　（辖第46团、第47团、第48团）
		第17师 师　　长：吴正卿　刘转连（后） 政治委员：汤祥丰 　　　　（辖第49团、第50团、第51团）
		第18师 师　　长：张振坤 政治委员：张振坤（兼） 　　　　（辖第52团、第53团、第54团）
	教导团	

第二十五章

甘孜会师

4月28日，红2、红6军团抢渡金沙江成功，喜讯传来，红四方面军全军雀跃。朱德、张国焘于4月30日立即发出贺电："金沙既渡，会合有期，捷报传来，全军欢跃；谨向横扫湘滇黔、万里转战的红2、6军团致以热烈的祝贺和革命敬礼！"

贺龙、任弼时接电后，深受感动，指示政治部："立即将这个电文迅速传达到全军！"这一贺电，极大地鼓舞了红2、红6军团的士气，广大指战员热烈盼望两大主力红军即将到来的胜利会师。

红2、红6军团渡过金沙江之后，蒋介石气急败坏，亲自乘飞机至金沙江沿岸的宾川、鹤庆、丽江一带巡视，决定继续追歼红2、红6军团于金沙江、大渡河之间，令驻雅江之李韫珩部立即向康南推进，南北夹攻，截断红2、红6军团与红四方面军的联系。

红军总部获悉国民党军行动的消息后，朱德、张国焘立即电令徐向前、王树声派出部队策应红2、红6军团行动。徐向前遂派红32军与红4军一部，由道孚南下，进占雅江，将国民党军李韫珩部阻止在雅江以东地区，有力配合了红2、红6军团北上。此后，追击红2、红6军团的国民党军部队疲惫不堪，加之红2、红6军团部队已经进入高原藏区，为保存实力也不愿入康远追，相继停步，转为防堵红2、红6军团南返。中央军薛岳部则防守大渡河一线，对红2、红6军团与红四方面军采取封锁态势。国民党军南北夹击红2、红6军团的计划因此彻底破产。

两大红军主力会师在即，国民党军部队已经难以阻止红2、红6军团北上的步伐。现在，阻挡两大红军会合的障碍，只有恶劣的自然环境和藏区土司、领主武装。红军战胜任何艰难困苦的革命精神和团结各民族同胞的民族政策，此刻发挥了强大的威力。

红2、红6军团北上西康

渡过金沙江后，红2、红6军团沿着秀丽壮观的哈巴雪山西侧、金沙江东岸北进，进入中甸地区。

中甸地区位于滇西北，属康藏高原，横断山脉南北横绵，到处是崇山峻岭，平均海拔在三千米以上。这里人烟稀少，贫穷落后，交通闭塞，史有"关山险阻，羊肠百转"，"地险路狭，马不能行"的记载，行军作战极为困难。当地的居民主要是藏族，信奉喇嘛教，并处于封建农奴制阶段，土司和上层喇嘛是中甸地区土地的所有者，土司和寺院两大领主构成政教合一、僧侣贵族联合专政的政权。寺院设有军队、法庭和监狱等。

龙云追击红2、红6军团的计划失败后，把防堵红军的希望寄予藏族土司武装，一方面大肆诬蔑红军，挑拨藏民对红军的仇视；一方面封官许愿，封当地藏族大土司汪学鼎为"江防指挥"，调其藏兵与红军为敌。汪学鼎受封后，纠集部下，妄图与红军较量。

红2、红6军团在格罗湾一带休整三天后，于4月27日开始了征服长征路上第一座雪山——哈巴雪山的壮举。哈巴雪山海拔五千三百八十六米，群峰连绵，山顶笼罩在云雾之中，山坡终年积雪，阳光照耀下闪耀着刺眼的光芒。阳面上八十里、阴面下七十里。因为山陡，直线上行是绝对不可能的，只能盘旋而上。白雪和雾气，一望无垠，显

红军爬雪山用的防滑器——"脚马子"

得冷峻而又幽深。贺龙拿起望远镜，朝山顶望了一下，用手揉了揉被雪刺痛的眼睛，挺起胸脯，挥手下令："跟我上！"先头红12团官兵率先出发，其他部队随后跟进，开始勇敢地攀登雪山。上山的队伍，在陡峭的山坡上左右蜿蜒，在雪山上形成了大大的"之"字，场面壮观。队伍行至向卡乡干崖房（空心树）一带时，突然遭到袭击。汪学鼎亲自带领数百名武装设伏，企图凭险阻拦红军前进。红军严格执行民族政策，先

头红12团展开后,只是对天鸣枪,带队的红4师参谋长汤福林让通司喊话,说明红军只是路过北上抗日,要藏兵立即退回去,不要与红军对抗,如要硬打,也打不过红军。但汪学鼎气焰嚣张,令藏兵继续开枪。几名红军战士牺牲了,红12团政委朱辉照也负伤。红12团忍无可忍,汤福林下令开火。机枪、步枪火力如狂风般扫向藏兵。汪学鼎从未见过如此强大的火力,吓得带着手下人马仓皇逃命。

红12团战士掩埋了战友的遗体,继续攀登雪山。山越爬越高,雪越来越深,空气越来越稀薄,身上越来越冷。来自湖南、湖北、江西等地的红军官兵第一次翻越这样的大雪山,经验不足,又缺乏物质准备,因而前进越来越困难了。由于空气稀薄、缺少氧气、呼吸困难,许多人倒下去后,还有的人坐下休息,结果再也没有爬起来。红军官兵以顽强的意志,坚强的毅力,团结奋战,相互搀扶,战胜了陡坡、冰雪、冰雹和严重的缺氧反应,终于战胜了雪山,于5月1~3日先后进抵中甸城及其近郊。

中甸长征纪念馆

中甸城,是滇西北高原上的一座小镇,海拔三千多米。镇外有一座喇嘛寺,名为归化寺,是藏族著名的十三林之一,也是云南最大的喇嘛寺。红2、红6军团决定在中甸进行休整。当地藏族群众受国民党的欺骗宣传,都躲进了山林。归化寺也紧闭寺门,防范红军。贺龙颁布《中华苏维埃人民共和国中央革命军事委员会湘鄂川黔滇康分会布告》,阐述了红军的性质和纪律,说明了到中甸的目的:"本军以扶助番民,解除番民痛苦,兴番灭蒋,为番民谋利益之目的,将取道稻城、理化,进入康川。军行所致,纪律严明,秋毫无犯。幸望沿途番民群众以及喇嘛僧侣,其各安居乐道,毋得惊惶逃散。尤望各尽其力,与本军代买粮草,本军当一律以现金按价照付,绝不强制。如有不依军令，或故意阻碍大军通行者，本军亦当从严法办。"红军官兵严格执行党的民族政策和宗教政策，严格遵守藏族人民的生活习惯，尊重藏民信仰，保护寺院，露宿在野外丛林，喝碗水、吃块粑粑都要高价付钱，积极为群众做好事，热情学习藏语，和藏民交朋友，使藏族人民群众认识到红军是为人民谋利益的军队，连声称赞"红军好，共产党好"，逐步取得藏族人民的拥护和支持。贺龙并亲自出面与归化寺喇嘛谈判，宣传党的民族政策和宗教政策，取得了喇嘛们的信任，积极为红军筹措各种物资。

中甸休整期间，贺龙、任弼时、关向应等人根据朱德、张国焘关于"两军团沿金沙江走巴安（今巴塘）、白玉之线为好"的建议，考虑到北上沿途大多是比较贫穷、荒凉的少数民族聚居区，部队筹集粮食将会遇到更大的困难，决定以红2、红6军团兵分两路北上：红2军团为左路纵队，由贺龙、任弼时、关向应率领，经德荣、巴塘、白玉向甘孜前进；红6军团为右路纵队，由萧克、王震率领，经定乡、稻城、理化、瞻化向甘孜前进。

中甸归化寺喇嘛夏拿古瓦手持贺龙颁发的委任状

队伍出发前，部队聘请了几名藏民通司（翻译）为向导组先行。任弼时特别交代向导组的红军干部，要和通司打成一片，向他们学习藏语；每到一地，要通司先写一封鸡毛信，告诉前面的村子，一路传过去，以便使沿途藏民了解红军的政策。

5月5日，红2、红6军团两路纵队继续北上，踏上了与红四方面军会师的征程。左路红2军团离开中甸城后，向西康得荣县进发。这一路人烟稀少，地形复杂，山高路险，环境恶劣，气候异常，十分艰苦。红军官兵经过休整后，精神振奋，斗志昂扬，向北疾进，于7日进至金沙江上游的上桥头村（也叫桥头）一带地区。

这里是中甸、德钦和得荣三县的结合部，东竹林和孜那纳两座大山紧锁金沙江，地势十分险要。由此沿江北上，是通往得荣之路，但需翻越孜那纳山。由此过金沙江，经德钦可达得荣，道路较宽，有利于大部队行军。当地僧众、土司听信国民党的欺骗宣传，将沿江各渡口船只、木筏藏匿或沉江，并纠集土司武装二百余人，在孜那纳山顶堆积滚木、巨石，企图伏击红军。先头红4师最初决定渡江北进，但没有找到渡船，只好改道翻越孜那纳山北上。前卫连通过村边小桥（解放后重新修建，取名为"红军桥"）后，迅速向孜那纳山攀登。刚到山腰，即遭到埋伏在山顶的土司武装伏击。前卫连执行民族政策，未予还击，让通司喊话，请藏兵让路。但藏兵继续射击，并放下滚木和礌石。红4师参谋长汤福林、红12团参谋长高利国和几名战士光荣牺牲。前卫连怒不可遏，开枪还击，驱散藏兵。

上桥头村的红军桥

5月10日，红2军团进至西康南部的得荣县城。由于国民党反动派的欺骗宣传，在红军到来之前，这里的群众就已逃入深山。而红军经过几天的行军，所带的粮食已经吃完，此时正陷于绝粮的境地。好不容易在附近一个喇嘛寺里找到一位年长的喇嘛，关向应亲自接见他，并耐心地向他解释：红军是穷人的队伍，是从这里路过打日本侵略者的；红军有严格的纪律，保护寺院僧侣，并请他帮助红军筹集些粮食，红军会照价付钱的。关向应的耐心解释与和蔼态度，消除了这位喇嘛的顾虑，他回去后向喇嘛寺管事如实地进行了汇报。寺院管事当即召开会议，决定赠送红军青稞七千五百公斤。同时，寺庙还派出人员，到附近村庄联系当地头人，动员群众为红军筹粮。很快，红2军团在得荣县筹集到三万多公斤粮食，缓解了部队的粮食危机。为此，贺龙亲自到寺院向喇嘛们致谢，并送上银圆作为粮款。

与此同时，红6军团于8日启程，向西康定乡城进发，于5月12日占领定乡。至此，红2、红6军团全部走出云南省境，进入西康境内，继续向北前进。

5月22日，红6军团进抵稻城。在此之前，5月中旬，红四方面军红32军由雅江西进，占领理化（今理塘），做好了迎接红2、红6军团的充分准备。5月20日，朱德、张国焘致电徐向前、王树声，对迎接红2、红6军团做出部署："会合二、六军为目前主要任务，必须确保阻止敌人的截断，相继消灭雅江李敌，并伸至稻城以及金沙江边去迎接二、六军。"

红6军团在稻城休整数日后，于30日继续向北进发。当天早晨出发时，王震在队前向大家宣布了红四方面军已派红32师到理化接应的好消息。即将会师的喜讯，给红军指战员以巨大的喜悦和鼓舞。

藏区"红军万岁"石碑

从中甸北上途中，红2军团翻越了三座雪山；红6军团也在瓮水、那坡翻越了两座雪山。为了保障部队胜利地通过雪山地区，红2、红6军团根据翻越哈巴雪山的经验，在艰苦的行军中进行了深入的思想动员和细致的组织工作。如通过雪山前派人深入居民访问，取得通过雪山的知识；认真分析每个同志的身体状况，发动党团员和体力较强的同志帮助体弱有病的同志；强调各级干部亲自做好收容工作；运用一切牲口驮运伤病员；教育部队严守雪山行军纪律等。红军指战员虽然经过种种努力，克服千难万险，但因高山缺氧，饥寒交迫，仍然有许多干部、战士倒在了雪山上。

在藏区行军期间，红军沿途张贴布告，说明取道川康北上抗日的目的，宣传党的抗日救国主张；严格遵守三大纪律八项注意，凡取用藏民的粮食，均按价留下银圆和信件，切实保护群众利益，并请藏民吃饭，开茶话会。由于红军正确执行了党的民族政策，严守纪律，深得藏民的拥护，许多藏民向红军献哈达，送酥油、牛羊，出售粮食，自动给部队带路，并用牦牛驮送红军掉队人员。红2、红6军团得以顺利北上。

两军会师

为了迎接红2、红6军团的到来，红四方面军总部专门对部队进行了动员和部署，要求各部队大力开展迎接红2、红6军团准备工作。徐向前强调："红军是一家人，我们和中央红军与二方面军的关系，好比老四与老大、老二之间兄弟关系。上次我们和老大的关系没有搞好，要接受教训。'兄弟阋于墙，外御其侮。'吵架归吵架，团结归团结，不能分家。现在老二就要上来了，再搞不好关系，是说不过去的。每个部队都有自己的长处、短处，方针是互相学习，取长补短，加强团结，一致对敌。"红四方面军各部队积极展开了迎接红2、红6军团的政治动员和赶制慰问品等活动，如捻毛线、织毛衣、毛裤、缝制皮衣等。在地方群众中，也普遍地进行了欢迎红2、红6军团的宣传教育。

红2、红6军团为了实现与红四方面军的会师，也对部队进行了团结友爱、遵守纪律的教育，要求会师后主动搞好团结，不利于红军团结的话不说，不利于红军团结的事不做，并号召指战员努力向英雄的红四方面军学习，为两军会师做好了充分的思想准备。

6月3日，红6军团先头部队红16师进抵理化以南的甲洼，与前来接应的红四方面军红32军胜利会师。第二天，红6军团全部到达甲洼。当两支部队汇聚到一起时，部队沸腾起来，干部、战士们再也顾不得队形是否整齐，大家簇拥在一起，热烈握手，互相拥抱。有的战士高举着枪支，挥舞着红旗，跳着、唱着、喊着，每个人都热泪盈眶，尽情地享受会师的欢乐。

6月7日，红6军团和红32军到达理化，休整几天后，于13日继续北进，17日进抵新龙，受到了红四方面军红4军的列队欢迎，两军举行了联欢大会。红4军还从甘孜运来六驮食盐，送给红6军团。然后，红6军团单独北上，于22日到达甘孜的蒲玉隆，受到红军总司令朱德和红四方面军总指挥部领导人的接见。24日，在普玉隆召开了两军会师大会，朱德在会上作了重要讲话，热烈欢迎红6军团的到来。

不久，红2军团一路征战，于6月30日到达甘孜附近的绒坝岔，与红四方面军第30军胜利会师。朱德、刘伯承亲自前往迎接，见到任弼时、贺龙、关向应等人后非常激动。朱德紧紧握着任弼时的手说："好哇，你们这一来，我腰杆也硬啦！"任弼时回答："总司令，我们来听你的指挥！"贺龙激动地说："总司令，我们2、6军团天天想、夜夜盼，就盼着和中央会合！"

时任红30军第88师政治委员的郑维山，后来这样回忆起当时两军会师时的情景："盼呀，望呀，终于迎来了老大哥部队。……两支从未见过面的兄弟部队，在艰苦的长征中相逢，谁能抑制住内心的激情，那股亲热劲儿，比懋功会师更为动人。记得那天，风和日丽，草原上充满了欢乐的节日气氛。指战员们远远望见红二军团的队伍，像条巨龙朝着绒坝岔飞腾而来时，便飞也似的奔向前去，抢过战友们的行装背在自己的身上，再紧紧地握着手，打量着，问候着，叙长道短，显得格外亲切。许多藏族同胞也簇拥路旁，捧着酥油糌粑夹道欢迎，口里还不住赞叹：'耶莫！耶莫！'（顶呱呱的意思）。到了宿营地，炊事班同志立即打来热气腾腾的开水，让战友洗脚解乏，有的看到二军团战友的衣服已经破烂不堪了，不等我们统一安排，就先拿出亲手打好的毛衣、毛袜，让战友们赶快换上……往日寂静的绒坝岔，顿时沸腾了，处处洋溢着欢笑声，回响着嘹亮的歌声。"

7月1日，红2、红6军团齐集甘孜。甘孜城内外，到处洋溢着会师的歌声、笑声。红四方面军官兵唱起了会师歌："看，战胜了一切！听，震动了全国！英勇弟兄们，伟大的会合。欢迎二、六军团，高举红旗向前进。一定要胜利，杀敌齐努力。团结抗日反蒋的力量，推动中华民族的解放。迎接革命高潮的到来，大踏步向前进，赤化全西北！要艰苦的奋斗，要钢铁的团结，赤化全西北，创造根据地。为全国的胜利，为民族的解放，团结和一致，奋勇和坚决。横扫湘鄂川黔滇的2、6军团，纵横无敌的弟兄们，抗日反蒋主力是我们，齐团结，齐奋进，胜利归我们！"

经历了与红一方面军分离的痛苦后，红四方面军官兵更感与红2、红6军团会合的珍贵。他们以最大的热情迎接自己的战友，筹集了粮食、牛羊，腾出了干净的房子，准备好柴火，烧好了开水，为红2、红6军团准备好驻地，使红2、红6军团官兵深受感动。贺龙赞叹地说："四方面军的同志多好啊！"

7月2日，红2、红6军团与红四方面军在甘孜举行庆祝两大主力会师的盛大联欢会。在雷鸣般的掌声中，朱德总司令登台发表了热情洋溢的讲话。他说："同志们，我祝贺你们战胜了雪山，也欢迎你们来与四方面军会合。但是这里不是目的地，我们要继续北上。要北上就必须团结一致，不搞好团结是不行的。此外，在我们前进的道路上，还有荒无人烟的草地，我们要有充分准备，克服一切困难。"在介绍了甘孜地区的情况后，他高声地说："告诉大家一个好消息，中央去年带着一方面军胜利地通过草地，到达了抗日前哨阵地——陕甘地区。现在，陕甘边根据地巩固、扩大了，红军也壮大了。"朱德讲话后，贺龙发表讲话，表示完全拥护朱德的讲话，号召红2、红6军团要搞好同红四方面军的团结，克服一切困难，同四方面军共同完成到达陕北，同红一方面军胜利会合的光荣任务。任弼时在讲话中，旗帜鲜明地说："目前形势很好，中央已经到了陕北，根据地有了发展，中央红军东渡黄河也取得了胜利。现在中央提出了抗日民族统一战线的口号，提出了争取东北军、西北军的问题，我们唯一的道路是北上与中央会合。"

三人讲话后，主持会议者调整队列，两军队伍插花排列。随着一声口令，红四方面军官兵拿出了精心准备的礼物赠送红2、红6军团。红2、红6军团官兵被这浓浓的战友情谊感动得热泪盈眶。一位战士回忆说："在稻城，我们还为衣服发愁，现在从吃的、住的到穿的都有了。大家感动得把毛衣左看、右看，穿了脱下，脱下又穿上。有人提议：把毛衣好好保存起来，带到陕北去送给一方面军的同志。议论了很久，最后还是小心翼翼地包起来了。我分到一双毛袜子。从那密密的毛线里，我好像看到它渗透着四方面军同志们的汗水和深情。他们到这里不久，装备并不比我们好，除了每人一个竹斗笠之外并不比我们多什么，像我们一样迫切需要御寒的东西。可是，他们先人后己，起早贪黑地织出这样漂亮的毛织品送给我们。想到这里，我的眼睛湿润了。"

甘孜孜苏寺红2、6军团与红四方面军会师庆祝大会旧址

中共中央、陕甘苏区和红一方面军获悉两军会师的消息后，毛泽东、张闻天、周恩来、博古、王稼祥、彭德怀等六十八位党、政、军领导人联名并以陕甘苏区党政军

全体人员的名义给红四方面军和红2、红6军团全体人员发出贺电:"我们以无限的热忱,庆祝你们的胜利会合,欢迎你们继续英勇地进军,北上陕甘与一方面军配合以至会合。在中国的西北建立中国革命的大本营与苏联外蒙打成一片,与全国抗日人民抗日军队抗日党派建立抗日救国的统一战线,组织人民的国防政府与抗日联军,向着日本帝国主义及其走狗卖国贼开展神圣的民族革命战争,挽救中国之危亡,解放中华民族于日本帝国主义的铁蹄之下。"

7月5日,中革军委颁布命令:决定以红2军团、红6军团和红32军组成红二方面军,任命贺龙为红二方面军总指挥,任弼时为红二方面军政治委员,萧克为方面军副总指挥,关向应为方面军副政治委员。贺龙、任弼时兼任红2军军长、政治委员,陈伯钧为红6军军长,王震为政治委员。

甘孜会议

红2、红6军团与红四方面军会师后,部队积极准备北上。但是张国焘虽然取消了"第二中央",却仍然没有消除个人的政治野心,采取各种手段对红2、红6军团领导人进行欺骗、拉拢,继续进行阴谋活动。

朱德、刘伯承等人也在积极做红2、红6军团领导人的工作,向他们介绍张国焘搞分裂活动的真相。朱德在会见任弼时、贺龙、关向应时语重心长地说:"你们来了,我们一起北上。党中央在陕北,在毛泽东同志那里。"刘伯承则在同贺龙、任弼时作了深谈后,叮嘱说:"对张国焘不能冒火,冒火要分裂。中央在前面,不在这里。"

红2、红6军团领导人识破了张国焘的阴谋,坚决拥护党中央,坚决反对分裂,同朱德、刘伯承一起,与张国焘分裂党、分裂红军的错误进行了坚决的斗争。

早在甲洼会师时,张国焘的工作组就给任弼时送去一批包括《干部必读》等文件在内的学习材料,内有大量攻击党中央和红一方面军北上是"逃跑",是"'左'倾空谈掩盖下的退却路线"的内容,指名道姓地诽谤毛泽东、周恩来、张闻天、博古等人。红6军团政治委员王震发现后,立即下令扣留文件,全部烧掉,并向任弼时作了汇报。甘孜会师后,张国焘等人更是指示向红2、红6军团送材料,并指示下属人员利用一切机会对红2、红6军团部队进行"宣传"。任弼时、贺龙非常警惕,立即下令:所接待的四方面军干部,只准讲团结,介绍过草地的经验,不准进行反对中央的宣传。送来的材料一律不准下发。贺龙说:"干部必读不准发,看了要处罚人,放在政治部。"

张国焘见"宣传"无效,便开始拉拢。他逐一与红2、红6军团师以上领导干部谈话。王震后来回忆说："在甘孜休息时，张一个一个把我们召去谈话，送我四匹马，给我们戴高帽子，说我们勇敢，能打，他那个军阀主义呀，不像话。"贺龙早在南昌起义时就曾与张国焘共事，对张国焘的为人极为不满，说："嘿，我以前在旧军队见得多了，拉拉扯扯，吹吹拍拍，他也就是这么一套。"他当面质问张国焘："我过去当过军阀，好不容易才找到了共产党，走上了革命的道路。你是个老党员，现在都要反对党中央，走军阀的老路，你走得通吗？"张国焘张口结舌，满肚邪火，却慑于贺龙的资历与威望无法发泄。

贺龙是个从不打被动仗的人。对张国焘的阴谋活动既坚决反击，又留有余地，并利用张国焘想拉拢红2、红6军团的企图，找到张国焘，说："2、6军团在转战中损失很大，需要补充，你这个总政委，能不能从四方面军抽两个师给我们？你们人那么多呢！"张国焘无法驳回这种堂而皇之的要求，对此未置可否。贺龙便经常就此事纠缠他，终于把原为红一方面军第9军团的红32军要了过来。朱德后来评价说："贺老总对付张同焘有办法，不争不吵，向他要人要枪要子弹，硬是要过来一个军，尽管人数不多。张国焘对任弼时、贺龙都有些怕呢！一起北上会合中央，贺老总是有大功的。"

作为中共中央政治局委员，任弼时一到甘孜，他就以向中央汇报情况的名义从张国焘处要来电报密码本，同在陕北的中共中央直接沟通了联系，接受中央的指示。中央发来的第一份电报，是决定红2、红6军团使用红二方面军的番号，从而避免了张国焘想吞并红2、红6军团的企图。随后，中央又发来了一份指定任弼时亲译的长篇电报，大意是：对张国焘的错误要坚决进行斗争，并劝说其北上同中央红军会合；要团结二、四方面军共同北上，并阐明北上的有利条件。任弼时坚决执行中央的指示，利用自己的身份，与张国焘进行了坚决的斗争。

两军会师后，张国焘想以多数压少数，迫使红2、红6军团就范，先是提议召开党的联席会议，任弼时当即表示反对，问张国焘：两个方面军开这样的会，由谁主持？报告谁来做？有了争论，结论怎么做？张国焘又提出召开两个方面军的干部联席会议，企图通过"决议"来拥护他。任弼时、贺龙、关向应坚决地说：开会可以，但不能以多数压少数。结果会议又没开成。

张国焘找红2、红6军团干部谈话，任弼时针锋相对，也与红四方面军的干部广泛谈话，宣传团结统一的重要意义，宣传北上抗日的正确方针。使红四方面军的干部提高了认识，明辨了是非。红四方面军政治部主任傅钟后来在一篇回忆文章中写道："在红二、四方面军会合时，由于你（指任弼时）的到来，才将叛徒张国焘在红四方面军党内所造成的政治上的阴霾，思想上的糊涂，组织上的混乱，加以逐步地澄清。你每次亲切地和我们在一起作长夜谈，都使我们衷心愉快地领会你的精神。你那种和蔼诚挚的态度教育了我，并教育了成千上万的同志，团结在以毛主席为首的党中央周围。"张国焘对此极为不满，亲自出面干涉。任弼时毫不客气地回答："你是政治局委员，我也是政治局委员。你能找2、6军团干部谈话，我也有权找所有的干部谈话，你不能干涉！"

7月2日，红2、红6军团和红四方面军领导人在甘孜召开会议，讨论北上同中共中央和红一方面军会合问题。会议由张国焘主持，朱德、刘伯承等出席。任弼时在会上作长篇发言，对张国焘的错误进行了严肃的批评。他当面质问张国焘三个问题：

一是批评张国焘盗用中央名义把红2、红6军团调到甘孜。任弼时说：你借用中央名义调我们是不对的。你把我们调来干什么？你要吞并我们！张国焘辩解说：因为你们处境困难，后面敌人跟着，和我们靠近一点，就能保持力量。但理由苍白无力，难以自圆其说；

二是批评张国焘的南下路线是完全错误的。任弼时说：这样做分散了红军主力，给敌人以可乘之机，把我们逼到草地里，粮没粮，草没草，吃没吃，穿没穿，给红军造成严重损失。一方面军已经北上了，你北上又南下，南下又北上，在草地里拉来拉去，我们不少同志牺牲在草地里，给中国革命造成了恶果。你打算在天全、芦山建立根据地是妄想，在川北都没站住脚，能在天全、芦山建立根据地?! 敌人教训了你，吃了败仗，损失很大，这些力量用到陕北去，用到抗日前线去，那将起多大作用?! 对此，张国焘无言以对；

三是批评张国焘自立中央。任弼时严厉指出：自立中央是严重的反党行为，是自绝于中国革命，是党纪绝不容许的。张国焘力图辩解，讲了一些污蔑毛泽东和党中央的话。任弼时严肃地说："我们二方面军的同志，很多是从井冈山来的，对毛主席是很熟悉的，有感情的。即使不是井冈山来的，对党中央和毛主席也有最高信仰。你如果要强迫他们反对毛主席，那么他们就要翻脸，他们是不认识你的！现在你已经宣布撤销第二中央，我们欢迎。"

任弼时最后说："目前陕甘根据地形势很好，中央已在陕北站稳了脚跟，根据地有了发展，东渡黄河取得了大胜利，西征战役正顺利进行。就全国形势而言，日本已占领了东三省，又虎视华北乃至整个中国，使民族矛盾成为国内的主要矛盾，中央已经提出建立抗日民族统一战线的口号，提出了团结、争取东北军、西北军的问题。中国革命又处于高潮时期。我们唯一的道路就是北上，与中央会合，这个会开了，就应立即北上，到青海这条路是走不通的。"

任弼时的发言义正词严，尖锐深刻，对所有参加会议的干部，特别是红四方面军的干部是一次震撼。他们对张国焘的颐指气使虽然反感，但慑于他中央政治局委员和军政最高领导人的身份，对于他的指示总是习惯于执行，在党和军队的会议上很难进行反驳。现在任弼时公开批评张国焘的错误，并且句句击中要害，令红四方面军的干部真正感受到了党内正常生活的氛围，更加理解了中央方针路线的正确。参加会议的川陕省苏维埃副主席余洪远说："我所参加的会议，只有这一次真正像个高级干部会议。"

任弼时发言后，贺龙说：同意任弼时同志的意见，北上。我们二、四方面军应团结起来，继续北上，与中央会合。三大主力会合以后，北方情况会有很大变化，可能中国革命的中心点要移到北方，在陕北根据地落脚，再向全国展开。南下是不对的，任弼时同志已讲过了，你们这样做是分裂红军、分裂党，给革命造成不必要的损失。我们应团结起来，继续北上。

朱德随后发言，他说：我们原来就决定北上，张国焘同志一直坚持南下，我们也没有办法，现在南下走不通了，天全吃了败仗，敌人跟得紧，原来计划不可能实现了，只有一条路，北上，与中央会合。

刘伯承、关向应等人也发言，完全同意任弼时、朱德、贺龙的主张，坚决主张立即北上。

主持会议的张国焘尽管依旧不愿意北上陕北与中央会合，企图向夏、洮方向行动，但由于党中央不断敦促，任弼时、朱德、刘伯承、贺龙、关向应等态度鲜明，与会干部也都同意维护党中央的领导与红军的团结，支持北上与中央会合的方针，不得不同意红四方面军与红2、红6军团立即共同北上，与中央会合。

甘孜会议，是红四方面军与红2、红6军团会师后召开的一次重要会议，对红军三大主力最后会师起了重大作用。朱德会后兴奋地说："现在大家统一起来了，两个方面军一道北上，这是会议的一大收获，认识统一了，力量集中了，力量也更大了。"

史料链接

★ 贺龙与中甸归化寺

中甸城，是滇西北高原上的一座小镇，海拔三千多米。镇外有一座喇嘛寺，名为归化寺，是藏族著名的十三林之一，也是云南最大的喇嘛寺。寺内等级森严，有八大"康参"，分别管辖一个地区的喇嘛。"康参"之上有八大"老僧"，组成"老庄会议"，是全寺的最高权力机构。"老僧"之上是活佛，是寺内的最高统辖者。归化寺与当地土司、头人相结合，控制着中甸地区的政治、经济和文化，是中甸地区的统治中心，并设有寺兵等武装。

1936年5月初，红2、红6军团长征到达中甸。受国民党的欺骗宣传，归化寺松木活佛下令紧闭寺门，寺兵严加防范。然而，红军模范地遵守民族政策和秋毫无犯的行为，不仅感动了藏族群众，也深深打动了喇嘛们。

"老庄会议"决定派出代表与红军进行试探性谈判。寺院内负责保管青稞和跳神用衣的喇嘛夏拿古瓦自愿充当代表。他来到红2军团部驻地藏经堂（寺庙），请求会见红军最高首长，贺龙热情接待了夏拿古瓦等人，夏拿古瓦为表示对红军的尊重，向贺龙敬献了哈达。贺龙向夏拿古瓦明确解释了红军路过的目的，宣传党的民族政策和宗教政策，并以自己的名义致信八大"老僧"："一，贵代表前来，不胜欣幸。二，红军允许人民宗教信仰自由，因此对贵喇嘛寺所有僧侣生命财产绝不加以侵犯，并负责保护。三，你们须即回寺，照安生业，并要所有民众，一概回家，切不要轻听谣言，制造恐慌。四，本军粮秣，请帮助操办，决照价付金。五，请即派代表前来接洽。"

随后，红军发出了"严禁入寺庙"的告示，张贴在寺庙门口，通令全军指战员，不准进入寺内。为保证寺内安全，还派出卫兵到寺院大门站岗。红军的政策、纪律以及办事的热情和真诚，彻底消除了归化寺大小僧人的疑虑，他们都愿意为红军通过藏族地区尽力。

5月2日，贺龙率红2军团领导一行四十余人拜访归化寺，受到全寺僧众的热烈欢迎。掌教八大老僧及三十余名喇嘛接贺龙一行进大寺"直仓"（佛厅），并破例为贺龙等人举行了"跳神"仪式（一种宗教仪式，每年冬月举行，以庆祝丰收，祈祷吉祥如

史料链接

意)。贺龙将一面"兴盛番族"四个大字的锦旗赠送给归化寺,祝愿藏族人民繁荣昌盛。八大老僧当即表示拥护红军,愿为红军效力。

贺龙为中甸归化寺题字

5月3~4日,归化寺及喇嘛商人、富户,打开仓库,出售青稞、食盐、红糖等粮食物资给红军。在两天中,红军共筹集粮食约十万斤。其中归化寺专门打开三个仓库,出售青稞三万余斤及大量的盐巴、红糖。

夏拿古瓦等人更是为红军日夜奔忙,做了许多有益的工作。红军特意为他颁发了委任状:"兹委任夏拿古瓦同志为中甸城乡及附近乡区安抚和招徕全体军民并与本军采办给养,仰我全体民众一体知照。至本军全体红色军人,对夏拿古瓦同志应加以保护和帮助,不得稍事为难,是为至要。"解放后,夏拿古瓦曾出任大中甸区人民政府副区长。

★ 朱德总司令与格达活佛的情谊

1936年3月初,红四方面军西进到达甘孜地区。当地藏民由于受反动土司和国民党当局的欺骗宣传,大都躲藏到深山里去了。

在甘孜附近有一座白利寺,寺里住着第五世格达活佛。格达活佛,原名更呷益登,1902年出生在当地一户贫苦家庭,七岁时作为格达四世的转世灵童,定为白利寺格达五世活佛。他聪颖好学,十七岁到拉萨进修,与十四世达赖的老师同窗,苦研经书十二载,精通佛学,学识出众,获得"格西"学位(意为学问高尚的人),成为藏传佛教界德高望重的领袖人物。红军到达甘孜地区后,格达活佛非常注意观察红军的一举一动。他感到红军不像国民党宣传的那样烧杀抢掠,恰恰相反,红军尊重藏民,保护寺庙,秋毫无犯,还帮助藏民春耕春种。他被红军的宗教政策和"解救穷人"的宗旨

史料链接

所感动，便亲自出面到山里召回逃匿到深山的村民，并动员藏民和其他寺庙僧人尽力支援红军。藏民们也感到红军是一支好队伍，遂互相转告，陆续回来与红军一起耕田种地。

朱德总司令得知情况后，亲自带人到白利寺看望格达活佛，向他说明红军长征的目的和意义，鼓励他多为贫苦的藏民谋利益。格达活佛见到朱德这位红军最高长官如此淳朴诚恳、亲切和蔼，很受感动。两人一见如故，彼此畅谈甚欢。朱德用自己曲折坎坷的身世和一生追求真理而终于找到共产党的艰难经历，向格达活佛详细讲述了共产党和红军的宗旨，格达深受启迪，在朱德的感召和开导下，格达开始向往革命。

此后，格达活佛更积极地支持红军的工作，并担任了甘孜地区波巴政府（藏族人民的政府）副主席。由于格达活佛亲自出面动员，当地藏民踊跃帮助红军筹集粮食，捻毛线、织毛衣、缝皮背心，还教红军识别可食的野菜。几个月中，红四方面军指战员不仅解决了自己需要的大部分御寒装备，还给将要到来的红2、红6军团的战友们织了两万多件羊毛衣裤。

7月中旬，红军继续北上。临行前，朱德将一架望远镜和一面红旗赠送给格达活佛，说："最多再过十五年，我们还会回来的。"格达手捧赠品，别情依依……

红军北上后，当时有二百零八名伤病员留在甘孜养伤治病，不久遭到国民党军和当地反动势力的追杀，处境十分险恶。这时候，格达挺身而出，巧妙地把他们保护起来，并以自己精湛的藏医术，很快使伤病员们痊愈。随后，格达凭着他的声望和交情，分别写信给沿途各地的寺院和县区长官，取得他们的帮助，并派喇嘛接力护送，把留下来的红军分散安置在道孚、炉霍等县。后来，一些被救的红军战士激动地说道："如果没有格达活佛，我们很难说能活到今天。"

更值得一提的是，格达出于对红军的浓厚感情，大胆冲破世俗观念，把自己的亲妹妹依喜拉姆嫁给了流落在甘孜的红军战士陈少林。在一个春光明媚的日子里，格达亲自主婚，为妹妹按藏族风俗举行了隆重的婚礼。

全国解放后，格达被推举为西南军政委员会委员和西康省人民政府副主席。1950年中国人民解放军开始进军西藏，先遣支队在第52师师长、红四方面军老战士吴忠率领下于4月进驻甘孜。格达坚决拥护中央和平解放西藏的方针，认为西藏只有回到祖国的大家庭才有光明的前途。他决定前往拉萨，向拉萨当局和喇嘛们宣传党的政策，

史料链接

减少解放军进藏的阻力。吴忠被格达的爱国热情所感动，但也担心他的人身安全。格达坚定地说："当年朱总司令曾给我任务，要我做西藏上层的工作，我没完成好。现在是国家需要我的时候，我必须去，为国家出力。请你们代我给朱总司令发电报，我要按照他的指示来行动。"

吴忠向上级转达了格达的请求。很快，朱德给格达发出专电，对格达的爱国热情深表嘉许，但请格达先去北京重叙旧谊，并作为特邀代表出席全国政协会议。格达非常激动，说："朱总司令当年说红军15年后就回来，果真过了十五年，他就派你们来了，他真是活菩萨啊！我也很想去北京看看，可现在不去，我要等到西藏解放后，再到北京看望朱总司令。请帮我再给朱总司令发电报，说格达再次请求去拉萨。"6月1日，朱德回电，最终批准了格达的请求，但叮嘱他一定要在安全确有保证的情况下方可成行，出发后如发现问题，要立即返回，切不可勉强冒险。

1950年7月10日，格达踏上了奔赴西藏劝和的路途。到达藏北重镇昌都后，他向当地僧俗群众广泛宣传中央和平解放西藏的方针，讲述解放军尊重藏族人民的模范行为，在当地藏族群众中引起强烈的反响。西藏上层反动分子惊恐不安，严令昌都方面限制格达行动，坚决不准格达到拉萨，也不准其返回甘孜。8月22日，格达神秘地中毒身亡，为西藏的和平解放献出了自己的生命。

★ 任弼时智救廖承志

廖承志是著名资产阶级革命家廖仲恺之子，化名何柳华，1928年加入中国共产党。他早年毕业于日本早稻田大学，后在日本、德国、荷兰、比利时等国从事革命活动。1930年回国后，任中华全国总工会宣传部部长、常委兼全国海员工会党团书记。1933年，廖承志不幸被捕，经党营救出狱后进入川陕苏区，任中共川陕省委常委、川陕省总工会宣传部部长和红四方面军政治部秘书长。当时，张国焘把川陕苏区看成"独立王国"，排斥中央和白区党派到苏区工作的干部，假借"肃反"之名，对他们肆意打击、杀害。廖承志由于对张国焘"不敬"，于1934年夏被诬陷为国民党"改组派"分子，撤职拘禁，开除党籍。1935年4月，廖承志与一起遭监禁的四川省委书记罗世文等人，被张国焘派兵押解随红四方面军长征。毛泽东、周恩来对廖承志的安全非常关心，在长征路上一直打听他的消息，曾于1936年年初请林育英（张浩）以共产国际代

史料链接

表团名义电示张国焘，对廖承志"须保全其生命，并给以优待"，但张国焘仍然置之不理。当时，廖承志和其他一些被诬为"托陈派"、"改组派"等罪名的人没有人身自由，外出活动必须排成队伍由武装人员看押着。因而，一般人慑于张国焘的淫威，都不敢与廖承志这样的人打招呼，廖承志他们因怕连累别人也不愿意与别人打招呼。

1936年7月初，任弼时与贺龙率领红2、红6军团到达西康甘孜，与红四方面军会合。得知廖承志的情况后，任弼时采取巧妙的方法，成功地使被张国焘长期关押的廖承志获得了部分自由。

廖承志后来回忆说："那是在一个草地的小山坡上。我远远地看见张国焘和一个身材不高、脸孔瘦削、长着小胡子的人在谈话。我猜到那一定是弼时同志。我们的队伍正是从他们面前通过。弼时同志远远地看见我走近了，他笑着站起来，走向我这边，和我握手。他笑着问：'你是廖承志吗？我就是任弼时。'"

"我那个时候很窘，不知如何是好。那时候张国焘也很狼狈，他装起笑脸虎似的笑脸，用他那种怪腔怪调的腔调问弼时同志：'怎么，你认识他吗？'"

"弼时同志笑着说：'老早认得。'"

"其实弼时同志和我那时并不认得。然后弼时同志严肃地对张国焘说：'如果他有什么需要的话，我可以帮助他，请你告诉我。'"

"这之后，我们到了炉霍。我、罗世文、朱光、徐一新，立即恢复了部分自由。"

廖承志安全到达陕北。随后，在周恩来的直接关怀和营救下，获得完全自由，重新工作。后来廖承志感慨地说："那就不能不感谢弼时同志在那时候对张国焘严肃地表示了他的态度。"

第二十六章

红二、红四方面军北上甘南

在红2、红6军团同红四方面军会师前后,中共中央与朱德、张国焘和红四方面军领导人就红四方面军和红2、红6军团北上问题交换了意见。

5月25日,中央电告朱德、张国焘,分析了形势,提出了红四方面军和红2、红6军团迅速北上的战略方针,指出:"国内及国际的政治形势均取得暴风雨般的姿态向前发展,党的反日统一战线的成立,目前议事日程上的具体任务是建立西北国防政府,争取迅速对日作战,以走向建立全国国防政府,彻底战胜日本帝国主义。"在通报了中央与西北地方军事力量的统战工作成就和红一方面军西征作战情况后,电报写道:"四方面军与二方面军,宜趁此十分有利时机与有利气候,选定大计,或出甘肃,或出青海。在兄等大计决定之后,一方面军适时向天水、兰州出动,进一步策应兄等,使蒋军不能拦阻,至于奉军已与秘密约定不加拦阻。"

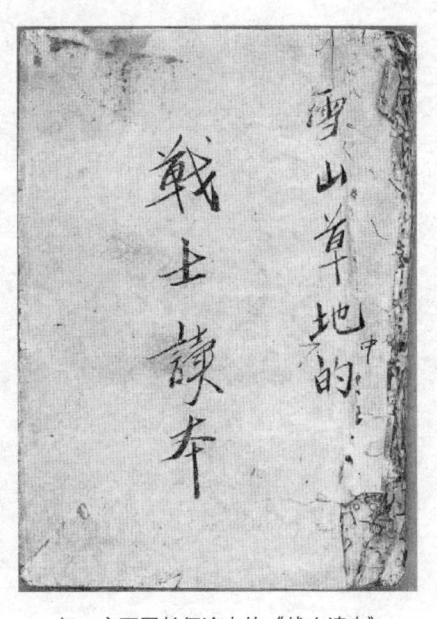

红二方面军长征途中的《战士读本》

这对促使张国焘放弃分裂活动,加速北上,起了决定性的作用。5月25日,中央又致电红四方面军和红2、红6军团领导人,指出国内及国际形势极为有利,"四方面军与二方面军,宜趁此十分有利时机与有利气候速定大计,或出甘肃,或出青海"。

6月10日，朱德、张国焘和红四方面军领导人致电中共中央，表示"一致同意"北上，并"拟于六月底出动，向夏洮西北行动"，"二方面军大约6月20号前后集甘孜，休息十天跟进"。

在此期间，"两广事变"发生，桂系、粤系军阀起兵反蒋，蒋介石被迫抽调大批中央军嫡系部队南下对付桂军与粤军。西北地区国民党军的力量受到削弱。根据变化了的形势，6月19日，中央致电朱德、张国焘及任弼时，指出："时局形势已起大变化，这使中国革命走上了一个新阶段。党的任务是使抗日反蒋的统一战线进到高度具体化，即实行国防政府与抗日联军的组织。""西北国防政府已经有了迅速组织的可能与必要。我们应以西北的发动去配合两广的发动。""关于二、四方面军的部署，我们以为宜出至甘肃南部，而不宜向夏、洮地域。"6月25日，毛泽东、周恩来、彭德怀又致电朱德、张国焘："何日开始北上？经何路？何日可达何处？敌情如何？我陕甘应如何策应？均请见告。"并指出：二、四方面军"如能迅速出甘南，对时局助益匪浅"。

四川省若尔盖县求吉苟均寨元帅桥

朱德、张国焘接到中央指示后，决定部队北上向松潘、包座一线开进，进而向甘东南发展。26日，红四方面军派李先念率红89师和骑兵师组成先遣部队，经西倾寺前往阿坝，为后续部队筹粮。28日，张国焘、陈昌浩、李卓然在致徐向前、周纯全及各军首长电中指出："党目前战略方针是在创造西北广大与巩固抗日根据地任务之下，主力红军首先向松潘、甘南行动，消灭该地区之敌王均、毛炳文等部；进而与一方面军呼应，横扫而东援，（策）应两广坚决抗日，扩大与加深民族革命战争，争取全中国人民苏维埃的胜利。"

红四方面军全面展开了北上的准备，红二方面军到达甘孜与红四方面军会师后，也立即转入北上准备。从7月初开始，红二、红四方面军各部分为左、中、右三个纵队，共同北上，向松潘、包座一线开进。

集结在炉霍地区的红四方面军红9军、红4军第12师和独立师、红31军第93师及方面军总部为中央纵队，由徐向前、陈昌浩率领，于7月2日出发，经壤塘、查理寺、毛儿盖向包座前进；集结在甘孜地区的红四方面军红4军第10师和第11师、红30军第88师和红二方面军为左纵队，由朱德、张国焘率领，于7月3日出发，经东谷、西倾寺、阿坝向包座、班佑前进；集结在绥靖、崇化地区的红5军、红31军第91师为右纵队，由董振堂、黄超率领，于7月10日出发，经卓克基、马塘向毛儿盖、包座前进。任弼时在朱德的建议下，跟随红军总部行动，以便继续做张国焘和红四方面军领导人的工作，促进党和红军的团结。

几经周折、磨难，红四方面军终于按照党中央的意图踏上了北上的征程，红军各大主力会师的时日在望。

穿越草地

从甘孜地区北进，沿途大部分地区为广袤的高原，海拔较高，空气稀薄，气候多变，人烟稀少。从阿坝、毛儿盖到包座，还需要再过草地。筹粮成为部队面临的最大问题。

许世友率骑兵师为全军开路。他已经两过草地，深知粮草对部队走出草地的重要性，要求部队"不管遇到多大困难，付出多大代价，一定要筹集到更多的粮食，保证主力部队通过草地"。在色曲河畔，骑兵师向牧民们购买了四百多头牛、一千多头羊和一部分粮食。当地土司虽占有大量的牛羊和粮食，却不愿卖给红军，并派人不断袭击红军。许世友毫不客气地指挥部队出击，从俘虏口中了解到土司牛羊窝藏点，连夜行动，按照"破坏抗日红军的一切反革命分子的土地财产一律没收"的政策，将土司的八百多头牛羊全部没收。随后，骑兵师又在西倾寺等地筹集了三千多头牛羊和四五万斤粮食。

抵达阿坝，当地土司墨桑驱散群众，把粮食和牛羊全部转移。骑兵师四处搜索，找到六百多头牛羊和一万多斤粮食，然后继续前进，在麦加尔康、觉儿黄、赛苟共巴地区与墨桑土司武装遭遇。许世友指挥部队先敌展开，趁夜偷袭，击溃藏兵，缴获近万匹马和一批枪支弹药。骑兵师一路征战，经过大小战斗七十二次，筹集牛羊两三万头和粮食几万斤,胜利完成了"筹集粮食,侦察道路"的任务。

红四方面军已经是第三次过草地了,虽然经验比较丰富,准备也比较充分,但是由于此次穿越草地,路程更加遥远,时间更加漫长,所筹集利于携带的粮食依旧远远不能满足需要,部队还是遇到了严重的困难,指战员不得不再次以野菜、草根以至皮带、牛皮来充饥。指战员发扬不怕困难、团结互助的精神,终于最后一次走出了草地。

红二方面军则是第一次穿越草地。尽管部队在行动之前曾深入地进行了思想动员,也尽力地做好物资准备,但由于行走在全军最后,仍然经受了比红四方面军部队更大的困难。从甘孜出发时,部队全力筹粮,只筹措到七八天的粮食。张国焘的干扰更加重了红二方面军的困难。贺龙后来回忆说:"到绒巴岔,(张国焘)答应给我们衣服、粮食、补兵。当我们不同意他的路线时,什么都没有了,要饿死我们,他们先走,都把东西带走了。"红二方面军原来预计十天可到达阿坝,但由于刚走出极艰苦的雪山地区,体力消耗很大,尚未完全恢复,沿途荒无人烟又无法补充粮食,结果走了二十多天,才到阿坝。这时,部队已经基本断粮。

朱德总司令时刻关心着红二方面军,尽最大的能力为红二方面军解决困难。在甘孜,由于朱德的努力,也由于红四方面军指战员对红二方面军的友爱,红四方面军为红二方面军留下了部分粮食,解决了部分困难。红四方面军部队经过草地时,为了保证对部队的供应,在噶曲河畔设立了兵站,朱德到达兵站后,对兵站负责人杨以山说:"我们后边还有几万红军,要将四方面军直属队所有的帐篷、驮行李的牲口留下,供应后续部队。咱们每人每天发的牛羊肉,连皮带肉不超过一斤,其余的都留下。"他亲自对直属队进行动员:"在我们后边,还有许许多多的同志,他们的粮食早就很困难了,尤其二方面军的同志,他们大都是从南方过来的,对草地的自然气候不习惯,又在我们的后面,生活更困难,常常连野菜也吃不下,我们要咬紧牙关,把困难自己承担起来,尽可能地为后续部队提供一些方便。各单位驮东西的牦牛和缴获的羊、牦牛全部给二方面军留下。"

尽管朱德做了积极的努力,可留下的东西对于数万名官兵组成的红二方面军来说,依旧是杯水车薪,根本无法解决部队严重的粮荒。7月11日,红二方面军分为两个梯队,由甘孜的东谷出发,随红四方面军左纵队之后跟进。开始时,每人每天还能分到二两青稞粿粉,虽然非常难吃,尚能充饥,但很快部队就彻底断粮了。王恩茂回忆说:"草地的气候恶劣,一日数变,一会儿天晴,一会儿乌云满天,一会儿刮大风,一会儿下大雨,一会儿下大冰雹,有的冰雹像大碗那样大,有的人被冰雹砸伤了,有的骡马被打死了。草地这样恶劣的天气，我们白天行军还能勉强承受，但夜晚露营就很难过了"，"有不少体弱的同志经过草地长期露营经受不住风吹雨打的折磨而死亡"；到了水草地，如果不小心，或者走错路，更"会掉下稀泥坑里去，遭受灭顶之灾，我们部队有的人和骡马走错了路，就掉进了稀泥坑里而死亡"。

前面的队伍把可吃的野菜挖尽了，他们往往连野菜也难以找到，只好把身上的皮带、枪带、马鞍、帽檐上甚至草鞋上的牛皮收集起来，割碎、煮熟用来果腹，有的甚至到牛粪里去拣那些牛没有消化的粮粒。有的战士口含野草走着就倒下去，有的坐下去就再也没能起来。衣着单薄，气候严寒，是过草地的另一大困难。红二方面军自离开湘鄂川黔根据地后，始终处于紧张的行军作战之中，到甘孜后衣物也没得到必要的补充，御寒防雨的衣服、帐篷极端缺乏。为了抵御严寒，官兵们把羊皮、虎皮、驼皮、狗皮等披在身上行军，许多人被严寒夺去了生命。饥饿和恶劣的条件使指战员的体力每况愈下，疾病、掉队、死亡的人数不断增加。在一次风雨交加的晚上，仅红6师就牺牲了一百七十四人。

贺龙心急如焚，除了要求各级政治机关在部队中进行艰苦细致的政治思想工作，开展群众性的思想和体力互助，提出"走出草地就是胜利"的口号鼓励指战员外，他还冒着中毒的危险，亲尝各种野草，一到宿营地，就带人到河边捉青蛙钓鱼，为伤员充饥。兵站分配给他的食品，也全部送给了伤员，自己和官兵一起吃野菜。到了最后，实在找不到吃的东西，他下令将一直跟随他征战的枣红马杀掉，给官兵充饥。尽管如此，贺龙下令绝不允许丢掉一个伤病员。他说："在任何艰难困苦情况下，绝不能丢掉一个伤病员，活着的同志只要还有一口气，都要抢救，这是阶级兄弟啊！"

在草地行军中，除了饥饿、疾病的折磨外，红军指战员还经常遭到飘忽不定、出没无常的当地土匪和受国民党牵制的反动土司武装的袭击。最危险的一次是8月初红二方面军总指挥部将抵达噶曲河时，六七百人的藏骑队伍从土丘间突兀而至。敌人赤着膀子，人手一把长刀，挥舞着，吼叫着，朝总指挥部压来。红军后卫特务连仓促迎击，由于人少，又没有机枪，边阻击边往后撤。在这危机时刻，正在左侧行进的红288团听到枪声，便以最快的速度从侧翼增援。怎奈战士们好几天粒米未沾，又急行军赶来，累得举起枪来却胳膊打战，不能有效地杀伤敌人。敌人更加肆无忌惮了，几百匹马同时蜂拥而来。红军一位营长急中生智，采取了打"排子枪"的战术，令一字排开的队形收拢成方阵，战士分卧、坐、跪、立四种姿势握枪。敌骑冲过来，指挥员一声令下，红军几百支枪连续射击，火力比机枪还猛，敌骑被打得鬼哭狼嚎，狼狈撤退。

贺龙接到战报后，连夸这种"排子枪"战术是对付敌骑兵的好办法，通令全军推广。

历经千难万苦，红二方面军经过将近一个月的跋涉，终于在7月底到8月上旬先后走出草地，到达包座地区。在穿越草地的过程中，红二方面军减员达数千人。

任弼时积极促进党内团结

随红四方面军行动的任弼时，在穿越草地的过程中，边行军边与红四方面军的领导人谈话，做张国焘的工作，为增强党和红军的团结，解决党内分歧，做了大量的工作。在甘孜时，由于徐向前在前线指挥作战，两人没能会晤。进入草地后，任弼时专门找徐向前长谈。徐向前后来回忆说："任弼时同志异常关心全党全军的团结。……在草地里，他同我第一次见面，就询问这方面的情况，征求我的意见，并说：他已向中央建议召开六中全会，请共产国际派代表参加，从原则上解决以往的分歧。我赞同他的倡议，讲了几点看法：（一）中央和毛泽东的北上方针是正确的。自己当时没有跟中央走，是不想把四方面军分成两半。（二）大敌当前，团结为重，张国焘另立中央，很不应该，党内分歧可以慢慢地谈嘛！但是我说话他不听，朱老总的话他也不听。现在取消了'中央'，对团结有利。北进期间，最好不谈往事，免得引起新的争端。（三）一、四方面军会合后，我们很高兴。但中央有的同志说四方面军是军阀呀，土匪呀，逃跑呀，政治落后呀，太过分了。伤害了四方面军的感情。我和四方面军许多指战员都想不通。（四）我们从参加革命起，就表态拥护第三国际，臂章上也是那样写着的。由共产国际出面解决以往的分歧，我赞成。弼时同志很高兴，表示一定要在这方面做出努力。"

在与红四方面军的主要干部交谈后，任弼时于7月10日致电张浩、张闻天、周恩来、毛泽东等人，表明了自己对解决党内分歧的态度："我到甘孜后才知道：一、一、四方面军会合后党内的争论问题；二、现在陕北和川康边同志对目前形势估计和党的策略路线已经一致，为着不放松全国极有利局面，使我党担负起当前艰巨的历史任务，我深切感觉到党内团结一致，建立绝对统一集中的最高领导是万分迫切需要，而且是不能等待七次大会的；三、这次二、四方面军向川、甘边北进，一方面军亦需向甘南配合接应，一、二、四方面军将靠近行动。我已取得特立、玉阶（朱德）两同志之同意，特向六兄等有以下建议：（一）在一、二、四方面军靠拢时，召集一次中央扩大会议，至少是中央政治局扩大会议，除中央或政治局委员外，一、二、四方面军主要干部参加，并要求国际派负责代表出席这次会议，议程应列有总结在五次围剿斗争之教训和讨论党的目前紧急任务,并产生党内和党外统一集权的最高领导机关;(二)万一对粉碎五次围剿和斗争经验教训不可能在这一会议上得到最后结论,则这一问题由七次大会或国际去解决;(三)二、四方面军部队战斗情绪极高,政治军事工作都有极显著的进步与成绩;(四)二、四方面军会合后2、6军情绪亦甚好,四方面军曾以很大动员迎接慰劳2、6军。现在二、四方面军阶级友爱的关系极好。在目前政治形势和党的策略路线决议基础上是团结一致的。"

中共中央对任弼时的建议极为重视,两天后,张闻天复电任弼时:"中央已向国际请求批准召开六中全会,并对六中全会给予原则指示,同时派遣负责代表出席。关于开会之时间与地点,须待国际回示并其出席代表到达或确定到达日期之后才能确定。此会自然应有全国的代表及红军代表到会,会议的主要日程为审查五中全会以来的工作及决定今后的政治任务。"

中共中央坚定地相信朱德、任弼时。7月14日,中共中央在给共产国际的电报中,通报了任弼时的建议:"据弼时来电,已商得朱、张同意,认为亟须统一红军领导,主张到甘肃开会解决。我们已同意开六中全会,昨亦告诉你们了。我们估计,弼时及二方面军的干部不会赞成国焘的观点,至朱德同志,过去与中央完全一致,分离以来受国焘挟制,已没有单独发表意见的自由,但我们相信,基本上也是不会赞成国焘的。"

红军长征胜利到达陕北后,红2方面军部分领导干部合影。前排左起:甘泗淇、贺炳炎、关向应、王震、李井泉、朱瑞、贺龙;后排左起:1. 张子意,5. 陈伯钧

在与中共中央交换意见和积极做好红四方面军领导人工作的同时，任弼时随时向红二方面军通报情况，全力保证红二方面军执行中央的正确路线。在走出草地之后，8月9日，任弼时在求吉寺给贺龙、萧克、关向应、甘泗淇写信，说："我这次随朱、张行动，力求了解过去一、四方面军会合时的党内争论问题，并努力促进我党的完全团结一致。我与朱（德）、张（国焘）、刘（伯承）、陈（昌浩）、徐（向前）、傅（钟）、李（卓然）等同志谈话，大家对党的组织上的统一，建立最高集体集权领导，认为是迫切问题。陕北同志亦同样是认为迫切需要的。我对陕北同志建议召集中央全体会议，已得到他们的同意。……我现在正在这边同志中要求他们将来在六中全会上作客观、冷静、正确的自我批评，根据目前形势与党的策略路线决议基础上重新估计过去中央领导。……此外，我已向总政治部提出并已得到同意，立即在二、四方面军开始一、二、四方面军大会合的政治动员。在四方面军中应消除一切成见和不好的印象。须有良好的政治上和技术上的准备，以期在大会合时三个方面军的兄弟的亲密的团结一致。……我想：方面军在促成一、二、四方面军大会合上是负有重大责任的，必要时将来可以二方面军指战员名义发一告一、四方面军同志书，这将来到哈达铺时面谈决定。目前即应在二方面军中进行大会合的政治动员和一切必要的准备工作。"

贺龙收到信后，立即召开会议，明确表示赞成任弼时的意见。8月16日，贺龙等人给任弼时回电："在求吉寺留的信，我已收到。我们完全同意你对过去党内斗争所采取的立场。我们坚决地站在这一立场上，为党的统一而奋斗。"

哈达铺红二方面军指挥部旧址

8月底，红二方面军到达哈达铺后，贺龙、任弼时、关向应联名致电中共中央、毛泽东："为着不放松全国极有利的局面，使我党能够担负起当前的艰巨任务，我们深切感到党内的团结一致与建立绝对统一集中最高领导力量是万分迫切需要的……在蒋敌进攻的严重关头，我们一、二、四方面军只有积极密切关系，在一致战略方针下，坚决对敌，才能造成西北新局面，而不致被敌各个击破。"

这封电报体现了红二方面军领导人对党和红军团结统一的关注及红二方面军领导人拥护中央的坚定立场。也表明了这一切都与任弼时卓有成效的工作是分不开的。他对促进党和红军的团结起了重要作用。

27日，中共中央正式批准成立中共西北局，任命张国焘为书记，任弼时为副书记，朱德、刘伯承、贺龙、关向应、徐向前、陈昌浩等为委员，统一领导红二、红四方面军的北上行动。

横扫甘南

蒋介石发现红二、红四方面军北上后，深恐三大红军主力会合西北，形成一股强大的革命武装力量，威胁其反动统治。虽然中央军嫡系部队平息"两广事变"无法立即返回西北，但他还是训令西北地区军阀部队对红二、红四方面军严加堵截。蒋介石的委员长重庆行营紧急调整部署，以鲁大昌新编第14师布防于岷县、洮水（今临潭）、西固地区，以王均第3军位于文县、武都、天水、西固地区，以毛炳文第37军位于陇西、定西地区，企图构成西固至临潭，天水至兰州两道封锁线，阻止红二、红四方面军北上与红一方面军会合。同时，蒋介石令胡宗南部由湖南长沙地区兼程北进，返回西北。

中共中央对于红二、红四方面军迅速北上，实现三大主力红军会师，迎接抗日斗争的新高潮，寄予了厚望。在红二、红四方面军穿越草地北上期间，中共中央密切关注两军行动，不断通报沿途敌情、地形，并与朱德、张国焘、任弼时电报往来，交换三军配合作战的意见。

7月13日，毛泽东、张闻天、周恩来等人电示红二、红四方面军北出草地后，"如能攻占岷州城则打马（步芳）、打毛（炳文）、打王（均）十分有利，战略上大占优势。万一攻不开则围城打援"。22日又指示："我们正动员全部红军并苏区人民粉碎敌人之进攻，迎接你们北上"，"二、四方面军以迅速出甘南为有利。待你们进至甘南适当地点，即令一方面军与你们配合南北夹击，消灭何柱国、毛炳文等部，取得三个方面军的完全会合，开展西北伟大局面"。28日，毛泽东等人再次致电朱德、张国焘、任弼时，询问红二、红四方面军"粮食够用否？目前确至何地？八月中旬可出甘南否？"

并告知"西北统一战线有了进步。三个方面军会合后,即能引起西北局面的大变化";希望朱德等将北上情况及时电告中央。

7月29日,红四方面军先头部队攻占包座。毛泽东、周恩来、彭德怀立即致电朱德、张国焘、任弼时,通报敌情,并建议:"四方面军到包座略作休息,宜迅速北进;二方面军随后跟进到哈达铺后再大休息,以免敌人封锁岷(县)西(固)线,北出发生困难。"

根据中央的指示,中共西北局在求吉寺召开会议,决定红二、红四方面军走出草地后,稍作休整,立即发起岷(州)、洮(州)、西(固)战役。8月1日,朱德、张国焘、任弼时致电中央,汇报两个方面军穿越草地情况,表示:"候兵力稍集结后即向洮(洲)、岷(州)、西固,约八月中旬主力可向天水、兰州大道出击,以消灭毛炳文、于学忠部为目的来配合你军",同时表示:"在蒋敌进攻严重关头,我一、二、四方面军只有积极密切关系,基本上和(在)一致战略方针下坚决对敌,才不致受敌各个击破,可能造成西北新局面。我二、四两方面军全体指战员对两个方面军大会合和配合行动,一致兴奋,并准备好了一切,谋西北首先胜利奋斗到底。"

中央接到电报后,非常高兴,于8月3日再电朱德、张国焘、任弼时:"接8月1日电,为之欣慰。团结一致,牺牲一切,实现西北抗日新局面的伟大任务,我们的心和你们的心是完全一致的",并写道:"我们已将你们的来电通知全苏区红军,并号召他们以热烈的同志精神准备一切条件欢迎你们,达到三个方面军的大会合。"

党中央的指示和关怀,有力地鼓舞了红二、红四方面军广大指战员的胜利信心,对他们沿着正确的道路北上,起了巨大的作用。中共西北局决定,趁国民党中央军部队尚未集结的有利时机,立即发起岷(州)、洮(州)、西(固)战役。8月5日,朱德签发《岷洮西固战役计划》,规定:"我军以迅雷手段在敌人主力尚未集中洮、岷之前,在运动战中大量地各个消灭敌人,先机取得洮、岷、西固地区,主力向天水、兰州方面进展,策应一方面军一致消灭敌人为目的。"战役部署为以红30、红9、红5军组成第一纵队,其主力由包座、俄界经旺藏寺,出哈达铺,攻岷州城,一部取道白骨寺(今白古寺)、爪咱(今峰迭),相机夺取西固,并向武都佯动;以红4、红31军组成第二纵队,夺取洮州旧城,尔后主力向临洮方向发展,一部向夏河、临夏活动,保障左侧安全;以红二方面军为第三纵队,出哈达铺,策应第一、第二纵队的行动。

8月5日开始,已经走出草地的红四方面军部队率先向甘南前进。9日,前锋红88师攻占天险腊子口,红89师随后攻占大草滩、哈达铺,打开了进入甘南的通道。接着，红四方面军在前，红二方面军跟进，六万大军挺进甘南大地。

进入甘南大地，对于刚刚走出茫茫草地、翻越皑皑雪山的红军指战员们来说，确实有一种"柳暗花明又一村"的感觉。这里人烟稠密，物产丰盈，满目庄稼，村舍连连，到处都是鸡鸣犬吠。看到这情景，战士们莫不欢欣雀跃，热泪盈眶。路上跑着驮东西的小毛驴，货摊上摆着火红的柿子、圆溜溜的白兰瓜，南方籍的战士见了更是觉得既新奇又兴奋。由于上一年红一方面军由此路过，给当地人民群众留下了良好印象，使他们亲眼所见，红军是亘古以来独一无二的不扰民、不欺民，还帮助老百姓担水扫院子的好队伍。所以，听说红军又来了，无论汉民、回民都来到村头、路旁，热情地欢迎红军。红军指战员受到很大鼓舞。各纵队按预定部署迅速展开，分头歼敌。

第一纵队包围岷州城。岷州是国民党军新编第14师师长鲁大昌的老巢，在中央红军北上时，鲁大昌率部堵截，曾吃过大亏，因而此次得知红二、红四方面军过境，立即收缩兵力，固守岷州。经他多年来的苦心经营，岷州城除筑有坚固的城防工事外，还将二郎山与城连在一起，筑成了山城互相依托的较为完备的防御体系。10日，红30军发起攻城战斗，激战一天，扫清了城外的据点，于当晚架起云梯猛烈攻城，一部分战士冲上城头与敌人展开肉搏，歼敌一千四百多名，但终因敌居高临下，

红军在岷州战役中使用的手雷

城防工事坚固，未能破城。18日，红9军接替红30军继续攻城，23日，红5军亦赶到，在陈昌浩的指挥下继续攻城，仍未攻破。于是，红9、红5军以部分兵力围困、监视敌人，主力在城周围转入休整。

在岷州战役进行期间，红89师攻克漳县，随后攻克渭源。红4军第10师则攻克临潭旧城，随后与前来进犯的马步芳骑兵第一旅苦战一周，击退敌数十次进攻，于8月20日拂晓前逼近洮州旧城，接着以迅雷不及掩耳之势一举攻克该城，全歼守敌一个营。

红军围岷州、克漳县，震撼了整个甘南，土豪劣绅纷纷逃向渭源。渭源守军为国民党军毛炳文部第37军第8师一个团，加上民团共两千多人。红四方面军总直属队指挥杜义德率3个团奉命奔袭渭源。参战部队首先在靠近陇西城的菜子河、官亭村附近集结，摆出强攻陇西城的姿态，随后在8月25日夜，冒着大雨，长途行军，突然包围

渭源城，并不停顿地两路攻城。守军根本没有想到红军会来得如此之快，更没有想到会在一个雨夜攻城，根本没有防范。红军突击队迅速登上城墙，摸掉了哨兵。等守军发觉红军攻城，红军已经突入城内，与敌人展开了激烈的巷战。雨声、杀声冲破夜空。在红军官兵的猛烈进攻下，守军很快溃退。战至8月26日拂晓，红军攻克渭源，击毙国民党军团长以下三百余人，俘敌一千六百余人，缴获步枪一千余支，轻重机枪三十多挺。迫击炮六门，电台一部。在渭源，红军筹集了万余匹土棉布和洋布，以及部分棉花、羊毛、羊皮等，为解决冬装问题创造了条件。

到达陕北的红2方面军一部。前排左起：陈文彬、李建良、罗志敏、刘道生、陈文彪、颜金生、李贞；中排左起：陈希云、朱瑞、卢冬生、王震、甘泗淇、贺炳炎、陈伯钧、贺龙、任弼时、左权；后排左起：1. 王定一，2. 朱绍田，3. 张子意，5. 黄新廷，6. 刘少文，7. 成钧，8. 周士第，10. 廖汉生，11. 关向应，13. 谷志标，14. 朱明，15. 王绍南，16. 戴文彬，18. 李井泉

在红四方面军部队作战期间，由红二方面军部队组成的第三纵队在贺龙、萧克、关向应率领下，于8月中旬由包座出发北进，9月1日到达哈达铺，随后以红6军团东进攻打礼县，继而向成（县）、徽（县）、两（当）、康（县）地区发展。

9月7日，红31军第93师攻占通渭。至此，岷洮西战役胜利结束。在三十四天的时间内，是红二、红四方面军走出草地后，进入甘南地区第一次大规模的作战行动。两军指战员英勇作战，先后控制了漳县、临潭、渭源、通渭、成县、徽县、两当、康县八座县城和岷县、陇西、临洮、武山、礼县等县的广大地区，共歼敌七千余人，缴获了大批武器、弹药、物资及马匹，粉碎了敌人阻止红军北进的企图。

在岷洮西战役中,红军同时进行了扩大红军和建设政权的工作。在一个多月时间里,仅岷临地区就有三千多名青年参加红军。许多被俘的国民党军官兵,也在红军优待俘虏政策影响下,在红军致力于拯救中华民族的革命精神感召下,纷纷弃暗投明,加入了革命队伍的行列。红军还先后建立了岷县、临潭、渭源、陇西、通渭和武山等县苏维埃政府,并帮助当地群众建立了区、乡基层苏维埃政权和抗日义勇队等组织,领导和武装群众打击恶霸地主、官僚封建势力,开展抗日宣传,教育群众树立救国救民的革命信念和理想,扩大了红军的影响,播下了革命的火种。

到达陕北的红四方面军部分人员

至此,红二、红四方面军实现了北进甘南的计划,开辟了一个新战略区域,获得了休整补充机会,为三大主力红军会师西北创造了有利条件。

史料链接

★ 岷州围攻战

为了打击国民党军阻止红二、红四方面军北进的计划，为红军立足甘肃南部地区和三大主力红军会师创造条件，1936年8月上旬，刚刚走出草地、北上到达甘南的红二、红四方面军共同组织了岷（州）洮（州）西（固）战役，岷州（今岷县）围攻战是其中的重要组成部分。

岷州为陇南重镇，东临迭藏河，西接子城后所，北俯深不可渡的洮河，南仰峭壁峥嵘的二郎山，地形险要，易守难攻。这里是国民党军新编第14师师长鲁大昌的老巢，他多年来苦心经营，除筑有坚固的城防工事外，还顺着二郎山山势的三个台阶，各修筑一个巨型碉堡和数道环形堑壕，同时以交通壕将三个巨型碉堡及二郎山主峰与城连为一体，构成了山、城互为依托的较为完备的防御体系。

当北上红军抵达包座一带时，蒋介石就急电鲁大昌凭险据守，"远侦严防"。鲁大昌也感到形势不妙，一面令附近部队火速回防岷州，一面带人到城周围察看地形，增设阵地；同时，加固城门城堡，急筹粮草弹药；还搜罗一帮便衣侦探四处活动，窥测红军行动。

8月10日，红30军发起攻城战斗。经过一天的战斗，基本扫清了城外围的据点，从东、西、南三面包围了岷州城。当晚11时许，红89师向守敌最后一个外围据点二郎山发起攻击，曾四次突破敌阵地，摧毁3号碉堡，重创守敌。后因敌骑兵增援，阵地得而复失。11日凌晨，红军再次攻击二郎山。经激烈战斗，敌人死伤枕藉，弹药告罄。敌特务团长王咸一急向鲁大昌求援，鲁大昌派其第2旅旅长蒋汉城率两个营又一个连的兵力来增援。红军愈战愈勇，毙敌少校团副杨肇林，伤敌旅长蒋汉城、团长王咸一等。见此情况，鲁大昌急忙收缩防线，决定以二郎山和岷州城为防守重点，并在南城门和二郎山之间部署一个营兵力，以保持山、城之间的联系。

11日晚，红30军攻占岷城西子城后所，开始了直接攻打岷州城的战斗。在火力掩护下，红军从东西两面同时架云梯猛烈攻城。守敌惊恐万分，一面点燃木柴抛下城墙，一面拼命投掷手榴弹。敌炮兵也向攻城红军猛烈开火。一时间，岷州城头子弹横飞，

史料链接

火光冲天。红军战士毫无所惧，冒着枪林弹雨登上云梯，冲上城头，同敌人展开肉搏，经过三个多小时的殊死争夺，歼敌一千四百多名。但终因守敌居高临下，城防工事坚固，红军猛攻数次均未破城。

12日中午，红30军主力从三个方向向二郎山守敌发起攻击，三次突入敌阵，连占敌第3号、第2号碉堡。守敌凭借两个1号碉堡的猛烈火力及有利地形，进行反冲击，又夺回了阵地。此后四天内，红30军曾集中全力向岷州城和二郎山守敌发起进攻，虽未克城，但打乱了敌人部署，歼灭了大量敌人。鲁大昌一面急电蒋介石、朱绍良等，要求增援，一面调整部署，加固工事。17日，朱绍良电告鲁大昌，称"十日之内，各方援兵不来"。鲁大昌得知援军无望，只好放弃城外阵地，集中残部死守二郎山和岷州城。为防止红军沿城外民宅接近城垣，鲁大昌下令强行拆除距城墙十米以内的房屋。当晚，又将城南接近二郎山的民房，以及东关、南寺、洪家桥等处民房烧毁，还焚毁了城北洮河渡口的船只，企图孤注一掷。

18日，红9军接替红30军继续攻城。经过充分准备后，红9军采取多层次、多方向爬云梯和沿城墙下水道进击敌人等战法，给守敌以重大杀伤。23日，红5军亦赶来参加攻城战斗。但由于红军武器装备低劣，弹药不足，再加上刚走出草地即连日征战，指战员们体力尚未恢复，因而岷州城久攻未下。

后来，鲁大昌看到自己已伤亡三千余人，又孤立无援，为保全自身，不得不起草书信，向红军请求停战谈判，表示只要红军停止攻城，走哪条路他都不放一枪。于是，红9军、红5军以部分兵力围困、监视敌人，大部兵力在城周围进行休整，发动群众，扩大红军，建立政权，为继续北上做着准备。

★ "死而复生"的师政委

1936年9月，红二方面军北上走出了数百里茫茫草地，到达甘南。10月初，因敌情紧迫，红二方面军决定继续北上，同红一方面军会师。

10月7日晨，担任第二方面军右纵队的红6军出发向天水行军，第16师政治委员晏福生率领全师勇当前锋。当部队到达甘肃省礼县罗家堡时，突然遇到国民党军的阻击。国民党军利用有利地形，疯狂地向红军发起进攻。晏福生指挥部队展开反击，第16师指战员们呐喊着向优势之敌不断进攻。经过激战，第16师终于杀出一条血路，晏

> **史 料 链 接**
>
> 福生抓住时机指挥部队掩护兄弟部队转移。正在这时，一架敌机在他身边扔下一颗炸弹，他的右臂被炸断，伤势十分严重。警卫员替他简单包扎了伤口，就赶紧扶着他追赶部队。眼看后面的敌人越追越近，晏福生把文件包和武器交给警卫员，让他们转交给党组织。在晏福生坚持下，警卫员无奈地把他背到一个隐蔽的地方，拿着文件包和武器突围出去。
>
> 当晚，第16师在红河镇宿营，全师官兵都没有见过晏福生，大家都很着急。后来，从赶上来的警卫员那里才得知他负伤的经过。军首长陈伯钧、王震立即派人回罗家堡附近寻找晏福生，但搜遍了整个山头都没有找到。在那样严重的敌情下，战友们都以为他牺牲了。部队渡过渭水之后，为他开了一个简朴而隆重的追悼会。
>
> 实际上，晏福生还活着。在警卫员离开后，他忍着剧痛藏到一个隐蔽的窑洞里，躲过了敌人的搜查。他拖着受伤的身体，艰难地找到一户人家，换了一身旧衣服。虽然老乡执意挽留他养好伤后再走，但晏福生怀着坚定的革命信仰，毅然踏上了追赶部队的路途。
>
> 红军行军速度很快，而且西北黄土高原道路坎坷、崎岖难行。晏福生每走一步，伤口都会震得刺痛。他一路沿着红军留下的踪迹追赶，日夜不休。
>
> 到了第四天，他来到渭河边上。当时的渭河正处于水位上涨时期，过河的船只也全部被国民党军控制起来。晏福生望着湍急的渭河水，下定决心，徒涉过河。负伤的右臂浸在水里，传来一阵阵钻心的剧痛。他咬着牙，一步步艰难地走向河对岸。突然，巡逻的国民党军发现了他，立刻追赶过来，边追边朝他开枪射击。晏福生奋力爬到对岸，用尽全力沿着小路奔跑，终于脱离了危险。
>
> 最终，在10月下旬，晏福生找到了部队，回到了党组织。师政委"死而复生"了。战友们得到一个巨大的惊喜，同时也为他坚定、勇敢的精神所折服。一个断臂之人，经过半个多月的跋涉，行走近千里，依靠的不单单是强壮的体格，最主要的是革命理想高于天的坚定信仰。
>
> ★ **百姓智救红标语**
>
> 在四川省通江县沙溪乡景家塬村的山崖上，至今仍保存着红军留下的著名巨型标语"赤化全川"。如此醒目的标语得以完整保留至今，是当地群众依靠智慧和勇气对它

史料链接

加以保护的结果。

　　1934年3月，时任红四方面军政治部宣传部长的刘瑞龙路过景家塬村，正好看见錾字队在一个山崖上刻标语。同志们看到部长来了，抓住机会请他提点意见。刘瑞龙看了看正准备刻的标语"国民党是帝国主义的走狗"，觉得这条标语字数太多，读起来不上口，刻在山崖上也没有足够的冲击力。他提议改用既简洁、又好懂的四个字："赤化全川。"

　　回到通江后，刘瑞龙一直把这件事放在心上。当他听说在巴中县恩阳乡有一位姓张的小学教员书法道劲时，立刻赶到恩阳拜访，并诚请张教员相助。张教员被刘瑞龙所感动，挥毫写下"赤化全川"四个大字。

　　刘瑞龙如获至宝，回去之后立刻组织錾字队展开工作。錾字队的同志们坐在箩筐里，用绳子挂着，悬在山崖上精心雕刻。两个月后，这项工程终于完成。"赤化全川"四个大字了然站于山崖之上，单字高近六米、宽近五米，笔画深三十五厘米、宽九十厘米，整个标语的字幅面积为三百平方米。周围十里八乡一眼即能清楚地看到这幅苍劲有力的红色标语，它的名声也迅速传得妇孺皆知。

　　1935年5月，红四方面军长征离开后，当地的阎升平、阎际风等土豪，赏给甲长阎成文一石二斗小麦，令他带人将"赤化全川"标语彻底铲除。群众得知情况后，为了将标语保留下来，便用稻草灰与米汤调成糨糊，提前将标语糊上，仔细处理痕迹，使得山崖"恢复"了原貌，才得以蒙混过关。

　　解放后，当地政府和群众将稻草灰洗去，重新刷上石灰，使标语重现风采，向世人再次展现出红军留下的精神财富。

红二、红四方面军北上期间组织序列表

方面军	总部	军团/军	军团/军领导	师	师领导
★ 红二方面军	总指挥：贺龙 政治委员：任弼时 副总指挥：萧克 参谋长：李达 政治部主任：甘泗淇	第2军团	军团长：贺龙（兼） 政治委员：关向应（兼，后） 参谋长：李达（兼） 政治部主任：甘泗淇（兼）	第4师 第6师	师　　长：卢冬生 政治委员：冼恒汉（辖第10团、第11团、第12团） 师　　长：贺炳炎 政治委员：廖汉生（辖第16团、第17团、第18团）
		第6军团	军团长：陈伯钧 政治委员：王震 参谋长：谭家述 政治部副主任：张子意 政治部主任：黄火青	第16师 第17师 第18师	师　　长：张辉　政治委员：晏福生 师　　长：贺庆积　汤祥丰 师　　长：张振坤　政治委员：余立金（后） 政治委员：余秋里
		模范师	师　　长：刘转连 政治委员：彭栋材		
		第32军	军　　长：罗炳辉 政治委员：袁任远 参谋长：郭鹏 政治部主任：李干辉	第94师 第96师	师　　长：萧新槐（萧兴怀） 政治委员：辛世修（辖第280团、第282团） 师　　长：王尚荣 政治委员：谭友林（辖第286团、第288团）
		红军大学			
红四方面军	(1936年7月~9月) 总指挥：徐向前 政治委员：陈昌浩 参谋长：李特 政治部主任：李卓然	第4军	军　　长：陈再道 政治委员：王宏坤 参谋长：张才千（后）唐天际 政治部主任：刘志坚	第10师 第11师 第12师	师　　长：余家寿　政治委员：叶道志 师　　长：周仕元　政治委员：陈锡联 师　　长：张贤约　政治委员：胡奇才
		独立师	师　　长：徐应忠 政治委员：高厚友		
		第5军	军　　长：董振堂 政治委员：黄超 副军长：罗南辉 参谋长：李屏仁 政治部主任：杨克明 （辖第37团、第39团、第40团、第43团、第45团、随营学校）		
		第9军	军　　长：孙玉清 政治委员：陈海松 参谋长：陈伯稚 政治部主任：曾日三	第25师 第27师	师　　长：王海清　政治委员：盛修铎 师　　长：刘理运　政治委员：陈修举（后）
		指导师	师　　长：张道庸 政治委员：易汉文		
		第30军	军　　长：程世才 政治委员：李先念 参谋长：黄鹄显 政治部主任：李天焕	第88师 第89师	师　　长：熊厚发　政治委员：郑维山（辖第263团、第265团、第268团） 师　　长：邵烈坤　政治委员：张文德（辖第264团、第267团、第269团）
		第31军	军　　长：王树声 政治委员：周纯全 参谋长：李聚奎 政治部主任：王新亭	第91师 第93师	师　　长：徐深吉　政治委员：桂干生（辖第273团、第276团、第277团） 师　　长：柴洪儒　王近山（后） 政治委员：叶成焕（辖第271团、第274团、第279团）
		红军大学	校　　长：刘伯承　政治部主任：何畏		
		骑兵师	师　　长：许世友　政治委员：董俊彦		
		妇女抗日先锋团			
		特务团			

第二十七章

三大主力红军胜利会师

红二、红四方面军走出草地,进入甘南时,中国国内的政治局势正在发生根本性的变化。日本帝国主义不断加快侵略中国的步伐,一面增兵华北,加强对河北和察哈尔两省的控制,一面加紧向西北各省的渗透,策动和支持伪"蒙古军"对绥远发动进攻。民族危机不断加深,全国人民的抗日浪潮不断高涨,以支援绥远抗战为起点,全国掀起了抗日救亡运动的新高潮,中国共产党的"停战议和,一致抗日"的主张更加深入人心。国民党内部特别是一些地方实力派开始要求停止内战,一致抗日。桂系李宗仁、白崇禧派代表到陕北,要求同红军订立抗日协定;山西的阎锡山部队和绥远的傅作义部队已被卷入绥远抗战,并开始同中共和红军商谈抗日问题;川军刘湘等也开始趋向抗日反蒋。在国际上,除苏联积极支持中国的抗日斗争外,英、美等国政府从自身利益出发,更加趋于鼓励中国政府对日本采取比较强硬的政策。在国内、国外的压力之下,蒋介石的对日态度逐渐转变,开始加强对日作战的准备工作。

在西北地区,党对各地方实力派的统战工作取得更大进展。张学良的东北军和杨虎城的西北军同红军的关系更加密切。红一方面军已经结束西征,主力在豫旺堡、豫旺县城及其附近地区休整,新开辟的陕甘宁边区革命根据地与原陕甘苏区连成了一片,陕甘苏区更加巩固,并不断扩大。随着红二、红四方面军进抵甘肃南部地区,红军三大方面军已经形成了逐步靠拢的有利局面。

鉴于形势的变化,8月10日,中共中央政治局在陕西省保安召开扩大会议,制定新的方针和战略。会议根据毛泽东的提议,确定把开展统一战线工作放在党和红军的三大战略任务的首位,同时根据国内阶级关系的新变动,正式制定了"逼蒋抗日"的方针，决定以蒋介石政府为统战谈判的主要对手，同时继续对国民党地方实力派进行统战谈判，大力开展群众抗日运动，以推动国民党南京政府走向抗日道路。

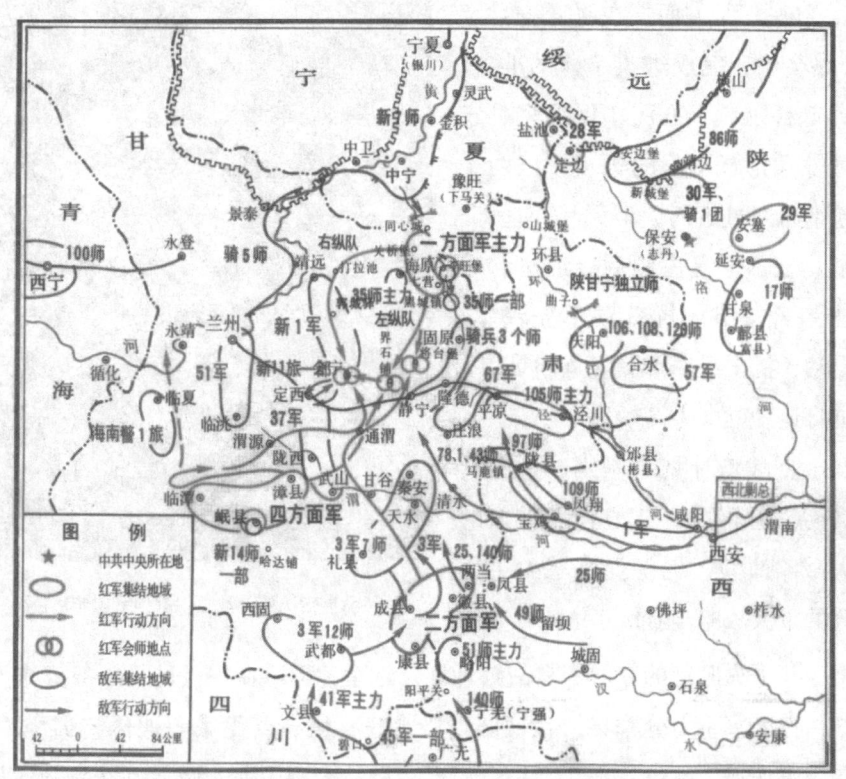

三大主力会师要图（1936年9月22日~10月22日）

宁夏战略计划

为了贯彻"逼蒋抗日"的方针，避免与南京方面冲突，同时考虑到陕甘苏区人口稀少，粮食缺乏，三大主力会师后，经济将出现严重困难，中共中央决定两大主力会师后，乘蒋介石正忙于解决"两广事变"、胡宗南主力南调之机，联合东北军发展西北抗日局面，占领宁夏，打通与苏联的联系，然后出兵绥远，同日伪军作战，以推动全国抗日局面的实现。基于此，中共中央经与东北军领导人张学良等协商后，于8月12日指示朱德、张国焘、任弼时，提出了夺取宁夏的战略计划，要点是：一，红军同东北军合作，打通与苏联的陆上交通，建立西北国防政府；二，在9月底前，红一、红二、红四方面军尽可能夺取岷州或其附近地区作为临时根据地，以有力一部攻击陇西和河州（即临夏），调动毛炳文、马步芳部东援，以支援东北军于学忠部占据兰州，进而控制河西走廊的凉州（今武威）、甘州（今张掖）、肃州（今酒泉）；三，10月和11月，红军三个方面军在西（安）兰（州）公路会师，完成进攻宁夏的准备；四，12月起，以一个方面军保卫陕甘宁苏区，对付蒋介石军队的进攻，以两个方面军趁结冰期过黄河，消灭马鸿逵部，占领宁夏；五，宁夏占领后，红军和东北军各出一部，组成抗日联军先锋军，向绥远出动，抗击日军和伪蒙军的进攻，把全国抗日运动推向更高阶段。

夺取宁夏战略计划的制定，是中共中央为贯彻"逼蒋抗日"方针而采取的一个重大战略决策，也是促进三大主力红军会合的重大战略步骤。

红一方面军为欢迎红二、红四方面军搭设的彩门

根据中共中央制定的夺取宁夏战略计划，红军各部队在积极进行准备工作。8月上中旬，红一方面军主力分别集结在豫旺堡、豫旺县城、洪德城等地休整训练，征集资财，准备南下作战，并以一部兵力担负侦察敌情、清剿土匪、牵制和袭扰敌军等任务。同时，方面军各部队遵照中央军委、总政治部的指示，向全体指战员宣告了红二、红四方面军已经到达甘南的消息，广大指战员欢欣鼓舞，斗志昂扬，积极准备迎接和会合长途远征的红二、红四方面军兄弟部队。

实现宁夏战略计划，首先在于红四方面军和红二方面军切实控制甘南，建立临时根据地。当时，甘南地区驻有国民党军第3军王均部、第37军毛炳文部各十个团，新编第14师八个团，分别部署在陇西、武山、武都、文县、西固、岷县、临潭等地；东北军领导人按照同中共中央商定的计划，将第67军三个师和第105师两个旅由陕北地区向甘肃境内隆德、静宁、固原地区集中，将第51军三个师向兰州及其附近集结。蒋介石为阻止红军主力会师和监视与分割东北军，在两广事变解决后，正调其嫡系胡宗南部第1军重新进驻甘肃。

针对上述情况，中共中央和中央军委决心阻止胡宗南部入甘，以便紧密联合东北军保障夺取宁夏战略计划顺利实现，并使党在与蒋介石政府的谈判中造成有利地位，于8月30日对红军部署作了调整:红一方面军以一部兵力保卫苏区,主力占领海原、靖远、固原及其以南地区,策应红二、红四方面军作战;红四方面军占领临潭、岷县、漳县、渭源、武山、通渭地区,建立并发展甘南苏区;红二方面军占领凤县、宝鸡、两当、徽县、成县、康县地区,建立苏区,东与陕南苏区、西同甘南苏区相联系。同时,中央指出:"三(个)方面军的行动中,以二方面军向东行动为最重要,不但是冬季红军向西北行动的必要步骤,而且在目前我们与蒋介石之间不久将举行的双方负责人谈判上也属必要。"

遵照中共中央和中央军委的战略部署,红一方面军西方野战军主力于8月31日从豫旺堡南北地区向西出动,迅速控制了中宁至固原大道以西、海原以东地区。随后,红1军团以第1师(缺第13团)附骑兵第2团一部组成特别支队,在军团政治委员聂荣臻率领下,经硝河城向南挺进,于9月14日占领将台堡,军团主力进至七营东西山地;红15军团以步骑兵各一个团组成特别支队,由红73师政治委员陈漫远指挥,向靖远挺进,于9月14日占领打拉池。军团主力进至海原以北、同心城以南地区。

红二方面军在行动中担负着"最重要"的任务。应贺龙等人的强烈要求,任弼时离开西北局,回到红二方面军,刘伯承也随红二方面军行动。9月7日,贺龙、任弼时、关向应等在哈达铺召开会议,制定战役计划。翌日,红二方面军总指挥部发布《第二方面军基本命令》,决定乘陕甘敌人分散的时机,东出陕甘边界,打击成县、徽县、两当、凤县、略阳、康县之敌,并袭取以上县城,建立临时根据地,配合一、四方面军行动,求得三个方面军的大会合。具体部署为:红6师为左纵队,从西固进据武都通成县公路上佛耳岩地段要点,向武都敌人佯动,并遏止其回援成县,待中纵队袭取成县时,即北取康县、略阳;以红2军主力及红32军为中纵队,由荔川经闾井、洮坪西北附近石峡关进攻,袭取成县、徽县;以红6军为左纵队,伪装成攻天水模样,经天水镇(非城)、商桥,袭取两当,然后袭占凤县。要求各部队不顾疲劳,立即出动,使"战役任务期于九月底完成"。

红二方面军成县五龙山战役纪念碑

红二方面军兵分三路,迅速展开,由于部队行动方向为国民党军王均与川军孙震部的结合部，防务空虚，所以部队进展非常顺利。至 9 月 19 日，先后占领了成县、徽县、两当、康县，接着又以一部兵力进攻凤县，圆满地完成了成徽两康战役计划。在战役期间，红二方面军发动群众，宣传抗日民族统一战线政策，扩大红军，筹集物资，建立起了以徽县为中心地区的临时根据地。

在此期间，红四方面军已经结束岷洮西战役，在甘南地区完成展开。红军三大方面军形成了夹西（安）兰（州）大道南北呼应，随时会师的有利态势。

北上？西进？

三大红军在西北地区相互配合，协同作战，并逐步靠近，使得蒋介石如坐针毡。此时，"两广事变"已经平息，胡宗南部正在北上途中，蒋介石决定，以胡宗南、王均、毛炳文三个军迅速抢占西（安）、兰（州）大道上的静宁、会宁、定西段，彻底隔断红军三大主力会合的通路。

胡宗南接到命令后，率部乘车由湖南昼夜兼程北上，先头补充旅于 11 日到达静宁，主力随后陆续到达西安、咸阳。东北军第 67 军和第 105 师主力移到固原及其以北地区，准备配合马鸿逵部南北夹击红一方面军，第 51 军集中于兰州、榆中；中央军第 25 师、第 49 师、第 51 师、第 140 师和孙震指挥的川军第 41 军、东北军第 109 师等部，均向陕、甘南部边界地区推进，准备配合王均、毛炳文部分别围攻红二、红四方面军。青海马步芳部也派出一个旅向临潭进击，协同夹击红四方面军。

根据战场形势变化，朱德、张国焘于 9 月 13 日致电中央，提出了"一、四方面军乘胡敌在西北公路上运动之机，协同消灭其一部。二方面军尽力阻止和迟滞胡敌西进"的作战建议。

也是在此时，9 月 11 日，共产国际复电中共中央，同意红军占领宁夏和甘肃西部，并答应在宁夏占领后给予武器、技术援助；同时坚决指出，不能允许红军再向新疆方面前进，以免红军脱离中国主要区域。

毛泽东根据敌情变化和共产国际来电的精神，对三大主力协同作战形成了新的设想，果断改变预定计划，决定提前实现三大主力红军会师，以便集中力量在静宁、会宁地区全力阻止胡宗南部西进，寻机歼灭其一部，打乱蒋介石的部署，然后在两个月后执行进军宁夏的计划，待占领宁夏取得苏联帮助后再攻取甘肃西部。

14 日，毛泽东、张浩、张闻天、周恩来、博古再次致电朱德、张国焘、任弼时，通报共产国际电报内容，对红军作战行动做出新的部署：红一方面军一部兵力向西兰大道静宁、会宁段挺进，直接配合红四方面军夹击胡宗南部，一部兵力确保定边、盐池、豫旺县等要地在我手中，为下一步夺取宁夏创造有利条件；红四方面军主力迅速占领隆德、静宁、会宁、通渭地区，控制西兰大道，阻止胡宗南部西进；红二方面军在甘南和陕西西南地区活动，以一部兵力直出宝鸡以东地区，钳制与侧击胡敌，配合红四方面军作战。电报指出："以上部署主要是四方面军控制西兰大道，不使胡宗南切断，并不使妨碍尔后一、四两方面军夺取宁夏之行动。当一、四两方面军夺取宁夏时，二方面军仍在西兰大道以南，包括陕甘边与甘南，担负钳制敌军之任务。至于占领甘肃西部，候宁夏占领取得国际帮助后，再分兵略取之。在这一对于中国红军之发展与中国抗日战争之发动有决定意义的战略行动中，三个方面军须用最大的努力与最亲密的团结以赴之。"

红二方面军领导人坚决支持中央做出的新的战役部署和三个方面军协同作战的部署。贺龙、任弼时、关向应致电中央，表示："静、会战役不独是适合当前的政治、军事需要之正确决定，且是一、二、四方面军胜利会合，三个方面军在军事上能得到统一集中领导之正确决定……党内统一团结自可随之解决。这是党与中国革命事业最可喜幸之条件。"

但张国焘却对中央的战略部署颇有微词，特别是对决定由红四方面军担负战役主力大为不满，主张红四方面军西渡黄河进入甘肃西北部作战。他致电正在前方指挥作战的徐向前、周纯全："我们大计，以快向西北进为宜，同时在有利时机不放弃迎击胡敌"，令红四方面军主力集中休整，准备西进青海和甘肃西北部，只以一个师向静宁、会宁大道之青石驿或界石铺突击，做截断交通的准备，"但必要秘密机巧，运动自如，万不可与优势及守城碉之敌硬拼"。

此刻，红军其他部队已经遵照中共中央和中革军委的部署开始行动。红一方面军西方野战军为确保同心城至七营之间地区于自己手中，作为进攻宁夏的前进阵地，以主力隐蔽集结于这一地区，准备打击南北进犯之敌，同时以红1军团特别支队继续控制兴隆镇等地，并于18日晚派红1团占领了西兰公路上的要点——界石铺。红二方面军在占领徽县、两当后，以红2军威逼两和、凤县、略阳等地，红6军则准备向西兰公路宝鸡至天水段出动，迟阻胡宗南部西进，策应红一、四方面军作战。只有红四方面军部队由于张国焘的阻挠迟迟未动。

国民党军胡宗南部正在疾速西进，能否实现在静宁、会宁地区打击胡宗南部，进而实现宁夏作战的计划，关键在于红四方面军能否迅速出动，在西兰大道静宁、会宁完成展开。为此,9月15日,毛泽东、周恩来、彭德怀致电朱德、张国焘、陈昌浩并任弼时、贺龙、刘伯承,要求红四方面军迅速以主力占领以界石铺为中心的隆德、静宁、会宁、定西段公路及其附近地区,指出:不让胡宗南部占领该地区是"最重要一着"。同时指出,由于国民党军马鸿逵部威胁甘肃、宁夏边境地区,红一方面军主力暂不宜南下作战;对胡宗南部作战宜以红一、红四方面军为主力。红一方面军将以一个师向静宁、会宁一线出动,配合红四方面军作战。9月17日,中央再电朱德、张国焘,说明敌情,要红四方面军迅速北出至隆静大道,务须在三天内进占界石铺及以西地段,并说明红一方面军已派第1师向隆静大道北侧运动,加以策应,"机不可失,千祈留意"。

中共西北局岷州三十里铺会议会址

中央与张国焘的分歧焦点在于红四方面军部队是西进还是北上。在不断接到中央来电的同时,朱德多次找张国焘、陈昌浩等商量红四方面军的行动问题,力主按照中央要求,迅速北上至隆静线。陈昌浩被朱德说服,同意迅速北进,实现同红一方面军的会合。但张国焘畏胡宗南部如虎,又看到红一方面军主力不能南下,坚决反对在静宁、会宁地区迎击胡宗南部,顽固地坚持西渡黄河进入甘肃西北部的主张。

9月16日至18日,中共西北局在岷州附近的三十里铺召开会议,讨论红四方面军的行动方向问题。张国焘主持会议,朱德、陈昌浩、傅钟、曾传六、李卓然、萧克等参加会议。会上,朱德、陈昌浩拥护中央的指示,主张立即北上静、会地区,与红一方面军会合,与敌决战。张国焘却认为红一方面军主力不能南下,红四方面军独自在西兰大道地区作战,十分不利,因此提出西渡黄河,进据古浪、红城子一带,伺机策应红一方面军渡河，夺取宁夏，实现冬季打通苏联的计划，会议因此争论不休。

会议开到第三天，张国焘突然宣布辞职，带着他的警卫员住到岷江对岸的供给部去了。朱德气愤地说："他不干，我干！"他找来作战参谋，挂起地图，着手制定部队行动计划。

当天黄昏，张国焘又派人通知继续开会。朱德等人赶到张国焘的住处，参加会议的多数人都支持朱德的主张。陈昌浩此刻完全站到了朱德一边，坚决反对张国焘的方案，这对于会议的结果起到了决定性的作用。张国焘在这种情况下，被迫说："党的组织原则是民主集中制，是少数服从多数，既然你们大家都赞成北上，那我就放弃我的意见嘛。"

18日晚，朱德、张国焘、陈昌浩联名发布《通（渭）庄（浪）静（宁）会（宁）战役纲领》，决定："四方面军在胡敌未集中静宁、会宁以前相机占领静、会及通定西大道，配合一方面军在运动战中夹击该大道上之胡敌与静宁之骑七师，相机占领静宁，争取与一方面军会合为目的"，部署红四方面军各部向西兰大道静、会段前进。

9月19日，朱德、张国焘、陈昌浩致电中央，报告岷县会议决定："四方面军全部向定西、会宁、静宁线开动，以会合一方面军夹击与速击胡部为目的，先头师十四五日到界石铺，大部月底到达"，并建议"请大动员并选择最快与适宜地点同你们会面，商决一切。"20日，朱德又致电中央："已释疑虑，迅速取得会合在静宁道上，以便消灭胡敌。"

毛泽东接电后，如释重负，于21日与张闻天、周恩来等人复电红二、红四方面军领导人："四方面军北（进）部署既定，对整个战略计划甚为有利。"

然而，张国焘虽然被迫统一部队北上，却没有放弃其西进的主张，不赞成在静会地区同胡宗南部作战，也不赞成红一、红四方面军合取宁夏，更不愿北上同中共中央会合。陈昌浩后来回忆说："岷州会议是西进与北上的争论，张国焘是不会合的。会议开了好几天，张国焘坚决主张向青海之西宁进军，怕会合后他就垮台了。我们坚决反对西进，与他争。他最后以总政委的身份决定西进，决定后就调动部队……我认为张国焘的决定是错误的，我有权推翻他的决定，即以四方面军总指挥部名义下达命令，左翼部队停止西进，准备待命，右翼部队也停止西撤。命令下达后，张国焘就知道了。他深夜三点多钟找我来了，谈了三点：一，我无权改变他的计划；二，命令是错误的，今天革命形势应该保存四方面军；三，会合后一切都完了，要让我们交出兵权，开除我们党籍，军法从事。说到这里就痛哭起来。我当时表示：一，谁有权决定，要看是否符合中央要求,而你的决定是错误的;二,必须去会合,会合后就有办法了,分裂对中国革命是不利的。我们是党员,有错误要向中央承认,听候中央处理,哭是没有用的。谈到这里,张国焘就走了。"

陈昌浩立场的改变,对于张国焘的打击非常大,因为他一直视陈昌浩为最亲密的助手,现在陈昌浩从错误路线中完全觉悟,坚定地站到了中央的立场,全力维护党和红军的团结,张国焘感到自己已经成了孤家寡人。但是,他并不肯就此放弃自己的西进路线,岷州会议结束后,他连夜赶到漳县红四方面军前线指挥部,向徐向前、周纯全等没有参加会议的领导人片面介绍岷州会议的情况,介绍他与陈昌浩的争论,还流着泪说:"我是不行了,到陕北准备坐监狱吧,开除党籍,四方面军的事情,中央会交给陈昌浩搞的。"

接着,他向徐向前等人详细说明了自己的作战设想。徐向前等人并不完全了解中央的意图和岷州会议的具体情况,只是从纯粹的军事角度,认为张国焘的意见也不无道理,遂与张国焘一起拟定了西渡黄河的作战方案:红四方面军以两个军西渡黄河,抢占永登、红城子地区作立脚点;以一个军暂在黄河渡口附近活动,吸引和牵制青海的马步芳部;以两个军继续布于漳县、岷州地带,吸引胡宗南部南下,而后这三个军再渡河北进。主力出靖远、中卫方向,配合红一方面军西渡黄河,共取宁夏。

9月21日,张国焘、朱德发出电报,"坚决反对静会战役计划",要求部队停止行动,原地待命,准备"自主"实行西渡黄河的计划。他还向红军总部通讯部门发去密电:"所有朱(未)经我签字的电报一定不准发出,请兄等绝对负责。"企图封锁消息,切断朱德等人同中央和各方面的联系。22日,张国焘又以红军总部和红四方面军领导人的名义致电毛泽东、周恩来、彭德怀并转贺龙、任弼时,一方面表示"我们完全同意国际指示,实现红军主力进到宁夏及甘肃北部的计划","并具体实现一、二、四方面军在这一地区的会合";一方面又认为"目前与胡宗南之一路军在静、会这一四面受敌之地区决战是不利的",反对红一、红四方面军进军宁夏,主张红一方面军单独攻占宁夏,红四方面军西渡黄河,另创局面。

朱德原以为张国焘去漳县是组织部队执行静会战役计划的,没有想到张国焘会另搞名堂,接到张国焘的电报后,立即于9月22日3时致电徐向前、周纯全并转张国焘:"国焘同志电悉,不胜诧异。为打通国际路线与全国红军大会合,似宜经静、会北进,忽闻兄等不加同意,深为可虑","静、会战役各方面均表赞同,陕北与二方面军也在用全力策应。希勿失良机,党国幸甚",并提议在漳县再召开西北局会议,"续商大计"。同一天，朱德又排除阻挠，把静、会战役计划变故情况报告中共中央并通报给红二方面军，表示："我是坚决遵守这一原案，如将此原案推翻，我不能负此责任。"

9月22日，朱德骑马赶了六十公里路程，奔至漳县。第二天，西北局在漳县附近的三岔红四方面军前敌指挥部再次召开会议。朱德在会上几次发言，坚决维护岷州会议关于北上的决定。他说："第一个战役计划和第二个是有很大区别的。第一个计划是有利的。""所以我坚持第一个计划。现在即决定第二个方案，对整个形势不能抓住，会合要迟，联合战线受影响。"他责问张国焘：现在迅速北上，可以不经过同敌军决战而实现会合，"可能会合为什么不会合"、"岷州会议的决定是由西北局成员集体讨论做出的，你当时既然表示服从并签了字，为什么到漳县就完全改变了，不经过西北局重新讨论就改变计划？你即使是党的书记，也要根据决议来工作，这是关系到组织原则的严重问题，应当弄清楚。"

张国焘蛮横地回答："我是西北局书记兼红军总政委，有权调动部队，我完全负责，经我决定了可以不经朱德同意，当我不能执行职权而别人要调动军队时，我要提出抗议。"他坚持西进主张，说"西进的地区人口稠密，部队供应可解决，过黄河的困难也不大，青海、甘北的马步芳、马鸿逵总比胡宗南好对付，从那里也可以和一方面军会合。北上静会作战要充分估计我们的能力。部队刚刚走出草地不久，到甘南又连续作战，没有休整，相当疲劳，人员弹药都不足。胡宗南部近年几乎没有多少战斗消耗，人员装备齐全，且供应充足，我们不得不作万一之想。我说北上会、静是断送红军，不是吓唬人的。"

在讨论中，出席会议的人员中许多人从红四方面军部队的实际情况出发，对与胡宗南部决战表示担忧，会议最后通过了张国焘的西进方案。朱德在最后表示保留意见，并要求将新的决定立即报告中央，如中央不同意，仍要坚决执行第一方案。他并要求张国焘对这个改变负责，说："若强迫我们赞同是不可能的。"

会后，根据张国焘的命令，红四方面军先头部队开始向洮州推进，调查行军路线。其他部队奉命停止北进，迅速筹足八天干粮，待命行动。9月24日，红四方面军在通渭的部队南撤转向西进。

26日，张国焘等连电中央，认为"先机占领甘北是目前最重要一环，可接通外蒙和新疆，得到国际帮助，并可接应一、二方面军占领宁夏地区"；"因此，我们决定四方面军即应行动，先机抢占永登一带地区"。同时表示："如无党中央明令停止，决照原计划实施。"

红二方面军领导人获悉张国焘改变计划的消息后，任弼时、贺龙、关向应等人非常焦急，于25日致电朱德、张国焘、徐向前、陈昌浩："关于一、二、四方面军目前行动，比过去任何时期迫切要求能协同一致。否则，只有利于敌之各个击破，于革命与红军发展前途有损。我们已向陕北建议，根据目前情况和三个方面军实际情况做出三个方面军行动的最后决定。"并指出："以四方面军目前位置再北移转会（宁）地区，尚不致丧失时机。我们请求你们暂以四方面军停止在现地区，以（待）陕北之决定。陕北与国际有联络，因国内情况较明了，而且与各方面行动、统一战线工作有相当基础，必能根据各种条件订出有利整个革命发展的计划。"

中共中央一面令红一方面军向南增强兵力，不使胡宗南部迅速西进，而阻断红军3个方面军之间的联系，一面反复致电张国焘进行说服工作。9月24日，毛泽东等中央领导人致电朱德、张国焘、任弼时等人，表示：过去的争论应该一概不谈，集中全力于团结内部，执行当前军事政治任务。电报指出胡宗南部西进的目的是压迫与削弱红军，割断红军与东北军的联系形势，红军的基本对策应该是：第一步集中三个方面军于静宁、会宁、定西一线及其南北地区，给胡宗南部以打击，粉碎其企图；第二步以两个方面军占领宁夏，一个方面军控制胡宗南部；第三步，在得到苏联的帮助后，分兵略取甘西、绥远，乃至重占甘南。25日，中央领导人再次电示朱德、张国焘："四方面军有充分把握控制隆、静、会、定大道，不会有严重战斗。一方面军可以主力南下策应，二方面军亦可向北移动钳制之。北上后粮食不成问题。若西进到甘西则将被限制于青海一角，尔后行动困难。"

但是，张国焘顽固坚持其西进方针，依旧反对迅速实现三大主力红军的会师，于26日致电中央，为其西进方针辩护："如果一、二、四方面军都集中西兰公路以北，万一敌将宁夏兵力加强，甘北凉州、古浪、永登线形成封锁，敌主力由西兰公路向北压迫，整个红军将陷于狭小地区。""先机占领甘北是目前最重要的一环，既可接通外蒙、新疆，得到国际帮助，又可接引一、二方面军占领宁夏地区……因此，我们决定四方面军即经循化先机抢占永登一带地区，将胡敌向甘北吸引，对一、二方面军实为有力配合。敌若以主力入甘北，又给一、二方面军在现地区大大活动机会，由四方面军以有力一部接应一、二方面军合力取宁夏，则宁夏更有把握取得。现部队已按此决定调动，不便再更改，千祈采纳。"

同日20时，张国焘等人再次致电贺龙、任弼时等人和党中央，表白说："此次西渡计划决定，决非从延误党和军事上统一集中领导观点出发，而是在一、二、四方面军整个利益上着想。……西渡计划确系站在整个红军利益的有伟大意义的正确计划，现我们仍照西渡计划行进，望以此实情多方原谅。如兄等仍以北进万分必要，请求中央明令停止，并告今后行动方针，弟等当即服从。"

任弼时等人对张国焘对抗中央的行为非常气愤，在认真研究了中央与张国焘之间的来往电报后，为了维护中央的权威，实现红军三大主力的会师，于27日致电中央："你们与朱、张来电俱读悉。国焘等同志已提洛甫等同志用中央名义统一党的领导，并请中央最后决定四方面军行动。我们建议中央即按各方情况与需要，迅速做出三个方面军目前行动计划的决定。我们已电朱、张、徐、陈，请求暂令四方面军停止现地，以待中央最后决定。时机紧迫，请迅速决定，即告。"

中共中央认真考虑了张国焘所提出的设想和任弼时等人的建议，同时洞察张国焘西进的真实意图。9月27日，经过中央政治局和书记处认真讨论，毛泽东、周恩来、彭德怀致电朱德、张国焘、徐向前、陈昌浩，通报讨论结果："中央认为：我一、四方面军合则力厚，分则力薄。合则宁夏、甘西均可占领，完成国际所示任务；分则两处均难占领，有事实上不能达到任务之危险。一、四方面军合力北进，则二方面军可在外翼制敌；一、四两方面军分开，二方面军北上，则外翼无力，将使三个方面军均处于一偏狭地区。敌凭黄河封锁，将来发展困难，且胡敌因西兰路断怕我攻击，又怕东北军不可靠，不敢向隆德、静宁，拟向天水靠近王均。如四方面军西渡，彼将以毛军先行，胡军随后，先堵击青、兰线，次堵击凉、兰线，尔后敌处中心，我处偏地，会合将不可能，有一招不慎，全局皆非之虞。……因此，中央认为，四方面军仍宜依照朱、张、陈9月18日之部署，迅从通渭、陇西线北上，不过半月左右即可到达靖远、海原地域，从靖远渡河；一方面军跟即渡河或合力先取宁夏，或分途并取宁夏、甘西。一二方面军仍在外翼制敌，是万无一失。"

随后，中央于同日，即27日，再次电令朱德、张国焘并红一、红二、红四方面军首长："四方面军应即北上与一方面军会合，从宁夏、兰州间渡河夺取宁夏、甘西。二方面军应暂在外翼钳制敌人，以利我主力之行动。一、二、四方面（军）首长应领导全体指战员，发扬民族与阶级的英勇精神，一致团结于国际与中央路线之下，（为）完成伟大的政治任务而斗争。"

在这种情况下，朱德、张国焘在洮州召开会议，讨论中共中央的指示。恰在此时，率先头部队调查行军路线的徐向前在洮州以北当地老乡那里得知，黄河对岸已进入大雪封山的季节，气候寒冷，道路难行。据此，徐向前认为西渡黄河的计划难以实现。

他随即返回洮州，向朱德、张国焘汇报了情况。张国焘见西渡黄河的计划无法实现，加之朱德苦口婆心、软硬兼施进行劝导，只得同意部队停止西进，继续北上。

9月27日，朱德、张国焘、徐向前、陈昌浩联名电告中央，表示："已遵照党中央指示停止西渡转向北进，先头一师10月4日可到通渭，8号可到介石堡（界石铺）。"

至此，北上、西进的争论告一段落，张国焘所挑起的风波宣告平息。

会宁会师

9月28日，朱德、张国焘发布"通庄静会战役计划"：决定："四方面军以迅速进出于通渭、庄浪、会宁、静宁、界石铺地区，争取迅速与一方面军会合，相机消灭胡宗南西进先头部队，巩固扩大甘陕宁抗日根据地，争取抗日友军，接通外蒙、苏联为目的。"具体部署是："以主力扫除陇西、武山间之毛炳文部，进出于通渭、界石铺地区，与一方面军会合，迎击西进胡敌部队，以一部东经武山、甘谷间，迷惑天水敌人，折向北挺进于庄浪及其以南、以东、以北地区，发展扩大该地区的抗日根据地，以策应二方面军之行动，并牵制胡敌。……对会宁、定西、陇西方面敌人，以有力部队钳制之。"9月30日起，红四方面军部队分为五个纵队，相继由岷州、漳县等地，向通渭、会宁前进。

甘肃会宁会师门旧照

中共中央得到红四方面军回师北进的确切消息后，非常高兴，立即部署兵力策应红四方面军北上。鉴于张国焘率军西撤、行动反复，已使民党军胡宗南部赢得了西进时间，逼近通渭、会宁地区，给红军三大主力会合带来了许多原来没有预计的困难，特别是使红二方面军有腹背受敌、被隔断于西兰大道和渭河以南陷于孤军作战的危险。中革军委一方面命令红一方面军部队向南疾进，策应红二、红四方面军，一方面急电红二方面军"宜乘胡敌尚未集中之时迅速开始转移为佳"。

在此之前，为迟滞胡宗南部西进，红一方面军按照军委的指示，于27日令红1军团代理军团长左权率主力红2师（欠第5团）和红13团、骑兵第2团迅速向将台堡出动，继而组成左纵队向在兴隆镇、界石铺地区由红1师组成的特别支队靠拢；令红15军团第73师组成右纵队出郭城驿。29日，右纵队击溃国民党军新10旅一部。随后以一部向静宁前进，主力在郭城驿附近为红四方面军筹集粮食，骑兵第3团则向兰州方向游击。2日，红15军团骑兵团在绕过海原县城后，连续奔袭二十多个小时，行程一百五十多公里，抢在胡宗南等部到达前，夺占会宁县城。3日，西北军邓宝珊部纠集两个团的兵力反扑会宁，一度攻入会宁城。左权率红1军团主力迅速赶到，会同红73师，发起反击，夺回会宁城，使会宁牢牢地控制在红军手里，为红军三大主力的会师创造了条件。

10月5日，红四方面军红31军占领通渭城，方面军部队继向会宁前进。两大主力的第二次会师就在眼前，红四方面军政治部特意下达"庆祝一、四方面军大会合战士讲话大纲"："我们会合了，我们应该以会合的热情，最亲爱的团结，创造广大而巩固的西北抗日根据地。回想到一、四方面军第一次会合的时候，我们中间的个别战士，曾经因为一些细小的事故吵起来，因为一、四方面军习惯上的不同，致使我们中间发生了一些误解。现在这些事情早已经过去了，纠正了。现在已胜利地会合了，我们已经一致地在共产党中央领导下，坚决地为执行当前伟大的政治任务而斗争；再没有任何人能够破坏我们的团结，我们四方面军全体战士准备好用心地学习一方面军哥哥们的长处，希望我一方面军的哥哥，能够纠正我们的缺点，多多指示我们。"

红四方面军政治委员陈昌浩也在一篇文章中强调："会合与巩固一、四方面军的团结，这是最主要的教育工作，必须使个个指战员了解，一、四方面军的团结，是战胜敌人，完成战略任务的先决条件。一、四方面军分离后，彼此之坚决执行正确路线，艰苦斗争，都获得了伟大的胜利成绩，实现了今天的会合，来共同担负创造西北抗日根据地的任务。"

红一方面军官兵同样热切期待着与红四方面军的会师。左权、聂荣臻向部队传达了中共中央和毛泽东的指示：在与红四方面军会合时，"绝对禁止任何一方面军人员自傲与不友爱的举动"。并特别强调，要注意党和红军的团结，向红四方面军兄弟部队学习，取长补短，各级领导都要做遵守纪律、执行政策和维护团结的模范。同时指示驻防会宁的红1师要多准备粮食、肉食、蔬菜和衣物送给红四方面军部队，帮助他们解决困难。

会师的时刻终于到了。10月7日，红四方面军先头红4军部队和红一方面军红15军团部队和红1军团部队先后在青江驿、界石铺会师。8日，红一军团代理军团长左权、政治委员聂荣臻在会宁与红4军政治委员王宏坤会面，随后左权、聂荣臻因向红4军交接会宁城防务，率军团主力东返，留下曾任红四方面军红12师师长的红1师师长陈赓率红1团留驻会宁，迎接红四方面军部队。

9日，晴空万里，红1团在会宁城门前搭起了高大的彩门，道路两旁插满鲜艳的红旗。当徐向前、陈昌浩率红四方面军部队进城时，陈赓与红1团官兵及当地群众夹道欢迎，锣鼓声、口号声响彻云霄。徐向前、陈昌浩与陈赓紧紧拥抱，细叙思念之情。时任红四方面军总部直属纵队司令兼第四局局长的杜义德后来回忆道："我们自南口进入会宁城。会宁城内，万象更新，标语，人群，

会宁会师纪念塔

欢声笑语，使这座偏僻的小山城空前地热闹起来。与一方面军的部队会合了。多么激动人心的会师啊！同志们悲喜交集地拥抱起来，手挽手地走来走去，兴高采烈地互赠礼品，互相倾吐盼望之情，互相谈论一路来的艰辛，互相询问其他同志的下落……都为能够再次重逢而庆幸。这时，陈赓同志快步走向前来，抱住我热情地说：'辛苦了，欢迎你们！'我连声说：'谢谢！谢谢！'顿时，尝尽别离苦，倍觉会合甜的心情油然而起。……我当时只觉得，好像长期飘零在外的孩子又回到了父母的身边，有党中央领

导了，有靠头了，有自由了，感到非常温暖。"红1团官兵将早已准备好的礼物送给了战友，并把红四方面军部队接进打扫干净的房屋。两军官兵再次相见，沉浸在深切热烈的战友情谊之中。

随红军长征到达陕北的部分彝族战士

朱德、张国焘率领红军总部随后进入会宁城，把会师气氛推到了高潮。陈赓见到一身破烂皮袄，长着满脸胡须，瘦得像个精灵的朱德总司令，心里一阵酸痛，给朱德敬礼后，喉咙哽咽，眼泪直流，一句话都说不出来。朱德也禁不住热泪盈眶，他心里有多少话想同久别的战友们说啊！到了住处，朱德专门与数十里路外界石铺的红2师政治委员萧华通电话。萧华回忆当时的情景说：听到这熟悉而亲切的四川口音，使我真兴奋得要跳起来，给我打电话的，正是我们敬爱的朱德总司令。我是多么想念他呀！总司令首先关切地问："毛主席好吗？周副主席好吗？""这次电话，打了足足有半个钟头，真不知有多少话要说。"

10月10日，古老的会宁城里红旗飘飘，万众欢腾，红一、红四方面军在文庙前的广场上举行盛大的庆祝会师大会。各方面负责人相继发表了热情洋溢的讲话。会上还宣读了中共中央、中央军委、中华苏维埃中央政府为红军三大主力会合给全军的贺电。贺电对全体指战员表示"热烈的敬意与欢跃的贺忱"，并说："我们即刻就要进入新阶段了，这就是抗日民族革命战争的新阶段。"随后，红军宣传队表演了精彩的文艺节目，人们发自肺腑地唱着："十月里来好风光，心中的歌儿尽情唱。欢呼三军大会师哟，歌唱毛主席好领导。红军长征二万五，急得老蒋瞪眼珠。日本强盗休猖狂哎，中华民族不可侮！"

将台堡会师

红一、红四方面军会合之时，红二方面军还在艰苦的北进途中。由于张国焘阻挠所造成的红四方面军迟迟无法北上，使得国民党军胡宗南部乘机由西安进至清水、秦安、庄浪地区，与毛炳文和王均部靠拢了。川军孙震部也由武都进至康县一带，企图同胡宗南部、毛炳文部南北夹击红二方面军，红二方面军陷于腹背受敌的危险境地。据此，红二方面军于10月1日致电中革军委，建议放弃成县、徽县、两当、康县地区，方面军迅速北进，经天水、宝鸡间北渡渭河，至渭水、张家川、莲花镇地域。2日，中共中央复电同意。10月4日，红二方面军以红6军为右纵队，红2军团及红32军为左纵队，开始向北转移。

国民党军发现红二方面军向北转移后，胡宗南、毛炳文、王钧等部立即倾其全力向红二方面军进逼。前有胡宗南、毛炳文部堵截，后有王均部追击，红二方面军处境极为不利。部队向渭水前进时，在甘谷以南的盐关镇遭敌伏击，红6军损失很大，红16师师长阵亡，政治委员晏福生负伤，红17团与指挥部失去联系。10日，部队在抢渡渭水时，适逢上游暴雨，河水猛涨，又有不少战士牺牲。渡过渭水后，仍不断遭到敌人地面部队的堵截和飞机的袭扰，给转移造成很大困难。

为掩护主力北进，贺龙亲自找红4师师长卢冬生谈话，要他带领红4师断后，坚决阻击敌人追击，保证主力转移。16日，红二方面军进至六盘山南脚下，骄狂的敌人派人送来恐吓信，声称在几小时之内，要把红军消灭在六盘山下。面对敌人的疯狂进攻，红4师血战两昼夜，在胜利地完成阻击任务后，趁着夜色，撤出阵地，兼程北上与主力会合。

这次北上，是红二方面军在长征中最危险和损失最大的一次行动。贺龙后来回忆说："出草地后，中央组织三个方面军作战计划（注：指静会战役计划），他们（指红四方面军）接到了，我们也接到了。这个战役，我们是出关中坝子，不是汉中，对西安胡宗南有威胁。我们把四县打下，张国焘不打，向西一跑，所有的敌人加到我们头上，对付我们……张国焘整了我们一手……我们损失了第17团。我们按照战役计划做，四方面军走了，我们才请示。10月4号向北走的。17团一个团收不赢，很紧急，我们过河也很仓促。在盐关镇六军团被侧击，晏福生负伤。行军中受到敌人侧击，二军团甩个团，到海原又吃了点亏，我差点被炸弹炸死，敌人已围拢过来。东北军做统一战线工作的王克送信来。四师前卫收不拢来,我们走错了路,红包子打了一仗,在一个山上会到朱总,那时我们二军团又掉了两个连,部队搞得稀烂,后勤都搞完了。过渭河,狼狈极了,遭敌侧击,渭河上游下暴雨,徒涉,水越来越大,冲了点人去。张国焘违背中央军委的指示,二方面军几乎遭到全军覆没。在渭河南岸时也很危险。这是长征中最危险的一次……"

党中央时刻关注着红二方面军的北上行动。根据中央的指示,红1军团主力在会宁、隆德、固原间的广大地区活动,监视敌人,进行迎接红二方面军的准备。10月11日,红1军团代理军团长左权在窃听国民党军电话的记录中得知,国民党军两个师正向单家集、硝河城推进,企图切断公路,堵击红二方面军。左权立即向毛泽东、彭德怀报告了这一情况,命令红2师严密监视,寻机歼敌,保证红二方面军行动。此外,左权、聂荣臻还派出部队前往通渭地区与红二方面军取得联系。

经过艰苦战斗,红二方面军终于冲破了优势敌人的围追堵截,于10月中旬到达通渭和兴隆镇附近地区,与红1师侦察部队取得了联系。红1师师长陈赓立即向军团报告了这一消息。左权、聂荣臻接到报告后,命令部队赶制冬装、军鞋,准备慰问品,切实做好迎接红二方面军的准备。

10月18日,红2师政治委员萧华与到达青江驿的红6军军长陈伯钧通电话,代表红1军团首长和广大指战员热烈欢迎和慰问红6军。当天下午,红2师第5团政治委员陈雄率领红1军团参观慰问团携带大批慰问品到达老君坡,慰问红6军。

长征到达陕北的部分藏族战士(左起:孟特尔、天宝、杨东生、扎喜旺徐、沙纳)

21日,贺龙、任弼时、关向应、刘伯承率领红二方面军指挥部在隆德西北的平峰镇与左权、聂荣臻等红1军团领导人会合。久别重逢,特别是经历长征的艰难险阻,每个人都非常激动,欢聚会一直持续到了深夜。左权对贺龙、任弼时说:"有你们这一来,红军兵多将广,大西北可就热闹了。"任弼时笑答:"大家早就想和中央红军的老大哥会师。这下好了,三个兄弟会到一起了,打开新局面不成问题了!"

22日,红1军团部队在将台堡与红二方面军主力胜利会师。红1军团第1师第3团政治委员萧锋代表红一方面军把数万斤粮食,两千多只羊,二十多头牛,三十多头猪,一千多套棉衣,数万张羊皮,五百四十匹布和三万块现洋送给红二方面军,以示欢迎和慰问。红1军团官兵并分别在驻地与红二方面军官兵进行了聚餐。虽然条件艰苦,红1军团还是千方百计地为每个餐桌都摆上一盆红烧肉,为历经磨难的战友洗尘。两个方面军的部队还举行了联欢会,欢快的笑声和歌声荡漾在各个会场。红二方面军部队稍事休整,即继续北上,到达陕甘边境时,中共中央特派邓小平等人进行慰问,并传达了瓦窑堡会议精神和毛泽东《论反对日本帝国主义的策略》的报告。

将台堡会师纪念碑

11月18日,周恩来代表中共中央到达河连湾,迎接红二、红四方面军。草地分裂后,经历了众多坎坷和磨难,周恩来与朱德重逢百感交集,而与张国焘的会面则是滋味百般。周恩来以十分的热情欢迎朱德与张国焘,向他们介绍了中央红军到达陕北一年来的形势变化,特别是与东北军统战工作取得的巨大成就。张国焘后来不得不承认:周恩来的谈话,让他"觉得世界真的变了,而他(指周恩来)又确已得风气之先"。

周恩来和贺龙两位南昌起义的老战友在阔别了八年后重逢,则显得非常热烈。后来,贺龙回忆说:"三个方面军会合后,周恩来由保安到洪德城,他和我见面后,曾问我三个方面军会合后怎么办。我说,统一归彭指挥吧!那是我们二方面军再次表示态度拥护中央。"

以红军三大主力会宁、将台堡会师为标志,历时两年、长达数万里的长征,正式宣告胜利结束。在这一史无前例的战略大转移中,各路红军历尽千山万水,冲破无数艰难险阻,创造了人间奇迹,在世界军事史上矗立起一座英勇无畏的丰碑。中共中央、中华苏维埃中央政府、中央军委致电热烈祝贺三大主力的会师,指出:这一会合,证明"中国民族抗日统一战线与抗日联军是有了坚强的支柱了","全国同胞是有了团结御侮的核心了",在"国内政治关系上,将要起一个决定的作用"。

最后一战——山城堡战役

红军三大主力会师,造成了横跨黄河两岸发展,接通苏联,雄峙西北的战略态势,对国民党在西北地区的统治造成严重的威胁。一心灭共的蒋介石感到十分震惊,他急令胡宗南、毛炳文、王均等部共十几个师的兵力向北大举进攻,企图乘红军立足未稳、正从会宁地区北移时,将红军歼灭于黄河以东的甘肃、宁夏边境地区,他把这个计划称为"通渭会战"。

中革军委根据敌我态势,于10月11日发布《十月份作战纲领》,对夺取宁夏的各项准备和各部任务作了具体部署。其要点如下:红一方面军主力应逐次转移到同心城地区休整,红28、红29军集中于定边、盐池,以一部逼近灵武,侦察宁夏情况。红二方面军进至静宁、隆德线以北地区休整,并威胁胡宗南部侧翼,迟滞其西进,尔后准备以主力或一部接替红一方面军在固原北部的防务;红四方面军要以一个军进至靖远、中卫地段,取得攻击中卫与定远营的渡河点,11月10日前完成渡河准备;主力在靖远、会宁地区筹粮、休整,迟滞敌人前进时间,尽可能在10月份前保持西兰大道于我手中。从11月中旬起,以红一方面军主力和红四方面军的3个军,进攻宁夏;以红四方面军的另两个军、红二方面军全部和陕甘宁独立师,组成向南防御部队,必要时抽一部参加进攻宁夏。

中共中央决定,在三大主力红军会合后,为团结对敌、统一作战指挥起见,由朱德、张国焘分别以总司令、总政委名义,根据中共中央、中央军委的命令,组织指挥3个方面军的前线作战事宜。

10月20日,国民党军近20个师兵分四路沿兰州、陇西、秦安、固原的弧线,向红军展开全线进攻。22日,蒋介石亲赴西安督战。至23日,敌毛炳文、王均两路相继攻占红军控制的通渭、马营、华家岭、会宁等要地,胡宗南部进到静宁地区,向红军展开追击。红四方面军第4、第5、第31军等部英勇作战，顽强抗击，担任主要任务的第5军受到较大损失，副军长罗南辉壮烈牺牲。

宁夏战役计划还未实施，西北战场的形势就对红军越来越不利。中革军委决定红军各部队采取逐次转移、诱敌深入，伺机打击胡宗南部的方针，在西兰大道以北、海（原）靖（远）线以南地区，坚壁清野，构筑防御阵地，准备在该地区与北进之敌进行决战。10月23日，朱德、张国焘率领红军总部到达打拉池，同先期赶到的彭德怀会晤。在共同商定作战计划后，命令红四方面军部队开始西渡黄河。

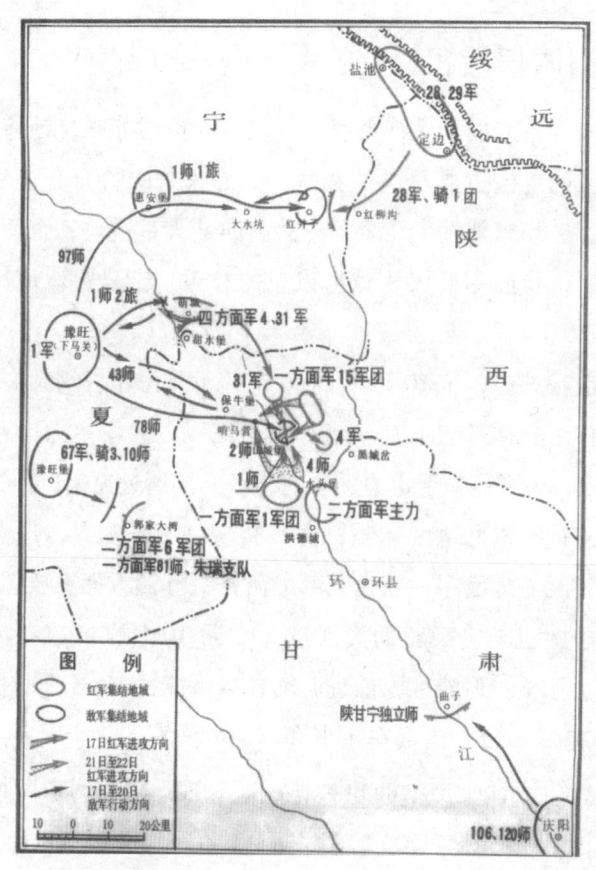

山城堡战役要图（1936年11月17日~22日）

10月25日凌晨，红四方面军第30军由靖远附近西渡黄河成功，控制了河西一片土地。26日，红9军过河。接着，红四方面军总指挥部也渡过了黄河。这时，国民党军胡宗南等部在飞机掩护下向红军阵地猛扑，已先后占领会宁、通渭、静宁等地，向打拉池进逼。朱德、张国焘根据中革军委的指示，决定将作战重点置于击破南面进攻之敌，红四方面军除已渡河部队外，其余各部停止过河。朱德、张国焘的作战部署，得到中共中央及中革军委的批准。为阻止南敌追击并加强对各部红军的统一指挥,中革军委于10月28日任命彭德怀为前敌总指挥兼政治委员,刘伯承为参谋长,准备组织海(原)打(拉池)战役,重点打击蒋介石嫡系胡宗南部。

10月30日7时,彭德怀根据中革军委的指示,下达了海打战役计划,规定红一方面军主力六个师集结于古西安州、麻春堡、陈家湾地区,红四方面军第31军集结于打拉池以东干盐池地域,以上两部为突击集团,准备从东西两面求歼胡宗南先头的一两个师。第4、第5军主力集中于郭城驿、靖远、打拉池之间占领地,钳制毛炳文、王均两敌,保障红军突击集团右翼安全;红二方面军主力转移到海原以北、西北地域,保障突击集团的左翼安全。

海打战役计划,是红军为击破胡宗南部而部署的一场关键性战役。然而,张国焘却命令红4军撤至贺家集、兴仁堡,第31军撤至同心城、王家团庄,加之红5军已经于28日西渡黄河,致使进到古西安州、麻春堡、海原城北之龙池湾地区的红一、红二方面军等部队侧翼暴露,海打战役的计划未能实现。这对阻滞国民党军北上、重新恢复河东河西红军部队的联系,产生了严重的不利影响。

10月31日,蒋介石发布了对红军总攻击令。国民党军进至靖远、打拉池、中卫等地,打通了增援宁夏的通路,并隔断了红一、红二方面军等部与河西红四方面军主力的联系。根据情况的变化,11月8日,中共中央被迫决定放弃夺取宁夏的战略计划,同时提出了一个新的战略计划设想,其主要内容为:三个方面军主力11月份在关桥堡至金桥、灵武之间作战,求得在一两个战役下消灭敌之一部,争取休息与准备,以示红军欲渡黄河,引敌北进。12月上旬以后,红一方面军主力、红二方面军组成南路军,红四方面军第4、第31军组成北路军,

山城堡战役纪念碑

分别经陇东进陕西，于适当时机再渡河入晋，寻求直接对日作战，或在晋、冀、鲁、豫、皖、鄂、陕、甘等省机动作战，扩大党的政治影响，扩大红军，争取同南京政府订立共同的抗日协定。计划还确定，由徐向前、陈昌浩指挥已过黄河的红30、红9、红5军组成西路军，在河西创立根据地，以直接打通苏联为任务，准备以一年完成之。据此，西路军挺进河西走廊，在极端困难的条件下孤军奋战，歼敌两万，策应了河东红军的行动，但由于敌我众寡悬殊，终于翌年3月失败，大部分红军指战员悲壮地牺牲。

按照新的战略计划，红军主力于11月12日开始由同心城、王家团庄、李家堡之线东移。至15日，红一方面军主力移至豫旺堡以东山区；红二方面军移到环县及其西南地区；红四方面军第4、第31军移到豫旺县城以东的萌城、甜水堡地区。此时，国民党军毛炳文部正准备西渡黄河追击红军西路军；同红军有统战关系的东北军王以哲部前进缓慢；曾万钟第3军（王均已死，曾为代军长）在进到同心城后停止前进；唯有胡宗南之第1军行动积极，孤军冒进，分三路向豫旺县城进攻。这就为红军歼击该敌提供了有利时机。

中革军委根据敌情和红军前敌总指挥部的建议，于11月14日和15日接连下达指示，指出："敌既继续向我进攻，目前中心是打破敌之进攻，然后才能开展局面，才有利于统一战线。否则敌以我为可欺，不但局面不能开展，与南京之统一战线也是不可能的。"因此，我军主力"应即在豫旺县城以东，向山城堡迅速靠近，集结全力，准备打第一仗"。中央军委还规定，各兵团首长须绝对服从前敌总指挥彭德怀之命令。据此，红军前敌总指挥部决定发起山城堡战役，狠狠打击国民党军胡宗南部。已经到达前方的周恩来与朱德、彭德怀等共同指挥了这次战役。

11月17日，胡宗南部分左、中、右三路向定边、盐池前进。当日，其中路第2旅在萌城以西地区被红4、红31军击溃，伤亡团长以下官兵六百余人。红军取得山城堡战役的第一个战斗胜利。胡宗南恼羞成怒，急令所部各路推进。11月18日，其右路第78师师长丁德隆发觉红军主力已向洪德城、环县方向转移，即令所部向山城堡方向追击。

决战的时刻已经到来。18日，毛泽东、朱德、张国焘、周恩来、彭德怀、贺龙、任弼时联名下达《关于粉碎蒋介石进攻的决战动员令》，号召红一、红二、红四方面军全体指战员"服从命令，英勇作战，克服任何的困难，并准备连续的战斗"，粉碎敌人的进攻，开展新局面，以此作为三个方面军会合于西北苏区的第一个赠献给胜利的全苏区人民的礼物。

彭德怀于11月19日亲赴陕甘两省交界甘肃环县境内的山城堡勘察战场。这里沟壑纵横，川塬相交，地形复杂，便于红军设伏。山城堡住户很少，却有一股毛孔大的泉水，在干旱地区难得一见。彭德怀预计胡宗南部为得到饮水，非到此地不可，随即确定在此迎击敌军。当日，参战各部迅速到达指定地点，就地构筑工事，隐蔽待机；群众坚壁清野，封锁消息。

20日，胡宗南部左路第1旅进占红井子，第97师跟进到大水坑；中路第43师向保牛堡前进；右路第78师进占山城堡、小台子、风台堡等地，并派出三个连沿山城堡至洪德城大道向南侦察，遭红军伏击后，残余逃回山城堡。第78师师长丁德隆感到情况不妙，连忙下令在山城堡周围山地修筑工事。

红一、二、四方面军团以上干部于1936年在甘肃省宫和镇合影。第1排坐者右起：1.聂荣臻、6.萧克、7.罗炳辉、8.徐海东；第2排蹲者右起：6.杨尚昆、7.杨成武、15.萧华；第3排站者右起：3.任弼时、10.陈赓

11月21日黄昏，国民党军第232旅向曹家阳台收缩。担负主攻任务的红1军团第1、第4师乘机发起进攻，攻入山城堡，并转入追击。其他红军部队也全面展开进攻，红1军团第2师和红15军团一部由山城堡南、北两侧向其西北的哨马营迂回攻击，切

断敌人退路；红15军团主力由山城堡东北向西南实施进攻，红31军一部由山城堡以北向南实施进攻。在红军的猛烈进攻下，国民党军顿时溃散，除一部趁夜暗慌乱突围外，大部被红军包围压迫于山城堡西北山谷中。黑暗中，红军战士挥动着大刀，乘着满地白雪映出的光亮冲向敌群。敌人吓得钻进壕沟工事里，跑向山谷中。聂荣臻回忆说："战斗从当天黄昏打起，一直打到第二天上午结束。先截断了敌人西逃的退路，然后从东、南、北三个方向向敌人展开猛烈攻击。战斗开始，五团政委陈雄同志亲自带领一排人，一下子就冲入敌人阵地。他们用手榴弹将敌人的临时堡垒一个一个地炸毁，一连占领十个堡垒，随后又把敌人几处主要阵地都拿下来了，敌人就溃败下去了。部队一追就和敌人混战在一起。这时天已经很黑，伸手不见五指，也分不清敌我，枪也不能打，手榴弹也不能投，上去就摸帽子，摸着是国民党戴的那种帽子就拿手榴弹砸头。夜晚打乱了敌人的部署，白天的仗就比较好打了。经过一夜多的激烈战斗，将敌人78师232旅及234旅的两个团全部歼灭。"

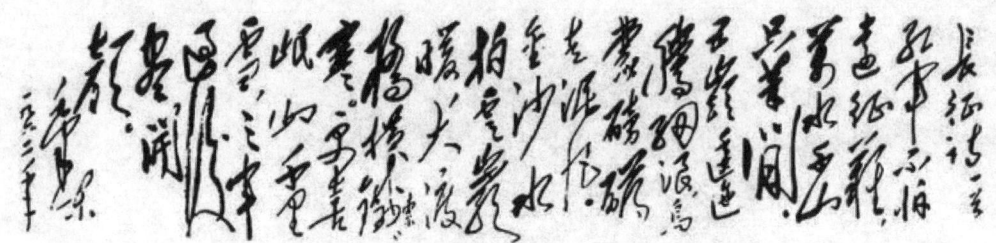

毛泽东《七律·长征》

　　山城堡战役于11月22日9时胜利结束，红军共歼国民党军第78师一个多旅。第78师在战报中说：此战"损失极重，混乱不堪"，"以现计约损失三分之二以上"。在此期间，胡宗南派向盐池方向进攻的另外几个师也被红28军击溃。胡宗南部遭受沉重打击后，被迫全线后撤至大水坑、萌城、甜水堡及其以西地区。

　　山城堡战役的胜利，是三大主力红军会师后协同作战所取得的第一次重大胜利，也是长征的最后一仗。这一胜利，对击破蒋介石的进攻，稳定陕甘宁根据地的局面，发展革命力量，促进国内和平的实现，具有重要意义，是对奠基西北的一份厚礼。它标志着红军艰苦卓绝的两万五千里长征，最终以红军的彻底胜利、国民党军的彻底失败而胜利结束，为长征画上一个圆满的句号。

史料链接

★ 庆祝红一、二、四方面军会师通电（1936年10月10日）

朱总司令，张总政委，彭司令员兼政委，贺总指挥，任政委，徐总指挥，陈政委转一、二、四方面军务军事政治机关，各军师团营连排班首长及全体红色同志们：

（甲）正当日本帝国主义准备好了举行对于中国新的大规模的进攻，我有五千余年光荣历史的中华民族处在空前未有的危急存亡地位的时候，我民族革命战争的先锋队，第一、第二、第四三个方面军在甘肃境内会合了，中国共产党中央委员会、中华苏维埃中央政府、中央革命军事委员会，谨以热烈的敬意与欢跃的贺忱，致之于我们的民族英雄与红军领导者毛泽东同志朱德同志，张国焘同志周恩来同志彭德怀同志林彪同志徐向前同志陈昌浩同志贺龙同志任弼时同志王稼祥同志刘伯承同志叶剑英同志萧克同志徐海东同志之前，致之于各军军长同志政委同志各师师长同志政委同志各团团长同志政委同志之前，致之于各级参谋机关首长之前，致之于各级政治机关首长之前，致之于全体红色军事政治指挥员战斗员全体光荣的民族英雄之前。

（乙）我们的这一在抗日前进阵地的会合，证明日本帝国主义的强盗侵略是决（快）要受到我们全民族最坚强的抗日先锋队的打击了，证明中国民族抗日统一战线与抗日联军是有了坚强的支柱了。证明处在水深火热之中的全国同胞是有了团结御侮的核心了，证明正在抗日前线的爱国工人，爱国农民，爱国学生，爱国军人，爱国记者，爱国商人，英勇的东北义勇军以及一切爱国志士是有了援助者与领导者了，总之全国主力红军的会合与进入抗日前进阵地，在中国与日本抗争的国际火线上，在全国国内政治关系上，将要起一个决定的作用了。

（丙）我全国主力红军的会合与进入抗日前进阵地，也将向正在革命怒涛中的西班牙民族证明我们是他们反对法西斯反革命的好朋友，将向法国比国捷克国及全欧洲各国爱好和平的民族证明我们是他们防御法西（斯）德国侵略的好朋友，将向英勇抗争至死不屈的亚比西尼亚民族证明我们是他们反对法西（斯）意大利侵略的好朋友，将向全世界一切被压迫的国家与民族证明我们是他们反对帝国主义的好朋友，最后我们将向苏联共和国外蒙共和国内蒙民族西北回人证明我们是与他们共同奋斗反对日本帝

> **史料链接**

国主义与世界侵略者的最切近的好朋友。

（丁）我们即刻就要进入一个新阶段了，这就是抗日民族革命战争的阶段，就是创造全国国防政府抗日联军与民主共和国的阶段。我们要在这个新阶段中树立全国人民的模范，树立抗日战线的模范，争取一切国民党军队加入抗日民族统一战线，开通抗日前进道路，扩大抗日根据地，巩固抗日根据地，为保卫西北而战，为保卫华北而战，为保卫全国而战，为收复失地而战，为联合工农商学兵，为联合各党各派各界各军驱逐日本帝国主义出中国而战。

中国人民红军抗日先锋军万岁！
中华民主共和国万岁！
中华苏维埃万岁！
中华民族自由平等独立解放万岁！

中国共产党中央委员会
中华苏维埃中央政府
中央革命军事委员会
一九三六、十、十

★ 会宁会师遗址长联

会一、二、四方面红军，忆井冈红旗，遵义筹策，大渡桥横，金沙水拍，过草地，爬雪山，除腐恶，斩荆棘，长征途中，三军明良遇，将相和，肝胆相照，风云际会；

宁千、万、亿倒悬黔首，顾祖厉激浪，香林放彩，关川穗硕，青江风徐，出郭城，穿韩砭，越沟岔，翻坡寨，枝阳镇上，全民箪壶迎，袍泽与，诗文伟捷，酒肴犒师。

★ 红军三大主力会师歌

三大主力军，
西北高原胜利会合！
欢呼三个方面军，
百战百胜英勇弟兄。
团结我们工农红军全部的力量，

史料链接

咳！团结我们工农红军全部的力量，
走向抗日的最前线！

两万五千里长征，
经历十一省险阻与山河，
铁的意志，血的牺牲，
换得伟大的会合。
为着建立人民政权巩固的基础，
高举红旗向前进！

三大主力红军会师时的组织序列表（1936年10月）

中央革命军事委员会
- 主　席：毛泽东
- 副主席：周恩来　彭德怀

中国工农红军
- 总　司　令：朱德
- 总政治委员：张国焘

第一方面军
- 司　令　员：彭德怀
- 政治委员：彭德怀（兼）
- 参　谋　长：聂鹤亭
- 政治部主任：刘晓

第1军团
- 军团长：左权（代）
- 政治部副主任：邓小平
- 骑兵第2团

- 第1师　师长：陈赓　政治委员：杨勇（辖第1、3团）
- 第2师　师长：陈铁志　政治委员：萧华（辖第2、4团、第5团）
- 第4师　师长：李天佑　政治委员：黄苏诚（辖第10、11、第12团）

第15军团
- 军团长：徐海东
- 政治委员：程子华
- 参谋长：兰国清
- 政治部主任：王首道
- 骑兵第3团

- 第73师　师长：张绍东　政治委员：陈德运（辖第17团、第218团、第219团）
- 第75师　师长：陈锦秀　政治委员：常玉清（辖第223团、第224团、第225团）
- 第78师　师长：杨先楚　政治委员：崔田民（辖第232团、第233团、第234团）
- 第81师　师长：贺晋年　政治委员：李宗贵（辖第241团、第242团、第243团）

第28军
- 军长：宋时轮
- 政治委员：唐延杰（辖第250团、第251团、第253团）

红军学校

第二方面军
- 总指挥：贺龙
- 政治委员：关向应
- 副政治委员：关向应
- 参谋长：李达
- 政治部主任：甘泗淇

- 第2军　军长：贺龙（兼）　政治委员：任弼时（兼）　参谋长：李达　政治部主任：甘泗淇（兼）
  - 第4师　师长：卢冬生　政治委员：沈直权（辖第10团、第12团）
  - 第6师　师长：贺炳炎　政治委员：廖汉生（辖第16团、第17团、第18团）
- 第6军　军长：陈伯钧　政治委员：王震　参谋长：彭绍辉　政治部主任：张子意
  - 第16师　师长：张辉　政治委员：晏福生
  - 第17师　师长：贺庆积　政治委员：汤祥丰
  - 第18师　师长：张振坤　政治委员：余秋里
- 第32军　军长：罗炳辉　政治委员：袁任远（兼）　参谋长：郭鹏
  - 第94师
  - 第96师

骑兵团
红军大学

第四方面军
- 总指挥：徐向前
- 副总指挥：陈昌浩
- 参谋长：李树声
- 政治部主任：李卓然

- 第4军　军长：陈再道　政治委员：王宏坤　参谋长：张才千　政治部主任：刘志坚
  - 第10师　师长：余家寿　政治委员：叶道志
  - 第11师　师长：周世元　政治委员：陈锦联
  - 第12师　师长：张贤约　政治委员：胡奇才
- 第5军　军长：董振堂　副军长：吴代明　政治委员：黄甦　政治部主任：杨南辉
  - 第13师　师长：李连炳　政治委员：朱金畅、方汉江
  - 第14师　师长：吴代明（辖第39团）
  - 第15师　师长：郭锡山　政治委员：谢良（辖第43团、第45团）
- 第9军　军长：孙玉清　政治委员：陈海松　参谋长：陈伯稚　政治部主任：曾日三
  - 第25师　师长：王海松　政治委员：盛修铧（辖第74团、第75团）
  - 第26师　师长：刘理运　政治委员：杨朝礼（辖第76团、第77团、第78团）
  - 第27师　师长：陈家柱　政治委员：李明明（辖第79团、第80团、第81团）
- 第30军　军长：程世才　参谋长：黄鹤显　政治部主任：李天焕
  - 第88师　师长：熊厚发　政治委员：郑维山（辖第263团、第268团）
  - 第89师　师长：邵烈坤　政治委员：张文德（辖第265团、第267团）
  - 第91师　师长：徐深吉　政治委员：桂干生（辖第271团、第273团、第274团）
  - 第93师　师长：柴洪宇　政治委员：叶成焕（辖第277团、第279团）
- 第31军　军长：萧克（代）　政治委员：周纯全　参谋长：李聚奎　政治部主任：王新亭

军委后方办事处
- 主任：周恩来（兼）、周士第（后）
- 副主任：聂洪钧
- 政治部主任：张云逸、帅赤兵

中国人民抗日红军大学
- 校长：林彪
- 政治委员：毛泽东、罗瑞卿
- 教育长：罗瑞卿

结语

永恒，长征！

中国工农红军的长征胜利结束了。这是中国共产党人的伟大壮举，是中国人民革命战争中一幅无比壮丽的历史画卷，是人类战争史上一部大气磅礴的英雄史诗。

1934年秋中央红军部队踏上长征路，到1936年10月红一、红二、红四方面军在甘肃境内胜利会师，前后历经整整两年。红军转战于福建、江西、广东、湖南、广西、贵州、云南、四川、西康、甘肃、湖北、河南、陕西、青海等十四个省份，穿越了苗、瑶、壮、侗、布依、土家、纳西、白、彝、藏、羌、回、裕固等十多个少数民族地区，足迹遍及大半个中国，行程长达数万里。在情势极其险恶、给养严重匮乏、环境异常艰苦的情况下，红军涉过了数十条大江、大河，翻过数十座高山峻岭，越过数座终年积雪的雪山，跨过了数百里的茫茫草地，进行战役、战斗近六百次，解放县城一百余座，最终突破数十万国民党大军的围追堵截，胜利地完成了这一史无前例的战略大转移。

毛泽东以豪迈的语言概括了长征的伟大意义："长征是历史纪录上的第一次，长征是宣言书，长征是宣传队，长征是播种机。自从盘古开天地，三皇五帝到于今，历史上曾经有过我们这样的长征吗？十二个月光阴中间，天上每日几十架飞机侦察轰炸，地上几十万大军围追堵截，路上遇着了说不尽的艰难险阻，我们却开动了每人的两只脚，长驱两万余里，纵横十一个省。请问历史上曾有过我们这样的长征吗？没有，从来没有的。长征又是宣言书。它向全世界宣告，红军是英雄好汉，帝国主义者和他们的走狗蒋介石等辈则是完全无用的。长征宣告了帝国主义和蒋介石围追堵截的破产。长征又是宣传队。它向十一个省内大约两万万人民宣布，只有红军的道路，才是解放他们的道路。不因此一举,那么广大的民众怎会如此迅速地知道世界上还有红军这样一篇大道理呢?长征又是播种机。它散布了许多种子在十一个省内,发芽、长叶、开花、结果,将来是会有收获的。总而言之,长征是以我们胜利、敌人失败的结果而告结束。谁使长征胜利的呢?是共产党。没有共产党,这样的长征是不可能设想的。中国共产党,它的领导机关,它的干部,它的党员,是不怕任何艰难困苦的。谁怀疑我们领导革命战争的能力,谁就会陷进机会主义的泥坑里去。"

长征是宣言书,长征是宣传队,长征是播种机

长征,是中国共产党走向成熟的标志。长征是在外有几十万国民党大军围追堵截,内有各种错误路线的影响干扰下进行的。长征的艰难,不仅由于自然环境恶劣,物资供应困难,军事局势险恶,而且党内矛盾与斗争之复杂、激烈,都在中国共产党和人民军队的历史上是罕见的。"左"倾冒险主义的军事战略,使得红军损人失地,不得不进行战略转移。博古、李德的逃跑主义,使中央红军被动挨打,几乎在湘江之战全军覆没。而张国焘的分裂主义错误,又使得红军陷入史无前例的分裂,遭受了重大的损失。只有在遵义会议彻底结束了"左"倾错误路线在党内和军内的统治,确立了毛泽东在红军和党中央的领导地位后,才使得党的路线转到了正确轨道,挽救了党,挽救了红军。也只有党中央坚持了党内斗争的正确原则,采取了"特殊的及十分忍耐的方针",才最终避免了党和红军的彻底分裂,迎来了三军大会师,赢得了长征的最后胜

利。长征的历史证明，正确的政治领导是中国共产党对人民军队实行坚强领导的基本前提，是人民军队战斗力、凝聚力的可靠保证，是红军长征胜利的首要条件。经历了长征，中国共产党形成以毛泽东为核心的第一代中央领导集体，锻造了一个成熟的党和一支成熟的军队。

长征，是中国共产党所领导的人民军队的一次伟大的转折。长征是在红军在内线不能打破国民党军"围剿"时，被迫实行的战略退却。红军要从被动中争取主动，关键是有正确的战略方针指导。这一方针包括战略转移的方向、手段和目的。红军的统帅只有统筹全局，从战争的客观实际出发，制定正确的战略方针，并根据客观情况的变化适时改变战略方针，才能战胜优势国民党军的围追堵截，达到战略转移的目的。"左"倾错误路线执行者不懂得这一点，在长征初期实行退却中的逃跑主义，恪守既定目标不变，指挥红军向着优势国民党军布下的大网中硬钻，不懂得按照已经变化的情况来改变自己的行动与方针。而毛泽东等正确路线的代表者则做到了这一点。在毛泽东的坚持下，红军在湘江惨败之后转兵贵州，避免了可能被消灭的厄运。遵义会议后，以毛泽东为代表的党中央依据对全国形势和敌我双方情况的科学分析，根据情况的变化及时改变既定的方针和行动，不断修正战略转移的方向与目的地，最终将长征的终点确定为陕甘苏区，在黄土高原完成了将中国革命大本营放在西北的奠基礼，确定了"建立西北的苏区，领导全国大革命"的战略方针。而张国焘顽固坚持南下川康边的错误方针，使南下红军受到严重损失。党实现了北上抗日的战略方针，红军主力转移到抗日的前方阵地，中国革命的大本营由长江以南转到西北地区，推动了国内阶级战争向抗日民族战争的转变，打开了中国革命的新局面。长征因此由一次悲壮的战略退却，变为一次伟大的胜利进军。

长征，集中展现了人民军队的战略战术。长征途中，蒋介石指挥数十倍于红军的部队，多路出动，分进合击，前堵后追，一路截杀，红军行动稍有迟缓，国民党军就蜂拥而至。红军随时有被合围的危险，几次陷于几乎难以转圜的绝地。可以说，长征的路途步步刀光剑影，处处危机四伏。然而，正是这种极端险恶的战场环境，激发了红军指挥员们超乎想象的智慧。灵活用兵，机动作战，是毛泽东等红军指挥员们指挥艺术的生动体现。敌情千变万化，战机稍纵即逝，在毛泽东等人的指挥下，红军如流水，似疾风，声东击西，避实击虚，即打即离，穿行于国民党军重兵集团之间，忽而突击孤立薄弱的敌人，忽而疾行百里，摆脱敌人，跳出一个又一个包围圈，突破一道又一道封锁线，取得了突破乌江、四渡赤水、巧渡金沙江、强渡大渡河、飞夺泸定桥、强渡嘉陵江、乌蒙山回旋战等战役战斗的胜利，在战争舞台上导演出一幕幕有声有色、威武雄壮的活剧，化险为夷，转危为安，败中求胜，扭转战争危局，从被动中夺得了主动，创造了中国革命战争史上以少胜多、灵活用兵、机动作战的光辉典范，也编织出世界战争史上耀眼的奇葩。

是长征铸就了伟大的长征精神。红军在长征途中所经历的艰难困苦是世所罕见的。但是，红军将士以对共产主义理想的执着追求，以对中国革命必胜的坚定信念，以战胜一切敌人、踏破万水千山的革命英雄主义气概，以战胜千难万险、笑对艰难困苦的革命乐观主义情怀，以团结友爱、官兵平等、共同奋进的无产阶级革命军队精神，取得了激动人心的胜利。长征铸就了伟大的长征精神，这就是：把全国人民和中华民族的根本利益看得高于一切，坚定革命的理想和信念，坚信正义事业必然胜利的精神；为了救国救民，不怕任何艰难险阻，不惜付出牺牲一切的精神；坚持独立自主、实事求是，一切从实际出发的精神；就是顾全大局、严守纪律、紧密团结的精神；紧紧依靠人民群众，同人民群众生死相依、患难与共、艰苦奋斗的精神。长征精神，是人民军队本色的集中体现，也是中华民族百折不挠、自强不息的民族精神的最高体现。

长征，让全世界重新认识了中国共产党人，重新认识了中国工农红军。红军长征结束后，共产国际执委书记曼努意斯基在共产国际第七次代表大会上，赞扬长征"证明中国红军具有中国任何军阀军队所不能击破的高度觉悟性、超人的坚韧性和战斗精神"。斯大林在1937年接见王稼祥时说："你们红军在毛泽东同志领导下，是一支胜利的军队。""请把我的话转告给毛泽东同志，并祝他身体健康！他是一位久经考验的马克思主义者，是中国共产党的领袖。"从此，苏联和共产国际对以毛泽东为核心的中国共产党第一代领导集体的领导能力坚信不疑，对中国革命的前途另眼相看。长征也使得众多的西方军人和各种人士对中国红军重新定位。红军受到了世界各国军人的尊敬与钦佩，国际友人则把长征当作中国共产党坚强力量的体现，看成是中国革命的伟大象征。从红军长征到达陕北后，众多的外国记者、作家和军界人士，如埃德加·斯诺、艾格尼丝·史沫特莱、爱泼斯坦·汉森、贝特兰、伊·卡尔逊、根·斯坦因、哈·福尔曼、海伦·福斯特等，辗转到达陕北采访，向世界人民介绍长征。斯诺在《西行漫记》中写道："不论你对红军有什么看法，对他们的政治立场有什么看法，但是你不能不承认他们的长征是军事史上伟大的业绩之一。"史沫特莱在《伟大的道路》中赞叹："长征是军事史上独一无二的事件，与长征比较起来，汉尼拔跨越阿尔卑斯山在'历史的小剧院'中失掉了光彩，拿破仑自莫斯科的撤退也是灾难性的失败，而长征则是最后胜利的前奏曲。"美国医生马海德、加拿大医生诺尔曼·白求恩、新西兰的路易·艾黎、印度医生柯棣华等，更是在长征的感召下来到中国共产党领导的根据地，热情地投入到中国人民的革命和抗日斗争的洪流中，为中国人民的解放事业做出了宝贵的贡献。而在全国解放之后，更是有众多的西方记者、作家、史学家乃至于军界、政界人士来到中国，探访长征路，研究长征史，力图从中了解中国共产党人，了解中国工农红军，寻求中国革命发展的奥妙，发掘中国人民深厚力量的源泉，更要探索出中华民族的未来发展。他们认为："20世纪中没有哪一件事比长征更令人神往和更加深远地影响世界的未来"，长征"与哥伦布对美洲大陆的发现一样，是震撼世界的成就"。英国元帅蒙哥马利说：长征是在20世纪"一次体现出坚忍不拔精神的惊人业绩"。英国学者迪克·威尔逊说："长征已经在各大洲成为一种象征：人类只要有决心和毅力，就能达到自己的目的。"也许美国记者哈里森·索尔兹伯里的总结最为精辟，在走完长征路之后，他写道："任何比拟都是不恰当的。长征是举世无双的。它所表现的英雄主义精神激励着一个有十一亿人口的民族，使中国朝着一个无人能够预言的未来前进"，与长江、长城一样成为中华民族的象征之一。

长征已经超越了时空，超越了民族，超越了国界。长征的足迹，在中国的版图上抹亮了一道金色的彩虹，系上了一条飘动的红色丝带，红军所走过或战斗过的地方成为人们心中的圣地，吸引着一代又一代的中国人前往拜谒，汲取力量，汲取斗志。长征的历史，在中国的大地上树立起一座巍峨的丰碑，构成了人们心中挥之不去的长征情结，激励着一代又一代的中国人去思索、去奋起、去战斗。长征的精神，成为中华儿女心中永远的骄傲和自豪，成为一代又一代的中国人取之不尽、用之不竭的动力源泉。

永恒，长征。长征，永恒！

图书在版编目（CIP）数据

长征记 / 曲爱国，张从田著. --北京：华夏出版社，2016.1（2024.7 重印）
ISBN 978-7-5080-8710-8

Ⅰ.①长… Ⅱ.①曲… ②张… Ⅲ.①中国工农红军长征-史料 Ⅳ.①K264.406

中国版本图书馆 CIP 数据核字（2015）第 306859 号

长征记

作　　者	曲爱国　张从田
责任编辑	高　苏　韩　平
装帧设计	刘　静
出版发行	华夏出版社有限公司
经　　销	新华书店
印　　刷	三河市万龙印装有限公司
装　　订	三河市万龙印装有限公司
版　　次	2016 年 1 月北京第 1 版 2024 年 7 月北京第 8 次印刷
开　　本	787×1092　1/16
印　　张	38.75
字　　数	600 千字
定　　价	86.00 元

华夏出版社有限公司
地址：北京市东直门外香园北里 4 号　邮编：100028
网址：www.hxph.com.cn　电话：(010) 64663331（转）
若发现本版图书有印装质量问题，请与我社营销中心联系调换。